【臺灣現當代作家
研究資料彙編】34

余光中

國立台灣文學館
出版

部長序

　　文學既是社會縮影也是靈魂核心，累積研究論述及文獻史料，不僅可厚實文學發展根基，觀照當代人文的思想脈絡，更能指引未來的社會發展。臺灣文學歷經數百年的綿延與沉澱，蓄積豐沛的能量，也呈現生氣盎然的多元創作面貌。近一甲子的臺灣現當代文學發展，就是華文世界人文心靈最溫暖的寫照。

　　緣此，國立臺灣文學館自 2010 年啟動《臺灣現當代作家研究資料彙編》，鉅細靡遺進行珍貴的文學史料蒐集研究，意義深遠。這項計畫歷時三年多，由文學館結合學界、出版社、作家一同參與，組成陣容浩大的編輯群與顧問團隊，梳理臺灣文學長河裡的各方涓流，共匯集 50 位臺灣現當代重要作家的生平、年表與作品評論資料，選錄其代表性的評論文章，彙編成冊，完整呈現作家的人文映記、文學成就及相關研究，成果豐碩。

　　由於內容浩瀚、需多所佐證，本套叢書共分三階段陸續出版，先是 2011 年推出以臺灣新文學之父賴和為首的 15 位作家研究資料彙編，接著於 2012 年完成張我軍、潘人木等 12 位作家的研究資料彙編；及至 2013 年 12 月，適逢國立臺灣文學館十周年館慶之際，更纂輯了姜貴、張秀亞、陳秀喜、艾雯、王鼎鈞、洛夫、余光中、羅門、商禽、瘂弦、司馬中原、林文月、鄭愁予、陳冠學、黃春明、白先勇、白萩、陳若曦、郭松棻、七等生、王文興、王禎和、楊牧共 23 位作家的研究資料，皇皇巨著，為臺灣文學之巍巍巨觀留下具里程碑的文字見證。這套選粹體現了臺灣文學研究總體成果中，極為優質的論述著作，有助於臺灣文學發展的擴展化與深刻化，質量兼具。在此，特別對參與編輯、撰寫、諮詢的文學界朋友們表達謝意，也向全世界愛好文學的讀者，推介此一深具人文啟發且實用的臺灣現當代文學工具書，彼此激勵，為更美好的臺灣人文環境共同努力。

文化部部長　龍應台

館長序

　　所有一切有關文學的討論，最終都得回歸到創作主體（作家）及其創作文本（作品）。文本以文字書寫，刊載在媒體上（報紙、雜誌、網站等），或以印刷方式形成紙本圖書；從接受端來看，當然以後者為要，原因是經過編輯過程，作者或其代理人以最佳的方式選編，常會考慮讀者的接受狀況，亦以美術方式集中呈現，其形貌也必然會有可觀者。

　　從研究的角度來看，它正是核心文獻。研究生在寫論文的時候，每在緒論中以一節篇幅作「文獻探討」，一般都只探討研究文獻，仍在周邊，而非核心。所以作家之研究資料，包括他這個人和他所寫的作品，如何鉅細靡遺彙編一處，是研究最基礎的工作；其次才是他作品的活動場域以及別人如何看待他的相關資料。前者指的是發表他作品的報刊及其他再傳播的方式或媒介，後者指的是有關作家及其作品的訪問、報導、著作目錄、年表、文評、書評、專論、綜述、專書、選編等，有系統蒐輯、編目，擇其要者結集，從中發現作家及其作品被接受的狀況，清理其發展，這其實是文學經典化**真正的**過程；也必須在這種情況下，作家研究才有可能進一步開展。

　　針對個別作家所進行的資料工作隨時都在發生，但那是屬於個人的事，做得好或不好，關鍵在他的資料能力；將一群有資料能力的學者組織起來，通過某種有效的制度性運作，想必能完成有關作家研究資料彙編的人文工程，可以全面展示某個歷史時期有關作家研究的集體成就，這是國立臺灣文學館從 2010 年啟動「臺灣現當代

作家研究資料彙編」（50 冊）的一些基本想法，和另外兩個大計
畫：「臺灣文學史長編」（33 冊）、「臺灣古典作家精選集」（38 冊），
相互呼應，期能將臺灣文學的豐富性展示出來，將「臺灣文學」這
個學科挖深識廣；作為文化部的附屬機構，我們在國家文化建設的
整體工程中，在「文學」作為一個公共事務的理念之下，我們紮紮
實實做了有利文化發展的事，這是我們所能提供給社會大眾的另類
服務，也是我們朝向臺灣文學研究中心理想前進的努力。

　　我們在四年間分三批出版的這 50 本臺灣現當代作家研究資料彙
編，從賴和（1894～1943）到楊牧（1940～），從割臺之際出生、活
躍於日據下的作家，到日據之末出生、活躍於戰後臺灣文壇的作
家；當然也包含 1949 年左右離開大陸，而在臺灣文壇發光發熱的作
家。他們只是臺灣作家的一小部分，由承辦單位組成的專業顧問群
多次會商議決；這個計畫，我們希望能夠在精細檢討之後，持續推
動下去。

　　顧問群基本上是臺灣文學史專業的組合，每位作家重要評論文
章選刊及研究綜述的撰寫者，都是對於該作家有長期研究的專家。
這是學界人力的大動員，承辦本計畫的臺灣文學發展基金會長期致
力臺灣文學史料的蒐輯整理，具有強大的學術及社會力量，本計畫
能夠順利推動且如期完成，必須感謝他們組成的編輯團隊，以及眾
多參與其事的學界朋友。

國立臺灣文學館館長　李瑞騰

編序

◎封德屏

緣起

1995 年 10 月 25 日，在臺灣師範大學教育大樓的 201 室，一場以「面對臺灣文學」為題的座談會，在座諸位學者分別就臺灣文學的定義、發展、研究，以及文學史的寫法等，提出宏文高論，而時任國家圖書館編纂張錦郎的「臺灣文學需要什麼樣的工具書」，輕鬆幽默的言詞，鞭辟入裡的思維，更贏得在座者的共鳴。

張先生以一個圖書館工作人員自謙，認真專業地為臺灣這幾十年來究竟出版了多少有關臺灣文學的工具書，做地毯式的調查和多方面的訪問。同時條理分明地針對研究者、學生，列出了十項工具書的類型，哪些是現在亟需的，哪些是現在就可以做的，哪些是未來一步一步累積可以達成的，分別做了專業的建議及討論。

當時的文建會二處科長游淑靜，參與了整個座談會，會後她劍及履及的開始了文學工具書的委託工作，從 1996 年的《臺灣文學年鑑》起始，一年一本的編下去，一直到現在，保存延續了臺灣文學發展的基本樣貌。接著是《中華民國作家作品目錄》的新編，《臺灣文壇大事紀要》的續編，補助國家圖書館「當代文學史料影像全文系統」的建置，這些工具書、資料庫的接續完成，至少在當時對臺灣文學的研究，做到一些輔助的功能。

2003 年 10 月，籌備多年的「台灣文學館」正式開幕運轉。同年五月《文訊》改隸「財團法人台灣文學發展基金會」，為了發揮更大的動能，開

始更積極、更有效率地將過去累積至今持續在做的文學史料整理出來，讓豐厚的文藝資源與更多人共享。

於是再次的請教張錦郎先生，張先生認爲文學書目、作家作品目錄、文學年鑑、文學辭典皆已完成或正在進行，現在重點應該放在有關「臺灣現當代作家評論資料目錄」的編輯工作上。

很幸運的，這個計畫的發想得到當時臺灣文學館林瑞明館長的支持，於是緊鑼密鼓的展開一切準備工作：籌組編輯團隊、召開顧問會議、擬定工作手冊、撰寫計畫書等等。

張錦郎先生花了許多時間編訂工作手冊，每一位作家的評論資料目錄分爲：

（一）生平資料：可分作者自述，旁人論述及訪談，文學獎的紀錄。

（二）作品評論資料：可分作品綜論，單行本作品評論，其他作品（包括單篇作品）評論，與其他作家比較等。

此外，對重要評論加以摘要解說，譬如專書、專輯、學術會議論文集或學位論文等，凡臺灣以外地區之報刊及出版社，於書名或報刊後加註，如中國大陸、香港、新加坡等。此外，資料蒐集範圍除臺灣外，也兼及中國大陸、香港、新加坡、日本、韓國及歐美等地資料，除利用國內蒐集管道外，同時委託當地學者或研究者，擔任資料蒐集工作。

清楚記得，時任顧問的學者專家們，都十分高興這個專案的啓動，但確定收錄哪些作家名單時，也有不同的思考及看法。經過充分的討論後，終於取得基本的共識：除以一般的「文學成就」爲觀察及考量作家的標準外，並以研究的迫切性與資料獲得之難易度爲綜合考量。譬如說，在第一階段時，作家的選擇除文學成就外，先考量迫切性及研究性，迫切性是指已故又是日治時期臺籍作家爲優先，研究性是指作品已出土或已譯成中文爲優先。若是作品不少而評論少，或作品評論皆少，可暫時不考慮。此外，還要稍微顧及文類的均衡等等。基本的共識達成後，顧問群共同挑選出 310 位作家，從鄭坤五、賴和、陳虛谷以降，一直到吳錦發、陳黎、蘇

偉貞，共分三個階段進行。

　　張錦郎先生修訂的編輯體例，從事學術研究的顧問們，一方面讚嘆
「此目錄必然能成爲類似文獻工作的範例」，但又深恐「費力耗時，恐拖延
了結案時間」，要如何克服「有限時間，高度理想」的編輯方式，對工作團
隊確實是一大挑戰。於是顧問們群策群力，除了每人依研究領域、研究專
長認領部分作家外（可交叉認領），每個顧問亦推薦或召集研究生襄助，以
期能在教學研究工作外，爲此目錄盡一份心力。

　　「臺灣現當代作家評論資料目錄」專案計畫，自 2004 年 4 月開始，至
2009 年 10 月結束，分三個階段歷時五年六個月，共發現、搜尋、記錄了
十餘萬筆作家評論資料。共經歷了三位專職研究助理，近三十位兼任研究
助理。這些研究助理從開始熟悉體例，到學習如何尋找資料，是一條漫長
卻實用的學習過程。

接續

　　「臺灣現當代作家評論資料目錄」的專案完成，當代重要作家的研
究，更可以在這個基礎上，開出亮麗的花朵。於是就有了「臺灣現當代作
家研究資料彙編暨資料庫建置計畫」的誕生。爲了便於查詢與應用，資料
庫的完成勢在必行，而除了資料庫的建置外，這個計畫再從 310 位作家中
精選 50 位，每人彙編一本研究資料，內容有作家圖片集，包括生平重要影
像、文學活動照片、手稿及文物，小傳、作品目錄及提要、文學年表。另
外每本書分別聘請一位最適當的學者或研究者負責編選，除了負責撰寫八
千至一萬字的作家研究綜述外，再從龐雜的評論資料中挑選具有代表性的
評論文章，平均 12〜14 萬字，最後再附該作家的評論資料目錄，以期完整
呈現該作家的生平、創作、研究概況，其歷史地位與影響。

　　由於經費及時間因素，除了資料庫的建置，資料彙編方面，50 位作家
分三個階段完成。第一階段出版了 15 位作家，第二階段出版了 12 位作
家，此次第三階段則出版了 23 位作家資料彙編。雖然已有過前兩階段的實

務經驗，但相較於前兩階段，此次幾乎多出版將近一倍的數量，使工作小組在編輯過程中，仍然面臨了相當大的困難與挑戰。

首先，必須掌握每位編選者進度這件事，就是極大的挑戰。於是編輯小組在等待編選者閱讀選文的同時，開始蒐集整理作家生平照片、手稿，重編作家年表，重寫作家小傳，尋找作家出版品的正確版本、版次，重新撰寫提要。這是一個極其複雜的工程。還好有認真負責的雅嫻、崒婷、欣怡，以及編輯老手秀卿幫忙，讓整個專案延續了一貫的品質及進度。

在智慧權威、老練成熟的學者專家面前，這些初生之犢的年輕助理展現了大無畏的精神，施展了編輯教戰手冊中的第一招——緊迫盯人。看他們如此生吞活剝地貫徹我所傳授的編輯要法，心裡確實七上八下，但礙於工作繁雜，實在無法事必躬親，也只好讓他們各顯身手了。

縱使這些新手使出了全部力氣，無奈工作的難度指數仍然偏高，雖有前兩階段的經驗，但面對不同的編選者，不同的編選風格，進度仍然不很順利，再加上此次同時進行 23 位作家的編纂作業，在與各編選者及各冊傳主往來聯繫的過程中，更是有許多龐雜而繁瑣的細節。此時就得靠意志力及精神鼓舞了。我對著年輕的同仁曉以大義，告訴他們正在光榮地參與一個重要的文學工程，絕對不可輕言放棄。

成果

雖然過程是如此艱辛，如此一言難盡，可是終究看到豐美的成果。每位編選者雖然忙碌，但面對自己負責的作家資料彙編，卻是一貫地認真堅持。他們每人必須面對上千或數百筆作家評論資料，挑選重要或關鍵性的評論文章，全面閱讀，然後依照編選原則，挑選評論文章。助理們此時不僅提供老師們所需要的支援，統計字數，最重要的是得找到各篇選文作者，取得同意轉載的授權。在第一階段進度流程初估時，我們錯估了此項工作的難度，因為許多評論文章，發表至今已有數十年的光景，部分作者行蹤難查，還得輾轉透過出版社、學校、服務單位，尋得蛛絲馬跡，再鍥

而不捨地追蹤。有了第一階段的血淚教訓,第二階段關於授權方面,我們更是如臨深淵、如履薄冰,希望不要重蹈覆轍,第三階段也遵循前兩階段的經驗,在面對授權作業時更是戰戰兢兢,不敢懈怠。

　　除了挑選評論文章煞費苦心外,每個作家生平重要照片,我們也是採高標準的方式去蒐集,過世作家家屬、友人、研究者或是當初出版著作的出版社,都是我們徵詢的對象。認真誠懇而禮貌的態度,讓我們獲得許多從未出土的資料及照片,也贏得了許多珍貴的友誼。許多作家都協助提供照片手稿等相關資料,如王鼎鈞、洛夫、余光中、羅門、瘂弦、司馬中原、林文月、鄭愁予、黃春明及其子黃國珍、白先勇及與其合作多年的攝影師許培鴻、白萩及其夫人、陳若曦、七等生、王文興、楊牧及其夫人夏盈盈。已不在世的作家,其家屬及友人在編輯過程中,也給予我們許多協助及鼓勵,如姜貴的長子王爲鐮、張秀亞的女兒于德蘭、艾雯的女兒朱恬恬、陳秀喜的女兒張瑛瑛、商禽的女兒羅珊珊、陳冠學的後輩友人陳文銓與郭漢辰、郭松棻的夫人李渝、王禎和的夫人林碧燕,藉由這個機會,與他們一起回憶、欣賞他們親人或父祖、前輩,可敬可愛的文學人生。此外,還有張默、岩上、閻純德、李高雄、丘彥明、朱雙一、吳姍姍、鄭穎、舊香居書店吳雅慧等作家及研究者,熱心地幫忙我們尋找難以聯繫的授權者,辨識因年代久遠而難以記錄年代、地點、事件的作家照片,釐清文學年表資料及作家作品的版本問題,我們從他們身上學習到更多史料研究可貴的精神及經驗。

　　但如何在規定的時間內,完成第三階段 23 本資料彙編的編輯出版工作,對工作小組來說,確實是一大考驗。每一冊的主編老師,都是目前國內現當代台灣文學教學及研究的重要人物,因此每位主編都十分忙碌。有鑑於前兩階段的經驗,以及現有工作小組的人力,決定分批完稿,每個人負責 2~4 本,三位組長的責任額甚至超過 4~5 本。每一本的責任編輯,必須在這一年多的時間內,與他們所負責資料彙編的主角——傳主及主編老師,共生共榮。從作家作品的收集及整理開始,必須要掌握該作家一生

作品的每一次的出版，以及盡量收集不同的版本；整理作家年表，除了作家、研究者已撰述好的年表外，也必須再從訪談、自傳、評論目錄，從作品出版等線索，再做比對及增刪。再來就是緊盯每位把「研究綜述」放在所有進度最後一關的主編們，每隔一段時間提醒他們，或順便把新增的評論目錄寄給他們（每隔一段時間就有新的相關論文或學位論文出現），讓他們隨時與他們所主編的這本書，產生聯想，希望有助於「研究綜述」撰寫的進度。

以上的工作說起來，好像並不十分困難，身為總策劃的我起初心裡也十分篤定的認為，事情儘管艱困，最後還是應該順利完成。然而，這句雲淡風輕的話，聽在此次身歷其境參與工作的同仁耳中，一定會恨得牙癢癢的。「夜長夢多」這個形容詞拿來形容這件工作，真是太恰當也沒有了。因為整個工作期程超過一年，在這段漫長的歲月中，因等待、因其他人力無法抗拒的因素，衍伸出來的問題，層出不窮，更有許多是始料未及的。譬如，每本書的的選文，主編老師本來已經選好了，也經過授權了，為了抓緊時間，負責編輯的助理們甚至連順序、頁碼都排好了，就等主編老師的大作了，這時主編突然發現有新的文章、新的資料產生：再增加兩三篇選文吧！為了達到更好更完備的目標，工作小組當然全力以赴，聯絡，授權，打字，校對，重編順序等等工作，再度展開。

此次第三階段共需完成 23 位作家研究資料彙編，年齡層較上兩個階段已年輕許多，因此到最後的疑難雜症，還有連主編或研究者都不太清楚的部分，譬如年表中的某一件事、某一個年代、某一篇文章、某一個得獎記錄，作家本人絕對是一個最好的諮詢對象，於是幾乎我們每本書都找到了作家本人，對解決某些問題來說，這是一個好的線索，但既然看了，關心了，參與了，就可能有不同的看法，選文、年表、照片，甚至是我們整本書的體例。於是又是一場翻天覆地的大更動，對整本書的品質來說，應該是好的，但對經過一年多琢磨、修改已近入完稿階段的編輯團隊來說，這不啻是一大挑戰。

1990 年開始，各地縣市文化中心（文化局），對在地作家作品集的整理出版，以及台灣文學館成立後對日治時期作家以迄當代重要作家全集的編纂，對臺灣文學之作家研究，也有了很好的促進作用。如《楊逵全集》、《林亨泰全集》、《鍾肇政全集》、《張文環全集》、《呂赫若日記》、《張秀亞全集》、《葉石濤全集》、《龍瑛宗全集》、《葉笛全集》、《鍾理和全集》、《錦連全集》、《楊雲萍全集》、《鍾鐵民全集》等，如雨後春筍般持續展開。

經過近二十年的努力，臺灣文學的研究與出版，也到了可以驗收或檢討成果的階段。這個說法，當然不是要停下腳步，而是可以從「臺灣現當代作家評論資料目錄」所呈現的 310 位作家、10 萬筆資料中去檢視。檢視的標的，除了從作家作品的質量、時代意義及代表性去衡量外，也可以從作家的世代、性別、文類中，去挖掘還有待開墾及努力之處。因此在這樣的堅實基礎上，這套「臺灣現當代作家研究資料彙編」，每位編選者除了概述作家的研究面向外，均有些觀察與建議。希望就已然的研究成果中，去發現不足與缺憾，研究者可以在這些不足與缺憾之處下功夫，而盡量避免在相同議題上重複。當然這都需要經過一段時間去發現、去彌補、去重建，因此，有關臺灣文學研究的調查與研究，就格外顯得重要了。

期待

感謝臺灣文學館持續支持推動這兩個專案的進行。「臺灣現當代作家評論資料目錄」的完成，呈現的是臺灣文學研究的總體成果；「臺灣現當代作家研究資料彙編」套書的出版，則是呈現成果中最精華最優質的一面，同時對未來的研究面向與路徑，做最好的建議。我們可以很清楚的體會，這是一條綿長優美的臺灣文學接力賽，我們十分榮幸能參與其中，我們更珍惜在傳承接力的過程，與我們相遇的每一個人，每一件讓我們真心感動的事。我們更期待這個接力賽，能有更多人加入。誠如張恆豪所說「從高音獨唱到多元交響」，這是每一個人所期待的。

編輯體例

一、本書編選之目的，為呈現余光中生平、著作及研究成果，以作為臺灣文學相關研究、教學之參考資料。

二、全書共五輯，各輯內容及體例說明如下：

輯一：圖片集。選刊作家各個時期的生活或參與文學活動的照片、著作書影、手稿（包括創作、日記、書信）、文物。

輯二：生平及作品，包括三部分：

1. 小傳：主要內容包括作家本名、重要筆名，生卒年月日，籍貫，及創作風格、文學成就等。

2. 作品目錄及提要：依照作品文類（論述、詩、散文、小說、劇本、報導文學、傳記、日記、書信、兒童文學、合集）及出版順序，並撰寫提要。不收錄作家翻譯或編選之作品。

3. 文學年表：考訂作家生平所進行的文學創作、文學活動相關之記要，依年月順序繫之。

輯三：研究綜述。綜論作家作品研究的概況，並展現研究成果與價值的論文。

輯四：重要文章選刊。選收國內外具代表性的相關研究論文及報導。

輯五：研究評論資料目錄。收錄至 2013 年 6 月底止，有關研究、論述臺灣現當代作家生平和作品評論文獻。語文以中文為主，兼及日文和英文資料。所收文獻資料，以臺灣出版為主，酌收中國大陸、香港、日本和歐美國家的出版品。內容包含三部分：

1. 「作家生平、作品評論專書與學位論文」下分為專書與學位論文。

2. 「作家生平資料篇目」下分為「自述」、「他述」、「訪談」、「年表」、「其他」。

3. 「作品評論篇目」下分為「綜論」、「分論」、「作品評論目錄、索引」、「其他」。

目次

輯一◎圖片集

影像◎手稿◎文物

1938年，10歲的余光中與
母親合影。（余光中數位
文學館提供）

1951年2月28日，與雙親合
影於臺北同安街故居。左
起：余光中、孫秀君、余
超英。（余光中數位文學
館提供）

1956年9月2日，余光中、范我存結婚照。（余光中數位文學館提供）

1957年7月14日，與藍星詩社同仁合影於廈門街自宅。左起：余光中、夏菁、
吳望堯、黃用。（余光中數位文學館提供）

1958年3月4日，與文友合影於高雄左營軍中廣播電臺。左起：瘂弦、彭
邦楨、余光中、洛夫。（余光中數位文學館提供）

1959年8月10日，余光中攝於
美國愛奧華大學。（余光中
數位文學館提供）

1968年，全家合影於廈門街自宅。前排：余季珊；中排左起：余佩珊、余幼珊、余珊珊；後排左起：父親余超英、余光中、范我存、岳母孫靜華。（余光中數位文學館提供）

約1960年代，余光中與朱西甯（左）合影於南投縣霧社青年
活動中心。（余光中數位文學館提供）

1971年，余光中於中國電視公司主持每週
節目「世界之窗」，為期半年。（余光中
提供）

1974年2月，第一屆中國現代詩獎，眾文友合影。左起：辛鬱、羅門、
紀弦、瘂弦、陳祖文、余光中。（文訊文藝資料中心）

1974年4月，與文友合影於林海音宅。前排左起：夏祖美、黃春明、林懷民、隱地；後排左起：何凡、余光中、范我存、殷張蘭熙、簡靜惠、張系國。（余光中提供）

約1975年，與文友聚餐。左起：瘂弦、羅門、紀弦、辛鬱、張默、余光中。（辛鬱提供）

1975年，左起：韓菁清、梁實秋、余光中。（余光中提供）

1982年，余光中（右四）獲唱片金鼎獎，出席於國父紀念館舉辦的
「金鼎獎頒獎典禮」，與眾得獎者合影。左三呂鍾寬、左四梁在平、
左五宋楚瑜、右一李建復、右二陳揚。（余光中數位文學館提供）

1984年10月20日，余光中與巴金
（右）合影於香港中文大學。（余
光中數位文學館提供）

1985年，藍星詩社同仁聚餐。左起：曹介直、羅門、夏菁、余
光中、向明、張健、蓉子、周鼎。（余光中數位文學館提供）

1987年，應邀參加林海音七十大壽聚會。左起：余光中、何凡、林海音、范我存。（余光中提供）

1990年，於高雄。左起：余光中、夏志清、范我存。（余光中提供）

1989年4月，余光中與周夢蝶（左）合影。（余光中數位文學館提供）

1991年3月，余光中與於梨華（左）合影於墾丁。
（余光中數位文學館提供）

1993年，余光中與楚戈（右）合影於高雄。（余光
中數位文學館提供）

1994年6月，與上海作家協會會員合影於愛神花園劉吉生故居。左起：黃維
樑、余光中、柯靈、辛笛、羈洛、梁錫華。（余光中數位文學館提供）

1996年，余光中與流沙河（左）合影於成都杜甫草堂。（余光中數位文學館提供）

1998年5月4日，五四獎頒獎典禮，眾得獎人合影。左起：許悔之、瘂弦、馬森、余光中、陸達誠、陳憲仁。（文訊文藝資料中心）

1999年，余光中與詹澈（右）合影於臺東。
（余光中提供）

2000年5月，應邀出席於莫斯科舉辦的「第67屆國際筆會
世界大會」。前排左起：沈謙、高天恩、范我存；後排
左起：朱炎、陳義芝、余光中、歐茵西。（余光中數位
文學館提供）

2003年12月7日，應邀出席於香港舉辦的「第二屆新紀元全球
華文青年文學獎」頒獎典禮。（余光中數位文學館提供）

2003年，獲香港中文大學頒贈榮譽文學博士，出席頒獎典禮暨香港中文大學四十周年校慶。左起：余光中、范我存。（余光中數位文學館提供）

2006年11月26日，中山大學文學院主辦「當代詩人系列——秋興動詩興」，余光中與鄭愁予（左）同臺對談「我的創作經驗」。（余光中數位文學館提供）

2007年10月18日，余光中應邀出席中山大學舉辦的「余光中八十慶壽」活動，由中山大學校長張宗仁（左）代表贈禮。（余光中數位文學館提供）

2007年11月15日，獲頒臺灣大學傑出校友獎。左起：李嗣涔、余光中。（余光中數位文學館提供）

2008年3月，余光中於高雄自宅與陳芳明（右）對談。（余光中數位文學館提供）

2011年4月6日，應邀出席「他們在島嶼寫作——文學大師系列電影」聯合發表會。左起：
楊牧、鄭愁予、周夢蝶、余光中、夏祖焯、王文興。（目宿媒體公司提供）

2012年3月21日，應邀出席目宿媒體公司於信義誠品舉辦的「他們在島嶼寫作——文學大
師系列電影『逍遙遊』」特映會。左起：陳懷恩、余光中、楊照。（目宿媒體公司提供）

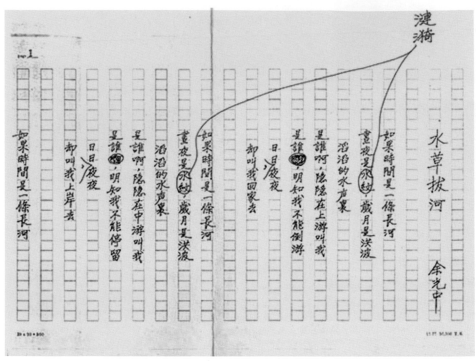

2000年4月，余光中〈水草拔河〉手稿。（余光中數位文學館提供）

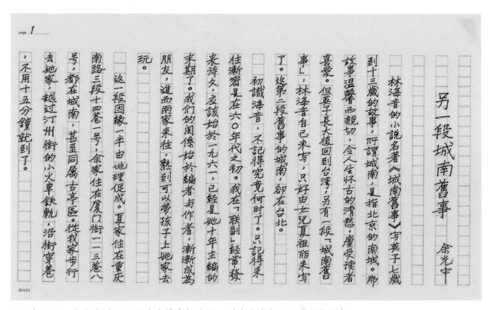

2002年10月，余光中〈另一段城南舊事〉手稿。（余光中數位文學館提供）

傅鐘悠悠長在耳　余光中

1

我的中学时代,正值抗战,又在蜀道难的四川,所以出門一步,無車可乘,只能劳动「脛駒」。所谓脛駒,是我從英文 on Shank's pony 译来,本是一句笑话,其实無駒,只有腳脛,自嘲以脛代駒,不过是步行的美名而已。战後進入大学时代,絕於有車可乘了,但是兩腳还得起起落落,不是踏地,而是踏在腳登上,雖有双輪之便,一半仍靠自力更生。

那时男孩子而無自行車,就酷不起来,有自行車而是外國貨,那就是酷上加帥,不但縮地有術,而且胯下生風,有中世紀騎士的氣派。1950年我進台大,是外文系三年級插班的通學生,從城

1

2008年5月,余光中〈傅鐘悠悠長在耳〉手稿。（余光中數位文學館提供）

棋　局
——观棋不语真君子
　　著子無悔大丈夫

观棋的手癢,七嘴八舌
指指点点,楚河这一边
有人催渡河,有人劝,不可
棋子們進退兩难
車都塞車,馬都蹩腳
炮都不举,卒都潰散

但一過了河,車就暢行
馬就奔騰,炮就轟動
三十萬過河的卒子
就忽然恢復了生氣
一進了漢界,棋局
就不再是僵局,是活棋

余光中〈棋局——觀棋不語真君子,落子無悔大丈夫〉手稿。（余光中數位文學館提供

西子灣在等你

海峽浩蕩是前景
壽山巍峨是後台
日月與眾星是大壁畫
更有長堤舉起了灯塔
把七海的巨舶都迎來
这壯闊的劇台正等待
一位主角來演出
天風與海潮都在呼喚
美麗的預言正在等待
來吧,西子灣等你到來
　　　　　——余光中

余光中〈西子灣在等你〉手稿。（余光中數位文學館提供）

望　海

比岸边的黑石更遠,更遠的
　是石外的晚潮
比翻白的晚潮更遠,更遠的
　是堤上的灯塔
比孤立的灯塔更遠,更遠的
　是堤外的貨船
比出港的貨船更遠,更遠的
　是船上的汽笛
比沉沉的汽笛更遠,更遠的
　是海上的長風
比浩浩的長風更遠,更遠的
　是天边的陰雲
比黯黯的陰雲更遠,更遠的
　是樓上的眼睛
　　　　　——余光中

余光中〈望海〉手稿。（余光中數位文學館提供）

輯二◎生平及作品

小傳◎作品◎年表

小傳

　　余光中，男，籍貫福建永春。1928 年 10 月 21 日生，1950 年 5 月來臺迄今。

　　臺灣大學外國語文學系畢業。1954 年與覃子豪、鍾鼎文、夏菁、鄧禹平等人共創「藍星詩社」。1958 年獲亞洲協會獎金赴愛荷華大學進修，取得愛荷華大學藝術碩士學位，並多次赴美講學。曾任教於師範大學、政治大學、香港中文大學、中山大學等，並於臺灣大學、東吳大學等校兼任，現為中山大學外國語文學系榮譽退休教授。除教職外，亦曾擔任中華民國筆會會長、中國語文教育促進協會理事長。曾獲中國文藝青年協會新詩獎、國際青年商會十大傑出青年、金鼎獎歌詞獎、吳三連文學獎散文獎、中國時報新詩推薦獎、金鼎獎主編獎、國家文藝獎新詩獎、美西華人學會文學成就獎、香港翻譯學會、聯合報讀書人年度最佳書獎、中國詩歌藝術學會詩歌藝術貢獻獎、文工會五四獎文學交流獎、中華民國斐陶斐榮譽協會傑出成就獎、行政院新聞局國際傳播獎章、中國時報吳魯芹散文獎、高雄市文藝獎、霍英東成就獎、香港中文大學榮譽文學博士、中國當代詩魂金獎、南方都市報華語文學傳媒大獎散文家獎、臺灣大學傑出校友獎、政治大學名譽文學博士、全球華文文學星雲獎、元智大學桂冠文學家。

　　余光中創作文類以詩作、散文為主，兼及評論、翻譯，自謂為寫作的「四度空間」。其詩作依風格可分為：1.早期詩風抒情而婉約，如《舟子的

悲歌》；2.現代化醞釀時期，開始將古典與現代融合，如《鐘乳石》；3.現代化時期，受西方文學的影響，多以抽象的描述、象徵爲筆法，如《萬聖節》；4.新古典主義時期，將古典現代融合得更爲巧妙，回歸抒情，如《五陵少年》、《在冷戰的年代》；5.民謠風時期，注重口語節奏並結合民謠風格，如《白玉苦瓜》；6.歷史文化探索時期，著重歷史文化的回溯與傳承，如《與永恆拔河》、《隔水觀音》。由此可知，其詩作講究結構，擅於透過節奏、意象的暗示而自然呈現主題，創作題材多元化，既富於時代氣息又有高度藝術性，其中以流露出濃厚思念故園的鄉愁最具特色。張默曾評：「能利用現實的題材，借抒小我之情而苦吟其大我的文化鄉愁」向明也認爲：「詩經、楚辭、唐宋詩的名句，西洋典籍、舊約聖經，在他的詩中出出入入，自然輕巧，一點也不影響他詩中純正現代風韻。」

　　在散文部分，余光中勇於創新，運用詩化技巧，使白話文也具有文言般的優美，開創出嶄新的風貌。早期散文多爲論戰文章，追求雄壯陽剛的氣魄，如《逍遙遊》，後期則以大品散文爲主，如《青青邊愁》；同時也因旅居臺灣、香港、美國等地，常將所見所聞以遊記方式呈現，使人耳目一新。夏志清曾稱讚其散文：「更見繽紛華麗、音節鏗鏘，筆調隨著情景之轉移而多巧變，又多著意嵌入古典佳句，不愧爲驚人之筆。」除詩、散文外，余光中尚有論述、翻譯作品，其評論涉及諸多領域，無論詩、文、作家、畫、樂、翻譯等皆有出色而犀利的批評，如《掌上雨》；翻譯方面，他以外文專長爲基礎，搭配深厚的國學素養，能確實掌握翻譯之精髓。

　　余光中才學出眾，文采斐然，始終是文壇焦點，藉由深厚的中國古典文學涵養，與英美文學的專業訓練，開創出中國現代詩、文、評論及翻譯的新風貌，著作等身，至今仍筆耕不輟。黃維樑曾說：「余光中憑其璀璨的五色之筆，耕耘數十年，成爲當代文學的重鎮，其詩風文采，影響深遠。…… 上承中國文學傳統，旁採西洋藝術。余光中在新詩上的貢獻，有如杜甫之確立律詩；在現代散文之成就，則有韓潮蘇海的集成與開拓。」

作品目錄及提要

【論述】

文星書店 1964　　大林出版社 1970

時報文化 1980

掌上雨

臺北：文星書店
1964 年 6 月，40 開，223 頁
文星叢刊 33

臺北：大林出版社
1970 年 3 月，40 開，223 頁
大林文庫 31

臺北：時報文化出版公司
1980 年 4 月，32 開，237 頁
人間叢書 35

本書集結作者論述文章。全書分兩輯，收錄
〈論半票讀者的文學〉、〈論意象〉、〈論明
朗〉等 22 篇。正文後有余光中〈後記〉。
大林版：內容與文星版相同。
時報文化版：內容與文星版相同。正文前新
增余光中〈「掌上雨」新版序〉。

純文學出版社 1981

分水嶺上──余光中評論文集

臺北：純文學出版社
1981 年 4 月，32 開，270 頁

臺北：九歌出版社
2009 年 6 月，25 開，278 頁
余光中作品集 13

本書集結作者 1977～1981 年之評論文章。全書分「新
詩」、「古典詩」、「英美詩」、「白話文」、「小說」、「綜論」
六部分，收錄〈徐志摩詩小論〉、〈用傷口唱歌的人──從

九歌出版社 2009

〈午夜削梨〉看洛夫詩風之變〉、〈青青桂冠──香港第七屆青年文學獎詩組評判的感想〉等 24 篇。正文後有余光中〈後記〉。

九歌版：正文前新增余光中〈新版前言〉。

九歌出版社 1994

九歌出版社 2006

從徐霞客到梵谷

臺北：九歌出版社
1994 年 2 月，32 開，339 頁
九歌文庫 374

臺北：九歌出版社
2006 年 6 月，25 開，275 頁
余光中作品集 2

本書集結作者 1981～1993 年之評論文章。全書收錄〈杖底煙霞〉、〈中國山水遊記的感性〉等 14 篇。正文前有余光中〈自序〉。

2006 年九歌版：正文前新增余光中〈新版序〉。

井然有序──余光中序文集

臺北：九歌出版社
1996 年 10 月，32 開，500 頁
九歌文庫 450

本書集結作者為他人作品所作之序文。全書分「詩集序」、「文集序」、「小說序」、「翻譯序」、「畫集序」、「選集序」、「詞典序」七輯，收錄〈樓高燈亦愁──序方娥真的《娥眉賦》〉、〈穿過一叢珊瑚礁──序敻虹的《紅珊瑚》〉、〈拔河的繩索會呼痛嗎？──序林彧的《夢要去旅行》〉、〈從冰湖到暖海──序鍾玲的《芬芳的海》〉、〈征途未半念驊騮──序《溫健騮卷》〉等 35 篇。正文前有余光中〈為人作序──寫在《井然有序》之前〉，正文後附錄〈受序著作出版概況〉。

繆斯的左右手／傅光明編

長沙：湖南人民出版社
1997 年 12 月，新 25 開，240 頁
書海浮槎文叢

本書集結作者論述文章。全書分「誰是大詩人？」、「向歷史交卷」二輯，收錄〈論情詩〉、〈從古典到現代詩〉、〈誰是大詩人？〉等 20 篇。正文前有季羨林〈總序〉、傅光明〈詩文雙絕余光中〉。

藍墨水的下游

臺北：九歌出版社
1998 年 10 月，32 開，279 頁
九歌文庫 514

本書集結作者論述文章。全書收錄〈藍墨水的下游──為「四十年來中國文學會議」而作〉、〈散文的知性與感性──為蘇州大學「當代華文散文國際研討會」而作〉、〈作者，學者，譯者──「外國文學中譯國際研討會」主題演說〉等 11 篇。正文後有余光中〈後記〉。

連環妙計

上海：上海文藝出版社
1999 年 8 月，32 開，462 頁
臺灣暨海外華語作家自選文庫

本書為作者自選評論集。全書分六輯，收錄〈中國古典詩的句法〉、〈連環妙計──略論中國古典詩的時空結構〉、〈象牙塔到白玉樓〉等 25 篇。

余光中談翻譯／羅進德主編

北京：中國對外翻譯出版公司
2002 年 1 月，32 開，203 頁
翻譯理論與實務叢書

本書內容主要探討翻譯的理論。全書收錄〈翻譯與批評〉、〈中國古典詩的句法〉、〈中西文學之比較〉等 21 篇。正文前有余光中〈序〉、羅進德〈為中國第四次翻譯高潮貢獻精品──翻譯理論與實務叢書總序〉、思果〈序〉。

含英吐華──梁實秋翻譯獎評語集
臺北：九歌出版社
2002 年 3 月，25 開，331 頁
九歌文庫 629

本書集結作者評論梁實秋文學獎翻譯組作品之文章，附有
譯詩原文及譯文。全書收錄〈從惠特曼到羅素──評第一
屆詩文雙冠軍〉、〈理解原文，掌握原文──評第一屆譯文
第三名〉等 13 篇。正文前有余光中〈含英吐華譯家事〉。

余光中談詩歌
南昌：江西高校出版社
2003 年 1 月，25 開，315 頁
惠風論叢第二輯

本書內容包含作者談論詩觀、評論各家詩人作品風格，以
及為自身作品所作之序言等等。全書收錄〈談新詩的三個
問題〉、〈現代詩怎麼變〉、〈從天真到自覺──我們需要什
麼樣的詩？〉等 28 篇。正文前有〈編輯者言〉、余光中
〈自序〉。

語文大師如是說──中和西
香港：商務印書館
2006 年 7 月，32 開，121 頁

本書主要列舉現代學生作文中容易出現的問題與現象，藉
以闡述良好中文的必備要素。全書收錄〈中國的常態與變
態〉、〈用現代中文報導現代生活〉等九篇。

舉杯向天笑
臺北：九歌出版社
2008 年 10 月，25 開，324 頁
余光中作品 10

本書集結作者文學評論文章。全書分六輯，收錄〈舉杯向
天笑──論中國詩之自作多情〉、〈李白與愛倫坡的時差─
─在文法與詩意之間〉、〈捕光捉影緣底事──從文法說到
畫法〉、〈讀者，學者，作者〉等 38 篇。正文前有余光中
〈正論散評皆文心〉。

【詩】

舟子的悲歌
臺北：野風出版社
1952 年 3 月，36 開，70 頁

本書集結作者 1950～1953 年之詩作。全書收錄〈揚子江船夫曲〉、〈清道夫〉、〈真理曲〉、〈沉思〉等 31 首。正文後有余光中〈後記〉。

藍色的羽毛
臺北：藍星詩社
1954 年 10 月，32 開，86 頁
藍星詩叢

本書集結作者 1952～1953 年之詩作。全書分兩輯，收錄〈沉默〉、〈海之戀〉、〈夜別〉、〈信徒之歌〉等 43 首。

萬聖節
臺北：藍星詩社
1960 年 8 月，32 開，105 頁
藍星詩叢

本書集結作者於愛荷華時期之詩作。全書收錄〈塵埃〉、〈我的分割〉、〈芝加哥〉、〈新大陸之晨〉等 36 首。正文前有〈序〉，正文後有余光中〈記佛洛斯特〉、余光中〈石城之行〉、余光中〈後記〉。

鐘乳石
香港：中外畫報社
1960 年 10 月，32 開，90 頁
中外詩叢

本書集結作者 1957～1958 年之詩作。全書收錄〈黎明〉、〈四月〉、〈怯〉、〈世紀之夢〉等 43 首。正文前有覃子豪〈前言〉，正文後有〈作者簡介〉、余光中〈後記〉。

文星書店 1967　　　愛眉文藝 1970

傳記文學 1979　　　大地出版社 1981

五陵少年

臺北：文星書店
1967 年 4 月，40 開，113 頁
文星叢刊 247

臺北：愛眉文藝出版社
1970 年 11 月，40 開，113 頁
愛眉文庫 3

臺北：傳記文學出版社
1979 年 5 月，40 開，113 頁
傳記文學叢書 95

臺北：大地出版社
1981 年 8 月，32 開，103 頁
萬卷文庫 99

本書集結作者 1960～1964 年之詩作。全書
收錄〈坐看雲起時〉、〈敬禮，海盜旗！〉、
〈吐魯番〉、〈大度山〉等 34 首。正文前有
余光中〈自序〉。
愛眉文藝版、傳記文學版：內容與文星版
相同。
大地版：正文前新增余光中〈新版序〉。

三民書局 1969　　　三民書局 2005

天國的夜市

臺北：三民書局
1969 年 5 月，40 開，154 頁
三民文庫 49

臺北：三民書局
2005 年 1 月，25 開，126 頁
三民叢刊 54

本書集結作者 1954～1956 年之詩作。全書
收錄〈鵝鑾鼻〉、〈十字架〉、〈向我的鋼筆
致敬〉、〈給劉鎏〉、〈永恆〉等 62 首，正文
後有余光中〈後記〉。
2005 三民版：正文前新增余光中〈新版自
序〉，正文後新增〈附錄：臺灣頌——鵝鑾
鼻〉。

純文學出版社 1969

九歌出版社 1986

敲打樂

臺北：純文學出版社
1969 年 11 月，32 開，99 頁
藍星叢書之九

臺北：九歌出版社
1986 年 2 月，32 開，101 頁
九歌文庫 188

本書集結作者於美國講學期間之詩作，內容以異國風情、
思念家人、緬懷古人為主。全書收錄〈仙能渡〉、〈七層
下〉、〈鐘乳巖〉等 20 首。正文前有余光中〈新版自序〉，
正文後有余光中〈附作者英譯二首〉、余光中〈後記〉。
九歌版：正文前新增余光中〈新版自序〉。

純文學出版社 1969

純文學出版社 1984

在冷戰的年代

臺北：純文學出版社
1969 年 11 月，32 開，158 頁
藍星叢書之十

臺北：純文學出版社
1984 年 2 月，32 開，101 頁

本書為作者 1966 年回臺以後之詩作。全書收錄〈帶一把泥
土去——致瘂弦〉、〈凡有翅的〉、〈雙人床〉、〈楓和雪〉、
〈公墓的下午〉等 52 首。正文前有〈余光中〉、〈致讀
者〉、"To the Reader"，正文後有〈附作者英譯四首〉、余光
中〈後記〉。
1984 年純文學版：正文前新增余光中〈新版序〉。

ACRES OF BARBED WIRE

臺北：美亞書版公司
1971 年 3 月，18 開，87 頁

本書爲作者自譯英譯本詩選集。全書收錄"To the Reader"、
"The Single Bed"、"The Black Angel"、"When I Am Dead"等
48 首。正文前有余光中"Acres of Barbed Wire：An
Apprecition"、余光中"The Shame and the Glory"，正文後有
"Notes"、"About the Author"。

白玉苦瓜

臺北：大地出版社
1974 年 7 月，32 開，174 頁
萬卷文庫 25

臺北：九歌出版社
2008 年 5 月，25 開，212 頁
余光中作品集 06

大地出版社 1974

九歌出版社 2008

本書集結作者赴香港定居前之詩作。全書收錄〈江湖上〉、
〈白霏霏〉、〈小時候〉、〈蓮花落〉、〈蒙特瑞半島〉等 59
首。正文前有余光中〈自序〉，正文後有余光中〈後記〉。
九歌版：正文前新增余光中〈成果而甘——九歌最新版
序〉、余光中《白玉苦瓜》各版序言及後記：〈詩的勝利—
一一九七四年大地版初版序〉、〈詩之感性的兩個要素——
一九七四年大地版後記〉、〈破除現代詩沒有讀者的謠言—
一一九七四年大地版三序〉、〈杜甫有折舊率嗎？——一九
八三年大地版十版序〉，正文後新增〈本書相關評論索
引〉。

天狼星

臺北：洪範書店
1976 年 8 月，32 開，165 頁
洪範文學叢書 1

臺北：洪範書店
2008 年 10 月，25 開，172 頁

本書集結作者長篇詩作。全書收錄〈少年
行〉、〈大度山〉等四首。正文後有余光中
〈天狼仍嗥光年外（後記）〉。
2008 年洪範版：內容與 1976 年洪範版相
同。

洪範書店 1976　　　洪範書店 2008

洪範書店 1979

洪範書店 2008

與永恆拔河

臺北：洪範書店
1979 年 4 月，32 開，213 頁
洪範文學叢書 41

臺北：洪範書店
2008 年 10 月，25 開，209 頁
洪範文學叢書 41

全書分「九廣鐵路」、「沙田秋望」、「紅葉」、「憶舊遊」、
「隔水書」、「旗」、「唐馬」、「海祭」八輯，收錄〈颱風
夜〉、〈沙田之秋〉、〈九廣路上〉、〈旺角一老嫗〉、〈燈下〉
等 71 首。正文後有余光中〈後記〉、〈寫作年表〉。
2008 年洪範版：內容與 1979 年洪範版相同。

洪範書店 1983

洪範書店 2008

隔水觀音

臺北：洪範書店
1983 年 1 月，32 開，181 頁
洪範文學叢書 90

臺北：洪範書店
2008 年 10 月，25 開，178 頁
洪範文學叢書 90

全書收錄〈湘逝——杜甫歿前舟中獨白〉、〈夜讀東坡〉、
〈故鄉的來信——悼舅家的幾個亡魂〉、〈夜遊龍山寺〉、
〈隔水觀音——淡水回臺北途中所想〉等 53 首。正文後有
余光中〈後記〉。
2008 年洪範版：內容與 1983 年洪範版相同。

洪範書店 1981

洪範書店 2006

余光中詩選 1949～1981

臺北：洪範書店
1981 年 8 月，32 開，369 頁
洪範文學叢書 72

臺北：洪範書店
2006 年 4 月，25 開，344 頁
洪範文學叢書 72

本書依據創作先後順序編排，呈現出作者詩風的發展以及詩思的變化。全書分「舟子的悲歌」、「藍色的羽毛」、「天國的夜市」、「鐘乳石」、「萬聖節」、「五陵少年」、「天狼星」、「敲打樂」、「在冷戰的年代」、「白玉苦瓜」、「與永恆拔河」、「未結集作品」等 13 輯，收錄〈揚子江船夫曲——用四川音朗誦〉、〈清道夫〉、〈沉思——南海舟中望星有感〉、〈算命瞎子〉、〈舟子的悲歌〉等 110 首。正文前有余光中〈剖出年輪三十三——代自序〉。
2006 年洪範版：內容與 1981 年洪範版相同。

洪範書店 1986

紫荆賦

臺北：洪範書店
1986 年 7 月，32 開，195 頁
洪範文學叢書 160

臺北：洪範書店
2008 年 10 月，25 開，189 頁
洪範文學叢書 160

本書集結以香港、臺灣爲主題的詩作，呈現作者於沙田山居時期的恬淡心境，以及返臺定居前的惜別之情。全書收錄〈飛過海峽〉、〈夜色如網〉、〈七字經〉、〈最薄的一片暮色〉、〈一枚松果〉等 62 首。正文前有余光中〈十載歸來賦紫荆——自序）〉。
2008 年洪範版：內容與 1986 年洪範版相同。

洪範書店 2008

四川文藝 1988

香江出版社 1989

余光中一百首／黃維樑主編；流沙河選釋

成都：四川文藝出版社
1988 年 11 月，32 開，275 頁

香港：香江出版社
1989 年 1 月，25 開，220 頁
沙田文叢 7

本書集結作者之詩作，並於各首詩末附錄由流沙河闡釋的
賞析。全書分「1949～1950」、「1960～1969」、「1970～
1979」、「1980～1986」四輯，收錄〈揚子江船夫曲——用
四川音朗誦〉、〈又回來了〉、〈珍妮的辮子〉、〈女高音〉、
〈項圈〉等 100 首。正文前有余光中〈致讀者〉、流沙河
〈編者說明〉。
香江版：正文前新增黃維樑〈《沙田文叢》出版緣起〉、黃
維樑〈前言〉、流沙河〈選釋者如是說〉。

夢與地理

臺北：洪範書店
1990 年 6 月，32 開，194 頁
洪範文學叢書 209

本書集結作者 1985～1988 年之詩作。全書收錄〈問燭〉、
〈紙船〉、〈海劫〉、〈水平線——寄香港故人〉、〈與李白同
遊高速公路〉等 55 首。正文後有余光中〈後記〉。

九歌出版社 1992

九歌出版社 2004

守夜人

臺北：九歌出版社
1992 年 10 月，32 開，283 頁
九歌文庫 342

臺北：九歌出版社
2004 年 11 月，25 開，313 頁
九歌文庫 342

本書爲作者自譯中英對照詩作選集。全書分「鐘乳石」、「敲打樂」、「在冷戰的年代」、「白玉苦瓜」、「與永恆拔河」、「隔水觀音」、「紫荊賦」、「夢與地理」、「尚未結集」等十輯，收錄〈西螺大橋〉、〈七層下〉等 68 首。中文版正文前有余光中〈《守夜人》自序〉，正文後有〈余光中譯著一覽表〉。英文版正文前有"About the Author"、"Foreword"，正文後有"Books by Yu Kwang-chung"。
2004 年九歌版：新增〈黃昏〉、〈蛛網〉、〈雨聲說些什麼〉、〈抱孫〉、〈在多風的夜晚〉、〈非安眠曲〉、〈母難日：今生今世〉、〈母難日：矛盾世界〉、〈飛行的向日葵〉、〈七十自喻〉、〈給星光一點機會〉、〈魔鏡〉、〈翠玉白菜〉等 14 首。正文前新增余光中〈新版自序〉。

安石榴

臺北：洪範書店
1996 年 4 月，32 開，192 頁
洪範文學叢書 270

本書集結作者 1986～1990 年之詩作。全書分三輯，收錄〈埔里甘蔗〉、〈初嚼檳榔〉、〈安石榴〉、〈削蘋果〉、〈蓮霧〉等 54 首。正文後有余光中〈後記〉。

雙人牀／鄭樹森主編

臺北：洪範書店
1996 年 9 月，50 開，56 頁
隨身讀 10

本書精選余光中代表詩作。全書收錄〈等你，在雨中〉、〈月光曲〉、〈茫〉等 16 首

洪範書店 1998

洪範書店 2007

余光中詩選·第二卷 1982～1998

臺北：洪範書店
1998 年 10 月，32 開，300 頁
洪範文學叢書 72

臺北：洪範書店
2007 年 4 月，25 開，300 頁
洪範文學叢書 72

本書集結作者 1982～1998 年之詩作。全書分「紫荆賦」、
「夢與地理」、「安石榴」、「五行無阻」、「未結集作品」五
輯，收錄〈夜色如網〉、〈最薄的一片暮色〉、〈一枚松果〉、
〈夸父〉、〈小木屐〉等 87 首。正文前有余光中〈自序〉。
2007 年洪範版：內容與 1998 年洪範版相同。

五行無阻

臺北：九歌出版社
1998 年 10 月，32 開，181 頁
九歌文庫 512

本書集結作者 1991～1994 年之詩作。全書收錄〈東飛
記〉、〈洛城看劍記——贈張錯〉、〈初夏的一日〉、〈木蘭樹
下〉、〈聞錫華失足〉等 45 首。正文後有余光中〈後記〉。

與海為鄰

上海：上海文藝出版社
1999 年 12 月，32 開，360 頁
臺灣暨海外華語作家自選文庫

本書集結作者之詩作，並依創作時間先後編排。全書收錄
〈舟子的悲歌（1949～1952）〉、〈揚子江船夫曲〉、〈沉
思〉、〈算命瞎子〉等 33 首。

九歌出版社 2000

九歌出版社 2007

高樓對海

臺北：九歌出版社
2000 年 7 月，32 開，213 頁
九歌文庫 576

臺北：九歌出版社
2007 年 5 月，25 開，216 頁
余光中作品集 3

本書集結作者高雄時期之詩作。全書收錄〈喉核——高爾夫情意結之一〉、〈麥克風，耳邊風——高爾夫情意結之二〉、〈十八洞之外——高爾夫情意結之三〉、〈廈門的女兒——謝舒婷〉、〈浪子回頭〉等 59 首。正文後有余光中〈後記〉。

2007 年九歌版：正文後新增唐捐〈海闊，風緊，樓高——讀余光中《高樓對海》〉。

中國青年 2000

中國青年 2004

余光中詩選／劉登翰、陳聖生選編

北京：中國青年出版社
2000 年 7 月，32 開，384 頁
百年百種優秀中國文學圖書

北京：中國青年出版社
2004 年 3 月，32 開，384 頁
中國文庫

全書分「卷前：大陸時期（1949 年以前）」、「卷一：臺灣前期（1950～1974）」、「卷二：香港時期（1975～1985）」、「卷三：臺灣後期（1984 年～）」四部分，收錄〈羿射九日〉、〈臭蟲歌〉、〈揚子江船夫曲〉、〈沙浮投海〉、〈歌謠兩首〉等 183 首。正文前有作者像，正文後有劉登翰〈鐘整個大陸的愛在一只苦瓜——《余光中詩選》編後〉、劉登翰〈二○○○年版後記〉。

2004 年中國青年版：內容與 2000 年中國青年版相同。

余光中

北京：人民文學出版社
2006 年 1 月，32 開，340 頁
中國當代名詩人選集

全書分「鄉情」、「懷古」、「親情」、「友情」、「愛情」、「還鄉」、「自述」、「人物」、「詠物」、「造化」十輯，收錄〈舟子的悲歌〉、〈我之固體化〉、〈五陵少年〉、〈春天，遂想起〉、〈當我死時〉等 161 首。

南京大學 2008

南京大學 2009

鄉愁四韻／胡有清編

南京：南京大學出版社
2008 年 4 月，大 32 開，166 頁
余光中詩叢・懷鄉卷

南京：南京大學出版社
2009 年 9 月，32 開，172 頁

本書集結余光中以鄉愁為主題的詩作。全書收錄〈雪的感覺〉、〈塵埃〉、〈我之固體化〉、〈當我死時〉、〈四方城〉等 65 首。正文前有余光中〈序〉，止文後有〈編後記〉、胡有清〈凡我所在，即為中國——論余光中鄉愁詩與中國認同〉、〈補記〉。
2009 年南京版：內容與 2008 年南京版相同。

余光中六十年詩選／陳芳明選編

臺北：印刻文學出版公司
2008 年 6 月，25 開，367 頁
文學叢書 189

本書依據作者創作先後順序編排。全書分「臺北時期」、「香港時期」、「高雄時期」三輯，收錄〈沉思——南海舟中望星有感〉、〈舟子的悲歌〉、〈昨夜你對我一笑〉、〈七夕〉、〈詩人之歌〉等 97 首。正文前有陳芳明〈編輯前言：詩藝追求，止於至善〉，正文後有劉思坊整理〈余光中創作年表〉。

藕神

臺北：九歌出版社

2008 年 10 月，25 開，222 頁

余光中作品集 9

全書收錄〈捉兔〉、〈雞語〉、〈魔鏡〉、〈畫中有詩——題劉國松畫六首〉、〈永念蕭邦〉等 72 首。正文前有余光中〈詩藝老更醇？〉。

鄉愁

武漢：長江文藝出版社

2008 年 10 月，16 開，166 頁

中外名家經典詩歌・余光中卷

本書集結作者以鄉愁為主題的詩作。全書收錄〈算命瞎子〉、〈舟子的悲歌〉、〈昨夜你對我一笑〉、〈祈禱〉、〈珍妮的辮子〉等 106 首。

余光中幽默詩選／陳幸蕙選編

臺北：天下文化出版公司

2008 年 10 月，25 開，265 頁

本書集結作者之詩作，內容包含抒情、敘事、寫景、自遣、調侃、諧諷、諷刺等。全書分三輯，收錄〈四谷怪談〉、〈灰鴿子〉、〈雪橇〉、〈熊的獨白〉、〈調葉珊〉等 60首。正文前有陳幸蕙〈序——在微笑中親近大師〉。

余光中集／丁旭輝主編

臺南：國立臺灣文學館

2008 年 12 月，25 開，142 頁

臺灣詩人選集 14

本書集結作者以臺灣為主題的詩作。全書收錄〈大度山〉、〈遠洋有颱風〉、〈母親的墓〉、〈航空信〉等 39 首。正文前有黃碧端〈主委序〉、鄭邦鎮〈騷動，轉成運動〉、彭瑞金〈「臺灣詩人選集」編序〉、〈臺灣詩人選集編輯體例說明〉、〈余光中影像〉、〈余光中小傳〉，正文後有〈解說〉、〈余光中寫作生平簡表〉、〈閱讀進階指引〉、〈余光中已出版詩集要目〉。

你是那虹／胡有清編

南京：南京大學出版社
2013 年 5 月，32 開，157 頁
余光中詩叢・風物卷

全書分四輯，收錄〈芒果〉、〈木棉花〉、〈敬禮，木棉樹〉、
〈水仙〉、〈你是那虹〉等 58 首。正文前有余光中〈長結詩
緣（代總序）、余光中〈前言〉，正文後有胡有清〈編後
記〉、胡有清〈雨聲說些什麼——余光中風物詩賞析〉。

翠玉白菜／胡有清編

南京：南京大學出版社
2013 年 5 月，32 開，160 頁
余光中詩叢・懷古卷

全書分五輯，收錄〈汨羅江神〉、〈草堂祭杜甫〉、〈戲李
白〉、〈夜讀東坡〉、〈翠玉白菜〉等 56 首。正文前有余光中
〈長結詩緣（代總序）、余光中〈前言〉，正文後有胡有清
〈編後記〉、胡有清〈而我，……大江是第幾個浪頭——余
光中懷古詩漫議〉。

【散文】

文星書店 1963

大林出版社 1970

時報文化 1980

左手的繆思

臺北：文星書店
1963 年 9 月，40 開，160 頁
文星叢刊 4

臺北：大林出版社
1970 年 11 月，40 開，160 頁
大林文庫 21

臺北：時報文化出版公司
1980 年 4 月，32 開，173 頁
時報書系 246

本書集結作者於 1952～1963 年之散文。全
書收錄〈記佛洛斯特〉、〈艾略特的時代〉、
〈舞與舞者〉等 18 篇。
大林版：內容與文星版相同。
時報文化版：正文前新增余光中〈《左手的
繆思》新版序〉，正文後新增余光中〈後
記〉。

逍遙遊

臺北：文星書店
1965 年 7 月，40 開，209 頁
文星叢刊 167

臺北：大林出版社
1969 年 7 月，40 開，209 頁
大林文庫 11

臺北：時報文化出版公司
1984 年 3 月，32 開，215 頁
人間叢書 18

臺北：九歌出版社
2000 年 6 月，32 開，263 頁
九歌文庫 575

本書集結作者 1963～1965 年之散文，內容以文藝、抒情為主。全書收錄〈下五四的半旗〉、〈迎七年之癢〉、〈楚歌四面談文學〉等 20 篇。正文後有余光中〈後記〉。
大林版：內容與文星版相同。
時報文化版：正文前新增余光中〈新版序〉。
九歌版：正文前新增余光中〈九歌版新序〉。

文星書店 1965　　大林出版社 1969　　時報文化 1984　　九歌出版社 2000

純文學出版社 1968

純文學出版社 1968

九歌出版社 2008

望鄉的牧神

臺北：純文學出版社
1968 年 7 月，32 開，276 頁
藍星叢刊之五

臺北：純文學出版社
1968 年 7 月，32 開，276 頁
純文學叢書

臺北：九歌出版社
2008 年 5 月，25 開，236 頁
余光中作品集 07

本書集結作者 1966～1968 年之散文，內
容以文學、抒情為主。全書收錄〈咦呵
西部〉、〈南太基〉、〈登樓賦〉等 24 篇。
正文後有余光中〈後記〉。
1968 年純文學版：內容與同年「藍星叢
刊」版相同。
九歌版：正文前新增余光中〈壯遊與雄
心──《望鄉的牧神》新版序。

焚鶴人

臺北：純文學出版社
1972 年 4 月，32 開，213 頁
純文學叢書

本書集結作者抒情散文。全書收錄〈下游的一日〉、〈食花
的怪客〉、〈焚鶴人〉等 19 篇。正文前有余光中〈作者簡
介〉，正文後有余光中〈後記〉。

純文學出版社 1974　　九歌出版社 2002

九歌出版社 2008

聽聽那冷雨

臺北：純文學出版社
1974 年 5 月，32 開，283 頁
純文學叢書

臺北：九歌出版社
2002 年 3 月，25 開，251 頁
九歌文庫 628

臺北：九歌出版社
2008 年 3 月，25 開，251 頁
余光中作品集 5

本書集結作者 1971～1974 年之散文。
全書收錄〈萬里長城〉、〈山盟〉、〈南半
球的多天〉等 28 篇。正文後有余光中
〈後記〉。
2002 年九歌版：正文後新增余光中〈九
歌新版後記〉。
2008 年九歌版：內容與 2002 年九歌版
相同。

余光中散文選

香港：文化‧生活出版社
1975 年 11 月，32 開，264 頁

全書分三輯，收錄〈塔阿爾湖〉、〈塔〉、〈咦呵西部〉等 23
篇。正文前有余光中〈自序〉。

純文學出版社 1977

青青邊愁

臺北：純文學出版社
1977 年 12 月，32 開，313 頁
純文學叢書

臺北：九歌出版社
2010 年 3 月，25 開，318 頁
余光中作品集 15

本書集結作者香港時期之散文。全書分四輯，收錄〈不
朽，是一堆頑石？〉、〈卡萊爾故居〉、〈高速的聯想〉、〈思
臺北，念臺北〉等 34 篇。正文後有余光中〈離臺千日——

《青青邊愁》純文學版後記〉。
九歌版：正文前新增余光中〈新版前言〉。

九歌出版社 2010

洪範書店 1987

洪範書店 2006

記憶像鐵軌一樣長

臺北：洪範書店
1987 年 1 月，32 開，278 頁
洪範文學叢書 165

臺北：洪範書店
2006 年 7 月，25 開，278 頁
洪範文學叢書 165

本書集結作者 1978～1985 年之散文。
全書收錄〈催魂鈴〉、〈牛蛙記〉、〈沒有
人是一個島〉等 20 篇。正文前有余光
中〈自序〉。
2006 年洪範版：內容與 1987 年洪範版
相同。

九歌出版社 1988

九歌出版社 2008

憑一張地圖

臺北：九歌出版社
1988 年 12 月，32 開，241 頁
九歌文庫 264

臺北：九歌出版社
2008 年 8 月，25 開，205 頁
余光中作品集 08

本書為作者小品散文集。全書分「隔海
書」、「焚書禮」兩輯，收錄〈翻譯乃大
道〉、〈譯者獨憔悴〉、〈美文與雜文〉、
〈樵夫的爛柯〉等 48 篇。正文後有余
光中〈後記〉。
2008 年九歌版：正文前新增余光中〈自
律的內功──新版自序〉。

鬼雨・余光中散文／辛磊編

廣州：花城出版社
1989 年 5 月，12.3×19.5 公分，361 頁
八方叢書

全書分「逍遙遊」、「高速的聯想」、「幽默的境界」三輯，
收錄〈塔阿爾湖〉、〈逍遙遊〉、〈九張床〉、〈塔〉、〈丹佛
城〉等 42 篇。正文前有何龍〈奇妙的文字方陣（代序）〉，
正文後附錄余光中〈剪掉散文的辮子〉。

隔水呼渡

臺北：九歌出版社
1990 年 1 月，32 開，272 頁
九歌文庫 283

本書內容多為作者至世界各地的遊記與感想。全書收錄
〈隔水呼渡〉、〈關山無月〉、〈龍坑有雨〉等 16 篇。正文前
有照片 13 張、余光中〈自序〉。

世界華文散文精品・余光中卷

廣州：廣州出版社
1996 年 11 月，25 開，222 頁

全書收錄〈塔〉、〈咦呵西部〉、〈登樓賦〉、〈阿拉伯的勞倫
斯〉、〈丹佛城——新西域的陽關〉等 26 篇。正文前有余光
中〈自序〉。

橋跨黃金城／林杉編

北京：人民日報出版社
2007 年 1 月，32 開，327 頁
名人名家書系

本書集結作者 1952～1995 年之散文。全書分「逍遙遊」、
「另有離愁」、「剪掉散文的辮子」等四部分，收錄〈塔阿
爾湖〉、〈逍遙遊〉、〈四月，在古戰場〉、〈黑靈魂〉、〈塔〉
等 60 篇。正文前有余光中〈自序〉，正文後有馮林山〈心
靈背面奇幻的燈光（編後）〉、林杉〈後記〉。

余光中散文

杭州：浙江文藝出版社
1997 年 6 月，25 開，460 頁

浙江：浙江文藝出版社
2004 年 7 月，25 開，460 頁

杭州：浙江文藝出版社
2008 年 4 月，16 開，259 頁
名家散文典藏

全書分「抒情散文」、「知性散文」、「小品文」、「論述文」四輯，收錄〈石城之行〉、〈黑靈魂〉、〈塔〉、〈南太基〉等 49 篇。正文前有余光中〈自序〉。
2004 年浙江文藝版：內容與 1997 年浙江文藝版相同。
2008 年浙江文藝版：刪去「論述文」一輯共五篇。

浙江文藝 1997　　　浙江文藝 2004　　　浙江文藝 2008

高速的聯想

天津：百花文藝出版社
1997 年 8 月，32 開，268 頁
臺灣名家散文自選叢書

全書收錄〈給莎士比亞的一封回信〉、〈論夭亡〉、〈朋友四型〉、〈沙田山居〉等 35 篇。正文前有余光中〈自序〉、〈作者著作出版紀要〉。

九歌出版社 1998

九歌出版社 2009

日不落家

臺北：九歌出版社
1998 年 10 月，32 開，248 頁
九歌文庫 513

臺北：九歌出版社
2009 年 10 月，25 開，234 頁
余光中作品集 14

本書集結作者 1991～1998 年之散文。全書收錄〈眾嶽崢
嶸〉、〈山色滿城〉、〈重遊西班牙〉等 21 篇。正文後有余光
中〈後記〉。
2009 年九歌版：正文前新增余光中〈新版序〉，正文後新
增余光中〈後記〉、附錄余珊珊〈詩人與父親〉、余幼珊
〈父親・詩人・同事〉、余佩珊〈月光海岸〉、余季珊
〈爸，生日快樂！〉。

大美為美──余光中散文精選／黃維樑選編

深圳：海天出版社
2001 年 5 月，18 開，370 頁
當代中國散文八大家

全書分三輯，收錄〈鬼雨〉、〈逍遙遊〉、〈咦呵西部〉、〈聽
聽那冷雨〉、〈四月，在古戰場〉等 51 篇。正文前有季羨林
〈漫談散文（代總序）〉、黃維樑〈前言〉，正文後有黃國彬
〈附錄：余光中的大品散文〉、曠昕〈跋〉。

九歌出版社 2002

廣西師範大學 2003

余光中精選集╱陳義芝主編

臺北：九歌出版社
2002 年 11 月，25 開，333 頁
新世紀散文家系列 6

桂林：廣西師範大學出版社
2003 年 12 月，32 開，284 頁
新世紀散文家第 1 輯

本書精選作者散文作品。全書分「聽聽那冷雨」、「沙田山
居」、「日不落家」三輯，收錄〈鬼雨〉、〈四月，在古戰
場〉、〈南太基〉等 26 篇。正文前有陳義芝〈編輯前言〉、
陳義芝〈推薦余光中〉、黃維樑／黃國彬／孫瑋芒／周澤雄
／David Pollard〈綜論余光中散文〉、〈余光中散文觀〉，正
文後有〈余光中寫作年表〉、〈余光中散文重要評論索引〉。
廣西師範大學版：內容與九歌版相同。

左手的掌紋╱馮亦同編

南京：江蘇文藝出版社
2003 年 10 月，32 開，328 頁
大家散文文存

本書精選作者散文作品。全書分「蒲公英的歲月」、「開卷
如開芝麻門」、「憑一張地圖」、「幽默的境界」、「日不落
家」、「落日故人情」、「自豪與自幸」七輯，收錄〈石城之
行〉、〈鬼雨〉、〈落楓城〉、〈九張床〉、〈登樓賦〉等 54 篇。
正文前有余光中〈自序〉，正文後有馮亦同〈編後記〉。

飛毯原來是地圖

香港：三聯書店
2003 年 12 月，32 開，212 頁
三聯文庫 82

本書集結作者短篇散文作品。全書收錄〈朋友四型〉、〈春
來半島〉、〈夜讀叔本華〉等 21 篇。

青銅一夢

臺北：九歌出版社
2005 年 2 月，25 開，270 頁
余光中作品集 1

本書集結作者 2001～2004 年之散文。全書收錄〈九九重
九，究竟多久？〉、〈天方飛毯原來是地圖〉、〈略掃詩興〉
等 25 篇。正文後有余光中〈後記〉。

余光中幽默文選

臺北：天下遠見出版公司
2005 年 5 月，25 開，209 頁
風華館 36

本書集結作者 1967～2003 年之散文。全書分二輯，收錄
〈給莎士比亞的一封回信〉、〈蝗族的盛宴〉、〈朋友四型〉
等 24 篇。正文前有余光中〈自序——悲喜之間徒苦笑〉。

余光中散文／李曉明主編

長春：吉林文史出版社
2008 年 5 月，25 開，251 頁
名家精品閱讀之旅

全書收錄〈死亡，你不要驕傲〉、〈書齋・書災〉、〈猛虎與
薔薇〉、〈鬼雨〉等 40 篇。

余光中跨世紀散文／陳芳明主編

臺北：九歌出版社
2008 年 10 月，25 開，478 頁
余光中作品集 12

全書分「抒情自傳」、「天涯躚蹤」、「師友過從」、「詩論文
論」、「諧趣文章」五輯，收錄〈鬼雨〉、〈逍遙遊〉、〈望鄉
的牧神〉、〈焚鶴人〉等 47 篇。正文前有陳芳明〈左手掌
紋，壯麗啟開——《余光中跨世紀散文》前言〉，正文後有
〈余光中大事年表〉。

沙田山居

香港：商務印書館
2009 年 1 月，25 開，103 頁
魚之樂優質中文階梯閱讀

本書記述作者於香港沙田居住時期之所見所聞，以及與文
友之間的交誼。全書分兩輯，收錄〈沙田山居〉、〈吐露港
上〉等 11 篇。正文後有〈參考答案〉。

余光中散文精選

杭州：浙江文藝出版社
2011 年 3 月，32 開，204 頁
青少年文庫

全書分「抒情散文」、「知性散文」、「小品文」三輯，收錄
〈石城之行〉、〈南太基〉、〈丹佛城〉、〈聽聽那冷雨〉等 34
篇。

【合集】

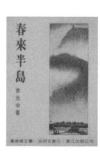

春來半島／黃維樑編

香港：香江出版社
1985 年 12 月，25 開，167 頁
沙田文叢 1

全書分兩輯，「詩」收錄〈沙田之秋〉、〈九廣路上〉、〈燈
下〉等 24 首；「散文」收錄〈沙田山居〉、〈思臺北，念臺
北〉等 10 篇。正文前有余光中〈回望迷樓——《春來半
島》自序〉。

中國結

武漢：長江文藝出版社
1993 年 10 月，25 開，362 頁
臺灣當代著名作家代表作大系

全書分兩輯，「詩歌」收錄〈算命瞎子〉、〈舟子的悲歌〉、
〈昨夜你對我一笑〉、〈祈禱〉、〈珍妮的辮子〉等 91 首；
「散文」收錄〈石城之行〉、〈塔阿爾湖〉、〈書齋‧書災〉
等 27 篇。正文前有陳燕谷、劉慧英〈序〉、〈余光中小
傳〉，正文後有〈著作目錄〉。

余光中散文選集

長春：時代文藝出版社
1997 年 8 月，18 開

《余光中散文選集》共四冊，包含《左手的繆思》、《聽聽那冷雨》、《青青邊
愁》、《憑一張地圖》。

余光中散文選集（一）左手的繆思

長春：時代文藝出版社
1997 年 8 月，18 開，470 頁

本書收錄詩集《左手的繆思》、《掌上雨》、《逍遙遊》。

余光中散文選集（二）聽聽那冷雨

長春：時代文藝出版社
1997 年 8 月，18 開，561 頁

本書收錄詩集《望鄉的牧神》、《焚鶴人》、《聽聽那冷雨》。

余光中散文選集（三）青青邊愁

長春：時代文藝出版社
1997 年 8 月，18 開，552 頁

本書收錄詩集《青青邊愁》、《分水嶺上》、《記憶像鐵軌一
樣長》。

余光中散文選集（四）憑一張地圖

長春：時代文藝出版社
1997 年 8 月，18 開，540 頁

本書收錄詩集《憑一張地圖》、《隔水呼渡》、《從徐霞客到
梵高》。

真空的感覺／傅光明主編

廣州：新世紀出版社
1998 年 10 月，25 開，247 頁
海外名家經典 1

全書分兩輯，「散文」收錄〈四月，在古戰場〉、〈南半球的
冬天〉、〈不朽，是一堆頑石〉等 22 篇；「詩歌」收錄〈昨
夜你對我一笑〉、〈北京人〉、〈祈禱〉、〈珍妮的辮子〉等 42
首。正文前有鄭實〈余光中是一首詩（代前言）〉。

余光中經典作品

北京：當代世界出版社
2004 年 9 月，18 開，308 頁
港臺名家名作

全書分三部分，「散文」收錄〈逍遙遊〉、〈四月，在古戰
場〉等 17 篇；「詩」收錄〈沉思〉、〈舟子的悲歌〉、〈淡水
河邊弔屈原〉、〈靈感〉、〈批評家〉等 85 首；「雜文」收錄
〈論夭亡〉、〈幽默的境界〉等九篇。

燕山出版社 2006　　　燕山出版社 2009

余光中精選集

北京：燕山出版社
2006 年 5 月，16 開，250 頁
世紀文學六十家

北京：燕山出版社
2009 年 4 月，16 開，240 頁
世界文學名家精選集

全書分二部分，「詩歌」收錄〈揚子江船夫曲〉、〈詩人〉、〈我的小屋〉、〈女高音〉、〈郵票〉等 77 首；「散文」收錄〈猛虎和薔薇〉、〈鬼雨〉、〈逍遙遊〉等 26 篇。正文前有余光中照片四張、〈出版前言〉、徐學〈中西合璧，詩文雙絕〉，正文後有徐學〈創作要目〉。
2009 年燕山版：內容與 2006 年燕山版相同。

余光中作品精選

武漢：長江文藝出版社
2006 年 8 月，16 開，353 頁
跨世紀文叢

全書分兩部分，「詩歌」收錄〈算命瞎子〉、〈舟子的悲歌〉、〈昨夜你對我一笑〉、〈祈禱〉、〈珍妮的辮子〉等 105 首；「散文」收錄〈石城之行〉、〈塔阿爾湖〉、〈書齋・書災〉等 34 篇。正文前有〈余光中小傳〉。

余光中選集

香港：明報月刊社
2009 年 5 月，16 開，429 頁
世界當代華文文學精讀文庫

全書分三部分，「詩」收錄〈南瓜記〉、〈宜興茶壺〉、〈國殤〉、〈地球儀〉等 40 首，「散文」收錄〈梵天午夢〉、〈莫驚醒金黃的鼾聲〉、〈紅與黑〉等 17 篇；「評論」收錄〈藝術創作與間接經驗〉、〈詩與音樂〉等十篇。正文前有余光中近照、〈眾手合推的文化巨石——《世界當代華文文學精讀文庫（總序）》〉、余光中〈自序〉，正文後有〈余光中創作年表〉。

文學年表

1928 年	10 月	21 日，生於南京，籍貫福建永春。父親余超英、母親孫秀君。
1937 年		抗日戰爭初起，隨母親逃難，流亡於蘇皖邊境。
1938 年		隨母親逃往上海，半年後乘船經香港、安南、昆明、貴陽抵達重慶，與父親團聚。
1940 年		就讀四川江北縣悅來場南京青年會中學。
1945 年		抗戰結束，隨父母返回南京。
1947 年	本年	南京青年會中學畢業。
		考取北京大學、金陵大學兩所學校，因北方適逢國共內戰，就讀金陵大學外文系。
1949 年	年初	國共內戰轉劇，隨母親自南京逃往上海、廈門，轉讀廈門大學外文系二年級。
		開始於廈門《星光》、《江聲》等報刊發表詩作與評論。
1950 年	5 月	隨家人來臺。
		開始於《新生報》、《中央日報》、《野風》等報刊發表詩作。
	9 月	考取臺灣大學外文系三年級。
1952 年	3 月	詩集《舟子的悲歌》由臺北野風出版社出版。
	本年	臺灣大學外文系畢業。
		以第一名考入聯勤陸海空軍編譯人員訓練班。

1953 年		入國防部聯絡官室服役，任少尉編譯官。
1954 年	10 月	詩集《藍色的羽毛》由臺北藍星詩社出版。
		與鍾鼎文、覃子豪、夏菁、鄧禹平等人共同創立藍星詩社。
1956 年	9 月	2 日，與范我存結婚。
		於東吳大學兼課。
		主編《藍星週刊》、《文學雜誌》。
1957 年	11 月	發表詩作〈馬拉松〉於《文壇》第 1 期。
		臺灣師範大學兼課。
		翻譯伊爾文・史東（Irving Stone）《梵谷傳》、海明威（Ernest Hemingway）《老人與大海》，由臺北重光文藝出版社出版。
1958 年	4 月	發表〈論新詩的大眾化〉於《文星》第 6 期。
	6 月	長女珊珊出生。
	7 月	於中山堂舉行「藍星詩獎」頒獎典禮，擔任致詞人，並慶祝《藍星周刊》發行 200 期。
	9 月	1 日，發表〈工業美國的桂冠詩人──桑德堡的生平與作品〉於《聯合報》。
	10 月	發表〈談現代詩〉於《文星》第 12 期。
		獲亞洲協會獎金，赴美國愛奧華大學進修文學創作、美國文學、現代藝術課程。
	11 月	發表〈麥克里希及其作品〉於《幼獅月刊》第 8 卷第 5 期。
1959 年	2 月	20 日，發表詩作〈七指的畫像〉於《聯合報》。
	3 月	14 日，發表詩作〈安魂曲〉於《聯合報》。
	4 月	4 日，發表詩作〈當風來時〉於《聯合報》。
		29 日，發表詩作〈被圍〉於《聯合報》。

5 月　14 日，發表詩作〈小飛魚〉於《聯合報》。

　　　發表〈記佛洛斯特〉於《文星》第 19 期。

6 月　8 日，發表詩作〈催眠曲〉於《聯合報》。

　　　次女幼珊出生。

10 月　獲愛奧華大學藝術碩士學位。

　　　返回臺灣，擔任臺灣師範大學英語系講師。

本年　主編《現代文學》、《文星》之詩輯。

　　　加入現代詩論戰。

1960 年　1 月　發表〈新詩與傳統〉、〈大詩人艾略特〉於《文星》第 27 期。

2 月　21 日，發表詩作〈大度山〉於《聯合報》。

　　　發表〈摸象與畫虎〉於《文星》第 28 期。

3 月　發表〈坐看雲起時〉於《現代文學》第 1 期。

4 月　發表〈摸象與捫蝨〉於《文星》第 30 期。

8 月　詩集《萬聖節》由臺北藍星詩社出版。

9 月　22 日，發表詩作〈颱風夜〉於《聯合報》。

　　　發表〈釋一首現代詩〉於《筆匯月刊》第 2 卷第 2 期。

10 月　詩集《鐘乳石》由香港中外畫報社出版。

11 月　發表〈論半票讀者的文學〉於《文星》第 31 期。

本年　《英詩譯註》由臺北文星書店出版。

1961 年　1 月　19 日，發表詩作〈「中國新詩選」譯後〉於《聯合報》。

2 月　發表〈論保羅‧克利〉於《文星》第 40 期。

5 月　三女佩珊出生。

6 月　發表〈五月畫展〉於《文星》第 44 期。

　　　發表〈放逐季外一章〉於《藍星》第 1 期。

8 月　發表〈雕塑家賈可美蒂〉於《文星》第 46 期。

	10 月	發表〈畢卡索——現代藝術的魔術師〉於《文星》第 48 期。
	本年	與梁實秋、張愛玲、宋淇等人合譯《美國詩選》,由香港今日世界出版社出版。
		於東吳大學、東海大學、淡江大學兼課。
1962 年	5 月	4 日,發表詩作〈啊,春天來了〉於《聯合報》。
		14 日,發表詩作〈香杉棺〉於《聯合報》。
	6 月	22 日,發表詩作〈滿月下〉於《聯合報》。
		發表〈樸素的五月〉於《文星》第 56 期。
	7 月	4 日,發表詩作〈觀音山〉於《聯合報》。
	8 月	發表〈迎中國的文藝復興〉於《文星》第 58 期。
	9 月	12 日,發表詩作〈兩棲〉於《聯合報》。
		發表〈古董店與委託行之間〉於《文星》第 59 期。
	10 月	發表〈美國詩壇頑童康明思〉於《文星》第 60 期。
	11 月	發表〈翻譯和批評〉於《文星》第 61 期。
	12 月	27 日,應邀出席於菲律賓舉辦的「第一屆亞洲作家會議」。
	本年	獲中國文藝協會新詩獎。
1963 年	4 月	16 日,發表〈繆思的偵探——介紹來臺的美國作家保羅·安格爾〉於《聯合報》。
	5 月	發表〈書齋·書災〉於《文星》第 67 期。
	6 月	發表〈剪掉散文的辮子〉於《文星》第 68 期。
	7 月	發表〈楚歌四面談文學〉於《文星》第 69 期。
	8 月	發表〈鳳·鴉·鶉〉於《文星》第 70 期。
	9 月	發表〈「左手的繆思」後記〉於《文星》第 71 期。
		《左手的繆思》由臺北文星書店出版。
	11 月	發表〈不朽的 P〉於《文星》第 73 期。

12 月　發表〈簡評四本文學史〉、〈論題目的現代化〉於《文星》第 74 期。

1964 年　1 月　發表〈「掌上雨」後記〉、〈鬼雨〉於《文星》第 75 期。

3 月　30 日，於耕莘文教院主辦「莎士比亞誕生四百週年現代詩朗誦會」。

發表〈象牙塔到白玉樓〉於《文星》第 77 期。

4 月　23 日，發表〈莎誕夜〉於《聯合報》。

6 月　17～18 日，發表〈偉大的前夕——記第八屆五月畫展〉於《聯合報》。

發表〈從靈視主義出發〉、〈儒家鴕鳥的錢穆〉於《文星》第 80 期。

評論集《掌上雨》由臺北文星書店出版。

9 月　發表〈逍遙遊〉於《文星》第 83 期。

本年　應美國國務院之邀，赴美擔任傅爾布萊特計畫（The Fulbright Program）客座教授，進行巡迴授課。

1965 年　1 月　發表〈落楓城〉於《文星》第 87 期。

於賓夕法尼亞州蓋提斯堡學院授課。

3 月　四女季珊出生。

4 月　12 日，發表〈九張床〉於《徵信新聞報》第 7 版。

5 月　發表〈四月‧在古戰場〉於《文星》第 91 期。

6 月　8 日，發表〈黑靈魂〉於《聯合報》。

7 月　發表〈「逍遙遊」後記〉、〈塔〉於《文星》第 93 期。

《逍遙遊》由臺北文星書店出版。

應聘擔任西密西根州立大學英文系副教授一年。

11 月　范我存帶珊珊、幼珊赴美會合父親。

1966 年　10 月　6 日，發表〈南太基〉於《聯合報》。

		發表詩作〈敲打樂〉於《文學季刊》第 1 期。
	11 月	2 日，發表〈登樓賦〉於《徵信新聞報》第 6 版。
	本年	返臺，升任臺灣師範大學英語系副教授。
		獲選爲國際青年商會第四屆十大傑出青年。
1967 年	1 月	發表〈誰是大詩人〉於《幼獅文藝》第 26 卷第 1 期。
		發表詩作〈望鄉的牧神〉於《純文學》第 1 卷第 1 期。
		發表〈新鮮人學新鮮文〉於《中國一周》第 875 期。
	4 月	詩集《五陵少年》由臺北文星書店出版。
	8 月	6 日，發表〈梁翁傳莎翁〉於《聯合報》。
1968 年	1 月	發表〈給莎士比亞的一封回信〉於《大學雜誌》第 1 期。
	2 月	發表〈英美現代詩的發展〉於《純文學》第 3 卷第 2 期。
	5 月	發表〈文學的富貴病〉於《大學雜誌》第 5 期。
	7 月	《望鄉的牧神》由臺北純文學出版社出版。
	12 月	24 日，發表〈食花的怪客〉於《中國時報》。
	本年	《掌上雨》由香港文藝書屋出版。
		翻譯《英美現代詩選》由臺北學生書局出版。
1969 年	5 月	詩集《天國的夜市》由臺北三民書局出版。
	6 月	5 日，發表〈伐桂的前夕〉於《中國時報》。
	9 月	應美國教育部聘任爲科羅拉多州教育廳外國課程顧問、寺鐘學院客座教授。
	11 月	詩集《在冷戰的年代》《敲打樂》由臺北純文學出版社出版。
		文集《逍遙遊》、詩集《五陵少年》由香港文藝書屋出版。
1971 年	3 月	詩集 *ACRES OF BARBED WIRE* 由臺北美亞書版公司出

版。

10 月　23 日，發表〈苦雨就要下降〉於《中國時報》。

本年　返回臺灣，升任臺灣師範大學英語系教授。

　　　主持中國電視公司「世界之窗」節目。

1972 年　1 月　19 日，發表詩作〈民歌〉於《中國時報》。

　　　2 月　25 日，發表〈萬里長城〉於《中國時報》。

　　　3 月　1 日，發表詩作〈鄉愁〉於《中國時報》。

　　　4 月　《焚鶴人》由臺北純文學出版社出版。

　　　7 月　10 日，發表詩作〈慈雲寺俯眺臺北〉於《中國時報》。

　　　　　獲澳洲政府文化獎金，赴澳洲參訪兩個月。

　　　8 月　6 日，發表〈南半球的冬天〉於《中國時報》。

　　　　　轉任政治大學西語系主任。

　　　11 月　8 日，發表詩作〈老戰士〉於《中國時報》。

　　　　　23 日，發表〈用現代中文報導現代生活〉於《中國時報》。

　　　　　26 日，發表詩作〈上山〉於《中國時報》。

　　　　　發表〈詩人何罪？〉於《中外文學》第 2 卷第 6 期。

1973 年　1 月　發表〈用現代中文報導現代生活〉於《中國語文》第 187 期。

　　　8 月　13 日，發表詩作〈西出陽關〉於《中國時報》。

　　　9 月　24 日，應邀出席於韓國國立藝術學院召開的「第二屆亞洲文藝研討會」，發表論文〈中國詩的傳統與現代〉。

　　　12 月　13 日，發表詩作〈處女航〉於《中國時報》。

　　　　　主編政治大學《大一英文讀本》。

1974 年　3 月　25 日，發表詩作〈大寒流〉於《中國時報》。

　　　4 月　29 日，發表詩作〈逆泳〉於《中國時報》。

　　　5 月　《聽聽那冷雨》由臺北純文學出版社出版。

	7 月	5 日,發表〈「白玉苦瓜」自序〉於《中國時報》。
		9 日,發表詩作〈鄉愁四韻〉於《中國時報》。
		詩集《白玉苦瓜》由臺北大地出版社出版。
	8 月	13 日,發表詩作〈霧社〉於《中國時報》。
		應聘擔任香港中文大學中文系教授。
	本年	主編《中外文學》詩專號。
		主持霧社復興文藝營。
1975 年	5 月	27 日,發表詩作〈輓歌〉於《中國時報》。
	6 月	18 日,發表〈認真的遊戲——給旅美某學人的一封信〉於《中國時報》。
		返臺參加於臺北中山堂舉行的「現代民謠演唱會」,詩作八首由楊弦譜曲。
	7 月	18 日,發表詩作〈海祭〉於《中國時報》。
	8 月	17 日,發表詩作〈少年遊——宴別紹銘〉於《中國時報》。
	本年	《望鄉的牧神》由香港正文出版社出版。
		《余光中散文選》由香港文化生活出版社出版。
1976 年	2 月	7 日,發表〈雞犬牛羊〉於《中國時報》。
		15 日,發表〈縮地有術?〉於《聯合報》。
	4 月	1 日,發表詩作〈北望——每依北斗望京華〉於《中國時報》。
	8 月	23 日,應邀出席於倫敦舉辦的「第 41 屆國際筆會世界大會」,並發表英文論文 "The Truth of Imagination"。
		詩集《天狼星》由臺北洪範書店出版。
	10 月	3～5 日,發表〈想像之真〉於《聯合報》。
		22～23 日,發表〈不朽,是一堆頑石?〉於《中國時報》。

11 月　28 日，發表詩作〈公無渡河〉於《聯合報》。

12 月　20 日，發表詩作〈慰一位落選人〉於《聯合報》。

1977 年　4 月　17 日，發表詩作〈半島上〉於《聯合報》。

5 月　10 日，發表詩作〈黃金城〉於《聯合報》。

9 月　發表〈論朱自清的散文〉於《中外文學》第 6 卷第 4 期。

12 月　16 日，發表詩作〈蒼茫來時〉於《中國時報》。

18 日，發表〈離臺千日——「青青邊愁」後記 〉於《中國時報》。

25 日，發表〈暮色之來〉於《聯合報》。

《青青邊愁》由臺北純文學出版社出版。

1978 年　2 月　26 日，發表詩作〈旗〉於《聯合報》。

4 月　詩作〈旗〉轉載於《文學思潮》第 1 期。

5 月　1 日，發表詩作〈超馬——給一位青年驍騎士〉於《聯合報》。

17 日，發表〈從慘褐到燦黃——「梵谷傳」新譯本譯者序〉於《聯合報》。

6 月　10 日，發表詩作〈漂給屈原〉於《聯合報》。

27 日，發表詩作〈哥本哈根〉於《中國時報》。

7 月　12 日，發表詩作〈獨白〉於《中國時報》。

10 月　12 日，發表詩作〈菊頌〉於《中國時報》。

12 月　13 日，發表詩作〈秋興〉於《聯合報》。

1979 年　1 月　5～7 日，發表〈北歐行〉於《中國時報》。

18 日，發表詩作〈握手〉於《中國時報》。

26 日，發表詩作〈梟——二十七年如一夕〉於《聯合報》。

3 月　23 日，發表〈「與永恆拔河」後記〉於《聯合報》。

	4 月	詩集《與永恆拔河》由臺北洪範書店出版。
	5 月	26 日，發表詩作〈湘逝——杜甫歿前舟中獨白〉於《聯合報》。
	7 月	31 日，發表詩作〈夜讀東坡〉於《聯合報》。
	8 月	10 日，發表詩作〈故鄉的來信——悼舅家的幾個亡魂〉於《中國時報》。
		28 日，發表詩作〈割盲腸記〉於《聯合報》。
	9 月	發表〈論中文之西化〉於《中外文學》第 8 卷第 4 期。
		發表〈從情詩看中西文化的差異〉於《婦女雜誌》第 132 期。
	10 月	14 日，發表〈重登鸛雀樓〉於《中國時報》。
		30 日，發表詩作〈奇蹟〉於《中國時報》。
	11 月	17 日，發表詩作〈馬蹄鴻爪雪中尋〉於《聯合報》。
		21 日，發表詩作〈山中傳奇〉於《聯合報》。
	12 月	11 日，發表詩作〈第幾類接觸〉於《聯合報》。
		21 日，發表詩作〈夜遊龍山寺〉於《中國時報》。
1980 年	1 月	1 日，發表〈分水嶺上〉於《聯合報》。
	4 月	29 日，發表〈催魂鈴〉於《中國時報》。
		《掌上雨》、《左手的繆思》由臺北時報文化出版公司出版。
	5 月	8～10 日，發表〈紅旗下的耳語——評析金兆的小說〉於《聯合報》。
	6 月	1 日，發表〈牛蛙記〉於《中國時報》。
	7 月	15 日，發表〈三登鸛雀樓〉於《中國時報》。
	8 月	1 日，發表詩作〈競渡〉於《中國時報》。
	9 月	5 日，發表詩作〈苦熱〉於《聯合報》。
		22 日，發表詩作〈廈門街的巷子〉於《中國時報》。

返回臺灣一年，擔任臺灣師範大學英語系主任兼英語研究所所長。

11 月　1 日，發表詩作〈姮娥操刀——向秋神致敬二題〉於《聯合報》。

12 月　18 日，發表詩作〈電視機〉於《聯合報》。

本年　擔任《中國時報》、《聯合報》文學獎評審。

1981 年　1 月　29 日，發表〈從丹尼爾到金兆——序「金兆週」〉於《聯合報》。

2 月　9 日，發表詩作〈春天渡過海峽去〉於《中國時報》。

3 月　5～6 日，發表〈亦秀亦豪的健筆——我看張曉風的散文〉於《聯合報》。

4 月　5 日，發表〈遙指杏花村〉於《中國時報》。

6～14 日，應邀於耕莘文教院舉辦的「七十年現代詩季」演講。

13 日，發表詩作〈刺秦王〉於《中國時報》。

《分水嶺上——余光中評論文集》由臺北純文學出版社出版。

6 月　1 日，發表詩作〈寄給畫家——我不來看你了〉於《聯合報》。

4 日，發表〈靈均詩歌之夜〉於《聯合報》。

7 月　6 日，發表〈小梁挑大梁——我看梁錫華的散文〉於《聯合報》。

12 日，發表詩作〈贈壺記〉於《聯合報》。

25 日，發表詩作〈聽蟬〉於《中國時報》。

30 日，發表〈現代民歌渡海記〉於《聯合報》。

8 月　5 日，發表〈山水有清音〉於《聯合報》。

22 日，發表〈剖出年輪三十三〉於《聯合報》。

　　　　　　　　詩集《五陵少年》由臺北大地出版社出版。

　　　　　　　　詩集《余光中詩選 1949～1981》由臺北洪範書店出版。

　　　　　　　　主編《文學的沙田》由臺北洪範書店出版。

　　　　9 月　28 日，發表〈送思果〉於《中國時報》。

　　　12 月　應邀出席香港中文大學舉辦的「四〇年代文學研討會」，初識辛笛與柯靈。

1982 年　　1 月　22 日，發表詩作〈飛過海峽〉於《中國時報》。

　　　　3 月　3 日，發表〈鴉片戰爭與疝氣〉於《聯合報》。

　　　　4 月　21 日，發表〈不朽也受傷〉於《聯合報》。

　　　　5 月　7 日，發表詩作〈敬禮，木棉樹〉於《中國時報》。

　　　　6 月　10 日，發表詩作〈木屐懷古組曲〉於《中國時報》。

　　　　7 月　9 日，發表詩作〈魚市場記〉於《聯合報》。

　　　　　　　20 日，發表詩作〈長跑選手〉於《中國時報》。

　　　　9 月　3 日，發表詩作〈橄欖核舟──故宮博物院所見〉於《中國時報》。

　　　　　　　30 日，發表詩作〈梅花嶺──遙祭史可法〉於《中國時報》。

　　　10 月　3 日，發表詩作〈山中暑意七品〉於《聯合報》。

　　　　　　　25 日，發表詩作〈進出〉於《中國時報》。

　　　　　　　31 日，發表〈中國山水遊記的感性〉於《中國時報》。

　　　11 月　發表〈論民初的遊記〉於《明道文藝》第 80 期。

　　　12 月　2～3 日，發表〈中國山水遊記的知性〉於《中國時報》。

　　　　本年　詩作〈傳說〉獲金鼎獎歌詞獎。

　　　　　　　擔任《中國時報》文學獎評審。

1983 年　　1 月　詩集《隔水觀音》由臺北洪範書店出版。

　　　　5 月　4～5 日，發表〈白而不化的白話文──從早期的青澀到

近期的繁瑣〉於《中國時報》。

6 月 1～2 日，發表〈一跤絆到邏輯外——談王爾德的「不可兒戲」〉於《中國時報》。

24 日，發表〈開卷如開芝麻門〉於《聯合報》。

29 日，發表詩作〈甘地之死〉於《聯合報》。

7 月 4 日，發表詩作〈小紅書〉於《中國時報》。

8 月 25 日，發表〈愛彈低調的高手——遠悼吳魯芹先生〉於《中國時報》。

翻譯王爾德（Oscar Wilde）《不可兒戲》，由臺北大地出版社出版。

10 月 31 日，發表詩作〈過獅子山隧道〉於《中國時報》。

1984 年 1 月 1 日，發表〈來吧，一九八四！〉於《中國時報》。

2 月 詩集《在冷戰的年代》由純文學出版社出版。

3 月 28 日，發表〈廿年回首「逍遙遊」〉於《中國時報》。

《逍遙遊》由臺北時報文化出版公司出版。

4 月 29 日，發表詩作〈初春的感覺〉於《中國時報》。

5 月 27 日，發表〈羅素的彈弓〉於《中國時報》。

6 月 4 日，發表詩作〈不忍開燈的緣故〉於《聯合報》。

21 日，發表詩作〈傘中遊記〉於《中國時報》。

10 月 24 日，發表〈別門前群松〉於《聯合報》。

11 月 1 日，發表詩作〈捉放蝸牛〉於《中國時報》。

9～10 日，發表〈李清照以後〉於《中國時報》。

15 日，獲第七屆吳三連文藝獎散文獎。

27 日，發表〈記憶和鐵軌一樣長〉於《聯合報》。

本年 詩作〈小木屐〉獲金鼎獎歌詞獎。

香港話劇團演出《不可兒戲》，由楊世彭擔任導演。

1985 年 1 月 應邀出席於新加坡舉辦的「第三屆國際華文文藝營」。

3月		27～29日，發表〈山緣〉於《中國時報》。
5月		28日，發表〈飛鵝山頂〉於《中國時報》。
7月		11日，發表詩作〈十年看山〉於《中國時報》。
9月		自香港返臺，應中山大學聘任為文學院院長兼外文研究所所長，定居高雄。
10月		26日，獲第八屆時報文學獎新詩類推薦獎。
11月		6日，發表〈古堡與黑塔〉於《中國時報》。
		7日，發表詩作〈別香港〉於《中國時報》。
12月		1日，發表詩作〈水平線——寄香港故人〉於《中國時報》。
		27日，發表詩作〈與李白同遊高速公路〉於《聯合報》。
		《春來半島》由香港香江出版社出版。
本年		出席新加坡「國際華文文藝營」。
		擔任新加坡「金獅文學獎」評審。
1986年	1月	9日，發表詩作〈夢與地理〉於《中國時報》。
		19日，發表詩作〈石器時代〉於《中國時報》。
	2月	詩集《敲打樂》由臺北九歌出版社出版。
	3月	11日，發表詩作〈控訴一枝煙囪〉於《中國時報》。
		應邀擔任由高雄市政府、中山大學及臺灣新聞報共同舉辦的「第一屆木棉花文藝季」總策劃，並發表主題詩「讓春天從高雄出發」。
	4月	2日，發表詩作〈讓春天從高雄出發〉於《中國時報》。
		23日，發表〈墾丁的一夜〉於《聯合報》。
	5月	10日，發表詩作〈埔里甘蔗——西螺站頭所買〉於《中國時報》。
	7月	詩集《紫荊賦》由臺北洪範書店出版。

8 月　　12～13 日，發表〈德國之聲〉於《中國時報》。

9 月　　8 日，發表〈藝術的大眾化〉於《民生報》。

10 月　　16 日，發表詩作〈雨聲說些什麼〉於《中國時報》。

　　　　24 日，發表詩作〈高雄港的汽笛〉於《聯合報》。

11 月　　6 日，發表詩作〈停電夜〉於《中國時報》。

12 月　　14～15 日，發表〈隔水呼渡〉於《聯合報》。

1987 年　1 月　　28 日，發表〈落日故人情〉於《中國時報》。

　　　　《記憶像鐵軌一樣長》由臺北洪範書店出版。

3 月　　9 日，發表〈龍坑有雨〉於《中國時報》。

　　　　12～13 日，發表〈雪濃莎〉於《聯合報》。

　　　　18 日，發表詩作〈許願〉於《中國時報》。

4 月　　26 日，發表詩作〈武陵道上見雪山〉於《中國時報》。

5 月　　8 日，發表〈木棉之旅〉於《聯合報》。

6 月　　4 日，發表詩作〈爬山的次日——獻給大尖山〉於《聯合報》。

7 月　　31 日，發表〈有福同享〉於《聯合報》。

8 月　　2～3 日，發表〈山國雪鄉〉於《中國時報》。

10 月　　1 日，發表詩作〈蜀人贈扇記〉於《中國時報》。

11 月　　4 日，發表〈秋之頌——敬悼梁實秋先生〉於《中國時報》。

1988 年　　　　4 日，發表〈安石榴〉於《聯合報》。

　　　　24 日，發表詩作〈送別〉於《中國時報》。

　　　　26～27 日，發表〈金燦燦的秋收〉於《中國時報》。

2 月　　發表詩作〈壁虎〉於《文訊雜誌》第 34 期。

3 月　　25 日，發表詩作〈還鄉——未老莫還鄉，還鄉須斷腸〉於《聯合報》。

　　　　詩集《余光中詩選》由福州海峽文藝出版社出版。

	4 月	2 日，發表詩作〈蓮霧〉於《中國時報》。
		22 日，發表詩作〈向日葵〉於《聯合報》。
		29 日，發表詩作〈中國結〉於《中國時報》。
		轉載〈我的四個假想敵人〉於《講義》第 13 期。
	5 月	9 日，發表詩作〈南瓜記〉於《聯合報》。
	7 月	11 日，發表詩作〈秦俑——臨潼出土戰士陶俑〉於《聯合報》。
	8 月	18 日，發表詩作〈送二呆去澎湖〉於《中國時報》。
		26 日，發表詩作〈漂水花〉於《聯合報》。
	9 月	26 日，發表〈當奇蹟發生時〉於《聯合報》。
	10 月	19 日，發表詩作〈耳順之年〉於《聯合報》。
	11 月	詩集《余光中一百首》由四川文藝出版社出版。
	12 月	1 日，發表詩作〈百潭寺之囚〉於《中國時報》。
		《憑一張地圖》由臺北九歌出版社出版。
1989 年	1 月	詩集《余光中一百首》由香港香江出版社出版。
	2 月	發表詩作〈宜興茶壺——致柯靈先生〉於《聯合報》。
	4 月	30 日，發表〈腕底生大化——楚戈的藝術世界〉於《中國時報》。
	5 月	9～10 日，發表〈三百作家二十年〉於《聯合報》。
		主持「五四，祝你生日快樂」之多場演唱會及講座。
		辛磊編《鬼雨‧余光中散文》由廣州花城出版社出版。
	8 月	20～21 日，發表〈從螺祖到媽祖——讀陳義芝的「新婚別」〉於《聯合報》。
		25 日，發表詩作〈夜飲普洱〉於《中國時報》。
		主編《我的心在天安門——六‧四事件悼念詩選》，由臺北正中書局出版。
	9 月	赴香港參加「天安門的沉思」詩歌朗誦會。

應加京中華文化協會之邀赴渥太華演講。

12 月　《中國現代文學大系——臺灣 1970～1989》（15 卷）獲
　　　　金鼎獎圖書類主編獎。

1990 年　1 月　《隔水呼渡》由臺北九歌出版社出版。

2 月　4 日，發表詩作〈腕錶〉於《聯合報》。

4 月　29 日，發表詩作〈荷蘭吊橋——梵谷百年祭〉於《聯合
　　　　報》。
　　　　發表〈一塊彩石就能補天嗎？——周夢蝶詩境初窺〉於
　　　　《藍星詩刊》第 23 期。

5 月　27 日，發表詩作〈招魂〉於《聯合報》。

6 月　詩集《夢與地理》由臺北洪範書店出版。

7 月　31 日，發表詩作〈謝楚戈贈屏風〉於《聯合報》。
　　　　長女珊珊與栗為正婚禮，飛往紐約主持。

8 月　17～27 日，譯作《不可兒戲》（王爾德著）由新象藝術
　　　　公司演出舞臺劇。
　　　　26 日，發表詩作〈面紗如霧——長女珊珊的婚禮上〉於
　　　　《中國時報》。
　　　　轉載〈假如我有九條命〉於《講義》第 41 期。
　　　　《不可兒戲》於臺北國家戲劇院演出 12 場。

9 月　獲選為中華民國筆會會長，至 1998 年止。

10 月　5 日，發表詩作〈造山運動〉於《中國時報》。

11 月　29 日，發表〈藝術創作與間接經驗〉於《聯合報》。

本年　詩集《夢與地理》獲第 15 屆國家文藝獎新詩獎。

1991 年　2 月　參加中山大學訪問團訪問南非各大學。

4 月　應邀赴香港參加「山水清音：環保詩文朗誦會」。

5 月　22 日，發表〈歡迎王爾德來高雄〉於《聯合報》。
　　　　《不可兒戲》於高雄演出三場。

6 月　　應美西華人協會之邀,赴洛杉磯演講,並獲頒文學成就
　　　　獎。

8 月　　7 日,發表詩作〈初夏的一日〉於《聯合報》。

　　　　19 日,發表詩作〈木蘭樹下〉於《中國時報》。

　　　　發表〈詩魂歌魄不解緣〉於《聯合文學》第 82 期。

9 月　　26 日,發表詩作〈戈巴契夫〉於《聯合報》。

10 月　16 日,發表詩作〈海是鄰居〉於《中國時報》;發表詩
　　　　作〈五行無阻〉於《聯合報》。

　　　　應邀參加香港翻譯學會舉辦的「翻譯研討會」,獲頒榮
　　　　譽會士。

12 月　10 日,發表詩作〈三生石〉於《聯合報》。

本年　　《左手的繆思》由臺北時報文化出版公司出版。

1992 年　1 月　　13 日,發表〈沒有鄰居的都市〉於《中國時報》。

2 月　　《余光中選集》(共五卷),由合肥安徽教育出版社出
　　　　版。

3 月　　5 日,應邀擔任《中央日報》與明道文藝社共同舉辦、國
　　　　家文藝基金會贊助的「第十屆全國學生文學獎」評審委
　　　　員。

6 月　　6 日,發表〈紅與黑——巴塞隆納看鬥牛〉於《中國時
　　　　報》。

8 月　　17 日,發表詩作〈禱女媧〉於《中國時報》。

9 月　　2 日,應中國社會科學研究院之邀,赴北京演講「龔自珍
　　　　與雪萊」。

10 月　1 日,發表〈從蔡元培手中接來〉於《聯合報》。

　　　　13 日,應英國文藝協會之邀參加「中國作家之旅」,巡
　　　　迴訪問英國六個城市,同行者有北島、張戎、湯婷婷。

　　　　15 日,發表詩作〈訪故宮〉於《中國時報》。

16 日，發表詩作〈登長城——慕田峪段〉於《聯合報》。

詩集《守夜人——中英對照詩集》由臺北九歌出版社出版。

翻譯王爾德（Oscar Wilde）《溫夫人的扇子》由臺北大地出版社出版。

1993 年	2 月	5 日，發表詩作〈週年祭——在父親靈前〉於《中國時報》。
	4 月	1 日，發表詩作〈撐竿跳〉於《中國時報》。
		2 日，發表詩作〈桐油燈〉於《聯合報》。
		19 日，應邀擔任《中央日報》與明道文藝社共同舉辦的「第 11 屆全國學生文學獎」評審委員。
	5 月	21 日，發表詩作〈抱孫〉於《聯合報》。
		27 日，應邀出席香港中文大學新亞書院、香港鑪峯學會共同舉辦的「兩岸暨港澳文學交流研討會」，發表論文〈藍墨水的上游是汨羅江〉。
	6 月	27 日，發表詩作〈海外看電視〉於《中國時報》。
	7 月	17 日，發表〈雙城記往〉於《中國時報》。
	8 月	16 日，發表詩作〈私語〉於《聯合報》。
	9 月	25 日，應邀出席世界女記者與女作家協會中華民國分會於臺北來來飯店金鳳廳舉辦的「五代同堂話文學——文學女性、女性文學」座談會。
	10 月	《中國結》由武漢長江文藝出版社出版。
	11 月	4 日，發表〈雨城古寺〉於《聯合報》。
	12 月	3 日，應邀出席臺北耕莘文教院舉辦的「現代臺灣文學講座」，主講「詩與音樂」。
		16 日，應邀出席聯合報系文化基金會於臺北圓山飯店舉

辦的「四十年來中國文學會議」，擔任講評者。

1994 年　2 月　《從徐霞客到梵谷》由臺北九歌出版社出版。

　　　　　5 月　14 日，應邀出席行政院文建會、中華日報社於中華日報
　　　　　　　　地下室演藝廳舉辦的「文學點線面」系列講座，主講
　　　　　　　　「直走該讓橫行嗎？——中文往何處去？」。

　　　　　6 月　13 日，發表〈再接吳剛一斧——就憑「八十二年詩
　　　　　　　　選」〉於《聯合報》。
　　　　　　　　應邀出席蘇州大學舉辦的「當代華文散文國際研討
　　　　　　　　會」，發表論文「散文的知性與感性」。

　　　　　7 月　8 日，應邀出席行政院文建會、太平洋文化基金會、中央
　　　　　　　　圖書館於中央圖書館國際會議廳共同舉辦的「外國文學
　　　　　　　　中譯國際研討會」，於開幕典禮演講「作者、學者、譯
　　　　　　　　者」，並擔任綜合討論引言人。

　　　　　8 月　28 日，應邀出席中華民國新詩學會、世界藝術文化學院
　　　　　　　　於臺北環亞大飯店國際會議廳共同舉辦的「第十五屆世
　　　　　　　　界詩人大會」，發表專題演講「Is the Muse Dead？」。
　　　　　　　　發表〈翻譯，是出境也是入境〉於《文訊雜誌》第 106
　　　　　　　　期。

　　　　　10 月　24 日，發表〈藝術如何消化政治？〉於《中國時報》。

　　　　　11 月　《從徐霞客到梵谷》獲聯合報「讀書人」年度最佳書
　　　　　　　　獎。
　　　　　　　　《雅舍尺牘——梁實秋書札真迹》（與瘂弦、陳秀英合
　　　　　　　　編）由臺北九歌出版社出版。

1995 年　3 月　25 日，發表詩作〈高爾夫情意結〉於《聯合報》。

　　　　　4 月　5 日，應邀於廈門大學演講，獲頒客座教授名銜。
　　　　　　　　18～21 日，發表〈不信九閽叫不應——讀斯人的「薔薇
　　　　　　　　花事」〉於《聯合報》。

29 日，應邀出席彰化師範大學舉辦的「第二屆現代詩學會議」，擔任講評者。

5 月　6 日，應邀出席幼獅文藝於劍潭青年活動中心舉辦的「臺灣五十年來的文學發展」座談會，擔任引言人；應邀出席於臺大校友會館舉辦的「張繼高《必須贏的人》新書發表會」。

13 日，發表詩作〈浪子回頭〉於《聯合報》。

22～23 日，發表〈尺牘雖短寸心長〉於《聯合報》。

10 月　23 日，發表詩作〈抱孫女〉於《聯合報》。

11 月　10 日，應邀出席臺灣大學 50 週年校慶，演講「我與繆思的不解緣」。

12 月　10 日，發表詩作「母難日三題」：〈今生今世〉、〈矛盾世界〉、〈天國地府〉於《聯合報》。

本年　應邀出席廈門大學校慶。

應聘擔任蘇州大學客座教授。

1996 年　2 月　15 日，發表詩作〈隔一座中央山脈——空投陳黎〉於《聯合報》。

4 月　詩集《安石榴》由臺北洪範書店出版。

赴香港出席「翻譯學術會議」，發表論文〈論的的不休〉。

5 月　發表〈十八洞以外〉於《聯合文學》第 139 期。

《余光中幽默散文賞析》由桂林漓江出版社出版。

6 月　1 日，應邀出席中央日報於國家圖書館舉辦的「百年來中國文學學術研討會」。

8 月　發表〈仲夏夢之噩夢〉於《中外文學》第 291 期

詩集《雙人床》由臺北洪範書店出版。

10 月　9 日，發表〈為人作序〉於《聯合報》。

《井然有序——余光中序文集》由臺北九歌出版社出版。

11 月　《世界華文散文精品・余光中卷》由廣州出版社出版。

應邀赴成都四川大學演講。

本年　《井然有序——余光中序文集》獲聯合報「讀書人」年度最佳書獎。

1997 年　1 月　5 日，發表詩作〈成都行〉於《聯合報》。

應邀出席香港文學節研討會，發表論文〈紫荊與紅梅如何接枝？〉。

2 月　6 日，發表詩作〈別金銓〉於《聯合報》。

應馬來西亞沙巴留臺同學會之邀前往演講。

4 月　17 日，發表詩作〈飛行的向日葵——致海爾、鮑普彗星〉於《中國時報》。

6 月　1 日，發表詩作〈日不落家〉於《聯合報》。

《余光中散文》由杭州浙江文藝出版社出版。

8 月　13 日，發表詩作〈水鄉宛然——觀吳冠中畫展〉於《聯合報》。

30 日，應邀於吉林大學演講「詩與散文」，獲頒客座教授名銜。

《左手的繆思》、《聽聽那冷雨》、《青青邊愁》、《憑一張地圖》、詩集《白玉苦瓜》由吉林時代文藝出版社出版。

詩集《余光中詩歌選集》由長春時代文藝出版社出版。

《高速的聯想》由天津百花文藝出版社出版。

9 月　1 日，應邀於東北師範大學演講「現代主義在臺灣的發展」，獲頒客座教授名銜。

29 日，發表詩作〈只為了一首歌——長春赴瀋陽途中〉

於《聯合報》。

10 月　4 日，獲中國詩歌藝術協會「詩歌藝術貢獻獎」。

11 月　《記憶像鐵軌一樣長》由濟南山東文藝出版社出版。

12 月　2 日，應邀出席香港中文大學舉辦的「兩岸翻譯教學研討會」。

　　　9 日，發表詩作〈祭三峽〉於《聯合報》。

　　　《繆思的左右手》由長沙湖南人民出版社出版。

　　　應聘擔任吉林大學客座教授。

1998 年　1 月　5 日，財團法人廣播電視事業發展基金會拍攝「智慧的薪傳」系列紀錄片，以文化、藝術、哲學界人士為主，共 52 部，余光中部分為「詩壇巨擘——余光中」。

　　　發表〈斷然截稿〉於《聯合文學》第 159 期。

3 月　11 日，應邀出席高雄市政府主辦「港都有約系列演講」，主講「旅行與文化」。

5 月　4 日，獲頒文工會第一屆五四獎「文學交流獎」。

6 月　5 日，獲中山大學傑出教學獎。

　　　28 日，應邀出席吉隆坡馬來西亞留臺校友總會舉辦的「文華節」系列活動，演講「國際化與本土化」。

7 月　1 日，應邀參加香港文學節，發表論文〈一枝紫荊伸向新世紀〉。

10 月　獲行政院新聞局「國際傳播獎章」。

　　　23 日，中山大學文學院於中山大學逸仙館舉辦「重九的午后——余光中作品研討暨詩歌發表會」。

　　　28 日，發表詩作〈我的繆思〉於《中國時報》。

　　　《藍墨水的下游》由臺北九歌出版社出版。

　　　詩集《余光中詩選・第二卷 1982～1998》由臺北洪範書店出版。

詩集《五行無阻》由臺北九歌出版社出版。

《真空的感覺》由廣州新世紀出版社出版。

《日不落家》由臺北九歌出版社出版。

11 月　《石城之行》由呼和浩特內蒙古人民出版社出版。

本年　《日不落家》獲聯合報讀書人年度最佳書獎。

1999 年　1 月　發表〈關於玉山——眾嶽崢崢〉於《新觀念》第 123 期。

傅孟麗著《茱萸的孩子——余光中傳》由臺北天下遠見出版公司出版。

4 月　《余光中散文》由浙江杭州文藝出版社出版。

7 月　13 日，發表詩作〈永念蕭邦〉於《中國時報》。

17～19 日，發表〈翻譯之教育與反教育〉於《聯合報》。

8 月　17 日，發表詩作〈天葬〉於《中國時報》。

23 日，發表〈象牙塔的鐵窗——讀維維安寫的父親《王爾德》〉於《聯合報》。

《連環妙計》、《滿亭星月》由上海文藝出版社出版。

12 月　《日不落家》獲中國時報第 16 屆吳魯芹散文獎。

詩集《與海為鄰》由上海文藝出版社出版。

本年　《劉國松余光中詩情畫意集》由臺北新苑藝術公司出版。

《逍遙遊》由吉林攝影出版社出版。

應聘擔任中山大學光華講座教授、常德師範學院客座教授、岳陽師範學院客座教授。

2000 年　3 月　9 日，發表詩作〈你想做人魚嗎？〉於《中國時報》。

4 月　6 日，發表詩作〈水草拔河〉於《中國時報》。

6 月　《逍遙遊》由臺北九歌出版社出版。

7月　1 日,獲第 19 屆高雄市文藝獎,於高雄中正文化中心舉行頒獎典禮。

詩集《高樓對海》由臺北九歌出版社出版。

8月　4～6日,發表〈思蜀〉於《中國時報》。

10月　7～9 日,應邀出席武漢華中師範大學舉辦的「余光中暨香港沙田文學國際研討會」。

29 日,發表〈英文與中文西化〉於《中國時報》。

11月　7 日,發表詩作〈桂子山問月〉於《中國時報》。

9 日,發表〈最後的牧歌——希美內思的《小毛驢與我》〉於《中國時報》。

本年　《余光中詩選》獲北京百年百種優秀中國文學圖書。

《高樓對海》獲聯合報「讀書人」年度最佳書獎。

應聘擔任華中師範大學客座教授。

2001 年　1月　6 日,發表〈兩張地圖,一本相簿〉於《聯合報》。

詩集《余光中——與永恆拔河》由長沙湖南大學出版社出版。

5月　《大美為美——余光中散文精選》由深圳海天出版社出版。

12月　22 日,出席於臺北臺泥大樓舉辦的「頌永恆·念海音——林海音女士追思會」。

本年　詩集《山海傳奇——高雄攝影詩文集》(與鍾玲合著,王慶華、王信誠攝影)由高雄市新聞處出版。

獲第二屆霍英東成就獎。

應聘擔任廣西師範大學客座教授、廣西大學客座教授、山東大學客座教授。

2002 年　1月　《余光中談翻譯》由北京中國對外翻譯出版公司出版。

3月　《含英吐華——梁實秋翻譯獎評語集》、《聽聽那冷

雨》由臺北九歌出版社出版。

4 月	12 日，發表〈典型在夙昔〉於《中國時報》。
	發表〈被誘於那一泓魔幻的藍〉於《聯合文學》第 46 期。
5 月	《文采畫風》由石家莊河北教育出版社出版。
8 月	7 日，發表〈光芒轉動的水晶圓球——閱讀陳幸蕙〉於《中國時報》。
	30 日，發表〈我是余光中的祕書〉於《中國時報》。
10 月	13 日，發表〈另一段城南舊事〉於《聯合報》。
11 月	《余光中精選集》由臺北九歌出版社出版。
12 月	4 日，發表〈前賢與舊友〉於《聯合報》。
	《海緣》由貴陽貴州教育出版社出版。
本年	應聘擔任南京大學客座教授、東南大學客座教授。

2003 年

1 月	《余光中談詩歌》由南昌江西高校出版社出版。
4 月	16～18 日，發表〈種瓜得瓜，請嘗甘苦——讀詹澈的兩本詩集〉於《中國時報》。
	30 日，發表〈戲孔三題〉於《聯合報》。
5 月	1 日，發表〈李白與愛倫坡的時差——在文法與詩意之間〉於《中國時報》。
	28～29 日，發表〈墨香濡染，筆勢淋漓——董陽孜〈字在‧自在〉觀後〉於《聯合報》。
6 月	5 日，發表〈補光捉影緣底事——從文法說到書法〉於《中國時報》。
	21 日，發表〈夏濟安的背影〉於《聯合報》。
7 月	3 日，發表〈文化與鈔票〉於《中國時報》。
	發表〈夏濟安的背影〉於《文訊雜誌》第 213 期。
8 月	9 日，發表〈兩個寡婦的故事〉於《中國時報》。

9 月	15 日，發表〈當我到 64 歲──老歌新唱憶披頭〉於《中國時報》。
10 月	18 日，應邀出席於浙江金華舉辦的「第九屆國際詩人筆會」開幕式，並獲第三屆中國當代詩魂金獎。
	《左手的掌紋》由南京江蘇文藝出版社出版。
11 月	10 日，發表〈八閩歸人──回鄉十日記〉於《中國時報》。
12 月	4 日，獲香港中文大學榮譽文學博士學位。
	15 日，發表〈一童子自天而降──說布魯果的名畫〉於《中國時報》。
	《余光中散文精選集》由桂林廣西師範大學出版社出版。
	《飛毯原來是地圖》由香港三聯書店出版。
本年	應聘擔任常州大學城客座教授、泉州華僑大學客座教授。
2004 年　1 月	《余光中集》（共九冊）由天津百花文藝出版社出版。
2 月	9～10 日，發表〈成語和格言〉於《中國時報》。
3 月	15～17 日，發表〈讀者，學者，作者──親近詩的幾種方式〉於《中國時報》。
	詩集《余光中詩選》由北京中國青年出版社出版。
8 月	17 日，發表〈永春蘆柑〉於《聯合報》。
9 月	《余光中經典作品》由北京當代世界出版社出版。
11 月	詩集《守夜人──中英對照詩集》由臺北九歌出版社出版。
本年	獲南方都市報「第二屆華語文學傳媒大獎──2003 年度散文家獎」。
	應聘擔任上海同濟大學顧問教授。

2005 年　　1 月　　詩集《天國的夜市》由臺北三民書局出版。

　　　　　　2 月　　《青銅一夢》由臺北九歌出版社出版。

　　　　　　3 月　　15 日，發表詩作〈望峨眉金頂〉於《聯合報》。

　　　　　　　　　　22 日，發表〈腕下誰能招楚魂？〉於《中國時報》。

　　　　　　4 月　　4 日，發表詩作〈平沙落雁——觀傅抱石畫展〉於《聯合報》。

　　　　　　　　　　20 日，發表詩作〈酸關麻站〉於《中國時報》。

　　　　　　　　　　發表〈虛實之間見功夫〉於《聯合文學》第 246 期。

　　　　　　5 月　　9 日，發表〈悲喜之間徒苦笑〉於《聯合報》。

　　　　　　　　　　25 日，發表詩作〈楚人贈硯記——寄長沙李元洛〉於《中國時報》。

　　　　　　　　　　《余光中幽默文選》由臺北天下遠見出版公司出版。

　　　　　　6 月　　11 日，發表詩作〈汨羅江神〉於《中國時報》。

　　　　　　8 月　　26 日，發表詩作〈大連〉於《中國時報》。

　　　　　　10 月　《寸心造化——余光中自選集》由香港天地圖書公司出版。

　　　　　　11 月　3～4 日，應邀至東海大學演講「當中文遇見英文」、「詩與音樂」。

　　　　　　本年　　應邀擔任臺積電文教基金會、聯合報副刊主辦的「第二屆臺積電青年學生文學獎」新詩決審委員。

　　　　　　　　　　應邀擔任中央日報社、明道文藝社主辦「第 23 屆全國學生文學獎」大專新詩組決審委員。

　　　　　　　　　　應邀擔任林榮三文化公益基金會主辦「第一屆林榮三文學獎」新詩組決審委員。

　　　　　　　　　　應邀擔任中華日報社主辦的「第 18 屆梁實秋文學獎」評審委員。

2006 年　　2 月　　11 日，應邀出席美南華文作協舉辦的「海華文藝季文學

講座」，演講「詩與音樂」。

5 月　發表〈片瓦渡海：跨世紀的重逢〉於《聯合文學》第 259 期。

《余光中精選集》由北京燕山出版社出版。

6 月　《從徐霞客到梵谷》由臺北九歌出版社出版。

7 月　《語文大師如是說——中和西》由香港商務印書館出版。

《記憶像鐵軌一樣長》由臺北洪範書店出版。

8 月　20 日，發表詩作〈海不枯，石不爛〉於《聯合報》。

21 日，發表詩作〈水母〉於《聯合報》。

22 日，發表〈願崑劇芬芳長傳〉於《中國時報》。

《余光中作品精選》由武漢長江文藝出版社出版。

10 月　8 日，發表詩作〈草堂祭杜甫〉於《聯合報》。

發表〈翻譯之為文體〉於《聯合文學》第 264 期。

11 月　6 日，發表〈粉絲與知音〉於《中國時報》。

本年　應邀擔任中央日報社、明道文藝社共同舉辦的「第 24 屆全國學生文藝獎」大專新詩組決審委員。

應邀擔任中華日報社主辦的「第 19 屆梁實秋文學獎」評審委員。

2007 年　1 月　《橋跨黃金城》由北京人民日報出版社出版。

3 月　發表〈歷史的遺憾用詩來補償——談孔尚任的《桃花扇》〉於《明報月刊》第 495 期。

4 月　發表〈指點迷津有書迷〉於《聯合文學》第 270 期。

5 月　發表〈論詩絕句的聯想〉於《聯合文學》第 271 期。

詩集《高樓對海》由臺北九歌出版社出版。

9 月　發表〈入境問俗〉於《印刻文學生活誌》第 49 期。

10 月　14 日，發表〈冰姑，雪姨——懷念水家的兩位美人〉於

《聯合報》。

發表〈無愧於繆思——朱一雄其人其藝〉於《印刻文學生活誌》第 50 期。

| 11 月 | 2 日，應邀出席於花蓮松園別館舉辦的「海洋・音樂・愛——第二屆太平洋詩歌節」。 |

15 日，獲臺灣大學 2007 年度傑出校友獎（人文藝術類）。

本年　應邀擔任明道文藝社主辦「第 25 屆全國學生文學獎」大專新詩組決審委員。

應邀擔任中國時報主辦「第 30 屆時報文學獎附設人間新人獎暨第 24 屆吳魯芹散文獎」新詩組決審委員。

應邀擔任中華日報社主辦的「第 20 屆梁實秋文學獎」評審委員。

應聘擔任珠海北京師範大學分校名譽文學院長。

2008 年　3 月　詩集《聽聽那冷雨》由臺北九歌出版社出版。

5 月　23 日，應邀出席由臺灣大學共同教育中心舉辦的「通識教育論壇——我的學思歷程系列講座」，演講「余光中教授的學思歷程」。

24 日，政治大學文學院舉辦「余光中先生八十大壽學術研討會」，演講「年壽與堅持」，並獲頒政治大學名譽文學博士學位，另於 25 日出席座談會。

發表〈成果而甘——《白玉苦瓜》九歌最新版序〉、〈壯遊與雄心——《望鄉的牧神》新版序〉於《文訊雜誌》第 271 期。

發表〈歷劫成器——觀王俠軍瓷藝展〉、詩作〈低速公路〉、詩作〈牙關〉於《聯合文學》第 283 期。

發表〈傅鐘悠悠長在耳〉、〈筆耕與舌耕〉、詩作〈藕神祠〉、詩作〈沙浮投海〉於《印刻文學生活誌》第 57 期。

《望鄉的牧神》、詩集《白玉苦瓜》由臺北九歌出版社出版。

6 月　7 日，應邀至普臺國民中小學演講「如何讀詩」。

《余光中六十年詩選》由臺北印刻出版公司出版。

8 月　《憑一張地圖》由臺北九歌出版社出版。

10 月　7～9 日，發表〈西灣落日圓〉於《聯合報》。

發表〈詩藝老更醇？〉於《文訊雜誌》第 276 期。

《舉杯向天笑》由臺北九歌出版社出版。

詩集《紫荊賦》、《天狼星》、《與永恆拔河》、《隔水觀音》由臺北洪範書店出版。

詩集《藕神》由臺北九歌出版社出版。

詩集《鄉愁》由武漢長江文藝出版社出版。

《余光中跨世紀散文》由臺北九歌出版社出版。

翻譯王爾德（Oscar Wilde）《不要緊的女人》由臺北九歌出版社出版。

《余光中幽默詩選》由臺北天下文化出版公司出版。

12 月　應邀出席香港中文大學文學院於香港中文大學大學圖書館展覽廳舉辦的「香港相思——余光中的文學生命展覽」開幕典禮，並參加「余光中教授文學講座暨詩文欣賞會」

詩集《余光中集》由臺南國立臺灣文學館出版。

本年　詩集《鄉愁四韻》由南京大學出版社出版。

《余光中散文》由長春吉林文史出版社出版。

2009 年　1 月　《沙田山居》由香港商務印書館出版。

	2 月	發表〈唯詩人足以譯詩？〉於《印刻文學生活誌》第 66 期。
	3 月	14 日，應邀出席銘傳大學舉辦的「2009 第二屆華語文教學國際研討會暨工作坊」，並獲頒「金語獎」。
		16 日，發表詩作〈太陽點名〉於《聯合報》。
	4 月	29 日，發表〈失帽記〉於《聯合報》。
		發表〈銅山崩裂——追念亡友吳望堯〉於《文訊雜誌》第 282 期。
	5 月	3 日，發表〈九十論百里〉於《聯合報》。
		《余光中選集》由香港明報月刊社出版。
	6 月	發表〈多產、長壽、堅持〉於《明報月刊》第 522 期。
		《分水嶺上——余光中評論文集》由臺北九歌出版社出版。
	7 月	1 日，發表〈心猿意馬：意識亂流〉於《中國時報》。
	10 月	《日不落家》由臺北九歌出版社出版。
2010 年	3 月	《青青邊愁》由臺北九歌出版社出版。
	4 月	16 日，應邀出席中山大學舉辦的「余光中教授講座」，演講「靜趣與動感——攝影與舞蹈」。
	5 月	1～3 日，發表〈雁山甌水〉於《聯合報》。
		8 日，發表〈耿耿孺慕——讀張輝誠的親情文集〉於《聯合報》。
	7 月	5 日，發表〈長未必大，短未必淺〉於《中國時報》。
	9 月	8 日，發表〈追思許世旭〉於《中國時報》。
	11 月	14～17 日，發表〈佛羅倫斯記〉於《聯合報》。
2011 年	3 月	21 日，應邀至陽明大學演講「詩的主題與藝術」。
		《余光中散文精選》由杭州浙江文藝出版社出版。
	4 月	6 日，應邀出席「他們在島嶼寫作——文學大師系列電

影」聯合發表會，與會者有楊牧、鄭愁予、周夢蝶、余光中、夏祖焯、王文興。

5月　發表〈爐鎔道藝一鴻儒——悼隆延先生〉於《文訊雜誌》第 307 期。

7月　12 日，發表〈憶苦思甜〉於《聯合報》。

8月　4 日，發表〈西湖懷古〉於《聯合報》。

9 日，發表詩作〈詩贈夏高〉於《聯合報》。

9月　27 日，發表詩作〈客從蒙古來〉於《聯合報》。

發表〈余光中的臺北城南舊事〉於《文訊雜誌》第 311 期。

12月　獲第一屆全球華文文學星雲獎。

2012 年　3月　9 日，應邀出席元智大學舉辦的「余光中桂冠文學家大師講座暨名詩人朗誦會」。

21 日，應邀出席目宿媒體公司於信義誠品舉辦的「他們在島嶼寫作——文學大師系列電影『逍遙遊』」特映會，與會者有陳懷恩、楊照等。

24 日，應邀出席中華民國筆會、紀州庵文學森林於紀州庵文學森林二樓共同舉辦的「我的文學因緣」講座，演講「我的四度空間——詩・文・評・譯」。

4月　20 日，應聘擔任北京大學駐校詩人。

5月　22 日，應邀出席於成功大學成杏廳舉辦的「臺積心築藝術季」講座，演講「藝術與人生」。

翻譯王爾德（Oscar Wilde）《不可兒戲》由臺北九歌出版社出版。

7月　28 日，應邀出席於金門縣文化局三樓會議室舉辦的「2012 作家撒野・文學迴鄉」系列講座，演講「島嶼與寫作」。

2013 年	5 月	詩集《你是那虹》、《翠玉白菜》由南京大學出版社出版。
	11 月	25 日，與李安對談「我與電影」於中山大學。
	12 月	7 日，獲澳門大學頒授榮譽文學博士。

參考資料：

‧傅孟麗《茱萸的孩子：余光中傳》，臺北：天下文化出版公司，1999 年 1 月。

‧余光中數位文學館網站。

‧《臺灣文學年鑑》（1996～2010），臺南：國立臺灣文學館。

‧新聞知識庫網站。

‧國家圖書館──當代文學史料系統網站、臺灣期刊論文索引系統網站。

‧華文文學資訊平臺網站。

輯三◎
研究綜述

窺探余光中的詩學工程

◎陳芳明

　　余光中的詩學工程，幾乎與臺灣戰後的新詩傳統等長同寬。如果要觀察臺灣詩壇的藝術流變，似乎可以在余光中生命的不同階段看到縮影。從最早的格律詩，到現代主義的實驗；從新古典主義的嘗試，到現代與傳統交融的實踐，不僅可以看到他個人的身先士卒，也可以看到時代的驚濤駭浪。他不僅多產，而且持久，同時開展出龐大的影響流域。作爲臺灣現代主義運動的先鋒，他頗具膽識，也充滿霸氣，往往造成多少豪傑的風起雲湧。他已經擁有超過六十年的創作經驗，甚至更進一步朝向七十年的目標前進。到今天爲止，戰後詩史的邊境，簡直就是余光中腳步所到達之處。

　　余光中的詩風，有時是浪漫抒情，有時是知性論理。他不僅向傳統汲取詩情，也勇敢向西方擷取果實。在食古不化的年代，他很早就使傳統詩學獲得全新生命。在西而不化的時期，他也劍及履及地西而化之。由於消化能力很強，他可以進出古今，橫跨中西。正如他所自承，他的藝術有兩個傳統，一個是自詩經以降的大傳統，一個是自五四以降的小傳統。他活用傳統的觀念與態度，或許是得到艾略特的點撥，但經過咀嚼消化之後，全都融入他的血肉。無論他是呼喚風雨，或是旁徵博引，最後都屬於他個人的生命。他勇於嘗試，無懼漢文與西語的鍛接，總是能夠開出新的美學。他也放膽喚醒古代的靈魂，容其穿梭在他的文字藝術想像。如果說，古典是永遠的現代，余光中應該是相當重要的擘造者。

　　他不僅是詩人，散文家，批評家，也是戰後臺灣的翻譯高手。余光中的翻譯藝術，並非只是停留在中翻英或英翻中的層面。把內心想像轉化成

具體文字，也應該是一種出神入化的翻譯。把散文書寫濃縮成精練的詩行，或者把簡短詩句稀釋成散文作品，也是一種近乎魔術的高明翻譯。以藝術的文字從事批評，並且可以進入創作者的心靈，解讀作品的奧妙，更是屬於一種上乘的翻譯。在現代與傳統之間，他扮演的是巫師的角色，不時召喚遠逝的魂魄，使其起死回生。在東方與西方之間，他又搖身變成醫師的身分，使病痾沉重的翻譯，變成大眾可以接受的易解文字。他是具有古典精神的現代主義者，也是具有西洋文化背景的漢語創作者，同時更是暗藏美術與音樂靈視的文字營造者。

　　早年他曾自稱是藝術的多妻主義者，就在於彰顯他兼容並蓄的開放態度。因為是開放的，所以容許一切讀者自由進出他的世界。由於跨越不同的藝術領域，往往使他的文字表演出奇制勝，使讀者目不暇給。余光中的藝術成就，誠然是由詩、散文、批評、翻譯累積起來，但基本上還是以詩為依歸。精確地說，他的靈魂觸鬚伸展到不同的視覺與感覺，最後都收攏在詩學的造詣之上。他的散文藝術，拉長又捶扁，無疑是得力於詩學的鑽營。他的批評策略，集中而深入，其實也是他詩學的倒影。他的翻譯手法，對位而對味，未嘗不是來自他詩學的敏銳嗅覺。而他的詩學技巧，也延伸到散文創作。

　　必須把余光中的詩、散文、批評、翻譯四個領域統合起來，才能清楚看見他真實的藝術成就。文學形式是經過人為的分類，那是為了方便讀者的偏愛。但是就創作者而言，凡是他訴諸文字所表現出來，便是他文學生命無可分割的一環。要進入他的藝術世界，不能偏廢任何一個領域的企圖與追求。確切地說，在生命的任何一個階段，他都同時投入四種不同領域的嘗試。他相當自覺地要擴張自己的生命版圖，那不僅僅是要與時間相互追逐，同時也是要在地理空間上不斷推向最遠的邊境。熟悉他文學風格的讀者，都會察覺在他美學的範圍裡，往往充滿了時間感與空間感。就時間感而言，他具備濃厚的歷史意識；就空間感而言，他也彰顯鮮明的地理意識。因此，在閱讀過程中，余光中驅遣的文字絕對不是屬於平面，而是常

常帶給讀者一種縱深的立體感。

　　他所負荷的歷史意識，可以分爲兩個層面來看，一個是浩浩蕩蕩的中國古典歷史，一個是顛簸反覆的中國近代史。古典歷史帶給他深遠的文化鄉愁，近代歷史則帶給他傷痕累累的童年鄉愁。他早年的詩作，汲汲於擷取西方的文化傳統，在那段時期，就已經完成《梵谷傳》的翻譯，同時也開始大量學習理解佛洛斯特（Robert Frost）的詩學。朝向西方的視野，使他看見西洋現代詩的豐富與博大，從而也看見西方現代藝術的起承轉合。由於受到梁實秋的影響，他的詩作仍然停留在徐志摩新月派的影響之下。他的分行藝術，基本上沒有脫離五四時期的格律詩。必須要進入詩集《萬聖節》時期，他才開始自覺地介入詩的現代化。而所謂現代化，其實還徘徊在所謂的西化階段。在那段實驗時期，他的歷史意識與地理意識似乎還未成形。從格律詩到現代詩，無疑是余光中美學的一次重要跳躍。但是他最成熟的作品，還需要一段時間才宣告誕生。

　　1960 年代初期，是余光中詩藝成熟的關鍵階段。那時，他已完成《五陵少年》與《天狼星》的重要詩作。他一方面描繪同時期臺灣詩壇的生態，一方面則回頭向中國古典索取靈感。對於當時現代詩人的脾性來說，余光中的嘗試簡直是一種劃時代的冒進。當時許多現代詩人相信，如果要使創作技巧提升，就必須從反傳統的思維出發。或精確一點來說，現代詩的誕生，必須以傳統美學的消亡爲代價。《天狼星》那首長詩，卻是從中國古典神話找到詩情。這種反其道而行的追求，正好與強調加速現代化的詩人發生悖反。因此，長詩發表之後，立即引起洛夫撰寫〈天狼星論〉來批判。

　　余光中與洛夫之間的論戰，現在已經升格成爲戰後臺灣詩史的一個經典。兩人所提出的詩觀，無疑是爲後來的新詩發展提供一個範式。洛夫認爲，詩人應該寫出現代人的危機感與孤絕感，應該爲當代臺灣詩學找到現代精神。余光中提出他的答覆，詩的現代化不必然要背叛傳統，而應該是在古典詩學中探索生動的活力。他指出，全盤西化是一種「浪子」，全盤傳

統則是屬於「孝子」。美學的誕生，並不是在「委託行」與「古董店」之間相互拉扯，而是應該在現代與傳統之間，找到連結的平衡點。所有的論戰，都不可能提出最終答案；真正的答案，應該是在創作的實踐中具體浮現。

　　通過這場論戰之後，余光中開始進入他自稱的「新古典主義」時期。所謂新，指的是現代；所謂古典，指的是傳統。余光中與洛夫，並不因這場論戰而發生決裂。但是兩人的詩風，則出現天南地北的轉折。余光中展開《蓮的聯想》之後的豐收階段，包括《敲打樂》、《在冷戰的年代》、《白玉苦瓜》的重要作品。洛夫則開啓《石室之死亡》的生命詩作，以及後來的《外外集》、《無岸之河》與《魔歌》。1970 年代，跨過現代主義的高峰之後，洛夫也開始朝向傳統回歸，使余、洛兩人的論戰，獲得較爲清晰的答案。

　　相應於詩學的追逐，余光中的散文也跨入飽滿圓熟的階段。如果散文可以包括批評的話，那麼這段時期，無疑是他創作生命中的一個峰頂。在散文藝術方面，他交出《左手的繆思》、《逍遙遊》、《望鄉的牧神》、《焚鶴人》。在批評領域，他也結集出版《掌上雨》，以及夾帶在散文集裡的其他詩論。他在最旺盛的時期，也同時出版許多翻譯，包括《錄事巴托比》、《英美現代詩選》，以及他個人詩作的英譯 *Acres of Barbed Wire*（滿畝的鐵絲網）。這都是 1974 年，余光中赴港任教之前的作品概況。等於是他全部的創作領域，包括詩、散文、評論、翻譯，至此宣告完備。幾乎可以說，當他進入中年時期，就已經確立他個人文學志業的版圖與疆界。四個領域所開展出來的格局，多元而豐饒，足夠讓後來的文壇與學界，展開窮追不捨的探索與研究。

余光中詩學的展開

　　在不同的創作地點，余光中都可以找到他創作靈感的泉源。在旅行過程中，往往也挾帶著一定的時間感與空間感。生命的不斷移動，總是不經

意在他作品裡面，注入一定的歷史意識與地理意識。如果以較為武斷的方式來區分，他的創作歷程可以包括臺北時期（1952～1974 年）、香港時期（1974～1985 年）、高雄時期（1985～年）。在臺北時期，遠隔臺灣海峽，他的望鄉情緒不免帶著過度膨脹的緊張。到達香港時，由於毗鄰著他所說的母親大陸，他反而產生愛恨交織的矛盾。回到高雄之後，他的臺灣意識疊疊上升。這種內在的美學變化，無疑是余光中風格的特質。可以觀，可以群，可以怨的脾性，形成他變幻多端的幽微抒情。他下筆時，總是剛柔並濟。面對家國之痛，詩中文字挾帶著悲憤與抗議。擁抱兒女之私，溫暖的筆釋出無限繞指柔情。

　　在現代詩人行列裡，余光中可能最注意詩的速度、節奏、音樂性。在收與放之間，簡直可以影響讀者的呼吸。他可以使平面的文字化為立體，頗能掌控漢字的特性。無論是氣味、溫度、色彩，在恰當時機自然注入詩行之間。從少壯時期到遲暮之年，未嘗有一刻偏廢詩的氣勢。他特別注意意象的濃縮與稀釋，藉以掌控感情的升降，而且從未溢出他的目測與預測。他的手腕具備 Midas touch，足以使文字點石成金，也足以使語法起死回生。即使從事散文創作時，也未嘗鬆懈他固有的文字鍊金術。投入文學批評時，也是他詩學的延伸。他對別人的分析，其實就是對自己的要求。進行翻譯工作時，他不僅警覺外文與中文之間的對等嫁接，也以準確的文字把外文中的藝術效果移植過來。

　　他構築起來的詩學世界是那樣精緻而豐饒，使讀者進入之後，彷彿身處一個玻璃迷宮，其中既有反射，也有折射，輝映出來的意象深邃而多重。這說明了為什麼他跨過中年之後，就不斷在詩壇上開啟無窮議論。他所造成的影響，對於朋輩與後輩，可謂綿延不絕。他所吸引的讀者，並不止於小小的臺灣。即使在改革開放之前的中國，余光中詩學也已經受到廣泛矚目。凡有井水處，就有他的詩作傳播。放眼華文世界，余光中已經成為一個時代的共同記憶。因此，有關他作品的詮釋與研究，可以在天涯海角俯拾即得。這是因為他的作品具有致命的吸引力，有人可以欣賞他的宮

牆之美，也有人可以窺探他的堂奧之深。如果說「余光中學」可以成爲一門學問，則所有相關的評論文字已足以建構一個相當穩固的領域。

黃維樑所編的《火浴的鳳凰：余光中作品評論集》（1979 年），《璀璨的五采筆：余光中作品評論集》（1994 年），可能是最早總結余光中相關作品的評論集。前者是余光中香港時期之前相關評論的結集；後者則是回到臺灣以後，有關余光中藝術成就的評論結集。余光中的產量豐富，即使已屆 85 歲，創作力似乎沒有衰退的跡象。他在中年時期曾經寫過一篇文章〈誰是大詩人〉，指出一位重要作家的最低錄取標準，必須是長壽。他對自己的年齡相當敏感，對於自己的美學更加敏感。在高齡之年，仍然有長詩持續發表。他的文學世界極其廣邈而高深，能夠探索的寬度可以說層出不窮。

本書所收的評論，跨越詩、散文、評論、翻譯四大領域。半世紀以來累積的文字，可謂浩瀚無窮，因此也造成選擇上的困難。書中每一篇文章，只能視爲余光中詩學的小小標本，似乎可以做爲窺探他豐富美學的一個窗口。以小搏大，也許可以協助讀者更接近他文學世界的精華。在詩的成就方面，以洛夫的〈天狼星論〉做爲起點。在詩觀上，洛夫與余光中的立場相互對峙，他們對美學的要求，出入甚大。從相反的觀點切入，更可以看見余光中的正面價值。洛夫的意義，無疑是建立嚴肅詩學的重要基礎。

另外一篇值得注意的重要評論，是鍾玲的〈評〈火浴〉〉。鍾玲是余光中的學生，卻寫出值得後人稱頌的詩評。她特別指出，〈火浴〉的初稿在結構上並不完整，因爲這首詩描寫詩人在火與水之間的掙扎，最後終於選擇投入火焰之中。原詩只寫出對火的抉擇，便立刻進入對火歌頌的結論。鍾玲說，詩人選擇了火之後，應該還需要有一個橋段的鋪陳，來描述詩人的靈魂如何在火中完成。一個學生果敢指出老師作品的缺陷，等於是爲臺灣詩壇建立一個批評的範式。余光中接受了這樣的批評，而且重新修改他的初稿，添加另一段火的試煉於原詩之中。整頓之後的新作，果然比初稿還

要完整而成熟。師生之間的批評與受評，一時成為詩壇佳話。由此可以發現，余光中詩學之所以能夠成其大，正是在經過點點滴滴的批評過程中，慢慢累積自己的美學，而終於成就一個龐大的詩學領域。

收在這本評論選的論文，有關詩的討論數量最多。從 1970 年代開始，余光中在臺灣詩壇受到的評價，逐漸豐富起來。正如前面提到余光中的整個藝術世界，全然是從詩的創作展開。以詩為基礎，才朝向散文、批評、翻譯的不同層面發展。1970 年代的重要刊物，如《幼獅文藝》、《純文學》、《龍族詩刊》，陸續出現有關詩人作品的討論。在《龍族詩刊》上，陳芳明就以「余光中作品評論」為系列，有計畫地進行美學探討，前後發表了五篇。余光中在 1960 年代一直扮演現代主義的辯護者，那段時期的相關評論，幾乎都與論戰結合在一起。必須進入下一個十年，他的美學已經穩固下來，從而有關他的評價逐漸發展成為顯學。如果說余光中的文壇地位是在《文星》時期奠定，則 1970 年代就是他產生影響力的時候。

余學的研究，濫觴於 1970 年代，發展至今，40 年已經過去。其中以詩為最大宗，其次是散文與批評，最後才是翻譯。由於 1974 年余光中赴香港中文大學，擔任中文系主任。他又開啟香港時期的詩文創作，也同時在當地創造更多的讀者。香港一地延伸出來的評論，立即跟著激增。余光中的詩風與文風，也在這段期間有了新的格局。具體而言，他的詩藝，因為地理空間的轉變，反而有更劇烈的提升。香港的評論家，如黃國彬、黃維樑、樊善標，都是在那段時期受到余光中美學的召喚，而成為重要的詮釋者。

1970 年代末期到 1980 年代，中國結束文化大革命，整個文學空氣開始呈現活潑狀態，余光中的作品在中國境內吸引龐大的讀者，相關的批評也在不同期刊蓬勃湧現。余光中詩學的延續，最初只是島與島的銜接，時代閘門在中國升起之後，竟像火種的燃燒那樣，在古老的土地成為燎原之勢。中國較為嚴謹的評論家，包括流沙河、溫敦儒、江弱水。他們的詮釋，意味著一個新的美學原則之誕生。因此，要觀察與余光中相關的評

論，大約可以分成臺灣、香港、中國的三種視野。本書的編選，也是盡量
從三個不同地區尋找較具代表性的抽樣。

　　在詩學方面，論者比較偏重詩行之間的關鍵意象，如中國、火燄、放
逐、鄉愁。這些意象主導著詩人的思維模式，並且也彰顯當時他的心理結
構。在那飄搖不定的年代，當臺灣被迫退出聯合國，知識分子的心靈，似
乎也充滿動盪不安的情緒。如果整個海島開始進入冰涼的階段，那麼余光
中偏愛火的意象，顯然就有他重要的精神寄託。尤其他的詩集《在冷戰的
年代》，也正好可以襯托那段時期的心靈感覺。從《五陵少年》的創作開
始，他就使用「燧人氏」來暗示他對火焰的嚮往。稍後，他又翻譯了美國
詩人佛洛斯特的一首短詩〈冰與火〉。把兩種背反的感覺並置在一起，造成
兩種價值的衝突拉扯與緊張。因此，藉由充滿熱度的火來抵禦冷戰時期的
冰涼，以及臺灣在國際社會的孤立，正好高度暗示詩人的精神面貌。有關
這方面的討論，包括鍾玲的〈評〈火浴〉〉、李有成的〈余光中詩裡的火焰
意象〉、陳芳明的〈冷戰年代的歌手〉，都可以顯示詩人作品在國家危疑時
期的焦慮與關切。

　　1970 年代中期以後，余光中進入他生命中的香港時期。香港是貼近中
國大陸的一個殖民地，那裡是當時整個華人世界享有言論自由的地方，卻
也是各種意識型態交戰的一個領域。余光中以外文系教授的身分，主持香
港中文大學中文系主任，正好使他的學術與文學橫跨在外文與中文之間。
他的教學一方面重新回顧五四以降新文學運動的發展，一方面也有充容空
間整頓詩經以降古典文學的傳承。由於相當接近他的文化母土，鄉愁特別
濃厚。但也由於中國文化大革命已經到達末端，政治氣氛仍纏繞知識分子
的思考。他這段時期的詩與散文，逐漸呈現崇尚古典的強烈心情。但是在
一定程度上，也反映著他與政治之間的緊張關係。尤其受到香港青年「左
仔」的批判攻擊之後，他更有捍衛中國古典文化的決心。出版了散文集
《聽聽那冷雨》、《分水嶺上》，詩集包括《白玉苦瓜》、《與永恆拔河》、《隔
水觀音》。這些作品意味著詩人的作品更加圓融成熟。他的筆不僅可以深入

傳統，也可以干涉現代。因此香港時期，就成為他生命中相當特殊的一個階段。夏志清在稍早的一篇論文〈余光中：懷國與鄉愁的延續〉指出，「後世讀者可能歡迎他的抒情散文，有甚於他的詩」。這項見解，似乎也代表當時某些讀者的偏好。但不能不注意的是，如果沒有龐大詩學的成就來支撐，他的散文氣勢也許不會受到如此高度的矚目。

香港時期的詩與散文，其實都受到同等重視，包括黃國彬〈余光中的大品散文〉、王灝〈從激越到沉潛──細說余光中詩中的中國意識〉。在詩方面，則有溫儒敏〈生命因藝術而「脫苦」──讀余光中〈白玉苦瓜〉〉。而縱論式的總結評價，則有流沙河〈詩人余光中的香港時期〉、秀實〈道是無情卻有情──談詩人余光中的香港情懷〉、劉慎元〈試論余光中「香港時期」的創作風貌〉。這些都足以說明，他在香港的停留並非抱持過客心態，而是以他的全部生命擁抱那小小孤島。而又從內心深處的感發，湧出無可壓抑的情緒，經過藝術的過濾、篩選，使複雜的想像沉澱為動人的詩篇與文字。他當時的心境，似乎可以理解。面對香港的九七大限，並且瞭望臺灣的鄉土文學論戰，幾乎不是個人生命可以負載如此龐大的歷史重量。時局的瞬息萬變，政治的風雲變換，簡直就在拷問、凌遲他的內心世界。或者可以說，香港時期生產出來的作品，是在各種力量的衝擊之下而錘鍊鍛鑄。

值得注意的是，香港時期的余光中似乎有更多機會遨遊世界。旅行的經驗觸動了他沉埋已久的地理想像。從年少時期他對地圖就有高度偏愛，同時透過地圖的閱讀，也情不自禁對遙不可及的遠方產生想像。他的文學世界，不僅具有濃厚的時間意識，同時也帶著豐富而深邃的空間意識。地理書寫，成為他 1980 年代以後的重要思考方向。1985 年他回到臺灣，也把他的旅行書寫收集成書，包括散文集《記憶像鐵軌一樣長》、《憑一張地圖》、《隔海呼渡》，詩集則有《夢與地理》。他彷彿又進入生命的另一個豐收季，已經到達出神入化的程度，凡是他的想像所及，都可以用詩或散文的形式具體呈現出來。有關這方面的評論，包括鍾怡雯〈風景裡的中國──

—余光中遊記的一種讀法〉、周芬伶〈夢與地理——余光中詩文中的雨書與地圖學〉。就像周芬伶所說:「詩人一方面繼承古典的意象與文字,一方面建構自己的意象與地圖學。旅遊與收集是他往外擴大想像與世界的途徑,從而建立自己的世界觀、宇宙觀,要之,他對空間極為敏感,舉凡上自天文、下至地理,皆有感懷,他的詩文中描寫星象、地理景觀的頗為可觀。可說是歌詠空間,或寓時間於空間的詩人。」這段話精確指出,余光中的藝術已經到達一種高度,足以把時間空間化,又把空間時間化。不僅可以在現代與傳統之間自由進出,也可以在東方與西方之間橫跨去來。

　　余光中的詩學變化,不僅是通過時間與空間的移動而開出新的境界,但不可否認的,他自己的年齡成熟,也帶給他許多領悟與啓悟。他在跨過中年之後,出版的散文集《焚鶴人》特別寫到:「人入中年,憂患相迫,感慨漸深,寫詩自然而然會漸趨客觀。人到中年,要不多閱世也不可能,閱世既多,那「世」就會出現在詩裡;至於怎麼出現,則視詩人藝術之高下了。」因此,在討論他的旅行書寫時,就不能不考慮他的生命在不同年齡層的旅行。這種旅行是非常主觀,決定他看待世界的方法。反過來說,在不同年齡階段,他也受到世事的感染與影響,從而造成特定階段的心境。確切而言,在時間與空間上的移動,也牽動著他心理上的變化。尤其他從父親身分升格為祖父時,似乎整個生命空間又加寬加大,使他看待生命的態度更為深沉。在他的詩與散文相當精確,反映了他生命的不同階段。他中年時所寫的〈我的四個假想敵〉,幾乎寫出世間所有父親的心情。當上天,不知姓氏的神祇把他點化成為祖父時,他的詩風也為之一變。親情詩與散文在他作品裡數量極多,有關這方面的討論,當以鄭慧如〈余光中的親性歌吟及其文學史意義〉為代表。這篇論文集中於討論「余光中的親性天倫之詠,起於對亡母的孺慕,繼之以對妻女的懸念、對亡兒的哀悼、對孫兒、孫女的眷眷,及對舅家的耿耿」。這可能是有關余光中評論中,值得重視的一篇。

　　他回到臺灣後,便定居高雄,這是他生命地理的一次重大調整。從前

他都是從臺北看臺灣，後來是從香港看臺灣。如今則坐南朝北，換了另一個角度觀察臺灣。如果臺灣文學裡面，有所謂的南部書寫，誠實而言，余光中比任何鄉土派作家還創造了更豐富的南部詩與散文。他所寫的詩〈春天從高雄出發〉，如今已經成為高雄市的招牌歌，點出詩人本身的自我定位，同時也影響了許多作家對地理臺灣的看法。

　　外文系出身的詩人，在翻譯方面的成就也相當可觀，遠在 1957 年，他已經完成《梵谷傳》、《老人與海》的翻譯。1960 年，出版《英詩譯注》，並且參與香港美國新聞處主編的《美國詩選》，同時還包括林以亮、梁實秋、夏菁、張愛玲的共同翻譯。1968 年，他個人出版《英美現代詩選》上下冊的翻譯。1970 年，翻譯《錄事巴托比》，同時把他自己的作品譯成英詩 *Acres of Barbed Wire*（滿畝的鐵絲網）。1983 年，翻譯王爾德《不可兒戲》。1984 年《土耳其現代詩選》。稍後他又翻譯三冊劇本《溫夫人的扇子》（1992 年）、《理想丈夫》（1995 年）、《不要緊的女人》（2008 年）。他對英國浪漫主義的嚮往，可以從《濟慈名著譯述》（2012 年）的完成來窺探。這方面的成就，不僅在於匯通東西美學的對話，同時也是在測試他個人對文字掌控的能力。翻譯是一種高度美學的試驗，不僅要對西方藝術作品的人文背景相當熟悉，同時也要對東方文化的美學瞭若指掌。畢竟在不同文化領域所生產出來的作品，不可能在另外一個文化中找到對位的美學。收在本書裡的三篇文章，包括金聖華〈余光中：三「者」合一的翻譯家〉、蘇其康〈翻譯定位重探〉、單德興〈既開風氣又為師──指南山下憶往〉，都容許我們看見余光中在翻譯方面的造詣。其中單德興在美國華文文學的研究，以及在西方重要經典的翻譯上，都受到余光中的啟發與影響。

　　臺灣、香港、中國的學界，對於余光中的好奇與著迷，可謂日益升高。余光中所造成的吸引力，不只在於他的詩文創作，也在於他在評論與翻譯上所成就的氣象。每個領域都蘊藏著豐富的礦產，等待更多的研究者去挖掘、探索、發現。由於他創作的生命持續而長久，從未出現過任何斷層，因此他所展現的格局，其實已經造成相當程度的困難，即使以一輩子

的時間去閱讀他，大約都只能熟悉他部分的面向，簡直無法以整體而全面的視野去掌握他。即使在編選這冊評論集時，面對的竟是浩瀚的文本，可以說是一望無際，不知如何找到定點。瞎子摸象，在於彰顯軀體的龐大，無論是觸及到腿部或腹部，都無法概括巨大生命的全部。如果使用挖之不盡、取之不竭來形容余光中的詩學，絕對不是誇大之詞。現在最麻煩的問題是，已經到達 85 歲的詩人似乎還未出現停筆的跡象。當他的讀者逐漸變老，余光中的創作心靈反而是越老越年輕。他只要創作詩的一行一句，對於研究者就構成威脅，面對這樣巍峨的存在，讀者不能不屏息注目。那是一種千里跋涉的挑戰，究竟要保持怎樣的距離才能看得清楚，這已經是一個問題。當詩人不斷製造困難、製造問題，正好可以說明為什麼他的讀者越來越多，而且年齡層越來越低。余光中無疑就是崇山峻嶺，即使抱持觀光心態，也會帶來呼吸困難。然而，也正因為這座險惡的高山坐鎮臺灣，也使得這小小海島被華人看見，被全世界看見。

輯四◎
重要評論文章選刊

〈天狼星〉論

◎洛夫[*]

　　以運用圓熟的文字技巧，豐富的形象所產生的現代趣味，交錯於以具象性的自然主義與暗示性的象徵主義手法所表現的諸多經驗之間，而其中又充滿熱情，憂傷，裝飾音的浪漫氣氛，這就是「天狼星」的特質，也是作者苦心孤詣欲使「天」詩成為多彩多姿，聲色俱備的「計劃創作」。因其饒有具象性，故「天」詩得以面目爽朗，脈絡清晰，縱使作者所展露的意象光怪陸離，駁雜紛紜，仍極易為讀者所捕捉、所還原。唯其如此，「天」詩乃流於「欲辨自有言」，「過於可解」的事的敘述，這就是詩意稀薄而構成「天」詩失敗的一面的基本因素。故意隱藏，高度晦澀可能變成一首壞詩，一首偽詩，自不為格調高遠的作者所取，但過於可解，就現代詩的觀點而言，勢必造成「可感」因素的貧弱。

——選自黃維樑編《火浴的鳳凰——余光中作品評論集》
臺北：純文學出版社，1979 年 5 月

---

[*]本名莫洛夫，詩人，專事寫作。

冷戰年代的歌手

◎陳芳明[*]

一、十年來的演變

在詩壇裡，余光中是一個爭論的名字。最主要的原因，是他的詩風時常吹不同的方向。他的「善變」使某些人感到不能容忍。我們看得很清楚，他每次的轉變，都引來不同的評價。無論評價是好是壞，都證明余光中那股「不惜以今日之我難昨日之我」的精神，特別引人注目。以他的新古典時期爲例，當時的一般詩人都普遍地奔向「現代化」的高速公路，只有余光中穩下腳步，毅然向中國的傳統文學索取詩情。在〈蓮的聯想〉一詩，便可看到他這樣的句子：

> 虛無成為流行的癌症
>   當黃昏來襲
> 許多靈魂便告別肉體
> 我的卻拒絕遠行，我願在此
>   伴每一朵蓮
> 守小千世界，守住神祕

以今日余光中的創作技巧來看，這首詩並無凸出之處，但是觀察它背後的思想，隱約可以看出他的精神趨向。在這首詩裡，或者說，在這個時

---

*發表文章時就讀美國西雅圖華盛頓大學史學博士學位，現爲政治大學講座教授。

期，他以蓮為重要的意象。對他來說，蓮，與其說是現實的具體花瓣，不
如說是東方的象徵，中國的象徵。余光中在這段時期所努力的工作，已漸
漸有評價了；江萌在〈論三聯句〉一文便說：「〈蓮的聯想〉是繼承了詞和
曲的傳統，運用了中國文字本身的許多特點而寫成的新詩。」這是江萌從
文字的音色的觀點來討論〈蓮的聯想〉之後，所得到的一個結論。然而，
顏元叔在「余光中的現代中國意識」一文中表示了他的看法：「在這段時期
（至少在〈蓮的聯想〉中），他似乎只在追求文字的音色之美，內容空洞，
缺乏時代性。這段話是顏元叔從詩的內容觀察所得的結論。顯然，這是余
光中的「新古典時期」兩個重要的評價。姑且不論這兩種評價是不是很恰
當，他們似乎都忽視了這段時期余光中在詩觀上改變的原因何在。要探討
這十年來他在作品上的流變，就必須追溯每一段時期的思想。如果不了解
〈蓮的聯想〉的產生背景，那麼對新古典時期的作品就很難有全盤的了
解。如果不了解〈敲打樂〉或〈在冷戰的年代〉的產生背景，我們也不容
易觀察出這段時期作品的真髓。今日他又轉向爽朗的民謠風，我們也該注
意他的思想演變。無疑，詩人的思想對作品的影響確實太大了。余光中在
每個時期固然有不同的風貌，但是他的思想卻是一以貫之的，那就是——
走向中國！

　　簡言之，他近十年來的演變是這樣的：
　　（1）走向古代中國，以〈蓮的聯想〉的作品為主。
　　（2）走向近代中國，以〈在冷戰的年代〉的作品為主。
　　（3）走向當代中國，以近日民謠風歌頌臺灣鄉土風味的作品為主。

　　從他的思想來觀察，那麼他作品的轉變可以說有跡可尋。只要把握了
他的思路，則接近他的作品會更容易一些。他在〈蓮的聯想〉轉變以前，
當時臺灣的詩壇正是高呼「反傳統」的高潮時期。如果關心詩壇的人還不
健忘的話，定然記得當時的晦澀風氣頗為流行（現在回憶起來，猶有餘
悸）。一般詩人競相學習西方的各種主義，在文字上耽溺於捉迷藏的遊戲，
在那種洶湧的風氣籠罩之下，余光中也未能免俗，寫了一兩首像〈天譴〉、

〈史前魚〉等眉目不清的詩作。不過，他頗有自覺，警覺到新詩的危機。他已了解到必須爲新詩開創新的機運，這種使命感賦予他轉變的力量。他的長詩〈天狼星〉便是一大轉捩點，他後來在〈從古典詩到現代詩〉一文中就坦然承認：「到了〈天狼星〉，我已經暢所欲言，且生完了現代詩的麻疹，總之我已經免疫了。〔略〕〈蓮的聯想〉……等詩無異是我宣告脫離狹義的現代主義的聲明。我自由了。我回到陽光中自由呼吸了。」（見《掌上雨》，頁 184）這番自白充分顯示他在當時的掙扎心情。他的決心，使他終於擺脫了西方各種主義的羈絆，擺脫了文字的各種障礙，而以清新明朗的姿態出現。《蓮的聯想》便是他對自己的決心實現的行動。無疑地，這本詩集正是當時超速現代主義的一大反動。從此，他正式回歸到中國。他的結論是：「狹窄的現代詩人但見傳統和現代之異，不見兩者之同；但見兩者之分，不見兩者之合。」（同上，頁 189）這也是他日後走向近代中國，以至走向當代中國的主要因素。（關於《蓮的聯想》，以後筆者將有專文討論。）

　　「走向中國」是他這十年來的重要詩觀。但是，他並不是守成不變的詩人，〈蓮的聯想〉所做的努力並不能使他滿足。雖然模仿他的人很多，這點他並不感到自得。相反地，他基於這詩觀又漸漸在做轉變的工作。至少在民國 53、54 年之交，他的詩風已開始轉移了，他不再把詩寄託在神祕的古代了，而把詩根植在近代中國的苦難裡。他在〈六千個日子〉就這樣說：「中國的苦難，深深地烙著我的靈魂。立在眼前這場大旋風和大漩渦之中，我企圖撲攫一些不隨幻象俱逝的東西，直到我發現那件東西便是我自己，自己的存在和清醒，而不可能是其他。借用奧登的句法，我對自己的靈魂說：『瘋狂的中國將你刺激成詩篇』。」（見《望鄉的牧神》，頁 122）余光中的這段話顯示了他在此時期所走的兩條路：一是他強烈的時代感，中國的苦難刺激他的創作；一是他個人對生命的經營，亦即他說的「自己的存在和清醒」。以這兩個自覺爲基點，來觀察他在《敲打樂》時期的作品，自然就更清楚他的動向。

二、時代和個人

　　《敲打樂》和《在冷戰的年代》兩冊詩集同時出版於民國 58 年 11 月。就個人的看法來說，《在冷戰的年代》的質和量都比《敲打樂》來得重。最主要的原因是，前者讀起來有一種成熟感，後者則只是種下了因子，尚未開花結果。在創作的技巧方面，《敲打樂》裡面的一部分抒情詩還可以看到新古典時期的影子，某些地方仍停留在轉變時期的過渡風格；而《在冷戰的年代》無論是詩人的風格和感情，都呈現圓熟的狀態，雖然這兩冊詩集是同條共貫的。如果仔細觀察這兩冊詩集，那麼可以劃分成下面幾個部分：

　　（1）抒情性的作品：如〈你仍在中國〉、〈單人床〉、〈楓和雪〉、〈弄琴人〉等。

　　（2）諷刺性的作品：如〈有一隻死鳥〉、〈超現實主義者〉、〈天使病的患者〉、〈七十歲以後〉等。

　　（3）自嘲性的作品：如〈或者所謂春天〉、〈醬瓜和月桂樹〉等。

　　（4）表現個人生命的作品：如〈自塑〉、〈火浴〉、〈白災〉、〈所羅門以外〉等。

　　（5）表現強烈時代感的作品：如〈凡有翅的〉、〈如果遠方有戰爭〉、〈有一個孕婦〉、〈在冷戰的年代〉、〈讀臉的人〉等。

　　從以上的五個分類，不難看出余光中在作品的風格上表現得特別繁複。要強調的是，雖然他的觸鬚伸向不同的層面，可是，他的心中架構恆是一個，以個人的生命為重心，而逐漸向外擴張。假使要以一句話來形容他的作品，那就是萬變不離其宗。《在冷戰的年代》詩集的扉頁有一首短短的〈致讀者〉的序詩，便明白地揭示他的主題：

　　　一千個故事是一個故事
　　　那主題永遠是一個主題

　　永遠是一個羞恥和榮譽

　　當我說中國時我只是說

　　有這麼一個人：像我像他像你

　　這簡短的五行正是他這段時期風貌的輪廓，頗能看出他個人和圍繞他四周的環境之交互關係。中國，象徵著每一個我，每一個他，每一個你；反過來說，我你他又可能代表著當代的中國。當他說到個人的恥辱時，那就是指整個中國的恥辱；同樣地，當他談到中國的榮譽時，就可能是指每一個中國人的光榮了。這一點表現在他的散文〈地圖〉一文便是如此的句子：「當你不在中國，你便成爲全部的中國，鴉片戰爭以來，所有的國恥全部貼在你臉上。於是你不能再推諉，不能不站出來，站出來，而且說：『中國啊中國，你全身的痛楚就是我的痛楚，你滿臉的恥辱就是我的恥辱！』」（見《望鄉的牧神》，頁 68）不錯，余光中的主題乃在於喚起中國人強烈的「認同感」（"identity"），他要在個人的命運和中國的命運之間建立起顛撲不破的感情，他熱愛國土一如熱愛自己的母親，他咒詛傷口一如咒詛敵人。這一點非常重要，假如不透過他的這種思想，就很難了解此時期的作品是在怎樣的心情下完成的。不僅是他的詩，即使是他的詩論、批評和散文，也大多是這股信念的延續。讀他的作品，自然而然能感覺出一股濃厚的民族感情撲鼻而來。

　　爲了討論上的方便，有關詩集裡的抒情性、諷刺性、自嘲性之類的作品，暫置不論。本文將著重他表現時代感的作品，做粗淺的介紹。關於他表現個人生命的作品，筆者將另撰一篇〈一顆不肯認輸的靈魂〉來討論。

三、評《敲打樂》詩集

　　前面說過，《敲打樂》一集所收的詩，占的分量較輕。綜觀這冊詩集，大部分所容納的，情緒的成分居多。這可能是余光中身居異國時（民國 53 年 9 月到 55 年 7 月），忍受難耐的寂寞和空虛的情況下，發洩出來的作

品。例如〈洋蘇木下〉、〈灰鴿子〉、〈單人床〉等等，都是此類情緒的產
品。

　　真正能代表他的詩觀改變，恐怕是從〈猶力西士〉一詩以後。這首詩
隱約地表示了他的航道已經轉向了，他在這詩裡如此寫著：

　　　何需堵我的耳朵，以蠟？

　　　何需縛我的赤銅之軀

　　　以濕重而黑的纜索？

　　　只道是，女妖的歌聲尋常又尋常

　　　我的耳朵醉過

　　　更迷人更令人迷路的謊言

　　　颶風季，我的船首朝西

　　　同伊色佳，回伊色佳去

　　　　　　　　　　　　　　　　　　——伊色佳，一個傷心的島嶼

　　這首詩的主要意象來自希臘史詩——荷馬的《奧迪賽》（*Odyssey*）。詩
中的女妖當指賽倫絲（Sirens），她是古希臘傳說中的海上女神，善以歌聲
迷惑航海人，而猶力西士便是史詩中在海上流浪的男主角。此詩除了借用
典故之外，並無任何技巧可言。以余光中的功力，不應該寫如此拙劣的
詩。但是，這首詩所蘊含的精神卻是值得注意的。當時他在海外飄泊，以
猶力西士的流浪生活影射自己，倒是很恰當的。而詩中的女妖恐怕是隱喻
當時詩壇流行的存在主義、超現實主義、虛無精神等等；或者更擴大來
說，女妖指整個西方文化。他說「我的耳朵醉過／更迷人更令人迷路的謊
言」，當指此而言。當時的一般詩人，包括余光中在內，對於西方文化的著
迷，已形成流行的風氣。但余光中已警覺到應該回到自己的國土，傳說中
的伊色佳便隱喻著中國。當然此詩也另外有一含義，當時余光中去國甚
久，已厭倦海外的生活，他親身體會，親身經驗西方的種種，他所看到的

西方應比其他的詩人來得深入而真切。西方固然迷人，中國固然使人傷心，但他畢竟是中國人，西方文化應由西方人去歌頌，中國的苦難還有待詩人來體驗，他在詩裡說：「颱風季，我的船首朝西」，更顯示他回到中國的決心。這首詩看起來很平凡，卻是他創作歷程中的轉捩點，詩中表現出來的不很明顯，但無疑地，自此他便乘風破浪地歸來了。

〈當我死時〉一詩，便是這種回歸精神的浮現，頗能表現那種葉落歸根的嚮往，尤其是他在異國陌生環境的籠罩下，這種心情的流露，既自然又感人：

　　當我死時，葬我，在長江與黃河
　　之間，枕我的頭顱，白髮蓋著黑土
　　在中國，最美最母親的國度
　　我便坦然睡去，睡整張大陸

從第一行開始，詩的節奏就顯得緩慢。他在詩行裡不斷地運用逗號，以控制詩的速度。事實上，這四行只在說明：「當我死時，葬我在中國，我便坦然睡去。」但如果只是這樣寫，則整首詩的韻味會喪失殆盡。他盡量把意象擴張，以產生一種悠然的感覺。從「葬我」開始，到「在中國」為止，他所運用的語言已不是濃縮的，而是經過鋪陳的。他特意指出中國是長江與黃河之間的中國，使人覺得中國已不是一個抽象的名詞，在這裡是可以感覺可以撫觸的中國。在詩裡，「死亡」已不是一個可怕的字眼了；相反地，卻成了一個願望，一種嚮往。以睡眠來代替死亡，在意象上顯然緩和了許多；同時，在文字的節奏上減速，那種憧憬的神態便浮現出來，躍然於紙面。接下去的四行，描寫他如何地滿足睡去以後的情境：

　　聽兩側，安魂曲起自長江，黃河
　　兩管永生的音樂，滔滔，朝東

　　　　這是最縱容最寬闊的床
　　　　讓一顆心滿足地睡去，滿足地想

　　這四行的節奏依然繼承前四行而來，悠然而緩慢，頗有安魂曲的味道。「兩」、「床」、「想」押韻，加強了詩的音樂性。我們可以看出，他已完全把自己投入整個夢境裡，設想自己已經到達了長江和黃河之間，而且躺下去，安然躺下去，把長江和黃河當做兩管永生的音樂。把自己的國土當做最寬闊的床，這樣的刻畫確實把他那股滿足的心情很完整地表達出來。個人總覺得，如果這首詩只寫下這八行，實在無懈可擊，無論是意象、節奏、文字都很恰當。不過，他在後面六行所經營的，卻多少帶給人些許遺憾：

　　　　從前，一個中國的青年曾經
　　　　在冰凍的密西根向西瞭望
　　　　想望透黑夜看中國的黎明
　　　　用十七年未饜中國的眼睛
　　　　饕餮地圖，從西湖到太湖
　　　　到多鷓鴣的重慶，代替回鄉

　　第八行的「滿足地想」有承先啓後的作用，這個句子把整首詩的夢境拉回現實。詩中的「從前」是真真實實的現在，而「當我死時」的夢境卻是一個未知的將來。這種時空的交錯在詩中運用得非常成功。不過，詩的速度卻加快了不少，和前面那種悠緩的節奏顯得不太和諧；固然時空的對比非常統一，可是在節奏上和意象上就不夠整齊了。從「一個中國的青年」到「饕餮地圖」爲止，讀起來顯得急促了些，已經沒有前面八行那樣緩慢。固然從反面的解釋也可以：以節奏的加快來反映飄泊在外的心情，因爲他已有 17 年沒有看見真實的中國了，他只能以地圖來慰藉他未饜的

心。但是就詩的發展來看，這種節奏的加快是很突然的。再就詩的意象而言，前八行以「安眠」為主要的意象，而後面六行則似乎以「失眠」做為意象還來得恰當些，尤其是他說「在冰凍的密西根向西瞭望／想望透黑夜看中國的黎明」，設若他以「失眠的眼睛」在黑夜裡瞭望，那麼就可以和前面的「坦然睡去」造成鮮明的對比，以形成強烈的效果。但是他並沒有這樣處理，而以「未饜的眼睛」為意象，顯然這也是指他心裡的不滿足，只是太落言詮了，而形成兩種不同的層次，這樣的發展在詩裡似乎太突然了一些。顏元叔談到這首詩時，認為結構統一嚴謹，個人並不這樣認為。當然，這是見仁見智的問題。總之，這首詩並不很失敗，以余光中那樣注重意象和音樂性的詩人，似乎還可以使這首詩處理得更圓滿一些。就技巧而言，他在詩裡把時空換位，就很成功。假如純粹從思想的觀點來看，那麼這首詩無疑是他「走向中國」的代表作。

特別能表垷余光中的時代感，應該是〈敲打樂〉一詩。該詩長達 152 行，自〈天狼星〉以來，是他寫得最長的一首詩，在氣魄上顯然超越了〈天狼星〉。〈天狼星〉只能算是一首組曲，而〈敲打樂〉則是連綿不絕的交響樂，而且是節奏特別的交響樂。無論是文字的表現，或思想的流露，都足以看出余光中的精神和中國緊緊相扣，在這首詩裡表現得淋漓盡致。從第一行開始到最後一行為止，都充分顯示他詩思的豐沛，和筆鋒的犀利。

風信子和蒲公英

國殤日後仍然不快樂

不快樂，不快樂，不快樂

這是詩的前面三行，他以「風信子和蒲公英」來隱喻在海外的飄泊心情，而這種心情是脆弱的，因為風信子和蒲公英被風一吹，種子和花粉就吹散了，更說明他的無助。他說「國殤日後仍然不快樂」，顯然，他的心情

早就已經不快樂了，在此他以「國殤日」做為不快樂的時間背景。為什麼他不快樂呢？請看 13 行到 15 行：

> 除非有一種奇蹟發生
>
> 中國啊中國
>
> 何時我們才停止爭吵？

這三行可以說是整首詩的主題所在。這首詩的題目是〈敲打樂〉，余光中把它譯成英文是 Music Percussive，而 percussive 本來就有衝突、撞擊之意，這樣解釋就很清楚了。這首詩原來就是一連串的衝突過程，是余光中個人生命和中國的命運之間一連串的爭論過程。他把中國擬人化了，把詩做為和中國之間的對白。他熱愛中國，擁抱中國，可是在別人眼中的中國並不是完美的中國，而是含辱的中國，因而在歷史和價值之間造成一種「張力」（"tension"），這也是他和中國爭吵的癥結所在，也因而使他不快樂，即使是「七十哩高速後仍然不快樂」（第 12 行）。為了去掉心中的苦悶，他在高速公路上開快車發洩，依然解除不了快樂的情緒，因為：「中國中國你是條辮子／商標一樣你吊在背後」。他是中國人，走到那裡還是中國人。中國人的辮子時代已經過去，但是當年外國人侮辱中國人的辮子，稱之為 pigtail（豬尾巴之意），余光中在這裡強調「辮子」，正說明到現在外國人對中國人依然維持輕蔑的態度。他走到任何地方，正代表「七萬萬分之一的中國」走到那裡，所以他說「中國中國你是條辮子」時，可以看出他心底所隱藏的痛楚，那是他最大的不快樂。更甚者外國人對中國的誤解，對中國整個近代史的誤解，並不僅僅使他不快樂而已：

> 中國中國你跟我開的玩笑不算小
>
> 你是一個問題，懸在中國通的雪茄煙霧裡
>
> 他們說你已經喪失貞操服過量的安眠藥說你不名譽

被人遺棄被人出賣侮辱被人強姦輪姦輪姦
中國啊中國你逼我發狂

　　這是第 45 行到第 49 行，可以說是這首詩的第一個高潮。從字面上看
來，他似乎在嚴厲地指責中國。可是從另外一個角度來看，正看出每一個
中國人心底的糾結。中國，是偉大的，但那是整個中國文化。然而中國的
近代史，已不偉大了，而是一場巨大的羞辱，這股羞辱到現在還沒驅除，
至少在所謂「中國通」的眼光裡還沒有驅除。他所指的中國通，當然指費
正清（J. K. Fairbank），柯保安（Paul A. Cohen）等之流的人物，他們曲解
中國的歷史——以帝國主義的觀點解釋中國歷史。他們說中國「已經喪失
貞操服過量的安眠藥」，說中國「被人強姦輪姦輪姦」，這幾行詩，與其說
是責備中國，毋寧說是對外國人的一個最大的抗議。在別人的眼裡，中國
固然不能保有原來的面貌，但那是經過曲解誤解甚至不諒解的中國。這行
詩用了 22 個字，唸起來特別快速，在節奏上顯示了他情緒的急遽起落，表
現他胸中的氣憤。他說「中國啊中國你逼我發狂」，或許有人以為他在推諉
做中國人所應負起的歷史責任，但是從相反的觀點來看，這行詩又何嘗不
是他的反省？只有經過反省，才有清醒的時候。當然，他不只是對那些
「中國通」抗議，而且他也諷刺那些沒有時代感的中國人，請看第 115 行
到第 121 行：

菌子們圍著石碑要考證些什麼
　　　考證些什麼
　　　考證些什麼
一些齊人在墓間乞食著剩肴
任電殛任電鞭也鞭不出孤魂的一聲啼喊
在黃梅雨，在黃梅雨的月份
中國中國你令我傷心

這七行詩是針對那些空談中國文化的人而說的，所謂「菌子們」是一些沒有時代感的寄生菌，他們開口閉口都是堂堂皇皇的中國文化，然而他們只懂得拾古人的牙慧，只是「一些齊人在墓間乞食著剩肴」。他們似乎不知道當前的時代是怎樣的時代。面臨這個「大旋風和大漩渦」的時代，這些菌子們，這些齊人依然苟安地做一些考證的工作，以為考證了以後就可以延續中華文化，所以余光中說「任電殛任電鞭也鞭不出孤魂的一聲啼喊」。他們太安全，在這個雷電交加的風雨時代，他們自以為很安全。余光中看到這種事實，自然不能不悲嘆「中國中國你令我傷心」。這裡的中國指一些生於當代活著的中國人，是一些自我陶醉的中國人。我們可肯定地說，這七行詩，比任何一張標語，比任何一句口號，比任何一篇宣言，都來得有力量。

　　但是，余光中是不是悲觀的呢？當時他在美國已居留年餘，眼觀別人的繁榮，再回顧自己的悲傷，是不是令他頹廢呢？據說，一些留美的人都一去不回，據說出國以後就開始罵自己的父母。在這「風信子和蒲公英」非常流行的年代，余光中的詩卻象徵了一股堅持的力量，試看第 138 行到144行：

　　　　我遂內燃成一條活火山帶

　　　　我是神經導電的大陸

　　　　飲盡黃河也不能解渴

　　　　捫著脈搏，證實有一顆心還沒有死去

　　　　還呼吸，還呼吸雷雨的空氣

　　　　我的血管是黃河的支流

　　　　中國是我我是中國

　　〈敲打樂〉長詩寫至此，是第二個高潮。在世人都在誤解中國的時候，在某些中國人自己也殘喘苟生的時候，余光中是最清醒的一支力量。

他「捫著脈搏，證實有一顆心還沒有死去」，正說明他仍保持不死的意志，面對這個動盪的時代，他把中國的命運當做自己的切膚之痛，他「還呼吸雷雨的空氣」，就是表示了他不逃避歷史責任的決心。從整首詩的發展來看，余光中的精神從消極漸漸走向積極，從「中國啊中國你逼我發狂」，一直到「中國是我我是中國」，更說明他由原來和中國採取對立的地位，而終至結合為一的過程。這一段過程便是余光中「走向中國」的精神所趨，雖然他在最後四行說：

中國中國你令我昏迷
　　　　　何時
才停止無盡的爭吵，我們
關於我的怯懦，你的貞操？

　　但是，這四行更能顯示他的決心，我們可以看出他急切地要結束這一場衝突，這一場激辯。不僅是他而已，只要是關心中國的人，關心這個時代的每一位中國人，誰又何嘗不想趕快結束這場爭論呢？
　　此詩的表現很成功，它頗能表現一位知識分子對這個時代的感受。至少可說，余光中的詩頗能道出每一位知識分子的心聲。技巧也很成功。譬如在詩中他把中國比喻成「一個問題，懸在中國通的雪茄煙霧裡」（46行），這是指外國人對中國誤解，而中國人對自己國家的感受，也只是「菌子們圍著石碑要考證些什麼」（115 行），說明中國人本身的麻木不仁。以「中國通」和「菌子們」的對比，更能目出中國命運的窘境益形艱辛。在這種困難的境地，能「證實有一顆心還沒有死去」（141 行），則這首詩的主題便明朗化了。他和中國之間的爭辯固然沒有結論，但經過爭辯後的詩人，他的精神更加清醒了。如果要找出這首詩的缺憾，那就是詩裡所描寫美國的一切占較大的部分，而對於中國的環境缺乏描寫，所以在這方面的對比顯得不太平衡。設若能以美國（他的飄泊處）和中國（他的祖國）兩

個空間爲意象的主軸，則更能表現他心底的矛盾與衝突的困境，那麼詩裡的悲痛氣氛便更加濃厚，他的精神也就浮現得更具體了。在文字的運用上，此詩可以說完全以白話來表達，唸起來又不失其節奏感。表面上看起來，整首詩好像非常混亂，但只要仔細觀察，便隱約可以看出他在混亂中建立起秩序。此一秩序的建立是漸進的，至少可以看出他的精神是由懷疑到肯定，由對立到結合，由消極到積極。顯然這首詩是經過計畫的，然而又看不見他的刀斧痕跡，似乎盡量讓整首詩任其發展，不知所終；可是在最後又好像提供了一個結局，又好像沒有，讀者讀起來卻又得到一個很完整的印象。如果要以一句話來形容此詩的境界，則如《中庸》上所說的「極高明而道中庸」。這是筆者在讀完此詩之後，所能給予的評價。

　　收在《敲打樂》詩集裡的詩，接近此詩風格的還有〈哀龍〉、〈在旋風裡〉、〈有一隻死鳥〉、〈黑天使〉。後兩首表現他的反共思想，特別是「有一隻死鳥」，表現的反抗精神更爲強烈。此詩主要在紀念俄國文學家巴斯特納克。《齊瓦哥醫生》是他的傑作，他寫這本書不僅遭到俄國政府的禁止，而且他個人生命也遭到迫害，所以余光中說：「冬至以後，春分以前／那一種方言最安全？」短短的兩行，就把共產社會迫害自由的環境刻畫得很徹底。這是余光中筆鋒的銳利處。

四、評《在冷戰的年代》詩集

　　同樣，從他的時代感的觀點來看《在冷戰的年代》，我們可以察覺到，余光中在這方面的作品成熟了許多。這本詩集雖然和《敲打樂》是同一時期的作品，但創作的環境並不相同。《敲打樂》是在美國完成的，《在冷戰的年代》則完成在國內。或許身在祖國，精神上和祖國的差距並不遙遠，缺乏一種落寞感，則創作時比較不會受到情緒的牽動，所以這詩集的作品讀起來比較富有知性，予人一種穩重紮實的感覺。

　　這詩集的第一首詩〈帶一把泥土去〉，令人彌嚼彌甜，如嚼橄欖。此詩是送給瘂弦的，當時余光中剛回國不久，瘂弦則將赴美國的愛奧華參加作

家工作室。余光中以剛從國外回來的經驗告訴瘂弦,他知道海外的中國人最需要的是中國泥土。泥土,只是一種象徵,但是已足夠滿足一位在海外流浪者的情懷了,因此他勸瘂弦帶一把泥土去:

> 這是祖國最好的樣品
>
> 同樣的潮濕
>
> 埋葬過且生長過
>
> 最醜惡的屍體
>
> 生長過且埋葬過
>
> 最難忘的美麗

這首詩最長的句子不超過九個字,他不斷地分行,無形中使整首詩的節奏緩慢下來了。這首詩宜朗誦宜低吟,讀起來總覺得像在唱一首歌,使人體會到帶一把泥土去的時候,那種心情如何地充滿希望充滿自信。在詩中他寫出這把泥土有「最醜惡的屍體」,有「最難忘的美麗」。無疑地,他指的是中國的恥辱和光榮,然而這些空洞的名詞總不如以「屍體」來形容恥辱那樣具體。在詩中他動用了「美麗」一詞,似乎和「屍體」不大對稱。因為「屍體」是具象的,「美麗」是抽象的,使人讀起來多多少少有點缺憾感。這種缺憾可以說是余光中的作品中常常發生的現象。設若他的作品再經過一段冷靜的時間來過濾,則此現象可盡量避免。譬如這首詩,如果以「鮮花」來代替「美麗」一詞,或者再仔細加以斟酌,那麼這首詩可以顯得更完美也未可知。

　　〈凡有翅的〉一詩,也是詩集中很堅實的作品之一。此詩和〈敲打樂〉一樣,都在把中國擬人化以後,再以對白的方式來表現。這裡所說的中國,廣義地說,指整個近代史的中國;狹義地說,指今日淪陷紅禍的大陸,特別指所謂「文化大革命」時期的大陸。顏元叔認為此詩是〈敲打樂〉一詩主題的重現,這一點筆者認為值得商榷。〈敲打樂〉的背景以美國

文化爲重心，同時也表現他個人和中國之間衝突的困境。而〈凡有翅的〉
則以今日的中共爲背景，表現一位知識分子對於紅衛兵的抗議。做爲一個
詩人，目睹紅衛兵對藝術的破壞，對文化的污辱，他憤而寫出這首詩，以
表達他的抗議。這種抗議的成功處，就是不動用過多的情緒。請看最後的
11 行：

　　中國啊中國你聽不見我說些什麼
　　天鵝無歌不音樂的天鵝
　　天使無淚不慈悲的天使
　　況且在旋風在旋風的季節
　　況且驢，以及梟，以及其他
　　以及厲笑的狼以及慘哭的鬼
　　以及紅衛兵之外還有越南
　　以及死亡的名單好幾英里以及其他
　　以及李白的臉上貼滿標語
　　殺盡九繆思為了祭旗
　　中國啊中國你要我說些什麼？

　　他一口氣寫下這 11 行，詩的速度一再加快。從「中國啊中國」開始，
便展開了他最擅長的長句寫法。這是他寫詩的特色，也是當下的詩人所難
望其項背的地方。以不間斷的句子連綿不絕地寫下去，使人在朗誦之餘，
更覺一股間不容髮的悲憤之氣油然而生。特別在最後的六行，連續動用了
好幾個「以及」的連接詞，使人在讀完一行之後，又立刻湧上一行。那種
感情的緊張性表現得淋漓盡緻，既不容停止，又不容換氣。除了在「況且
驢，以及梟，以及其他」一行裡加了兩個逗點以外，換氣的時間幾等於
零。這種利用節奏來表現感情起伏的手法，可以說是他最得意的一個技
巧。

　　他以天鵝和天使做為有翅的象徵，也恰到好處。天鵝，是美麗的象徵，是無上的美；天使，是善的象徵，慈悲的象徵。當天鵝無歌，或不能再歌的時候，那原有的美的精神就被扼殺了。同樣，當天使失去他原有的慈悲時，試問是不是還有善惡的分別存在？是不是還能保持原來的溫柔和溫暖？全詩都在悲憫的氣氛下進行，而詩的背後卻隱含一股陽剛之氣，不能奪也不能辱。顯然中共所謂的「文化大革命」何異於秦始皇的焚書坑儒？他們對知識分子的污辱又何異於明代的廷杖，請看最後第 24、25 行：「以及李白的臉上貼滿標語／殺盡九繆思為了祭旗」這兩行的抗議非常堅強。因為，中共驅使下的紅衛兵不僅鬥現代的文人，甚至已逝去千年的文人也不放過。當然，這裡所說「李白的臉上貼滿標語」，不只指李白而已，可以說指整部中國文學史，指全部的中國傳統文化。余光中之所以特地提出李白，有他的用意。李白那種豪邁不羈的性格，應該和政治完全無關，然而在鐵幕裡，無論古今的人物都要染上政治的色彩。以貼大字報貼標語為樂事的紅衛兵，自然不會放過像李白那樣獨立於塵世之外的詩人，他們把所有的文人趕盡殺絕，亦不過在維持紅朝的旗幟罷了。〈凡有翅的〉所表現的，說明一些站在大陸以外的中國人，對於共產政治的反抗是如何強烈。就個人的觀點來看，這首詩所具有的時代意義非常濃厚，而詩的表現也非常成功。

　　同樣，〈月蝕夜〉一詩，可以說是〈凡有翅的〉的倒影，或者說，是一詩兩面。中國的近代史，是一部混亂而又苦難的歷史。生長在其中的中國人，都能感覺出其中痛苦之一二。尤其是大陸淪陷以來，這種痛楚就日益加深。對於共產政權在大陸的所作所為，人們心裡的苦悶，可以說難以言喻。這首詩的前四行說：

　　　忽然
　　　那黑影伸過來，碩大如預言
　　　攫住月，攫住驚惶的夜

　　於是猙猙吠起所有的惡犬

此四行無疑指大陸的淪陷，以「月蝕」來比喻大陸的淪陷可以說非常鮮
明。接著又說：

　　於是蝙蝠在空中飛
　　在盲了的大氣中盲目地飛行
　　這些畏光的靈魂！

以「蝙蝠」來比喻淪陷在鐵幕裡的人民也非常恰當。他們活在大陸上，等
於在盲目中飛行。在鐵幕裡，一切事物和外界隔絕。中共愚民政策的最主
要目的，便是使其統治下的百姓都變成盲目的服從者。他說「這些畏光的
靈魂」，實在是一種諷刺。因為，他們所生存的環境本來就沒有光，甚至說
根本無光可畏。這個諷喻是夠刻骨的。在長久的月蝕的年代，反抗的事件
層出不窮，所以就有人出來抗議了：

　　這樣的一代啊，我們就是
　　生於月蝕也將在月蝕中死去
　　任一瞥星光都是奢侈
　　任一瞥都太貴，而我們太貧窮
　　無終，無始，夜盲症無始無終
　　月蝕夜，月蝕夜延長成歷史

　　這是關在鐵幕裡面的人民最悲痛最絕望的呼聲，尤其是今日廿幾歲的
年輕一代，他們誕生下來就遭遇到暗無天日的環境，而這種沒有絲毫光亮
的月蝕夜究竟什麼時候才能結束呢？他們沒有人敢肯定地回答，他們所擔
心的是月蝕夜恐怕會延長成歷史，則這一代實在是受騙的一代啊。事實

上，抱著這種悲觀的心理並不只限於大陸的人民，飄泊於海外的中國人也
大多擔心會變成事實。在這方面，余光中的詩就敢提出肯定的答案，至少
他個人的信念是非常堅強的：

　　　　　　　拾起一具髑髏

　　奮力，像推開歷史重疊的壓力
　　向悲歌的方向我奮力擲去
　　五十個世紀的夢魘
　　一聲驚呼，一層層倒下

　　余光中的詩不只表現時代感而已，在另方面，他頗能自覺地賦予自己
一種使命感。這種使命感便是喚醒悲觀的中國人。當別人都持著懷疑或絕
望的心理時，余光中反而抱著舍我其誰的信念。那股堅定的意志，栩栩然
浮現在我們的眼前，這正是他「走向中國」的最大使命。我們可以看出，
他的精神是積極的，進取的，也是這段時期的創作的主要動力。
　　他的使命感，表現在〈安全感〉一詩中也非常清楚。在最後四行，他
說：

　　在我們這時代
　　每一枝筆是一個例外
　　每一枝避雷針都相信
　　敢於應戰的，不死於戰爭

這首詩可以說是〈月蝕夜〉的一個註腳，也是他那股堅定信念的延續。只
是，這首詩太落言詮了，而且詩質也褪盡不少。嚴格地說，這四行只能算
是分行的散文。
　　收入《在冷戰的年代》裡的同性質的詩，還有〈雙人床〉、〈如果遠方

有戰爭〉、〈每次想起〉、〈有一個孕婦〉、〈在冷戰的年代〉、〈讀臉的人〉、
〈忘川〉等,都表現他個人對這時代的批判。對每個中國人的心理困境的
描寫,都非常成功。當然,我們在欣賞他的詩的時候,並不能因為他的民
族感情太濃厚,而蒙蔽了我們對他的評價。在這裡願舉出兩首詩,〈有一個
孕婦〉和〈忘川〉,以些首詩來比較,自然就可以看出其間的差異了。試看
〈有一個孕婦〉一詩,他在這首詩裡最主要的是為中國的下一代擔憂,特
別是還未誕生的未知一代。因為在這憂患的年代,七萬萬人口所擔負的艱
辛已經過多了,再誕生下來的人口只是徒增憂患而已,因為:

> 許多伯伯玩一種叫戰爭的遊戲
> 大半個中國是輪盤,不,是棋盤
> 但這種棋不好玩,不,這不是兒童樂園
> 我們的國度不是華特‧狄斯尼
> 不,不是安徒森和格林的國度

他藉詩來警告中國的下一代。這個時代的中國充滿了戰爭,充滿了危險。
這種心懷毋寧說是一種同情,但詩的表現並不完美,從「一種叫戰爭的遊
戲」、「中國是輪盤」,一直到「不是安徒森和格林的國度」,在意象上都是
平面的,給人的感覺只是平鋪直敘。再就詩的音樂性來說,人工的痕跡也
太顯明了,使人讀起來有造作之感。以第二行和第三行為例,在詩行的中
間用了兩個逗點,既不是為了強調意象,也不是為了節奏,而只是做了一
次修正的工作而已。先說中國是輪盤,接著又說中國是棋盤,這種修正太
平面了。「輪盤」和「棋盤」都是賭具,兩者都未見有凸出之處,所以看起
來這種修正是徒勞的。這種情形,〈在冷戰的年代〉一詩中也可以看到,那
就是人工的雕琢太濃了些。在這裡,筆者願意提出一個看法,余光中的創
作技巧似乎不宜寫敘事詩,因為敘事詩太容易落詮。事實上,今日寫敘事
詩的詩人並不很普遍。敘事詩之所以很難處理,最重要的是要能夠掌握氣

氛。在掌握氣氛，醞釀氣氛方面，恐怕是葉珊最擅長了，也因此他的敘事詩寫得很圓滿，讀他的詩就覺得氣氛很足。反觀余光中在這方面的努力，成就不大，如果他能夠把敘事詩發展成散文，則更能見其功力。〈楓和雪〉、〈有一個孕婦〉在個人的感覺上都是失敗的敘事者，至少不能使讀者感動，或者說，讀者很難進入詩的境界。

再看〈忘川〉一詩，情形就不同了。這詩雖然描寫他踏到香港後，心理所產生的反映，但他並不敘事，而是運用他熟悉的對比技巧，因此讀起來很能進入他的感覺。是的，對比技巧往往使他的詩產生令人驚異的效果。這種情形在〈當我死時〉、〈敲打樂〉裡都表現得很高明。那麼，就來看〈忘川〉一詩的表現技巧。

> 二十年後還是這張灰面紗
> 戴鐵絲網的慈顏是怎樣的慈顏？
> 揭不開的哀戚是怎樣的哀戚？
> 不回頭的鞋子是怎樣的鞋子？

這是他隔著深圳河眺望大陸山河時的感受。看到祖國的邊境圍繞一道鐵絲網，心裡有無限的沉痛。他在第二節的前四行，連續提出三個問題，使人隱約地接受，那種無奈的痛楚，「戴鐵絲網的慈顏是怎樣的慈顏？」提出如此的疑問，正道出了難言的哀戚。慈顏，指的是母親，是祖國，是最溫柔的親人；鐵絲網則是陌生而冷漠的枷鎖。經過 20 年以後，所看到的慈顏依然戴著鐵絲網，心裡的苦楚已溢於言外。他說：

> 鐵絲網是一種帶刺的鄉愁
> 無論向南走或是向北走
> 一種裝飾恐怖的花邊
> 他鄉就作客

　　故鄉就作囚

　　都是一樣，隨你網裡或網外

　　做了魚就註定快樂不起來

這是第三節的前七行，把中國人兩難式的困境（dilemma）描寫得非常真切。鐵絲網是具體的，鄉愁是抽象的。把鐵絲網形容成帶刺的鄉愁，令人幾乎可以撫觸到那一縷望不見的憂愁，簡直就是一股真實的刺痛扎入心的深處。他說那是「一種裝飾恐怖的花邊」，使鐵絲網的意象又換了一個面貌，詩的發展至此又產生了繁複的效果。不僅是如此而已，他又把鐵絲網當做一種魚網，關在魚網內的作囚，飄泊在魚網外的作客。詩的意象換了一個層次，心裡的悲哀就加深了一層。把中國人，或者狹義地指住在香港的中國人，那種在外流浪的哀傷，那種有家歸不得的鄉愁，描寫得太具體了。最能描寫這種困境的是第四節的最後四行：

　　而忘川怎樣流陰陽就怎樣分界

　　皇冠歸於女王失地歸於道光

　　既非異國

　　亦非故土

　　忘川像進入人體的一道水銀，水銀所到之處，肌膚就為之裂開。忘川和鐵絲網在中國的近代史上便扮演著水銀的角色，它貫穿了中國人的生命，把中國人分開了，一半是陰，一半是陽。如果要追溯歷史淵源，則這股哀痛實在源自道光時代了。站在這塊殖民地上，如果說身在異國，可是觸目所及都是中國人的黃皮膚黑頭髮。但如果說在故土，在感覺上卻又那麼遙遠，它畢竟不屬於中國人的。站在有陽光的殖民地這邊，眺望黑暗的鐵絲網那邊，那種心情確實無奈無助且難言。此四行把他的鄉愁帶進一種錯綜複雜的境地，他已分辨不出自己的鄉愁應該屬於怎樣的感情？只要是

中國人，誰能分辨這種混淆不清的感情呢？這四行寫得太逼真太複雜了。寫至此，自己的情緒竟激動得久久不能自己。不過，這種情緒應該是知性的，而不是泛濫的。在這個地方，誰能說情緒不是文學呢？

所謂祖國
僅僅是一種古遠的芬芳
踟躕依舊踟躕
患了梅毒依舊是母親
有一種泥土依舊開滿
毋忘我毋忘我的那種呼喊
有一種溫婉要跪下去親吻
用肘、用膝、用額際全部的羞憤

全詩寫到第五節，是他懷鄉感情的最高潮。這似乎是余光中的一貫手法：往往在詩的開始時，把感情埋伏下去，隨著詩的發展隱隱地起伏，不使它過分流露出來；然後到了詩的末尾，就完全讓那股壓抑的感情無阻地暴露了，使人覺得一股洶湧的浪潮當頭掩來。像〈敲打樂〉、〈凡有翅的〉、〈每次想起〉都運用這樣的手法。這是余光中創作時的一條秩序，從隱而顯，從暗而明譬如這詩的最後第五節也是同樣的情形，把全詩所埋伏的感情完全表達出來。他說「患了梅毒依舊是母親」，特別能顯出震撼力。梅毒是醜陋的，可咒的，可是祖國如果患了梅毒，我們依然要去擁抱，縱然是滿額的羞憤，也要跪下去擁抱。那股又恨又愛的鄉愁正是今日每一位中國人最真實的心懷。余光中的創作一向是強調主題的，看他全部的作品，很少沒有強調主題的詩。但是，他每一首詩的主題，並不是在詩的開始就點破了，特別是長詩，往往運用聲東擊西的手法，使人不明詩的發展採取怎樣的方向。在〈敲打樂〉裡他說「中國中國你逼我發狂」，類似這樣的句子好像和他的主題採取對立的地位。讀者必須看到詩的最後，才能看到主題

顯露出來。這是讀他的作品所應注意的地方。一般喜歡攻擊余光中的人，最容易以斷章取義的手法來罵他。他們只看到他的反面，只看到他的側影，卻沒看到他的正面正影。我們可以說，余光中的詩之所以能顯露出力量，便是他由反而正的顛倒寫法，在詩中造成一種矛盾的發展，一連串發生衝突的發展，然後再從混亂中走出一條秩序來，從矛盾和衝突之中求取和諧。

五、「藝術的多妻主義者」

《敲打樂》和《在冷戰的年代》是他最近的兩冊詩集，成就他創作生命的顛峰時期。這位對詩日漸看淡的詩人（參閱他的〈現代詩和搖滾樂〉，收入《焚鶴人》中），日後會不會再走向另一個高潮呢？這不是旁觀者所能預言的。個人認為，雖然他把詩愈看愈淡，甚至在進入地獄之前，不可能選擇詩作為伴侶，但是他還不致於把詩全然放棄。只要回顧他的創作歷程，就可以看得很清楚，每次他自國外歸來，他的詩風就要轉變一次。《七十年代詩選》說他是「藝術的多妻主義者」，恐怕是有原因的。余光中在今年回國，詩風再度轉變，走向更平易近人的民謠風。個人不敢預言這次轉變的成敗，但在感覺上，至少可以說使我們更接近中國。

——選自黃維樑編《火浴的鳳凰——余光中作品評論集》
臺北：純文學出版社，1979 年 5 月

評〈火浴〉

◎鍾玲*

在形式上，〈火浴〉是圓熟的；在意境上，〈火浴〉是高曠的。在余光中朝聖山 Parnassus[1]的旅途上，「火浴」這首詩是一塊風沙掩埋不了的里程碑。

有一位愛詩、寫詩也好品詩的朋友曾說：讀「火浴」會使她燃燒起來！因此，如果純粹由主觀的角度來衡量這首詩，〈火浴〉已具有好詩的條件，因為它能引起人強烈的共鳴。而美國詩人佛洛斯特（Robert Frost）就曾說過：「正像愛情一樣，詩歌裡的永恆性，是能被人立刻感受到的。永恆性不必一定要等時間的考驗來證實。」

撇開主觀的感受不談，〈火浴〉絕無一般人所指責的現代詩的弊病——晦澀難懂。〈火浴〉的主題很明顯地由下列原詩中的五行（不連接的）呈現出來了：

> 有一種嚮往，要水，也要火
> 淨化的過程，兩者，都需要
> 則靈魂，你應該如何選擇？
> 或浴於冰或浴於火都是完成
> 火啊，永生之門，用死亡拱成

*發表文章時為臺灣大學外文研究所碩士生，現為澳門大學書院院長。
[1]Parnassus 聖山位於希臘。古時建有廟宇專供藝術之神亞波羅及繆司。蓋余氏厭自奉繆司，不類朝敦煌古窟者。

由以上五行可以得知，這首詩的主題涉及一種過程——淨化的過程。「一種
嚮往」形成這種過程的推動力，而過程本身則始於靈魂的選擇，終於永生
的完成。此詩由結尾處可以得知這靈魂的持有人是什麼身分：「藍墨水中，
聽，有火的歌聲。」因此，通過淨化過程的人，即詩中的「我」，就是余光
中本人。

　　余光中曾為他自己第六個階段的詩（民國 53 年秋以後的作品）下了一
個註腳：「立在眼前這場大旋風和大漩渦之中，我企圖撲攫一些不隨幻象俱
逝的東西，直到我發現那件東西就是我自己，自己的存在和清醒。」[2]〈火
浴〉就是寫一個作家對自我存在的肯定，和寫他在高度清醒之下，所捕捉
的心路歷程。在第六個階段的余光中，絕對不會奮力去寫另一位作家的感
受，也不可能泯滅自己，來寫一般作家寫作的心理過程。因此，詩中這位
遠離塵世，在冰海與太陽之間徘徊的作家必定是詩人余光中。

　　而在「選擇——淨化——完成」的一連串過程中，全詩表現的重點不
落在淨化這點上，而落在選擇上。全詩 44 行可以分為兩部分。結尾五行是
詩人現身說法；而前 39 行是「詩人自我」對「詩人靈魂」的談話和忠告。
在這段「自我」對「靈魂」發表的談話中，「自我」說有一種不滅的嚮往逼
著他作選擇；他知道有兩條路可通向完成——即永恆。這兩條路是火浴或
冰浴。接著「自我」把兩條路以鮮明的意象描繪出來，展示在靈魂眼前，
並對「靈魂」忠告說：「火浴更可羨，火浴更難／火比冰更透明，比水更
深。」「自我」顯然對火浴有更高的估價和偏愛。由結尾詩人現身說法
（「我的血沸騰，為火浴靈魂」）可以知道詩人的靈魂已經選擇了火浴。

　　佛洛斯特有一首名詩〈沒選上的路〉（The Road Not Taken）也寫選
擇。這首詩對〈火浴〉若無直接影響，亦必有間接影響；對英詩如數家珍
的余光中，一定把佛洛斯特這首詩熟讀過不下數十遍。[3]佛洛斯特這首詩寫
有一個人走到一片黃色的樹林外，路分叉成兩條。他必須作抉擇，猶疑考

---

[2]見《中央日報》副刊〈六千個日子〉，民國 56 年 3 月，後來收入《望鄉的牧神》。
[3]余光中力主誦詩，他認為把詩讀上幾十遍，真味方出。

慮之後，他選擇了一條雜草叢生的路，因爲顯然通過那條路的人比較少。
而這個選擇影響至鉅，籠罩了他一輩子。

　　兩首詩比較起來，〈沒選上的路〉富於普遍性，〈火浴〉富於特殊性。
雖然有些批評家認爲〈沒選上的路〉是佛洛斯特爲自己何以選擇寫作爲生
所作的一個解釋，但是〈沒選上的路〉極富於伸縮性，幾乎任何人都可以
用自己的生活經驗來在詩中求得印證。因爲每個人都在叉路口逗留過。我
們一生中也常作一些選擇：選擇眾人走的路，或選擇一條能踏出自己的腳
印來的路。可是〈火浴〉給讀者的感受就不同了。並不是每一個人都像這
位詩人，那麼祈求淨化和完成；而且並不是每一個人在面臨心靈的抉擇之
時，一定有至熱和至冷兩種選擇。因此在主題上，這種選擇已比〈沒選上
的路〉偏狹多了。後者所採用的是大家熟悉的「兩條路」，背景都是人人生
活中常見的如「黃色林子」「灌木叢」「葉子」等。而〈火浴〉中所採用的
「火」和「冰」雖然是大家熟悉的，但此火和此冰都不是日常所目睹、所
接觸的火和冰，而是抽象的、僅僅出現在詩人「靈視」中的火和冰。再加
上，詩中的背景意象都是些等閒不輕易見到的，如「超人」「鳳雛」「白孔
雀」「永生之門」等，再加上一些抽象名詞如「嚮往」「欲望」「永恆」等。
用抽象的詞藻、不熟悉的意象，來寫純心靈、純精神的感受，可說是難上
加難了。余光中卻用特殊的手法，企圖煽動讀者想像力的翅膀，求使讀者
能追隨著他離開地面而高翔。

　　這種特殊的手法就是製造憑空構想（myth），就是「鳳凰」和「天鵝」
兩個相輔相成意象的構想。

　　鳳凰象徵通過火浴的自我，天鵝象徵通過冰浴的自我。由 14—26 的
13 行就全部著力在意象的製造上。一隻是在琉璃透剔的冰海上游泳的天
鵝，一隻是蹈著烈焰在永恆裡上升的鳳凰。雖然這兩隻鳥的意象不常出現
在日常生活中，但是因爲它們形象至爲鮮明，以致能使讀者通過它們立即
了解火浴與冰浴的抽象意義。例如天鵝游泳的冰海給描繪爲一種靜止、沒
有動作、沒有聲音的寂寞：「那裡冰結寂寞，寂寞冰結／寂寞是靜止的時

間，倒影多完整。」而鳳凰則作一種不斷的輪迴運動：「從火中來的仍回到火中／一步一個火種，蹈著烈焰。」如果刪除了這 13 行，這首詩會失去誘惑力，像是一顆表皮褪盡了潤綠色澤的檸檬，皮裡的酸分依然不減，卻乾乾癟癟的滿是渣滓。

　　鳳凰和天鵝的構想是純屬西方傳統的。因此在中國讀者的眼中，這兩個意象有新奇的特質和夢幻的氣息。然而在熟悉西方文學傳統讀者的眼中，這段的獨創性則大大削弱，所產生的生動效果也減低。

　　這裡的鳳凰不是中國傳統中象徵「后儀」的鳳凰，而是古阿拉伯（紀元五世紀）傳說中會在火中重生的鳳凰。它被稱為太陽鳥，這一隻東方的鳳凰以後二千多年就棲止在西方文學傳統裡。天鵝則在西方文學源泉──希臘神話──裡占一席之位。天鵝是獻祭藝術之神亞波羅和美神維納斯的聖鳥。在英國文學最古老的名著史詩〈貝爾武夫〉（Beowulf）中北海和波羅的海一帶的海洋就以「天鵝之路」（"Swan-road"）一辭來代用。

　　第六個階段余光中的詩，受愛爾蘭大詩人葉慈（W. B. Yeats）影響至鉅。在〈六千個日子〉一文中，余光中說：「對於一個面臨目前中國現實的詩人而言，葉慈的意義應較艾略特為重大。」在〈火浴〉裡，處處見到葉慈的留痕。

　　葉慈有兩首名詩是寫天鵝的：〈麗達和天鵝〉（Leda and the Swan）及〈天鵝〉（Swan）。前詩中的天鵝──宙斯的化身──具有神性和永恆；後一首詩中的天鵝賦有了統一性的、形而上的特徵。而〈火浴〉中余光中的天鵝則兼有葉慈的這些特性。葉慈〈天鵝〉一詩如下：

　　　遠方
　　　於鴻濛之核心
　　　於時光之軸
　　　巨大的天鵝
　　　依舊鼓翼逡巡眾水歸處之上

　這置身廣漠渾沌之中、電子微粒裡的天鵝。

　　葉氏和余氏的天鵝都富於超越性。葉氏之天鵝尤為超越；它是一種不滅的、樞紐性的象徵。余氏的天鵝只是兩種不滅象徵中之一。葉氏的天鵝居於鴻濛太空之核心，余氏的天鵝雖亦不食人間煙火，卻落戶在北極冰海。余氏雖只採取了葉氏天鵝的部分超越性，卻繪出了一隻更晶瑩美麗的天鵝。在余氏筆下，天鵝極富於視覺的美感：「一片純白的形象，映著自我／長頸與豐軀，全由弧線構成。」而且余氏還著意刻畫出一片沁人心肺的冰海背景：

　　寂寞是靜止的時間，倒影多完整

　　曾經，每一隻野雁都是天鵝

　　水波粼粼，似幻亦似真

然而，余氏的鳳凰卻只有動作，沒有形象。在鳳凰動作的描繪上又沒有創新的意象。余氏在詩中之擇鳳凰而棄天鵝，即擇「勇士」過程，棄「超人」之境界，是一種過於主觀的選擇。一位熟悉西方文學傳統的讀者很可能選擇冰浴，放棄火浴。因為詩中天鵝的意象實在比鳳凰更誘人。而〈火浴〉中說：詩人之選擇火浴是由於火浴更可羨、更難，因為火比水更透明、更深。這些理由又與一般經驗背道而馳。更透明、更深的應該是水，不是火。余氏如有意扭轉一般性的感受，使讀者與他一同超越一般性的感受，則當將鳳凰蹈火的意象作更鮮明、更富於創新性的刻畫。

　　余氏之崇火、視火為淨化的工具，又與葉慈的詩相應合。在葉慈名詩〈航向拜占庭〉（Sailing to Byzantium）中有：

　　屹立於上帝神火中的聖人們啊

　　——一如這些牆上黃金鑲嵌的聖者——

　　　　……自神火中來吧，

　　　　來作我靈魂的主唱者。

火對葉氏與余氏而言，都是通向完成的淨化工具，都是神聖的。兩人的最
終期望都是求詩人靈魂的歌聲能不滅不朽。但葉氏是外求的，求已成不朽
的聖人進駐自己心靈；余氏則反求諸己，把自己靈魂煉爲不朽。在色彩的
運用上，又大不相同。葉氏用富麗堂皇的金色；余氏則用白色；詩中火的
意象不是紅色，而是白色之極——透明無色。〈火浴〉全詩的主色是白色；
所用白、藍、透明的這些色彩意象，助成了主題之一——淨化——的表
現。

　　余光中除了模仿葉慈意象的採用之外，深受葉慈二元論與縱橫捭闔生
命之兩種極端論的影響。葉慈的偉大就在於他能把握人生正反兩面，在詩
中求得統一。批評家 R. P. Blackmur 曾說：「當葉慈把各種成分摻在一起的
時候，他的統一性是憑想像可以感受得到的協調，一種不協調事物產生出
來的協調。」

　　余光中採用了成尖銳對比的意象：「冰海」與「烈焰」，「永生」與「死
亡」，「火」與「冰」，「上升」與「下降」；把它們全部溶入詩中。在意象的
運用方面，余光中的確在〈火浴〉一詩中表現了把相對因素熔合的奪造化
神功之力；但是，對於人生意義正反兩面——尤其是反面——的探討則不
夠深刻。

　　〈火浴〉一開場，余光中就先肯定自我：「一種不滅的嚮往……」這位
詩人自己知道他對永生的嚮往本身就是「不滅」的。其實，這發言的詩人
自我一直在高亢的狀態，企圖作一種偉大自我超越的選擇。事實上，「自
我」只詳細把兩條路剖析給「靈魂」聽，完全沒有表示出選擇時內心的分
裂、矛盾和痛苦，只是輕描淡寫選擇，不是偉大的選擇。因此，這次選擇
是高超的，卻沒有感人心腑的力量。

　　全詩 44 行中，39 行寫的是「選擇」，緊接而來的最後五行則一跳而寫

「完成」。好像這位詩人只要一下決定就一勞永逸了，完成就在眼前；沒有痛苦，只有狂歡。這不成其為藝術家的過程，通過火浴的藝術家必有大痛苦。余光中避而不寫痛苦，可能為了要維持全詩高曠和非人間世的詩風，因為痛苦是太人間世了。但這樣難免令人覺得是一種「越空」進行。

　　全詩的結句充分表現了余光中力主發揚的「自我的存在與清醒」：「藍墨水中，聽，有火的歌聲／揚起，死後更清晰，也更高亢。」這與莎士比亞 14 行詩第 65 首中的自信口氣很相近：

　　或曰：何處有鐵腕留住時光的捷足？
　　或曰：何人能禁止時光腐蝕了美？
　　不可能，只除了這個奇蹟的力量——
　　黑墨水中，我的愛仍會閃爍輝煌。

　　莎士比亞有 37 篇偉大的劇本作為這句話的後盾；為了不負〈火浴〉的結尾，余光中實當作分量更多，更深刻的創作！然而，在技巧上，〈火浴〉的五行結尾是非常有力的，打出了一個揉合聲與色的鮮明意象，靈活圓熟地反映，並交代了前面選擇的結果。

——1967 年 2 月 1 日

——選自黃維樑編《火浴的鳳凰——余光中作品評論集》
臺北：純文學出版社　1979 年 5 月

余光中：最出色最具風格的散文家

◎黃維樑[*]

一、余光中的散文觀

　　第一個把崇高的評價給予同代同輩作家的批評家，必須具有過人的勇氣。因為不當的讚譽，顯示出批評家的無知和低能。幸好我並不是批評家，又與余光中只同代而不同輩；因此，即使過譽他，也不必愧赧。何況，我更不是推崇他的先鋒。

　　余光中是一個最出色最具風格的散文家。將來文學史上的評語中應有如下一句：他嘗試從各方面表現中國文字的性能和優點，且成功了。

　　他的散文觀，也就是他的散文風格，主要是所謂密度。密度指內容的分量與文字篇幅間的比例（見《望鄉的牧神》中的〈六千個日子〉）。密度高的散文，才是至精至純的散文。密度既指句法，也指內容思想，「不到一CC 的思想竟兌上十加侖的文字」，是他所唾棄的。此所以他指斥胡適但求「流利痛快」的散文觀膚淺而且誤人；譏諷林語堂的散文，「仍在單調而僵硬的句法中，跳怪淒涼的八佾舞」。

　　所謂有密度的句法，主要指比、興和象徵的修辭法，這種修辭法捨棄直敘和白描，是詩中常用的技巧。余光中以這種修辭法，普遍地、大量地應用到散文上，成為他散文的最重要風格。

　　《左手的繆思》後記裡，他寫道：「從指端，我的粉筆灰像一陣濛濛的

[*]發表文章時為香港中文大學中文系講師，現為澳門大學中文系訪問教授。

白雨落下來，落濕了六間大學的講臺。」

　　這裡，他用比（比喻）的方法，把他教書的動作，形象地具現出來；更把教書的生涯，通過間接的方式，也表現出來了。教書動作是短的，作者捕捉的只是粉筆灰落下的剎那情景；教書生涯是長的，「落濕了六間大學的講臺」寫粉筆灰之多，由數量之多，我們知道時間之長。

　　不過，上引兩句並不是特別出色的句子，因為它們並沒有什麼「與眾迥異的字彙」。（粉筆生涯一詞是十分常見的。）我之所以舉出，目的在說明作者對這種修辭法的普遍使用：序跋這種應用文學中，他如此普遍地使用；評論性文章中，余氏也不放過機會。在〈楚歌四面談文學〉裡，他寫道：「某種學問的權威，在另一種學問面前，可能是個學童。在這一行可以杖國杖朝，在另一行也許只夠青梅竹馬。」「青梅竹馬」四字巧妙極了，這四個已差不多成為陳腔濫調的字，在他的「指揮杖」下，被賦予了活潑新鮮的生命。

二、〈九張床〉

　　余光中是個文字的魔術師。他魔術棒下的花巧，往往令人目眩。中國傳統載道味甚重的文學觀，是頗為排斥文學中的技巧成分的。例如我國六朝時代的文學批評家劉勰，儘管他主張文學除情理外，還應兼具文采、聲律，又要注重修飾、剪裁等功夫；對於他當世那種「儷采百字之偶、爭價一句之奇」的「窮力追新」的文風，卻大有微詞。宋代理學家那些明道載道的「文學」理論更不必說了。在對技巧有歧見的人眼中，余光中的作品是奇巧的，而奇巧二字，寓有貶意。

　　其實，技巧是藝術的要素之一。徒有氣質，而無技巧，則鋼琴家不成其鋼琴家，小提琴家不成其小提琴家。任何受過中等以上教育的，都有以文字表達自己情志的能力；從事文學創作的人，假若缺乏超乎常人的文字駕馭能力，就不成其文學創作者。認識了這個觀念後，我們就不得不讚賞魔術家的妙技了。

　　用以說明余光中的文字技巧，〈九張床〉是很好的範本。

　　1965 年春，余光中在美國講學時，寫了〈九張床〉，記述他如何從西雅圖穿過美國中部，經愛奧華、密歇根、以至目的地蓋提斯堡學院。旅次中，或投宿旅店，孤枕獨眠；或碰到故舊，促膝夜談。沒有可驚可喜的特殊遭遇。作者也不企圖著力描寫沿途的風物，不過把一些零思斷想記下來而已。這些零思斷想大多與宇宙人生的大道理無涉；作者可能隨寫隨忘，讀者也可能隨讀隨忘。然而，作者卻能使讀者在閱讀的過程中，產生聯想、擴展想像力，從而獲得一些美感或非美感的東西。作者的魔力在此。

　　分析〈九張床〉的技巧，可從題目、句法、意象、用典等各方面入手。

　　「零思斷想」一詞，與今日的術語「意識流」大抵同義。旅人經過一日跋涉，躺到床上，入睡之前，不免異國故土，遊子故人，思前想後一番。〈九張床〉的零思斷想，率多由床引發出來；以床為題，恰能與內文吻合。其次，羈留之地不同，床乃隨之而異，〈九張床〉暗喻了旅次的頻撲。余光中下筆為文之際，有「語不驚人死不休」的念頭。他作品的題目，也是經過再三推敲而得的。這點，在〈論題目的現代化〉一文，他已表明了態度。說到題目，他往往在經典上和聲律上花心思。散文集《掌上雨》，即摘自崔顥的詩句「仙人掌上雨初晴」。《逍遙遊》則除了是〈莊子〉的篇名外，「逍」「遙」二字疊韻，「遙」「遊」二字雙聲，其富於音樂性之美，使作者欣然採用。

　　篇幅所限，下次才能夠嘗試把〈九張床〉「拆開又拼攏，折來且疊法」，而揭開魔術家的面罩。

三、典雅

　　「典雅」是中國文學批評的常用術語。最早提出典雅一辭並給它下定義的，恐怕是《文心雕龍》了。《文心雕龍》把文學的風格分為八類，第一類就是典雅；典雅的定義為：「鎔式經誥，方軌儒門。」意即模擬和鎔鑄經

典，且是儒家的經典。劉勰的文學觀直接淵源於儒家思想，所以他主張模擬和鎔鑄儒家的經典是理所當然的。撇開這種又方又正（「雅」有「正」的意思）、亦步亦趨（「軌」也）的思想不說，劉勰的所謂「鎔〔鎔鑄〕式〔模擬〕經誥」，確能把握「典」字的意義。至於「雅」字，劉勰所指的自然是儒家的彬彬馴雅。（唐代司空圖的《詩品》，所釋的「典雅」則是一種閒適恬淡的境界。我以爲司空圖對雅的解釋是可取的，對典的著墨卻遠遠不夠了。）

記得在本欄中，我曾以「典雅清麗」形容余光中的作品。現在，讓我繼續以余光中的〈九張床〉爲例，分析下去。

余氏的作品，用典之多，知識味道之濃，幾乎是空前的。有時，我們會發覺所讀的，不僅是「抒情性的散文」（余氏自稱《逍遙遊》等多篇，是「自傳式的抒情散文」），而是知識性的散文。中外古今，舉凡文學的，或與文學有關，種種事象典故，都給他鎔鑄了。杜甫的詩，無一字無來歷；賀鑄的詞，把人家「雲想衣裳花想容」（李白句）、「十年一覺揚州夢」（杜牧句）照抄不誤；葉慈（Yeats）和歐立德（T. S. Eliot），詩中大量引用西方文學中的神話與傳說。余光中也這樣——〈九張床〉的「今人不見古時月，今月曾經照古人」（李白句）、〈逍遙遊〉的「吾所以有大患者，爲吾有身」（老子句）、「栩栩然蝴蝶，蘧蘧然莊周」（莊子句）等等，余氏將之嵌鑲在作品中，而不加引號。而「日暖。春田。玉也也煙」則是李商隱〈錦瑟〉詩句的變奏。此外，余光中這詩的專家，單在〈九張床〉一篇中，就已把宋玉、李白以至葉珊、黃用、王爾德、魏爾崙以至佛洛斯特、安格爾等名字，用了又用。

上面寥寥所引，已可見他用典之一斑。說到雅，詩的職業本來就是雅的職業。余氏作品中，有一種很巧妙的修辭法，就是把庸俗的事物雅化了。〈九張床〉中，記述作者一次與葉珊（不是女子）共榻，「正當我臥蓮觀禪之際，他忽然在夢中翻過身來，將我抱住」。這個「我」——作者——怎樣反應呢？「我既非王爾德，他也不是魏爾崙，因此這種擁抱，可以想

見的，甚不愉快。」原本這是個尷尬的場面，可是，經作者的聲明，我們便只感到一種風趣。不過，我們必須先知道，王爾德和魏爾崙都是有同性戀癖的；否則，讀到這裡，便丈八金剛，索然無味了。

余氏這種典雅，自然不是劉勰那種「徵聖」「宗經」的典雅，觀此可明。《逍遙遊》集中，〈塔〉一文有語曰：「但此刻，天上地下，只剩下他一人……剩下他，血液閉著，精液閉著……。」最末一句，頗爲含蓄；你說它夠「雅」嗎？

四、炫弄學問？

人們常說，天才與瘋子，相差不過一線；藝術與色情，分別只得一點。這裡無意於比較和討論這些問題。不過，讀余光中的作品，亦面臨這種需要鑑別的景況：究竟他只在炫耀和賣弄博學和技巧？抑或他的博學和技巧，已融入他的真情，而成爲作品生命的一部分？

當我最近右手承著《掌上雨》，左手執著《左手的繆思》，伴著《望鄉的牧神》，雙目縱恣，作「逍遙遊」時，我再一次驚訝於作者不可羈勒的想像力和揮灑自如的駕馭力。他把最古典的和最現代的材料合成無縫的天衣；他把科學王國的大使，邀到文學帝國的宮殿，與之高談闊論；他把中國的古文當作新郎，把五四的白話文當作新娘，牽到樂聲柔揚的禮堂，讓歐化文作證婚人。假如你手握一管紅筆，四出偵騎；把書闔上後，你會發現文星版深黃色封面內，夾滿了千條萬條的紅絲。真的這樣多佳句警語？你可能會懷疑自己是否太偏心、太情有獨鍾了。

歐立德說：「詩人就得有廣博驚人的知識。」劉勰對詩人的要求亦如此（《文心雕龍》說要「積學以儲寶」，又說要「博覽以精閱」）。不過，歐立德進一步說：「結果就非得走上『炫弄學問』那條路不可。」到底「炫弄學問」是不是好事呢？被譽爲 20 世紀一代詩宗的歐立德跟著肯定地告訴我們：「學問廣博適足以殭化詩情，敗壞詩意。」（"Much learning deadens or perverts poetic sensibility"）這又與一千五百多年前劉勰「言隱〔於〕榮

華」,「翠綸桂餌,反所以失魚」的聲音遙相呼應了。

到底炫弄學問好不好?這是很難回答的。屈原的〈離騷〉、〈天問〉等作品,就引用了許多古代神話的典故,又借用了蘭荃香草等種種名目;而借用莊子那句「言隱於榮華」以提醒後人的劉勰,卻把楚辭推崇備至,說楚辭「氣往轢古,辭來切今,驚采絕艷,難與並能」。歐立德雖斷言「學問廣博適足以殭化詩情,敗壞詩意」,卻仍埋頭寫他那首炫弄學問、深奧難懂的〈荒原〉。(上引歐立德語見於〈傳統與個人才具〉一文,此文發表於1917年;〈荒原〉則在1922年出版。)

其實,炫耀所長,正是人的本性。美麗的女郎,不會讓面紗長罩花容,不會讓又寬又厚的衣服掩蔽嬌軀。球藝超群的男學生,不會不馳騁球場,以吸引女同學。長久浸淫在文藝世界的詩人,又怎能忍得住,不把自己的學問,向知識界的讀者炫弄呢?

讀了余光中的作品,我覺得他或有炫耀學問之嫌;不過,有一點非注意不可的是:他的左採右擷,正表徵了他那特殊的想像世界。

五、遼闊的想像世界

余光中對詩的熱情,恐怕古今少見。他是名符其實的詩的專家。對於寫詩、讀詩、編詩、譯詩、教詩,「五馬分屍」,他感到不亦樂乎。他的想像世界幾乎全被詩和與詩有關的統治了。他寫起評論文章時,如手持繆思的天秤的法官;而更多時候,他表現出赤子之心——

當他欣逢美國的老詩人佛洛斯特,便像香港的工廠小姐遇到陳寶珠一樣,要佛氏簽名留念,又與他拍照,更要剪存他的銀髮:「俯視他的滿頭銀髮,有一種皎白的可愛的光輝,我忽生奇想,想用旁邊几上的剪刀偷剪幾縷下來,回國時贈藍星的詩人們各一根,但一時人多眼雜,苦無機會下手。」(見《左手的繆思》)那時,余光中已是過了三十歲的大孩子了,卻比寶珠迷還天真頑皮!

美國總統甘迺迪在演說中推崇佛洛斯特,他感慨萬千,說:「在甘迺迪

和佛洛斯特合照的相片中，他們並肩而立，頂同樣的天，立同樣的地，花崗石的人格面對花崗石的人格。」又謂詩人與總統同等，都具有不朽的力量。（見《逍遙遊》中的〈不朽的 P〉）

他又老愛與莎士比亞開玩笑，要捋他的鬚。一面親暱地喚他做 Bill（Bill 是 William 的暱稱），祝他生日快樂；一面又說他沒有學位，臺灣的學院是不會請他來教書的，因而有人建議他「寫一篇萬字的論文，叫漢穆萊特腳有雞眼考」。

他的男嬰夭折了，他傷感得要學生與他一起讀莎士比亞的輓歌 Fear No More，然後對學生說：「那怕你是金童玉女，是 Anthony Perkins 或者 Sandra Dee，到時候也不免像煙囪掃帚一樣，去擁抱泥土。」（見《逍遙遊》中的〈鬼雨〉）

——我們可以說，余氏生活在詩中，他的全副精神投入於文學的想像世界。這個想像世界，廣闊無比，古往今來，上下四方，靡不包容。古今人事，似乎與余氏連在一起：李白、李賀、莎士比亞、歐立德固然常常相伴；海明威式的夢，梵谷的毛邊草帽，也是他所熟識的；面對馬尼拉的塔爾湖時，他「想的是高敢的木屐和史蒂文森的安魂曲，以及土人究竟用那種刀殺死麥哲倫」。（以上俱見《左手的繆思》）

他的想像世界廣闊極了，寫作範圍也不算太狹——他寫詩、評詩、畫評、散文等。可是，比起其他文化人（最著名的自然要數羅素‧沙特等），余光中的言論圈子卻是很小的。余氏所熟知的詩人中，龐德與史班德皆曾參與政治，史班德且加入過共產黨。而余光中，則頗像葉慈一首詩所說的：閉起咀來，別管閑事，因為沒有能力糾正政治家。葉慈那首〈有人要我寫戰爭的詩〉是這樣的：

　　我想在我們這時代，一個詩人
　　最好將自己的嘴閉起，事實上，
　　我們也無能將政治家糾正；

　　詩人管別的事已夠多，又想

　　討好少女，在她睏人的青春

　　又想取悅老叟，在冬日的晚上。

——引自余光中譯文，見《英美現代詩選》

六、詩人之路

　　葉慈此詩中表現的不過問、不捲入政治，代表了一條道路。（其實，葉慈參加過愛爾蘭獨立運動，後來又出任參議員，他並不像此詩所說的出世。）屈原的忠言極諫，但丁的活躍政界，終遭放逐，以至史班德的加入共產黨，最後因希望幻滅而毅然脫離，所代表的是另一條道路。選擇走第一條路的作家，大概都服膺一句話：「一個藝術家，在十分誠懇地為其藝術工作時，即等於為其國家與全世界服務了。」（歐立德語）

　　無疑，余光中已選定了以詩為終身職業了。創作與批評，如從前一樣，是他今後的生命。〈六千個日子〉是他自我的宣言，扼要說明了他的創作歷程和分期，他的文學觀，和他以後的寫作計畫。看來，他走的是葉慈和歐立德的路。葉慈有旺盛的創作力，他的詩作可分數期，而以浪漫主義的詩風開始；余氏亦然。歐立德是權威的文學批評家，他從新評判前代作家，幾乎改寫了半部英國文學史；余氏今日的聲名不及歐立德顯赫（但聽說在臺灣，他十分受歡迎），由於他致力譯介英美的現代詩，耗在我國作家身上的時間不多，從新判定的前代作家，似乎只有李賀（不過，李賀也不是由他一人單獨「救」出來的）。然而，無論如何，就我讀過的文學批評，沒有人及得上他的。

　　其實，葉慈和歐立德的詩，我讀得很少；余光中的詩也讀得不多。評論葉、歐二氏，甚或加上余氏，鼎足而三，實在有待於批評家，我是沒有資格的。我之所以將余氏與葉、歐拉在一起，不過因為想到了這一個問題。

　　余光中怎樣選擇他今後的創作道路？去年，他說：「現代詩目前所面臨的問題，不是追求純粹性，而是拓寬接觸面，擴大生存的空間。現代詩如果不甘做文學中的孤城，而坐視疆土日減，就應該和小說，戲劇競爭一下。現在已經到了走出象牙塔，去擁抱『你』和『他』的時候了。」（見〈放下這面鏡子〉，《幼獅文藝》，1968 年 6 月）

　　衝出象牙塔，走出十字街頭？

　　這是多少人空喊過的口號！以余氏來說，他以前的歲月，雖曾足跡遍大陸、香港、美國、和（定居）臺灣，但他的生活圈子是狹小的；正如他有闊曠的想像世界，但言論範圍卻異常局限。如要「拓寬接觸面，擴大生存的空間」，則他必須起碼放棄詩專家的一半身分，則他計畫中的著述不能全部完成；不過，最重要的，還在於他的氣質和性情，以及 41 歲這年齡，是否適合走到十字街頭。否則，他只能像葉慈一樣，形而上地去建構個人的神話系統。而這是一個創作者（不是宗教思想家）的危險傾向。

——選自黃維樑編《火浴的鳳凰——余光中作品評論集》
臺北：純文學出版社，1979 年 5 月

余光中：懷國與鄉愁的延續

◎夏志清*

　　余氏在詩、散文、翻譯三方面均多產，1951 年出版《中國新詩》（*New Chinese Poetry*），是把臺灣詩介紹到西方的第一人；近年還選擇了自己的詩作，輯成《滿田的鐵絲網》（*Acres of Barbed Wire*，1971 年）。這位臺灣文壇要角，無論對作家或讀者，都有重大的影響。

　　在離開大陸時，余光中已是個大學生。雖然他旋即在臺北成了新一代作家的代言人，聲言擺脫五四及左翼作家的傳統，但對於他們在文化及文學上的成就，從未加以一筆抹殺。1962 年胡適逝世，大陸報章痛詆他，臺灣某些人貶損他時，余氏挺身而出，特別寫了一首詩頌揚他，還撰文爲他辯護，題爲〈中國的良心──胡適〉。不過，余氏亦深感五四文學革命運動主張的狹隘，以及胡適鼓吹揚棄古文、提倡淺易白話口語所產生的壞影響，並深以爲憂。當然，白話文作爲文學創作媒介之不足，以前早有不少人指出過。主張應該多方參取中外古典詞彙、共冶一爐者，亦不自余光中始。但他之所以異於同儕，在於能將中國古文的節奏與色彩，鎔入在造句遣詞方面多翻新花樣的現代白話文體，鑄成優美的詩文。尤其是他不少自傳體的抒情文章，更見繽紛華麗、音節鏗鏘，筆調隨著情景之轉移而多巧變，又多著意嵌入古典佳句，不愧爲驚人之筆。例如他爲幼子出世幾天後夭折而作的「鬼雨」，比諸中國文學史上任何聞名的悼文祭文，敢誇毫不遜色。該文引用了李賀、李商隱、李清照、歐陽修、白居易、莎士比亞等古

*發表文章時爲美國哥倫比亞大學東亞語文系教授，現爲美國哥倫比亞大學榮退教授、中央研究院院士。

人的名句,不祇借他人杯酒澆自己塊疊,還以事實證明:中國現代散文大可與這些文豪的作品分庭抗禮。

余光中認爲中國作家不只有責任提煉自己的語言,還該深切體會現代西方文學的傳統。當然早在 1930、1940 年代,不少熟悉西方的詩人與批評家已主張文學西化,但這些人的影響力始終敵不過左翼作家。在臺灣也早在余光中之前,即有詩人提倡文學現代化,但不過都是幼稚地盲從西方詩,忽視了道地中國的傳統。余光中與他們的一大分別,在於他深信,若要建樹一個真能開花結果的現代傳統文學,就必須承繼中國古典文學的遺產,同時融匯旁通以歷代大文豪爲代表的西方傳統。單憑模仿西方 20 世紀中個別流派實在是不夠的。

在臺灣各大學外文系畢業的作家中,能對建立中國現代文學的新傳統有貢獻者,余光中爲最早的一個。但在現代化的熱潮中,難免也有些只略得現代西方文學皮毛的作者濫竽充數,沽名釣譽。正如 1930 年代的年青小說作者競相標榜左傾,以此驕人,1950 年代的年青詩人幾乎全部自稱「現代派」,以別於前人。這些詩人打出時下流行的存在主義口號,其實根本與沙特、卡繆諸人毫不相干,只不過拾人牙慧,借來一堆時髦辭彙而已。他們聲稱,生命既全無意義,人的處境既如此荒謬,只好轉向潛意識方面求取靈感。結果他們的詩滿紙怪異的意象,據說是得自潛意識,以未經矯文飾的字記錄下來的。

由 1959 年開始,余光中即不斷撰文非議這類詩人,指斥他們的無知、「主義狂」(余氏自創新詞"ismania",形容他們幼稚地愛套用各種舶來的主義)、情感方面麻木、漠視人生各種價值、不守邏輯、故意拋棄中國光輝的詩歌傳統。余光中論及自己心愛的中西詩人時,往往安於僅用欣賞的手法,因此批評水準顯非一流[1],但是在堅定立場與現代派詩人對壘之際,卻

---

[1] 〔這條註釋,是作者夏志清在編《人的文學》一書時加上的。〕余氏晚近寫的詩評,不專講鑑賞,見解較前精闢。〈評戴望舒的詩〉(收入余著《青青邊愁》)實戴氏的蓋棺定論,也是重估 1920、1930 年代中國新詩最有份量的一篇論文。

眼光獨到，成為一股難以抗拒的力量，且對中國詩，甚至對整個中國文化前途顯出衷誠的關注。他採取中間路線的現代傳統立場，所以對那些固步自封、緊隨中國舊傳統、堅拒涉獵西方文化的「傳統派」，也不肯放過攻擊和諷刺。

余光中自認詩的成就較散文高，寫詩亦比散文著意。但據筆者揣測，後世讀者可能歡迎他的抒情散文，有甚於他的詩。這大概因為他雖然在詩中也用韻，並採用頗工整的段落，卻也像其他人一樣，未能充分發揮白話詩的音樂性。而且在較具雄心的長篇詩中，他似乎採取較自由的體式，結果無論意象如何豐沃燦爛，思想內涵如何深婉，比起分量相等的中西傳統名詩來，其動心之處仍差了好一截。〔編者按：本書有其他作者如黃國彬、陸健鴻，論及余光中作品的音樂性，讀者可參看其論文。〕這是由於作者所選用體式的先天限制。不過，若和同期詩壇中絕大多數晦澀且了無生氣的作品相比，余光中的詩確是清楚易明又嚴肅得多，而且有時也能像他自己最佳的散文作品一般傳神，還充分表現出中國文學傳統上那種喜好自然、朋友、家庭、鄉國的特色。他近年的詩篇和抒情散文，不管寫什麼題材，內裡多少或全部都是思念故國的情懷。

老一輩的作家如姜貴，筆下總念念不忘現代中國的悲劇。余光中這輩較年輕的作者，少年時已經與祖國大陸隔斷，對中國近世所受的恥辱而產生的憤慨較淺，而對祖國舊日的光榮那種懷念之情卻深。對於飄流海外的人來說，正因為大陸在蒙受百年恥辱後現今尚遭共黨奴役，更須不斷重溫自己童年的回憶、不斷憧憬在古典文學中得來有關祖國河山的莊麗、歷史上的偉大，以保持自我的清醒與民族的意識。事實上在臺灣自述經歷、追憶大陸往事的文人，莫不流露出濃厚的思鄉情懷，寫自己的童年，寫在共黨政黨下受磨折、可能已遭不測的親人，寫舊日的烹飪、戲劇、習俗、城市、景物。然而余光中不單寫往日事物，還把回憶的片段，加上書本上讀到有關中國的事態，加上在新環境中所經歷的那些徒使他倍增鄉愁的賞心樂事，一一組合起來，交織成為一個繁複多樣化的形象。

不錯，余光中確是個被放逐者，他不只在臺灣時深深感受到這一點，到了美國更覺與祖國雙重隔膜。正如他自己說，他開始不斷寫縈懷祖國的詩篇，是 1964 年在伊里諾埃、密西根、賓夕凡尼亞等州各大學巡迴任教的時候。這段期間他寫了一些最出色的抒情文，描述美國的山嶺、道路、城市，文中夾雜著他對童年的中國與唐詩中的中國的懷念。這些散文詞藻華美，韻律動人，把回憶、描述、冥想，巧妙地編織成章，實在不易翻譯，其中 1969 年他三度赴美前夕寫的〈蒲公英的歲月〉可為代表。在這篇文中他設想自己在丹佛的孤寂生涯。為了讓讀者好好地欣賞這篇傑作，且先解釋其中的一些典故。

在多篇文章中，余光中都自命為現代的放逐者，同時又是盛唐時代的「五陵少年」[2]。不少唐代詩人都遠戍邊疆，就算未曾有此經歷，亦往往襲用流行的樂府形式，歌詠想像中獨處遠方的孤寂，與京城長安的鬧哄哄、文物萃薈情況作比照。余光中用美國西部門戶的重鎮丹佛，比擬唐代那保護中國文化、免受西域胡人蹂躪的要塞玉門關。〈蒲公英的歲月〉裡借用了唐詩人王之渙膾炙人口的〈涼州詞〉：「黃河遠上白雲間，一片孤城萬仞山。羌笛何須怨楊柳？春風不渡玉門關。」（涼州在今日甘肅省，正是當日玉門關所在。）駐守玉門關的征人（可能是詩人自己），遙見黃河彷彿從雲際流下。可能他自己，也可能他聽到別人吹著羌笛，曲子可能是古樂府〈折楊柳〉。楊柳挑起了懷念家鄉與京城的情緒，因為春風乃大地回甦的徵兆，卻從來吹不進這萬仞山間的孤寂。在下面這一段中，余光中預知他會感受到同樣的思鄉病：

> 蒲公英的歲月，流浪的一代飛揚在風中，風自西來，愈吹離舊大陸愈遠。他是最輕最薄的一片，一直吹落到落磯山的另一面，落進一英里高的丹佛城。丹佛城，新西域的大門，寂寞的起點，萬嶂砌就的青綠山

---

[2] 《五陵少年》詩集以其中一篇題目命名。杜甫詩〈秋興八首〉有「同學少年多不賤，五陵衣馬自輕肥」名句；白居易〈琵琶行〉則有「五陵少年爭纏頭」之句。

獄，一位五陵少年將囚在其中，三百六十五個黃昏，在一座紅磚樓上，西顧落日而長吟：「一片孤城萬仞山」。但那邊多鴿糞的鐘塔，或是圓形的足球場上，不會有羌笛在訴苦，況且更沒有楊柳可訴？於是橡葉楓葉如雨在他的屋頂頭頂降下赤褐鮮黃和鏽紅，然後白雪在四周飄落溫柔的寒冷，行路難難得多美麗。於是在不勝其寒的高處他立著，一匹狼，一頭鷹，一截望鄉的化石。縱長城是萬里的哭牆洞庭是千頃的淚壺，他只能那樣立在新大陸的玉門關上，向《紐約時報》的油墨去狂嗅中國古遠的芬芳。可是在蟹行蝦形的英文之間，他怎能教那些碧瞳仁碧瞳人去嗅同樣的菊香與蘭香？

　　　　　　　　　　　　　　　　　　　　　　——《焚鶴人》，頁 52

　　這段充滿輕愁與反諷的遐思的文字中，余光中充分利用了這唐代西域要塞與丹佛一個大學校園作為對比。在地理上玉門關與丹佛確有許多相似處，但給調往涼州守戍的唐代詩人至少可以吹羌笛，在丹佛訪問的中國教授目睹異域秀麗的河山，可能正因此而滿懷感觸，嘗盡思鄉之苦。不過余光中所嚮往的中國並不是臺灣，也不是毛共統治下的大陸，而是唐詩中洋溢著「菊香與蘭香」的中國。他感到雙重憤慨難受，因為在美國讀「紐約時報」上中國的新聞時，既無法重嗅那種馨香，他的學生只憑不大可靠的英語讀本來認識中國文學，自然也不可能領會這些情境。

　　但余光中並不永遠戴上「五陵少年」的面具，有時道道地地露出一個現代的中國知識分子的身分，看到了美國著名的山水景致，更加為中國所受的羞辱耿耿於懷而不能自己。在他好幾首詩中，這種情形尤其明顯。唸過他最著名的長詩之一〈敲打樂〉的讀者，自然會深深感受到他那種激憤絕望的心情。這首詩沒有他最好的散文中那種醇厚芳烈醉人的調子，卻以陽剛見勝。其中的節拍的確硬朗有力，結尾時作者完全投入中國及中國的恥辱，氣魄更見雄偉：

我是神經導電的大陸

飲盡黃河也不能解渴

捫著脈搏，證實有一顆心還沒有死去

還呼吸，還呼吸雷雨的空氣

我的血管是黃河的支流

中國是我我是中國

每一次國恥留一塊掌印我的顏面無完膚

中國中國你是一場慚愧的病，纏綿三十八年

該為你羞恥？自豪？我不能決定

我知道你仍是處女雖然你被強姦過千次

中國中國你令我昏迷

                何時

才停止無盡的爭吵，我們

關於我的怯懦，你的貞操？

——選自黃維樑編《火浴的鳳凰——余光中作品評論集》

臺北：純文學出版社，1979 年 5 月

余光中：放逐的現象世界

◎簡政珍*

一、

　　大體說來，和當代主要詩人相比較，余光中的詩並不是以精練和韻味十足的意象取勝。他詩中所展現的是一個清澈的語音，而不是語意的迴盪。明晰的主題和悅人的音樂感才是他詩的重點。

　　但就他個人來說，和 1980 年代的詩相比較，余光中 1960 年代末及 1970 年代的詩，意象和語意都較具稠密度。除此之外，回顧 1960、1970 年代的時光，余光中的詩有其特殊的歷史意義。歷史傾向埋葬歲月的真相，文學卻曝顯一個過去和現在交互切割的缺口。現今兩岸的交流使思鄉的日子輾轉成朦朧的記憶，但文學卻留下各種「延異」的鑿痕。在臺灣的中國人有家歸不得的時光裡，余光中的詩將錯失的時空轉成詩作的出口，以詩作爲放逐時代的見證。

　　本文嘗試以余光中 1960 年代及 1970 年代的作品探討詩人透過歷史確立文學的價值。歷史塑造詩人的心靈，但詩人經由語言重整歷史。在文學和歷史的辯證過程中，以美學的觀點看來，歷史充其量只是文學的註腳。

二、

　　1970 年代余光中作品涵蓋了臺灣、大陸，和美國三個主要時空。自大陸棄守，余光中在臺灣，美國和香港幾個地方相繼流轉。大體說來，他對

---

*發表文章時爲中興大學外國語文系教授，現爲亞洲大學外國語文學系講座教授。

現實的觀感主要來自於生活空間的轉移。他的詩中人經常渴望一個已呈消失的現實，而當那個現實再度浮現變成實景，詩中人卻無法再和其認同；有時原先所處的現實縈繞意識，藉由鷓鴣的叫聲[1]，消解眼前誘人的景致，意識再度飄離目前的現實。臺北或臺灣是余光中詩中的第一現實，而美國及除了大陸以外的其他地域則是第二現實，而在第一和第二的拉扯中第三個現實浮現。但這個所謂的第三現實實際上只存活於想像和思鄉的意念。現實的變易是余詩思鄉主題的原動力。美國絕非家，但臺灣也非永久的家。正如他自己所說，雖然住在廈門街二十多年，他仍然不能釋然將其填入永久的地址[2]。家是遙不可及的大陸。大陸在海的那一方，但思鄉卻不能藉歸鄉化解。詩中人知道，即使能將歸的意識進一步變成實際的動作，現實又將變成另一場幻影，唐詩中的中國已不在，政治抹平生命繁富的變貌。山川依舊，但潺潺的流水聲在群眾的喧囂中已闇瘂。詩中人「屬於中國／不屬於北京」（《青青邊愁》，頁 129）。

　　上述的各種現實就是詩人所「投入」的現象世界[3]。外在的世界牽繫存有，存有命定經歷心靈的辯證。世界經由文字宣示存有的依歸[4]。放逐銘記於這樣的世界裡。一方面鄉愁咬嚙自我或存有，另一方面意識卻珍惜這種思念，因為那是返鄉的替身。放逐詩的現象正顯現這種悲劇的矛盾。這是余光中詩中人面對現實所湧現的意識。

　　家是渴望的對象，但被意識認同為家也勢必被體認為意識的主體。大陸為家是客觀的事實但卻被余光中詩中人主觀加以拒絕。返鄉的渴望只能在文學作品裡一再的提升展現。有家歸不得，詩中人因此「墜入」一再循環的心路歷程：拒絕眼前的現實，懊悔錯過一度面對的現實；開始珍惜現

---

[1]鷓鴣叫聲是余光中詩中極顯著的意象，將於本文第三節細論之。

[2]據余光中的《青青邊愁》所述，他在臺北住了 26 年。之後，離臺在港任教，目前又返居南臺灣。

[3]有關「投入」（德文"Geworfenheit"，英文"thrownness"），請見海德格《存有與時間》，第 38 節的討論，本文在此的「投入」是動詞形態。

[4]這是海德格、麥盧龐等等哲學家的現象思維。此外請參見簡政珍，《語言與文學空間》第八章（臺北：漢光文化公司，1989 年）

實，當該現實已不再。

余詩中，臺北的現實不是古代中國的延續，也不是理想中國的縮影。現代化加寬了街道，但也使盲人的笛音散落消失[5]。簡單安逸的生活已成記憶，只能在意識裡徘徊。詩中人感受到：

> 唯我們永遠委屈，在廣告牌下
> 仰看鋼鐵的風景
> 建築物灰面的陰鬱症
> 在火車站和鐘樓那一帶頗為流行
>
> 在沿河的圍牆邊，我們不快樂
> 笑聲落在潮濕的街上
> 發出膺幣零落的聲響
> 我們不快樂

現代文明的大軍侵入世界各個城鎮。詩人大都感到不安。詩中人的不安事實上是對往日的緬懷，不願閒靜的過去變成繁雜污染的現在。田園風光隨著淡水河清澈的水流消失。人們必須呼吸「第二手的空氣」，飲用「第三流的水」[6]，另外，有一種無所不在的文明，美其名為噪音（《聽》，頁 20～21）。在阿里山頂，逸興奮發，但想到下山，不免寂寥落寞。他自問：「什麼才是家呢？他屬於下面那世界嗎？」（《聽》，頁 21）。

山是將現實放逐的領域。離開和回返現實正如超越主義心靈的洗滌昇華。「藏在谷底的並不是洞裡桃源，住在山上，我亦非桓景，即使王粲，也不能不下樓去」（《青青邊愁》頁 56）。〈放風箏〉也是如此的冥思：

---

[5] 這是《青青邊愁》裡，〈思臺北，念臺北〉一文裡重要的意象。余光中散文的意象由於讀者是以「散文」的標準來看，因此常常此詩裡的意象更具說服力。

[6] 《聽聽那冷雨》（臺北：純文學出版社，1974 年），頁 20。以後本文簡稱《聽》，附於引文後面。

那鳶影，逍遙之遊在雲間

該不忘回家來

雲族霞裔該長非伴侶

從下面望上去，也乘風高舉

翩翩仙袂儼然一爾雲

而茫茫的天上，近看

霞是霞，孤鳶是孤鳶

該不忘自己是假鳥，不是真雲

而那樣闊冷冷的空虛

送它上去的一線希望

不，唯一可握的那一線生機

繫於地上，不繫於雲間

——《與永恆拔河》，頁 124

這裡的風箏和愛默生作品裡的飛禽，梭羅《湖濱散記》裡的蒼鷹，和惠特曼《老鷹的嬉戲》類似。兩者都象徵超越的靈魂，衝破大地的限制，遨遊蒼穹。但細究之，風箏畢竟和蒼鷹等不同。天空是飛禽的「家」，而風箏和地面牽連，終究要回歸凡界[7]。

紙鳶當然更暗示詩人的超越經驗。兩者都來自地面，因此上升是為了下降返回。佛洛斯特《白樺樹》也含蘊類似的題旨，小孩爬樹，當爬到樹梢，樹自然彎曲，小孩又返復地面。彎曲的樹和地面形成一個圓，意謂一種精神的完滿。精神的歷練是一種宗教感，類似黑格爾對「絕對知識」的追尋。

往返的舉止也是放逐的活動。風箏如遊子。〈放風箏〉是獻給時居異域的陳芳明，但語音也回響自己的處境。接受現實和拒絕現實並置，共同勾

---

[7]事實上，天空是飛禽的「家」，只是比喻其悠遊自在，真正的家仍在地面。這點在 1990 年出版的《夢與地理》中〈鷹〉一詩即明言：「別怕我這麼飛啊會飛出這世界／那下面還是我的窩」。

勒放逐的主題。逃離社會也許只是個人的生活方式，但對逃離本身存疑則是歷史感。一方面，對現實的不滿不一定導致對現實的棄絕，否則可能只是找到一個沒有出口的出口。現實和個人的心境調變，並非主觀的見解可以全然控制。若人陷於自我的鬱結，現實威嚇奪人。但若自我開啟門扉，壓力也得以紓緩。詩人藉由作品尋找開口，在意象中調和現實。山中歲月和空中的紙鳶因而提醒現實的重要性，猶如王粲登樓的心境。想像回歸夢土，但行動總是溶解成鄉愁。

　　另一方面，心靈的放逐者永遠陷入輪迴的辯證，隨著瞬間變化起伏。抑止渴望反而激起更強烈的渴望。強迫自我，接受現實更引起對現實的失望。現代社會的疾痛變成一再重複的意象，匯然成詩成章：「電線桿電線桿支撐的低空／一百萬人用過的空氣／啊嚏啊嚏／特效藥的廣告，細菌，原子雨」（《天狼星》，頁 14）。在《聽聽那冷雨》中，生命是「許多許多表格在陰暗的許多抽屜等許多圖章的打擊」（頁 20）。現實是謀殺者的幽靈，化成毒蜘蛛和食蟻獸：

> 同時另一個恢恢巨網，以這城市為直徑，從八方四面冉冉升起，無聲，無影，染毒你呼吸的每一口空氣，且美其名曰紅塵，滾滾十丈。於是兩張巨網的圍襲下，一百萬隻毒蜘蛛展開大規模的集體屠殺，在天上，在地上，在地下。沒有一隻不中毒。
>
> ——《焚鶴人》，頁 43

「貪婪無厭，這膨脹的城市將吞噬摩肩接踵的行人和川流不絕的車群，像一隻消化不良的食蟻獸」，城市的景象儼然已是非人的世界。個人猶如和怪物摶鬥的侏儒。爭鬥的結果，一切絕廢如《荒原》：

> 永恆的風吹著，面紗在風中飄動
> 已死了一千多年啊，這長夜之城

無人島，沙漠，旱海之魚

只有天罡星怔怔亮著

廢堞上，誰遺忘的一盞燈籠？

如果，我死了

如果我懸在巨蛛網上

可有駝群唱我的安魂曲

　　伸長了伸不直的長頸子

　　如一排悲戚的木簫？

──《天狼星》，頁 27

死亡的景象充斥人間，人的遺跡消失殆盡，只剩一盞燈籠。生靈俱逝，即使以沙漠為家的駱駝也被人為的沙漠所滅絕。文明是謀殺者也被謀殺。人憂慮現代化掠劫人世，但沒有人能改變推土機行進的方向。余光中只能憂慮月桂樹即臨的死亡。儘管樹已變成時空的象徵，但不論其指涉的是此時或彼時，這裡或那裡，詩人愛莫能助，只能任其被砍伐，被連根拔起（《焚鶴人》，頁 37～45）。而當現實一再化身成毒蜘蛛和食蟻獸，逃離的意象也一再交疊浮現：

啊夜，夜來了

今夜，重重的憂鬱啊重重

重重困我，千張有毒的蛛網

我必須逃亡，我必須

必須逃亡，逃出我自己

……

逃出我自己

如逃出癩瘋的地區

沿著一柱柱青臉的水銀燈

——《天狼星》，頁 21～22

在〈大度山〉一詩中，余光中明言：

> 告別海盜版的書和生命
> 告別臺北，這食蟻獸
> 告別我的雨帽和雨衣

——《天狼星》，頁 16～17

當然所謂逃脫的過程仍是詩作的過程。以心靈的逃脫維持「想像和現實的唇齒相依」[8]。「逃脫」使詩人擴張生存的半徑，以自我的疏離探尋意象，以想像的世界和現實映照成對比。詩的「逃脫」使自我和外在世界疏離和異化，以求建立另一層次的關係。

　　自我疏離是使內在的自我和外在的世界保持距離。正如麥盧龐第所言，距離不能以明確的數據衡量[9]。物體在空間的大小隨著意識和視覺增大或縮小。和外在的世界隔絕也意謂將周遭的環境放逐出生活的中心。處於現實本和現實沒有距離，但余光中的詩中人覺得眼前的現實和「真正的」現實脫節。海德格說：鄰居並不能保證鄰近感。鄰近感超乎客體時空的規範[10]。

　　另外，物體也需要和空間的另一相對物相參照才能感受其大小[11]。眼前的現實在心靈中的分量正暗示另一無形的現實在意識裡運作。意識裡對臺灣的疏遠實暗指大陸的逼近。放逐意識總暗藏另一現實對當前的顛覆，將

---

[8]見 Wallace Stevens "The Noble Rider and the Sound of Words," *The Necessary Angel*（Alfred A. Knopf., Inc., 1951），p.27.

[9]Maurice Merleau-Ponty, *Phenomenology of Perception*, trans., Colin smith（London: Routledge & Kegan Paul 1962），p.257f.

[10]Martin Heidegger, *On the Way to Language*, trans., Peter d. Hertz（San Francisco: Harper & Row, Publishers, 1971），pp.103–05.

[11]Merleau-Ponty, p.261.

眼前的空間籠罩於另一空間的暗影裡。

　　人和生活空間的疏離事實上是感受時間的崩垮[12]。一旦自我從空間抽離，空間便在意識裡支離瓦解，但空間的碎裂實伴隨著時間的斷層。「當世界失錯或細碎成原子」[13]，人對未來的遠景只剩下一些零散的瞬間。余光中的詩中人面對臺北的現實無能為力，只是遵從軀體運作的有機體，無法在可見的未來將世界重組成真正的現實。

　　美國是余光中詩中的第二現實。但這個現實只存在於過場。眼前的景象只勾起詩中人對臺灣的回憶和對大陸的想像。在丹佛，余光中寫道：舔嚐雪的滋味只是品嚐記憶[14]。景致是思鄉的觸媒。過場的風景促成時空戲劇性的變易。余光中對第一現實感到珍惜，但似乎這種感覺總來得太晚，同樣第二現實的意義，也只有等到該現實再度錯失，才能體會。

　　回憶中，第一現實裡的毒蜘蛛和食蟻獸已不見。在臺北感受到情景和意象已變成一團模糊，轉化成「返家」的意識。意識中湧現的一條街道的名字，一張臉，一個微笑，一個親戚或朋友的呼喚，或朦朧中一個島嶼的概念都潛藏了戲劇的暴發性。余光中〈敲打樂〉中讓西方的傳奇英雄，尤里西斯[15]，款款道出，猶如現代東方的放逐者：

　　　　何需堵我的耳朵以蠟
　　　　何需縛我的赤銅之軀
　　　　以濕重而黑的纜索？
　　　　只道是，女妖的歌聲尋常又尋常
　　　　我的耳朵醉過
　　　　更迷人更令人迷路的謊言

---

[12]同前註，頁283。
[13]同前註，頁282。
[14]這是《白玉苦瓜》中〈雪霏霏〉裡的意象。原文是：「且張開了饞了好久好久的嘴唇／只為舔一舔溫柔的雪啊／小時的記憶」。頁5～6。
[15]尤里西斯（Ulysses），余光中的詩中寫成「猶力西士」。

颶風季，我的船首朝西
回伊色佳，回依色佳
——伊色佳，一個傷心的島嶼
（十年激戰，十年流落在江湖）

好遙遠的新娘，佩妮羅珮啊
不再動人，也不再年輕
永遠織不完的一件新衣
　　　日光下，織
　　　燭光下，拆
永遠織不完的一幅預言
雖然依色佳不是希臘
不是從前的希臘，不是
完完整整的希臘真正的希臘

異國如浩瀚無涯的海，詩中人如荷馬的尤里西斯，是現代放逐者的原型。唯一的欲望是歸返島嶼，臺灣（或伊色佳），雖然這個島嶼不是真正的中國，正如伊色佳也非真正的希臘，但至少它是部分的中國，一個「家」。

思鄉是余光中詩作的母題，一種反復再生的動力。〈鄉愁〉一詩具象描繪出一個 1970 年代有家歸不得的心境：

小時候
鄉愁是一枚小小的郵票
我在這頭
母親在那頭
長大後
鄉愁是一張張窄窄的船票

我在這頭
新娘在那頭

後來啊
鄉愁是一方矮矮的墳墓
我在外頭
母親在裡頭

而現在
鄉愁是一灣灣淺淺的海峽
我在這頭
大陸在那頭

——《白玉苦瓜》，頁 56～57

這是余光中少數能以意象的骨質取代華美文辭而感動讀者的詩。音韻之美
仍是主力。詩中以形容詞「小小的」，「窄窄的」，「矮矮的」，「淺淺的」配
合「這頭」和「那頭」，「裡頭」和「外頭」的兩極對立反襯詩中人的茫然
無助。一般說來，形容詞疲軟無力，但這裡卻如動詞一樣堅實。對於詩中
人來說，這些「小小的」東西都是難以克服的巨大障礙。「矮矮的」墳墓隔
離生死，「淺淺的」海峽阻絕放逐者返家。

　　因此思鄉只能變成意念化的返鄉。意識中理想的中國在想像中厚實，
凌越任何現實的實體。在余光中的詩作中，各種主體的變貌由思鄉的主題
串接成「意念化的框架」[16]。有時，家的意象一浮現，其他景象變成一片模
糊。有時，景象融入意識中升起的意象，由主體變成客體。對於眼前景致
的「忽視」並不純然是主觀的意念，也是客觀的思維。他鄉異國的景色之
美缺乏觀察者主體的記憶。「落磯山美是美雄偉是雄偉，可惜沒有回憶沒有

---

[16] 「意念化的框架」取自傅萊的 Conceptual framework，見 Nothrop Frye, Anatomy of Criticihm（Princeton: Princeton University Press, 1971），p.16.

聯想不神祕」（《聽》，頁 10）。聯想並不是兩地山脈比較的結果，而是追尋一個「缺席」的現實的本能反射。對洛磯山的禮贊很快被崑崙山所接替，而再由山根回溯黃河源。「那不是朝山，是回家，回到一切的開始」（《聽》，頁 10）。心冀能化身成鵰，向山下撲去，但回歸現實，卻身在異地的美國。所謂的鵰，實際上是波音七四七，很快就將他載回島嶼。「崑崙山仍在神話和雲裡。黃河仍在詩經裡流著」（《聽》，頁 11）。

因此余氏作品的母題是「歸」，但真正的主題是「歸不得」。放逐者或詩中人似乎不是生存於現實裡面（within），而是現實之間（between），或是現實邊緣。空間的不確定促成持續的飄遊。對於任何現實的印象隨著飄遊的來去浮動。在香港所寫的作品更增加心境的複雜。當放逐者逼臨家，作品變成更富於辯證的動感。鄉愁迭起，步趨高潮，所有的壓抑瞬間傾洩，以強有力的韻律和明晰的意象作爲出口。欲望投射變成焦急但卻一籌莫展的凝視。凝視不言而喻放逐者的孤絕。

> 一抬頭就照面蒼蒼的山色
> 咫尺大陸的煙雲
> 一縷半縷總有意緣在
> 暮暮北望的陽臺
>
> ——《與永恆拔河》，頁 20

大陸可望不可即，放逐者是現代的坦塔勒斯（Tantalus）。飄遊千里，從臺灣到美國，從美國到香港，返鄉的意識無所不在，但就在家的門檻，心中所想的竟然是退卻。眼見鷺鷥以優雅的姿勢，飛越邊界（《與永恆拔河》，頁 27），他自問：「我也要飛過去奔過去嗎」（同上，頁 27）。答案雖無聲，但不言自明。面對眼睛所見，耳朵所聽的現實，想像的現實早已遁形。回覆這個去或不去的答案充滿了成千上萬難民的足音：

問你啊嚴厲的母親

當你的孩子們可憐那許多孩子

驚惶的步音零亂，千千萬萬

正無助奔來，向我吶喊

遍大地血印都向南

向欲暮未暮處，布穀正咕咕

不如且歸去，啼，怎能就歸去？

——同上，頁27

渴望而卻棄絕被渴望的客體，正如蘇聯的放逐者亞希摩維克（Drag. Acimovic）所寫的：

……

我僅知道沒有噴射機能快過我們家的呼喚

……

不要去，同志，以冰凍的心留在這裡，因為，那裡的舞臺，你正要飛過去，鐵幕已為你降下[17]。

鐵幕將放逐者隔絕在外，「驚惶的步音」提醒放逐者不要邁開腳步。

　　另一方面，處於第二現實的鄉愁是雙向投射。對大陸的凝視和對臺灣的思念相對持衡。面對眼前的大陸，余光中寫的是：〈思臺北，念臺北〉。島上的日子突然間歷歷在目：「一個寂寞而迷惘的流亡少年變成大四的學生，少尉編譯官，新郎，父親，然後是留學生，新來的講師，老去的教授，毀譽交加的詩人，左頰是掌聲右頰是噓聲」（《青青邊愁》，頁 38）。悠然醒覺，大半生正伴著島上的風雨。臺北的歲月在眼前一一羅列前行，正

---

[17]Drag. Acimovic, "Paris……Belgrade," *trans*., M. Crnjanski in The Pen in Exile, ed., Paul Tabori（London: International Pen, 1954）, p.157.

如普魯斯特《往事回憶》裡陽光在行進的火車的窗上閃耀[18]。個別的事件，零散的片段，經由「記憶的隱喻作用」[19]組合成自己在島上的滄桑。回憶中，經驗去掉不愉快的色彩，記憶的語調讓人覺得臺北似近似遠，放逐者如畫家在畫布上輕刷慢點，心靈的意象似乎是客觀呈顯，但讀者卻感受淡淡的哀愁：

> 北起淡水，南迄烏來，半輩子的歲月便在那裡邊攘攘度過，一度紅塵困我，車聲震我，限時信，電話和門鈴催我促我，一任杜鵑媚我於暮春，蓮塘迷我於仲夏，雨季霉我，溽暑蒸我，地震和颱風撼我搖我。四分之一的世紀，我眼見臺北長高又長大，腳踏車三輪車把大街小巷讓給了電單車計程車，半田園風的小省城變成了國際化的現代立體大都市。
>
> ——《青青邊愁》，頁 38

過去在記憶裡復活如瞬間湧現的全景。記憶將時間凝結，而展現空間潑撒在各個時間不同的面貌。時間藉由文字或書寫空間化。當往事經由記憶變成書寫，意識也跳年特定時空所界定的功過。昔時對臺北的控訴已不再，往日在記憶裡儀態萬千。經驗變得可貴，在於已經遠離那些經驗。這是放逐者宿命的本質。存有總在自我掏空後再對掏空之前的時空緬懷。

放逐者對特定時空的向心力也暗藏一股巨人的離心力。對特定現實的價值判斷也常前後自我顛覆。往事過後，一切看法已和當時歧異。「臺北啊我怎能……對你那樣不公平？」（《青青邊愁》，頁 43）。立地香港，大陸迫於眉睫，但繁華似錦，世事如夢，「醒來時，我已是一位臺北人」（同上，頁 38）。

余光中對於臺灣的態度正如當年的葉慈。一方面憎惡現代化，不齒和

---

[18]Marcel Proust, A la recherche du temps perdu, trans, C. K. Scott Moncrieff, *Remembrance of Things Past*（2 Vols: New York: Random House 1927–32）, I, 497.

[19]見 George Poulet, Studies in Human Time, *trans*., Eliott Coleman（Baltimore: The Johns HOpkins University Press, 1956）, pp.291–322

那些「無恥的」中產階級認同[20]，一方面卻積極參與社會。葉慈是議會議員，余光中是大學教授和大眾化的詩人。然而葉慈在愛爾蘭的傳奇和神話裡開拓天地，余光中的說話者或詩中人在現實邊緣飄泊。持續的飄泊使特定的時空感知另一時空巨大的磁場，但卻無法將其消磁。在香港、臺北和大陸分居兩極；由美返臺，他「背負著兩個大陸的記憶」（《焚鶴人》，頁51）。向晚，橫越大陸邊界的山脈和臺大晚春的杜鵑並行展現。難以化解心中的猶豫及難以停止的腳步，以如此的問句作標記：「一片大陸，算不算你的國？一個島，算不算你的家？」（《白玉苦瓜》，頁3）

接受那一個以及如何被接受是放逐者典型的辯證問題。現今從大陸流落臺灣的作家和文人正類似葉慈時代當時愛爾蘭人知識分子的處境。愛爾蘭人不認為他們是愛爾蘭人，英國人則認為他們也非英國人[21]。「大陸人」在此纏綿四十寒暑，但仍被當地人視為外省人，而在大陸和外國的眼光中，又被稱為臺灣作家。於今兩岸交流，不論余光中或者是洛夫，都被冠上臺灣詩人，島嶼外表的尺寸，相對於大陸的遼闊，無疑矮化了詩人的形象。臺灣當代詩的成就超過大陸豈能以道里計，但一旦貼上地理的標籤，已被貶抑成地域性的作家，放逐出大中國文學的主流。當今詩人都可以自由返鄉，面對闊別 40 年的山水雖可填補一些缺憾，但一個當年由大陸飄泊到臺灣的詩人，在周遭的掌聲中走入貼有「歡迎臺灣詩人×××」的會堂，他可能更感到「自我身分」的喪失。余光中至目前似乎還沒回返大陸，但正如所有意識自己是中國人的詩人一樣，不論是否已經返鄉，放逐意識仍然難以揮別，精神的歸返只能實現於書寫，現實還是放逐的世界。

若放逐意識仍然滲入一個已經返鄉的人，這當然是另一場悲劇。至目前為止，余光中沒有這樣的作品。他 1970、1980 年代所謂的歸僅止於想

---

[20] 參見 W. B. Yeats, *The Autobiography of William Butler Yeats*, ed, The Macmillan Company（New York, 1936），p.192.

[21] 例如，勒諾詹森（Lionel Johnson）就有這樣的經驗，細節請參閱 "Poetry and Patriotism in Ireland," in *Post Liminium: Essays and Critical Papers*, ed., Thomas Whitemore（London: Elikn Mathews, 1911），pp172–73.

像。而這種虛擬或想像，也只存在於時空交互的置換，而使現實由實變虛。放逐的意識主要是「靈肉」不能一致。各種時空的景致隨著戲劇性的聲音或意象出現或退出。一個聲音，或一個意象有如一道幽光，照明自己放逐的心境。意象在緊要關頭引發時空的改變，而詩中人在凝視或聆聽中過渡到另一個時空。

　　在美國寫的詩，大部分是這樣的模式。例如〈七層下〉，前面幾個音節描述落日，「壞脾氣的烏鴉」和「冷霧」，到第四節，詩進入最具動力的時刻，當聲音的意象突然面對另一組沉靜的意象；兩組意象相對持衡：「內戰之後，一整幅戰場／在靜聽一隻遲歸的鴉」（《敲打樂》，頁 22）「聽」的意象在第一、二詩節裡一再出現。詩中人聆聽自然的動靜，或是美國歷史的喧囂。第三節裡，歷史經由時間的考驗，過濾給意識：「露滴侵食鐵砲的骨髓／鏽青了的寂滅中，爬著綠霉」（同上，頁 22）

　　到了第四節，第一、二節「聽」的意象和第三節的沉默綜合，調節動靜，而將客體的現實（美國歷史）變成詩中人主體的觀照。「內戰」一詞牽動時空快速轉移，由 19 世紀的美國化身 20 世紀的中國。到了天狼星在第五節出現，詩中人步入全詩的戲劇點，夜色沿著「冰頰」瀉下，時間傷及人的肉身。空間伴隨時間闖入意識，詩中人意識到心靈中的時空並非此地此時。

　　余光中的思鄉模式，大抵如此：先著筆現實景致，詩中人意識到自我無法擁有這個景致，緊接著戲劇性的意象出現，喚起潛在的放逐意識。

　　〈在旋風裡〉，詩中人感覺在異地無法投入現象風景。內心湧起抗拒力，區隔自我和外在的世界。「大風雪起時，我獨立，在密西根／開放的平原」（《敲打樂》，頁 61），以獨立孤單的自我反襯開闊的草原。肉體和異地大自然的接觸，只是造成自我意識到歸屬感的欠缺。存有在異地缺乏實質。以「驕傲的靈魂沸紅的血」和外在迫人的風景抵制，自我意識到綿長的歷史，如《北京人》（同上，第 19 行）。風雪要吞併自我，反而提醒自我特異的身分。主觀性消解客體的現實。〈布朗森公園〉裡，開頭 11 行大致

是在公園看到的實景,到了第 12 行,也是第三節的開頭,是第一行的重複,「有那樣一條船泊在西雅圖」,但緊接著是如此的意象:「船票在有一個人的袋裡／時報讀後,仍握在他手裡／有一些聲音在油墨的另一面啼哭」,船,船票,時事,時事所引發的聯想和感傷,整體勾勒出深沉的氣氛。相對於余光中其他許多詩,尤其是 1980 年代的詩,喜歡在詩中以說明性的文字表明心跡,1970 年代,類似這樣的詩行更彌足珍貴。聲音在謐靜的背景中出現,也很快地消失於謐靜。但聲音是意識的回響[22],「聲音是客體出現的企圖」[23],寧靜中的哭聲是詩的戲劇點,當詩投射於主題的層次。

詩中戲劇性的時刻通常也是關鍵意象出現的瞬間。詩中人藉意象的心靈的時間對抗客體時間。意象本來就是形象經由意識運作的結果,意象將時間空間化[24]。詩人在這個瞬間體認到存有的本質。

在許多這樣的放逐詩中,「鳥叫」的意象職掌戲劇性的功能。古典詩,自《詩經》以降,各種鳥類的意象就是思鄉的原型,如:

雄雉于飛

泄泄其羽

我之懷矣

自詒伊阻

雄雉的飛翔喚起思鄉的情節(鄉愁在本詩第三節尤其明顯)。正如王靖獻所說:鳥在《詩經》裡大都暗示孝心回報[25]。「詩作中,以鳥的召喚作為『孝心回報』,將原來情感的直接傾訴轉變成『興』」[26]。後世的詩,鳥更大量用於表達思鄉和歸的母題。信手拈來,杜甫的「恨別鳥驚心」,王維的「日暮

---

[22]參見拙著《語言與文學空間》第三章。
[23]Robert Sokolowski, *Presence and Absence*(Bloomington: Indiana University Press, 1978),p.25.
[24]見排著《語言與文學空間》第四章。
[25]參見 C. H. Wang, *The Bell and the Drum*(Berkeley: University of California Press, 1974),p.119.
[26]同前註,頁 121。

飛鳥還，行人去不息」。王維的詩中人和鳥的動作造成對比，類似余光中的
詩境。余光中的布穀鳥的咕咕：「不如且歸去，啼，怎能就歸去？」（見
上），正如傳統鷓鴣的叫聲：「行不得，哥哥」。余光中的詩，鷓鴣和布穀或
杜鵑的意象出現頻繁。這些意象在詩中的切入點也是展現主題的瞬間，余
光中透過詩行的安排表現了慣有的思維模式。葉維廉在《中國現代小說的
風貌》裡曾說：驚覺幾乎是當代臺灣重要小說的結構。這種結構和許多古
典詩相呼應，葉維廉舉王昌齡的〈閨怨〉為例，說明臺灣現代小說的張力
就在於關鍵時刻的驚覺[27]。

　　唐詩中放逐詩或思鄉詩的結尾以隱喻的功能點出遊子空間失落的意
識。結尾就是驚覺點。不論劉長卿的「茫茫江漢上，日暮欲何之」或孟浩
然的「迷津欲有問，平海夕漫漫」，詩中人在結尾強烈感受到無助的放逐處
境。有時詩的結尾也是詩中人對人生及時的感悟，面對起伏的紅塵，世事
的喧嘩，不如歸於清悠靜寂，如王維的〈清谿〉結尾：「請留磐石上，垂釣
將已矣」，元結的「將家就魚麥，歸老江湖邊」[28]。

　　驚覺或及時感悟有時來自於聲音的起落。鳥的叫聲尤其能引發意識的
回響。濟慈的〈夜鶯之歌〉裡，詩中人在鳥聲中涉身時間之流：

　　　我在這個過往的夜晚所聽到的聲音
　　　古代的帝王小丑也聽過
　　　也許相同的歌聲
　　　找到進入魯絲悲傷之途徑，當她思鄉時
　　　淚水汪汪地站立於麥地，在異國。

余光中的詩中，鷓鴣也以同樣的樣貌激發詩中人對漂泊的驚覺。詩在驚覺

---

[27]見葉維廉，《中國現代小說的風貌》（臺北：晨鐘出版社，1970 年），頁 75～79。
[28]參見簡政珍，〈隱喻及換喻──以唐詩為例〉，《中外文學》第 12 卷第 2 期（1983 年），頁 14～
　16。

點展現張力。鳥的意象此時飛入意識的領域。當鳥叫的意象在意識回響，其他的意象便從前景退出，變成一片朦朧，正如索可羅斯基（Robert Sokolowski）所說：「群聚聲音周遭的是聲音發出的欲望，召喚的客體，召喚的接受者，涵蓋的空間，以及聲音有效展延的時間」[29]。鳥的叫聲因此是不同時空多重意識的聲響和回音。詩中或文中雖然動態意象此起彼落，鳥叫的意象使詩變成小小的戲劇，凌駕這些意象。

鳥叫的意象因此也顯現了詩寓靜於動的力度，意象如水面石頭輕拋，打破既定的影像。〈圓通寺〉一詩，詩中人對母親之死的玄思經由鷓鴣的啼叫演進成鄉愁（見《天狼星》，頁 34～38），鳥叫和故鄉的呼喚重疊。「春天喊他，杜鵑千山又萬山」，由於「杜鵑」可能指的是花，也可能是指鳥。視覺和聲覺使千山盡是故鄉的幻影和家的呼喚。詩中人在記憶的搖籃裡，故鄉伸出來的手，輕輕地搖出不同的時空。母親因此變成故鄉的化身，但兩種時間以不同的方向行進，母親隨著時間往前年老死亡，而記憶卻使時間折返，使自己回歸童年。所有這一切都在鷓鴣聲中發生。

在〈當我死時〉（《敲打樂》，頁 55～56），詩中人以想像之死返鄉。詩中人的「驚覺」在於韻律和節奏的突變。詩行隨著詩中人混淆的時間進展。詩中人想像老年之死是現在對未來的投射，而另一方面現在（老年人之死）回溯的過去正是詩中人此時的年輕歲月。年輕的歲月既是現在也是過去顯示時空兩軸持續的移動變化。存有無法落足於確定的時空。放逐者的靈肉再度分離，個別獨立於不同的時間和地域。靈魂已返鄉，肉體仍在思鄉。肉體渴望回「到多鷓鴣的重慶，代替回鄉」。渴望使節奏加快，空間快速的轉變應稱脈搏的跳動，和死者停在一個固定地點的肉體成對比。詩韻律的改變引出驚覺的主題和結構。

〈當我死時〉再度展現余光中所擅長的音韻和節奏。在他的許多詩中，當詩一再趨近散文式的吶喊和訴求時，意象留給讀者的不是視覺後的

---

[29]Sokolowski, p.26.

餘韻或想像，而是在朗讀詩的韻律，因此大部分余光中的詩極適合朗誦或編成歌。觀眾不需歷經時間的落差就可以「聽」懂他的詩[30]。

　　在上列詩中鳥的意象進入意識，而意識「被」喚起思鄉的情緒。但在余光中許多自我和家的辯證中，詩中人卻「主動」尋求，以目光的凝視「吞下」一張張的地圖。文學傳統中，凝視經常是用來作為意識投射的反映。在哈代的小說《一對藍眼睛》裡，凝視使各個心靈交互運作[31]，在喬治・艾略特的《亞當必得》中，凝視使潛在的意識流動展現，人經由凝視了解他人[32]。凝視更是放逐者意識投射的典型意象，如屈原的〈離騷〉[33]。

　　麥盧龐第的《知覺現象學》將凝視的舉止視為對被渴望對象的激發行為。他又說：

> 凝視和客體精準的連接，若不如此，客體即失卻其真正動作的確定性……我的凝視提攜客體，隨著客體的動作將其置換。……當眼睛朝向物體移動注目時，眼睛正朝著現實逼近[34]。

只有不把眼睛當作物體，眼睛的凝視才能退除客體的物理特性。看的動作連接人與物的關係。處於凝視兩端的正是主客的對位。

　　對於屈原，余光中或任何放逐者來說，凝視是意圖的單方向投射，而不能促成主客交感。主客的對位是永遠的對立，凝視顯現觀察主體的渴望，客體可以逼近，但可望而不可及，回饋於凝視的是客體的冷漠。而所謂現實只是讓凝視看清自己放逐的心境。

　　一些余光中在香港寫的詩中，凝視建立觀察者和被觀察者，個人和世

---

[30]我曾經多次討論到詩與歌的不同。例如，請參見我論述杜十三的文章，《臺灣新世代詩人大系》，簡政珍／林燿德主編（臺北：書林書店，1990 年），頁 139。

[31]參見 J. Hillis Miller, *The Form of Victorian Fiction*（Notre Dame & London: University of Notre Dame press），pp.11–15.

[32]見 George Eliot, *Adam Bede*（New York: Holt, Rinehart and Winston, 1963），p.132, p.374 and p.470.

[33]〈離騷〉接近結尾，詩中人凝視故國，有如此的詩行：「忽臨睨兮舊鄉；僕夫悲余馬懷兮」。

[34]Meleau-Ponty, p.279.

界以及放逐者和故鄉的緊張對立。自我和世界的客觀距離越近，張力越強。在《天狼星》裡，詩的背景是臺灣，詩中人的窗子朝北（《圓通寺》，頁 34、36、37；《四方城》，頁 39）；在美國，詩中人朝西遠望（〈猶力西士〉，《敲打樂》，頁 26～27）。到了香港，瀕臨邊界，凝視的對象已是真實的實景，景象更誘人，但更不可及。放逐者化身陽臺「暮暮北望」（見前）。〈望邊〉一詩，詩中人更經由望遠鏡和「槍眼」搜尋故鄉：

> 咕咕那布穀在欲暮不暮處
> 不如且歸去，啼，不如且歸去
> 禁區洞開的望遠鏡筒裡
> 野水寂寂，阡陌無人
> 掩一角碉堡的雉堞隱隱
> 相思林後迤邐那一脈青山
> 渺渺愁目被遮斷

鳥和凝視的意象結合，聲覺和視覺交疊。鳥叫好似來自於內心深處，在緊要的瞬間迸出。韻律改變，聲音升起，然後再墜入寂靜，這一切在望遠鏡的觀照裡。望遠鏡拉近家鄉，但卻讓觀察者深信，這真確的景致不可得。凝視只造成自我感受的淒切，客體依舊漠然。空間居於視覺和觸覺的拉扯。感官彼此的歧異正是放逐的心境。到了第二節，無助的凝視變成絕望的窺伺，從「槍眼」看到自我和故鄉的敵意的對峙：

> 槍眼槍眼，準星暗伺的焦點
> 羨慕一瞥白鷺
> 越界而去的翩翩
> 我也要飛過去奔過去嗎？

　　放逐者面對的是一幅時代悲劇性的構圖。詩中主旨明確，所用的疊字，如「隱隱」，「渺渺」，「翩翩」等是余光中典型的文辭，語意略嫌單薄，但藉由字的重複加強音效。以音樂潛在的功能訴求情緒，當一個放逐者眼見白鷺飛越邊界，而自己只能透過槍的準星看故鄉。

　　放逐者對於家鄉正是如此糾結的辯論。余光中在其自譯詩選集《滿田的鐵絲網》（*Acres of Barbed Wire*）中，第一輯總結有關中國的詩定名《羞恥與榮耀》。在辯證的三段命題中，表象的否定實暗藏肯定。肯定和間接肯定推向「合」的終局。故鄉是床的意象，搖籃的意象，或如〈四方城〉裡，「是枕，是床，溫暖一如四川」（《天狼星》，頁 39），有時床再轉化成子宮，火山，變成能量之源（〈火山帶〉，《敲打樂》，頁 19～20）。對故鄉表象的否定正如其憎惡的言辭，實際上是遮掩深層之愛。詩裡的中國似乎已陌生，如「中國比太陽更陌生」（〈單人床〉，《敲打樂》，頁 24），或「大陸壓眉睫反感到陌生」（〈颱風夜〉，《與永恆拔河》，頁 4）。有時中國似乎是累贅：「中國中國你是條辮子／商標一樣你吊在背後」（《敲打樂》，頁 52）。〈敲打樂〉一詩首尾相接，將肯定與偽裝的否定綜合而步入「合」的情境。經過一連串的詛咒：中國是「不治的胃病」，中國「被人遺產被人出賣侮辱被人強姦輪姦輪姦」；「中國逼我瘋狂」，「中國令我早衰」，但接近結尾，卻赫然一行「中國是我我是中國／每一次國恥留一塊掌印我的顏面無完膚」。以身分的認同應稱「合」的過程。認同意謂承擔對方的命運，認同意謂語言朝對方迸出的火花燃燒的是自己。

　　因此，由準星望故鄉，焦點集中於自身。放逐者透過準星凝視了個人和時代的不幸。槍的意象並非虛構，而是實景。任何人在金門、馬祖或香港都會看到一挺一挺槍砲瞄準大陸，放逐者無能為力，只能抓取這個意象，變成書寫：

　　　一五五的加農砲，射程內的故土
　　　廿五倍單筒望遠鏡，望中的故土

> 準星尖上的故土，望鄉之目啊
> 日日夜夜，是偵察之目

——〈大武山〉，《天狼星》，頁 56

詩中人是軍人，一有動靜，隨時準備向故土開火。在〈戰地記者〉一詩
中，由準星望大陸的意象出現於詩最後一行，也是詩戲劇性的最高點：

> 最好的戰地記者是戰士他自己
> 用同一隻手他作戰，記戰役
> 握著最後那一件武器
> 這時代最敏感的那一枝筆
> 千迴萬轉總指向北方
> 像顫顫的磁針向強力的磁場
> 故鄉，赫然在準星上

——《與永恆拔河》，頁 22

凝視的意象顯現放逐者複雜的心境[35]。雖和故鄉認同，但只能羨慕鷺鷥朝故
鄉飛翔；更悲慘的是，放逐者竟以槍眼面對故土。任何砲彈所摧毀的將是
觀察者自己。自我和故鄉的對立是空間和現實的矛盾。家的空間就在那
裡，但現實將空間遠遠推開。

　　空間和現實的不一致總結了放逐者的命數。各個現實間的飄盪是基於

---

[35]當代其他詩人也不乏凝視故國的意象。洛夫曾經就此寫下這一個時代甚具震撼性的詩行：
　　望遠鏡中擴大數十倍的鄉愁
　　亂如風中的散髮
　　當距離調整到令人心跳的程度
　　一座遠方迎面飛來
　　把我撞成了
　　嚴重的內傷
（《時間之傷》：《邊界望鄉》）
——發表於 1992 年 1 月

現實和空間渾然一體的假設，因此尋找現實事實上也在尋找空間。但在邊界上，眼前的空間卻否定先前的設想，現實和空間的交互關係崩裂。自我和故鄉認同，但故鄉卻以全然不同的身分和自己對峙。在凝視的瞬間，詩中人看穿空間和現實，自我和世界，放逐者和故鄉之間橫亙的悲劇。時至今日，返鄉者面對自我的歸屬問題時，空間並不能收納現實成為一體。「大陸人」也許對空間焦渴的凝視將不再，但對理想現實的「鄉愁」仍難化解。1990 年代以後，也許仍有許多踏在故土上的放逐者。

——選自黃維樑編《璀璨的五采筆》

臺北：九歌出版社，1994 年 10 月

既開風氣又為師

指南山下憶往

◎單德興[*]

1972 年 10 月，頂著小平頭的我從成功嶺來指南山下，成為政大西語系（如今已易名為英語系）的新鮮人。在南投山城土生土長 17 年的我，地理和心理上都很封閉，如今離開家鄉來到臺北就讀國立大學，面對來自全省和海外的同學，內心的忐忑可想而知。

剛到系裡就聽說系主任是位詩人，此消息有如天方夜譚，印象中好像還沒見過活生生的詩人，更何況是當我們的系主任。兩、三天的新生訓練快結束時，各系帶開，進入壓軸戲：系主任訓話。六、七十位同學（一半是來自香港、越南、泰國、緬甸、寮國、印尼、馬來西亞、日本等地的僑生）擠在現已拆除的四字頭兩層樓的樓下大教室，興奮且不安地等候聆聽系主任「訓話」。系主任在助教簇擁下步入教室，人群中一陣竊竊私語。只見系主任身材不高，白白淨淨的臉上戴著一副眼鏡，在講桌後坐定，眼光環掃一圈，待全場鴉雀無聲後，慢條斯理以英文開講。由於說話聲音不大，大教室又幾乎坐滿，必須凝神才勉強聽得到，迥異於從小就習慣了的「訓話」。這是我這輩子第一次聽人用英文講完一席話，事隔多年，詳細內容記不得了，不外乎要我們善用四年的大學時光，好好用功，拓展視野，其中比較嚴厲的一句大意是說如果不努力，日子會不好過（如果我沒聽錯，他用的是 "embarrassed" 這個字，為修辭學中的含蓄說法〔understatement〕，嚇得我們一楞一楞的———一方面是因為那句話的口氣，

---

[*]發表文章時為中央研究院歐美研究所研究員、臺灣大學外國語文學研究所兼任教授，現為中央研究院歐美研究所特聘研究員。

另一方面則覺得自己英文聽力太差，連系主任的訓話都沒能完全聽懂。

接下來的一連串新生活動——從文的辯論賽到武的各類球賽——由十月直到次年五月的校運，很少看到系主任的身影，對於亟需打氣的我們未免覺得有些失望。由於一年級絕大多數是共同必修課，加上系主任剛上任，課程安排一仍舊慣（大幅增開文學課程是在我們大二時），自然也就沒有系主任專長的文學課，不免覺得「天高皇帝遠」——系主任只是坐在文學院二樓系辦公室內間大辦公桌後的人。

二年級，重頭戲上場了。那幾年臺大外文系在顏元叔教授主持下，大力改革課程，全國外文系紛紛跟進。在政大，我們不但新開一些文學課程，如「文學作品讀法」，也啃起兩千頁的《諾頓英文文學選集》（Norton Anthology of English Literature），厚重的磚頭書不但唬人，連攜帶都很累人。這門重課是各外文系的代表課程，前一年由臺大的顏老師擔任，我們這一年則由系主任親自講授。一年下來，前半部講得很仔細，在上《高文爵士與綠騎士》（Sir Gawain and the Green Knight）、《每人》（Everyman）和《浮士德博士》（Dr. Fustus）時，余老師更是唱作俱佳，印象最深刻的就是他朗誦浮士德面對死亡時的道白，充分表現出面對永劫沉淪時的不甘、惶恐、悔恨、絕望。朗誦鄧約翰的〈死神，不要驕傲〉（John Donne, Death, Be Not Proud）時又是另一番面貌，睥睨死亡的氣魄表露無遺，而類似的觀念也出現在他自己的若干詩作中。

由於時值余老師個人的詩風轉變，上課時在民謠（popular ballads）方面著力甚深，除了通盤介紹之外，每一首都仔細講解，深入剖析。有時順口帶到當代美國民歌手 Bob Dylan 和 Joan Baez 等人的作品，無形中增長我們不少見聞，並串連起相隔多世紀的中古文學、英美當代歌謠以及他自己的文學創作，上課內容因此活潑不少，也加深了我們的印象。這種教學方式開啓了我的濃厚興趣，於是勤聽室友在課堂上所錄的錄音帶，蒐集課外資料，得到第一學期英國文學史的最高分（第二學期擔任班代表，外務太多，雖因公務而有較多機會接觸余老師，但成績反而退步）。由於余老師勤

於創作，每有得意作，總會情不自禁地在課堂上提起，甚至唸上一段，流露出身為作家的一面，有時言談之間也會表達對當時文壇的一些看法，因此除了老師的身分之外，還多少扮演類似國外的駐校作家的角色。雖然全年的英國文學史因時間所限，無法顧及新古典主義，但那種知識上的欠缺，我後來在準備研究所考試時，只花幾個月旁聽就補足。而余老師朗誦詩歌或戲劇的精采片段，分析詩歌的音韻，闡釋作品的深義，偶爾帶入中國古典及現代文學，這些特色則是無可取代的。回想起來，這種教學所傳達出對於文學的敏銳感受和衷心喜愛，潛移默化之功是以知性為主的學院生活中所罕見的。

　　余老師的影響不僅限於課程的加強和上課時的親聞謦欬，更塑造了整個校園的文藝風氣。在他主導下，西語系舉辦了許多全校活動，如英文作文比賽、英文演講比賽、中英翻譯比賽、英詩朗誦比賽、新詩朗誦比賽、新詩寫作比賽等，把西語系的專長、訓練和全校風氣的提倡合而為一，許多人便是在參與中培養出興趣與自信。我個人也是翻譯、作文、演講等比賽的受益者。當時我以比賽為短期目標，抱著「認真一玩」、「以戰練兵」的心態，勤讀相關著作，至於名次反倒不是那麼重要。結果在一次又一次的比賽中逐漸建立信心，甚至把繳交的系費全賺了回來；尤其二年級竟然得到翻譯比賽首獎，受到很大鼓勵也確立了我的興趣和基本態度。拙譯《英美名作家訪談錄》於 1986 年出版時，特地致贈余老師，很快便接到回信，不但鼓勵有加，也有幾處指正。1991 年和 1993 年獲得梁實秋翻譯獎時，彷彿又回到大學時代的光景。初試譯筆迄今 25 年，雖有十幾本譯作，仍時時以有人會對照原文來評比譯文的態度從事翻譯，甚至年紀愈大，態度愈審慎。這種對於翻譯的興趣與態度都萌芽於當時，而且逐漸形成個性的一部分。據我所知，不少參與活動的人也有不同的領會與收穫。我相信余老師在舉辦那些活動時確實「有心插柳」，否則不會以一系的有限資源，如此出錢出力、大費周章，然而即使以他詩人的想像力，恐怕也想不到所插的柳竟能讓人在底下遮蔭多年。

　　除此之外，余老師更以自己在學界和文壇的豐厚人脈，敦請各方菁英來校演講，如邀請他在臺大外文系就讀時的老師吳炳鐘先生談如何學好英文，吳先生在開場白時就提到他們一塊騎腳踏車出遊的往事；邀請楊世彭先生談劇場，放映《萬世巨星》（Jesus Christ, Superstar）的幻燈片；邀請席德進先生談繪畫，並親自為他操作幻燈機，席先生在講到自己的抽象畫時，以畫作和實景的幻燈片對比，余老師在放映時特意模糊實景的焦點，反覆比對，讓觀眾體會抽象與實物之異同，結尾時並當眾戲問席先生為什麼不結婚。其他一些活動，如他本人談翻譯、新詩，朱西甯先生談小說，姚一葦先生談文學批評，林懷民先生談舞蹈時，已記不清是西語系或文藝研究社主辦或合辦，然而講者無疑都是國內文藝界一時之選，對於來到大學才逐漸開展眼界的我，有很大的啟蒙作用。

　　大二暑假時，余老師受邀擔任救國團復興文藝營營主任，地點在遠離塵囂的霧社，西語系的學生受到老師鼓勵，不少人報名參加，我也是其中之一。文藝營依文類分為四組，由余老師負責李白組（新詩），朱西甯先生負責曹雪芹組（小說），蕭白先生負責韓愈組（散文），金開鑫先生負責關漢卿組（戲劇），兩週的時間便在雲煙渺渺、有山有水的霧社度過。我自知一無所長，只敢報名散文組，也應景寫了幾篇小文章。雖然不在李白組，但也聽到該組學員說余老師如何帶他們摸黑上山，半路裝鬼嚇人的事，與我們印象中「堂堂」系主任的形象有天壤之別，他後來在文章中提到這一段時，戲稱自己是「不良中年」。上百名學員中，日後在文藝界嶄露頭角的，有球技不佳但體力充沛、在籃球場上滿場飛的林清玄，勤於創作、每次見面就有新作的吳錦發，能文善畫的黃玉珊等。

　　可惜的是，好不容易盼到大三，可以上余老師專長的重頭戲英詩，卻傳出他應邀前往香港中文大學任教的消息，使我們失去進一步學習的機會。但比起西語系的學長們，我們身受課程充實之利（儘管當時有人覺得文學課程太重了些）；比起學弟妹們，我們至少跟余老師上過一年課，了解他的個性、喜好和上課方式，許多人也因為親炙他而對文學有更深一層的

興趣。雖然正式受教於余老師只有短短一年，但他對我們這一班的感情很深，在從香港回來參加楊弦在臺北中山堂演唱他的〈鄉愁四韻〉等現代民歌時，特地和我們見面、吃飯，詢問學習的情形，語多關切。我們班上多人前往中山堂現場聆聽楊弦演唱，余老師並上臺配合朗誦，為當時文藝界一大盛事。後來余老師和我們班又聚過幾次，都殷殷詢問同學們的近況。由於我留在外文學界發展，多年來在不少場合遇到余老師，每次都感受到他的關懷之情。

　　四年的大學生活是我個人生命的解凍期——不只從目光如豆的聯考心態中釋放出來，也包括知識、交友、視野各方面的開拓，以及興趣、自信、方向的建立，尤其奠定了對文學的感性喜好和知性鑽研的基礎。這些都和當時西語系的小環境和全校的大環境息息相關。雖然余老師在政大主持系務只有兩年，卻在短短時間內為全系的課程和全校的風氣展開了新頁，也為我產生了「指南」的效用。我秉持這段期間發展出來的興趣與方向，繼續從事外國文學的研究及翻譯迄今。回顧這段指南山下的因緣，余老師確是既開風氣又為師。

　　　　　　　　　　　　　——1998 年 3 月 31 日於臺北南港

　　　　　　——選自鍾玲主編《與永恆對壘：余光中先生七十壽慶詩文集》
　　　　　　臺北：九歌出版社，1998 年 10 月

余光中：三「者」合一的翻譯家

◎金聖華[*]

余光中在其璀璨的文學生涯之中，詩、散文、翻譯、評論、編輯五者兼顧，各呈姿采，但論者提到余教授時，總稱之為「詩人余光中」，「散文家余光中」，至於有關其翻譯方面的成就，卻鮮有涉及。[1]其實，余光中早在大學期間就開始翻譯，數十年來，譯出經典名著凡十餘冊，再加上豐碩精闢的譯論，真可謂洋洋大觀。余光中雖然自謙翻譯只是「寫作之餘的別業」，然而，這「別業」餘緒，比起許多當行本色翻譯家的畢生成就，不論規模或影響，都有過之而無不及。

「譯者其實是不寫論文的學者，沒有創作的作家。也就是說，譯者必定相當飽學，也必定擅於運用語文，並且不止一種，而是兩種以上：其一他要能盡窺其妙；其二他要能運用自如。造就一位譯者，實非易事，所以譯者雖然滿街走，真正夠格的譯家並不多見。」這段話，是余光中教授在〈作者、學者、譯者〉一文中提出。[2]不錯，坊間的譯者多如過江之鯽，一般人只要能操兩種語言，不論是否精通暢曉，即可執筆翻譯，並以譯者自居，但譯壇中真正譯作等身，能成名稱家的，卻如鳳毛麟角，寥寥可數。

以下試從翻譯的經驗與幅度、翻譯的態度與見解、譯作的特色與風格、譯事的倡導與推動等各方面，來綜述余光中的翻譯成就，剖析其譯論與譯著間知行合一的關係，並彰顯其如何身體力行，展現出「作者、學

[*]發表文章時為香港中文大學翻譯系講座教授，現為香港中文大學翻譯學榮休講座教授。
[1]黃維樑曾著專文〈余光中「英譯中」之所得——試論其翻譯成果與翻譯理論〉評論余光中的翻譯成就，見黃維樑編，《璀璨的五采筆》（臺北：九歌出版社，1994年），頁417。
[2]1994年臺北舉行「外國文學中譯國際研討會」，余光中出任主講嘉賓，特撰〈作者，學者，譯者〉一文作專題演講。

者、譯者」三者合一的翻譯大家所特有的氣魄與風範。

一、翻譯的經驗與幅度

　　余光中是專注研究、擅寫論文的學者；勤於筆耕、不斷創作的作家，由這樣的學者兼作家來從事翻譯工作，的確是最理想的人選。一般來說，學者治學之際，迻譯西書、評介西學以為佐證的比比皆是；而作家創作之餘，偶拾譯筆、以為調劑消遣者，亦為數甚多，然而「別業」終非「正務」，真正能對翻譯另眼相看、情有獨鍾、鍥而不捨、矢志不渝的學者作家，余光中可說是佼佼者了。

　　余光中的翻譯生涯，起步得很早，於大學期間就已執譯筆。[3]《老人和大海》（*The Old Man and the Sea*）於 1952 年開始連載於《大華晚報》，1957 年由重光文藝出版社發行出版；膾炙人口的《梵谷傳》初譯於 1957 年，譯文亦先連載於《大華晚報》，後出版於重光文藝（此書重譯於 1976 年，歷時一載，於 1977 年完成，新譯本於 1978 年由大地出版社出版）。余光中第一本詩集《舟子的悲歌》，則出版於 1952 年，輯錄 1949 年至 1952 年間的作品。[4]因此，翻譯之於創作，即使不算同步啟程，也稱得上亦步亦趨、形影相隨了。

　　在余氏長達四十餘載的文學生涯之中，翻譯與創作，就如兩股堅韌不斷的錦線，以梅花間竹的方式，在瑰麗斑斕的畫面中，織出巧奪天工的雙面繡。自 1960 年代初開始，余光中不但寫詩吟詩，也論詩譯詩，而他的譯詩是雙向進行的，不但外譯中，也中譯外。一般文學翻譯多以外語譯成母語為主流，理由很簡單，文學翻譯所要求於譯者的，是對外語的充分理解，對母語的嫻熟運用。對外語的了解，還涉及語言背後的文化精神，社會習俗，這是一個學者的工作；對母語的運用，則包括造句遣辭的推敲、

---

[3]同前註。
[4]見黃維樑編，《璀璨的五采筆》及《火浴的鳳凰——余光中作品評論集》（臺北：純文學出版社，1986 年）兩書，書中詳列出〈余光中著作編譯目錄〉。

各種文體的掌握，這就關乎作者的功力了。余光中固然是外譯中的高手，但中譯外也得心應手，應付裕如。這種左右逢源、兩者兼能的本領，在當今譯壇中，實不多見。究其原因，自然與其學問素養大有關係。余光中早歲畢業於臺大外文系，然而中文造詣也極深，用他自己的話語──「在民族詩歌的接力賽中，我手裡這一棒是遠從李白和蘇軾的那頭傳過來的」，最可以看出他秉承中國傳統的淵源。另一方面，他又說：「我出身於外文系，又教了二十多年英詩，從莎士比亞到丁尼生，從葉芝到佛洛斯特，那『抑揚五步格』的節奏，那倒裝或穿插的句法，彌爾頓的功架，華茲華斯的曠遠，濟慈的精緻，惠特曼的浩然，早已滲入了我的感性尤其是聽覺的深處。」[5]因此，余光中譯詩，可說是一種鍛鍊：「說得文些，好像是在臨帖，說得武些，簡直就是用中文作兵器，天天跟那些西方武士近身搏鬥一般。」[6]如此經年累月浸淫砥礪，翻譯之功，乃愈見深厚。

　　余光中所譯名家詩，結集出版者外譯中包括《英詩譯註》（1960 年）；《美國詩選》（1961 年）；《英美現代詩選》（1968 年）；《土耳其現代詩選》（1984 年）；中譯英則有 New Chinese Poetry（《中國新詩選》）（1960 年；Acres of Barbed Wire（《滿田的鐵絲網》）（1971 年）；The Night Watchman（《守夜人》）（1992 年）等這些譯著，時間上跨越三十餘年，數量上更達數百首之多，這期間，余光中出版了十多本詩集，寫了將近八百首詩，詩風亦迭經變遷，瑰麗多姿，由此可以想見譯作與創作之間，彼此觀照，互相輝映，那種穿針引線、千絲萬縷的關係與影響，是多麼複雜、多麼深刻！

　　除了譯詩之外，余光中於 1972 年出版翻譯小說《錄事巴托比》（Bartleby the Scrivener），1977 年出版《梵谷傳》重譯本。1984 年更進入戲劇翻譯的領域，出版了王爾德的《不可兒戲》（The Importance of Being

---

[5] 見余光中，〈先我而飛──詩歌選集自序〉，《余光中詩歌選集》第一輯（長春：時代文藝出版社，1997 年），頁 3。
[6] 見余光中，〈先我而飛──詩歌選集自序〉。

Earnest），1992 年出版《溫夫人的扇子》（*Lady Windermere's Fan*），1995 年
則出版《理想丈夫》（*An Ideal Husband*）。余光中寫詩，寫散文，但從未嘗
試過小說或戲劇的創作，這兩種文類的翻譯，多少在他文學版圖上增添了
兩幅新拓的領土，使其開展的藝術天地，顯得更加遼闊與寬廣。

　　余光中的翻譯經驗是豐富而全面的。從縱的方面檢說，其翻譯生涯綿
長而持久，絕非客串玩票式的淺嘗即止；從橫的方面來看，余光中翻譯的
十多種作品之中，包括詩、小說、傳記、與戲劇等多種文類，而來自英
國、美國、中國、印度西班牙、土耳其的不同作者，又往往風格殊異，海
明威的樸實簡勁及王爾德的風雅精警，可說是兩個最具代表性的極端。就
如一幅龐大繁複的拼圖，要使細緻的小塊一一就位，各安其所，若非譯者
具有高深的學養，卓越的文才，則絕難成事。因此，余光中譯品的幅度之
大，並非常人可及，而從如此豐富的翻譯經驗歸納出來的理論，也就更顯
得字字珠璣，言出有據了。

二、翻譯的態度與見解

　　余光中雖然一再謙稱翻譯只是自己「寫作之餘的別業」，但是他從事
「別業」的態度卻是十分認真與審慎的。翻譯，在這位文壇鉅子的心目當
中，絕非微不足道的小技，而是傳播文化的大道。在寫於 1985 年的〈翻譯
乃大道〉一文中，余先生曾經剖白過：「我這一生對翻譯的態度，是認真追
求，而非逢場作戲。迄今我已譯過十本書……。其實，我的『譯績』也不
限於那十本書，因爲在我的論文裡，每逢引用英文的譯文，幾乎都是自己
動手來譯。」[7]由此可見，翻譯之於余光中，是一種持之以恆的工作，全神
貫注的經營。

　　以廣義來說，余光中認爲創作本身也是一種「翻譯」，因爲「作者要
『翻譯』自己的經驗成文字」，這經歷跟譯者「翻譯」時的心路歷程相仿。

---

[7]見余光中，〈翻譯乃大道〉，《余光中散文選集》第四輯（長春：時代文藝出版社，1997 年），頁
7。

不過，作家創作時，須全心捕捉虛無縹緲的感受，將一縱即逝的靈感定型落實，其過程是由「混沌趨向明確，由蕪雜趨向清純」，[8]換句話說，創作式的「翻譯」可說是無中生有，化虛爲實；而譯者的「翻譯」，卻早已有範本在側，任憑一己才情卓越，也無法如天馬行空，恣意發揮。「不過，譯者動心運筆之際，也不無與創作相通之處。」[9]因爲譯者在原文的理解與譯文的表達之間，在取捨辭藻、斟酌句序之際，還有極大的空間，足以調度驅遣，善加選擇。因此，翻譯與創作，在某一層意義上，是息息相關，彼此相通的。正因爲如此，余光中認識翻譯，尤其是文學翻譯，是一門藝術，而非科學。

　　余光中的翻譯藝術觀，自然而然影響到他對翻譯的認知與見解。他以爲譯事雖難，譯程雖苦，但翻譯本身仍然充滿樂趣，妙處無窮。首先，從一個學者的立場來說，他認爲要精讀一部名著，翻譯是最徹底的辦法。這一點，許多學者兼譯者都有同感。翻譯《源氏物語》的林文月教授就說過：「翻譯是我精讀文章的最有效方法。經由翻譯，我才能釐清懂得的部分與曖昧朦朧之處。因爲必須在白紙上落下黑字，含混不得。」[10]不但如此，余光中認爲翻譯還可以解憂，因爲一旦開始譯書，就好比讓原作者神靈附體，譯者自此跟偉大的心靈日夜相對，朝夕與共，兩者在精神上的契合，超越時空，到了合二爲一、無分彼此的地步，這種感情，極其淨化，極其純摯。余光中初譯《梵谷傳》，三十多萬字的巨著，前後譯了 11 個月，那時的經歷，十分動人：「那是我青年時代遭受重大挫折的一段日子。動手譯書之初，我身心俱疲，自覺像一條起錨遠征的破船，能不能抵達彼岸，毫無把握。不久，梵谷附靈在我的身上，成了我的『第二自己』（"alter ego"）。我暫時拋開目前的煩惱，去擔梵谷之憂，去陪他下煤礦，割耳朵，住瘋人院，自殺。梵谷死了，我的『第二自己』不再附身，但是『第一自

---

[8]見余光中，〈作者，學者，譯者〉一文。
[9]同前註。
[10]見金聖華，《橋畔閒眺》（臺北：月房子出版社，1995 年），頁 32。

己』卻解除了煩憂，恢復了寧靜。那真是一大自滌，無比淨化。」[11]這就是藝術上所謂感情抒發（catharsis）的最佳寫照。有趣的是，在此處，余光中提到附在自己身上的是梵谷的靈魂，而非原作者史東（Irving Stone）的靈魂，可能是因爲原著是本傳記體的小說，或小說體的傳記，梵谷是籠罩全書的主角，性格鮮明，形象凸出，而操筆寫傳的作者，雖然文筆流暢，節奏明快，他的個性，反而隱而不顯了。譯王爾德當然是另外一回事，這一遭，譯者與原作者直接對話，互相較量：「王爾德寫得眉飛色舞，我也譯得眉開眼笑」，[12]能令譯者動容的，自然不是劇中的主角任真，而是才思敏捷、下筆成趣的戲劇家了。翻譯對譯者的影響，並不限於翻譯期間，往往還點點滴滴滲入譯者的思維深處。1978 年夏，余光中往北歐一行，途經巴黎，雖則匆匆一日，彷如過客，但竟然浮想聯翩，在心中泛起梵谷的種種行狀——「我想起了《梵谷傳》巴黎的那一章，怎麼譯者自己都到了五章裡來了呢？」[13]這種身歷其境、心神俱醉的代入感，發生於重譯《梵谷傳》後一年，若非譯者翻譯時曾經全力以赴，形同創作，以作家敏銳的心靈、感性的筆觸，捕捉洋溢原著的詩情，描繪含蘊其中的風貌，那書中的情景，又怎會如此觸動心弦，重現眼前？

翻譯固然可以令人解愁忘憂，樂在其中，但譯者介於原著與譯作之間，進退兩難、兼顧不暇的苦楚，余光中也深有體會。有關翻譯，他的妙喻極多，往往以寥寥數字把翻譯的真諦一語道破。首先，他認爲大翻譯家都是「文學的媒婆」，道行高，能力強，可將「兩種並非一見鍾情，甚至是冤家的文字，配成情投意合的一對佳偶。」[14]其實，見諸坊間許多濫竽充數的劣譯，這種稟賦特殊的「媒婆」，恐怕少之又少。一般的「媒婆」，只有亂點鴛鴦譜的能耐，手中撮合的盡是一對對同床異夢的怨偶，話不投機的

---

[11] 見余光中，〈何以解憂〉，《余光中散文選集》第四輯，頁 487～488。文集中提到 Van Gough 時，依中國大陸譯爲「凡高」，此處還原爲余譯之「梵谷」，下同。

[12] 同前註。

[13] 見余光中，〈北歐行〉，《余光中散文選集》第三輯，頁 529。

[14] 見余光中，〈翻譯與批評〉，《余光中散文選集》第一輯，頁 303。

冤家，真正能心意契合、靈犀相通的佳偶，簡直是百中無一。因此，余光中又提出譯者如巫師的比喻。他認為倘若原作者是神靈，那麼譯者就是巫師，「其任務是把神諭傳給凡人。譯者介於神人之間，既要通天意，又得說人話，真是『左右為巫難』。」[15]就因為如此，譯者不免疲於奔命，雖竭盡己能，仍然落得個兩面不討好的地步！

　　怎麼樣才能曲傳「天意」，盡道「人話」？換言之，真正上佳的譯品，應該看來像翻譯？抑或讀來像創作？這就涉及翻譯理論中歷時已久、爭執不下的關鍵問題了。提倡「直譯」的譯者，認為應盡量保持原著的異國情調；倡導「意譯」的譯者，卻認為譯文應讀來如創作一般自然流暢，不著痕跡。其實，「直譯」或「意譯」的二分法，未免把翻譯的進退兩難過分簡化了。余光中提出鳩摩羅什「翻譯為嚼飯餵人」的比喻，並轉化為譯文「生」與「爛」的問題。他說：「譯文太遷就原文，可謂之『生』，俗稱直譯；太遷就譯文所屬語言，可謂之『爛』，俗稱意譯。」[16]他認為理想的譯文，既不能生，也不必爛，夠熟就好。但是這種恰到好處的火候，又豈是初譯者就能掌握到家的？觀乎余光中，既有學者的尊嚴與自重，又有作家的才具與自信，因此，執筆翻譯時，才不會順從生硬刻板的直譯，也不會仿效率性而為的意譯。他更不屑如龐德一般，假翻譯之名，行創作之實，把自己意欲抒發的詩情，改頭換面，寄託在移植自異域的作品之中。余光中的翻譯，一絲不苟，嚴謹審慎，短如一首詩，長至三十萬言的宏篇鉅構，都在在體現出自己服膺的原則與信念。在翻譯的領域中，余光中可說是位貫徹始終的理論家，身體力行的實踐者。

三、譯作的特色與風格

　　余光中的翻譯，蔚然成家，充滿獨有的風格與特色，舉其要者，有下列各項。

---

[15]見金聖華，《橋畔閒眺》，頁30～31。
[16]同前註，頁7。

　　首先，余光中的譯品，自年輕時的少作，迄成名後的力作，數十年
來，始終不脫「學者之譯」的本色。所謂「學者之譯」，譯者必然在翻譯
時，以傳播文化、譯介名著爲己任。這樣的譯者，時常會在譯文前後，加
上序跋，或在譯文每一章節或段落之後附繫註解，有時譯文之詳盡嚴肅，
竟「令人有閱讀課本的感覺」。[17]余光中認爲任何作品，譯得再好，倘若沒
有「序言交代，總令人覺得唐突無憑。譯者如果通不過學者這一關，終難
服人。」[18]因此，他的譯品，往往以前序後跋、附錄註解襯托，而呈現出牡
丹綠葉、相得益彰的風貌。舉例來說，最早出版的《老人和大海》，譯者曾
在序中指出原著的錯誤：「據海明威自己說，他曾先後讀此書達二百遍之
多；所謂千錘百鍊，爐火純青，自不待言，不過其中至少有一個字——一
個星的名字——恐怕是寫錯了。我是指本書 44 頁中的『萊吉爾』
（"Rigel"）一字。」譯者接著提到這顆星中文叫做參宿七，繼而再將「參
宿七之不見於新大陸九月之晚空」的前因後果，以大段篇幅，仔細剖析。[19]
余氏這種治學求真的態度，在《梵谷傳》中也一再表現，例如梵谷重返巴
黎，再遇畫家羅特列克，提到後者亦因神經失常而進過瘋人院一段，譯者
在行中加註曰：「按羅特列克曾因失戀酗酒而進過瘋人院，他家裡特派專人
終日跟蹤監護。但此時才 1890 年，此事尚未發生，實係原作者史東之
誤。」[20]由此可見，一位嚴肅認真的譯者，在翻譯的過程中，絕不會給原作
者牽著鼻子走。遇到原著有誤時，余光中既不會把譯文改頭換面，大動手
術；也不會眼開眼閉，以訛傳訛，而是以審慎負責的態度，在註解中把謬
誤一一指出，妥爲修正。

　　余光中的《英詩譯註》本身就是譯、註並行、翻譯與解說兼備的作

---

[17] 林文月譯日本古典文學作品，以譯筆優雅、治學嚴謹稱著，所有譯作，都附加大量註解，例如
《枕草子》第 188 段至 191 段的文本只有一、兩行，但註解共有 28 條。見金聖華編，〈《伊勢物
語》之翻譯及其箋注〉，《翻譯學術會議：外交中譯研究與探討》（香港：香港中文大學翻譯系，
1998 年），頁 90。
[18] 見余光中，〈作者，學者，譯者〉一文。
[19] 見余光中譯，〈序言〉，《老人與大海》（臺北：重光文藝出版社，1958 年），頁 3。
[20] 見余光中，《梵谷傳（下）》（臺北：大地出版社，1995 年），頁 633。

品。譯者翻譯之餘，對原詩的內容、作者的生平、以及詩作的背景都詳加剖析，令讀者大有裨益。《英美現代詩選》則更進一步，書前有譯者長序，對譯詩之道，多有闡發；而翻譯每位詩人的原作之前，必定先介紹其生平事蹟、思想脈絡、創作淵源及作品特色，然後再涉及個別詩作，夾譯夾敘，甚至還不時作出自我批評。例如譯葉慈〈爲吾女祈禱〉一詩時，譯者指出「全詩十節，韻腳依次爲 AABBCDDC。譯文因之，惜未能工。」[21]這種躬身自省、力求完美的態度，的確盡顯謙謙學者虛懷若谷的胸襟與氣度。

余氏譯品的前序後跋，往往可以獨立成章，成爲一篇淋漓大筆的論文或跌宕恣肆的散文。《梵谷傳》新譯本的長序──〈從慘褐到燦黃〉（1977年）可以跟〈破畫欲出的淋漓之氣──梵谷逝世百周年祭〉（1990 年）、〈梵谷的向日葵〉（1990 年）、〈壯麗的祭典──梵谷逝世百年回顧大展記盛〉（1990 年）等文，相提並論，先後呼應；王爾德的喜劇，雖然主要爲劇院觀眾而譯，但《不可兒戲》的序文〈一跤絆到邏輯外〉及譯後〈與王爾德拔河記〉；加上附於《溫夫人的扇子》譯本中的〈一笑百年扇底風〉，以及《理想丈夫》譯後──〈百年的掌聲〉，卻足以單獨結集，成爲論者研究王爾德喜劇的珍貴資料。余光中的譯作，不論是詩、小說或戲劇，都不是僅僅譯來供讀者茶餘飯後消遣之用的，他曾經說過，總要比「翻譯做得多一點」。譬如《梵谷傳》書後，還把書中提過的藝術一一列表說明，其目的在於提倡藝術，因此，譯著的對象，除了對文學有興趣的讀者之外，還擴大到藝術愛好者的層面了。[22]

對於原文風格的掌握與處理，余光中深切體會到「翻譯不同文類，有不同詮釋」的道理，因而採取了「分別對付，逐個擊破」的戰術。他認爲譯詩是相當感性的，一不留神，便易越軌。因此，他主張譯詩應盡量注意

---

[21]余光中譯著，《英美現代詩選》（臺北：時報文化出版公司，1980 年），頁 66。
[22]本文作者於 1998 年 7 月 5 日曾在香港對余光中就翻譯問題作一專訪，詳見 1998 年 10 月號《明報月刊》刊載之〈余光中的「別業」──翻譯〉一文。

原文的格式與音律之美,譯文體裁以貼近原文為依歸。凡是韻律詩譯出來必然押韻,譯自由詩則不然。[23]不同詩人的風格,如愛倫坡擅頭韻,佛洛斯特愛用單音節的前置詞和副詞,艾略特喜複音節的名詞等,[24]譯者必須小心領會,細加分辨,這樣,譯者的風格就不會籠罩原文了。至於譯小說,余光中對付海明威、梅爾維爾以及傳記家史東的手法,都各有不同,但基本上卻有一個共通之處,就是對原文句法的尊重。他說:「原文的一句,一定譯成一句,不會斷成兩句。我的句子不會在原文的句號之前停頓,多出一個句號。至於長句切短,我最多加個分號,我是相當忠實於句法的。」[25]余光中的這番話,在《錄事巴托比》的譯本之中,最可以得到印證。《錄事》一書由香港今日世界社出版,全書不見序跋,這是余譯之中鮮有的情況,然而全書是以中、英雙語形式出版的,最足以顯示出譯者對原著句法亦步亦趨的「貼近」程度。原文中有一段如下:

> He lives, then, on ginger-nuts, thought I; never eats a dinner, properly speaking; he must be a vegetarian then; but no; he never eats even vegetables, he eats nothing but ginger-nuts.

余氏中譯如下:

> 那麼他就靠薑餅為生了,我想;正確地說,從不用膳的;那他該是估吃素的了;又不是的,他從不吃蔬菜,只吃薑餅。[26]

這段話譯來既合乎中國語法,又貼近原文句法,余光中對自己提倡的翻譯原則,倒的確是言出必行的。

---

[23] 同前註。
[24] 《英美現代詩選》,頁 205。
[25] 同前註。
[26] 余光中譯,《錄事巴托比》(香港:今日世界出版社,1972 年),頁 31～32。

　　儘管如此，原作者與譯者的風格是否相近，對翻譯的難易，也起了不少作用。余光中認爲筆下風格多變、各種皆擅的譯者，翻譯起不同風格的原著來，自然最得心應手，更有調度迴旋的餘地；反之，則捉襟見肘，周轉不靈。余氏自認 24 歲的少作《老人和大海》，譯得過分文雅，譯文之於原文，似乎在「水手的手上加了一副手套」；假如如今重譯，年已 70 的譯者，再戰 63 歲的作者海明威，當可有所不同。[27]余氏又覺得《梵谷傳》，因原著風格明朗，較易對付；譯梅爾維爾，則偶爾需「耐著性子，跟著他走」；至於譯王爾德，就不必過分操心了。[28]

　　王爾德的翻譯，其實是另外一個領域，即戲劇的翻譯。在《不可兒戲》的譯後，余光中講得十分清楚：「我譯此書，不但是爲中國的讀者，也爲中國的觀眾和演員。所以這一次我的翻譯原則是：讀者順眼、觀眾入耳，演員上口……希望我的譯本是活生生的舞臺劇，不是死板板的書齋劇。」[29]這一「活生生」的要求，使譯本也活潑靈動起來，原作的如珠妙語、犀利詞鋒、精警雙關、對仗語法，都成爲考驗譯者功力的重重關卡，譯者在此不得不使出混身解數，以便衝鋒陷陣，過關斬將。所幸余光中的文字向以文采斐然，才思敏捷見稱，對付起王爾德來，也就如魚得水，棋逢敵手。有時候，由於中文「對仗工整」的特性，譯來甚至比原著更渾然天成。[30]

　　由於余光中是才氣橫溢、能詩擅文的大作家，翻譯時，譯者自身的風格，必然會展現在譯作之中，而形成一種獨特的余譯體。余光中的譯品，可以「聲色俱全，神形兼備」來形容。所謂的「聲色俱全」，是指余譯之中特有的音律節奏之感，色彩變化之美。如所週知，余光中喜愛音樂，從古

---

[27]本文作者於 1998 年 7 月 5 日曾在香港對余光中就翻譯問題作一專訪，詳見 1998 年 10 月號《明報月刊》刊載之〈余光中的「別業」──翻譯〉一文。
[28]同前註。
[29]余光中譯，《不可兒戲》（香港：山邊社，1984 年），頁 134。
[30]本文作者於 1998 年 7 月 5 日曾在香港對余光中就翻譯問題作一專訪，詳見 1998 年 10 月號《明報月刊》刊載之〈余光中的「別業」──翻譯〉一文。

典樂到搖滾樂，無所不嗜。而余氏寫詩，也最重音律。他曾經說過：「我和音樂之間的關係，還需要交代一下。……節奏感與音調感可能因人而有小異，但是詩人而缺乏一只敏感的耳朵，是不可思議的。音調之高低，節奏之舒疾，句法之長短，語氣之正反順逆，這些，都是詩人必須常加試驗並且善為把握的。」[31]余氏譯詩時，以詩人特有的語感與節奏來字斟句酌，反覆誦吟，因此譯出的成品，自然別具神韻。這一點，翻閱余氏所有翻譯的詩作，必可有所體會，此處不贅。余光中與宋淇都曾經提到「譯詩一如釣魚」，[32]譯詩而無詩才，釣起之魚，必為皮肉皆無的殘骸，而非骨肉俱全的佳品。余譯詩作之音律鏗鏘，節奏分明，譯者身兼作者之長，豈非無因。

余光中譯品之「色彩變化」，最能體現在《梵谷傳》的重譯本中。論者嘗以為傅雷譯品以「行文流暢、用字豐富、色彩變化」見稱，其中「色彩變化」一項，喻其譯法變化多端，同一詞彙出現在不同語境之中，必然悉心處理，細辨歧義。余光中行文的「色彩變化」，除上述意義之外，更表現在他散文創作的設色手法之中。余光中散文的設色可謂「百彩紛陳，瑰然大觀」。[33]作家文字的璀璨雄奇，繽紛奪目，一旦化入譯作之中，就出現了以下的句子：

可是使他伸手翼蔽自己愕視的雙眼的，卻是四野的色彩。天空藍得如此強烈；藍得硬朗，苛刻，深湛，簡直不是藍色，完全沒有色彩了。展開在他腳下的這一片綠田，可謂綠色之精，且中了魔。燃燒的檸檬黃的陽光，血紅的土地，蒙馬茹山頭那朵白得奪目的孤雲，永遠是一片鮮玫瑰紅的果園……這種種彩色都令人難以置信。他怎麼畫得出來呢？就算他把這些移置到調色板上去，又怎能使人相信世上真有這些色彩呢？檸檬

[31]見余光中，〈《白玉苦瓜》後記〉，《余光中詩歌選》第二輯，頁302。
[32]余光中譯註，《英詩譯註》（臺北：文星書店，1965年），頁1；林以亮編，《美國詩選》（香港：今日世界出版社，1961年），頁2。
[33]何杏楓，〈論余光中散文的設色〉，《問學初探》（香港：香港中文大學中國語言及文學系，1994年），頁93。

黃、藍、綠、紅、玫瑰紅；大自然挾五種殘酷的濃淡表現法暴動了起來。[34]

且看另一位譯者的作品：

不過，促使他伸手去摸自己被迷惑的雙眼的卻是鄉間的色彩。天空是如此濃烈的藍色，那樣凝重、深沉，竟至根本不是藍色而全然成了黑色；在他下面伸展開去的田野是最純粹的綠色，非常非常的綠；太陽那熾烈的檸檬黃色；土地的血紅色；蒙特梅哲山上寂寞的浮雲那耀眼的白色；果園裡那永葆新鮮的玫瑰色……這樣的色彩是令人難以置信的。他如何能把它們畫下來呢？即令他能把這些色彩搬到他的調色板上，他又怎能讓人相信它們的存在呢？檸檬黃、藍、綠、紅、玫瑰，大自然信手把這五種顏色擺在一起，形成了這種使人難受的色彩情調。[35]

此處姑不論兩譯孰高孰低，然而余譯對色彩的描繪，的確較為生動，較有氣勢，似乎把梵谷畫中令人觀之而「蠢蠢欲動、氣蟠胸臆」的感覺，[36]如實勾畫出來了。

　　翻譯的「神形兼備」，當然是歷來譯者努力以赴的最高要求，畢生追求的最終目標。如前所述，余光中譯詩則講求原詩的格律，譯文則恪守原文的句法，在「形」的保留上，的確竭盡己能，甚至遠超過許多其他的名家。但是，余光中對「神」的要求，也十分嚴格。他說：「我做譯者一向守一個原則：要譯原意，不要譯原文。只顧表面的原文，不顧後面的原意，就會流於直譯、硬譯、死譯，最理想的翻譯當然是既達原意，又存原文。」[37]偶爾，也有力不從心，難以兩全的時候，這關頭，余光中「只好就

---

[34] 《梵谷傳（下）》，頁 505。
[35] 常濤譯，《梵谷傳》（北京：北京出版社，1983 年），頁 419。
[36] 《梵谷傳》中的譯者按語，見《梵谷傳（下）》，頁 525。
[37] 《不可兒戲》，頁 133。

逕達原意，不顧原文表面的說法了。」[38]王爾德戲劇的翻譯，爲了顧及觀眾的現場反應，往往出現這種情況，余光中權衡之下，就時常作出捨形重神的選擇。他在《不可兒戲》譯後解釋道：「因此本書的譯筆和我譯其他文體時大異其趣。讀我譯詩的人，本身可能就是詩人，或者是個小小學者。將來在臺下看這戲的，卻是大眾，至少是小眾了。我的譯文必須調整到適度的口語化，聽起來才像話。」[39]余光中曾謂譯者如作者，手中必須有多把刷子，才能應付不同文體。觀乎上述一番話，余氏揮動手中眾刷時，是極有分寸的，完全以文本的特質，讀者的類別，在神形取捨方面，作出適度合理的調整。

　　儘管如此，余氏的譯文始終保持「中西相容、文白並存」的特色。余光中早期承受中國古典文學薰陶之餘，曾經銳意革新，嘗試「把中國的文字壓縮，捶扁，拉長，磨利，把它拆開又拼攏，折來又疊去，爲了試驗它的速度、密度和彈性。」[40]不過，他更明白「株守傳統最多成爲孝子，一味西化，必然淪爲浪子，不過浪子若能回頭，就有希望調和古今，貫串中外，做一個真有出息的子孫。學了西方的冶金術，還得回來開自己的金礦。」[41]正因爲如此，余光中的譯文，從早期的「相當西化」已經演進爲後期的「中西相容」了。余氏曾把歐式句法分爲「良性」及「惡性」兩種。對惡性西化，他口誅筆伐，深惡痛絕，在〈中西文學之比較〉（1967 年）、〈翻譯和創作〉（1969 年）、〈變通的藝術──思果著《翻譯研究》讀後〉（1973 年）、〈哀中文之式微〉（1976 年）、〈論中文之西化〉（1979 年）、〈中文的常態與變態〉（1987 年）等文中，曾把種種劣譯典型，列舉說明，並嚴加批評。然而這些譯病，例如「們」字的濫用，副詞詞尾「然、地」的重複、抽象名詞「化、度、性」的泛濫、被動式「被」字的僵化，

---

[38]同前註。
[39]《不可兒戲》，頁 134～135。
[40]見余光中，〈《逍遙遊》後記〉，《余光中散文選集》第一輯，頁 470。
[41]見余光中，〈先我而飛──詩歌選集自序〉一文。

修飾語「的」字的堆砌[42]等等，往往在《梵谷傳》初譯中頻頻出現，在重譯本中卻一一改善了。[43]余光中初譯《梵谷傳》於 1957 年，重譯於 1977 年，經過 20 年的磨鍊，譯筆自有不同，這跟譯者創作的風格漸趨圓熟老練，大有關係。無獨有偶，傅雷翻譯《高老頭》凡三次，依次爲 1946 年，1951年及 1963 年，在重譯本中，也刻意把初譯中「的的不休」或「它它不絕」的毛病，逐一克服。余氏重譯《梵谷傳》而耗時一年，修改萬處；傅雷三改《高老頭》而廢寢忘食，嘔心瀝血，名家對自己譯著精益求精、煞費苦心的態度，令人感動。

余譯的另一特色是，是「文白並存」，這與譯者的文風大有關係。余光中曾謂「在白話文的譯文裡，正如在白話文的創作裡一樣，遇到緊張關頭，需要非常句法、壓縮字詞、工整對仗等等，則用文言來加強、扭緊、調配、當更具功效。這種白以爲常、文以應變的綜合語法，我自己在詩和散文的創作裡，行之已久，而在翻譯時也隨機運用，以求逼近原文之老練渾成。」[44]余光中這種文白糅合的風格，在 40 年的翻譯生涯中，十餘本的譯著裡，持續出現，歷久不衰，使余氏譯文在處理原文冗長迂迴的句法中，占盡下筆俐落的優勢。我們可以從早期到後期的各種譯本中找到例證。先說《老人和大海》。這本海明威的名著，譯作不少。余光中雖說自己當時年輕，在創作天地裡見過的世面不多，因此譯得太文，但是這部小說描寫老人在大海中與巨魚搏鬥，過程充滿動感，而動作詞的翻譯，向來是初學者視爲畏途的難關，倘若譯者完全以歐化語法加白話辭彙來譯海明威，則譯文必然拉雜拖沓，累贅不堪，原本生動活潑的場面，也會變得疲弱乏力，了無生氣。在余譯本中，在在都發現如下的句子：「於是大魚垂死奮鬥，破水而出，躍入半空」（譯本頁 56），「他仰視天空、遠眺大魚，又

---

[42]余光中對「的」字的累贅用法，曾著專文〈的的不休〉，發表於香港中文大學 1996 年主辦的學術研討會上。見《翻譯學術會議──外文中譯研究與探討》，頁 1～13。

[43]見張嘉倫，〈以余譯《梵谷傳》爲例論白話文語法的歐化問題〉（臺中：臺灣東海大學中國文學研究所碩士論文，1993 年）。

[44]見余光中，〈的的不休〉一文。

熟視太陽」（頁 57），「它向上疾升，毫無忌憚，終於衝破藍色的水面，暴露在陽光之下。」（頁 59），「可是不久它已尋著，或者只追到一痕氣息，它便順著船跡，努力疾泳。」（頁 60），「接著他繫好帆腳索，使布帆盛滿微風，把小船帶上歸路。」（頁 66）。我們在譯文中，明顯見到對仗工整的痕跡，以文配白的句法。這種風格，文雅之餘，卻出奇地捕捉了原著中強烈的動感，再現出海明威明快的筆鋒。《錄事巴托比》一書，充滿各式各類的抽象名辭，不啻譯林中隨地蔓生的雜草，叢叢堆堆，阻擋前路。梅爾維爾的文風，跟海明威截然不同，長句連連，轉彎抹角，叫譯者無所適從。余光中處理的方法，往往借助文言徐疾有致的特色，來壓縮長句，扭緊語氣，使譯文唸來暢順無阻。舉例來說，原文"Like a very ghost, agreeably to the laws of magical invocation, at the third summons, he appeared at the entrance of his hermitage"（頁 35），余譯為「應驗了巫術招魂三呼始顯的法則，他活像一個幽靈，出現在隱士居的入口。」（頁 36）。換一個生手，翻譯這樣的原文，恐怕要搏鬥良久，糾纏不清了。《梵谷傳》是余光中下了苦功重譯的作品，因此，不論寫情寫景，譯來都舒暢自如，跡近創作。且看這樣的句子：「傍晚此時，墓地無人，萬籟俱寂」（頁 50），「次日垂暮之際，文生獨立窗前，俯覽全院。」（頁 51），「又自問自答，把文生溺於滔滔不休的獨白」（頁 642），「這種完美而幽靜的寧靜，已近乎身後的岑寂。」（頁 643）。余光中譯文的獨特風格，在此彰顯無遺。至於王爾德的喜劇，翻譯時當然以口語為主，但原作的如珠妙語，似錦雋言，若非譯者古典根基深厚，長於驅遣文字，擅於調配精句，則難竟全功。

四、譯事的倡導與推動

余光中畢生在翻譯上沉浸的時間與傾注的心血，不下於創作。40 年來，他不但為譯介名著而苦心孤詣，為培植後學而循循善誘，更在長年探索中積累了寶貴的經驗，發展出一套清晰明確的譯論。此外，他更著書立說，為提高翻譯的地位而大聲疾呼。

　　余先生認為翻譯負有傳播文化的重任，豈可小看，因此，他有這樣的感慨：「大學教師申請升等，規定不得提交翻譯。這規定當然有理，可是千萬教師裡面，對本行真有創見的人並不很多，結果所提論文往往東抄西襲，或改頭換面，或移殖器官，對作者和審查者真是一大浪費。」[45]接著他又提出自己對翻譯的見解：「其實踏踏實實的翻譯遠勝於拼拼湊湊的創作。如果玄奘、鳩摩羅什、聖吉洛姆、馬丁・路得等譯家來求教授之職，我會毫不考慮地優先錄用，而把可疑的二流學者壓在後面。」[46]

　　余光中由於深切體會到歷來譯者飽受漠視與奚落之苦，不惜挺身為譯者請命。1972 年，他因希臘九位繆斯之中，無一司翻譯而不平；[47]1985年，他質問在各類文學獎項充斥臺灣之際，何以「譯者獨憔悴」？他認為文化機構應設一個翻譯獎，對翻譯家的成就予以肯定與重視。[48]到了1988 年，「梁實秋文學獎」正式設立，分散文與翻譯兩組，由余教授出掌翻譯組選題及評審的工作。在第一屆「評審委員的話」中，余先生特別闡明設獎的意義：「中華日報主辦的這次翻譯獎，是以梁實秋先生的名義為號召，意義更為深長。梁實秋是新文學運動以來有數的翻譯大家，不但獨立譯出莎士比亞的全集，而且把其他西洋名著，諸如《沉思錄》、《西塞羅文錄》、《咆哮山莊》、《百獸圖》等 13 種，先後中譯過來，更在晚年編譯了厚逾兩千六百頁的《英國文學選》一巨冊。以他的名義設立的這個翻譯獎……可為文壇開一風氣，並為譯界提高士氣。」[49]就為了要提高譯界的士氣，余教授不辭勞苦，不畏艱辛，擔下了繁重的任務。首先是選題，為了題目程度適中、深淺恰當，余教授往往以苦行僧的態度「整日沉吟，踟躕再三」；[50]接著，向主辦當局建議評審委員名單。委員必須要翻譯界知名學

---

[45]見余光中，〈譯者獨憔悴〉，《余光中散文選集》第四輯，頁 10。
[46]同前註。
[47]見余光中，〈翻譯和創作〉，《余光中散文選集》第二輯，頁 293。
[48]見余光中，〈譯者獨憔悴〉，《余光中散文選集》第四輯，頁 10。
[49]〈金合歡──梁實秋文學得獎作品集〉（臺北：中華日報，1988 年），頁 122。
[50]《璀璨的五采筆》，頁 437。

者，且為推動翻譯熱心人士，余教授自設獎以來，年年籌劃邀約同道中人，誠非易事；然後是審閱數百篇參賽稿件，沙中淘金、去蕪存菁；最後一關，就是召開評審會議，由各委員閉門終日，埋頭苦讀，反覆研究，再三審閱，終於選出名副其實的得獎佳作。余教授這種認真嚴肅，一絲不苟的態度，的確可說是譯界楷模，其實本身早已應獲得翻譯終身成就獎了。

除了對翻譯直接的推動之外，余先生還指出譯圃足以終身耕耘、歷久不瘁的長處。第一，翻譯可以「少年譯作中年改」，正如余光中之重譯《梵谷譯》；傅雷之再譯《約翰‧克利斯多夫》、三譯《高老頭》；第二，翻譯不受年齡的限制，創作或有江郎才盡的時候，翻譯卻無文思枯涸的可能。文壇中勇闖譯林，老當益壯的猛將，數之不盡，中外皆然。因此，余光中表明將來退休之後，有意完成「未竟之業」，再譯幾部畫家的傳記，「其中必不可缺艾爾‧格瑞科的一部」。[51]如所週知，余先生對格瑞科心嚮往之，為了譯他的傳記，更潛心學習西班牙文。[52]這種不惜一切、矢志從原文直接翻譯，以求真存全的心意，跟楊絳當年翻譯《堂‧吉訶德》的情況，有點相似。根據楊絳所述，當初接獲譯《堂‧吉訶德》的任務時，已年近五十，為了怕「摸不住原著的味兒」，她拒從英文或法文轉譯，而決定從頭學西班牙文，「但憑著一股拼勁硬啃了兩年，總算掌握了這門外語。」[53]不過等到全書譯完，卻已經花了十多年寶貴光陰了。

余先生曾謂：「詩、散文、批評、翻譯是我寫作生命的四度空間。……我曾說自己以樂為詩，以詩為文，以文為批評，以創作為翻譯。」[54]又說，退休之後，如有閒暇要譯個痛快，除上述格瑞科傳之外，還要譯羅特列克，寶納等畫家的傳記，以及繆爾的《自傳》等。[55]身為余譯的忠實讀者，

[51]見余光中，〈《從徐霞客到梵谷》自序〉，《余光中散文選》第四輯，頁318。
[52]余光中，〈何以解憂〉，《余光中散文選》第三輯，頁486。
[53]田蕙蘭、馬光裕、陳珂玉選編，《錢鍾書、楊絳研究資料集》（武昌：華中師範大學，1990年），頁537～538。
[54]見余光中，〈四窟小記〉，《余光中散文選》第四輯，頁129。
[55]同前註，頁132。

且讓我們拭目以待吧！

　　值此余光中先生歡慶七秩華誕之際，我們遠在香港，臨海遙祝，但願他如松柏常青，永遠沐受繆司的恩寵。像余先生這樣一位運筆如椽、文思泉湧的大家，我們絕不願他輕言退休；我們也深信，即使他當真決定告別學府，也必然難有閒暇餘興來專注翻譯。我們只盼望學者精研之際，作家揮灑之餘，能如往常一般，繼續眷顧翻譯的「別業」，除了詩人的作品，畫家的傳記之外，為我們譯出更多其他類型的經典名著，包括早已列入翻譯名單的《白鯨記》，以及文學或譯學專論。我們之所以盼望余先生能涉及理論的翻譯，並結集出版，是為了使往後的學者，在撰寫論文、引證西學之時，能有所依據，不再在文章中喋喋嚅嚅，絮絮聒聒，故弄玄虛，不知所云。目前的學術界已飽受惡性歐化及拙劣譯文之害，久而久之，往往積非成是，為醜為美，中文的純淨與優雅，早已破壞殆盡了。我們需要的就是像余光中先生這般身兼學者與作者之長的翻譯大家，在譯著與譯論中，現身說法，澤被後進，為學府與文壇作出鉅大的貢獻。

——選自蘇其康主編《結網與詩風：余光中先生七十壽慶論文集》

臺北：九歌出版社，1999 年 6 月

余光中的親性歌吟及其文學史意義

◎鄭慧如[*]

一

　　五四以來，國／家文學蓬勃發展，引領文人學者面對世變、國變與家變，或激發、或簡化而爲禮教與政教之間的衝突。[1]巴金的《家》、王文興的《家變》均爲著例。「家」在漪歟盛哉的新文學裡，是個不容輕忽的題材。

　　國仇家恨、遊子懷鄉和文化儒慕，一向是余光中詩作的重要主題。國家、鄉土和文化均爲「感時憂國」[2]的層面，而以「認同」爲共同歸趨。「感時憂國」的創作姿態，爲現代西方文學所罕見，而爲現代中國文學所獨具，[3]若就國家、鄉土及文化角度切入，討論現代中國重要詩人之作，自是饒富意義。唯國家、鄉土和文化，已經多次聚散裂變，彼此錯綜糾轕，

---

[*]發表文章時爲逢甲大學中文系副教授兼國語文中心主任，現爲逢甲大學中文系教授。

[1]王德威在〈百年來中國文學的鉅變與不變──被壓抑的現代性〉一文中，引夏志清「感時憂國」一語，認爲五四新文學運動以降，家／國文學的強勢發展「基本保障了一個貌似現代、實則保守的文學空間」，而「二十世紀國與家的瓜葛……也每逆轉家的論式」。本文討論到親性歌吟的自白、以家史側寫國史等方面的論述，正受此文的啓發。王德威大文收於《中國現代文學理論》9（1998年）：頁97～105。

[2]夏志清在〈感時憂國精神：中國現代文學的道義使命感〉一文裡說：「中國文學進入這種現代階段，其特點在於它的那種感時憂國精神。」見氏著《中國現代小說史》（香港：友聯出版社，1979年），頁459～477。

[3]王德威前引文說：「在最積極的層次上，『感時憂國』的述寫姿態煥發出一種迫切精神的道德力量，爲現代西方文學所鮮見」，而「文學與國家間發生細密關係，是中國現代化的表徵之一。清末文人因應世界變局所興起的家國憂思，驅使他們就文學中找尋地位。文學成爲構築國體、想像國家的必要管道。」

悄然成爲多聲複義的名詞。細究起來,「國家」在寓意上實乃「國族」及「原鄉」的綜合。其後各裂變爲二:「國族」有「地理上的國族」與「文化上的國族」二義;「原鄉」復有家園、家族二義。如此,家族實爲國家想像的最小單位、最具象的所指。而家族、家園與地理上的國族、文化上的國族又彼此交互影響。因此,想像國家、建構原鄉,正是空間實踐和時間想像之間的複雜運作。可是自來討論余光中詩作的家/國主題,多集中於「憂國懷鄉」之上,至於最具體而微的親性歌吟,則仍頗值審思討論。

《安石榴》後記裡,余光中說:

> 近年我寫親情的詩漸多,此集的〈面紗如霧〉寫長女珊珊婚禮上我的感慨,上承《夢與地理》中詠結婚三十週年的〈珍珠項鍊〉,下接尚未成集的〈週年祭〉(悼亡父)、〈母與子〉、〈母難日〉、〈三生石〉、〈私語〉、〈悲來日〉(三首皆詠夫妻之情,兼參生死)、〈抱孫〉、〈抱孫女〉、〈爲孫女祈禱〉等,篇數之多,自己也頗感意外。六〇年代,詩人們曾經熱中於「發掘自我」,要探索什麼「形而上的焦慮」。其實「道在矢溺」,詩的題材無所不在,天倫亦然。家庭在中國傳統裡雖爲重要支柱,但古人寫父母的詩實在不多,寫夫妻恩情的詩卻常在悼亡,至於寫孫輩則更爲罕見。去年十一月十日,我在臺大五十週年校慶紀念的演講會上,朗誦〈抱孫女〉一詩,曾笑語聽眾:「這種題材,許多詩人都寫不成,不是因爲已經才盡,便是因爲早已夭亡。」看來人倫的題材,仍大有開拓的空間。[4]

然而,在余光中的創作活動中,「親情」是在何時、爲何、如何出現在詩作裡?出現之後是否有何變奏?是否持續成爲創作主力?是否對當代詩壇具有示範意義?置於中國文學史中,有何傳承?有何創變?結合理論與

---

[4]余光中,《安石榴》(臺北:洪範書店,1996年),頁191～192。

創作，透過創作策略與效應分析，本文希望爲余光中的親性歌吟，開拓理解之路。

二

自《安石榴》後記中，可以看出：

（一）詩人歸納《夢與地理》之後寫親情的詩作篇數，已達 11 首。

（二）詩人認爲天倫的題材仍大有可爲。

（三）詩人拈出古人詩作在處理天倫題材上的囿限。

然而，吞吐在文字之外的，仍有幾處值得注意：

（一）其中提到 1960 年代流行的詩風，爲探索「形而上的焦慮」，隨即以「道在矢溺」一語帶過，未及深論。其實溯及《焚鶴人》時代，早在〈放下這面鏡子〉一文中，作者便點破了新詩處理自畫像的兩個傾向：一是只有泛泛的人性，個性和民族性不凸出；二是感情爲情欲所取代。該文並引辛鬱先生之見，指陳詩中的「我」只是一朵倒置的水仙，似乎在攬鏡自照之際，只見一個「我」在靈魂獨白，詩人目中既無「你」，也無「他」。[5]民國 78 年 9 月，余光中參加第二屆美國文學與思想研討會，在評論林耀福論文〈約翰・貝律曼與「夢歌」：喪失自我的詩學〉時已認爲：

> 艾略特主知的詩風，認爲作者在詩中應該「無我」（"impersonality"），到自白詩出現而有強烈的反動。詩人自白，原是很自然很正常的現象。我國詩大序就說：「情動於中而形於言」，大致也是此意。但詩中的「自傳性」到什麼程度，或者說，個人的隱私，尤其是通常認為「不可告人」之處，究竟要公開多少，則因人而異，也因文化背景與道德傳統而有不同。我國的詩教向來強調溫柔敦厚，人倫關係入詩的多為友誼，至於夫妻之私，就罕見歌詠，除非等妻子死了，才悼亡一番。詩中寫父母的也

---

[5]余光中，〈放下這面鏡子〉，《焚鶴人》（臺北：純文學出版社，1981 年），頁 73～82。

很少，尤其是寫父親。美國現代詩人在自白詩中暴露的親子與夫妻關係，尤其是「不足為外人道」的一面，在臺灣現代詩中很少表現。鍾玲在《現代中國繆司》一書裡指出，臺灣女詩人近年來也頗有人能突破傳統溫柔敦厚的禁忌，敢在詩中處理性經驗，甚至懷孕、流產、性交等等。但是遍視親性婚姻之作，能像美國自白詩那樣的，仍屬罕見。也許沙穗是一個例外，可是沙穗筆下的家人只見生活之苦澀，並沒有美國自白詩那樣的公開療傷或「家醜外揚」。類似的自白在王文興的《家變》裡曾有處理，可是臺灣的現代詩裡卻未見貝律曼、羅斯克、普拉斯等對父親的反應。[6]

如果將此文與〈放下這面鏡子〉、《安石榴》後記並觀，則明顯可見余光中的天倫創作並非一時心血來潮，實為沉澱多年的詩學省思。歸根結柢，其親性歌吟源於揚棄 1960 年代虛無、蒼涼的手勢，萌芽於群己之間的互動；進而返身傳統，植根於中國的土壤上，從「親性天倫」中找到「我」和「你」、「他」往還對話的重心，並洞燭中國古典詩歌處理天倫題材的特色及局限，觀照美國現代詩人在自白詩中暴露的親子、夫妻關係，再鑑明臺灣新詩人面對此類題材的大致狀況，鎖定「親性婚姻」為努力方向。

（二）《安石榴》後記提到「家庭在中國傳統裡為重要支柱」，已然注意到小敘述與大敘述的關係。從創作策略上而言，「家庭」可以反映「傳統」，「家史」何嘗不能側寫「國史」？20 世紀下半葉的中國歷史，一再帶領讀者正視另一種國／家文學：從邊疆文學到遊子文學，從華裔文學到飄流文學，都不斷和清末以迄五四的國族大敘述對話。[7]家，成為倫理秩序及權力的地盤，或新或舊，往往有意想不到的威力。在中國傳統「天下一

---

[6]見《第二屆美國文學與思想研討會論文集》（臺北：中央研究院美國文化研究所，1991 年），頁 90 ～91。
[7]見王德威前引文。

家，中國一人」的宗法政治制度之下，「家」可以連繫親屬的血緣、社會的
尊卑，提供個人漂泊心靈的歇憩地，擴大爲宇宙秩序的永恆象徵。余光中
在「現代文學」課上素喜講授的沈從文《邊城》，正是從 1920 年代重重的
中國家庭倫理中逸出，充滿天真機趣的田園牧歌。而余光中在〈十二瓣的
觀音蓮——序李永平的《吉陵春秋》〉一文中，讚譽該書探入舊小說呈現的
底層文化，向中國的社會風俗與文化傳統去印證，不用封建主義、帝國主
義等等的名詞及其背後的觀念，仍能爲中國傳統的村鎮造像。[8]也正可見家
／國創作保障了某些樂土想像。當然，一人之夢，他人之魘，在國事晦暗
之際，「家」也常常炮製爲「國」的想像媒介。老舍的《四世同堂》、李喬
的大河家史小說《寒夜三部曲》即是實例。這些小說，用「說故事」的方
式建構話語，追尋主體；一面爲了黑暗的現實而椎心泣血，一面憧憬光明
的未來。然而，用小說來描寫家／國，畢竟好比照鏡子，可以虛擬現實，
重整文學想像中的時空距離；但是用詩歌來描寫家／國，就好比鏡子裡的
人走了出來，和作者怔忡相對，既不能重組他人的經驗，也無法竄改自己
的身世。可是，余光中向來最注重詩的經營，又視民族地位重於國際聲
譽，[9]仍寧可就中國文學「親性天倫」題材未盡發揮之部分擲其筆力，不願
隨風咳唾，「迎風紅妝」。[10]

三

　　就文學表現而言，中國傳統的五倫：君臣、父子、夫婦、兄弟、朋
友，加上現代倡導的第六倫：群己，其中關涉到親性婚姻的，爲父子、夫
婦、兄弟三類。若自中國詩歌史裡舉其大略，以見親性歌吟之開拓、流

---

[8]該文收於余光中《井然有序》（臺北：九歌出版社，1996 年），頁 311～322。
[9]余光中在〈所謂國際聲譽〉一文中說：「所謂國際聲譽，半屬身外之物，最多只是國內聲譽的一種
　花紅罷了。一位詩人最大的安慰，是爲自己的民族所熱愛，且活在自己民族的語文之中。當我死
　時，只要確信自己能活在中文，最美麗最母親的中文裡，僅此一念，即可含笑瞑目。」見《焚鶴
　人》，頁 139～140。
[10]余光中〈菊頌〉：「西風壓東風倒了華裔／桃之夭夭盡逃之夭夭／凡迎風紅妝的都紅過了」，收於
　氏著《與永恆拔河》（臺北：洪範書店，1986 年），頁 140～141。

變，則夫婦爲五倫之肇始，自《詩經》時代便歌之無數。《詩經》裡吟詠的
夫妻之情較多樣，兼具快樂頌歌與愁怨之詞。除了〈氓〉、〈谷風〉等棄婦
自傷之詩之外，還有詠新婚的〈綢繆〉、〈女曰雞鳴〉、賢婦警夫早朝的〈雞
鳴〉、表現思婦情懷的〈伯兮〉、悼亡的〈葛生〉。[11]《詩經》而下，夫妻關
係見於詩詞者，如果不是「行行重行行，與君生別離，相去萬餘里，各在
天一涯」，[12]就是「夜闌更秉燭，相對如夢寐」，[13]或竟爲「相顧無言，惟有
淚千行」。[14]不啻愁苦多於歡快；婦言、婦容附麗於婦德、婦功之下；而
且，在爲數甚夥的愛情詠歌中，不難看到像〈野有死麕〉[15]那樣的男女相悅
調情之作，可是一旦結爲夫妻，反而隱藏了思夫思婦的肉體渴望。父子關
係——廣義爲親子關係——勉強溯自〈蓼莪〉，[16]亦難脫政教色彩。正如余
光中所言，親子關係似乎頗難啓齒。詩聖杜甫有〈月夜〉、〈自京赴奉先縣
詠懷五百字〉、〈羌村三首〉及〈憶幼子〉、〈北征〉等詩中描寫家人的吉光
片羽，[17]而其作用爲佐證生命情調。老杜以「致君堯舜上，再使風俗醇」[18]
爲職志，向不以親性倫理題材爲詩作主力。兄弟關係——廣義爲兄弟姊妹
關係——多見於贈答詩。〈綿〉敘述古公亶父遷居歧下一直到文王受命的歷
史，劉大杰在《中國文學發展史》裡，認爲這是一篇很好的史詩。[19]但是論
性質應該仍屬於民族史詩而非家族史詩。「綿綿瓜瓞」的家族興衰史，在中
國文學詩歌史中罕見歌讚。屈子在〈離騷〉中，雖自述「帝高陽之苗裔
兮，朕皇考曰伯庸。攝提貞于孟陬兮，惟庚寅吾以降。皇覽揆余初度兮，
肇錫余以嘉名。名余曰正則兮，字余曰靈均。」[20]不過學者求索他的身世，

---

[11]俱見裴普賢、糜文開合著，《詩經欣賞與研究》（臺北：三民書局，1977 年）。
[12]〈古詩十九首〉其一，隋樹森編《古詩十九首集釋》（臺北：文馨出版社，1975 年），頁 1。
[13]杜甫《羌村三首》其一。楊倫，《杜詩鏡銓》卷 4（臺北：臺灣中華書局，1969 年），頁 163。
[14]蘇軾〈江城子〉。見龍榆生，《東坡樂府箋》（臺北：漢京出版社，1983 年），頁 64。
[15]《詩經欣賞與研究》，頁 99。
[16]《詩經欣賞與研究》，頁 138。
[17]俱見《杜詩鏡銓》。
[18]杜甫，〈贈韋左丞丈二十二韻〉，《杜詩鏡銓》卷 1，頁 22。
[19]劉大杰，《中國文學發展史》（臺北：華正出版社，1984 年），頁 43。
[20]洪興祖，《楚辭補注》（臺北：漢京出版社，1983 年），頁 3～4。

仍罕離史傳之見。

　　親性婚姻之詠，在中國古典詩歌中未成氣候，余光中先生認為或許和文化、社會有關。[21]首先，溫柔敦厚的詩教，使得作品在觸及「不足為外人道」的一面時，不是隱惡揚善、為賢者諱，便是蜻蜓點水，浮光掠影地帶過。其次，抒情傳統也有關係。含吐不露、意在言外的審美標準，使得再怎麼仰天長嘯的詩人，也只能在散去千金之際，大歎「棄我去者昨日之日不可留，亂我心者今日之日多煩憂」，[22]或是竹杖芒鞋，不爽牧神之約。至於棄我去者、亂我心者，則鮮少淋漓落紙，更鮮以詩歌告解，洞燭人性的黑暗、承認自己的罪惡。

　　然而。比德擬志、寫意想像等創作本色，恐怕也是關鍵。《史通》〈序傳〉提出：自敘發跡，始於〈離騷〉。[23]鄭毓瑜女士據此申論，認為以屈子為首的中國士人所標揭的「自我」，乃希望透過宗國、世系來經緯。[24]其實「奉儒守官，未墜素業」[25]的詩聖，又何嘗不是企圖建構一種從屬於族群歷史、依存於政治體系的身分標記？例如〈北征〉長詩中那一段天倫頌：

> 平生所嬌兒，顏色白勝雪，見爺背面啼，垢膩腳不襪。床前兩小女，補綻才過膝，海圖拆波濤，舊繡移曲折，天吳及紫鳳，顛倒在短褐。老夫情懷惡，數日臥嘔泄。哪無囊中帛，救汝寒凜慄？粉黛亦解包，衾裯稍羅列。瘦妻面復光，癡女頭自櫛。學母無不為，曉妝隨手抹，及時施朱鉛，狼籍畫眉闊。生還對童稚，誓欲忘饑渴。[26]

[21]余光中，《安石榴》，頁191～192。
[22]李白，〈宣州謝朓樓餞別校書叔雲〉，《唐詩三百首新注》（臺北：長安出版社，1983年），頁65～66。
[23]劉知幾《史通‧序傳》第三十二：「案屈原離騷經，其首章上陳氏族，下列祖考；先述厥生，次顯名字。自敘發跡，實基於此。」見浦起龍，《史通通釋》（臺北：里仁書局，1980年），頁256。
[24]參見鄭毓瑜〈神女論述與性別演義——以屈原、宋玉賦為主的討論〉，收於鄭毓創等著《古典文學與性別研究》（臺北：里仁書局，1997年），頁29～56。
[25]杜甫〈進雕賦表〉。轉引自劉大杰，《中國文學發展史》，頁492。
[26]採用仇兆鰲《杜詩詳註》（臺北：漢京出版社，1984年）。

在文脈裡，這段精采素描委屈在困阨世情的象徵任務之下。詩人的創作策略，是描述小敘述如何安頓於大敘述的曲折心路，而非大敘述如何壓抑小敘述的血淚控訴。換言之，詩中的自我建構，並非出於強烈的自覺，而是在順應外在環境的情況下，近於被動地牽引出來。而宗族的興衰榮辱，向來也不是詩聖的著墨重點。

　　復次，中國文學中的寫意、想像特質，也常令詩人有超越身觀的神思。陸機〈文賦〉說是：「觀古今於須臾，撫四海於一瞬。」[27]劉勰〈神思〉所謂：「寂然凝慮，思接千載；悄焉動容，視通萬里。吟詠之間，吐納珠玉之聲；眉睫之前，卷舒風雲之色。」[28]此二者，既看到想像活動和實際生活的一定關係，也說明了想像活動可以突破感覺經驗的局限。而王元化〈論想像〉一文中，比較中西文學的差異，進一步認為中國的文論核心在比興說，西方則在模仿說。比興說與模仿說之別，在於前者重想像，後者重自然；前者重寫意，後者重寫實。[29]依此，創作行為中的高手，往往以「杼軸獻功，煥然乃珍」[30]為務，期待寫出所謂「人人心中所有，筆下所無」之作。[31]再如何萬人迷、萬人窺的作者，總有點到為止、不見血光、及時兔脫、不戀棧於現實的本領。

　　新文學運動以後，新詩在天倫題材方面不無創獲，不過多為少數詩人的零星戰鬥，藝術價值亦無多，只怕不能視為鳳毛麟角。何況抗戰時期噲於硝煙，紅旗渡江之後懲於烈焰，文革的荒誕歲月復崇於夢魘，殘喘迄今，親性天倫之作每每覆按了頁頁血淚的文學史，乃識時務者所不為，是以一直未受重視。今據《中國新詩庫》收錄，檢覈文獻以推，則最早以親性婚姻為題材而作的新詩，應為胡適〈新婚雜詩〉五首。[32]詩之四的題引記

---

[27]收於蕭統著、李善注《文選》卷17（臺北：文津出版社，1987年），頁761。
[28]見王利器校箋《文心雕龍校證》（臺北：明文書局，1985年），頁187。
[29]該文收於王元化《清園夜讀》（臺北：書林出版公司，1996年），頁203～206。
[30]王利器校箋《文心雕龍校證》，頁187。
[31]所謂的「人人心中所有，筆下所無」，指文學的想像活動。「人人心中所有」，意謂眾所周知的「庸事」和「拙辭」；「筆下所無」，意謂向所忽略或尚未領會的「新意」和「巧意」。
[32]胡適，〈新婚雜詩〉，收於周良沛編，《中國新詩庫》一集（武漢：長江文藝出版社，1993年），頁

載：自胡適奉命訂婚、旅美七載到歸國完婚，與江冬秀分離 14 年。胡適結婚後頗興感慨，故爲〈新婚雜詩〉。詩末題署的日期是民國 7 年 1 月。其後，冰心、陸志韋、蔣光慈、徐玉諾、戴望舒、殷夫、劉夢葦等諸位，迭有所作。[33]其中較受矚目的，是冰心在《春水》、《繁星》中的孺慕歌吟，及戴望舒〈示長女〉、〈贈內〉二詩。就形式而言，前者均爲短詩，略無縈迴之趣；後者爲分段詩，詩味較濃，但仍是說明多於表現。至若徐、殷二位，幾乎是張口見喉了。然而這些作品的階段及示範意義，在於個人、家園、時代、社會及國族的滲透糾纏，及隱藏於作品背後、充滿焦慮的創作身姿。黎活仁以〈海、母愛與自戀〉探討冰心的「前伊狄浦斯階段」（"Pre-Oedipal"），即以爲冰心之作隱若「出生受傷」、「回歸母體」的思緒，且「頗有著『死亡本能』的求死意志」。[34]究其實，前舉幾位詩家的親性天倫之詠，或多或少也流露出對死亡的執迷。一面嚮往頂之所蔽、身之所衣、足之所履的家園，展現積極的樂土精神，一面又難逃頹廢情緒。而在民國 2 年左右，瞿秋白等人將馬克思主義介紹給中國時，把「寫實」一詞改爲「現實」一詞，已然賦予中國的寫實精神一個重大的歷史任務：即所謂「寫實」，不但不同於西方文學中纖毫畢現的特質，而且應針砭現實，爲現實負責。[35]以而，作者與作品主體，在創作活動中扮演什麼地位、如何凸出等等論題，遂在中國傳統的寫意想像之上，強調而爲時代特色。陸志韋等諸位詩人的天倫歌讚，以壓力經驗爲關目，靜中寓動，危機四伏，亦可作如是觀。

　　《安石榴》面世以前，臺灣新詩壇也不乏親性婚姻之詠。整體而言，女性詩人在這方面的表現似乎略勝男性詩人一籌，可惜常爲偶發之作，未

　　35～36。

[33]俱見《中國新詩庫》一至四集。

[34]黎先生大文收於《民族國家論述——中國現代文學國際研討會論文集》（臺北：中央研究院中國文哲研究所籌備處，1995 年），頁 217～228。

[35]參見李歐梵，〈追求現代性（1895～1927）〉，《現代性的追求——李歐梵文化評論精選集》（臺北：麥田出版社，1996 年），頁 229～300。

能匯爲江流。鍾玲的《現代中國繆司──臺灣女詩人作品析論》中，討論了女性詩人身爲主婦、妻子、母親、女兒，而在詩裡編織出的世界：例如夐虹、蘇白宇、馮青、利玉芳等的親性婚姻之作。不論這幾位詩人平素的風格是感性、陰冷或浪漫，然於親性婚姻之作中的自我呈示，大至都坐實了女性心靈的困挫、性格的扭曲甚至主體的抹消。[36]余光中在〈穿過一叢珊瑚礁──序夐虹的《紅珊瑚》〉一文裡，認爲《夐虹詩集》中〈白色的歌〉那一輯在孺慕和鄉思上開拓的心境，在其後的《紅珊瑚》中，雖然繼續開發，卻未有突破，甚至未臻前例的表現。[37]不過即使僅以〈白色的歌〉的深永天然，也真可以擲地作金玉聲了。在這方面的成績，夐虹甚至超越「永遠的青鳥」──蓉子。鍾玲說，蓉子表現孺慕之思的〈雪是我的童年〉諸作，情感澎湃，不若其平時表現的冷凝。[38]證諸詩篇，殆非苛評。[39]而男性詩人富於史詩氣勢，詩作雖然質量並重、題材開闊，但是在親性天倫方面就不似女詩人用力。即以所謂「前行代詩人」爲例：如洛夫〈血的再版〉、〈家書〉、〈歲末悼亡弟〉等，多爲傷逝悼亡而作，恍如召魂；而〈妻的手指〉、〈石頭妻子〉等，亦非力作。[40]瘂弦先生〈給橋〉一詩，[41]優雅迴盪，然而似乎僅此一詩，別無他構。羅門好玄，視域所及，雖廣接十里紅塵，卻不到妻子。周夢蝶、楊牧各有所長，也都未暇顧及天倫歌讚。向明的〈湘繡被面──寄細毛妹〉[42]等詩，功力勻於柴米油鹽之間，語言自然平淡，然而在數量上沒有造成聲勢。鄭愁予最爲人津津樂道的，是早年《夢

---

[36]參見鍾玲《現代中國繆司──臺灣女詩人作品析論》（臺北：聯經出版社，1989 年）中之相關論述。
[37]該文收於《井然有序》，頁 39～62。
[38]鍾玲，《現代中國繆司──臺灣女詩人作品析論》，頁 144。
[39]蓉子，《雪是我的童年》（臺北：環球書社，1978 年），頁 33～34。
[40]洛夫，〈血的再版──悼亡母詩〉，《釀酒的石頭》（臺北：九歌出版社，1986 年），頁 128～63。〈家書〉，《因爲風的緣故》（臺北：九歌出版社，1988 年），頁 207～208。〈歲末悼亡弟〉，《月光房子》（臺北：九歌出版社，1990 年），頁 93～95。〈妻的手指〉、〈石頭妻子〉，《夢的圖解》（臺北：書林出版公司，1993 年），頁 46、86。
[41]瘂弦，〈給橋〉，張默、蕭蕭編，《新詩三百首》（上）（臺北：九歌出版社，1995 年），頁 464～466。
[42]向明，〈湘繡被面──寄細毛妹〉，《新詩三百首》，頁 375～377。

土上》系列詩作，並以之爲惶惶怔夫的起站，未遑回歸庖廚，雪上指爪，難計東西。[43]大荒近年寫妻兒的詩篇，如〈穿圍裙的學者——戲贈吾妻〉等，[44]畢竟難抵他以神話傳說爲中國文化造像的奪人目睛。他們的親性天倫之詠，少的不到五首，多的也有限，但就其人生歷練、創作經驗及成果而論，仍有追之莫及的可能。

四

　　余光中在《安石榴》之前出版的詩集中，最早的一首親性婚姻之作爲《五陵少年》的〈圓通寺〉，時年 33 歲。之後，同集的〈登圓通寺〉、《天狼星》的〈圓通寺〉、〈在冷戰的年代〉的〈母親的墓〉、《白玉苦瓜》的〈投胎〉諸作，都是表達孺慕哀思。〈蜜月——給仍是新娘的妻〉寫夫妻的情感。《敲打樂》中的〈神經網〉、〈你仍在中國〉、〈火山帶〉、〈灰鴿子〉、〈單人床〉五首，爲民國 53 年余光中二度旅美，強烈懸念愛妻之作。而跨過不惑之門或知命之關之後，余光中描寫夫妻之愛的詩篇漸趨內斂深刻，如收於《柴荊賦》的〈東京新宿驛〉、收於《安石榴》的〈削蘋果〉。此外《五陵少年》的〈黑雲母〉悼亡兒。《隔水觀音》中〈故鄉的來信〉弔舅家的幾位亡魂。[45]加上《安石榴》後記所提的 11 首，總計 26 首。這些詩作的特色、意義析易如次：

---

[43]鄭愁予《燕人行》中〈密西西比源頭〉一詩，雖然提到母親及妻女，但是其作用類似佈景，是以本文不擬納入親性歌吟。詩見《燕人行》（臺北：洪範書店，1987 年），頁 73～80。
[44]大荒，〈穿圍裙的學者——戲贈吾妻〉，《臺灣詩學季刊》第 21 期（1997 年），頁 33。
[45]《五陵少年》中之〈圓通寺〉、〈登圓通寺〉、〈蜜月——給仍是新娘的妻〉、〈黑雲母〉（臺北：大地出版社，1995 年），頁 35～37、53～55、64～66、90～94。《天狼星》之〈圓通寺〉（臺北：洪範書店，1987 年），頁 34～38。本文採用〈圓通寺〉新稿。《敲打樂》之〈神經網〉、〈你仍在中國〉、〈火山帶〉、〈灰鴿子〉、〈單人床〉（臺北：九歌出版社，1989 年），頁 33～34、35～38、39～42、43～44、45～47。《在冷戰的年代》之〈母親的墓〉（臺北：純文學出版社，1988 年），頁 30～31。《白玉苦瓜》之〈投胎〉（臺北：大地出版社，1983 年），頁 110～111。《隔水觀音》之〈故鄉的來信——弔舅家的幾個亡魂〉（臺北：洪範書店，1987 年），頁 15～19。《柴荊賦》之〈東京新宿驛〉（臺北：洪範書店，1992 年），頁 162～164。《安石榴》之〈削蘋果〉，頁 11～12。其他余先生提及的親性婚姻之作，如《夢與地理》之〈珍珠項鍊〉（臺北：洪範書店，1992 年），頁 61～62。〈三生石〉收於李瑞騰編，《八十年詩選》（臺北：爾雅出版社，1992 年），頁 238～245。〈母與子〉收於向明、張默編，《八十一年詩選》（臺北：現代詩社，1993 年），頁 1～3。餘詩散見各報刊及詩人未刊稿。下文凡提及以上諸詩，均不再註明出處。

（一）以篇數之眾，都爲一輯而有餘。

（二）就寫作年代而論，大致保持持續創作。〈圓通寺〉二首、〈登圓通寺〉、〈黑雲母〉、〈神經網〉、〈你仍在中國〉、〈火山帶〉、〈灰鴿子〉、〈母親的墓〉、〈單人床〉、〈蜜月〉十首，成於 33 歲至 39 歲；〈投胎〉成於 45 歲；〈故鄉的來信〉、〈東京新宿驛〉及〈珍珠項鍊〉，分別成於 51、56、58 歲；餘皆 60 歲以來所作。[46]

（三）就其持續創作之趨向及余光中論天倫題材之三文並置以觀，可見此一題材經過長年醞釀思索，論創並進，雖在《白玉苦瓜》時期欲進還退，反覆馳突，終究突破瓶頸，以肯定的創作姿態刷新紀錄。其自覺的創作身姿，爲歷來吟詠天倫的詩家所罕見。因此，《安石榴》後記所說：作者發現自己近年處理親性婚姻的詩作，篇數之多，自己也感到意外云云；彷彿此一創作行爲是無心插柳而得。其實應該這樣來看：就它自然而然湧現在詩人筆下的一刹那來說，是不自覺的；但是它存在於經驗中，累積在記憶庫裡，沉澱在學問見解內，是詩人長年生活及理論實踐的儲蓄。就這點來看，它是自覺的。

（四）就描寫的對象而言，上自父、母，下至兒、女、孫兒、孫女，旁兼舅家，觸角既深且廣。其中〈抱孫〉、〈抱孫女〉、〈爲孫女祈禱〉三詩，就題材而言，允爲新題；就技巧而言，亦爲詩宗詞曹中之妙品。[47]

（五）就其語言風格、形式技巧而言：

1.以〈投胎〉爲界，這些作品在語言風格上可以大分爲二：〈投胎〉以前，落筆較重，措詞緊張，肆其辯博，侈其藻繪；〈投胎〉以後，落筆較輕，措詞較淡，構思窅渺，十步九折。像〈私語〉、〈東京新宿驛〉、〈削蘋果〉等作誠摯雋永，自成聲調，爲余光中近年來親性婚姻之作的基調。但是同一階段、同一對象之作，又往往屢奏變調，個性分明。例如《天狼

---

[46]此據各詩詩末題署之年代以計。

[47]可參考王一桃〈永恆的主題‧新穎的手法——讀余光中新作「抱孫」〉一文。王文收於黃維樑編，《璀璨的五采筆——余光中作品評論集（1979～1993）》（臺北：九歌出版社，1994 年），頁 232～236。

星》中的〈圓通寺〉乃浩蕩的分段詩，淒厲而西化；而《五陵少年》中的〈圓通寺〉則是古典而冷靜的三行詩禮。

2.余光中處理親性天倫的題材時，每每採用常／非常、今／昔、生／死、在／不在、老／少等二元對照方式，而非聚焦於某一定點層層透析。例如〈抱孫〉一詩，即是大／小、老／少、現實／幻覺、天真／世故、過去／未來、典故／預言等的二元對比及映襯，藉以凸出主題。既保有探索主體的自由，又免於和讀者裸裎相對的窘境。據此，其創作策略近似中國古典詩論的比興說，利用想像、寫意等特質，使其作品動人心目。

3.余光中的親性婚姻之詠，中年時期尚多單行，60 歲左右，行墨間漸多排偶，大致呈現「老去漸於詩律細」的傾向。而其音韻節奏彷彿自然生發，配合連綿不斷、一氣呵成的詩體，流暢而不落斧痕。例如〈面紗如霧〉，其韻腳大致為「寒、桓」韻及「魚、虞、模」韻交錯而成。首段：

> 風琴聲裡你挽著我的臂彎
> 走向過道的彼端，緩緩
> 牽動滿堂炯炯的目光，向聖壇

屬於「寒、桓」韻的韻腳；悠緩的節奏流淌在羅安格林的韻律中，頗適合表垷詩人黯然神傷、眷眷回顧的情愫。之後，詩行裡：

> 而我，雖然一步又一步
> 也朝前走著，我卻在回顧
> 透過夢幻的白紗如霧

及「搖著被蟬聲催眠的下午」、「『是誰啊來將這新娘交出？』」屬於「魚、虞、模」類的韻語，在此也恰如其份地表達了失意情感。而在一片「哀遠道」的長音裡，夾著一個短音收尾的「止」字，呈現「大風琴戛然而止」

的「短促急收」效果，可見詩人對於音長與聲調的關係極爲注意。如果此句改成「大風琴戛然而停」，就拖沓許多，令人頹然惘然，全無驚夢之效了。[48]

　　4.在余光中的親性婚姻之詠中，較爲出色的作品時或透出一種「灰濛濛的珍貴。」[49]〈黑雲母〉比如是；〈三生石〉比如是。但是這「意在言外」的灰濛濛，不是雲影蔽天的晦澀，而是「始躑躅於燥吻，終流離於濡翰」，[50]以理爲本，從內容到形式，所達致的文質彬彬。表面上，感應之會似乎源源不斷，無須外求，不必斟酌，自然便可擁抱氣氛；其實，意象和技巧都經過整理推敲，其想像則由隱而顯，由朦朧而清晰，終致雲破月來。〈三生石〉就是最好的例子。黃維樑評此詩：

> 〈三生石〉之〈當渡船解纜〉一首，如水墨畫，哀淡可歌，而情深一片。〈就像仲夏的夜裡〉一篇之觀照生死，已臻化境。在仲夏夜而大化，實在是美夢一場。此篇亦整齊可入樂。〈找到那棵樹〉一首較為幽窅，前世與來生並陳，「遺落了什麼在樹根」一句耐人尋味。〈紅燭〉一章為殿後之作，管見以為乃四者中最淒美者。「剩下另一根流著熱淚／獨自去抵抗四周的夜寒」，這真是恩愛夫妻桑榆之年所最畏懼的。此篇從新婚時之紅燭，到暮年時之紅燭，兩相對比，情景逆轉，懾心動魄，詩之佳蓋如此也[51]

---

[48]謝雲飛在所著《文學與音律》一書中，舉證論述音高、音長和聲調，及韻語和情感的關係（臺北：東大圖書公司，1978 年），本文立論大抵出於此。周世箴於民國 87 年 3 月，在第 16 屆全國聲韻學學術研討會上發表〈由聲韻學角度看詩歌：兼談韻律與意象的互動〉一文，舉席慕蓉〈樓蘭新娘〉以證，甚具啓發價值。唯韻律、意象與情感效應之間仍衆說紛紜，亟待討論。而新詩的詩韻如何標誌？用廣韻？平水韻？或有其他標誌方式？也是筆者思索的問題。

[49]Paul Verlaine: "Rien de plus cher que la chanson grise ou l'indecis au precis se joint."陳長房譯爲：「最可貴的是那灰色的歌，其中朦朧與晴朗渾然莫辨。」見陳長房〈言不盡意：論美國現代詩的語言觀〉，《第四屆美國文學與思想研討會論文集：文學編》（臺北：中央研究院歐美研究所，1995 年），頁 65～118。

[50]蕭統著、李善注《文選》卷 17，頁 761。

[51]見《璀璨的五采筆——余光中作品評論集（1979～1993）》，頁 228。

灰濛濛的珍貴，要靠灰濛濛的唇吻讚美。屢受質疑、近於耍賴的中國傳統
「印象式批評」，對於一首以氛圍取勝的詩作而言，有時比西方的分析式批
評更能畫龍點睛，曲盡其妙。黃維樑先生的評語印證了這一點。唯〈三生
石〉駿利的天機，仍可由詩作的結構及技巧上窺得一二。此詩含括前生、
今生、來生，指因緣前定之意。在內容題旨上，由婚姻之悲喜引出人生之
正負諸貌，由情愛之至美引出來世之未明，進而逼視晶瑩剔透的死神。前
二者爲對照的兩段詩體，節奏的發展以之爲主線，帶出此岸／彼岸、枕頭
／墳頭，以揭示此二詩的題旨：生／死。後二首爲一唱三歎的連綿詩體，
先藉夢境以迴探前世的癡妄相許，而埋伏下一首的老來相依，再回叩死神
之門，觀照生／死，總領題旨，亦可免於機械的秩序。而其意象揀譯，
一、四兩首分別以渡船解纜和紅燭吹滅，表現面臨死亡的豁然坦然和惻然
茫然；二、三兩首分別以枕頭和樹根，繫連睡眠與死亡、前世與今生。前
兩首有分段詩體的輕倩靈逸，後兩首具備連綿詩體的沉鬱頓挫。是以整首
詩的情調，遂由空靈而轉趨悲涼。

　　單憑天機或意志，絕對召喚不出〈三生石〉那般「思風發於胸臆，言
泉流於唇齒」[52]的境界。這首詩的祕密，在於詩人所捕捉的對象和他的愛憎
血肉相連，可以從記憶中喚起豐富而堅實的聯想，迸發創作激情，於是意
象、語言競奔筆下，創作主體反而成爲傳達客體的工具。因此，詩作的表
現方式應該是創作主體的感受和知覺方式，而不是把概念翻譯爲形象。就
此而論，〈三生石〉已不落言詮地回答了濃與淡、明朗與晦澀、平易與艱
深、寫什麼與怎麼寫等爭論不休的問題，極具啓蒙價值。

　　（六）就其取材選擇、關懷視野而言：

　　1.《敲打樂》中思念妻子的五首：〈神經網〉、〈火山帶〉、〈灰鴿子〉、
〈你仍在中國〉、〈單人床〉諸作，爲人性中神性部分對獸性部分的呼喊，
揭露內心的渴念及焦迫，結合溫柔敦厚的詩教與唇敝舌焦的情欲，營造了

---

[52]蕭統著、李善注《文選》卷 17，頁 761。

令人醉血欲狂的詩境。對於中國文學史而言，這五首詩不若一般思妻之作刻意迴避肉體女性，以逃躲女體所喚起的現實困頓；[53]反而奔向雌人魚的新婚之夜，[54]泅泳於聖人的經典和撒旦的情欲之間，[55]可謂別開生面。對於余光中自己而言，這五首主題一致的詩作，以不同的方式記錄了他的心情時間。透過選擇、剔除、強化，密集處理短短的物理時間[56]——而卻是長長的心情時間——的同一題材，與自我不斷對話、反覆辯詰，像認識陌生人一般尋繹潛意識中的「我」。

　　2.這些親性婚姻之作中所呈現的「現實」，乃偏於世情的想像而非現形的敘述。針砭客觀現實，也常因想像而頗有追躡之姿，故而迥異於即物書寫的哮吼身影。余光中在援引王國維之見以論主、客觀時，說：

> 王國維認為主觀的詩人不可多閱世，客觀的詩人不可不多閱世。此說未免太強調定型。其實優秀而清明的詩人常會轉型：人入中年，憂患相迫，感慨漸深，寫詩自然而然會漸趨客觀。人到中年，要不多閱世也不可能，閱世既多，那「世」就會出現在詩裡；至於怎麼出現，則視詩人藝術之高下了。有些中年詩人不讓那「世」出現在自己的新作裡，往往給人不真、不變之感。王國維的「世」，說得窄些，便是「現實」，說得寬些，便是「人生」。[57]

---

[53] 周蕾，〈男性自戀與國家民族文化——陳凱歌《孩子王》中的主體性〉以陳凱歌《孩子王》為例，揭示敘述者如何利用男性自戀以搏取同情，並刻意迴避肉體女性，以逃避女體所喚引的現實困境。其實中國古典文學中的思妻之作，亦不出自戀、弱勢、純粹精神的創作模式。周文收於鄭樹森編，《文化批評與華語電影》（臺北：麥田出版社，1995 年），頁 95～137。

[54]〈神經網〉：「傳說有一尾滑手的雌人魚／覆肩的長髮上黏著海藻／在香料群島間嫻嫻地仰泳／昂然的孿乳峙一對火山／時隱，時現，時現，隨細紋的波漣」。〈你仍在中國〉：「等一個千年的新娘，來自東方／預言如霧，一尾很雌的人魚／閃著無鱗的白晶晶，無礙的圓渾／在太平洋的青瞳中向我泳來」。

[55]〈火山帶〉：「時常，在虛幻的燈光下／越過公元前聖人的經典／玄之又玄，越過眾妙之門／神通眼的靈魂，未滅的，一閃北辰／孤懸在海外，在冰山之頂／因瞥見幻景而得救／在西方，在西方陌生的夜裡」。

[56] 據詩末題記，〈神經網〉、〈火山帶〉、〈灰鴿子〉、〈你仍在中國〉、〈單人床〉分別成於民國 55 年 5 月 22 日、9 月 6 日、3 月 29 日、9 月 2 日、3 月 31 日。

[57] 余光中，〈放下這面鏡子〉，《焚鶴人》，頁 73～82。

此說恰可爲余光中詩作的註腳。末尾「現實」、「人生」之說，尤爲的論。詩作〈母與子〉便是觀照世情，喻臺灣海峽爲藍刀、諧洋水與羊水的孺慕之作。在詩人的詰語和霞燒的烤問下，關懷的視野由小我而至大我，再回到和母親一起東望的童年，無限悵悵。

　　3.這些詩作的背後，有不可忽視的自我建構。詩作的情感基素，側重於向內的、自身的連繫，關注、探索自我遠多於人事的交接。余光中常常創造只能遠觀旁視的美感形象，一邊則以似揚反抑、忽高忽低的變奏，以喚引同情共感，而有一種自戀式的自重[58]。若依時期繫屬，中年時代的詩作猶蘊自散發神祕、堅毅、獨來獨往而略帶冷漠的力量：〈圓通寺〉的「遂有交叉的髑髏升旗／癌，他立在床首，無齒地笑著」比如是；〈黑雲母〉的「鼠齒鼠齒在貓瞳外嚙咬幽靈的邊境」比如是。當時的親性婚姻之作，情感壓抑而緊張，所塑造的角色也顯得較單薄。越到近期，越是頻頻回首，獨味老境，斟酌今昔；有時逗引讀者，幾乎要到地穴的伽藍最深處，感受一種恍惚的微醺，然後靜靜綻開回甘的苦笑：〈三生石‧當渡船解纜〉比如是。而詩人涕淚自傷之餘，也能自嘲自解，像〈抱孫〉。[59]至於〈私語〉所繪，那位夜半起床小便、和結婚照對話的詩翁，則已是從心所欲、順應生命本能的達者了。

　　據此以觀，余光中的「自給自足」，可說是他親性歌吟的人格動力。寧靜時，他像一隻蜷曲的貓，幸福裡帶著一點不安，一覺可以睡到星老月蝕；受干擾時，又像一頭憤怒的老虎，狠狠瞪視白楊林中的忘川，咀咒不驗的天使。

　　值得注意的是：在這些親性婚姻之作裡，余光中並非完全自外於世。

---

[58] 佛洛依德分析自戀者，說：「孩童的魅力極大程度上源自他的自戀，他的自給自足和不可觸及，就如某些對人類漠不關心、毫無相干的動物，像貓和巨大的狩獵類野獸。事實上，在文學作品中，引起我們興趣的罪犯和幽默家，都以一種自戀式的自重，把任何可能削弱他們的自我的人事拒諸於外。」周蕾，〈男性自戀與國家民族文化——陳凱歌《孩子王》中的主體性〉，《文化批評與華語電影》，頁124。

[59] 〈抱孫〉：「你太小了，／還不算是預言／我太老了，／快變成了典故／世故的盡頭怎麼接得通／天真的起點呢」。

像〈投胎〉、〈母與子〉、〈故鄉的來信〉三詩，仍傳達出詩人處於國變及家變下的情感對應；尤其〈故鄉的來信〉話語切切，悲愴激憤，[60]絕非軟弱無聲的臨流自鑑。然而家／國之變，在余光中的親性婚姻之詠中，只見頭角崢露，未得全貌。是以就效用而言，余光中的親性婚姻之作，無乃相當於心情的避雷針、靈魂的氣象臺；散文〈日不落家〉[61]可為旁證。他專注自視的神態非常特別，用余光中自己的話說，彷彿「龍靈崢嶸的側影，反托在深琥珀色的霞空」、[62]「在不安的未來和不快的過去，尋找一個叫烏托邦的福地」。[63]

　　那麼，余光中是否執著而自豪於這份遺世抗俗的孤獨？卻又不盡然。例如年少雜憶、家族興替等，近年文壇急於鋪陳的主題，在余光中詩作中只得剪影式的片段，從未淋漓具現。對於某些嗜光、戀物的讀者來說，像「記得小時候，在江南／秋天拾楓葉，春天養蠶」[64]之句，豈愜於心？相較之下，陳黎完成於民國 79 年 6 月的《家庭之旅》組詩七首，委實令人刮目。開卷詩〈家庭之旅〉，逼視家族史闃暗的一面，迄於末首〈騎士之歌〉，達到劫後無劫的昇華作用。張芬齡說，作者雖然刻意不去鋪陳這段家庭的辛酸，但是透過節制平和的語調、略帶諷喻的意象，折衝了生命的缺憾。[65]確為知音之論。

　　然則，介入人生、擁抱現實的方式，原不必限於一類。作者固然無法離開人間煙火，但是人間世在作品中表現多少，仍繫因於自我建構、發言

[60]〈故鄉的來信〉：「為什麼死了那麼多人，無助又無聲？／為什麼死人要戴黑帽子／不名譽的黑帽子戴在墳上／無人敢祭的墳上，一戴就是八年？／為什麼所有的謠言都證實／而悅耳的謊話全被推翻？／為什麼？為什麼？為什麼？／握著短短的信紙，一連串為什麼／問無知的郵票，無情的郵戳」。
[61]余光中，〈日不落家〉，林錫嘉編，《八十六年散文選》（臺北：九歌出版社，1998 年），頁 75～86。
[62]〈龍頭岩〉，《安石榴》，頁 105。
[63]為〈地球儀〉一詩之集句。原為：「就這麼，我前後徘徊／在不安的未來和不快的過去／直到那頑球終於轉緩／只留下，咦，一隻驚惶的螞蟻／在東經與西經之間匆匆／跋山涉水，尋找牠心中／一個叫烏托邦的福地。」《安石榴》，頁 111。
[64]余光中，〈母親的墓〉。
[65]陳黎，〈家庭之旅〉，《陳黎詩集 I》（臺北：東林出版社，1997 年），頁 235～243。張芬齡之評見該書，頁 400～402：〈「家庭之旅」詮釋〉一文。

位置、與時代、社會的糾結等等。余光中早年在〈下游的一日〉、〈焚鶴人〉、〈蒲公英的歲月〉[66]等自傳色彩濃厚的散文中，多少透露一些訊息：這位抗戰的孩子、在太陽旗的陰影下咳嗽的孩子，惶駭而委屈地長大，飽受槍林彈雨、流潦縱橫之苦；其後國共高壓，厲行潔癖，眾口噤默，萬籟俱寂；及至眾聲喧嚷，禁忌漸開，心事卻已如霜髮一般蒼茫。何況如今余光中爲桂冠詩人，而悵念的影子或成塚中枯骨。歷經時序錯置、空間位移，生命圖像片片斷斷，「淒其的，一開始已經太淒其／依稀的未結束原就依稀」，[67]怎能在煎炙的夢魘裡重整？余光中在親性歌吟中，選擇了沉默來面對生命的喧囂，其實正是緣於對歷史的戒懼，而欲煉石補天，[68]擬設一種視角：中規中矩地勾勒每一張盈盈笑靨，以挺直背脊、自矜身分，隨時準備好昂向海上的風雲。

五

　綜上所論，余光中的親性天倫之詠起對亡母的孺慕，繼之以對妻女的懸念、對亡兒的哀悼、對孫兒、孫女的眷眷，及對舅家的耿耿。較諸同爲民國 17 年出生的詩人：羅門、蓉子、向明、洛夫諸位先生，余光中的親性歌吟具有質量俱豐、論創並重、屢奏變調、持續創作等優勢。投入中國文學史的長河中，則紹承了溫柔敦厚、寫意想像、觀照世情等質素。其中寫給孫輩的三首及強烈思念妻子的五首詩作，仕取材上可謂戞戞獨造。〈三生石〉一詩，對新詩壇極具啓蒙意義與示範價值。〈投胎〉、〈母與子〉、〈故鄉的來信〉略略顯示以家史側寫國史的企圖。其創作身姿，涵攝了自重、自美與自傷而映射出自戀本質，既不若依違徘徊於宗族世系的傳統士子般區

---

[66]余光中，〈下游的一日〉、〈焚鶴人〉、〈蒲公英的歲月〉分別見於氏著《焚鶴人》，頁 1～10、23～36、47～56。亦可參考詩作〈在我們這時代〉，《安石榴》，頁 175～178。
[67]余光中，〈天望〉，《與永恆拔河》（臺北：洪範書店，1986 年），頁 101～103。
[68]余光中〈我爲什麼要寫作〉：「我寫作，是因爲感情失去了平衡，心理失去了保障。心安理得的人是幸福的：繆思不必再去照顧他們。我寫作，是迫不得已，就像打噴嚏，卻平空噴出了彩霞，又像是咳嗽，不得不咳，索性咳成了音樂。我寫作，是爲了煉石補天。」《安石榴》卷首語。

區，也不似掙扎喘息於家變國變的新文學諸子般惴惴以自我呈示，與小我對談、詰辯，達致淨化作用。就效應而言，「家」是余光中記錄心情時間最安心、放心、開心的地方；隱匿在余光中親性婚姻之作背後的，則是幸福的想望。

　　1990 年代以來，臺灣新詩壇已有善於遠眺者，以家族素描創造氣象。路寒袖《我的父親是火車司機》之〈雨水打進雪原，成冰如岩〉及陳義芝《不安的居住》之〈家族相簿〉，[69]均爲顯例。兩位同屬戰後世代的詩人，在這兩卷詩集裡，均擅於反芻過去、檢視傷口、尊重記憶，誠如羅智成論《不安的居住》所言，「可以聽見鐘擺在響，或聞及時間的霉味」。[70]這種以家史側寫國史的企圖，比余光中更明顯。較之余光中，這兩輯作品多了包容，少了意志；多了質疑，少了迷亂。究其極，到底是總領 20 世紀風騷的寫實及現實主義，成爲此類描寫的典範？還是本色、人文關懷、悠有餘韻的鄉土文學，成爲家族創作的源頭？抑或近年來風起雲湧的認同論述與族譜撰寫，提醒詩人去經營擘劃家族相簿？是前輩詩人的流澤餘風？同輩詩友的琢磨切磋？新生代詩人的刺激？自覺？真是無法定論。可以肯定的是：余光中在親性倫理的題材上長年營構，磨其利鑿，雕其寸心，投影巨大，極爲難能可貴，恐怕也很難不給其他詩人所謂的「影響的焦慮」。[71]

——選自蘇其康主編《結網與詩風：余光中先生七十壽慶論文集》

臺北：九歌出版社，1999 年 6 月

---

[69]路寒袖，《我的父親是火車司機》（臺北：元尊文化公司，1997 年）。陳義芝，《不安的居住》（臺北：九歌出版社，1998 年）。

[70]收於陳義芝，〈最美的一種無奈〉，《不安的居住》，頁 17～24。

[71]布魯姆認爲當代詩人就像一個具有戀母弒父情結的孩子，面對「詩的傳統」這一父親形象。兩者絕對對立。後者企圖壓抑、毀滅前者；而前者試圖用各種誤讀方式來貶低前人、否定傳統，達到樹立自己詩人形象的目的。參見哈羅德·布魯姆著，徐文博譯，《影響的焦慮：詩歌理論》（臺北：久大文化公司，1990 年）。

（在中國周邊的）臺灣新詩現代主義路徑

余光中的案例

◎張錦忠*

於是，我的靈魂也醒了，我知道

既渡的我將異於

未渡的我，我知道，

彼岸的我不能復原為

此岸的我。

⋯⋯

矗立著，龐大的沉默。

醒著，鋼的靈魂。

——余光中，〈西螺大橋〉，1958 年

不闖紅燈，不能算問題作家

文壇的黑羊，自十九世紀的講臺

我們集體地逃學

從不巴維特和賈寶玉帶出課室

每到週末，

就盼一個小型的大赦

自文法和名人語錄

---

*發表文章時爲中山大學外國語文學系副教授兼僑生與外籍生事務組組長，現爲中山大學外國語文學系副教授兼華語中心主任。

　　　　　　　　　　　　——余光中，〈表弟們〉，《天狼星》，1961 年[1]

　　早年 1930 年代，臺灣詩人水蔭萍（楊熾昌）、楊華等就已展開臺灣詩現代性的堆砌，但是這一段詩的現代主義、超現實主義的試寫史，在某個時期的臺灣文學史，幾乎是「現代性的空白」，似乎要到 1980 年代才廣爲人知，或以之爲臺灣現代詩的譜系源頭。而 1940 年代（1942～1949）銀鈴會、《緣草》與林亨泰、錦連諸人對現代詩的貢獻與前衛詩風的實驗，也是晚近才見大量補述。[2]在此之前，一般論者提到臺灣的現代詩運動，總是將之定位於紀弦、覃子豪在 1950 年代的現代主義、新現代主義、象徵主義表現，以及稍後瘂弦與洛夫實踐的超現實主義詩風。[3]此外，現代主義的意義，以及身爲引領臺灣詩壇風騷的重要詩人如余光中者，其在臺灣現代主義播散路徑中的傾向與位置，他與現代主義詩風的關係如何，識者並沒有明確的論定。本文即旨在藉補述余光中在臺灣文學現代主義論述與踐行間的迂迴路徑或進路，描繪一張臺灣新詩的現代主義地圖，一張詩的地圖。

　　這個書寫的宗旨說明似乎表示我要探討的對象是詩和（政治）地理學的關係。其實，我還試圖像德希達論述結構主義那樣提出這樣的設論：「如果有一天現代主義撤離並將其著作標記留在我們文明的灘頭上，它的進犯將會成爲文學史學者的一個問題。也許甚至是一個對象。」（Derrida 2001：1）[4]這樣的論述挪用、代補與置換（我將「結構主義」置換爲「現

---

[1]余光中在 1976 年重修《天狼星》，於是〈表弟們〉也有了新貌。這裡引的是原版。
[2]參見例如，陳明台的〈楊熾昌・風車詩社・日本詩潮〉（1994），呂興昌（編）《水蔭萍作品集》（臺南：臺南文化中心，1995），307-336，與〈論戰後臺灣現代詩所受日本前衛詩潮的影響：以跨越語言一代的詩人爲中心來探討〉，「第三次現代詩學會議」，彰化：彰化師範大學，17 May 1997、林亨泰（編）《臺灣詩史「銀鈴會」論文集》（彰化：臺灣磺溪文化學會，1995）、劉紀蕙〈前衛的推離與淨化：論林亨泰與楊熾昌的前衛詩論以及其被遮蓋的際遇〉（1998），周英雄與劉紀蕙（編）《書寫臺灣：文學史、後殖民、後現代》（臺北：麥田出版，2000）等篇章，最近的例子爲 2008 年 5 月 2 日彰化縣埤頭鄉明道大學主辦的「錦連的時代：錦連詩學術研討會」。
[3]於是遂有「兩個球根」說，見陳千武（1970）〈臺灣現代詩的歷史和詩人們〉，鄭炯明（編）《臺灣精神的崛起：「笠」詩論選集》（高雄：文學界，1989）451-57。關於「兩個球根」說的問題性，可參閱楊宗翰，〈被發明的詩傳統，或如何敘述臺灣詩史〉，《當代詩學》1（2005）：69-85；以及李鴻瓊（2004）。
[4]德希達的句子，依張寧的譯文，原爲：「如果有一天結構主義撤離並將其著作標記留在我們文明的

代主義」）可以在德希達以〈力量與意謂〉爲題的篇章繼續下去：「接受一種來自對語言的焦灼所引發的妙不可言的衝擊——這焦灼只能是對語言的焦慮……」、「現代主義本身帶有的不可還原的非反省的自發性區域和它未明言的關鍵幽暗處卻使該現象值得文學史家的關注」、「由於我們還靠著現代主義的豐繁性過活……」。上述的「現代主義」、「文學史」原文都是「結構主義」、「思想史」。（我的）書寫總已是置換。現代主義在 1950 年代於臺灣文學場域冒現，引發不少焦慮與焦灼，而最嚴重的正是對語言的焦慮，對我們（國民政府遷臺初期）的語言形式與文化思想遭受西方語言文化思想混雜的恐懼。易言之，也是對語言的轉折的抗拒。

時至今日，現代主義撤離了沒？這當然一直都是文學史的問題與思考對象。不過在此之前，我們要思考的是，當年現代主義從西潮的彼岸抵達臺灣文學灘頭（彼時臺灣文學還延續著〔或加倍強調〕差異的、遲延的「中國文學」的命名）的歷史問題。反思現代主義撤離了沒，也是試圖從這個歷史問題中辨識「一個時代的符號」，一個文學史的邊界或臨界點。處於中國大陸周邊的臺灣，究竟是現代主義的邊界，還是轉折的所在？

不過，臺灣新詩場域的現代主義在 1950 年代冒現，的確和歷史的轉折與脈絡相關互扣。這個歷史轉折，既是國家與族群歷史的轉折（中華民族的離散族裔形態於焉產生），也是許多個人生命史的轉折。國共在抗日戰爭勝利後爆發內戰，國軍節節敗退，已到「邦分崩離析，而不能守也」的地步，到了 1949 年，國民政府被迫撤離大陸遷到臺灣。在此之前，許多人眼看局勢不妙，已經紛紛赴臺，其中包括詩人覃子豪與紀弦。覃子豪在 1947 年抵臺。[5] 1948 年底，路易士（紀弦）由上海抵達基隆，開啓了他的臺灣時期。覃紀二人實爲戰後臺灣現代詩「上海連結」（"Shanghai connection"）的開創者，爲在臺灣傳承 1930 年代中國文學現代主義香火的「點火人」。[6]

灘頭上，它的進犯將會成爲思想史學者的一個問題。也許甚至是一個對象」（Derrida 1）。
[5] 1947 年其實是覃子豪二度抵臺，他在 1946 年中首次來臺，謀識不果後返回廈門。
[6] 紀弦自承「現代派」「可稱之爲『後期現代派』或『臺灣現代派』」（2001：70）。他也用「新現代主義」一詞。我稱之爲「上海連結」，因爲臺灣現代主義詩風另有其「東京連結」、本土根莖，甚

早在 1939 年覃子豪已在大陸出版詩集《自由的旗》。紀弦則在 1930 年代已小有名氣，曾在《現代》雜誌發表詩作，與施蟄存、杜衡（蘇汶）、戴望舒、徐遲等現代派文人交往，也辦過詩刊，出版過詩集，來臺前夕還在上海出版了兩期詩刊《異端》，提倡「詩的獨立」與「詩的純粹化」的「異端精神」。

　　1948 年 12 月，紀弦抵達臺灣不久，即編《平言日報》副刊〈熱風〉至次年夏天。1951 年秋，他與鍾鼎文、葛賢寧藉《自立晚報》副刊合辦《新詩週刊》，[7]次年五月起由覃子豪接編。後來此刊被論者認爲是「臺灣新詩真正逐漸走向現代化」之始。紀弦另於 1952 年 8 月辦了一期雜誌形式的《詩誌》詩刊。[8]1953 年 2 月，紀弦創辦《現代詩》季刊，提出現代詩宣言，發揚「異端精神」，出版「現代詩叢」，以衍續其未完成的詩的現代性計畫 1954 年，覃子豪、鍾鼎文、余光中、夏菁、鄧禹平諸人發起藍星詩社，並藉《公論報》副刊出版覃子豪編《藍星週刊》。同年十月，在左營軍中服務的瘂弦、張默與洛夫組成創世紀詩社，創辦《創世紀》，於是臺灣1950 年代詩壇形成三社／刊鼎立、群雄並起的局面於焉形成。[9]接著是1956 年，紀弦在臺北倡組「現代派」，以「領導新詩的再革命，推行新詩的現代化」，自命爲「現代主義者的集團」，並提出現代派六大信條，先後加盟者達百餘人之多，包括林亨泰、馬朗、鄭愁予、葉泥、錦連、李莎、林泠、季紅、方思等成名詩人。[10]《現代詩》也自第 13 期開始改爲雙月

至「香港連結」。「點火人」是瘂弦的說法。紀弦可能不會同意覃子豪也是傳香火者，因爲他認爲覃之前寫的是新詩，在「現代主義論戰」結束後才「開始寫起現代詩來」（2001：114）。

[7]鍾鼎文（番草）在上海時已和紀弦結識，杜衡搞星火文藝社，出版《星火》半月刊，三人皆爲中心人物。《新詩週刊》於 1951 年 11 月 5 日創刊，1953 年 9 月 14 日停刊，共出版 94 期，作者有紀弦、覃子豪、蓉子、鄭愁予、林泠等。根據麥穗的說法，週刊由鍾鼎文發起，紀弦則自言由鍾鼎文、葛賢寧和他三人發起和合編。到了 1952 年 5 月，編務才交給覃子豪與李莎（紀弦 2001：39-40）。

[8]紀弦於 1936 年在大陸主編《菜花詩刊》，第二期改名《詩誌》雙月刊，出版到第三期即停刊。在臺灣創辦的《詩誌》，由潘壘的暴風雨出版社出版，只出刊一期後即因潘壘赴港拍電影而終止。

[9]現代派其實要到 1956 年才成立。此外，當時還有不少其他小詩刊，如《青蘋果》、《海鷗》、《南北笛》等，並非三刊獨大。

[10]不過，現代派雖然聲勢浩大，大概只是個紀弦一人主持的柔性社團，同人也只是「加盟」而已，所以日後（1962 年）紀弦說解散就解散。

刊，為「現代派詩人群共同雜誌」。紀弦成立現代派，提出信條，廣招社員，儼然已具文學運動的聲勢與實質，說他在 1956 年發起臺灣現代主義詩運動也不為過。林亨泰即視之為臺灣現代詩運動期的起點。

　　上述這段話試圖描摹的是臺灣現代主義詩風歷史進路軌跡，而且指出 1950 年代現代主義在臺灣，在現代性的空白時期，其實也是挪用、代補與置換，並藉此挪用、代補與置換的文學行為試圖將歷史的斷裂縫合，但是歷史「未明言的關鍵幽暗處」仍然有如德希達所說的「巨大的夢遊症場域」（Derrida 2001：3），仍然處於「中華民國」的歷史斷裂處，時間的縐褶裡，無從縫合。地理／空間的隔離，（詩）人的流亡，本來就是屬於「未明言的關鍵幽暗」。用德希達的話來說，就是「一種朝向內在世界的道路，所以無法將之直接表明，而只能通過一種隱喻來暗示」（Derrida 2001：10）。臺灣現代詩的進路，以「上海連結」一脈而言，乃由中國文學過江渡海流亡而來。換句話說，臺灣新詩的現代主義早已是撤離的現代主義，而其路徑標記也已遺留在現代主義地圖上，「成為文學史學者的一個問題」。從《新詩週刊》，《現代詩》、《創世紀》與《藍星》出刊、現代詩叢印行，到現代派成立，處於「未明言的關鍵幽暗」的，既有覃紀二士甚至覃紀鍾三老之間的顯性隱性爭競較勁，更有現代詩、現代主義對戰鬥文藝、反共愛國文學、三民主義文學、傳統文化等官方及民間建制與論述之間的大小抗爭。

　　紀弦、覃子豪、鍾鼎文渡海來臺時已是作家身分。相形之下，余光中的文學生涯算是由臺灣出發，雖然早在 1948 年他已在南京寫下生平第一首詩〈沙浮投海〉，在廈門時也投過詩稿給《星光》與《江聲》二報。至少在臺灣新詩現代主義的「上海連結」這一環，他是缺席的。1950 年夏天，避難香港的余光中渡海來臺，進入臺灣大學外文系就讀，1952 年畢業。進入臺大那年，他在《新生副刊》發表在臺的第一首詩，之後成為詩壇耀眼的星子，在八年期間發表了約兩百首詩。他的第一本詩集《舟子的悲歌》也在畢業那年出版。1954 年，第二本詩集《藍色的羽毛》出版。這段時期，

余光中的詩風以抒情爲主調，書寫傳統抒情小品。同年，夏菁與覃子豪、鍾鼎文等人發起成立藍星詩社，余光中也是同仁之一。藍星「社性不強，社籍不顯」（余光中267），但詩風基調傾向抒情。

1950年代下半葉爲臺灣現代詩的論戰時期。臺灣現代文學史上有所謂「1950年代現代詩三場論戰」的說法，[11]學界也已多有相關論述（例如侯作珍2003），這裡重提這幾場論戰重點不在覆述這三場論戰經過，而在於勾勒余光中與現代主義的關係，或者說，余光中走過現代主義的路徑。1956年，紀弦在「現代派詩人群共同雜誌」《現代詩》雙月刊第13期發表六條〈現代派的信條〉，其中第二條提出「新詩乃是橫的移植，而非縱的繼承」，頗引起異議，引發紀弦稱之爲「現代主義論戰」（1957～1958年）的爭辯。許多年後，余光中回憶藍星詩社成立經過時寫道：「我們的結合是針對紀弦的一個『反動』。紀弦要移植西洋的現代詩到中國的土壤上來，我們非常反對。紀弦要打倒抒情，而以主知爲創作的原則，我們的作風則傾向抒情」（1972b：187）。事實上，藍星詩社成立於1954年，當時現代派仍未成立，紀弦於前一年（1953年）創辦的是《現代詩》季刊，宣言僅提出「向世界詩壇看齊，學習新的表現手法」的口號，尚未言及「橫的移植」與主知論。不過，覃子豪於1957年在《藍星詩選》季刊（第一輯：獅子星座號）刊出〈新詩向何處去？〉之後，紀弦寫了兩篇長文回應，覃紀之爭於是形成現代派與藍星兩社之間的「現代主義論戰」。[12]除了覃紀二人之外，現代派與藍星雙方加入論戰的還有林亨泰、黃用、羅門與余光中。

余光中寫了〈兩點矛盾〉，刊於他自覃子豪手上接編的《藍星週刊》（第207、208期），爲抒情詩與格律詩辯護。紀弦則撰〈一個陳腐的問題〉

---

[11] 「五〇年代現代詩三場論戰」的說法，以年代爲斷代範準，其實不甚周延，第三場論戰跨年，到次年中方告一段落，一年後即發生「天狼星論戰」。這樣的範準反而化斷代爲斷裂。

[12] 即1957年的〈從現代主義到新現代主義〉（刊於《現代詩》第19期）與〈對於所謂六原則之批判〉（刊於《現代詩》第20期）二文。1958年，覃子豪撰〈關於新現代主義〉（刊於《筆匯》第21號）續戰，紀弦則回之以〈兩個事實〉（刊於《現代詩》，第21期）與〈六點答覆〉（刊於《筆匯》第24號）二文。

（刊於《現代詩》第 22 期）加以反駁，「現代主義論戰」也就告一段落
了。根據紀弦的說法，「論戰的結果是：整個詩壇都現代化了；余光中成為
一個現代主義者，覃子豪也寫起現代詩來了」（2001：114）。余光中是否同
意紀弦的說法，不得而知。不過，紀弦的誇飾說法顯然反映的是「我方的
歷史」，歷史書寫向來書寫的是（自認）勝方的歷史。

　　用紀弦的結論來詮釋一個詩人風格的分水嶺，恐怕太簡單化了。余光
中「現代化」的因素複雜得多。他寫道：「這種情形（步五四後塵）一直維
持到民國 45 年，才漸漸開始新的變化。沒有經過這種變化，我的作品不會
現代化起來」（1968f：180）。如前所述，變化的原因頗為複雜，紀弦所說
的「現代主義論戰」或是其中之一。[13]（時代精神）的影響：「然後是民國
45、46 年的現代化運動的全盛期，許多優秀的新人陸續出現。……我一面
編《現代詩》與《文學》、《文星》的詩，一面投入這現代化的主流，其結
果是《鐘乳石》中那些過渡時期的作品」（1968f：82）。[14]此外，余光中的
「現代化」，也來自文學翻譯的影響。翻譯其實是對域外美學或文體的接受
路徑，在文學系統占舉足輕重的位置，尤其是在文學求新求變的階段，或
新穎系統冒現之際。早在 1962 年中，在臺灣新詩的現代主義論戰之後，余
光中寫了〈從古典詩到現代詩〉一文自述寫詩經過時，就提及翻譯《梵谷
傳》（及其他英美詩作）的經驗干預了他的美感視域。他寫道：

　　　譯完了《梵谷傳》，我的美學觀念起了重大的變化。我重新為美學下定
　　　義，且重新規劃美醜的界限。同時我正著力翻譯美國女詩人狄瑾蓀的
　　　詩，更欣賞到她那種神祕而集中的表現手法，以及突出而躍動的意
　　　象。……在這種綜合的靈感下，我的現代化開始了。（1968f：181）

---

[13]其實，余光中並未直接指這場「現代主義論戰」為現代化因素，他提到的是「《聯合報》上有人
　　寫一連串批評的文章」攻擊現代詩人，使他有所警惕。
[14]《文學》指的是《文學雜誌》；主編夏濟安請余光中負責編選雜誌的詩稿。

由抒情傳統過渡到現代主義，余光中詩風的轉變的確可以在 1960 年出版於香港的《鐘乳石》集中見出端倪。從收入《余光中詩選：一九四九～一九八一》中八首原刊《鐘乳石》的詩作看來，〈空宅〉、〈星之葬〉與〈招魂的短笛〉仍屬傳統抒情新詩，〈自三十七度出發〉與〈火星大使的演說〉已充滿現代質地，〈西螺大橋〉介於兩者之間，詩中說話人過橋，有如寓喻渡過傳統之河通向彼端迎面而來的現代之海，〈羿射九日〉、〈杞人的悲歌〉則是舊瓶裝新酒。相對於紀弦與覃子豪的現代主義，余光中的現代主義傾向可謂遲延的現代主義轉折。

　　度過《鐘乳石》中的過渡時期之後，余光中出版了「投入現代化主流」之後的《萬聖節》（1960 年）也暗示詩人自己「出國而有詩」（「得詩 33 首」）。書名與選詩的異國情調濃郁，彰顯了余光中貼近現實環境的詩學：這些詩正是他去國留美那一年（1958～1959 年）的產物。[15]彼時美國文壇學界現代主義與新批評餘緒猶存，跨國留美，才是真正的身體力行「投入現代化主流」沃土。余光中寫道：

> 在新大陸時，我大量地吸收西洋的現代藝術，並普遍接觸到西洋音樂，作品乃有「抽象」的趨勢。回國後，重歸祖國的現實，抽象化乃告緩和，繼之而來的是反映現實，表現幻滅，批評工業文明，且作今古對照的那種作品。（1968f：184）

這也是他往後的創作表現趨勢。在此之前，他已大量閱讀狄瑾蓀、艾略特、傑佛斯、康明思、葉慈等英美詩人作品，形成了自己的現代美學觀念（或現代文學養成）。基本上，就譜系而言，余光中的現代主義路數傾向英美現代派，有別於紀弦強調「自波特萊爾以降一切新興詩派之精神與要素

---

[15]可從余光中各時期的詩作的現實指涉檢驗他的「貼近現實環境的詩學」：余詩多半「有確定的時空背景」（1976b：154）。

的現代派」。[16]《萬聖節》中有詩曰：

> 即使在愛奧華的沃土上
>
> 也無法覓食一朵
>
> 首陽山之薇。我無法作橫的移植，
>
> 無法連根拔起
>
> 自你的睫蔭，眼堤。（〈我的年輪〉；1981b：112）

　　余光中在 1959 年底自美返臺，趕上了分別由蘇雪林與言曦引發的另一波現代詩論戰，而且接替覃子豪成為藍星詩社的文學鬥士。1959 年 7 月，蘇雪林與覃子豪在《自由青年》旬刊（革新卷第 11 期起改為半月刊）展開「象徵主義論戰」。蘇雪林先啓戰端，指陳李金髮以降的象徵主義詩派的壞影響，覃子豪則回應以現代主義詩風對臺灣詩壇的貢獻。後有「門外漢」者加入，與覃子豪交鋒，辯論現代詩的接受與讀者教育問題，直至覃於同年十一月在《文學雜誌》發表〈中國現代新詩的特質〉一文，試圖終結這場歷時五個月的論戰。[17]不過，言曦隨即在《中央日報》副刊另闢戰場，分三天發表〈新詩閒話〉（1959 年 11 月 20～22 日）一文，繼續指責現代詩晦澀費解，點燃了余光中形容為「大規模的『蓬車浴血』」的「新詩論戰」烽火。大規模，既指參與論戰者眾，也指涉戰場域多，[18]論戰時間更拖至

---

[16]紀弦，〈現代派信條釋義〉，「我們是有所揚棄並發揚光大地包容了自波特萊爾以降一切新興詩派之精神與要素的現代派之一群。正如新興繪畫之以塞尚為為鼻祖，世界新詩之出發點乃是法國的波特萊爾。象徵派導源於波氏。其後一切新興詩派無不直接間接蒙受象徵派的影響。這些新興詩派，包括 19 世紀的象徵派、20 世紀的後期象徵派、立體派、達達派、超現實派、新感覺派、美國的意象派、以及今日歐美各國的純粹詩運動。總稱為「現代主義」。我們有所揚棄的是它那病的、世紀末的傾向；而其健康的、進步的、向上的部分則為我們所企圖發揚光大的。」詳紀弦 1956。

[17]蘇雪林的文章為〈新詩壇象徵派創始者李金髮〉（刊於《自由青年》第 22 卷第 1 期）與〈為象徵詩體的爭論敬告覃子豪先生〉（刊於《自由青年》第 22 卷第 6 期）與〈再談目前臺灣新詩〉（刊於《自由青年》第 22 卷第 8 期），覃子豪的答覆為〈論詩的創作與欣賞〉（刊於《自由青年》第 22 卷第 7 期）。

[18]雙方對壘的主力為言曦與余光中，參與論戰者計有虞君質、萬用、夏菁、覃子豪、紀弦、盛成、張隆延、黃純仁、陳紹鵬、高陽、陳慧、白萩、張默、李素、孔東方、錢歌川、吳怡、張明仁、

1960 年 5 月初。在這場新詩論戰中，余光中以犀利的文筆與清晰的論證，捍衛現代詩。提出現代詩乃是求「新」與「有所選擇有所擯棄的」（1968：189）。這樣的修辭，其實也呼應了紀弦的〈現代派信條釋義〉的「我們是有所揚棄並發揚光大地包容了自波特萊爾以降一切新興詩派之精神與要素的現代派的一群」（1956：4；引者強調）。新詩論戰兩年後，余光中回顧道：「攻擊現代詩的聲音像印第安人的戰鼓一般響亮，且具威脅性。……這次的論戰對現代詩作者是一種打擊。有的喪失了信心，停止了寫作。有的暫時擱筆，思索現代詩的種種問題。有的以反抗的姿態，朝虛無的方向走」（1968f：182-83）。「新詩論戰」歷時久規模大，余光中從容應戰，運籌帷幄，戰果輝煌。不過，衝擊他的詩觀創作美學的，並不是這場論戰，而是一年後發生於他和洛夫之間的「天狼星論戰」。

認為 1960、1961 年乃余光中的「虛無時期」的論者，或許是受到余光中的〈再見，虛無！〉一文標題的誤導。[19]1960 年 6 月，紀弦出版《現代詩》的「第八年新一號」，高喊「新詩的保衛戰」的口號，刊出〈新現代主義之全貌〉以強化論述，以及余光中、張默、商禽、蓉子、紀弦、黃荷生等人的詩。余光中的〈氣候〉是他自認為現代主義時期代表詩的作品，發表於《現代詩》，頗有其深意，但是此詩後來一直未選入作者詩集，到了1976 年《天狼星》出版方才改題為〈少年行〉收入其中。如果說這一年的現代詩壇瀰漫著虛無之風，可以說是「新詩論戰」給臺灣現代詩人帶來的「後創傷」症狀。紀弦在回憶錄中也提到當年現代詩壇充斥種種偏差，「虛無主義的傾向」、「晦澀之風」、「盲目求新」的「偽現代詩」流行（2001：126，129，159，175）。而余光中也在 1961 年底寫了〈幼稚的「現代病」〉一文，批評現代詩人中那些熱衷「表演不冷不熱的虛無，刻意求工而且十

李思凡等，真是「一時多少豪傑」。論戰場域則包括《中央日報》、《文學雜誌》、《文星》、《臺灣新生報》、《中華日報》、《創世紀》、《自由青年》、《藍星詩頁》、《聯合報》，皆為當年臺灣文學場域的重要報章與刊物。
[19]余光中僅說〈吐魯番〉一詩是他的「虛無邊緣」（1968f:184），顯然並不承認自己有所謂虛無時期。

分認真地表演著虛無」的「師兄們」，指他們絕對的反傳統（1968c：150）。[20]文中也用了「併發症」、「排他症」、「心理變態」等詞形容這種「現代病」。事實上，一年多前的論戰雖然告一段落，論戰期間現代詩人群槍口對外，讀者的現代詩教育也頗有提升，但是問題（如詩的晦澀與明朗、對傳統的態度）仍然存在，存在的焦慮仍然蔓延，新的對立勢必產生。余光中當年即預測：

> 現代詩在自由中國，正面臨空前的重大考驗。目前現代詩人自己，即因對傳統有不同看法，而漸漸呈現一種對立。我相信，不久塵土落定，即可看出所謂「現代主義」這股滾滾濁流，行將涇渭分明，同源而異向，各歸其海了。（1968d：151）

早在 1961 年初，「在這重大變化的前夕」，余光中就寫了表現其「1961 年春天的精神狀態」的組詩〈天狼星〉，刊登於 5 月號的《現代文學》第 8 期，以總結其現代主義經驗。洛夫隨即在 7 月號的《現代文學》第 9 期發表批評長文〈天狼星論〉，於是引爆了「天狼星論戰」。

洛夫認為「〈天狼星〉所企圖表現的正就是『表弟們』（現代詩人群）的悲劇性的遭遇，並為這群詩人和他們十年來的苦鬥經驗立傳」（1966：77）。事實上，從整組詩的結構來看，如果余光中旨在為臺灣現代詩寫史立傳，顯然那是未竟之業。全詩十首，誌事寫人，始於神話傳統（或沒落的傳統），中間是懷母孝思、異域懷鄉、離散族群、同行詩友、詩人自述，終於變奏曲，整體聚焦並不統一，規模也不大，看不到有意給『表弟們』寫史的藍圖，僅〈表弟們〉一詩給現代詩群畫像，而且語調揶揄，洛夫說是「悲劇性的遭遇」或「十年來的苦鬥經驗」未免有些強作解人，或自我投射。何況為當代人寫史，為自己立傳，豈是智者所為？不過，洛夫的關

---

[20] 余光中較常用的是「表弟們」一詞。十多年後，余光中撰寫重修版的〈天狼星〉後記時仍然如是寫下：「一九六一，那正是臺灣現代詩反傳統的高潮」（1976:153）。

注，不在表弟們的畫像傳不傳神，而在此詩作爲一首「現代詩型的史詩」成不成功。他質疑余光中「現代化」的程度不夠（「現代化之嘗試也只是止於象徵主義，……只是一個失敗的『叛徒』。」「作者也達達不起來」（1961：80-81）），因此無法表現現代詩人潛意識的世界。而就詩論詩，對洛夫而言，《天狼星》大體上過於明朗易解，「節奏落實，句句著相，……其所敘述經驗中的事實亦如清水面上的一份浮油，均可清楚予以分辨，予以詮釋」，乃「詩意稀薄而構成《天》詩失敗的一面基本因素」（1961：83）

洛夫的批評並不難回到《天狼星》的文本分析或現代主義美學的層面去反駁。但是余光中並無意如此回應。他先寫了〈幼稚的「現代病」〉，指出「現代病」患者「只接觸一種傳統（例如 30 年前的超現實主義）而排斥其他傳統，復強他人與之同病」（168c：149），接著又在「告別」現代主義兼答覆洛夫的〈再見，虛無！〉裡，指出現代詩危機重重，「已經衝入了一條死巷，面臨非變不可的階段了」，而如果「只有達達主義與超現實主義才是現代詩的指南針，……只有破碎的意象才是現代詩的意象」，他樂於向這種現代詩道別（1968d：163-64）。不過要等到 1962 年 5 月，余光中在自述寫詩經過的〈從古典詩到現代詩〉中回顧這場決裂式的喧囂論戰時，才正式做了總結：

> 《天狼星》是一個總結。到了《天狼星》，我已經暢所欲言，且生完了現代詩的痲疹，總之我已經免疫了。我再也不怕達達和超現實的細菌了……這種否定一切的虛無太可怕了，也太危險了。我終於向它說再見了。（1968f：184）

在這篇文章裡，他甚至稱現代主義的師兄表弟們爲「惡魔派」，已準備要撤離現代主義了。《蓮的聯想》中的詩作，即寫於 1961 年至 1963 年，詩人聲稱撤離現代主義的年代。蓮，不一定就是古典意象，或實體物象，卻是抗

拒「惡魘」的象徵，也是作者詩境的客觀投影：

　　虛無成為流行的癌症
　　　當黃昏來襲
　　許多靈魂便告別內容

　　我的卻拒絕遠行，我願在此
　　　伴每一朵蓮
　　守小千世界，守住神祕

——〈蓮的聯想〉（2007：52-52）

　　在寫〈從古典詩到現代詩〉的差不多同個時間，余光中寫了〈論明朗〉一文，以「明朗」照映「惡魘」，在現代主義的地圖上標示出德希達所說的「巨大的夢遊症場域」，並在裡頭再次強調臺灣現代詩的兩大危機——「內容的虛無和形式的晦澀」：

　　經驗的混亂，加上表達的混亂，已經使我們的現代主義，挾《太平洋三二一》式重頓火車頭之威勢而滾進的現代主義，衝入了並無出口的黑暗隧道之中。作者們恥於言之有物，也恥於言之可解。發展到今日的地步，廣大讀者之不解現代詩已屬不爭之事實，即使現代詩作者與作者之間，也演成了失卻聯絡的局面。（1968e：15）

顯然這裡的「現代詩」等同於「現代主義」詩，或屬「玄祕派」（"occultism"）路數，證之於余光中對現代主義詩風的批判：「混亂加上混亂——破碎的經驗，孤立的意象……其結果欲不晦澀而不可得」（1968e：20），正是一片晦昧幽黯現象。
　　不過，余光中也在這篇文章明白指出：「現代詩的晦澀大半是意象上

的」，超現實主義「是功過參半，甚或過多於功的，因為它要推翻意識在創作時的作用，和任何理性的約束」（1968e：17）。他並未指明有哪些「功」。不過，在 1961 年的〈論意象〉裡，他即提及龐德、羅蕙爾等人倡導的意象派，並指出「意象派被認為現代主義的前期運動之一」，同時推崇瘂弦與辛鬱的詩比意象派詩人杜麗妲立體繁富，堪稱代表「自由中國的現代詩已經發展到甚麼程度」（1968b：14）。值得一提的是，這篇〈論明朗〉針對現代詩日趨晦澀的現象，發表在《縱橫季刊》，顯然是呼應縱橫詩刊社的青年詩人提出的現代詩明朗化要求。[21]文章火力十足，一點也不下於十年後的關傑明與唐文標。不同的是，關唐指摘的是現代詩人罔顧社會現實，使現代詩走入僵斃、沒落的困境，而余光中關注的是現代詩的接受、理解與交流問題，或者說，作者的焦慮問題。

　　「我終於向它說再見了」當然可以解釋為余光中撤離現代主義的夫子自道。「再見」也是他解脫作者的焦慮（擺脫巴黎）的宣示。不過，1960 年代的余光中，即使向現代主義說了再見，還是現代主義的余光中，而其現代詩風以《在冷戰的年代》為高潮。[22]《在冷戰的年代》裡頭的詩，言之有物、意象明朗、節奏輕快、典故現代，始終是余光中最好的詩集之一，或臺灣現代主義詩作經典集子之一。之前的集子，即使在像《五陵少年》這樣書名古典的詩集，裡頭的詩也是現代風強烈者多。如此看來，撤離現代主義顯然不是余光中的本意，他只是從某個「遠的距離去抵抗它」（在臺北「擺脫巴黎」，或在臺北「擺脫長安」）。[23]

　　本文重新勾勒余光中走過現代主義的迂迴路徑，旨在指出余光中並未撤離現代主義。余光中在宣告向現代主義道別的同時，即主張「擴大現代

---

[21]《縱橫季刊》創刊於 1961 年 3 月，主編為劉國全，出版至 1962 年 10 月停刊，共七期。縱橫詩刊社另於 1962 年 6 月創辦《縱橫詩葉》月刊，編委為陳菁雷、劉國全、與藍采。

[22]《蓮的聯想》可視為余光中「古典邊緣」的作品，但他似乎很快就「擺脫長安」了。集中的詩，即使如重拾新格律（三聯式）與古典風的〈蓮的聯想〉與〈等你，在雨中〉，也不乏「拜倫」、「漢明威」、「科學館」之類的西方或現代性的意象，故我稱之為「古典邊緣」。

[23]所引為德希達的話（Derrida 2001:47）。

詩的領域，採取廣義的現代主義」（1968f：189）。這也是陳義芝在討論臺
灣現代主義詩學流變時將余光中劃分爲「廣義的現代主義者」的依據。陳
義芝將余光中定位於「『現代派』運動後的現代詩學」的脈絡，認爲他的詩
特色爲「傳統的回歸、歷史的觀察、現實經驗的介入、『感時憂國』的主體
意識的建立，都是廣義的現代主義的具現」（2006：88）。[24] 余光中自己也在
〈現代詩的名與實〉將「現代詩」區分狹廣二義：

> 狹義的「現代詩」應該遵循所謂現代主義的原則：以存在主義爲內涵，
> 以超現實主義爲手法，復以現代的各種現象，例如機器、精神病、妓女
> 等等爲意象的焦點。廣義的「現代詩」則不拘於這些條件。在精神上，
> 它不必強調個人的孤絕感和生命的毫無意義；在表現方式上，它不必採
> 納超現實主義的切斷聯想和揚棄理性……；在意象上，它甚至可以快樂
> 地忘記工業社會的種種，而自己去尋找一組象徵。（2008：149）

在這裡余光中顯然將「廣義的現代主義」等同於「廣義的現代詩」。話說回
來，將現代主義劃分廣義狹義，其實是論述的權宜之計。當年余光中處身
現代詩論戰風暴之中，採取這樣的切割策略以分異己，並無可厚非。但是
後人寫史，從文學思潮發展的脈絡檢視，實宜反思如此區分是否符合文學
史實或廣義狹義的現代主義概念是否周延。歐美現代派詩人如艾略特、奧
登詩風也不是一輩子始終如一，論者並未必要將他們和阿波里奈爾、德諾
斯（Robert Desnos）對照，說前者是廣義的現代主義者，稱後者則是狹義
的現代主義者。

　　余光中在現代主義林中迂迴進出，尋得一組自己的象徵，陳芳明認爲
他所經營的是「現代主義精神」。其實，臺灣 1950 年代的新詩現代主義，

---

[24] 張健、陳芳明、楊宗翰就分別指出余光中建立了「溫和的現代主義」（張）、「改造現代主義」
（陳、楊）。詳張健（1983）、陳芳明（2002）、楊宗翰（2005）。楊宗翰認爲余光中「成功地以批
判性的接受態度改造了現代主義，從而避開深而不廣的陷阱與限制」，看法接近陳芳明。

不管是透過上海連結，或藉由翻譯歐美現代主義文庫，誠如陳芳明所說，「到達臺灣以後，卻有了相當程度的轉化」，他稱這種轉化爲「改造現代主義」（2002：198）。不過，陳芳明並未如此描述其他臺灣現代主義詩人的轉化工程，彷彿「改造現代主義」只是余光中獨家經營事業。我認爲臺灣詩人對現代主義的轉化，其實就是文化翻譯，臺灣新詩的現代主義，可視之爲「翻譯現代主義」。

——選自蘇其康主編《詩歌天保：余光中教授八十壽慶專集》
臺北：九歌出版社，2008 年 10 月

余光中詩裡的火焰意象

◎李有成*

一

　　多年前，余光中在他的散文〈逍遙遊〉中，寫下這樣的句子：「敢在時間裡自焚，必在永恆裡結晶。」[1]在這句話裡頭，余光中用了一個隱喻，把時間喻為火，肯定所謂永恆，必須經歷時間的挑戰和考驗——也就是說，必須敢於投入時間之火中，焚燒，提煉，淨化，然後方能顯出真金的價值。在〈逍遙遊〉寫作之前，余光中曾譯過佛洛斯特（Robert Frost）一首頗為有名的短詩〈火與冰〉[2]：

> 有人說世界將毀滅於火，
>
> 有人說毀滅於冰。
>
> 根據我對於慾望的體驗，
>
> 我同意毀滅於火的觀點。
>
> 但如果它必須毀滅兩次，
>
> 則我想我對於恨有足夠的認識
>
> 可以說在破壞一方面，冰
>
> 也同樣偉大，

*發表文章時為臺灣師範大學英語系三年級生，現為中央研究院歐美研究所特聘研究員，中山大學合聘教授

[1]余光中，〈逍遙遊〉，《逍遙遊》（臺北：大林書店，1969 年），頁 159。

[2]佛洛斯特作，余光中譯，〈火與冰〉，收於林以亮編，《美國詩選》（臺北：新亞出版社，1968 年），頁 164。

　　且能夠勝任。

　　後來在一篇評介佛洛斯特的文章中，余光中讚揚這首詩「將天文學和氣象學的預言與人性的現實融化在一起」。[3]根據余光中的評語，則詩中的「火」就是「慾望」的象徵，同時「冰」與「恨」也「融化在一起」而不可分了。慾望的上升，猶如火的焚燒；恨的加深，宛如冰的冷冽。在佛洛斯特的詩中，兩者是二而一的；冰和火一樣具有毀滅的力量，「同樣偉大，且能夠勝任。」

　　如果將余光中〈逍遙遊〉的句子跟佛洛斯特的詩作一比較，我們不難發現，兩人對於火這個意象簡直各執一詞，前者趨於肯定，後者則反，一正一負，相映成趣。事實上，作為一個原型意象，火的象徵意義也是正負兩面的。它可以是普洛米修斯（Prometheus）的火，也可以是特洛邑（Troy）的火。然而，不論是〈逍遙遊〉裡的肯定，或〈火與冰〉中的否定，我們相信，在余光中的文學經驗中，火對於他應該是一個極為熟悉的意象。最近重讀余光中的詩集《在冷戰的年代》[4]，除了更為肯定以上的看法外，尚且發現，火焰實在是余光中許多詩篇中經常出現的重要意象。在《在冷戰的年代》這一卷詩集裡，火焰意象層出不窮，或為主題旨，或為副題旨，或以火焰本身燃燒，或化身為其他有關的事物，一時火光熊熊，蔚為奇觀！

　　余光中認為「意象（imagery）是構成詩的藝術之基本條件之一。」[5]他說：「所謂意象，即是詩人內在之意訴之於外在之象，讀者再根據這外在之象試圖還原為詩人當初的內在之意。」[6]火焰既是余光中詩中的重要意象，那麼，了解這個意象所肩負的象徵意義，該是打開余光中詩的世界的一把極為有效的鑰匙；因此，我準備從《在冷戰的年代》中選出幾首詩，談談

---

[3]余光中，〈佛洛斯特〉，《英美現代詩選》（臺北：大林書店，1970 年），頁 129。
[4]余光中，《在冷戰的年代》（臺北：純文學出版社，1969 年）。本文所有引詩，皆出於這個版本。
[5]余光中，〈論意象〉，《掌上雨》（臺北：大林書店，1970 年），頁 9。
[6]同前註。

它們的火焰意象，並根據這「外在之象」來探索詩人的「內在之意」。

二

　　我在前面曾提到，火焰意象在余光中的詩裡頭蘊含著肯定的意義。這個意義在詩集《在冷戰的年代》有極精采的發揮，因而產生了更豐富、更多層次的含義。讓我們先談談〈想起那些眼睛〉這首詩。詩末的小註說明這是詩人到「成大演講後的感想」：

> 想起那些眼睛，噫，靈魂
> 你的火災不能夠熄滅
> 永遠，永遠，永遠

「那些眼睛」顯然是指臺下聆講的聽眾，更確切地說，是那些年輕的聽眾，因為「那些茫茫的眼睛／荒荒的眼睛，充滿信任／充滿責備和受傷的神情」。詩中的說話人是詩人本身，但卻以第二人稱的「你」出面。這有點兒像說話人攬鏡自照，然後對鏡中的「我」說話。這「你」「我」之間所產生的距離，使滲透全詩的使命感更形真實與加重。說得清楚一點，這距離使我們覺得，詩中的使命感是加諸於「你」的，並不是詩人自我陶醉的幻覺。可是，什麼是詩中的使命感呢？由詩的第二行我們即已曉得個中端倪。這第二行就是：「你的火災不能夠熄滅」。題旨的過早宣洩，無異於削減了使命感的懸宕及其所逐漸堆成的積壓力量；不過，這一切卻由詩行裡的火焰意象彌補了過來。余光中在這裡不用「火炬」、「火花」或類似的意象語，而偏偏採用「火災」，若非神來之筆，相信是深思熟慮後的選擇。先是，就正面意義來說，火災這一現象在視覺上頗為壯觀，擴大了意象的廣度，形成一股重量，積壓在目擊者的感覺上。其次，火災在日常生活中時有所聞，作為詩的意象容易產生真實感。何況火災的現象令人觸目驚心，出現在詩中自然令人側目。三是，這個意象有暗示詩人自焚的效果，造成

「捨我其誰」的境界；詩的最後第三行有「燃燒你自己，靈魂以及一切」
一句，可以印證這一點。由以上的分析看來，則火災的意義在這首詩中純
粹是抽象的，而且與現實中火災的毀滅性與破壞性不發生聯想。為方便討
論，讓我再引幾行詩：

> 想起如何，那些黑色的菱形
> 向你集中，那些長睫的陰影
> 向你舉起，要向你取暖
> 嚴寒夜，要向你索取
> 索取火，與火的意義

表面上，「火的意義」所指為何並不明顯。這種不直接指陳的結果有助於造
成意象的多義性；但為免對一首詩作過度的揣測或詮釋，我們還是自其他
意象中求取暗示。首先，「取暖」與「嚴寒夜」暗示了：這火將帶來暖熱。
其次，雖然「黑色的菱形」和「長睫的陰影」是形容「那些眼睛」，但既然
這些「菱形」與「陰影」主動來「索取火，與火的意義」，則這火必然能驅
走那些眼睛裡的「茫茫」、「荒荒」。換句話說，這火對他們必將有所啟示，
「陰影」這個意象正像「嚴寒夜」一樣，與火形成對比狀態。對「嚴寒
夜」而言，「火的意義」是熱；對「陰影」來說，是光。這正表示，火在詩
中除了供給暖熱之外，亦且是智慧之火，不停地自焚，不停地付出，不停
地放射光芒。所以在接近詩末時余光中依然堅持說：「你是／這場火災你必
須維持」。

在比這首詩稍早一點完成的〈九命貓〉中，余光中也曾經以火隱喻自
己：「但死亡不能將我全吹熄」。不論是在〈想起那些眼睛〉或〈九命貓〉
裡，余光中之自喻為火正說明了他對自我的肯定。

火焰意象在〈想起那些眼睛〉一詩中是主題旨，詩裡的其他意象都朝
它集中，靠攏。上文曾考察過余光中採用「火災」作為意象語的用意，其

中之一是，「火災」有暗示自焚的效果；在〈如果遠方有戰爭〉這首詩裡，
自焚的題旨再度出現，但這次是以副題旨出之，且自焚者已不是詩人，而
是一位尼姑：

> 如果一個尼姑在火葬自己
>
> 寡慾的脂肪炙響一個絕望
>
> 燒曲的四肢抱住涅槃
>
> 為了一種無效的手勢

〈如果遠方有戰爭〉的主題結構是「基於愛情與戰爭的對比」。[7]因
此，愛情與戰爭的意象在詩裡頭展覽式地穿插出現，頗有惠特曼（Walt
Whitman）目錄詩（catalogue verse）的況味。「尼姑在火葬自己」即是詩中
幾個戰爭意象之一。這意象充滿了悲天憫人的情懷，除了引發讀者對戰爭
的悲慘聯想外，且激發了人類痌瘝在抱的同情心。就詩論詩，上引的四行
詩還含蘊著強烈的戲劇性。假如說「尼姑在火葬自己」是手段，而「為了
一種無效的手勢」是目的，則前者的壯烈場面與後者的冷漠反應適成對
比。這對比是尖酸的，是「尼姑在火葬自己」的悲劇嘲弄。

　　同樣的，火焰意象在這首詩裡也有自我肯定的內蘊。尼姑肯定自我的
價值，以「火葬自己」表達一種籲求與渴望，隱約地表現了「我不下地
獄，誰來下地獄」的道德情操。同時，經由自焚，尼姑的形體消失，靈魂
得以淨化，超越塵世，而終至「抱住涅槃」。

　　顯然，「火葬」這一意象語在這首詩中是一體兩面的；它包含著對戰爭
的否定及對自我的肯定。這樣的用法，在余光中的詩中並不多見。但類似
的例子可以在〈時常我發現〉裡找到。

　　〈時常我發現〉又是一首以對比為結構的作品。跟〈如果遠方有戰

---

[7]顏元叔，〈余光中的現代中國意識〉，《談民族文學》（臺北：學生書局，1973 年），頁 175。

爭〉不同的是，它的對比構築在詩人的童年回憶與自己女兒的童年現狀上。詩的主題就在兩者的對比下展露出來。全詩以發現始，穿過緬懷，而以希望終。透過經驗的變換，個人的歷練可以反映整個民族的歷史，而小我的希望也由此擴展到大我的憧憬。這種個人與群體的結合，正是余光中許多作品的重要主題之一。

　　火焰意象是這首詩的主題旨。不過，它不是以火直接亮身，而是轉化為「反光」，並且是兩種「反光」：一是陽光，一是戰火。

> 但從她眼中的反光，可以確定
> 她所見的世界比我的美麗」

這是詩人女兒眼中的反光。下引的詩句告訴我們，這反光是屬於陽光的，和詩人小時候眼中的反光不同：

> 抗戰的孩子，眼中，也曾有反光
> 但反映的不是陽光，是火光。

　　兩種反光，象徵兩種類型的童年，也象徵兩個時代：火光屬於過去，陽光屬於現在（亦且延伸到未來）。過去和現在，在詩中既是並立，也是對比。作為主題旨的火焰意象，就在過去跟現在的並立與對比中，從戰火的否定推移到陽光的肯定。這否定與肯定之間，隱約暗示了生命與希望的傳遞。個人生命歷經了戰火的洗禮，內燃著希望，投射到下一代身上；這種生命和希望的傳遞，個人如此，推廣到整個民族，也沒兩樣。因此，剝去了火焰意象的表面含義，它應該還象徵著不斷燃燒的希望，與乎脫胎換骨的新生。

三

　　〈弄琴人〉和〈乾坤舞〉是兩首分別接觸到藝術的抒情作品。有趣的是，它們同樣都使用了火焰意象作為詩的主題旨。

　　〈弄琴人〉的結構是推進式的，以鋪陳的方式描述一個女人彈琴的情形。我一再細讀這首詩，深覺得其中有余光中的自塑意味，至少，余光中在這首詩裡寄託了他對藝術生命的看法。詩的一開始，余光中就應用了他拿手的矛盾語法：

> 冷冷地
> 鋼琴那精粹的白焰在炙焚
> 這樣好聞的
> 　　　　一截時間
> 她就這樣坐在火上
> 以殉道者的溫柔仔細地撥弄
> 黑獅子的一排白齒

第一個矛盾是字義上的，即第一行的副詞「冷冷地」與第二行的字句「白焰在炙焚」之間的矛盾。第二個矛盾是動作上的。「冷冷地」暗示著寂靜的狀態，而「白焰在炙焚」，此起彼落，顯然是一種動態。兩者並存於同一活動中，一靜一動，既屬矛盾，又是和諧。

　　「那精粹的白焰在炙焚」應該是鋼琴音樂的形象化，白焰炙焚後再冉升起，在視覺上頗有孤遠之感。它所產生的味道，也充塞了時間，形成了「這樣好聞的／一截時間」。「好聞的」是雙關語，既是形容這「一截時間」的充實、美妙，也同時暗示著動人的音樂令人陶醉。弄琴人「就這樣坐在火上」。「火」在這裡是前面「白焰在炙焚」的回響，指的也是音樂。弄琴人「坐在火上」象徵著她被音樂包圍著，並沉迷其中。就另一個層次

而言，它又肩負著火焰意象在余光中作品裡經常蘊含的一個重要意義，那就是自焚。自焚象徵著一種投入、一種歷練、一種淨化、一種再生，也是一扇通向永恆的門。接下去的兩行都是隱喻。把弄琴人喻爲「殉道者」，透露了藝術家的悲劇性，並且使前面所說的自焚意義更爲明顯。另外，喻琴身爲「黑獅子」，琴鍵爲牠的「一排白齒」，豈不說明了余光中也感到藝術不是好惹的？

接著，詩人又覺得「她的手／有一種催眠的姿勢／她的手說一種好聽的方言」。正當陶醉在這「好聽的方言」時，他驚覺到：

　　而時間，怎麼愈炙愈芬芳

這一詩句，只不過是〈逍遙遊〉中「在時間裡自焚」這一題旨的變奏。此地的「時間」，是前面「一截時間」的延長（注意：「一截」二字已去掉）；而「愈炙愈芬芳」也暗示這截時間具有不朽或永恆的可能性。從〈逍遙遊〉到〈弄琴人〉，可以看出，余光中對於藝術生命的態度是一貫的。他在一篇紀念葉慈（W.B. Yeats）的文章裡，稱讚「葉慈真是一個敢在時間裡縱火自焚的憤怒老年」；[8]余光中一再強調時間對藝術生命的挑戰和考驗，是不是有意立此爲證呢？

〈乾坤舞〉一詩企圖藉文字以傳達舞蹈藝術，或者說，余光中有心要以詩的語言來詮釋舞蹈的形式與內容。這首副題「爲黃宗良舞蹈會作」的作品共分四節，全詩以動作取勝。余光中在詩中力求擺脫主觀想像，而代之以較客觀的描寫，來闡釋舞蹈的動作。然而，既是一首以詮釋爲出發點的詩，主觀想像仍是無法避免的。比較上來說，首二節較接近客觀，後兩節則主觀闡釋的成分居多。而這兩節的主觀闡釋又多環繞著火焰意象：

---

[8]余光中，〈老得好漂亮〉，《望鄉的牧神》（臺北：純文學出版社，1968 年 7 月），頁 117。

當兩個歡愉的生命

在尋找一個神祕的焦點

將一切點成一叢火焰

將豹的雄健

鷗的嫻嫻，猝然

的驚呼，看，他的髮引燃

引燃了她的眼

而美麗的火災裡

分也分不清的一個八肢體

竟唱起一首旋轉的歌來

「將一切點成一叢火焰」顯然在詮釋舞者──「兩個歡愉的生命」──所
追求的意境。「一切」是個極富概括性的字眼，在這裡恐怕是指整個舞蹈演
出。這「一切」只為了追求「一叢火焰」──象徵舞蹈完美純粹的意境。
因此，到了詩的最後一節，兩個舞者就完完全全浴在這個意境裡，以致於
「他的髮引燃／引燃了她的眼」。「美麗的火災」是前面「一叢火焰」的延
伸與擴展，換言之，舞蹈的完美意境已更形廣闊與深邃。我們在分析〈想
起那些眼睛〉時，曾對火災這個意象語做過一番探討；同一個意象語，就
意義來說，在〈乾坤舞〉裡，它比較接近〈弄琴人〉裡的象徵意義。它除
了是舞蹈意境的延伸與擴展，亦且是舞蹈藝術本身，就像弄琴人的音樂一
樣。此外，它的自焚意義也和〈弄琴人〉裡的頗為相似，舞者在「美麗的
火災裡」，好比弄琴人「坐在火上」，同樣在自焚，同樣在奮力超越，追求
藝術生命的永恆！

四

　　討論余光中詩裡頭的火焰意象，有一首詩是不能不談的。那就是〈火

浴〉。〈火浴〉詩長 57 行，共分五節，每一節可視爲一個單元。儘管每一單元所處理的課題不盡相同，但卻彼此關聯，而且單元與單元之間順序進展，至爲緊湊，主題就在這種推進的結構中呈露出來。

〈火浴〉每一單元的重心，大抵可以簡述如下：

第一單元：以火和水的對比顯示選擇的困難。

第二單元：比較象徵冰浴的天鵝與火浴的鳳凰。

第三單元：由徬徨而進入最後的抉擇。

第四單元：經由火浴，通過淨化，終於獲得新生。

第五單元：尾聲——詩人重申自我的不朽。

綜觀全詩，重心似乎放在選擇的過程中，從第一單元到第三單元，全與選擇有關。由困惑而比較，而抉擇，在在都顯示了詩人在選擇當時的精神狀態。肯定的過程較爲簡單，包括第四單元與第五單元。這兩個單元涉及了詩人的自我煎熬及永恆的追求。

〈火浴〉的主題結構建立在幾個接二連三的歷程上，從選擇到肯定，結構有序，每一歷程都在幫助主題的浮現。我們先看第一單元。組成第一單元的架構是水與火的對比，在這一節詩裡，余光中再度應用類似目錄詩的手法，以對比的方式排列了火與水的象徵：

　　　向不同的空間，至熱，或者至冷

　　　不知該說上升，或是該下降

　　　該上升如鳳凰，在火難中上升

　　　或是浮於流動的透明，一鷲天鵝

　　　……

　　　有一種嚮往，要水，也要火

　　　一種慾望，要洗濯，也需要焚燒

　　　……

　　　沉澱的需要沉澱，飄揚的，飄揚

赴水為禽，撲火為鳥

　　一連串的對比，暗示詩人面臨選擇的徬徨。水與火的象徵，在排列上時有交換，如上引的八行詩；首四行是火的排先，後四行則是水的居首。這樣的排列法，也許要兼顧詩的音樂性，或許是要在形式上強調兩者之間選擇之不易。但是這樣的安排顯然也加強了詩人踟躕兩難的戲劇性效果，使進退維谷的困境更形具體。終於詩人問：「火鳥與水禽／則我應選擇，選擇哪一種過程？」

　　到了第二個單元，詩人的情緒已趨於冷靜，他以跡近分析的手法，比較了天鵝與鳳凰——沐浴與火浴的具體象徵。這一節的 13 行中，六行描寫天鵝，其餘七行則刻畫鳳凰。在這一節詩裡，詩人刻意捕捉並堆砌意象，企圖突出天鵝和鳳凰的精神與境界。簡單地說，天鵝屬於寒帶的西方，牠「游泳在冰海」：

那裡冰結寂寞，寂寞結冰
寂寞是靜止的時間，倒影多完整

這兩行是對冰海的描繪。抽象名詞「寂寞」的反覆展現，加上「靜止」和「完整」這兩個形容詞，襯托出了天鵝那靜寂冰冷的境界。再看鳳凰。鳳凰屬於「炎炎的東方」：

從火中來的仍回到火中
一步一個火種，踏著烈焰
燒死鴉族，燒不死鳳雛
一羽太陽在顫動的永恆裡上升

和天鵝不同的是，鳳凰的活動空間是熊熊炙熱的烈焰裡。「從火中來的

仍回到火中」，余光中的鳳凰是屬於傳說中由自焚而獲得新生的鳳凰。牠「蹈著火焰」，「在顫動的永恆裡上升」。即連永恆也是「顫動的」，鳳凰的境界自是一個永不休止的活動境界，若冰浴是天鵝淨化的過程，而火浴是鳳凰淨化的過程，則根據上述的分析，沐浴是靜寂的，火浴卻是活動的。這兩個極端相背的境界構成了詩中尖銳的對比。

經過了一場分析、比較與辯論，詩人抽離了自我，到了詩的第三單元。在抉擇之前，他向靈魂呼告（apostrophize）：

　　則靈魂，你應該如何選擇？
　　你選擇冷中之冷或熱中之熱？
　　選擇冰海或是選擇太陽？

這是在抉擇之前的最後一次疑慮，因爲一經選擇，就要毅然向前。接著他提醒靈魂：

　　或浴於冰或浴於火都是完成
　　都是可羨的完成，而浴於火
　　火浴更可羨，火浴更難
　　火比水更透明，比水更深
　　火啊，永生之門，用死亡拱成

詩行間所流露的比較語氣使選擇火浴的傾向和決心趨於肯定。在氣氛的營造上，「火」字的一再出現，令人感覺到火光熊熊，烈焰四處，似乎自焚淨化的儀式即將進行。自焚是必須的，因爲「永生之門，用死亡拱成」。

氣氛既已營造，並且也作了選擇，終於，到了第四個單元，詩人「嚼火的那種意志」開始催他行動。於是，他化身爲鳳凰，投身火焰，去接受「千杖交笞，接受那樣的極刑」。雖然「烙背／黥面，紋身，我仍是我，仍

是／清醒的我」。肉體上的煎熬，益發使他保持自我的清醒。通過自焚和淨化，詩人終於獲得了新生：

> 張揚燃燒的雙臂，似聞遠方
> 時間的颶風在嘯呼我的翅膀
> 毛髮悲泣，骨骸呻吟，用自己的血液
> 煎熬自己，飛，鳳雛，你的新生！

「燃燒的雙臂」、「毛髮悲泣」、「骨骸呻吟」、「用自己的血液／煎熬自己」等意象都描述在淨化過程中身心所受到的磨難與痛苦。「時間的颶風在嘯呼我的翅膀」暗示苦刑的延長與加劇，另一方面，也可以說是「敢在時間裡自焚」這一題旨的變奏。經歷了自焚淨化之後，詩人終於化為一隻鳳凰，自烈焰中沖飛而出，獲得再生。

全詩至此，已近尾聲。最後一個單元是詩人的自白，歡愉於自己的選擇，並肯定自我的永恆：

> 藍墨水中，聽，有火的歌聲
> 揚起，死後更清晰，也更高亢

「藍墨水」這個意象語指出了詩人的身分。「火的歌聲」是永恆的歌聲。因此，上引的兩行詩充分肯定了詩人的不朽。余光中曾說：「葉慈嘗期不朽於無身（〈航向拜占庭〉中所云 once out of nature），但他很明白，無身之不朽只有在有身之年始能完成。」[9]這一句話，豈不是可以用來作「火浴」最後一個單元的註解？余光中也很明白，做為一個詩人，他無時無刻不在自焚，經由這種自焚，方能冀望自我的不朽，「火的歌聲」方能「揚起」，方

---

[9]同前註。

能在「死後更清晰，也更高亢」。

火焰意象無疑是〈火浴〉一詩的主題旨。從第一個單元到最後一個單元，沒有一個單元不與火焰意象有關。像文中所討論過的幾首詩一樣，余光中在〈火浴〉中再度賦予火焰意象正面積極的意義。比較上來說，在其他使用火焰意象的詩裡，余光中只是在暗示，自焚可以導致永恆或不朽；但在〈火浴〉一詩，他卻放棄了一貫的暗示手法，直言這種「不滅的嚮往」經由自焚可以實現或完成。因此，〈火浴〉可說是余光中戀火情結的極致表現。

五

試把本文所討論的六首詩貫穿起來看，我們不難發現，余光中作品裡的火焰意象在象徵意義上是前後一致的。不論是〈想起那些眼睛〉裡的生命之熱與智慧之光，〈如果遠方有戰爭〉中對戰爭的否定及對自我的肯定，抑或是〈時常我發現〉裡的希望與憧憬，〈弄琴人〉及〈乾坤舞〉中對藝術生命的期許與肯定，乃至於〈火浴〉中的淨化與永恆，它們的意義都是正面的。這正面的意義即構成了火焰意象的一致性。

有些詩人固執於某些意象，其程度往往近乎迷信。火焰之於余光中，猶草、葉之於惠特曼，樹木與雪之於佛洛斯特。這種固執或是出於偏愛，或是由於潛意識，但想進一步了解詩人的作品，掌握這些意象的象徵意義是非常重要的。準此，則本文的寫作，正是為了提供幾點線索，以追蹤余光中詩的「內在之意」。

──選自李有成《文學的複音變奏》

臺北：九歌出版社，2006 年 12 月

余光中的大品散文

◎黃國彬[*]

　　世界上某些先進的工廠，有所謂品質圈，[1]負責監控廠內生產過程，以保證所有產品的質量能達到最高水平。

　　在散文創作中，余光中也有品質圈，負責監控想像熔爐的運作。因此，余光中 30 年來的產品，質量都十分高。[2]余光中評樂論畫的長文，固然開出了叫人驚喜的天地，即使說理寫人的小小品，如〈在水之湄〉和〈宛在水中央〉，也能給讀者不少欣悅。譬如他的〈在水之湄〉中的一段話：

> 葉珊和我，相近之處甚多，相遠之處亦復不小。……他顧盼之間，富於
> 名士風味，雖未深入希癖之境，對於理髮業的生意，亦殊少貢獻；我的
> 生活，相形之下，就斯巴達得多。他和少聰結婚四年，人口政策一直嚴
> 守道德經的古訓，我一時失策，竟為中國的「人口爆炸」添了一份威
> 力，結果是尾大不掉，狼狽如一隻飛不起的風箏。[3]

寥寥百多字，謔而不虐，有梁實秋《雅舍小品》的幽默從容。至於〈朋友四型〉、〈借錢的境界〉、〈催魂鈴〉、〈我的四個假想敵〉一類名篇，雖然長

---

[*]發表文章時為嶺南大學翻譯系教授，現已退休。

[1]品質圈，英語為 quality circle；一譯品質控制小組。

[2]這裡所談的散文，是廣義散文，不光指英文。所謂廣義散文，筆者在〈智、仁、勇以外——魏京生的散文〉裡，有頗詳細的交代，在此不贅。拙文見《文學札記》（臺北：三民書局，1994 年），頁 221～260。

[3]《焚鶴人》（臺北：純文學出版社，1981 年），頁 165。

短各異，題材互殊，其爲好散文一也。

　　余光中的散文，風格多元，題材廣闊，全面的成就已有公論，在此無須重複。[4]可是，余氏的散文中，該數哪一類最出色呢？這樣的問題，我們當然可以避而不問；即使有人問起，也可以避而不答，以一兩句外交辭令交代過去：「好散文就是好散文嘛！幹嗎要分高下？何況散文因題材不同，有時會像橘子和蘋果一樣，不能加以比較。」

　　可惜這樣的問題，有時卻不能迴避。以我個人的經驗而言，過去幾年，我一直教 20 世紀中文文學。由於一學年之中既要討論小說，又要賞析詩歌、散文，所割之愛頗多。以散文的賞析爲例，半個學期之內，我只能蜻蜓點水般從數位作家的作品中，每位選講一篇。選到余光中的作品時，問題就來了：「余光中的散文，質優量豐，該選哪一篇呢？」如果沒有時間限制，我自然會多選幾篇；其中包括〈朋友四型〉、〈借錢的境界〉、〈催魂鈴〉、〈我的四個假想敵〉……。可是，一學年 28 個星期之中，只有七個星期供我談散文，我就要這樣問自己了：「余光中的散文中，哪一些最能表現余氏想像熔爐的最高溫呢？」不錯，讀畢〈在水之湄〉、〈宛在水中央〉〈朋友四型〉、〈借錢的境界〉、〈催魂鈴〉、〈我的四個假想敵〉……學生都可以得益不淺；而且這類作品是散文正格，學生和初習散文創作的人，都較易入手。可是，要在短短的一兩個鐘頭內向學生介紹余光中的散文世界，考慮就不同了。我的考慮是：在短短的一兩個鐘頭內，應該讓學生看到余氏想像熔爐在最高溫的情況下如何運作。以武俠小說爲喻，我要學生在一兩個鐘頭內管窺余光中的獨門武功。〈朋友四型〉、〈借錢的境界〉、〈催魂鈴〉、〈我的四個假想敵〉……都是好散文，但不算余光中的絕技，因爲寫這類散文而又寫得出色的，五四以來，除了余光中，還有別的作家。我要介紹的余氏作品，應該能達到余光中所提出的標準：

---

[4]有關論者對余光中作品的評價，可參考黃維樑編，《火浴的鳳凰：余光中作品評論集》（臺北：純文學出版社，1979 年）和《璀璨的五采筆：余光中作品評論集 1979～1993》（臺北：九歌出版社，1994 年）。

在〈逍遙遊〉、〈鬼雨〉一類的作品裡，我倒當真想在中國文字的風火爐中，煉出一顆丹來。在這一類的作品裡，我嘗試把中國的文字壓縮，槌扁，拉長，磨利，把它拆開又拼攏，折來且疊去，為了試驗它的速度、密度、和彈性。我的理想是要讓中國的文字，在變化各殊的句法中，交響成一個大樂隊，而作家的筆應該一揮百應，如交響樂的指揮。[5]

在余光中的創作歷程中，能符合上述條件的散文頗多，引文中提到的〈逍遙遊〉和〈鬼雨〉，是其中的兩篇。在〈逍遙遊〉和〈鬼雨〉之後，余光中仍然有許多精品，以同樣的高溫冶鍊而成，其中以 40 歲前後所寫的最為重要。在這個時期，余光中踔厲風發，以盛年之筆接受各種新經驗、大經驗（尤其是旅美經驗）的挑戰，寫出了一篇接一篇神氣貫注、想像奇偉的作品，升到了五四以來罕有的高度。這些作品，和五四各家的出色散文以至余氏的其他名篇比較，都有顯著的分別：五四各家的出色散文以至余氏的其他名篇都是好作品，但不算太罕見。〈逍遙遊〉、〈鬼雨〉、〈咦呵西部〉、〈聽聽那冷雨〉一類作品不但好，而且好而罕見，能前人所不能，能前人所未能，是中國散文史上的高峰兼奇峰。常言「物以罕為貴」。余光中的這類散文能做到好而罕，所以特別可貴。〈朋友四型〉、〈借錢的境界〉一類文字，無疑都雋永幽默，情趣和理趣兼備，但這類佳篇，在梁實秋的散文集裡也可以找到。〈噪音二題〉、〈蝗族的盛宴〉、〈幽默的境界〉等幾篇，冶幽默和諷刺於一爐，也十分難得，但也有梁實秋、錢鍾書的作品為侶。〈逍遙遊〉、〈鬼雨〉、〈咦呵西部〉、〈聽聽那冷雨〉等作品就不同了；這類作品，在五四以來的散文集裡都不易找到；即使相近而未逮的，也為數寥寥。[6]

余光中的這類散文，出色而罕見，在五四以來的散文史上嶽峙寡儔，

---

[5]《逍遙遊》（臺北：大林出版社，1969 年 7 月），頁 208。
[6]譬如徐志摩的〈我所知道的康橋〉和〈北戴河海濱的幻想〉，在五四的散文中也頗為凸出，但和余光中的這類散文比較，仍有頗大的距離。

以「大品」一詞形容，庶幾能標出其獨特之處。

「大品」一詞，《漢語大辭典》收錄了三種用法：

> （1）指佛經之全本或繁本，與節略本的「小品」相對。南朝劉義慶《世
> 說新語‧文學》:「殷中軍讀小品。」南朝劉孝標注:「釋氏《辨空經》有
> 詳者焉，有略者焉，詳者為大品，略者為小品。」（2）佛經名。即《大
> 品般若經》。亦泛指佛經。……（3）〔英 Major Order〕又譯作「高級神
> 品」。天主教、東正教高級神職人員的品位。東正教一般把主教、神甫和
> 助祭列為大品，而天主教一般把副助祭也列入大品。[7]

本文所謂的大品，一方面和「小品文」中的「小品」相對，一方面取
第二、三種解釋中地位高出凡品的聯想。

與非大品散文相比，余光中的大品散文有多種特色。首先，正如「大
品」中的「大」字所指，就篇幅而言，大品散文比一般散文長。在大品散
文裡，余光中的筆勢、想像有較大——甚至極大——的空間去馳騁；情形
有點像米開朗傑羅（Michelangelo）繪《創世紀》，貝多芬作《第五交響
曲》。在《逍遙遊》的後記裡，余光中說過:「要讓中國的文字，在變化各
殊的句法中，交響成一個大樂隊，而作家的筆應該一揮百應，如交響樂的
指揮杖。」這段言志文字，道出了大品散文的基本特色。寫大品散文時，
余光中的想像[8]是一架波音七四七巨型客機，需要又闊又長的跑道起飛，也
需要浩瀚的空間去展示壯觀的翔姿。余光中的想像，如果受篇幅局限，就
無從在混沌裡為〈逍遙遊〉、〈鬼雨〉、〈咦呵西部〉、〈聽聽那冷雨〉賦形，
以這一標準衡量，〈宛在水中央〉和〈在水之湄〉就難以位居大品之列了。

篇幅只是形相。作品光有篇幅而缺乏想像，就如一架古老細小的雙翼
機苦升入廣闊的天空，翔姿無論如何都說不上壯觀。一個平庸的畫工，坐

---

[7]見《漢語大詞典》「大品」條。
[8]這裡所謂的想像，是指作者的全部創作力。

擁西斯丁教堂，也是徒然；一個拙劣的樂匠，有十億個音符可用，也寫不出《第五交響曲》那樣的仙音。

　　余光中大品的第二個特色，是奇特橫放、天風海雨式的想像。提到這一特色，必須先談他的名篇〈鬼雨〉。〈鬼雨〉是典型的余光中大品，寫剛出生的愛子不幸夭逝，感人至深。這篇大品與一般的悼念文章有很大的分別：一般的悼念文章，鮮能把個人的傷痛提升到這樣的高度。在文章中，作者先寫愛子的噩耗，次寫課堂，再寫簡單而悲切的葬禮，最後藉一封信層層深入，縱論生死間抒發內心的哀痛。以物理世界的標準衡量，文章的空間不算太廣；但經作者縱其恣肆的想像，輔以意識流手法，空間（包括心理空間、聯想空間）乃大大擴闊而囊括死生，悲愴傷痛也隨著加深加厚：

> 南山何其悲，鬼雨灑空草。雨在海上落著。雨在這裡的草坡上落著。雨在對岸的觀音山落著。雨的手很小，風的手帕更小，我腋下的棺材更小更小。小的是棺材裡的手。握得那麼緊，但甚麼也沒有握住，除了三個雨夜和雨天。潮天溼地。宇宙和我僅隔層雨衣。雨落在草坡上雨落在那邊的海裡。海神每小時搖他的喪鐘。[9]
>
> 我卻困在森冷的雨季之中。有雪的一切煩惱，但沒有雪的爽白和美麗。溼天潮地，雨氣蒸浮，充盈空間的每一個角落。木麻黃和猶佳利樹的頭髮全溼透了，天一黑，交疊的樹影裡擰得出秋的膽汁。伸出手掌，涼蠕蠕的淚就滴入你的掌心。太陽和太陰皆已篡位。每一天都是日蝕。每一夜都是月蝕。雨雲垂翼在這座本就無歡的都市上空，一若要孵出一隻凶年。……[10]……雨在這裡下著。雨在遠方的海上下著。雨在公墓的小墳頂，墳頂的野雛菊上下著。雨在母親的塔上下著。雨在海峽的這邊下著雨在海峽的那邊，也下著雨。巴山夜雨。雨在 20 年前下著的雨在 20 年

---

[9] 〈鬼雨〉，《逍遙遊》，頁 137。
[10] 同前註，頁 140～141。

後也一樣地下著，這雨。……今夜的雨裡充滿了鬼魂。濕漓漓，陰沉沉，黑森森，冷冷清清，慘慘悽悽切切。今夜的雨裡充滿了尋尋覓覓，今夜這鬼雨。落在蓮池上，這鬼雨，落在落盡蓮花的斷肢斷肢上。連蓮花也有誅九族的悲劇啊。蓮蓮相連，蓮瓣的千指握住了一個夏天，又放走了一個夏天。現在是秋夜的鬼雨，嘩嘩落在碎萍的水面，如一個亂髮盲睛的蕭邦在虐待千鍵的鋼琴。許多被鞭笞的靈魂在雨地裡哀求大赦。魑魅呼喊著魍魎回答著魑魅。月蝕夜，迷路的白狐倒斃，在青狸的屍旁。竹黃。池冷。芙蓉死。地下水腐蝕了太真的鼻和上唇。西陵下，風吹雨，黃泉醞釀著空前的政變，芙蓉如面。蔽天覆地，黑風黑雨從破穹破蒼的裂隙中崩潰了下來，八方四面，從羅盤上所有的方位向我們倒下，搗下，倒下。女媧煉石補天處，女媧坐在彩石上絕望地呼號。石頭記的斷線殘編。石頭城也氾濫著六朝的鬼雨。鬱孤臺下，馬嵬坡上，羊公碑前，落多少行人的淚。也落在湘水。也落在瀟水。也落在蘇小小的西湖。黑風黑雨打熄了冷翠燭，在蘇小小的小小的石墓。瀟瀟的鬼雨從大禹的時代便瀟瀟下起。雨落在中國的泥土上。雨滲入中國的地層下。中國的歷史浸滿了雨漬。似乎從石器時代到現代，同一個敏感的靈魂，在不同的軀體裡忍受了無盡的荒寂和震驚。……[11]

為了避免破壞原文一氣呵成的效果，為了展示余光中的健筆與酣時如何凌厲，如何大幅度在時間、空間左迴右旋，如何在物理空間之外創造廣闊的聯想空間、感情空間，又如何藉客觀世界的大量實景、實物和文學作品中的大量典故把內心的哀痛擴闊加深，我花了頗長的篇幅引述〈鬼雨〉。〈鬼雨〉一文，不但有余光中重視的許多優點，諸如「彈性」、「密度」、「質料」；[12]而且收放有度。剛寫完愛子的噩耗，筆鋒已經陡移，急伸向課堂和莎士比亞的作品，以冷峻的幽默調劑悲情，寓大揚於大抑，一轉一折都是

---

[11] 〈鬼雨〉，《逍遙遊》，頁 140～142。
[12] 參看余氏的評論文章〈剪掉散文的辮子〉，見《逍遙遊》，頁 27～38。

功力的表現。不過這些優點需要另一篇文章詳析；在此只須指出，像〈鬼雨〉那樣的想像幅度，在五四以來的散文中極為罕見。

　　奇特橫放、天風海雨式的想像到了另一篇大品〈逍遙遊〉裡，展示的又是另一種翔姿。請看作者如何描寫物理的時空：

　　於是大度山從平地湧起，將我舉向星際，向萬籟之上，霓虹之上。太陽統治了鐘錶的世界。但此地夜猶未央，光族在鐘錶之外閃爍。億兆部落的光族，在令人目眩的距離，交射如是微渺的清輝。半克拉的孔雀石。七分之一的黃玉扇墜。千分之一克拉的血胎瑪瑙。盤古斧下的金剛石礦，天文學採不完萬分之一。天河蜿蜒著敏感的神經，首尾相銜，傳播高速而精緻的觸覺，南天穹的星閣熱烈而顯林地張著光幟，一等星、二等星、三等星，爭相炫耀他們的家譜，從 Alpha 到 Beta 到 Zeta 到 Omega，串起如是的輝煌，迤邐而下，尾掃南方的地平。亙古不散的假面舞會，除倜儻不羈的彗星，除愛放煙火的隕星，除垂下黑面紗的朔月之外，星圖上的姓名全部亮起。……

北天的星貌森嚴而冷峻，若陽光不及的冰柱。最壯麗的是北斗七星。這局棋下得令人目搖心悸，大惑不解。自有八卦以來，任誰也挪不動一隻棋子，從天樞到瑤光，永恆的顏面億代不移。……

……未來的大劫中，惟清醒可保自由。星空的氣候是清醒的秩序。星空無限，大羅盤的星空啊，創宇宙的抽象大壁畫，玄妙而又奧祕，百思不解而又百讀不厭，而又美麗得令人絕望地讚嘆。天河的巨瀑噴灑而下，蒸起螺旋的星雲和星雲，但水聲夐渺得永不可聞。光在卵形空間無休止地飛啊飛，在天河的漩渦裡作星際旅行，無所謂現代，無所謂古典，無所謂寒武紀或冰河時期。美麗的卵形裡誕生了光，千輪太陽，千隻碩大的蛋黃。……然則我是誰呢？我是誰呢？呼聲落在無迴音的，島宇宙的

　　邊陲。……你是空無。你是一切。無迴音的大真空中，光，如是說。[13]

經余光中的健筆一揮，時空的無垠、宇宙的神祕就展現在讀者眼前，使人
想起他的〈天狼星〉：

　　牽開積雲，渾沌的謎底就揭曉
　　　氤氳的上頭
　　　濛鴻的背後
　　暴風雨的另一端，有誰看鐘錶？

　　禿鷲迴異，無窮靜從此開始
　　　神話的面具
　　　星象的旗語
　　大哉廣場，光年無礙任奔馳

　　天狼屬嗥吧，在風的背上
　　　把光族都叫醒
　　　狺狺把太白星
　　叫起來掃曙天欲破的殘霜[14]

作者以「逍遙遊」為篇名，並且在文中引用莊子，顯然有見賢思齊，與南
華老仙呼應之意。讀了這篇文章，看了文中「怒而飛，其翼若垂天之雲」
的筆勢，筆者覺得，余光中的確可以隔著兩千多年，與莊子相視而笑，莫
逆於心。

　　在〈鬼雨〉和〈逍遙遊〉裡，我們可以看出，余光中的想像在最遒
勁、最酣暢的時候，往往可以視文章所需，縱橫上下古今，由個人而家國

---

[13] 《逍遙遊》，頁154～160。
[14] 《天狼星》（臺北：洪範書店，1981年），頁82～83。

而歷史而神話。在另一篇大品散文〈聽聽那冷雨〉裡，余光中的想像再度搏扶搖而起，由驚蟄剛過的雨季寫到中國，寫到中國的文字，再寫到美國、臺灣……想像輻射而出後在虛實之間往來穿梭，景物、文化、歷史以至個人的情懷都奔赴筆端。在古典文學史上，寫雨寫得最出色的詞是蔣捷的〈虞美人〉；在現代散文史上，寫雨寫得最出色的散文大概要數余光中的〈鬼雨〉和〈聽聽那冷雨〉了。

　　余光中大品散文的第三個特色，是超卓的寫景技巧。按題材分類，散文有多種：抒情、敘事、詠物、寫人、說理、議論、表意、繪景等等（有時候，作者可以按需要把各體交融，在文章裡同時抒情、敘事、說理、繪景。）縱觀五四以來的散文，作家在抒情、敘事、詠物、寫人、說理、議論、表意等領域都有出色的表現。以表意為例，報紙的專欄雖然水平參差，發表意見時倒有頗可觀的成績，至於說理或議論，過去幾十年能夠在半瓣花上說人情，能夠在幽默、諷刺、情趣、理趣間從容逍遙的散文家也不在少數。可是，要在五四以來的散文集裡找一篇出色的寫景文字（尤其是壯麗的寫景文字），就不太容易了。一般的散文作者，面對一座巍峨的大山、一條雄壯的長河、一幅電光煜燁、雷霆滾滾的夜空，不是視而不見，聽而不聞，就是避重就輕，虛應故事，說眼前的景象「雄偉壯觀／美不勝收，非筆墨所能形容」；或者索性躲懶，驅古人的詩詞效勞；不躲懶的，即使勉強舉筆，也挑不起眼前的奇景、偉景，彷彿屈原、李白、杜甫、蘇軾、酈道元、王思任、徐霞客等名家的丹青妙筆再沒有傳人。

　　事實呢，當然並非如此，只不過善於寫景的作家少而又少罷了。在這批少數作家中，余光中是十分出色的一位。面對各種景色，余光中都能向讀者證明，他手中所握，是擅繪丹青之筆。試看他如何寫日出：

　　　清闊的空間引爆出一陣集體的歡呼。就在同時，巍峨的玉山背後，火山　　　猝發一樣迸出了日頭，赤金晃晃，千臂投手向他們投過來密密集集的鏢　　　鎗。失聲驚呼的同時，一陣刺痛，他的眼睛也中了一鎗。簇簇的光，簇

　　新簇新的光，剛剛在太陽的丹爐裡煉成，蝟集他一身。在清虛無塵的空
　　中飛啊飛啊飛了八分鐘，撲倒他身上這簇光並未變冷。巨銅鑼玉山上捶
　　了又捶，神的噪音金熔熔的讚美詩火山熔漿一樣滾滾而來，觀禮的凡人
　　全擎起雙臂忘了這一種無條件降服的儀式在海拔七千呎以上。一座峰
　　接一座峰在接受這樣燦爛的祝福，許多綠髮童子在接受那長老摩挲頭
　　顱。一久，福建和浙江也將天亮。然後是湖北和四川。廬山與衡山。秦
　　嶺與巴山。然後是漠漠的青海高原。溯長江溯黃河而上噫吁戲危呼高哉
　　天蒼蒼野茫茫的崑崙山天山帕米爾的屋頂。太陽撫摸的，有一天他要用
　　腳踵去膜拜。[15]

文中以「鏢鎗」、「丹爐」比喻陽光，比喻太陽，以聽覺、視覺、觸覺交融
的意象狀日出的輝煌顯赫（「巨銅鑼玉山上捶了又捶，神的噪音金熔熔的讚
美詩火山熔漿一樣滾滾而來」），都新穎脫俗；結尾幾句（「一座峰接一座峰
在接受這樣燦爛的祝福……然後是湖北和四川。廬山與衡山。秦嶺與巴
山。然後是漠漠的青海高原。溯長江溯黃河而上噫吁戲危呼高哉天蒼蒼野
茫茫的崑崙山天山帕米爾的屋頂」），展示太陽由東而西的軌跡，廣闊的畫
面使人想起李白的〈關山月〉：

　　明月出天山，
　　蒼茫雲海間。
　　長風幾萬里，
　　吹度玉門關。

在大品散文中，余光中不論寫顏色還是寫光影，都能為讀者的眼界開闢新
領域：

---

[15] 〈山盟〉，《聽聽那冷雨》（臺北：純文學出版社，1983 年），頁 20。

快要燒完了。日輪半陷在半紅的灰爐裡，越沉越深。山口外，猶有殿後的霞光在抗拒四圍的夜色，橫陳在地平線上的，依次是驚紅駭黃悵青惘綠和深不可泳的詭藍漸漸沉溺於蒼黛。怔望中，反托在空際的林影全黑了下來。[16]

雨天的屋瓦，浮漾濕濕的流光，灰而溫柔，迎光則微明，背光則幽暗，對於視覺，是一種低沉的安慰。[17]

　　傑出的作家都善於以文字捕捉感官經驗。捕捉感官經驗的途徑因人而異：有時是白描，有時是比喻。錢鍾書以借喻、明喻寫睡，是一途：

鴻漸睡夢裡，覺得有東西再撞這肌理稠密的睡，只破了一個小孔，而整個睡都退散了，像一道滾水似的注射冰面……[18]

楊萬里以借喻、白描寫新晴晚步所見，是另一途：

嫩水春來別樣光，

草芽綠甚卻成黃。

東風似與行人便，

吹盡寒雲放夕陽。

急下木車踏晚晴，

青蛙步步有沙聲。

忽逢野沼無人處，

兩鴨浮沉最眼明。[19]

---

[16]同前註，頁 18。

[17]〈聽聽那冷雨〉，《聽聽那冷雨》，頁 35。

[18]錢鍾書，《圍城》（香港：天地圖書公司，1991 年），頁 173。

[19]楊萬里，〈丁亥正月新晴晚步〉二首。

像古今出色的作家一樣，余光中寫景時也會因材施法，以白描、明喻、借喻等技巧把眼前的經驗手到擒來。有時候，他更會全方位出擊，同時訴諸讀者的視、聽、嗅、味、觸五種感官。〈聽聽那冷雨〉一文所用的就是這種手法。讀完這篇散文，讀者的視覺、聽覺、嗅覺、味覺、觸覺都會得到高度的滿足。區區的一滴雨，無色、無臭、無味，到了余光中筆下，竟能由平淡化爲神奇，「不但可嗅，可觀，更可以聽」，[20]可以舔，足見作者感覺敏銳，筆觸既細且深。

在 40 歲前後，余光中的閱歷既廣，精神和體力又相當充沛，彼此結合後反映在文字裡，又成爲他大品散文的另一特色：雄偉陽剛的氣勢和動感。筆者有一個未經科學證驗的看法：一位藝術家的意志、魄力、體能，可以直接從他的作品中量度。以畫家和作曲家爲例，我們看了米開朗傑羅在西斯丁納教堂裡繪畫的《創世紀》，聽了貝多芬的《第五交響曲》，會想到推動他們健筆的淋漓元氣。以政治人物和詩人的作品爲例，劉邦的「大風起兮雲飛揚，威加海內兮歸故鄉」（〈大風歌〉）；毛澤東的「鐘山風雨起蒼黃，百萬雄師過大江」（〈人民解放軍占領南京〉）；李白的「西岳崢嶸何壯哉！黃河如絲天際來。黃河萬里觸山動，盤渦轂轉秦地雷。榮光休氣紛五彩，千年一清聖人在。巨靈咆哮擘兩山，洪波噴流射東海。三峰卻立如欲摧，翠崖丹山谷掌開。白帝金精運元氣，石作蓮花雲作臺。」（〈西岳雲臺歌送丹邱子〉）；都是意志、魄力、體能的直接反映。

余光中旅美期間，正值壯年，接受新經驗，新世界挑戰時，心靈全面投入，結果寫出了不少大品散文。在這些散文裡，雄偉陽剛的氣勢和動感處處可見，試看《登樓賦》，一開始就是里夏德‧施特勞斯（Richard Strauss）的交響詩《查拉圖斯特如是說》（Also sprach Zarathustra）的震撼：「湯湯堂堂。湯湯堂堂。」[21]震撼的效果由八個摹狀定音鼓的擬聲詞傳

---

[20] 〈聽聽那冷雨〉，《聽聽那冷雨》，頁 34。

[21] 名導演史丹利‧寇布力克（Stanley Kubrick）的《2001：太空漫遊》（2001：A Space Odyssey），也借用施特勞斯的《查拉圖斯特如是說》的開頭爲電影啓幕，有十分突出的效果。余光中喜愛電影，善於從各種藝術中吸取營養，不知有沒有從中獲得啓發。

遞，十分成功。接著，作者以節奏、以意象猛扣讀者的心弦：

當頂的人路標赫赫宣布：「紐約三里」。該有一面定音大銅鼓，直徑十六里，透著威脅和恫嚇，從漸漸加緊，加強的快板撞起。湯堂儻湯。湯堂儻湯。Ｆ大調鋼琴協奏曲的第一主題。敲打樂的敲打，大紐約的入城式鏘鏘鏗鏗，猶未過赫德遜河，四週的空氣，已經震出心臟病來了。一千五百哩的東征，九個州的車塵，也闖過克利夫蘭，匹茨堡、華盛頓、巴鐵摩爾，那緊張，那心悸，那種本世紀高速的神經戰，總不像紐約這樣凌人。……紐約是一隻詭譎的蜘蛛，一匹貪婪無饜的食蟻獸。一盤糾糾纏纏敏感的千肢章魚。進紐約，有一種向電腦挑戰的意味。夜以繼日，八百萬人和一個繁複的電腦鬥智，勝的少，敗的多，總是。[22]

光從這段文字，我們就可以看出，〈登樓賦〉是一篇典型的現代散文，捕捉的是現代經驗、現代感性。

這種現代經驗，下面幾段也寫得同樣精采：

一過米蘇里河，內布拉斯卡便攤開它全部的浩瀚，向你。坦坦蕩蕩的大平原，至闊，永不收捲的一幅地圖。咦呵西部。咦呵咦呵咦……呵……我們在車裡吆喝起來。是啊，這就是西部了。超越落磯山之前，整幅內布拉斯卡是我們的跑道。咦呵西部。昨天量愛奧華的廣漠，今天再量內布拉斯卡的空曠。

芝加哥在背後，矮下去，摩天樓群在背後。舊金山終會在車前崛起，可兌現的預言。七月，這是，太陽打鑼太陽擂鼓的七月。草色吶喊連綿的鮮碧，從此地喊到落磯山那邊。穿過印地安人的傳說，一連五天，我們朝西奔馳，踹著篷車的陳跡。咦呵西部。滾滾的車輪追趕滾滾的日

輪。……

咦呵西部，多遼闊的名字。一過米蘇里河，所有的車輪全撒起野來，奔成嗜風沙的豹群。直而且寬而且平的超級國道，莫遮攔地伸向地平，引誘人超速、超車。大夥兒施展出七十五、八十英里的全速、霎霎眼，幾條豹子已經竄向前面，首尾相銜，正抖擻著精神，在超重噸卡車的犀牛隊。我們的白豹追上去，猛烈地撲食公路。遠處的風景向兩側閃避。近處的風景，躲不及的，反向擋風玻璃迎面潑過來，濺你一臉的草香和綠。

風，不舍晝夜的刮著，一見日頭，便刮得更烈，更熱。幾百哩的草原在風中在蒸騰的暑氣中晃動如波濤。風從落磯山上撲來，時速三十哩，我們向落磯山撲去。風擠車，車擠風。互不相讓，車與風都發脾氣地嘯著。雖是七月的天氣，撐開通風的三角窗，風就尖嘯著灌進窗來，呵得你兩腋翼然。

霎眼間，豹群早已吞噬了好幾英里，將氣喘咻咻的犀牛隊丟得老遠。……在摩天樓圍成的峽谷中憋住的一腔悶氣，此時，全部吐盡。在地擴人稀的西部，施出縮地術來。一時圓顱般的草原上，孤立的矮樹叢和偶然的紅屋，在兩側的玻璃窗外，霍霍逝去，向後滑行，終於在反光鏡中縮至無形。只剩下右前方的一座遠丘，在大撤退的逆流中作頑固的屹立。最後，連那座頑固也放棄了追趕，綠底白字的路標，漸行漸稀。[23]

像引述余光中其他的大品散文一樣，引述〈咦呵西部〉也需頗長的篇幅，否則就難以盡展文中弧形闊銀幕的浩瀚、氣勢、動境。捕捉動境、捕捉速度、捕捉空間的曠闊，文字要讓電影幾分。不過就文字而言，能夠像〈咦呵西部〉那樣捕捉動境、速度、空間的作品，可說少而又少。在上述的引文中，字裡行間迸射著活力，昂揚處叫人想起蘇軾的〈江城子‧密州出

[23] 〈咦呵西部〉，《望鄉的牧神》，頁 1～3。

獵〉和陸游的〈初發夷陵〉。就余光中的散文創作而言，他的旅美經驗至爲重要；他旅美期間，正值壯年，旺盛的創作力一經新經驗的衝擊就水到渠成，寫出了一篇接一篇的大品散文。余光中的創作歷程如果沒有旅美經驗，中文文學就會失去多篇光華奪月、昂揚蹈厲的大品散文。

在上述的引文裡，讀者還可以發現，余光中運用文字（包括句法）時，常能自出機杼，使現代漢語變得更繁富。本文的重點不是余光中散文的全面特色，但與余光中大品散文有關的幾點，卻不能略而不提。

在余光中的大品散文中，文字和節奏的試驗，比他的非大品多，成就也特別大。在〈宛在水中央〉、〈朋友四型〉一類文章中，余光中的文字也有可觀處，不過讀這些作品時，我們會覺得，由於作者的重點不在於「把中國文字壓縮，搥扁，拉長，磨利，把它拆開又拼攏，折來且疊去，」以「試驗它的速度、密度、和彈性」，題材或內容不需要太高溫的熔冶，想像之爐無須開足火力，作者運筆，乃有羽扇綸巾的從容；可是，寫大品散文時，余光中不但以文字爲表意、敘事、繪景、抒情的工具，而且要冶煉文字本身，所以要全面投入，常常展現「興酣落筆搖五岳」的氣概。

西方語言學家雅各森（Roman Jakobson）分語言的功能爲六種：指稱（referential）功能、感情（emotive）功能、詩語（poetic）功能、意動（conative）功能、問候（phatic）功能、元語（metalingual）功能。[24]在創造性散文裡，詩語功能較其他功能顯著；在余光中的大品散文裡，這種功能尤其凸出，爲作者迸發的創造力提供廣闊無垠的探索空間。寫這些散文時，余光中不再像一般的散文作者那樣，以漢語既有的方便、既有的資源爲滿足，卻設法試探漢語和漢字的極限，盡量發掘其潛能，賦漢語以新的活力。在上引各段中，文字的提煉、翻新，句法的伸縮、迴環、開闔、弛張，都反映了余光中想像風火爐的高溫熔冶過程。〈逍遙遊〉創造重疊連鎖的句法是一例：「雨在二十年前下著的雨在二十年後也一樣地下著，這

---

[24]參看 Roman Jakobson, "Linguistics and Poetics"一文，見 *Poetry of Grammar and Grammar of Poetry*, Vol.3 of Selected Writings, ed. Stephen Rudy（The Hague: Mouton, 1981）p. 18-51.

雨」;「魑魅呼喊著魍魎回答著魑魅」。〈登樓賦〉發揮量詞功能是另一例:
「一盤糾糾纏纏敏感的千肢章魚」。〈咦呵西部〉善用倒裝是第三例:「一過
米蘇里河,內布拉斯卡便攤開它全部的浩瀚,向你」;「七月,這是」。在不
少作品中,我們是可以看到,余光中大品散文的節奏如何視內容的需要加
速:

> 油門大開時,直線的超級大道變成一條巨長的拉鍊,拉開前面的遠景蜃
> 樓摩天絕壁拔地倏忽都削面而逝成為車尾的背景被拉鍊又拉攏。[25]

如何在席卷千里後戛然減速:

> 雨在他的傘上這城市百萬人的傘上雨衣上屋上天線上雨下在基隆港在防
> 波堤在海峽的船上,清明這雨季。[26]

作者在大幅度的移動後加一句補足式的倒裝(「清明這雨季」),就巧妙地減
低了文字的速度,如出色的賽車手駕馭一輛性能極佳的跑車。

余光中對韻律、對節奏有高度敏感,因此收句放句、節響調音都得心
應手,彷彿有可靠的直覺為他效勞。請看他如何為〈沙田山居〉啟篇:

> 書齋外面是陽臺,陽臺外面是海,是山,海是碧湛湛的一彎,山是青鬱
> 鬱的連環。山外有山,最遠的翠微淡成一裊青煙,忽焉似有,再顧若
> 無,那便是,大陸的莽莽蒼蒼了。[27]

文中有押韻(「臺——海」、「山——灣——環」);有短句的繼長句之後的縮

---

[25] 〈高速的聯想〉,《青青邊愁》(臺北:純文學出版社,1982 年),頁 33。
[26] 〈聽聽那冷雨〉,《聽聽那冷雨》,頁 33。
[27] 〈沙田山居〉,《青青邊愁》,頁 53。

（「書齋外面是陽臺，陽臺外面是海，是山」）、長句繼短句之後的伸（「海是碧湛湛的一彎，山是青鬱鬱的連環」）；伸縮中有對仗，有押韻；然後有收斂（「山收有山」）、「舒張（「最遠的翠微淡成一裊青煙」）；收斂間有對仗（「忽焉似有，再顧若無」）；再度舒張前又有恰到好處的微頓（「那便是」）。這一切巧妙的安排，加上第二聲（「臺」）、第三聲（「海」）、第一聲（「山」）、第二聲（「環」）的變換呼應，交響成悅耳的音樂。難得的是，這樣悅耳的音樂竟來得那麼從容，一點也不著跡，可見作者操控節奏韻律時如何嫻熟準確。在歐美文學中，提到作品的節奏感、音樂感時，我們會想起坦尼森、葉慈、艾略特、魏赫蘭（Verlaine）等名家；談中國現代散文的節奏感、音樂感時，則不能不舉余光中為例。

　　與周作人比較，余光中的節奏感會顯得更凸出。在五四以來的散文史上，周作人有不可忽視的成就；可是細讀他的作品，我們不難發現，他對節奏缺乏敏感，不少句了過於拖沓囉唆。試看他的〈蒼蠅〉：

> 蒼蠅在被切去了頭之後，也能生活好些時光……
>
> 中國人的好朋友的蒼蠅們呵……
>
> 但是他的慓悍敏捷的確也可佩服……[28]

如此呆滯不靈的句子，不可能出現在敏於節奏的散文家筆下。上述句子，稍加調整，效果就不一樣了：「蒼蠅被切去了頭之後，也能生活好些時光」；「蒼蠅呵，中國人的好朋友」；「但是他的慓悍敏捷也的確可佩」。[29]

　　讀周作人的散文，有時會感到沉悶，就因為作者不懂節奏變化之道。試看他的〈死法〉：

---

[28] 〈蒼蠅〉，《周作人文選》，少侯編（上海：仿古書店，1936 年），頁 102～104。

[29] 句子中的被動語態，姑且不理。在這裡，筆者只順著周作人的句型稍加修飾。周作人的哥哥周樹人（魯迅），行文也頗多瑕疵。譬如《吶喊》的自序，就有不少累贅繁冗的句子，和作者的名氣大不相同。

> 「人皆有死」，這句格言大約是確實的，因為我們沒有見過不死的人，雖然在書本上曾經講過這些東西，或稱仙人，或是「尸弑盧耳不盧格」（"Strulbrug"），這都沒有多大關係。不過我們既然沒有親眼見過，北京學府中靜坐道友又都塍下蒲團下山去了，不肯給予凡人以目擊飛升的機會，截至本稿上版時止，本人遂不能不暫且承認上述的那句格言，以死為生活之最末的一部分，猶之乎戀愛是中間的一部分……
>
> 統計世間死法共有兩大類……[30]

不談內容，光談節奏，這段文字也實在太單調、太缺乏變化了。細加分析，我們就可以看出癥結所在：句子的長短太接近，一字頓、二字頓、三字頓未能相互調劑，結果變得慵怠拖拉，呆滯不靈：「不過我們既然沒有親眼見過」；「本人遂不能不暫且承認上述的那句格言」；「統統世間死法共有兩大類」……懂得以文濟白、懂得爲文字加速減速的作者，要表達同樣的內容時，大概不會一連用六個二字頓，一成不變地說：「不過／我們／既然／沒有／親眼／見過」；而會說：「不過，／我們／既然／沒有／目睹過」；或更進一步，說：「不過，／我們／既不曾／目睹」，避免讓兩個「過」字相犯。至於「本人遂不能不暫且承認上述的那句格言」一例，只要刪去「那句」二字，就會靈活起來。「統計／世間／死法／共有／兩大類」一句，有多種補救途徑：或在「世間」之後加一個「的」字；[31]或把句子改寫成「世間／死法，／計有／兩大類」。如果周作人所謂的「統計」，是別人所作的科學統計，則可寫成「據統計，／世間的／世間的／死法／有／兩大類」。但無論怎麼改寫，都應該避免原文的滯句。

　　同是五四作家，徐志摩的節奏感就強多了。試看他的〈北戴河海濱的幻想〉：

---

[30] 〈死法〉，《周作人文選》，頁 1～4。
[31] 「的」字用得不恰當，句子會拖沓囉唆；該用時不用，文字又會顯得枯澀生硬。看作家如何駕馭「的」字，是衡量語文能力的一個小標準。

> 他們都到海邊去了，我為左眼發炎不曾去。我獨坐在前廊，偎坐在一張安適的大椅內，袒著胸懷，赤著腳，一頭的散髮，不時的有風來撩拂。清晨的晴爽，不曾消醒我初起時睡態；但夢思卻半被曉風吹醒。[32]

同是開頭，徐志摩的文字多了一份靈動變化之姿。下列節奏，更非周作人所能為功：

> 青年永遠趨向反叛，愛好冒險；永遠如初度航海者，幻想黃金機緣於浩淼的煙波之外……他愛折玫瑰；為她的色香，亦為她冷酷的刺毒。他愛搏狂瀾：為他的莊嚴與偉大，亦為他吞噬一切的天才，最是激發他探險與好奇的動機。他崇拜衝動：不可測，不可節，不可預逆，起，動，消歇皆在無形中……[33]

讀了這類引文，我們不難看出：徐志摩的節奏感遠勝周作人；其句法也遠比周作人的句法多變。徐志摩懂得長短交錯，懂得活用各種字數的停頓，有時更能活用倒裝和歐化句法（如「他愛折玫瑰；為她的色香，亦為她冷酷的刺毒」），是勝過周作人的一大原因。[34]

徐志摩調控節奏，雖然遠勝周作人，但和余光中比較，又有未逮之處。徐志摩在某些名作（如〈我所知道的康橋〉、〈天目山中筆記〉、〈想飛〉和上文提到的〈北戴河海濱的幻想〉裡，無疑為漢語開拓了頗廣的境界。可是，更精采、更大規模的文字熔冶和語言創新（包括節奏的實驗），

---

[32]〈北戴河海濱的幻想〉，《徐志摩全集》第三卷，散文集（上），趙遐秋、曾慶瑞、潘百生編（南寧：廣西民族出版社，1991年），頁207。
[33]〈北戴河海濱的幻想〉，《徐志摩全集》第三卷，散文集（上），頁208。
[34]徐志摩的詩文，有善用歐化句法的（如《落葉》序中的「〈落葉〉是在師大，〈話〉在燕大，〈海灘上的種花〉在附屬中學，講的」）。在〈北戴河海濱的幻想〉中，徐志摩也有疏失的地方。譬如結尾前的一段，一連用17個「忘卻」（「我亦可以暫時忘卻我自身的種種；忘卻我童年時期清風白水似的天真……忘卻我的恩澤與惠感；忘卻我的過去與現在……」），就用得太多了。不過無論如何，有一點卻可以肯定：五四時期，徐志摩是試驗漢語、開拓漢語的作家中較有成績的一位。

還要等〈逍遙遊〉的第二位作者來完成。

——選自蘇其康主編《結網與詩風：余光中先生七十壽慶論文集》

臺北：九歌出版社，1999 年 6 月

從激越到沉潛
細說余光中詩中的中國意識

◎王灝*

　　《白玉苦瓜》是余光中先生出版的第十本詩集，集中的詩作雖然有的成稿於民國 59 年，但絕大部分詩作都是寫於民國 60 年到 62 年之間，因此我們可以說《白玉苦瓜》是詩人從民國 60 到 63 年這四年間，某種精神面貌，意識心態的總展示，這種展示對於一個詩人的文學生命是有其重要的意義及地位。當我們欣賞該詩集中的作品時，固然可以將它當作一個個孤立單獨的藝術品看待，但降落在詩人創作的整體歷程這一座標上，或許更能使作品的內在價值清明的浮現。

　　作者在後記裡曾說道：「中國的詩觀比較講究溫柔敦厚，中年的沉潛和少年的激越同樣受到重視。」對於余光中進入 45 歲之後才出版的《白玉苦瓜》，除了單純的創作意義之外，對整個生命歷程而言，想必含有另一種生命意義，因此《白玉苦瓜》或許就是作者從少年的激越過渡到中年的沉潛，生命遞變的痕跡。

　　如果說生命的成長等於詩的成長的話，那麼余光中先生在《白玉苦瓜》集中所為我們提供出來的成長面貌，一方面是屬於精神上的，另一方面是屬於技巧方面的，雖然這二者之間的關係是互為表裡，難於析判為二，不過，本文所要討論的，大部分是屬於精神上的。

　　一般論者及《白玉苦瓜》集時，一致認為在中心主題及本質上，「白」集是《在冷戰的年代》及《敲打樂》的延續，因為在《白玉苦瓜》詩集中

*本名王萬富，作家、詩人、畫家，現為大埔城藝文工作室負責人。

的中心主題仍是中國意識和民族意識，但這類作品和作者前期作品最大的分別，一般論者都認為是表現手法及題材之不同，如凝凝先生認為「在『敲打樂』中，詩人用比較直接的手法表現自己對祖國的熱愛，節奏配合語勢，是慷慨激烈的怒吼，現在，一方面由於作者已進入中年，一方面由於他的技巧更臻老練，詩人對祖國的懷念眷戀不再噴潑而出，已由外張變為內斂了。」如掌杉先生認為「余光中的『白玉苦瓜』在本質上仍然是『在冷戰的年代』的延續，所不同的只是在詩的表現和題材的選擇上作了或多或少的改變罷了。」表現手法和題材不同，固然是這兩個時期詩作在「中國意識」表達上的最大差別，但有一點值得注意的是，前期的余光中，往往以榮譽與羞憤交織，表達出他對國家的熱愛。如〈敲打樂〉詩中的：

> 中國中國你剪不斷也剃不掉
> 你永遠哽在這裡你是不治的胃病

以近乎絕斷的反語，表達他對國家的深愛。

> 中國啊中國你逼我發狂
> 中國中國你令我早衰

以否定作為肯定，在深切的悲痛中，以一種充滿羞恥感的語調反襯出一種民族國家的情感。

> 每一次國恥留一塊掌印我的顏面無完膚
> 中國中國你是一場慚愧的病

更以中國近代史上的國恥，加強描寫出自己的羞愧感，這種羞愧感愈

深，愈表現出他與整個國家整個民族密不可分的血緣關係，因而也表現出
作者對國家民族的一種深摯的愛。

　　我們可以說〈敲打樂〉時期的余光中，是以這種既羞愧復熾熱的矛盾
心情，深深的去愛著我們這個多苦難的國家，因此在詩中所表現出來的也
許是一種詰問的語調，也許是一種激烈的語氣，但他熱切的情懷，也就靠
著這種反面的描寫，襯托得更爲鮮明強烈，這種以否定做爲肯定，用反面
來襯托正面，是余光中〈在冷戰的年代〉及〈敲打樂〉時期的特色，也可
以說余光中初期的中國意識，是借著一種羞愧感來反襯。

　　在〈白玉苦瓜〉時期，余光中的這種情感則呈現多種面貌的演出，它
所呈現的也許是懷鄉的悲情，也許是對傳統的再認，也許是對現實的關
注，這些都是同一種情感的煥現或是同一種感情的變奏，因此大體上看
來，前後兩個時期的詩作，還是統貫著同樣的一種情感基調，〈白玉苦瓜〉
與前期作品最大的不同，主要是在情感的深化。〈敲打樂〉、〈在冷戰的年
代〉時期，余光中喜歡以比較激烈的字眼去表達他那激烈的情感，〈白玉苦
瓜〉時期的余光中也許是進入中年的關係，所表達出來的情感是一種凝鍊
的深沉，但我認爲主要是作者對國家民族的情感，由於時間的累積，深沉
的程度已超過某些文字的負荷量，即使使用「敲打樂」時期那種激烈震撼
人的文字，亦無能承擔起這種深沉的感情，因此表達方式，語言意象及語
調語勢的轉化，那是必然的結果。

　　　　整個民族，就睡在雨裡、風裡

　　　　在夜夜哭醒的回國夢裡

　　　　有一個家──是幸福的

　　　　　　　　　　　　　　　　　　　　　──〈小時候〉

〈小時候〉一詩，表面上似乎在敘述對母親的憶念，對童年的追懷，但主
題還是在表達一種家國民族的情感，詩中作者穿插了一段母親的敘述；敘

述猶太人的悲慘命運，實際上就是作者心裡的一種表白，心靈的一種投影，「整個民族，就睡在雨裡，風裡／在夜夜哭醒的回國夢裡」寫的雖然是猶太人，實質上寫的是我們這一個多苦難的民族，它影射著這一個時代，中國人的某種心態某種悲苦的心態，影射著這一個時代，整個民族所面臨的命運，而「有一個家——是幸福的」則是這時代中國人共同的願望。作者透過猶太人之描寫，間接表露出他對家國的憶念感情，牽到家國所遭受到苦難的深悲心情，但在深悲極痛的那一刻，他卻不是選取激烈的詞彙來表達這種悲情，他如是寫著：

> 現在是我在外面的雪地上
> 就我一人，在另一個大陸
> 零亂的腳印走不出方向
> 仰天，仰天
> 欲發狼嗥的一匹狂犬

這一首詩是作者民國 59 年寫於丹佛，寫的也許是遊學異國的孤寂悲愴心緒，但詩的內容卻不只是個人的抒懷，作者只是借小我以喻大我，將自我的前途連繫於整個民族的前途上，對整個國家民族寄予一種關切。「欲發狼嗥的一匹狂犬」對於國家之遭逢空前磨難，遭逢一種困局，作者實有一份悲憤，在這種鬱悶難伸的心靈深處，我們可以看到那是一股對國家的深摯熾熱的愛意，而作者表達時，不再是〈敲打樂〉時期的噴湧而出，卻是一種內斂的凝收。

> 小時候，在大陸，在母親的懷裡
> 暖烘烘的棉衣，更暖，更暖的母體
> 看外面的雪地上，邊走邊嗅
> 尋尋覓覓，有一隻黃狗

　　詩中的「母親的懷裡」「暖烘烘的棉衣，更暖的母體」及「有一個家——是幸福的」等詞都是具有雙重意指的，一者是意指著母親的溫暖關愛及家的溫暖，但最主要的是意指著國家民族的溫暖。用昔日的溫暖來反照今日的淒冷，在冷熱炎涼的對比中，從而間接透現出對溫暖的渴求。同樣是表達一種愛國心情，但在表現手法及表達技巧上，與〈敲打樂〉、〈在冷戰的年代〉時期卻是有著極大的不同。「看外面的雪地上，邊走邊嗅／尋尋覓覓，在一隻黃狗」則是一種伏筆，這裡的邊走邊嗅尋尋覓覓的黃狗，其實就是象徵著吹散在世界各地，無家可歸的猶太人，更象徵著孤獨寂寞的走在外面的雪地上，走不出方向的自己，只是小時候在母親的懷抱裡，在國家的溫暖裡，因此對於尋尋覓覓的黃狗及國破家亡的猶太人那種悲愴的心境，引不起一種切身的感受及一種感同身受的心境，但等到母親逝去之後，國家遭受到空前的變亂之後，以及自己去國離鄉之後，才深深的感受到那種悲愴心境，當作者這種悲愴心境到達最高峰時，卻以簡短的「仰天，仰天／欲發狼嗥的一匹狂犬」數語，活鮮鮮的表達出那種悲愴的悽厲的心境，使整首詩逼向一個高潮，拔升到一個頂峰。而且在此的「狂犬」又緊扣著首段的「黃狗」，結構的嚴整是這首詩的成功處之一，我們可以說這首詩是採取層層遞進的方式來處理，前面兩段的經營，主要是為了導引出最後一段的主題，而且在最高拔的頂點之後，作者竟然接以「小時候，在大陸……」這樣緩和的詞調，使人在緊張急促處，突然降落到緩和之中，而留給人未盡的餘意，嫋嫋的餘音，用昔日記憶中小時候那美麗的大陸，來對照今日大陸的殘破冷酷，間接表達出國家的情感。這是結構上的需要，因為這首詩起於「小時候，在大陸」，而且也結束於「小時候，在大陸」，以同樣的句子取得前後的呼應，我認為這也是情緒上的需要。

　　綜觀整首詩，主要的也是在表達一種中國意識，但作者採取的表達方式是間接迂迴的手法，這與〈敲打樂〉、〈在冷戰的年代〉時期那種反襯的手法，及直接撞擊的方法是極其不同的，前期所予人的也許是一種龐沛的震撼，後期所予人的也許是一種深深的沉哀，這兩個時期的殊異點，或許

並不意味著作品價值的優劣高下，但充分顯現出作者生命歷程情感歷程上某種轉變的痕跡。前期所表達出來的是少年的激越，後期所表達出來的是中年的沉潛，後記中作者如是說著：「一般說來，中國的詩人進入成熟期都比較曠達而自然，不像葉慈那樣既驚且怒，也不像白朗寧那樣虛張聲勢。」這或許是作者對〈白玉苦瓜〉時期詩作的某種詮釋，當然我們不能因此就據以而來評斷作者在〈敲打樂〉、〈在冷戰的年代〉時期的作品爲虛張聲勢，筆者認爲余光中先生在〈敲打樂〉時期的創作心態，既驚且怒的成分或許有之，但虛張聲勢則未盡然。不過不管如何，用作者後記中所說的那句話，作爲觀點來探討一個詩人在進入中年期之後的作品，可能是比較可行的方法，而且更能接觸到作者作品中的真實面貌。

　　用這種觀點來透視一個中年詩人的詩作，我們所能看出的其轉變之痕跡或許有許多點，也許我們可以看到詩人思想感情的轉變痕跡，也許看到了詩人詩觀及創作心態的轉變，更可能看出詩人生命觀之轉變痕跡，諸如此類的遞變痕跡不一而足，本文中只針對表達「中國意識」這一主題，在余光中先生前後期作品中，情感上的同異，及其發展上的脈絡加以探討。

　　　　那一邊，該是花蓮的峭壁，宜蘭
　　　　更遠是廈門、錢塘、江南
　　　　在水球，在日球，月球之外
　　　　空空的祖國啊茫茫地轉

　　去國懷鄉的余光中，在寫完〈小時候〉的一個月後，又寫下了〈蒙特瑞半島〉這一首詩，記述他在世界的那一端，面對著異國異鄉景物之情況下的一段鄉愁，詩中雖然沒有〈小時候〉一詩中的悲悽，但是那種空茫之感也成爲他鄉國情懷的某種特質，這種借物起興，借景生情的手法在詩的語氣上是和緩了許多，但在家國情感的表達效果上則一，這種情感的渲染，給人的是空茫感是深深的悽然。這種空茫之感的表達，在〈落磯大

山〉一詩中亦依稀可見。

> 看月來月去
> 悠悠一串轉念珠
> 念山外是海，海上是孤島
> 島外茫茫是一望大陸
> 未歸有人在落磯高處
> 看日起日落，把朝朝
> 看成了暮暮

山隱於丹佛落磯，想或能暫時避去腐人心骨的現實，或許能暫時羽化登仙，寂寂然成爲入定老僧，或翩翩然成爲飄於塵外的鶴鳥，但是在面對日月升沉，朝暮更遞的悠悠如流歲月時，卻始終難於割捨那份家國之思，終難免於發而爲「山中忽忽怎麼已兩載／山外，而今是什麼朝代？」的訊問，作者雖懷著桃花源之想，但終難免發而爲對現實對家國的關切，在這種心情之下，一種空茫之感乃自然而然產生。這種空茫感在〈盲丐〉詩中續有發展。

> 想起鄉國，為何總覺得
> 又餓又冷又空又闊大
> 不著邊際的風終夜在吹
> 隱隱有一隻古月在吠
> 路愈走愈長蜃樓愈遙遠

這是〈盲丐〉一詩的開頭，詩中已不只是一種渺渺茫茫，寂然無所棲泊的心境，詩中幾乎已經是一種渺渺茫茫，寂然無所棲泊的心境，詩中幾乎已經是一種瀰天漫地，曠闊無邊的宇宙性空茫，作者自喻爲盲丐，自然而然

引生一種多方行乞，飄然孤子之感，又餓又冷這種生理的疲累，加上又空
又闊大這種心理的茫然飄渺感，復益之以「不著邊際的風終夜在吹／隱隱
有一隻古月在吠」這種淒冷詭異的場景，把盲丐那熱切的鄉國之思間接呈
現，這種鄉國之思主要是建立在「想起鄉國，為何總覺得／又餓又冷又空
又闊大」這種空茫的心理上，因為一種空闊茫然的感覺，因此更熱切的渴
求抓住鄉國，使情感上得到一種落實感，而「路愈走愈長蜃樓愈遙遠」所
給人的一種幻感，亦當是基於這種相同的心理，當然這只是盲丐一詩的開
頭，在情感的發展上或許只是一種基點，但由此可知作者在鄉國情思上，
這種空茫感是一種不容忽視的質素。也許這種空茫之感，在余光中的詩中
表現得比較隱微，而且表達時往往伴隨著一種沉哀，故而看來不太明顯，
但這種空茫與沉哀卻是余光中詩感情發展上的某種導因。

　　作者〈敲打樂〉時期的作品率皆成稿於國外，因此在表達鄉國之思
時，難免帶有一種「獨在異鄉為異客」的微茫心境，但這個時期的作品在
觸及這種鄉國情感時，大都是發而為一種激烈的語調，因此那個時期的空
茫心境，可能只是思鄉時的某種情緒低潮，而顯得不那麼重要，而〈白玉
苦瓜〉時期的空茫感，應該是〈敲打樂〉時期那種激昂情緒的沉澱或深
化，「白」集時期的空茫，有的也許是源於「心情微近中年」年華老去的情
懷及對生命的一種感觸，但絕大部分應該是源生於鄉國的情思，在這種空
茫沉哀的心情之下，作者所再度表達出來的中國意識，已不復是昔日那種
激烈昂奮，這時舊日鄉國的記憶對他來講，有時有一種噬人的傷口，有時
則是一種溫婉母親般的呼喚，這該又是作者情感的另一層發展。

　　　　　一向忘了左胸口有一小塊傷痕
　　　　　為什麼會在那裡，是刀
　　　　　挑的，還是劍
　　　　　削的，還是誰溫柔的唇
　　　　　不溫柔的詛咒所吻？

直到晚年

心臟發痛的那天

從鏡中的裸身他發現

那塊疤，那塊疤已長大

誰當胸一掌的手印

一隻血蟹，一張海棠紋身

那扭曲變貌的圖形他驚視

那海棠

究竟是外傷

還是內傷

再也分不清

　　面對〈海棠紋身〉這一首詩，明眼人只要一看，便可以看出詩中所要表達的內涵，詩中所謂「傷痕」這一個意象雖然象徵意味很濃，但從整首詩的發展看來，我們很容易就可以掌握到整首詩的意指，我們可以確切的指陳這一首詩也是在表達一種家國之思，作者大概是以整個國家的劫難所造成的心靈上的傷痛做為出發點，然後再加上鄉國之思所帶給心靈的傷害這一副題，然後逐次發展，最後國家的劫難與自身的傷痛合而為一，詩的開頭讀者也許還難於看出這種表達意圖，如果光看前面的七八行，一定會以為這首詩只是在表達作者生理上所受到的某種傷害，但發展到後面「那塊疤，那塊疤已長大／誰當胸一掌的手印／一隻血蟹，一張海棠紋身」整首詩的主題至此豁然呈現，整首詩詩想的發展，可以說是極其富於機智性的，這裡那會長大的疤傷，實際上就是作者心中，那由國家民族劫難所造成的，日深一日的沉沉哀痛。

　　橋下流水橋不流，年年七七

　　那老傷口就回過頭

就回過頭來咬他
彈疤撐曲的左脅下
狠狠咬，咬他發疼
三十多年的老傷口

〈老戰士〉一詩中，作者自己似乎隱身在詩的背後，登場的是一位昔日目睹七七蘆溝橋事變參與抗日聖戰的老戰士，在 30 年後，回想昔日受傷的記憶，年年七七那種記憶就如老傷口般狠狠咬嚙著他，咬得他發痛，這裡的傷口可以說是有形的，也可以說是無形的，如果說是無形的，乃是指家國之劫難所帶給他心靈上的一種傷痛，我們可以說老戰士其實就是作者變貌的呈現，而作者之所以採取這種小說式戲劇式的表現法，主要是爲了將自己隱在詩裡頭吧！姑不論這種表現手法是否就是艾略特所謂的逃避個性，但我們可以說這種表現手法是十分富於巧思，而且十分引人，表面上寫的是老戰士，但我們可以看出實際裡寫的是余光中自己，因此所謂的

水流橋不流，三十年後
一張舊傷口陪他醒在這裡
一張沒齒的舊傷口，仍然燙手

其實就是作者心靈的自我表白，老戰士與作者事實上是二而一的，這裡陪他醒在這裡的舊傷口，指的是日本軍閥侵略所造成的整個民族的傷痛，也可擴大而象徵著共匪叛亂大陸淪陷，在全體中國人心靈上所留下的傷痛，因此這首詩中傷口的意象，也可擴大而象徵著共匪叛亂大陸淪陷，在全體中國人心靈上所留下的傷痛，因此這首詩中傷口的意象，合當與〈海棠紋身〉詩中的那一小塊傷痕並列看待，這兩首詩中傷痕傷口的象徵意含是同一的，我們或許可以說這是作者中國意識的一種戲劇化演出，或是一種情感的客觀投影。

　　除了上面所提到的這種表達方法外，在〈白玉苦瓜〉時期有一點值得提出來研究的是，作者除了把他那思鄉情懷表現成為咬人噬人的傷之外，有時候這種情思幻化成為一種文化的招喚，迴盪在他心靈深處。自序中作者如是言道：「究竟是什麼在召喚中年人呢？小小孩的記憶，三十年前，后土之寬厚與博大，長江之滾滾千里而長，巨者如是，固長在胸臆，細者如井邊的一聲蟋蟀，階下的一葉紅楓、於今憶及，亦莫不歷歷皆在心頭。」所謂的召喚，或是童年的記憶，或是故土的舊夢，更或是傳統文化的一種召喚，綜言之，乃是一種國家情感，隱藏在每個人心中的召喚。

> 為何總聽見一枝簫
> 細細幽幽在背後
> 在彼岸，在路的起點喚我回去
> 母性的磁音喚我回去
>
> ──〈盲丐〉

　　在此詩中的簫也是很富於象徵意味的東西，我們雖然不能武斷的指稱作者詩中的簫，就是代表著中國，代表著民族文化，但我們仔細研究余光中一些詩句裡，只要提到簫，必然暗示著屬於中國的某種聲音，如〈盲丐〉詩中首段的「一枝簫，吹了一千年／長安也聽不見，長城也聽不見」，末段的「一枝簫，哭了一千年／長城，你終會聽見，長安，你終會聽見」這四行詩中都出現了簫的意象，如果我們拿它與前面所列舉的詩句中簫之意象做一比較，似乎發現一種問題，我們可能會感到疑惑，到底在盲丐詩中的簫聲，是盲丐所吹出來的，或是在路的起點生命的發源處所發出來的一種故國的招喚，也許作者這樣表達主要是在表現他心靈及故國的一種呼應，或心靈的一種感應，但不管如何，簫之為物，在象徵中國的聲音，是文化的代表，是民族的情調，這一點則是可以確定的。再如〈樓頭〉一詩中之：

想這時候有一把劍

向殘霞膡靄的冷爐裡

旭日一輪挑出

不然也說有一管簫

把暮色想說

又說不分明的如此如此

惻惻說給誰聽

只是劍已銹蝕，簫已瘖啞

而酒一驚醒

英雄都回到潼關以西

詩中所表達的是一種文化的鄉愁，文化的憂慮，而劍與簫在詩中所擔任的是一種身繫文化之繼絕存亡的角色，它之象徵意含更是與〈盲丐〉一詩中的簫暗相吻合，其實以簫做為象徵，在〈在冷戰的年代〉、〈敲打樂〉時期已經出現過。

怎麼，才一提起大陸

就覺得好遠好遠。水源路的下風處

幾乎一整個下午，是誰

把一枝簫或是多孔的靈魂

那樣吻了又吻

那樣子的不溫柔我不能忍受

似乎旋律一終止

那簫會變成一柄手術刀

──那嘴唇

一朵失血致死的花

——〈哀歌〉

作者所謂的哀歌，乃是一枝多孔靈魂的簫所奏出來的鄉愁之歌，而簫所奏出的哀音，則成為作者鄉思盈臆不能為懷時唯一的慰安語言，因此即使是那樣的悽愴，那麼如怨如訴，如是的不溫柔，但那旋律一終止，簫就會變成一柄手術刀，鄉愁的鋒稜就將傷得使人失血致死，因此這首詩簫之象徵意含，豈不也昭然若揭。〈敲打樂〉一詩中也出現了這樣一段詩：

> 立在帝國大廈頂層
> 該有一枝簫，一枝簫

從〈敲打樂〉到〈在冷戰的年代〉到〈白玉苦瓜〉簫的象徵內容都是意指著國家、文化、歷史上之聲音，筆者如是費事不厭其煩的分析，主要是為了說明〈盲丐〉詩中那細細幽幽在背後，在路的起點喚我回去的簫聲所代表的含意，簫音的召喚是母性的召喚，母性的召喚是國家的召喚，把國家意識化成一種深深的召喚，是「白玉苦瓜」時期國家情感民族意識的另一面貌。

> 就像小的時候
> 在屋後那一片菜花田裡
> 一直玩到天黑
> 太陽下山，汗已吹冷
> 總似乎聽見遠遠
> 母親喊我
> 吃晚飯的聲音
>
> 可以想見晚年

太陽下山，汗已吹冷

五千年深的古屋裡

就亮起一盞燈

就傳來一聲呼叫

比小時更安慰，動人

遠遠，喊我回家去

熟悉余光中作品的人都會了解，以母親喻祖國是作者在表達中國意識這一
主題上一貫的傳統手法，不管是比較早期或是比較近期的作品中，這種表
達方法，所在多有，不勝枚舉，遠者不談，近者如〈鄉愁四韻〉、〈小時
候〉、〈大江東去〉、〈斷奶〉等詩。

給我一朵臘梅香啊臘梅香

母親一樣的臘梅香

母親的芳芬

是鄉土的芳芬

——〈鄉愁四韻〉

小時候，在大陸，在母親的懷裡

暖烘烘的棉衣，更暖的母體

——〈小時候〉

大江東去，千唇千屬是母親

舐，我輕輕吻，我輕輕

親親，我赤裸之身

——〈大江東去〉

從簇簇的雪頂到青青的平原

每一寸都是慈愛的母體

永不斷奶是長江，黃河

——〈斷奶〉

諸如上列諸詩，詩中的母親意象都是意指著祖國是以母親與國家互比，當然〈呼喚〉一詩中的母親亦不例外，作者在詩的開頭所寫的「母親喊我／吃晚飯的聲音」雖然可以說只是一個伏筆，但它的意含卻是十分明顯的，因此這首詩演進到結尾，引出晚年時想見的一聲呼叫，是十分自然而不牽強的事，詩中的「燈」所擔負的應是文化上的角色，這也是不容置疑的，在此燈的象徵合當與〈守夜人〉與〈燈下〉一詩並列討論，在此不細論，不過詩中的「呼喚」意象卻是不容忽視的，〈盲丐〉及〈呼喚〉二首詩中所表達出來的呼喚，我們不能認為它單只是簫及母親的呼喚，它應該是國家、民族、文化傳統、鄉土歷史的一種永恆招喚，詩中「五千年深的古屋裡／就亮起一盞燈／就傳來一聲呼叫」很明顯的以五千年深的古屋下去喻指著我們五千年的文化，而傳來的一聲呼叫，不就是文化的召喚嗎？

由〈敲打樂〉、〈在冷戰的時代〉時期的羞愧矛盾到〈白玉苦瓜〉時期的悲愴茫然，再轉化成心靈中噬人的傷與頻頻的召喚，余光中先生的國家情感已深似一層，彷彿深沉到無法承受的地步，因此接下去這種情感悲痛便化而為魘魔，時時在作者的睡夢中祟著他，而造成一種「夢魘情意結」。

我想在我們這一代，最後

該有個乞丐從冷魘中醒來

揮起他的打狗棒

牙印斑斑的打狗棒

猛敲猛捶昏黃的月亮

把月亮敲成半缺的銅鑼

把一條街的叫化子全叫醒

　　幾十根打狗棒圍打月亮

〈蓮花落〉一詩雖然以「蓮花落」爲題，事實上詩內容與題目之間並沒有
必然的關係，雖然蓮花落是屬於乞兒的歌，而且詩中也以乞兒爲主要人
物，但詩中卻沒有那份俚俗而民謠風的韻調，而且在〈蓮花落〉一詩中，
我們尚可感覺出透過文字的捶鍊所造成的一種堅實感，因此這一首詩也就
失去了做爲「蓮花落」所該具有的一份純樸，因此題目與詩本身也自然缺
乏必然的關係，所以我們難從題目上去探究出這首詩的意含，另一方面我
們在探討時，如果把重點環繞著乞丐角色去兜圈圈，也無法掌握住詩的重
點，我們頂多只能說「蓮花落」這一題目只是由乞丐的意象引生的，而乞
丐意象也只是作者作爲自況的假借，主要是在給予人一種破敗的感覺罷
了，這一首詩雖然以「蓮花落」爲題，但本質上卻與民歌之類的詩絕然不
同。這一首詩應該是作者家國意識及時代悶局等沉悶苦痛心情，累積而成
的一種變相情緒發洩。

　　詩中所給人的震撼是一股森森鬼氣，詩中從冷魘中醒來揮起打狗棒猛
敲猛捶月亮的乞兒，已經給人一種不可思議的鬼魅之感，又加以叫醒整條
街的叫化子，去圍打月亮，這種勾魂懾魄的詭譎神祕感，給人鮮明駭異的
震撼。

　　　把月亮敲成一面戰鼓
　　　激昂的鼓聲昇起，昇起
　　　把月亮昇成一面戰旗
　　　高於一切的犬吠，鬼哭
　　　鼾聲，一切失眠的訴苦
　　　在長於歷史的那一夜裡

詩中所營造的叫化子敲打月亮，犬吠，鬼哭等等令人驚懼的意象，目的全

都是為了歸結到「鼾聲，一切失眠的訴苦」這一主題上，而失眠的原因則是導源於驅之不去的惡魘，歸根究柢還是源於愛國思鄉這種悲傷情緒所凝結成的一種情意結，詩中「把月亮敲成一面戰鼓／激昂的鼓聲昇起，昇起／把月亮昇成一面戰旗」似乎有所指喻，作者所要表達的也許是企圖用一種積極的力量，去擺脫或克服惡魘所加之於他的折磨，一方面表達自我與惡魘交戰的驚惶心情，另一方面或許也暗喻著一種企圖擺脫魔魘的心情。在〈長城謠〉一詩中我們也可以看到夢魘所加之於他的恐懼心情。

> 長城斜了，長城歪了
> 長城要倒下來了啊長城長城
> 堞影下，一整夜悲號
> 喉嚨叫破血管
> 一腔熱
> 嘉峪關直濺到山海關
> 喊人，人不見
> 喊鬼，鬼不見
> 旋地轉天的暈眩，大風砂裡
> 磚石一塊接一塊
> 一塊接一塊磚石在迸裂
> 搖撼比戰國更大的黑影
> 壓下來，壓向我獨撐的血臂

在這一首詩中，作者將夢境中長城的崩倒連接到現實中的方城之戰，而給人一種突兀之感，利用這種夢境與現實的對比，襯托出夢境中所隱伏的隱憂，更溫和的給予現實一種批評。讀者讀這一首詩時，開頭作者並沒有顯露出痕跡讓人識出前面長城的崩倒只是一種夢境，在這種真幻不分的氣氛中，讀者的心情一直被作者控制在緊張促迫之中，直到末段事實的真相豁

然呈現，讀者也許會啞然失笑，整個心情可能因此頓時弛懈下來，因此讀者或許會認爲被作者愚弄了，而忽略夢境所蓄涵的嚴肅性，作者以夢中的恐懼與現實中的逸樂互相對比，必有其用心。「一整夜的悲號／喉嚨叫破血管」之類驚人的意象，把整個夢魘刻畫得極爲懾人心魂，而「長城」可以說是作者情感的一種投射，證之作者的另一篇散文〈萬里長城〉可以取得證明，而以長城的倒下來做爲夢境的主題，內中所含的一種隱憂依稀可見，則作者的心理基礎殆可知矣，而最後的「獨撑的血臂」之象徵內含亦不言可喻。

> 一連三夜，他從惡魔中叫醒了自己
>
> 熱夢裡叫出一床冷汗
>
> 他口乾，他是一尾失聲的魚
>
> 呼聲斷在夜的深處
>
> 鞭不出迴響，戶外，月蝕如故
>
> 龐大的眈眈黑視如故

〈看手相的老人〉是一首戲劇意味很濃的詩，詩的開頭，作者寫一個從惡魔中醒來的少年，然後找到看手相的老人爲他解夢，並且引導他脫離惡魔的折磨，作者的心事就假借著老人的口披示出來，整首詩都是在一種詭異的氣氛中進行，作者用「呼聲斷在夜的深處／鞭不出迴響，戶外，月蝕如故／龐大的眈眈黑視如故」等意象，把那從惡魔中醒來，猶有餘悸的心情，很成功的表達出來，而這一段惡魔之後的描寫，我們可以說是詩的主題，也可以說只是整首詩的一個引子，因爲從整首詩的發展結構來看，它是一個因，由這個因才導引出詩後那些果及結論，或者說由這個因才導引出整首詩的主題。但如果從心理發展順序來講，它卻是果，因爲由於少年縱橫的心事及那滿握千歲的憂傷，才造成頻頻出現的惡魔。也許惡魔不是本詩的主題，但我們可以說它是作者情感發展上，某個階段的主題，而這

種惡魘的主題，應該是和〈蓮花落〉、〈長城謠〉等詩一樣建立在同一個情
感基礎上，那就是國家情感累積下所凝結成的一個鬱結，然後化成夢魘出
現。

　　摸你的心事縱橫，溝影深深
　　你的掌，割裂成皺面的老人
　　輕輕年紀，怎麼一拳握千歲的傷心？
　　莫哭，好孩子，莫哭
　　七個少年先後來問我
　　你只是第七，不會是最後一個
　　摸你們的掌紋怎麼大同小異

七個少年，而且第七個的少年不會是最後的一個，他們的掌紋大同小異，
也就是說他們同樣都是懷著千歲的傷心，同樣都有著縱橫的心事，而他們
共同的心事又是什麼樣的心事呢？要言之，不外乎是懷念鄉國的一種情
緒。

　　委委曲曲的線條裡，隱隱，我聽見
　　同樣的水聲南下，四川流下漢水
　　北上是烏江應著湘江
　　激盪滾滾的大江東去

作者用漢水烏江湘江，用浩浩東去的長江與少年手中交錯的掌紋互相比
類，或者說是將細密的手幻化成縱橫的江河，幻化成滾滾滔滔的水聲，幻
化成五嶽，間接表達出一種懷鄉病，一種鄉情震撼下所造成的一種幻覺。
當然這首詩的另一主題是「不就全握在你手裡，你的命運／你不掌握，要
誰來掌握？／你不放手，誰敢逼你放手？」「只要一握手，掌心印著掌心／

只要一握手就是證明」之類的積極自我肯定，不過這一首詩從夢魘到掌中
旋出水聲，則意味作者那種懷鄉悲情所造成的一種幻境。水聲與夢魘的意
象在詩中有時是扮演著同樣的一種角色。

> 大江東去，枕下終夜是江聲
> 側左，滔滔在左耳
> 側右，滔滔在右頰
> 　　　側側轉轉
> 　　　揮刀不斷
> 失眠的人頭枕三峽
> 一夜聽轟轟聽大江東去

同樣是以水聲入詩，同樣把場景放在深深的夜晚，這一首詩中作者雖然沒
有使惡魔出現，但卻代之以滔滔滾滾，轟然不已的江聲，這該是異曲同工
的，鄉思洶湧時，失眠的人耳邊響起那一夜轟然江聲，同樣是那麼祟人心
魂。

> 「醒一醒，光中」她將我猛撼
> 「怎麼你滿身冷汗夢話哽哽？」
> 一腳才發現還伸在氈外
> 酸痛的腳，遙遙，向對海
> 向那時的童年，此時的夢魘

在〈逆泳〉一詩中，同樣的夢魘又出現了，詩中作者寫道，大寒流之夜作
夢，夢見自己一腳落進了長江，然後就逆流而泳，從下游向上游，逆著洪
流及湖妖水怪，向記憶向從前不停的游，雖然夜深水急，還是不斷的游，
游得股筋欲痙攣，最後才在他太太的猛撼之下，從夢魘中醒來，這首詩中

夢魘的象徵是很明顯可以看出來的，詩末「酸痛的腳，遙遙，向對海／向那時的童年」更是直接的把主題暗示出來，這種頻頻出現的夢魘及失眠症是余光中先生在這一時期鄉國情感的主題，當然這種夢魘在「在冷戰的年代」時期亦偶爾出現，如〈月蝕夜〉一詩的「五十個世紀的夢魘／一聲驚呼，一層層倒下／一層層，倒下，一座玻璃的危樓」，只是在這一首詩中夢魘的本質與〈白玉苦瓜〉時期是大不相同的，其象徵的意含亦大為不同，比較起來，在更早的〈敲打樂〉時期中有一首詩也出現了夢魘這一意象，而且在本質上與〈白玉苦瓜〉時期的夢魘比較接近，這首詩的詩題就是〈你仍在中國〉。

　　你仍在中國，在海關的那邊
　　你的響午是我的聾夜
　　你的暖夢接不通我的冷魘

這一首詩表面是在寫情人之思，但很明顯的可以看出，詩中也間接表達出一種對家國的思念，因此冷魘的本質也就隨著具有雙重的含意，也許冷魘這個意象只是為了與暖夢互相對比，無意間想出來的一種措詞，就如響午與聾夜也是基於一種對比上的需要，而刻意安排的一種特殊措辭，不過在整首詩中響午與聾夜，暖夢和冷魘的對比，是具有很深的象徵意含，雖然這個時期的冷魘與〈白玉苦瓜〉時期的夢魘在性質上略有不同，在層次上也有所不同，但我們可以說〈白玉苦瓜〉時期的夢魘在〈你仍在中國〉一詩中已稍露端倪，只是在那個時期比較隱晦，而到了〈白玉苦瓜〉時期則全面呈露，而且還頻頻出現。

　　由早期的矛盾衝突及羞愧感到後期的悲愴茫然，再演化成一種傷一種召喚，然後是一種夢魘的出現，這是余光中鄉國感情發展上的一道軌跡，而夢魘之後代之而起的，則是一種懺悔自疚，這也是情感發展上必然的現象。

膝印印著血印，似爬似跪

盲丐回頭，一步一懺悔

腿短路長，從前全是錯路

作者不惜以全然否定的態度說「從前全是錯路」，而懷著自疚自省懺悔及贖罪的心理，「似爬似跪」自懲般重認歸向自己的家國及文化，雖然我們很難指出所謂從前是確指著什麼，也許它指的是作者自序中所謂的「少年時代，筆尖所沾，不是希頓克靈的餘波，便是泰晤士的河水，所釀也無非一八四二的葡萄酒」少年時期對異國的嚮往，對自身文化的忽視，中年時期忽然澈悟昨日之非，因為作者「到了中年，憂患傷心，感慨始深，那枝筆才懂得伸回去，伸回那塊大大陸」所以我們說作者〈白玉苦瓜〉時期的懺悔心理是導因於此，他對中國文化的重認依歸更是肇基於此。另外一點應該是針對著〈敲打樂〉時期的某種情感心態而發的，因此這種自疚心理也許是指向〈敲打樂〉時期某種心理的自省。但我要指出這種懺悔心理文化的因素較多，因此作者懷著一種贖罪自疚心理去正視我們這個偉大的國家，去重認我們民族燦美的整個歷史文化，希望再度投胎入民族的母體中，去重認傳統及文化的偉大。

在伶仃的年代

赤裸裸地讓我

牙牙，一路爬回家去

爬回民謠那樣

深不見底的洞裡

讓我翻身跪倒

一半懺悔，一半是禱告

一個匍匐的嬰孩

膜拜用五體來膜拜

　　為了重認母親
　　吮甘醇的母奶

　　　　　　　　　　　——〈投胎〉

　　在作者〈白玉苦瓜〉之前的作品裡，不管是用「羞辱感」去反襯，或
是用「榮譽感」做正面的表現，兩者在國家意識及民族情感的表達上，都
具有相同的分量，不過和〈投胎〉這一詩比較起來，前者所表達的較直接
而且似乎情緒的成分較高，而後者則屬於整個精神上的皈依，因此作者懷
著「浪子回頭」似的心情，翻身跪倒，懷著懺悔去重認母親，吮吸母奶。
而經過懺悔反省之後的作者，自然是以熱切的情懷去擁抱國家，去肯定中
國傳統文化的價值。

　　原是從同樣的洞穴裡
　　我當初爬出去
　　那是，另一個女體
　　為了給我光她剖開自己
　　而我竟不能給她光
　　當更黑的一個礦
　　關閉一切的一個礦
　　將她關閉

〈鶴嘴鋤〉一詩中所表達出來的內容，可以說是多歧義多指向的，但基本
的主題卻和〈投胎〉一詩相同的，我們可以說它所欲表達的也是對母體的
重認，對文化的再肯定，而他對文化的再認，也是建立在自疚自責這一心
理基礎上，「為了給我光她剖開自己／而我竟不能給她光」可以說是這種心
理的最明白說明，我們這些誕生於中華文化母體的子民，領受文化之光，
但卻不能回養反哺我們的文化，我們卻無能去豐富我們的文化，我們是該

自責自疚，懷著贖罪的心情向我們母性的文化深表懺悔。作者也就是懷著如是的心理回頭去重認我們的文化，去挖掘我們文化中深蘊的光輝。

> 就這麼一鋤一鋤鋤回去
> 鋤回一切的起源
> 溯著潮潮溼溼的記憶
> 讓地下水將我們淹斃

這一首詩中，表層上是性愛的描寫，但透過作者的安排，透過我們如是的分析，我們可以看出這一首詩實已超越出它表層的意義，而提升到一個較高的層次。前列四句詩實在是對文化重認過程的描寫，對整首詩開礦的動作描寫，實在也應作如是觀。

> 仰泳的姿態是吮吸的姿態
> 源源不絕五千載的灌溉
> 永不斷奶的聖液這乳房

這種對傳統文化的肯定，也許是贖罪的一種方法，而這種對文化的重認應該是作者中國意識民族精神這一情感發展到最後的結論。透過以上的分析探討，我們似乎已經掌握住了作者從〈敲打樂〉到〈白玉苦瓜〉整個國家情感發展上的動向和軌跡。而很巧的，作者在民國 56 年所寫的〈醬瓜和月桂樹〉一詩中，彷彿對於這種由羞憤到皈依的整個情感發展過程，似乎也有點預感，而作了如下的預言：

> 但筆舉的手臂停在半空
> 不能決定，究竟，誰答誰
> 於是憤怒的餘爐積成一堆自嘲

自嘲冷成一種淡淡的自傷

淒美而且殘忍，歐薄荷，輕輕的一層

敷在一處傷口上，隱隱

當初七的月俯下半邊臉孔

自傷變成自疚，比水仙之死更溫柔

不是鞭子，這枝筆，是一炷香

向兩個神龕昇起讚美，一龕

是繆思，一龕是我的妻子

事實上，透過筆所升起的讚美，在余光中先生的後期詩中，已擴大而指向母親的芬芳，是故國寬厚博大的后土，是那燦爛優美的文化。上面所列詩句，給予如是的詮釋，似乎已嚴重的患了穿鑿附會之弊，但不管它是純屬巧合，或是一種預謀，甚或是風馬牛不相及，它隱隱然彷彿把作者從〈敲打樂〉到〈白玉苦瓜〉時期，愛國情感創作心態的發展動向披示出來了，這或許說明了作者這種情感的發展，是有其心理基礎的。

上面我們論及作者國家情感的發展過程，由早期的羞辱感矛盾感而悲愴空茫，而成為一種傷痛一種召喚，然後進而為一種纏人祟人的夢魘，最後是懺悔自省及對文化傳統的重認再肯定，筆者認為最後這種對文化及傳統的重認再肯定，是「白」集的最大主題。

在《白玉苦瓜》集中，余光中先生對祖國文化的重認再肯定，我們可分二點來討論，也就是說余氏是透過兩個方法去從事他對文化的重認工作，第一個方法是對文化的再塑與肯定，第二個方法是肯定民歌的價值及現代民歌的創作，有關於這兩點，筆者在《詩脈季刊》第一期所發表的〈品瓜錄〉一文中已有詳盡的析論，在此不再贅述，本文的述論也到此為止。

——選自《中華文藝》，第 115～116 期，1980 年 9～10 月

道是無情卻有情
談詩人余光中的香港情懷

◎秀實*

一、

　　想用詩來與永恆「拔河」的臺灣當代著名詩人余光中，自 1974 年來港，擔任中文大學中文系教授，輾轉已是第 11 年。1975 年 9 月，詩人決定回臺定居，並主持高雄國立中山大學文學院。在悠長的創作生涯裡，詩人的「沙田時期」宣告結束。包括推動和推廣，提倡和提拔，11 年來，余光中對香港詩壇的影響是顯而易見的；譬如所謂「余派」詩風的作品，就曾經活躍於文學獎和文學刊物上。

　　8 月 31 日下午三時，香港中華文化促進中心舉行了「余光中惜別詩會」。會中，詩人朗誦了他未曾發表的新作品：〈老來無情〉。全詩一節 35 行，朗誦起來，頓行有致，字清音圓，低迴縈盪，聽者難免動容。難怪事後戴天在「乘游錄」中，讚譽詩人的朗誦水準，不下「臺灣雙弦」（紀弦與瘂弦）。這首詩，題目雖云「無情」，但一字一句卻滿溢了濃情厚意——對香港的眷戀不捨。詩中三番自問，正撥觸到詩人對這「香港歲月」依倀難忘的心底弦。看，第一問是：

　　　老來無情，料不到行期日近
　　　告別香港竟如此地艱辛

---

*本名梁新榮，香港詩歌協會會長、香港《圓桌詩刊》主編。

　　一草一木為何都不勝其眷眷?

第二問,面對山水,也是含情脈脈:

　　這四面的山形與水態

　　到某月某日,真放得開

　　放我一飛就出去了嗎,頭也不回?

第三問呢?依然是情深一往,不勝依依:

　　火急的輪胎一離地

　　便從此結束了麼,我的沙田時期?

二、

　　正如余光中接受香港電臺文化組在 8 月 25 日訪問時所說:「我初來的幾年很想念臺灣,因為我在那兒讀書和教書;當然也同時很關心中國大陸,那是我二十多年的家鄉,初來的時候都會經常懷念。」詩人在香港所結的第 12 本詩集《與永恆拔河》,和第 13 本詩集《隔水觀音》,就充滿了這種「島思」和「邊愁」了。這裡,引詩為證,以說明詩人是怎樣的「對臺灣小島思念」和「對中國大陸懷愁」。〈九廣鐵路〉一詩寫於 1975 年 9 月,詩人離家客居香港,談他的「邊愁」,首六句:

　　你問我香港的滋味是什麼滋味

　　握著你一方小郵簡,我凄然笑了

　　香港是一種鏗然的節奏,吾友

　　用一千隻鐵輪在鐵軌上彈奏

向邊境，自邊境，日起到日落
北上南下反反覆覆奏不盡的邊愁

這種「青青邊愁」，如綠草滋生，蔓延在詩人的思想中，愁懷揮不去，「夜讀」中，深深感到：

飄然一身
在大陸的鼾聲以外
在羈愁伶仃的邊境
燈是月光照夜讀的人

另外，詩人更會懷念臺灣，時時會向東仰望蓬萊島上的「隔水觀音」，〈紅葉〉的末尾，詩人禁不住，「臺灣相思」湧上心頭：

島形的一片葉，我們的島
點點花紋，島上的山系，
纖纖葉莖，島上的河譜
縮地千里有仙術
基隆三寸到屏東
望不盡的青煙藍水，宛若在其中

而，另一首詩，〈郵票〉，寫於 1978 年 4 月。詩句中，「島思」之情更洶湧澎湃。詩人說他的思念要突圍水平線，「沿著北回歸線的嫋嫋，冒著海上的颶颱和狂飆，向東而飛。滿載思念的信件上，貼著青鳥圖形的郵票，鋸齒形的花邊是：

輕輕，細細地咬著鄉愁

> 並準備英勇地接受
> 那無情的郵戳重重的打擊

「島思」和「邊愁」之餘，詩人偶爾也會回頭，看看自己生活其中，如廬山般的沙田中大山崗，緬懷一下那裡的山樓水塔和詩友文人。1977 年 12 月，詩人在〈船灣堤上望中大〉，感念設想：

> 訏樓遠成石，塔小如菫
> 三寸玲瓏的盆景，怎裝得下
> 悠悠那些歲月，馬鞍的朝暾
> 八仙的晚霞，和行行列列
> 簇坐開會的一眾山人？

而另一首詩〈幻景〉，亦可當作如是觀。

三、

　　最近幾年，余光中的詩的「基調」是有改變的。在接受電臺訪問時，詩人又進一步的說：「由於香港的環境已變，加上九七問題等等，我對香港產生了特殊的感情。因為在香港住了很久，所以自己寫作也常常寫到香港，寫香港的山水、寫在香港的心情，有好幾篇作品裡面都以紫荊作意象。來香港這麼多年，對我實在有相當大的影響。」八月號的《香港文學》上，詩人發表抒情散文〈十年看山〉，對香港的情懷濃郁到化不開：「在訣別的前夕，猛一抬頭，忽然青青都湧到了眼裡，猛一回頭，早已青青綿亙在心裡，每當有人問起了行期，青青山色便哽塞在喉際，他日在對海，只怕這一片青青，更將歷歷入我的夢來。」

　　1982 年初，香港前途開始普遍受市民關注，也開始具體而直接的影響人心。九七大限，香港回歸，在詩人敏感的心靈下蛻化成詩篇。對於香港

前途，詩人的筆下是充滿擔憂和疑惑的。著名的詩作〈過獅子山隧道〉，正
是這種情懷的透露，看這樣的一個借喻，滿是憂慮，滿是懷疑：

> 而另外的一面，十四年後
> 金冠束髮的高貴側影
> 要換成怎樣的臉型？
> 依舊是半別著臉呢還是
> 轉過頭來正視著人民？
> 時光隧道的神祕
> 伸過去，伸過去
> ──向一九九七
> 迎面而來的默默車燈啊
> 那一頭，是什麼景色？

同樣的情懷，在〈香港四題〉裡來得更為直截，香港能否渡過九七的風
浪，安然抵埗？詩人是怎樣的說呢？原來是求神問卜：

> 一切海難的守護神啊
> 且問九十七號
> 是上籤呢還是下籤，究竟？

明報月刊八月號上，發表了詩人的一篇近作，題為〈東京上空的心情〉。這
是一首相當值得注意的作品，詩人的香港情懷，可謂盡在此中。一是緬懷
昔日的香港歲月暨香港的海市蜃樓，就像這種詩句：

> 不忍就此一撥，撥亂了
> 日日夜夜在我的腕上

　　倒數著香港珍貴的時間

　　……

　　水翼船帶來的暮色裡

　　滿港的桅檣愈稠愈密

　　白鷗斜處，紅磡正對著北角

　　兩岸的水市對著山樓

另一則是如前所說，對香港前途的擔憂和狐疑，詩人甚至乎談到「五十年不變」的承諾：

　　歲月伸出的一對觸角

　　仍敲著六百萬人的朝朝暮暮

　　米旗未下紅旗未掛的心情

　　邊境到中環加速的節奏

　　鋼軌從牛年敲叩到何年？

　　金屬的節拍啊敲到天荒地老

　　堅貞的金屬會否疲勞？

　　五十年不變嗎？我不敢預言

四、

　　余光中在詩史上的地位，惹來爭議甚多。但做為一個優秀的詩人，他卻是當之無愧的。因為詩人觸覺敏銳，感情深摯，善於取喻，風格多變，兼且憂國懷鄉。11 年的沙田時期，可說是詩人創作生涯上一個重要的階段，乃因在某一層意義來說，他離開臺灣，把影響力直接的帶到香港，打破了多年來成就局限於臺灣的困境；又兼且香港接近大陸，大陸詩壇的資訊來得直接而全面，使詩人在反省中更能觀照出自己的使命，這都是造就

了詩人將來或許成就偉大的傑作的有利因素。我們不妨拭目以待。

　　這種「香港經驗」對詩人來說，無疑是十分珍貴的，詩人的「香港歲月」又告終結，以詩緬懷是難免的了。惜別會上，詩人又朗誦了他另一首新作──〈別香港〉，短短的 12 行，真可看作是詩人此番離別的依依驪歌，引抄在此，也不妨作爲此文的收結。

> 如果離別是一把快刀
>
> 青鋒一閃而過
>
> 就將我剖了吧，剖
>
> 剖成兩段呼痛的斷藕
>
> 一段，叫從此
>
> 一段，叫從前
>
> 斷不了的一條線在中間
>
> 就牽成渺渺的水平線
>
> 一頭牽著你的山
>
> 一頭牽著我的眼
>
> 一頭牽著你的樓
>
> 一頭牽著我的愁

──1985 年 9 月 5 日於九龍美孚

──選自《藍星詩刊》第 6 期，1986 年 1 月

青年余光中的文學發端

◎朱雙一[*]

　　余光中先生近十餘年來任教於高雄。有誰想到，與高雄隔海相望的廈門，竟是這位文壇泰斗生文學生涯的發祥地。46 年前的 1949 年春至夏，余先生因躲避戰亂轉學至廈門大學，短短數月內，在此地報紙副刊上至少發表了六、七首詩作，其中包括稍早寫於南京的新詩處女作〈沙浮投海〉（詳見 1995 年 3 月 14 日《聯副》上的〈小荷已露尖尖角〉一文）。更令人驚訝的，該年 7～8 月間，余先生密集地發表了七篇理論批評文章和二篇譯文，其中涉及一場以他爲一方主將、過招三數回臺的文學論爭。單就爲文的頻率和速度，就可一窺年方 21 的余先生不凡的文學才情。這些文章充分顯示了余先生文學起步時的藝術觀念、知識積累和某種文學的傳承。此後其理論和創作自然有了很大的變化和發展，但與這些早期的文學「基因」仍有割不斷的聯繫。因此這些早期的佚作不失爲余光中研究不可缺少的珍貴資料。

孟郊、聞一多和臧克家

　　余先生在廈門的佚文基本上可分爲兩類。其一包括〈臧克家的詩──烙印〉、〈郊寒島瘦──從時代觀點看孟郊和賈島〉等文。它們通過對作者所喜愛的古今詩人創作的論評，顯露了余先生當時的文學理念，即強調詩的現實性、時代性、反抗性和大眾化。此外，還可看到那種將詩視爲第二生命的藝術敬業精神對余先生年輕心靈的感召和引起的共鳴。

*本名朱二。發表文章時爲廈門大學臺灣研究院研究員，現爲廈門大學臺灣研究院教授。

須特別指出的是這兩篇文章和「新月」詩人聞一多的密切關係。1933
年 7 月，聞一多爲臧克家的《烙印》詩集作序，序中盛讚臧詩所具有的堅
實的生活根基，並拿古代詩人孟郊與之相比。聞一多指出，孟郊有他「自
身窮愁」的實際經驗，而臧克家也有自己的「嚼著苦汁營生」的坎坷經
歷，所以他們的詩是「真情的流露」，而非如白居易「貓兒哭耗子」般虛僞
和矯飾地「單是嚷嚷著替別人的痛苦不平，或慫恿別人自己去不平」。很可
能正是這一點引起青年余光中的強烈共鳴，並引發其從事創作的原初動
力。因當時年紀輕輕的他，卻已因抗戰和內戰而數度輾轉流離，並再次面
臨著未卜之前程，對於人世滄桑、世道艱辛，已頗有一番自己的親身體驗
和感慨了（這一點，不久前曾由客座廈大的余先生親口道出）。當時的余先
生格外傾心於杜甫、孟郊、賈島而至臧克家一脈相承的密接「生活」的文
學傳統，其實是有其現實的原因的。

余先生文章中有些觀點（如對蘇軾的不滿和批評），似乎直接從聞一多
的序文中演繹而出。論者及余先生自己嘗謂：其早期詩創作（從《舟子的
悲歌》到《天國的夜市》等）有個較多地模仿、重複前輩詩人的青澀階
段。而其文學評論，何嘗不也有一個從青澀到成熟的過程？在此求學、起
步階段，他主要伸出觸角廣泛地吸納各種文學的營養，而自己則尚未建立
成熟、穩定的風格。儘管如此，這兩篇文章中還是有余先生自己的獨到觀
點，如歸納出臧詩的五大特點，以及引用大量古詩文資料對孟郊、賈島的
生平和創作所作的評述。它們顯示出作者較深厚的文學知識根柢和較強的
分析闡發能力。余先生後來行雲流水、汪洋恣肆的評論風貌，在此已露雛
形。

海、余過招

除此二文外，其餘各篇大多牽涉到一場頗爲熱鬧的文學論爭。事情的
開端是 7 月 5 日《星光日報》的《星星副刊》上發表了署名「海天」的
〈寫作的道路〉一文。該文認爲在歐美資本主義國家，因對物質文明的盲

目崇拜致使文藝道德漸次崩壞，其作家的創作漸由個人的享樂而及於頹廢，於是創作的另一新型，就在一個社會主義國家中萌長傳播；爲此宜於擯棄前者、學習後者。三天後，余光中即在同一副刊發表〈爲莎士比亞伸冤〉一文加以辯駁，認爲海天將作家截然劃分爲資本主義國家的和社會主義國家的兩類，將作家的創作和其所屬國家的性質相等同的做法，未免過於抽象和武斷；對一國的統治者不滿，遂亦歧視其文學，是可笑的。此文發表兩天後的 7 月 10 日，海天發表了〈也算答覆──敬覆余光中先生〉一文，辯稱自己並沒有把資本主義國家中的作品一體抹殺，又反過來指稱余光中在文章中列上一大堆歐美作家的名字和作品乃是「抬起棺材來教訓人的姿態」。他並以揶揄的口吻稱余光中爲「資產階級文學矢志衛道」者。事隔三天，7 月 13 日，余光中又刊出〈讀書與救國──答海天先生〉文，指出：「我只是純粹就學術論學術，海天的覆信裡卻帶上對『人』的嘲諷筆調。」針對海天認爲余光中能拜讀如許外國作品乃是「在一個安靜的地方長大」、有「閑情逸志」的猜度，余先生寫道：「海天似乎認爲學習文藝的人，不必多讀書，要知道文藝雖是創作的，卻非孤立的。……不多念書，而去創作，正如要蠶兒不吃桑葉而吐絲一樣的不可能。」又寫道：「文學是現實的反映，現實要往實踐的生活中去認識，而反映卻賴乎精妙的藝術手腕……海天把寫作的重心放在實踐的生活上，這原是精到的看法……但他忽略了藝術的手腕，因此他不喜歡大家有功夫來研究許多作品，也就是因此，我才希望大家多研究些吧了。」

　　海、余論爭很快引起了廣泛的注意和回響。7 月 14 日的《星副》刊出了艾里戈的〈批評的認識──評海天先生的「答辯」態度〉，指出新文藝作者要走入群眾行列依靠人民，並不限於何種身世和出身，「海天先生的探詢人家身世的態度和用意，著實偏差，委實大錯了。」7 月 19 日的同一副刊又有兩篇相關的文章。吳炳輝的〈諱疾忌醫的海天先生〉認爲海天的文章確是中了「強調」和「狹窄」之疾，而余光中的立論並不流於「荒謬」。亞丹的〈攜起手來──關於「論戰」的一點意見〉則認爲這次論爭的雙方在

文藝應該走向「大眾化」的基本原則上是一致的，論戰乃屬意氣之爭，應予停止。7 月 23 日，艾里戈的〈寄望給論爭以後——關於論爭後的檢討〉再次對海天的態度加以批評。此後經過十來天的沉寂，8 月 4 日，《星副》又登出了署名歐海澄、樹常青的〈讀兩篇文章〉，對余光中的〈爲莎士比亞伸冤〉和〈讀書與救國〉提出異議，認爲：評論作品須先從內容的社會性著眼，此後才有藝術的評價；作品是有新舊的，其永久性的存在，反而是以作品的現實性爲存在的前提和基礎；生長的環境是能決定作者的思想和成就的；有理由特別看重社會主義作品的教育意義，等等。8 月 14～15 日，余先生發表〈答歐樹兩先生〉。關於作品的藝術性，余先生說明自己「並未迷信藝術萬能」，同時又重申自己「並不認爲強調藝術爲不當」。他明確指出：「文學是一種藝術，自然應該注意藝術之所以爲藝術……我們可以說：文學的要素固必須包括現實，但其特性卻在於是『藝術』的。」一個作者和一個洋車夫的區別，就在後者見得到而道不出，而前者卻能將所見加以傳達。關於社會主義國家和資本主義國家作品的優劣問題，余先生認爲，大體而言，「在社會的意識上，後者頗遜於前者，然而在藝術的手腕上，那形式的嚴整，語言的優美上，前者就不容易和後者爭甲乙了。」一個文學作者需要多方面的營養，不宜於偏廢。此外，余先生認爲社會主義國家的作家寫些富於社會主義意識的作品，原是很自然和很安全的，但在資本主義國家裡，寫這種作品才難能可貴，「因此，我愈愛蕭翁」。這篇文章刊出後，這場歷時月餘的論戰才算真正落幕。

論戰方酣時，還發生了若干規模較小的筆墨交鋒，其實與這場論爭也不無關係。一是在《星副》刊出吳冰慧的一篇〈扯談文藝和情欲〉後一星期，7 月 18 日余光中發表〈文學和情欲〉一文。二是 7 月 19 日和 23 日，《星副》先後刊登李光的〈偉大的莎士比亞？〉和穎鍔的〈讀了〈偉大的莎士比亞？〉〉的辯駁文字後，28 日，余先生發表〈莎士比亞的偉大〉長文，提出與李光不同的觀點，除了論述莎士比亞愛國的、人性的、非貴族的、攻擊黑暗的等創作特點外，還指出我們不能強迫文藝復興時期的詩人

具有現代強烈的「爲大眾」的意識。除此之外，余先生還分別於 8 月 1 日和 8 月 19 日發表了兩篇譯文——蕭伯納〈百萬財主的煩惱〉和艾克斯利〈白朗寧小傳〉，也從一些側面反映了余先生當時的文學觀念和傾向。

　　一個月左右的時間，余先生連續撰寫了如此之多的理論批評文字，不能不令人驚嘆這位年輕學子才思的敏捷和涉獵的廣泛。從這些文章中還可看到余先生文學理念的一個重要特點，即較爲持中和周延。海天顯然屬於比較「左」的，而當時的余先生也並非是極「右」的，如他也同意「大眾化」的口號，對「社會主義文學」也並不特別的反對，在其同一時期的詩作中還表現出對底層貧民的深厚同情和對剝削制度的不滿（見〈插新秧〉、〈清道夫〉、〈臭蟲歌〉及論詩的詩〈給詩人〉等）。只是余先生不走極端，不拘囿於機械式的褊狹觀念中。如他認爲作家的創作未必完全對應於其所屬國家的屬性的觀點，認爲文學作品應兼顧現實性和藝術性兩端的觀點，以及文學可以描寫情欲但須有必要的處理和限制的觀點，等等，都是比較妥貼和周全的。這對於一個初出茅廬的文學青年而言，是難能可貴的。而這一特點如基因般，始終貫穿在余先生此後數十年的文學生涯中。比如他在文學的現代和傳統、中國和西方、自我和大眾等問題上總是表現出的某種折衷性和辯證性，不能不說在這些早期作品中就已露端倪。

餘韻

　　鑒於余光中先生這些早期佚文的重要研究價值，特擇二三鄭重推薦於廣大讀者。由於當時印刷技術的低劣及年代的久遠，這些幾被湮沒於故紙堆中的資料字跡模糊，且缺字、錯字頗多。筆者不揣淺陋地作了一些校正，如有遺漏或錯誤之處，尚祈鑒諒。

——選自《聯合文學》，第 129 期，1995 年 7 月

詩的煉丹術
余光中的散文實驗及其文學史意義

在現代散文中，余光中〈剪掉散文的辮子〉（1963 年）是篇具有指標意義的文論。有人視為余氏「以文為論」的實踐成果，有人把它當成檢視現代散文的創作指導。余氏數十年來以其豐沛的散文實踐自身的方法論，遂更加深此文的說服力和影響力。它既是散文，亦是理論，余氏典型「文體貫通，以文為論」的創作成果。〈剪掉散文的辮子〉應該和同時期完成的多篇文論，譬如〈下五四半旗〉（1964 年）、〈楚歌四面談文學〉（1963年）、〈鳳、鴉、鶉〉（1963 年）等文視為一脈，方能彰顯其存在價值，進而讀出其時代意義。在寫作或發表時間上，雖然〈下五四半旗〉比〈剪掉散文的辮子〉、〈楚歌四面談文學〉和〈鳳、鴉、鶉〉要晚，卻是余氏文論的基礎，也是解讀〈剪掉散文的辮子〉的重要線索。

余光中對「現代散文」的要求充滿形式主義的精神。「現代散文」的相對概念是「白話文」。所謂白話文，乃是指五四以來「我手寫我口」，缺少文體意識和藝術要求的「口語式」散文，余光中喻為赤貧主義式的「浣衣婦散文」。白話文是現代散文的前身，換而言之，是尚未演進的雛形，介於實用與文學之間的半（散文）成品。〈白而不化的白話文〉（1983 年）寫於1980 年代，依然以批判性十足的文字歷數那幾篇成為範文的散文，根本是1920 年代青年作家未成熟的少作，把這些「範文」當成典律的文藝少年、文藝青年或文藝老年，是「不肯斷五四的奶」[1]五四所謂散文名家普遍少

*發表文章時為元智大學中國文學系副教授，現為元智大學中國文學系教授。
[1]余光中，〈白而不化的白話文——從早期的青澀到近期的繁瑣〉，《從徐霞客到梵谷》（臺北：

產，加上素質不佳，僵硬而糾纏的西化句子夾著冗字贅詞，或濫用虛字，既無文言之精鍊復無白話文的清暢，卻在半個世紀以來，成爲白話文的典範。簡而言之，余氏認爲五四已成歷史。

不僅如此，〈論民初的遊記〉（1982 年）直言民初散文名家遊記比不上明清小品，「口頭鄙古卻又擺不脫古人的影響，奢言師西卻又得不到西方的真諦，加以下筆輕易，既不推敲文字，又不經營結構，要求他們在感性藝術上有所建樹，也是奢望了吧！」[2]八年後余光中出版《隔水呼渡》（1990 年），雖然遊記始終是余氏的創作主題，以遊記爲單一結集者，唯此書而已；《日不落家》（1998 年）則有半本記遊。以實踐呼應理論，顯見余光中左手評論，右手創作的雙重出擊。余氏對民初遊記的批評有二：一是西化不得體，二是藝術性不高，要而言之，民初散文只是白話文，不是現代散文。這個思考的根本來源，則是出自於詩。換而言之，余光中在 1960 年代思考的「現代散文」，是如假包換的詩化散文。

「現代散文」的靈感得自「現代詩」，現代詩是名副其實經過現代主義洗禮，在精神和敘述方法上的雙重改革；余光中對現代散文的概念，則更多的朝「形式主義」傾斜，凸出技術的演練，以及形式的考量，「現代」的意義反而其次。然而，沒有白話散文，就沒有余氏的「現代散文」，從這個角度來看，余氏沒下的那半旗，是反思和改革精神的傳承。此其一。其二，余光中其實是直接越過白話文，用他的「現代」思考上接傳統與古典。他一再以文言文對比白話文，指出此優彼劣，並以雄渾筆力大肆批評五四白話文的弊病。這張名單包括胡適、朱自清、郁達夫、郭沫若、冰心、艾青或戴望舒等五四名家，他們從古典走向白話，間中混合了大量西化或西而不化的遺跡。余光中棄白話走向「現代」，那現代卻是結合白話和古典，再加上外文系薰陶而成的余氏文學譜系。

除了古典和西方，另外一個重要的參照是梁實秋。梁實秋是余光中的

九歌出版社，1994 年），頁 267。
[2]余光中，〈論民初遊記〉，《從徐霞客到梵谷》，頁 79。

老師，兩人同為散文家，同具學貫中西的背景，落實在散文創作上，風格則截然不同。余光中完成的散文實踐，可以說是對梁實秋散文觀點的修正和反撥。〈下五四半旗〉的隊伍裡，應該包括梁實秋，以及被稱為幽默大師的林語堂。余光中的散文實驗精神，其實上承五四的文學改革意義。本文第一節擬從他的方法論出發，論述他對五四白話文的反省和批判；其次，則從建設的角度，橫向分析他充滿形式主義色彩的散文實驗，縱向論文他跟梁實秋、胡適之間的對話關係，論述余氏散文觀點的文學史意義。

一、詩之餘：作為下五四半旗的方法論

　　余光中第一本散文名為《左手的繆思》，正好宣示「詩之餘」的散文觀：寫詩須用右手，散文，則左手足矣。《左手的繆思‧後記》（1963 年）稱這本散文集是他用左手完成的副產品，[3]則散文以詩馬首是瞻的基本立場已經確立。比這篇後記稍早的〈剪掉散文的辮子〉則直言：「對於一位大詩人而言，要寫散文，僅用左手就夠了。許多詩人用左手寫出來的散文，比散文家用右手寫出來的更漂亮。一位詩人對於文字的敏感度，當然更勝於散文家。」[4]詩人的散文是否比散文家好，固然見人見智，亦有待商榷。事隔 13 年後，他在《記憶像鐵軌一樣長‧後記》（1986 年）表示「現在，我的看法變了」，「散文不是我的詩餘。散文與詩，是我的雙目，任缺其一，世界就不成立體」[5]，雖然如此，〈剪掉散文的辮子〉的現代散文思考，仍然具有濃厚的詩人性格。

　　「詩人筆下最好的散文，比散文家筆下最好的詩，畢竟要高出許多。」[6]從個人經驗出發，「詩」在余氏的文類評價裡，而菁英文類，這個觀點來自中西的文學傳統，詩是文學的起始，是優於戲劇優於小說自然也

---

[3]余光中，〈後記〉，《左手的繆思》（臺北：大林出版社，1984 年），頁 159。
[4]〈剪掉散文的辮子〉寫作日期是 1963 年 5 月 20 日，《左手的繆思‧後記》則是 1963 年 6 月 18 日。引見〈剪掉散文的辮子〉收入《逍遙遊》（臺北：大林出版社，1973 年），頁 27。
[5]余光中，《記憶像鐵軌一樣長》（臺北：洪範書店，1987 年），頁 6～7。
[6]余光中，〈誰來晚餐〉，《青青邊愁》（臺北：純文學出版社，1988 年），頁 134。

優於散文的書寫形式，何況在西方的文類裡，純散文找不到相對應的書寫形式，因此詩的標準即是散文的標準。

其次，散文作為詩之餘的觀點，必須回到時代脈絡裡去討論，換而言之，究竟是在什麼樣的時代背景之下，催生了余氏的散文實驗？1963 是個值得觀察的年份，正是在這一年，余光中寫下〈剪掉散文的辮子〉、〈楚歌四面談文學〉、〈鳳、鴉、鶉〉，隔年而有〈下五四半旗〉，為文白夾雜兼惡性西化的五四誌哀，宣告白話文完成階段性任務，應該走入歷史：

> 國文課本所用的白話文作品，往往選自五四或 1930 年代的名家，那種白話文體大半未脫早期的生澀和稚拙。……不純的中文，在文白夾雜之外，更面臨西化的浩劫。[7]

1960 年代正是臺灣現代詩論戰最劇的時代，余光中稱 1959 年到 1963 年是他的「論戰時期」[8]，論戰主題圍繞著文白之爭、現代畫和現代詩，要而言之，古典和現代如何融合的思考，如何現代，現代的意義是什麼，是論戰的重要主題；移植在散文上，則是散文如何進入現代。對余光中而言，所謂的現代有一個參照和革新的對象，那就是五四「我手寫我口」，張口見喉的白話文。

余光中把五四視為開拓者，五四的成就是語言上的解放，而非藝術的更新，1962 年胡適逝世，象徵五四的階段性任務既已經完成，應該讓歷史回到歷史，續寫第二章的，應該是余光中等這批在 40 歲以下的新筆。所謂階段性任務，是指五四散文原是口語，而非書面語，它是材料，而非藝術：

---

[7]余光中，〈哀中文之式微〉，《青青邊愁》，頁 83。
[8]《掌上雨・新版序》收入《余光中集》（天津：百花文藝出版社，2004 年），頁 3。論戰文章可參考《掌上雨》。

> 口語，在它原封不動的狀態，只是一種健康的材料而已。作家的任務在
> 於將它選擇而且加工，使它成為至精至純的藝術。[9]

這番話是余光中站在他的當代，即 1963 年所說的，對他五四作家的評價：
「他們成了名，可是在藝術上並沒有成功。」[10]五四白話文運動主張用白話
文取代文言文，就書面語傳統而言，是從文言變成白話，再把白話改造成
書面語，「口語表達」如何成為「書面語」就成為作家首要面對的艱難工
作。余光中把口語視為原封不動的狀態，其實是簡化了口語成為書面語的
過程，[11]從「原封不動的口語」到「至精至純的藝術」之間，其實是一條漫
長的路，大概也不是白話文運動能夠完成的目標。以上所引余氏對白話文
的觀點，不妨可以跟傅斯年在〈文學革新申議〉所說的作一比較：

> 一代文辭之風氣，必隨一代語言以為轉變。今世有今世之語，自應有今
> 世之文以應之，不容借用古者。[12]

傅斯年認為文言文是「古者」，非當代的「語言」，余光中則把五四的口語
視為「古之語言」；他們的觀點都具當代性。余光中的基本立場是言文分
開，傅斯年則代表五四言文合一的普遍立場，看起來似乎南轅北轍。他們
的立足點卻是胡適《白話文學史》「一個時代有一個時代的文學」的理念。
胡適提出「代表時代的文學」，在古典文學史裡尋找白話文運動源遠流長的
歷史傳統，目的在為白話文學史正名，同時為白話文「革命」尋找歷史的
支援。胡適認為一千多年的白話文歷史只有自然的演進，沒有「有意的革

---

[9]余光中，〈下五四半旗〉，《逍遙遊》，頁 2。
[10]同前註，頁 3。
[11]相關的論述頗多，可以參考夏曉虹〈中國現代文學語言形成說略〉、王風〈文學革命與國語運動
之關係〉、杜新艷〈白話與模擬白話寫作〉，均收入夏曉虹等著《文學語言與文章體式——從晚
清到五四》（合肥：安徽教育出版社，2006 年）。
[12]轉引自程光煒等編，《中國現代文學史》（北京：中國人民大學出版社，2003 年），頁 42。

命」，因此發展速度緩慢，白話文運動必須在「有意的主張」和「人力的促進」下爲之。[13]

　　恰恰就在這一點上，余光中下五四半旗的文學意義，跟五四白話文運動的文學史意義產生了聯繫。同樣是「有意的主張」和「人力的促進」，他的態度沒有五四激烈，有時甚至是肯定的。[14]五四革命的對象是老中國，余光中璀璨的五彩筆則要爲「蒼白的五四」重新上色。五四運動從西方和日本得到靈感和參照，余光中則除了西方之外，要撿回五四遺棄的古老傳統：

> 西化不夠，對中國的古典文學的再估價也不正確。……他們偏重了作品的社會意義，忽略了美感的價值。……艾略特所以成為西洋現代詩和詩劇的巨匠，原因之一，便在於他的調和現代口語和古典文字。[15]

胡適在〈建設的文學革命〉提出「文學的國語，國語的文學」，將文學革命和語言的現代化建設連在一起。錢玄同甚至主張廢漢字、廢孔學、滅道教，使用拼音文字。傅斯年乾脆把中國文字視爲野蠻文字。五四白話文運動在它的當代是現代化的象徵，它把白話文作爲文學的「工具」，從文學進化論的角度賦予它正當性，相對之下，文言文成了死文字，成了必須打倒的目標。這是時代風潮所致，理論的提出基於現實的需要，革新的態度因此必然是激進的。楊聯芬在論及五四文學的「國民性」焦慮時，指出國民性的批判理論，其實是對中國「民族性」的絕對化評價，目的在換來對民族生存狀態和制度文化的反省。這跟晚清以來社會改革屢屢受挫以及辛亥革命後並無大改變的社會現實有關。[16]

---

[13]胡適，《白話文學史》（北京：東方出版社，1996 年），頁 4。

[14]〈下五四半旗〉一開頭便是「偉大的五四已經死了。讓我們下半旗誌哀，且列隊向她致敬」，見〈下五四半旗〉，《逍遙遊》，頁 1。

[15]余光中，〈下五四半旗〉，《逍遙遊》，頁 3。

[16]楊聯芬，《晚清至五四：中國文學現代性的發生》（北京：北京大學出版社，2003 年），頁 173

社會現實使得作家對傳統表達形式失去了信心，傳統不可取，轉而尋求一種新的表達形式。五四白話文運動其實是書面文體的變革，思索白話文如何以現代形式表現現代生活，至於從口語到書面語的轉換過程，卻並非如余光中所說的一面倒向大白話，從文言汲取資源的周作人即是例外。[17]余光中下了五四半旗，卻忽略了周作人，把周作人也一併掃進反古文傳統的隊伍裡。他所舉的正面例子不是同行周作人，而是現代主義大將，英國詩人艾略特（T. S. Eliot），肯定他的成就在「古典和現代」的融合可見詩人在余光中心目中的地位，亦可見橫的移植對余光中的影響。此外，余氏肯定文學是「隔代遺傳」，[18]因此古文的優點必須善加珍惜。

從詩之餘和隔代遺傳的觀點出發，余光中最無法接受五四散文的淺顯，以及句法缺乏變化。批評林語堂是「在單調而僵硬的句法中，跳怪悽涼的八佾舞」；[19]朱自清則沒有一首好詩，因為朱在本質上是散文家，在詩和散文之間，朱的性格與風格近於散文。朱自清散文裡的意象，除了好用明喻而趨於淺顯，便是好用女性意象，他走的是軟性的、女性的田園風格、以及純情路線。另一方面擺不脫拘謹而清苦的身分，自塑的形象是平凡和拘謹的丈夫和教師，同時傷感濫情，樂見歐化。讀者如果沉迷於冰心

～174。

[17]周作人對待傳統的態度跟胡適等有頗大的差異，他主張白話散文可以上溯古文傳統，「下有明朝，上有六朝」，明朝三袁和六朝散文都是他推崇的源頭；主張五四散文從古典吸收營養，因為中國一直有強大的散文傳統，詳細論點參見陳平原，〈現代中國的「魏晉風度」與「六朝散文」〉，《中國現代學術之建立》（臺北：麥田出版公司，2000 年），頁 329～402；季劍青，〈近代散文對「美文」的想像〉，收入夏曉虹等著《文學語言與文章體式——從晚清到五四》（合肥：安徽教育出版社，2006 年），頁 93～115；舒蕪，〈兩個鬼的文章——用作人的散文藝術〉，《周作人的是非功過》（瀋陽：遼寧出版社，2001 年），頁 293～357；以及錢理群，〈周作人與五四文學語言的變革〉，《周作人研究二十一講》（北京：中華書局，2004 年），頁 130～143。

[18]余光中認為文學不是優生學，而是隔代遺傳：「站在中西文化相互激盪的十字街頭，浪子們高呼要打倒傳統，孝子們則高呼傳統萬歲。這種文學的進化論和退化論都是不能成立的，因為文學既不進化也不退化，而是迴旋式的變化，是所謂「隔代遺傳」（"atavism"），而不是優生學（eugenics）。」見〈楚歌四面談文學〉，《逍遙遊》（臺北：純文學出版社，1973 年），頁24。

[19]余光中，〈後記〉，《逍遙遊》，頁 208。

與朱自清的世界，則心態仍停留在農業時代。[20]

　　余光中〈論朱自清的散文〉對朱自清的批評，充分顯露以詩論文的態度，並且具有強烈的個人主義色彩。然而，1950、1960 年代的臺灣散文，其實正流行這類五四遺風，「流行在文壇上的散文，不是擠眉弄眼，向繆思調情，便是嚼舌磨牙，一味貧嘴，不到 1cc 的思想竟兌上十加侖的文字。」[21]以下引用〈論朱自清的散文〉一段文字，藉此反證余氏散文的基本理念：

> 他的觀察頗為精細，宜於靜態的描述，可是想像不夠充沛，所以寫景之文近於工筆，欠缺開闊吞吐之勢。他的節奏慢，調門平，情緒穩，境界是和風細雨，不是蘇海韓潮。他的章法有條不紊，堪稱紮實，可是大致平起平落，順序發展，很少採用逆序和旁敲側擊柳暗花明的手法。他的句法變化少，有時嫌太俚俗繁瑣，且帶點歐化。他的譬喻過分明顯，形象的取材過分狹隘，至於感性，則仍停留在農業時代，太軟太舊。他的創作歲月，無論寫詩或是散文，都很短暫，產量不豐，變化不多。[22]

這段文字可以作為余氏散文的反證，朱自清在五四散文家裡算是大家，余氏對朱的批評可以代表他的散文觀點。要而言之，以上引文指出，朱自清的散文缺少現代散文應有的彈性、密度和質料。用余氏的說法，是無法滿足讀者對美感分量的要求，無奇句復無新意，是余氏認為唯「流暢」而已的單調。句法變化少流於僵化或者惡性歐化，意象尤其不夠現代，因有停留在「農業時代」的評價。

　　另有一個比較爭議的角度，是余氏認為朱自清的散文「太軟」，不夠陽剛，雄渾。這固然跟余氏自身的風格頗類「蘇海韓潮」的雄渾有關，朱自

---

[20]余光中，〈論朱自清的散文〉，《青青邊愁》（臺北：純文學出版社，1988 年），頁 213～237。

[21]余光中，〈後記〉，《左手的繆思》（臺北：大林出版社，1984 年），頁 160。

[22]余光中，〈論朱自清的散文〉，《青青邊愁》（臺北：純文學出版社，1977 年），頁 236。

清的散文地位在五四，憑著〈背影〉就已經確立了卻是不爭的事實。中國學者倪文尖指出，朱自清的「陰柔」風格（余氏評語），或者女性意象，頗符合五四反父權傳統的時代風潮。〈背影〉刻畫的父親形象是細心、體貼、並不強壯有力的特點，跟粗心、堅毅、強而有力的傳統形象相悖，他毋寧是以母親的形象去書寫父親。[23]按照這樣的思考，朱自清散文一貫的女性化意象，或者冰心書寫母親的主題，在五四都能得到肯定和回響，這種「女性擬人格」的寫作風格，正是時代的社會語境使然。

撇開時代和個人風格的因素，朱自清的散文觀亦跟余光中截然不同，在〈論現代中國的小品散文〉裡，他認為現代散文所受的影響，是外國的影響；他寫散文是因為詩和小說寫不成，「既不能運用純文學的那些規律，而又不免有話要說，便只好隨便一點說著；憑你說『懶惰』也罷，『欲速』也罷，我是自然而然採用了這種體制。」[24]這樣的觀點落實在散文裡，便犯了余光中垢病的歐化，以及湯湯水水隨意而為的缺點，特別是「有話要說」又「隨便一點說」的態度，落筆便成大白話，二者均為余氏所誡。其次，朱自清的散文平淡樸質，平起平落，缺乏大開大闔的想像，乃是因為他把散文視為「說話」，加上「懶惰」和「欲速」的態度，這樣的散文彈性密度和資料無一具備。把散文視為說話的文言合一觀點，正好跟余光中文言分開的見解相悖；特別是朱自清在本質上「只是」散文家，跟余氏詩人本色的思考，更是無法契合。

二、煉丹術：散文的形式主義實驗

五四散文作家裡，跟余光中關係最密切，也最值得討論的是梁實秋。梁氏是余光中的老師，如果有所謂影響論，則反對西化和繼承古典傳統的文學觀確實一脈相承。余光中〈文章與前額並高〉有以下這段話：

---

[23]倪文尖，〈〈背影〉何以成為經典？——「超保護的合作原則」及其他〉，刊於「新青年‧文學大講堂」。（http://newyouth.beida-online.com/data/data3?bd=wenxue&ud=07028hb11）
[24]朱自清，〈論現代中國的小品散文〉，收入王鍾陵編《二十世紀中國文學史文論精華（散文卷）》（石家莊：河北教育出版社，2000年），頁25～26。

梁先生最恨西化的生硬和冗贅，他出身外文，卻寫得一手道地的中文。
一般作家下筆，往往在白話、文言、西化之間徘徊歧路而莫知取捨，或
因簡而就陋，一白到底，一西不回；或弄巧成拙，至於不文不白，不中
不西。梁氏筆法一開始就逐走了西化，留下了文言。他認為文言並未死
去，反之，要寫好白話文，一定得讀通文言文。[25]

以上這段話亦可視爲余光中對白話文和文言文的態度，兩者應該文白相
融，縱的繼承和橫的移植必須取得調和，這跟梁實秋的態度相同。梁實秋
在〈現代中國文學之浪漫的趨勢〉（1926 年）批評白話文運動「以文學遷
就語言」，正是余氏把「口語視爲材料」的立場。〈現代中國文學之浪漫的
趨勢〉指出：「把外國以日常語言作文的思想傳到中國，只從反面的效用著
眼，用以攻擊古文文體，而不從正面努力，以建設文學的文字的標準。他
們並且變本加厲，真真要做到『言文一致』的地步，以文學遷就語言，不
以文字適應文學，這是浪漫主義者倡導白話文的結果。」[26]梁實秋本是浪漫
主義的信徒，1924 年進入哈佛大學師事白璧德（Irving Babbitt, 1865～
1933）後，成爲白氏思想的擁護者，反對浪漫主義和頹廢，認爲文學須講
究紀律和情感的純正，以理性駕馭情感，以理性節制想像，反對不羈的熱
情，推崇儒家思想等，這些想法均體現在梁氏的文學觀裡。

侯健指出〈現代中國文學之浪漫的趨勢〉「全屬白氏口吻」[27]，因此梁
實秋批評白話文的改革者徒具浪漫情懷，滿腔改革的熱情，卻無正面的建

[25]余光中，〈文章與前額並高〉，收入余光中編《秋之頌》（臺北：九歌出版社，1999 年），頁
219。
[26]梁實秋，《梁實秋論文學》（臺北：時報文化出版公司，1981 年），頁 6。
[27]侯健，〈梁實秋先生的人文思想來源〉，收入余光中編《秋之頌》（臺北：九歌出版社，1999
年），頁 75。關於情感的節制，余光中的觀點亦頗有傳承，〈楚歌四面談文學〉有兩處文字可
以證明：「詩人之所以成爲詩人，與其說是因爲他熱情奔放，不如說是因爲他，正好相反，比常
人更能保持冷靜，並且恰好在一個距離外，反躬自省，將那分熱情（就算是熱情吧）間接地，含
蓄地，變形地，點化成可供獨立觀賞的藝術品」，頁 15；「浪漫主義者比較幼稚的一面，便是
自憐，且訴諸讀者的自憐。……最深刻的藝術，不是「刺激」讀者，使之流淚，而是要賦與讀者
一種新的宇宙性的觀照能力；它予讀者以「悲劇性」（"tragic vision"），而不是一手絹一手絹的
眼淚」，頁 16。收入《逍遙遊》（臺北：純文學出版社，1973 年）。

設。梁實秋不廢文言，反對歐化的態度，便是余光中〈文章與前額並高〉所陳義的「一開始就逐走了西化，留下了文言」。梁氏認為「文學是男性的、強健的；不是女性的、輕柔的」[28]的觀點，在余光中那裡則是批評朱自清是軟性的、女性的風格，稱讚張曉風是「亦秀亦豪的健筆」，由此可以見出二人「男性的」文學觀點。

梁實秋反對浪漫主義，並由此衍伸出「節制」的文學觀，認為「文學的力量，不在於開擴，而在於集中；不在於放縱，而在於節制」。[29]〈論散文〉特別提出散文最根本的原則，就是「割愛」；最高的理想，則「簡單」二字。[30]他認為文學的形式最重要是單一，因此必須免除過多的枝節，因此字句的琢飾，語調的整肅，段落的均勻都不重要，要而言之，梁實秋提倡的「節制」美學具體落實在散文上，可分成兩個層次理解：一是情感的內斂，二是字數的節省。

梁實秋「割愛」的具體表現，是「小品」多而長篇的散文少，《雅舍小品》四集固然短文占絕大多數，《雅舍散文》二集長篇的為數也不多，《雅舍談吃》尤多戛然而止的極短文。梁氏認為散文應該清楚明白，重主幹而少枝節，好處是要言不繁，俐落輕快，卻令讀者常有意猶未盡之感，〈芙蓉雞片〉、〈烏魚錢〉、〈茄子〉、〈拌鴨掌〉等即是。順著「節制」的要求，梁氏的小品直言直語多，迂迴曲折少，最擅長「說理」，而這點也符合他正視人生，且正視人生全體的寫作主旨。因此梁氏散文絕少汪洋姿肆。大開大闔、馳騁想像以及試鍊文字文句的散文實驗，倒是由余光中另闢新徑，在這一點上，喜歡「蘇海韓潮」的余氏可謂走出一條跟梁實秋完全不同的路。

余光中擅長長篇散文，黃國彬稱之為「大品散文」，因篇幅長，筆勢、想像較大，因而可以容納奇特橫放、天風海下式的想像，便於營造雄偉陽

---

[28]梁實秋，〈文學的紀律〉，《梁實秋論文學》（臺北：時報文化出版公司，1981 年），頁 116。
[29]同前註，頁 117。
[30]梁實秋，〈論散文〉，收入王鍾陵編《二十世紀中國文學史文論精華（散文卷）》，頁 30。

剛的氣勢和動感，也就可以試驗文字和節奏。[31]黃國彬對余光中如何以散文實驗自身散文文論有頗為詳細的論述，不再贅述。要而言之，余光中除了改革的熱情之外，尚有「正面的建設」。余光中大開大闔的大品散文，跟梁實秋直言直語、少見迂迴曲折的小品，倒是兩種截然不同的風格，亦可謂以實踐回應梁實秋的節制美學。余氏期待散文「有聲，有色，有光」，「應該有木簫的甜味，釜形大銅鼓的騷響，有旋轉自如像虹一樣的光譜，而明滅閃爍於字裡行間的，應該有一種奇幻的光。一位出色的散文家，當他的思想與文字相遇，每如撒鹽於燭，會噴出七色的火花。」[32]這段聲光顏色盡收筆底的詩化文論距今四十餘年，以一連串的象徵和譬喻撞擊讀者的感受，情感外放，彈性密度質料兼而有之，跟講究字數節省，情感內斂的梁實秋根本是兩極。

我以為最根本的關鍵，在於梁實秋本身是散文家，余氏則本質上是詩人。詩人強調形式的要求，我們可以說，詩和散文，在余光中那裡是一體之兩面，「提煉出至精至純的句法和與眾迥異的字彙」[33]，這種思考讓我們想到形式主義大將什克洛夫斯基（Viktor Shklovsky, 1893～1984）在〈作為技術的藝術〉（Art as Technique）一文所說的，藝術是以技藝將事物「陌生化」（"unfamiliar"），以複雜的形式和手法，增加感受的難度和長度，也就是說，陌生化讓讀者在審美的過程中受阻，「藝術是一種體驗事物的設計」，[34]余光中對白話文的批評，即建立在「增加感受的難度和長度」的散文詩化上，白話文的口語作為第一線的實用性語言，是沒有經過外力扭曲、加工或變化的原始材料，白話文如果要成為創造性的現代散文，就必須「陌生化」。什克洛夫斯基的陌生化主要想喚起我們對生活和世界的詩意感受，因此素材必須經過處理和變形。余氏散文實驗的內涵，正可在形式

[31]黃國彬，〈余光中的大品散文〉，收入《余光中精選集》（臺北：九歌出版社，2000 年），頁 15～36。
[32]余光中，〈下五四半旗〉，《逍遙遊》（臺北：大林出版社，1973 年），頁 3。
[33]余光中，〈誰來晚餐〉，《青青邊愁》（臺北：純文學出版社，1988 年），頁 13。
[34]Skhlovshy, Viktor "Art as Technique" ed. Robert Con Davis & Ronald Schleifer Contemporary Literary Criticism （New York: Longman, 1989）, p.58.

主義那裡找到對應之處。

　　細看余氏對現代散文的三個條件：一是彈性，指這種散文對於各種文體，各種語氣能夠兼容並包融和無間的高度適應能力；二是密度，在一定的篇幅中（或一定的字數內）滿足讀者對於美感要求的分量；三是質料，是指構成全篇散文的個別的字或詞底品質，它決定散文的趣味或境界。[35]這三者豈不是技術上的操練和表演？以下引用〈作為技術的藝術〉一段話和《逍遙遊‧後記》以為對照：

> 因此作品可能作為散文被創造，而感受於詩；作為詩被創造，而感受為散文。這表示作品的藝術性是感受方式產生的結果，藝術性的作品就其狹義而言，乃是指以特殊技術創造出來的作品，目的是為了使作品盡可能有藝術性。[36]
> 我倒當真想在中國文字的風火爐中，煉出一顆丹來。在這一類的作品裡，我嘗試把中國的文字壓縮，搥扁，拉長，磨利，把它拆開又拼攏，折來且疊去，為了試驗它的速度、密度、和彈性。[37]

什克洛夫斯基強調「技術」是決定作品的關鍵，余光中的散文實驗正是著力於表現方法，第二段引文無疑是文字煉丹術，複雜的形式和手法，正體現了以外力扭曲，加工或重新演練白話文的技術，用余光中的話來說，是讓文字產生聲光顏色，這是詩人鍛字鍊句的本色。余光中認為「文學上如果也有進步的現象，那往往是偏於技巧，而不是精神。……文學作品有時代性，也有永恆性，而後者是無法進化的。」[38]由此可見余光中在技巧上信仰胡適「一個時代有一個時代文學」的理念。他充滿形式主義色彩的嘗

[35]余光中，〈剪掉散文的辮子〉，《逍遙遊》（臺北：純文學出版社，1973 年），頁 208。
[36]Skhlovshy, Viktor "Art as Technique" ed. Robert Con Davis & Ronald Schleifer Contemporary Literary Criticism （New York: Longman, 1989），p.56.
[37]余光中，〈後記〉，《逍遙遊》（臺北：純文學出版社，1973 年），頁 208。
[38]余光中，〈楚歌四面談文學〉，《逍遙遊》（臺北：純文學出版社，1973 年），頁 25。

試，卻因此跟胡適以白話寫新詩的嘗試精神有了呼應。同爲幽默的風格，他以「彈性」糾正林語堂僵硬而單調的句法；以長文對照梁實秋的小品，在風格上則以多元多變超越梁氏的單一；以「男得充血的筆」、「一種雄厚如斧野獷如碑的風格」[39]對治取代媚而無骨的陰柔散文。「如斧如碑」是余光中對梁氏散文的譬喻，余光中的散文確實有稜有角，斧痕斑斑，密度彈性構成厚實而堅硬的質料，他是梁氏理論的最佳實踐者。

結論

　　余光中曾經多次提到他欣賞的英國詩人艾略特（T. S. Eliot, 1888～1965）。我們不能證明余氏的散文實驗受到艾略特的啓發，然而艾略特是新批評的代表人物，1960 年代的臺灣學界，新批評之風正興，亦是余氏散文實驗提出的年代；其次，艾略特〈傳統與個人才能〉（Tradition and the Individual Talent）的論點，或許可以作理解余氏散文觀點的參考。首先，艾略特提到個人與歷史，個人與當代的關係：

> 如果傳統只是追隨前一代，或僅是盲目或膽怯的墨守前一代成功之處，「傳統」自然不值得遵崇。我們見過許多這樣的例子，潮流一來便消失在沙裡；新奇比重複好。[40]

這段文字可見艾略特對傳統的繼承和改革觀點。他提出傳統是用來被超越，或者作爲創新的基礎，這是傳統對個人的意義。要而言之，他強調新奇的事物或觀念比重複好，要勇於推陳出新。其次，艾略特指出，藝術經典本身就構成一個理想的秩序，這個理想的秩序在新作品進來時會重新調整。因此不能單獨地評價作家，得把作者放在歷史裡，以便跟舊的作家產

---

[39]余光中，〈余光中散文觀〉，《余光中精選集》（臺北：九歌出版社，2002 年），頁 50。
[40]T. S. Eliot, T. S. "Tradition and the Individual Talent" ed. Robert Con Davie & Ronald Schleifer contemporary Literary Criticism （New York: Longman, 1989）, p.26.

生新舊對比。[41]余光中的散文實驗正符合艾略特「新奇比重複好」；從文學史的角度來看，則是新作品出現時，經典的位置必然會不斷調整，這是〈下五四半旗〉的意義，同時遙遙呼應胡適《嘗試集》和《白話文學史》的精神和視野。以五四散文爲典律的 1960 年代，文壇上盡是稱爲「陰柔」、「媚而無骨」散文的時代，遂有余氏「現代散文」改革的呼籲。在這一點上，余氏同時有嘗試和創造之力。然而余氏最大的成就不是在理論框架，而是創作。他以豐沛多變，磅礴雄渾的散文風格，在記遊、幽默、敘事、抒情、議論，乃至序跋各種散文類型上，融合古典與白話，重寫五四散文。五四小品在余氏那裡遂一變而爲大品，下五四半旗而現代散文大纛升焉。

參考資料：

- Eliot, T. S. "Tradition and the Individual Talent" ed. Robert Con Davie & Ronald Schleifer contemporary Literary Criticism（New York: Longman, 1989），pp.26-31.
- Skhlovshy, VVikto "Art as Technique" ed. Robert Con Davis & Ronald Schleifer Contemporary Literary Criticism（New York: Longman, 1989），pp.54-66.
- 方珊，《形式主義文論》（濟南：山東教育出版社，1999 年）。
- 王鍾陵編，《二十世紀中國文學史文論精華（散文卷）》（石家莊：河北教育出版社，2000 年）。
- 朱立元、李鈞編，《二十世紀西方文論選》（北京：高等教育出版社，2003 年）。
- 余光中，《分水嶺上》（臺北：純文學出版社，1981 年）。
- 余光中，《日不落家》（臺北：九歌出版社，1998 年）。
- 余光中，《左手的繆思》（臺北：大林出版社，1984 年）。
- 余光中，《余光中集》（天津：百花文藝出版社，2004 年）。
- 余光中，《青青邊愁》（臺北：純文學出版社，1988 年）。

---

[41]同前註。

- 余光中,《記憶像鐵軌一樣長》(臺北:洪範書店,1987 年)。

- 余光中,《從徐霞客到梵谷》(臺北:九歌出版社,1994 年)。

- 余光中,《望鄉的牧神》(臺北:純文學出版社,1975 年)。

- 余光中,《逍遙遊》(臺北:大林出版社,1973 年(1969 年))。

- 余光中,《焚鶴人》(臺北:純文學出版社,1972 年)。

- 余光中,《隔水呼渡》(臺北:九歌出版社,1990 年)。

- 余光中,《憑一張地圖》(臺北:九歌出版社,1988 年)。

- 余光中,《聽聽那冷雨》(臺北:純文學出版社,1974 年)。

- 余光中,《秋之頌》(臺北:九歌出版社,1999 年)。

- 余光中,《余光中精選集》(臺北:九歌出版社,2002 年)。

- 胡適,《白話文學史》(北京:東方出版社,1996 年)。

- 范培松,《中國散文批評史》(南京:江蘇教育出版社,2000 年)。

- 夏曉虹等著,《文學語言與文章體式——從晚晴到五四》(合肥:安徽教育出版社,2006 年)。

- 梁實秋,《梁實秋論文學》(臺北:時報文化出版公司,1981 年)。

- 程光瑋等編,《中國現代文學史》(北京:中國人民出版社,2003 年)。

- 黃維樑編,《璀璨的五彩筆——余光中作品評論集(1979～1993)》(臺北:九歌出版社,1994 年)。

- 楊聯芬,《晚清至五四:中國文學現代性的發生》(北京:北京大學出版社,2003 年)。

- 趙憲章編,《西方形式美學》(上海:上海人民出版社,1996 年)。

- 方忠,〈余光中與臺灣當代散文的創新〉,《文學評論》2006 年第 6 期,頁 73～78。

- 余光中,〈金燦燦的秋收〉,收入余光中編《秋之頌——梁實秋先生紀念文集》(臺北:九歌出版社,1999 年),頁 25～39。

- 李培,〈試析余光中「以文爲論」的獨特評論風格〉,《哈爾濱學院學報》第 26 卷第 4 期(2005 年 4 月),頁 69～73。

- 范培松,〈臺灣散文變革的智者和智者〉,《海南師範學院學報》2001 年第 5 期,頁 41

～45。

· 徐光萍、卞新國,〈「散文的辮子在哪裡」余光中散文的誤區〉,《評論和研究》（1997
年 4 月）,頁 30～33。

· 陳寧,〈論余光中散文文體意識的對抗性〉,《哈爾濱學院學報》第 28 卷第 8 期（2007
年 8 月）,頁 81～84。

· 陳平原,〈現代中國的「魏晉風度」與「六朝散文」〉,《中國現代學術之建立》（臺
北:麥田出版公司,2000 年）,頁 329～402。

· 劉川鄂,〈讀余光中對朱自清散文的批評〉,《世界華文文學論壇》2001 年第 3 期,頁
50～53。

· 倪文尖,〈〈背影〉何以成為經典?——「超保護的合作原則」及其他〉,刊於「新青
年·文學大講堂」

（http:newyouth.beida-online.com/data/data3?bd=wenxue&ud=07028hb11）

——選自《中國近代文化的解構與重建:余光中先生八十大壽學術研討會》
臺北:政治大學文學院　2008 年 9 月

試論余光中「香港時期」的創作風貌

◎劉慎元[*]

一、本文問題分析及研究徑路：

　　余光中（1928～）乃當代詩文雙絕。其創作生涯中曾有一段「香港時期」，在 1974 年 8 月到 1985 年 9 月間，他任教於香港中文大學中文系，前後歷時 11 年（1980～1981 年間曾返臺北師大客座一年）。余氏在中文大學美麗校園中攬山觀海，與沙田眾文友遊，生活安定自在，所以日後自承在港十年的作品，在一己的文學生命裡占了極大的比重[1]。本文企圖分析余氏此一時期的文學創作，及香港這個環境，對余光中此時文學創作面貌所起的影響。雖然余氏此一時期亦有翻譯和評論作品，然若要從文字中爬梳作家與香港的關係，新詩與散文則更可以暴露個人的思緒與感情，因此成為本文將側重的面向。余光中前七年的詩作結集為《與永恆拔河》及《隔水觀音》，後四年的詩作收錄進《紫荊賦》，共得詩作 191 首；至於散文，十年來共得 29 篇。

　　然而在展開對這些詩文的分析之前，尚有一些隱藏的疑慮待決。首先余光中此時的創作，可以置入香港文學的框架中（什麼是香港文學的框架？）嗎？此外，他具有香港作家的身分（identity）嗎？而余氏香港時期橫跨 1970 及 1980 年代，在研討 1980 年代香港文學的主題下，應否該割捨

---

[*]發表文章時為南華大學文學研究所碩士，現為木柵國中老師、佛光大學兼任助理教授。
[1]關於余光中香港時期的紀年、創作回顧、暨作品數量統計，參見余光中，〈回望迷樓──春來半島自序〉，《春來半島》（香港：香江出版公司，1985 年），頁 2～3。

針對余氏 1970 年代詩文的討論？

　　套用伊格頓（Terry Eagleton, 1943～）的說法：文學言說不過是「某一類人在特殊情況下，依據特殊的標準和特殊的原因」所造成的[2]，香港文學此一議題的興盛應作如是觀。自 1980 年代起，中國大陸高等院校陸續成立有關臺灣、香港、及海外文學的研究室，且在很短的時間裡，出現了好幾本香港文學史[3]。評者多從國家與論述（nation and narration）的角度解釋此一現象，認爲係配合回歸，需要爲香港建構一個歷史，放進以及配合整個中國的國家論述。

　　請先以大陸學者的論述裡來看香港文學的框架，順便看看其中余光中的定位[4]。王劍叢認爲香港文學內涵的界定有廣狹二義：從狹義看，認爲由香港作家所寫，反映香港的社會生活和市民心態，在港出版或發表的文學作品，是謂香港文學。從廣義看，只要是香港作家所寫有香港特色，不管是取材或發表自何地，都該算是香港文學，王氏贊成廣義的定義，只要限定香港作家以華語創作的文學作品即可[5]。至於香港作家身分的取得，王劍叢分類爲三：在港出生或長大的，爲本土作家，從海峽兩岸來的南遷作家，以及他地遷入的作家。余光中即歸類於 1970 年代來港的南遷作家，和施叔青同一類群[6]。

　　香港王宏志對於這樣的內地定義和述及的作家多所質疑，他認爲南遷作家（王宏志的討論集中於 1950 年代以前的南遷者）大部分無愛於香港，對於香港文化只有嘲弄和謾罵，沒有絲毫理由爲香港推動本土文學事業；他們來港後的活動大都和香港沒有直接關係（如推動抗日救亡），雖然其重

[2]Eagleton, Terry. *Literary Theory: An Introduction* .（Oxford: Basil Blackwell, 1983）
[3]對於書寫香港文學史的討論，可參 1.王宏志，〈中國人寫的香港文學史〉，《否想香港——歷史、文化、未來》（臺北：麥田出版公司，1997 年），頁 95～125。2.陳德錦（1958～），〈文學，文學史，香港文學〉，《中外文學》第 24 卷第 6 期（1995 年 11 月），頁 136～148。
[4]這裡以王著爲取樣，以下引用王劍叢，《香港文學史》（南昌：百花洲文藝出版社，1995 年），頁 4～5。
[5]華語的創作限定條件當然引起質疑，例如何少韻（Louise Ho）這位香港中文大學英國文學教授，她的英文創作能否歸類於香港文學？參見李小良，〈我的香港〉，《否想香港》，頁 185。
[6]王劍叢，頁 7～8。

要作品在香港發表或出版，但由於作品內容和香港扯不上關係，實在不能稱他們是香港作家，寫的是香港文學[7]。至於 1970 年代來港十年的余光中，是否能列入香港作家的範疇，論者也有不同的意見[8]

　　本文將使用理論上的考察，佐以余氏的詩文為例，爬梳余光中詩文和香港的文學性關聯；此外，本論文將積極注意上述兩地學者的說法，希望能比較出余光中和其他南遷作家之異同，甚至進而提出界定香港文學的方法論討論。至於十年的分期，本來就是一種便宜行事，作家創作風格自有其連續性，因此本文將一併討論余氏在港的早期作品，但將特別標明編年，期能浮現余氏 1980 年代創作的特別處。

二、中國層面的余光中與香港[9]

　　余光中的許多作品具有濃烈的鄉愁，如夏濟安（1916～1965）就曾指出余光中是個被放逐者[10]，他開始書寫縈懷故國的文章，是他在全美輾轉任教的時候。余光中深懷著對祖國舊日光榮的懷念之情，不斷憧憬在古典文學中得來的中國圖像，以保持自我的清醒和國族意識，而往往把回憶的片段，閱讀得來的知識，藉著觀看眼前景物來抒感，交織成繁複多樣的形象。

　　我們可以把余光中視為一位飄泊離散的華人（diaspora Chinese），在面對整個國家民族的苦難，他感受到被迫流亡的痛苦。離開大陸，前往海島，然後遠赴異國，他不斷在不同的位置間飄泊流離，跨越不同的邊界，

---

[7]王劍叢，頁 106～11。

[8]壁華（紀馥華，1934～），曾在星島日報《大會堂》週刊撰文，否定余氏為香港作家，參見〈詩訊〉，《藍星詩刊》第 22 期（1990 年 1 月），頁 167。轉引陳德錦文，註 6。而龔鵬程（1956～）在 1998 年於香港新詩研討會上，認為余光中居港十載，創作甚豐，對香港亦有實質之影響，其居港之作品宜可視為香港文學，見龔鵬程，〈觀察報告〉，黎活仁（1950～）等編《香港新詩的大敘事精神》（嘉義：南華管理學院，1999 年），頁 310。

[9]中國層面並非指涉任何政權，而指余光中對鄉土及大陸生活的回憶，對歷史、文學等中國圖像的孺慕，懷舊及希望國族強盛的欲望。

[10]參見夏志清，〈余光中：懷國與鄉愁的延續〉，黃維樑編《火浴的鳳凰——余光中作品評論集》（臺北：純文學出版社，1979 年），頁 386～387。

不僅是地理的疆界，更是標示不同文化、制度、族群、和語言的疆界。然而頻繁的越界引發了認同的焦慮，於是書寫成爲認同的場域，一連串的記憶與中國文化斷片的混雜書寫，搭起了通往過往歷史與記憶的橋樑，可以尋回以往詩人失去之物，達成一己的認同欲望，反應的是對於葛里松（Edouard Glissant, 1928～）所謂的「糾纏點」、「被迫離開的地方」的心理依戀[11]。

　　從 1951 年他在臺寫下〈淡水河邊弔屈原〉[12]，1959 年在美寫下〈我之固體化〉[13]，1966 年的〈當我死時〉[14]，甚至到 1983〈黃河〉，看到黃河照片展，他寫下：一刹那劇烈地感受／白髮上頭的海外遺孤／半輩子斷奶的痛楚／[15]。這樣的懷鄉書寫一直貫穿他的作品。黃河是余光中筆下常見的指喻，用以指引他朝思暮想的古中國。過去的榮光和記憶的原鄉無法回歸，然黃河卻成爲記憶的斷片，屬於那永久失落整體的一部分[16]。和余詩中常出現的那些中國意象一樣，它驅使一己從現在回到過去，令焦慮的徵狀與記憶的根源再連接起來，通過這些媒介物（讓詩人聯想懷鄉的事物），思緒化爲書寫，與人傳觀，然後「記憶練就了傳統，使事件得以一代一代地流傳下去」，於是在創作者／讀者的心理上，尋求結合的動力以對過去及對記憶的沉溺作爲形式[17]。

　　在香港時期前，余光中於 1969 年也曾到過香港，那時他引領北望，認爲神州成了患了梅毒的母親，然而他筆下的〈忘川〉出現了香港：皇冠歸於女皇失地歸於道光／既非異國／亦非故土[18]。這就點出了香港的一個奇異

[11] edouard Glissant, *Caribbean Discourse: Selected Essays*（Charlottesville: U of Virginia, 1992），pp.26.
[12] 可參見余光中，《余光中詩選（一）》（臺北：洪範書店，1981 年），頁 13～15。
[13] 同前註，頁 112～113。
[14] 余光中，《余光中詩選（一）》，頁 206～207。
[15] 此處的海外遺孤，當可作 diaspora Chinese 的同義字，見余光中，《紫荊記》（臺北：洪範書店，1997 年），頁 90～95。
[16] 依據班雅明所說：「對象本身不能將任何意義投射在它自己身上，它只可以擁有寓言家願意賦予它的意義。」Fredric Jameson. *Maxism and Form: Twentieth-Century Dialectical Theories of Literature*（Princeton: Princeton UP, 1971），pp.71.
[17] Jameson, p.62.
[18] 余光中，《余光中詩選（一）》，頁 259～260。

位置，在地理上和大陸相連，然又不是祖國，很自然的，懷鄉的詩人日後把她當成北望的瞭望臺，寫下一系列的北望詩，其中 1974 年〈九廣路上〉[19]是 1970 年北望詩的代表，詩人自承是個無家可歸依然得夜歸的歸人，在空曠中聽鐵軌轟轟，向今晚的邊境一路敲打過去。鐵路彷彿成了臍帶，連結詩人和祖國的關係。香港這時成了邊陲，詩人站在其上窺視中心，書寫回中心。

　　然而香港並不是孤立於中心之外，邊緣仍不能擺脫中心的影響。在〈九廣路上〉裡，內地的動亂影響他對香港的觀想：獅子山隧道過了／回頭莫看香港，燈火正悽涼／多少暗處起伏著刀光／……不安在孕育，夢魘四百萬床／大小鼾聲一個巨影給壓住／，余光中寫出對當時香港社會情況的觀感，當然也反映了他這時對中原政權的印象。到了 1977 年他寫下〈半島上〉：在這裡，在茫茫后土的邊緣／租來的土地，借來的時間／陸盡水迴，一岬當風的小半島上／朝訝流言，夜夢驚魘／[20]。余光中從一個宏觀的角度，書寫他心中香港的現況，然而這現況只是北望之餘，流筆所及，亦投射了他對當時中共政權的恐懼。同時他對於香港的市民活動，亦不無針砭，例如 1977 年〈唐馬〉[21]，詩人在博物館目睹了唐馬三彩，想到了歷史的征塵與故事，然而收尾卻是：只為看臺上，你昔日騎士的子子孫孫／患得患失，壁上觀一排排坐定／不諳騎術，只誦馬經／。再如 1980 年《競渡》：而只要風向不變／龍船總不會划出海去，難民船／也不會貿然闖進港來／且盡興欣賞今天的競賽／[22]。這裡用昔日楚地龍舟、難民船、和香港龍舟競渡並置（juxtapose）。這兩個例子可以發現，余光中採取了我國詩法中興的技巧，觀物事而興感，揚古事而貶今非，這時的余光中仍然擁抱意念中的中國，從而譏刺眼前港人的生活片段。

　　這一面向的余光中當然是和香港有隔距的，他身處香港（邊緣），冥想

---

[19]同前註，頁 295～296。
[20]余光中，《春來半島》，頁 12～13。
[21]余光中，《余光中詩選（一）》，頁 304～307。
[22]余光中，《隔水觀音》（臺北：洪範書店，1983），頁 74～76。

故國衣冠（中心），筆下亦對邊緣人事亦生感喟。如 1978 年余氏偕友至香港仔華人永遠墳場，訪蔡子民（蔡元培，1868～1940）先生墓，但是蕭條陋隘。他在〈蔡元培墓前〉寫下：一陣陣松風的清香過處／恍惚北京是近了，而坡底／千窗對萬戶一幢幢的新寓／檐連櫓接搖撼的市聲／攘攘的香港仔，聽，卻遠不可聞／[23]。又有一個類似的例子，1985 年，余氏在登飛鵝山途中，偶在百花林遇訪國父之母楊太君靈墓。值得注意的是詩人告訴妻子：「我想許多香港人也不知道」（她葬在飛鵝山）[24]。這兩事與其當作軼事，不如看成暗喻，指的是在余氏心中，香港人對中心文化頗有隔膜。

歸納來看，余光中初來香港，並非立即的悅納此地，因為他分不清香港是異國還是故鄉，在中國層面的影響下，他對此間人事多少產生了隔閡和忽略，不能深入融入此地，最後請以余氏自省的一段話作結：

> ……一個詩人，在文革的後期來到香港，因接近大陸而心情波動，夢魂難安。起初這港城只是一座瞭望臺，供他北望故鄉；他想撥開目前的夢魘，窺探自己的童年。一年年過去，夢魘雖然淡了，童年卻更遠了[25]

三、臺灣層面的余光中與香港[26]

香港對於余光中而言，有一種澄清自我定位的作用，那就是確定臺灣（臺北）對他生命的影響，因為余氏在書寫中常透露追索缺席事物的傾向。如他在美國常有黍離之思，在臺灣常心繫神州，在香港先是舉目北望，接著開始游目東眄了。離開臺灣三年後，在 1977 年〈思臺北，念臺北〉中，他坦承自己成了想家的臺北人，在和中國母體連接的小半島上，

---

[23]余光中，《春來半島》，頁 25～28。
[24]余光中，〈飛鵝山頂〉，《記憶像鐵軌一樣長》（臺北：洪範書店，1987 年），頁 191～201。
[25]余光中，《春來半島》，頁 4
[26]臺灣層面的意思，是指余氏因遠離而思念臺灣，進而尋找出自我定位，開發多重認同的可能；另外亦指回臺客座的一年中，臺灣當時思潮對余氏日後創作的影響。

隔著南海的煙波，思念著二十多年來養他蓬萊的福島。促使他轉北望而東眄的緣由，是因爲從北客口中所聽所聞，幾已難辨后土的慈顏[27]。

　　前文已說過余光中是位漂泊離散的華人（diaspora Chinese），根據字源分析，漂泊離散是由 dia（across 穿越），和 spore（seed, sow 播種）兩者的結合（Webster's 1984），這一詞彙由原始的他處撒種之義，轉到今日討論種族文化的擴散遷徙，除了顛沛流離的消極生存經驗，自然也可以有多重植根的積極可能。在霍爾（Stuart Hall）那篇著名的論文〈文化認同與漂泊離散〉（Cultural Identity and Diaspora）中，霍爾提出文化認同並非存有（being），而是演變（becoming）的概念，以及雜種性和差異對漂泊離散族群文化認同之建立的重要性[28]。雖然霍爾討論的是加勒比海的有色人種經驗，和余光中所遭遇的地域和文化認同危機並不完全相同，然而霍爾認爲離散經驗並非以本質或純粹來界定，而是承認必要的差異性和多樣性，這樣的說法提供我們一個方向，來解釋余光中展現的不同風貌。

　　處在特殊的歷史裂縫（the historical rift）裡，如果余光中寫來寫去都是中國意識，鄉愁國恨，那麼他或將劃地自囿，對生命與題材不再敏感。反之，余光中散居香江，卻能整理生命，去思考故土或地方隸屬感（sense of place）的意義，從而達成離散政治中多重承認的可能，鬆動了傳統固著、單一的文化認同概念，豐富了離散美學的表達。

　　回到 1977 年，余氏在追思臺北時，參照的是自己的成長經歷，從流亡學生到大學畢業，從軍官到新郎，學人到教授，他想起了這麼一座城，滿滿是熟悉的親人、學生和朋友，他說：有那麼一座城，錦盒一般珍藏著你半生的腳印和指紋，光榮和憤怒，溫柔和傷心，珍藏著你一顆顆一粒粒不朽的記憶。家，便是那麼一座城。余光中相信地址是人住出來的，他祖籍福建，生在南京，自詡是閩南人，南京人，半個江南人（母爲江南人），四

---

[27]余光中，《春來半島》，頁 69～70。
[28]Stuart Hall, "Cultural Identity and Diaspora", in Jonathan Rutherford ed., Identity, Community, Culture, Difference （London: Lawrence & Wishart, 1990）, pp.222-237.

川人（抗戰時流徙蜀地），也願欣然接受臺北人的封號[29]。

這樣的漂泊經驗打散了固著的地域認同，回憶和感情成為地方歸屬感（sense of place）的判準，這更為日後詩人大聲疾呼自己以港為家預留伏筆。

1980 年 8 月〈沒有人是一個島〉，余光中藉著記敘老友之事，在散文裡發表了他的感想，認為所謂樂土，豈不是腳下這塊土地，世界上最美好的島嶼嗎？文中，余光中為年輕一代熱烈擁抱土地和社會而欣喜，卻勸人不要妄斷今是而昨非，並努力為前行代文藝青年乞乳西方而辯護。同時，他肯定臺灣給予大陸來臺作家寫作的環境、同仁、出版環境、讀者和批評家，這都是當時大陸所無法提供的[30]。一位作家可以屬於外省，似乎更屬於臺灣，當然完全屬於中國。家，不應單指祖傳的一塊地，更應包括自己耕耘的田。對於在臺灣成長的作家，臺灣自然就是他們的家。

余光中勸人不必為臺灣為一島嶼而感到孤立、氣餒，因為固然我們失敗在大陸，成功卻在海島？並舉許多古往今來的島國文豪為例。然而這一段話值得我們注意：

> 如果我們竟在主觀上強調島嶼的地區主義，在情緒上過分排外，甚至在意識上要脫離中國文化的大傳統，那就是地理的圍限又加上心理的自蔽，這種趨勢是不健康的。

詩人不會無的放矢[31]，這裡余氏的「對口單位」，應該是針對臺灣 1970 年代以來興起的反西化論述，這一股力量，根據向陽（林淇瀁，1955～）的研

---

[29] 余光中，《春來半島》，頁 68～69。
[30] 余光中，《記憶像鐵軌一樣長》，頁 27～29。
[31] 余光中曾撰寫有名的散文〈狼來了〉，指責臺灣當時出現的某些文學論述，是別有居心的工農兵文學，引發不小的論爭。收錄於彭歌（1926～）等著，《當前文學問題總批判》（臺北：青溪新文藝學會，1977 年），頁 24～27。

究[32]，先後結合了民族論述、現實論述、和本土的論述派不同觀點的人士，他們團結起來反對當時文壇的主流勢力，後來他們內部亦有分化，並且導致日後 1980 年代的臺灣文壇，產生了臺灣意識和中國意識的對立。

這樣的衝突經驗，日後是引發余光中在港閒賞山水，並大量的描寫山水入詩文的原因之一，將續在下節析論之。同時可以注意的是，儘管余光中擁有的經營離散美學和多重承認的可能，如打破地域限制、處處為家，或開發多種題材或形式，或是乞靈西方文學的營養或融合良性的西化語法，因而有混雜的現象，然余氏仍戀戀於中國特色（Chineseness）的堅持，儘管這種特色在本質（being）上難以界定，常處於變化（becoming）的狀態，但在意識上必須念茲在茲，不離不棄的。

且回到本節開始的討論，臺灣的不在（absence）反而促成詩人對臺灣的認同。自 1979 年到 1981 年，詩人余光中出了香港時期第二本詩集《隔水觀音》，其中三分之二（35 首）是在臺北廈門街那條長巷子完成，書以「隔水觀音」為名，寓有對海島的懷念。「觀音」不但指臺北風景焦點的觀音山，也指整個海島，隱含南海觀音之意，所以「隔水」也不但隔淡水河，更隔南海的煙波[33]。披閱整本詩集，可以發現在主題上，直抒鄉愁國難的作品減少許多，代之以對於歷史和文化的探索，一方面也許是作者沉潛有功，二方面可能是因為在香港中文大學中文系的境染[34]，如 1979 長詩〈湘逝〉[35]、〈夜讀東坡〉[36]和 1981〈刺秦王〉[37]，是一系列閱讀古籍再加改寫的詩作，作者自詡為混同漢詩「古風」和西詩「無韻體」（"blank verse"），目的在為古人造像，目的在一種宛轉的懷鄉[38]。

---

[32]向陽，〈微弱但是有力的堅持──70 年代臺灣詩壇本土論述初探〉，《臺灣現代詩史論》（臺北：文訊雜誌社，1996 年），頁 363～397。
[33]余光中，《隔水觀音》，頁 175～176。
[34]余光中，《隔水觀音》，頁 177。
[35]余光中，《隔水觀音》，頁 1～10。
[36]余光中，《隔水觀音》，頁 11～14。
[37]余光中，《隔水觀音》，頁 143～147。
[38]余光中，《隔水觀音》，頁 180。

最後且讓我節錄一首余詩，作為 1980 年前後余氏對兩岸三看法的註腳：

> ／知這六年我那棟蜃樓／排窗開向海風和北斗／在一個半島上，在故鄉後門口／該算是故鄉呢，還是外國？／…唐山毀了，中國瘦了／胖胖的暴君在水晶棺裡／有四個黑囚蹲在新牛棚裡／只留下這九月靜靜的巷子／在熟金的秋陽裡半醒半寐／讓我從從容容地走在巷內／像蟲歸草間，魚潛水底／

這是〈廈門街的巷子〉，是余光中 1980 年返臺客座的第一首詩，因原詩相當長，不能盡取，巷子在余氏筆下成為彷彿時光隧道般的存在，從巷頭看到巷底的自己，正雀躍的欲出巷外探險，詩人在巷腰告訴年輕的自己，／「到時候你就知道，」我笑笑／「有些事不如，有些事／比你想像的還要可怕」／。而詩人選擇回到九月秋葉漾金的臺北廈門街巷底，如蟲魚返窩將息。只因世事動盪，就連夢縈的江南，千面紅旗的拍打下，劫後尚有人在否？莫歸去，家已陌生。

四、閒賞層面的余光中與香港[39]

自 1980 年起，余光中的詩文裡大幅出現了香港的斯土斯人，首先登場的是〈牛蛙記〉[40]，裡面記敘中文大學校園鼓噪的蛙鳴，也有范我存、陳之藩（1924～）等人的身影，此後開展了這一層面的許多書寫。載友人去勒馬洲窺邊懷鄉之餘，在〈秦瓊寶馬〉裡，余氏也說出最讓自己賞心悅目的，是在秋晴的佳日，海色山嵐如初拭之鏡，駛去屏風的八仙嶺下，延著白淨的長堤，閒賞中大的水塔和蜃樓。有時他也會載著思果、陳之藩伉

---

[39] 閒賞層面指的是余氏的筆下出現了對香港山水的歌詠，和沙田交友的往還，以及個人身處山水間冥思合道的經歷。

[40] 余光中，《記憶像鐵軌一樣長》，頁 11～22。

儷，深入翠微縹緲，去探新娘潭，烏騰蛟，三門仔，鹿頸[41]。和詩人在中大宿舍陽台相對的，是北方一列青山，八仙嶺、屏風山、九龍坑山、龍嶺，秤不盡的淡淡翠微。居住在中大的校園裡，北望青山，西眺吐露港，余光中自覺身處文明的終站，距九龍的鬧區有十幾公里，去香港本島更是紅燈無數，樓居既定，登樓八年，余光中自任山人，合字成仙，這裡對他而言簡直別有天地非人間（1982 年）[42]。他對於香港山水的描寫，1980 年以前多半是在其他主題的散文下，偶見浮光略影。1985 年〈山緣〉和〈飛鵝山頂〉兩篇，在九七陰影和臨別的壓力下，卻充滿了飽滿的感情張力。在〈山緣〉裡，他筆下的香港多山，多島，多半島，整個新界是大陸母體延伸出來的半島，而自己又生出許多小半島來，山海互為綢繆，面前的吐露港山水多姿，自圍成一個天地。下面〈山緣〉這一段話很值得注意：

> 在這裡，凡你所見的山和水，全是香港。你看對面，有好幾個峰頭肩膀連在一起，那是八仙嶺。翻過脊去，背後是麻雀嶺。再過去，才是寶安縣界。香港，比你想像的要大很多[43]。

說出這段話的余光中，和北望東眄的 1970 年代的余光中比起來，顯然對於香港有了較多的參與與體悟，儘管和另一位立志以小說為香港立史傳的作家施叔青比起來，余氏筆下的香港，較偏於個人小範圍的遊歷和體悟，且受了許多古典詩文的影響，所以可看起來沒有那麼多的「港味」[44]。舉例來看，在〈飛鵝山頂〉，余光中說：「香港的地形千摺百皺，不可收拾。蟠蟠而來的山勢，高者如拔，重者如壓，瘦者欲削，陡者欲倒，那種目無天地

---

[41]余光中，《記憶像鐵軌一樣長》，頁 37。
[42]余光中，《記憶像鐵軌一樣長》，頁 78～79。
[43]余光中，《記憶像鐵軌一樣長》，頁 152。
[44]當然這是筆者站在自己的發言位置所發表的感想，除了看到一些風景描寫（小範圍的生活區域）、沙田文友、英國圖象（如港幣上的女皇頭、獅子、米字旗）、大限恐懼、千門萬戶併肩聳立，似乎余氏筆下沒有太多「香港特色」。這個問題將留待結語續作探討。

的意氣，令人吃驚。這是一個沒有地平線的海港。……」[45]余氏所言不虛，
然修辭的技巧似乎凌駕過寫香港的實。但這個時期的余光中，對於香港的
論述態度，和自己 1970 年代的作品比起來大不相同，多了一份關注和體
悟。

　　在 1980 年代余氏新詩中，常反映出詩人優游於自圍天地中冥思合道的
記載，自從 1982 年〈一枚松果〉落在余光中的頭上，／小小的松果未必有
意／冥冥的造化未必無心／用一記巧合將我拍醒／[46]。從此就開啓余氏另一
書寫面向。如該年寫的〈山中暑意七品〉[47]，均是詩人游賞於山中，或端凝
於桌前，馳神古今。在〈松下有人〉和〈松下無人〉中[48]，余氏記錄自己午
後端坐松下的思緒，先是笑自己／既然一心要面壁／就應該背對著虛空／
連同身後的虛名／，後來覺得自己寂坐達到忘我無人之通透境，所以可以
無視週遭雀鳥／左耳進，右耳出／啾啾要停已無處／，與其說是余氏悟道
有成，不如說是自勵之詞，希望自己逃脫惱人的事物。

　　這些惱人的事物到底何指，在余氏 1980 年代的詩文中自有端倪，在東
眄方面，他看到的是筆上的攻伐。在 1982 年 7 月，他以〈土地公的獨白〉
[49]，諷刺那些假香客／以前你，西風壓東風／不也進過香給沙特／那金魚眼
的老頭兒，而且跪過／什麼卡妙，什麼齊齊來嗑果的嗎？／…／你這位土
的好時髦的什麼／呃，戴墨鏡的香客／。余光中攻擊的，當是那些在當時
鄉土文學論爭中攻擊他的一派，先是擁抱現代派和存在主義思潮，又轉頭
擁抱臺灣鄉土論述。在北望方面，他看到的是風雲變幻。1985 年〈山緣〉
中，他寫道：

　　　在香港住了十年，山外的世局變幻如棋局，楚河漢界，斜馬直車，數不

[45]余光中，《記憶像鐵軌一樣長》，頁 191。
[46]余光中，《紫荊記》，頁 11～12。
[47]余光中，《紫荊記》，頁 62～69。
[48]余光中，《紫荊記》，頁 81～82；頁 83～84。
[49]余光中，《紫荊記》，頁 45～47。

　　清換了多少場面，甚至連將帥都換過了，唯有這一座青山屏在西邊，永
　　遠不變。這種無語的默契，可靠的伴陪，介乎天人之間的感應，久已成
　　為我山居心境的基調和背景[50]。

政治上的動盪，意識形態上的論爭，都使得余光中在心理上不願下山，情
願坐在松下，手搖蒲扇，當個最後的隱士，雖然無邊的暮色正悄悄襲來。

　　前面提過徜徉在山水之間的詩人，並不形單影隻，早在 1978 年，余光
中即撰寫那篇有名的〈沙田七友記〉[51]，記載詩人與這些文人相交往還的趣
事。這幾位文友，和余氏比較起來有許多相同之處，例如宋淇是批評家，
翻譯家，詩人，高克毅（1912～）是有名的翻譯家，散文也頗好，思果
（蔡濯堂，1918～）在余光中的筆下是一位典型的中國書生，也是有名的
散文家和翻譯家。陳之藩、胡金銓、劉國松（1932～）也各有專精的領
域，黃維樑（1947～）亦是有名的文學批評家。在 1980 年代的作品中，常
看到詩人與沙田文友登臨的紀錄。

　　這些文友在文學藝術上的修為，和余氏既能相伯仲，在精神方面亦往
往能和余氏相合，例如在 1980 年，余光中在〈送思果〉中提到[52]，有一天
沙田諸友在燈下清談，話題忽然轉到美國，思果嘆氣說：「美國的風景也有
很壯觀的，只是在登臨之際，似乎少了一座廟。」余光中感嘆思果雖然是
虔誠的天主教徒，但到了登高臨遠，神舉形遺的境地，思果需要的還是
廟，不是教堂。余氏認為中國人無論被西風吹到天涯海角，那一片華山夏
水永遠在心中。思果如此，余氏何獨不然，1984 年詩人造訪扶桑，仰面看
漢字的招牌，想的是：「新宿驛，令人懷古的名字」，看到日本學童，想的
是日軍侵華，連商品的包裝紙上的漢字，都／像唐碑宋帖，躲在不行不草
的／怪體之間，在眨眼暗示／[53]。沙田諸友聲氣既能相合，又多有健筆，於

---

[50]余光中，《紫荊記》，頁 159。
[51]余光中，《記憶像鐵軌一樣長》，頁 245～278。
[52]同前註，頁 51。
[53]這裡有意的拿思果和余光中對比，為的是證明兩友精神上的契合。他們都是漂泊離散的華人，總

是對不朽大業、經國之盛事，自能慷慨自任，要把沙田的名字，寫上中國文學的地圖了。

　　1981 年余氏將沙田諸友的文章輯成一書，題爲「文學的沙田」，並爲之序，這篇序文十分重要，因爲它將沙田文學的特性和定位說的一清二楚。余光中指出眾位文友涵泳一片天地之間，不但樂山樂水，且能彼此相樂，更相信馬料水山上，許多仁智之士當有同感，亦料想讀者或也樂聞山水清音，乃將當年仰山俯水兼及人物的文章，輯成一冊，公諸同好，亦留他日談資。至於沙田文學，余氏認爲他日或許會成爲浪子文學的一支，與旅美、旅日、旅南洋等文學一同匯於現代中國文學的主流。甚至余光中把地理疆界都定出來了：俯仰遊心，多在馬鞍八仙之間，足跡轍印，北至大埔，南止沙田，余氏自認爲也算小小鄉土文學[54]。

　　整理完以上的文學史料，最後歸納或推衍幾點如下：首先，由於余氏本身東眄北顧之後，發現雖然不能擺脫回憶中對兩岸的眷戀，但對人事不免失望。香港的山水提供給他一個靜思與退避閒賞的環境，並激起余氏內心的懷舊傾向，遂用大量頗類雅麗之古典文詞之筆法以歌詠之。其次，雖然余光中來港之初，即可能進行與文友交遊與風景閒賞活動，然筆下出現此一書寫傾向，卻是 1978 年後愈形明顯，客座返港後（1982 年）有退避於自然的情味，離港前（1985 年）則大大歌詠香江山水，並展現相當的情感張力。第三，余氏在香港沙田結識許多文友，一起擺龍門、論詩飲酒，賞景登臨，甚至形成同仁團體，這種情感交誼與閒賞經驗，證之於余光中對臺北的愛戀實出於記憶及感情，對於最後余光中的香港認同，應有決定性的影響。最後延伸的問題是，論者該如何去看待沙田文學，能歸於香港文學嗎？在《文學的沙田》一書的諸位作者算不算香港作家？儘管他們展現了和余氏某些作品內容風格類同的作品，那些作品能不能算是小小的香

有濃濃的懷鄉意識，這在中國層面乙節已談過了。這種意識總在不經意中冒出，至於這種作用，將在下一節以現象學的觀點分析之，訪日諸詩，見諸 1984 年發表的《東京新宿譯》、《兩個日本學童》、《傘中遊記》，參《紫荊記》，頁 162～174。
[54]〈山水清音——序文學的沙田〉，余光中編《文學的沙田》（臺北：洪範書店，1981），頁 1～4。

港鄉土文學？算或不算香港文學的判準何在？這些問題留待結語時討論。

五、香港大限的焦慮促成余氏對香港的認同

隨著 1982 年中英雙方展開對香港前途的談判，詩人開始爲腳下所踏的這塊半島擔憂，因爲當時他對共黨政權抱持著濃濃的不信任。且讓我們把時光鈕調到 1986 年的 4 月，看看余光中離港返臺後的反應：

> 沙田山居日久，紅塵與市聲，和各種政治的噪音，到我門前，都化成一片無心的松濤。在松濤的淨化下，此心一片明徹，不再像四十多歲那樣自擾於「我是誰」的問題，而趨於「松下無人」的悠然自在，但是最後兩年，在九七壓力下，松下又有人了，這個人是半個香港人，……至於香港，就我自己而言，至少已經是「大限」將至[55]。

在 1982 年，他寫下了〈夜色如網〉[56]：灰茫茫的天網無所遺漏／正細孔密洞在收口／無論你在天涯的什麼半島／地角的什麼樓／，這可以視爲對香港政治大環境的寓言和憂心。1983 年〈過獅子山隧道[57]呈現了詩人的複雜性，詩人每次開車從沙田進城，都要繳一元港幣給獅子山隧道的稅關，他手中捏著鎳幣，／就算用拇指和食指／緊緊把它捏住／也不能保證明天／不會變得更單薄／，余光中既感港幣不斷貶值，又藉著幣面的獅了圖案作文章，說牠／已不像一百多年前／在石頭城外一聲吼／那樣令人發抖了／，並懷疑另一面英女皇的側影，日後會改成什麼臉型，會不會／轉頭來正視著人民／？最後把隧道和時光的意象貼合、猜想彼端的景色。這首詩說明了漂泊離散作家寫作上常見的離散美學。

要進一步探討余詩中的離散美學效果，我們不妨先借用李有成描繪的

---

[55]余光中，《紫荊記》，頁 2～3。
[56]余光中，《紫荊記》，頁 5。
[57]余光中，《紫荊記》，頁 111～113。

離散美學之定義[58]，他認為漂泊離散的美學（diaspora aesthetic）是一種混
雜、錯置、含混、差異的美學。它指涉新族群性，植根於新的屬性政治與
文化政治。這種美學與新的再現政治互為表裡，且踰越論述的疆界，製造
論述的騷擾，同時解放被壓制的知識，使其滲進支配性論述中，或將支配
性論述逆轉，使之成為自我解構的工具。因此漂泊離散美學也隱藏反抗政
治，不過他特別引用巴巴（Homi K. Bhabha, 1949～）說法，來釐清反抗的
意義：

> 反抗並非一定是具有政治意圖的對立行動，也不是簡單的否定或排斥某
> 一異己文化的內容，反抗也可以是含混造成的效應。

在〈過獅子山〉，詩人反映了香港人的大限恐懼（港幣貶值），綜整了歷史
情結（獅子的百年今昔），也反映了對這塊土地統治者的嘲諷（側影與正
面），對於九七後的情勢，他抱持的是一個問號，這樣就對內地的樂觀期待
說法，產生了一定的抵拒。這樣的揉雜和多重立場發言，造成了一定的含
混效果。當然，和巴巴的說法比起來，余光中自己持有較明顯的反共意識
形態（否定或排斥的面向），並反映在他的書寫裡，儘管這未必能解釋成具
有政治意圖的對立行動。

　　這種否定排斥的面向，很大部分來自於他對文革的批判，如 1983 年
〈致歐威爾〉：／多少牛魂與馬鬼／被驅於一本紅書的符咒／用最新規定的
正確語腔／來比賽說謊，看誰最逼真／，余氏擔心這樣的政權即將接收香
港，所以他在維多利亞的港上看海，卻擔心眼前的色相倒影，／當真會像
彩色的電視／只要一隻鹵莽的手指／輕輕一按／就關斷繁榮的十里紅塵？
／[59]。

---

[58]李有成，〈漂泊離散的美學：論「密西西比的馬薩拉」〉，《中外文學》第 21 卷第 7 期（1992 年 12
月），頁 71～87。
[59]余光中，《紫荊記》，頁 125～126。

　　值得一探的是余光中觀物興感的方式，他往往在腦海已有了一定的意識或情感的蘊積，透過對外象的凝視，將意識投注到物象上，加以揉雜賦詩，這時物象就成了讀者了解其情感或意識的媒介。這種手法不妨用現象學批評來加以對參。照美國學者詹姆士‧艾迪（James M. Edie, 1927～ ）的說法[60]，現象學並不純是研究客體或主體的科學，而是研究經驗的科學。現象學不會只注重經驗中的客體或經驗中的主體，而要集中探討物體和意識的交接點。因此，現象學要研究的是意識的指向性活動（consciousness as intentional），意識向客體的投射，意識通過指向性活動而構成的世界。主體（subject）和客體（object）在每一經驗層次上（認知和想像等）的交互關係才是研究重點。

　　對胡賽爾（Edmund Husserl, 1859～1938）來說，意識作用加上意識內容，構成了意識整體。意識並不是一種狀況或官能，而是川流不息的活動，永遠向客體投射的（object-oriented），因此意識必有內容，意識作用不斷對現象所作的各種活動，稱爲「指向性」（"intentionality"），被不斷投射的就是「被指向的對象」（"intentional object"）。

　　回顧前例，余光中意識內容中既有九七大限這惘惘的威脅，所以他看到一元港幣，會想到貶值的恐慌，看到女皇的側影，會想到未來統治者的圖騰和治理態度，隧道那頭的燈光，引他想起未來的景色。在 1984 年〈別門前群松〉裡[61]，他看到門前群松和眼前山水，想的卻是：／上面這一片天長地久／留給門外的眾尊者去鎮守／我走後，風向會大變／北下的風沙會吹倒蘆葦／吹散逐波的閒鷗野鷺／，余詩中具有強烈的指向性，對身旁景物不斷投射，透過原有的意識詮釋，得出了相類似的結論，這當然就是某種詮釋循環（hermeneutic circle），因爲分析者一再落入自己先行設定的框架。同樣的過程發生在同年的〈香港四題〉[62]，在天星碼頭乘渡，想的是更

[60]以下兩段係直接引用鄭樹森的文字。詳見鄭樹森（1949～ ），〈現象學與當代美國文評〉，《文學理論與比較文學》（臺北：時報文化出版公司，1986 年），頁 83～84。
[61]余光中，《紫荊記》，頁 139。
[62]余光中，《紫荊記》，頁 154～161。

大的渡船頭有沒有舵手？將要靠向怎樣的對岸？天后裡的籤筒，97 號是怎樣的籤？這樣的意識內容和意識作用，構成了此時余光中作品的意識主調。這樣的現象也曾發生在他偏於中國層面和臺灣層面的書寫中。

1985 年離去前的余光中，就在分分秒秒的倒數計時中，看著腕錶／那一對互追的細針／歲月伸出的一對觸角／仍敲著六百萬人的朝朝暮暮／米旗未下紅旗未掛的心情[63]，哀嘆著過去忽略了腳下的土地，／看山十年，竟然青山都不曾入眼／竟讓紫荊花開了，唉，又謝了／邊想像香港將變成一盆多嫵媚的盆景，歷歷入其夢去[64]。在 1985 年散文〈飛鵝山頂〉[65]中，他居高登臨，看見十年於斯俯仰歌哭的沙田，像一個小盆景。當下對風祝許這片心永遠縈迴此地，在此刻踏著的這塊土地上，愛新覺羅不要了，伊麗莎白保不了的這塊土地上，正如它永遠向東，縈迴著一座島嶼，向北，縈迴著一片無窮的大地。

誠如前文所提的，余光中儘管遭逢漂泊流離的經驗，而這種經驗也豐富了他的創作題材、手法、和生命歷練，甚至開發他多重根植與認同的可能，然而和國外其他漂泊離散的作家相比，他心中仍有一個完整的中國圖象與承認意願，這種國族觀念卻是超越對某一政權效忠之上的。

回到臺灣，余光中亦西顧而望香江。在他壽山的新居下，延徑正種著一排洋紫荊，臺灣俗稱「香港蘭樹」，而高雄亦有一街，遍種羊蹄甲，當地叫做「香港櫻花」[66]，兩者又可以提供余氏意識的指向對象，時時刻刻提供線索，讓余氏時時顧念他的山水文友，追躡他的香港往昔。

六、結語

在為余光中的「香港時期」文學創作下結論之前，請先介紹一段余光中在上海文匯報發表的文字，代表他的自我回顧。他認為自己的詩無論是

---

[63]余光中，《紫荊記》，頁 186。
[64]余光中，《紫荊記》，頁 189～190。
[65]余光中，《記憶像鐵軌一樣長》，頁 200～201。
[66]余光中，《紫荊記》，自序頁 2。

寫於海島或是半島或是新大陸，其中必有一主題是托根在那片后土，必有一基調是與滾滾長江同一節奏，……遠以汨羅江爲其上游。在民族詩歌的接力賽中，他認爲自己接的棒遠傳自李白和蘇軾，要求自己不可懈怠。然而在另一方面，無論主題，詩體或是句法上，他認爲一己詩藝中又貫串一股外來的支流，時起時伏，交錯於主流之間，推波助瀾或反客爲主。由於自己是教英詩的學者，從莎士比亞（William Shakespeare, 1564～1616）、丁尼生（Alfred Tennyson, 1809～1892）、葉慈（William B. Yeats, 1865～1939）、到佛洛斯特（Robert Frost, 1874～1963），眾家的節奏、句法、功架、與曠遠、精緻、或浩然的風格，早已滲入余氏的感性與聽覺深處[67]。

雖然聽來略嫌標舉，此間卻也透露幾許消息，可以作爲本篇論文部分的引證。事實上，沒有任何作家能宣稱，自己的書寫完全是師心自創，與人無涉，尤其是余光中這樣兼通中西的作家。所以余氏筆下自然流露許多特色，隨著日推月移，作家生命成長，余氏書寫裡自然有變有不變，而不變的部分與其說是本質，不如說是一種姿態和意志傾向。前文嘗試分析出懷鄉的中國層面（文化、回憶與國族感情），生命中的臺灣層面（回憶與情感），以及香港的地靈、人傑，（回憶與情感）這幾個層面對余光中文學創作風貌的影響；值得注意的是，這些層面在文本中的影響和呈現，往往是互相交揉，只能說某篇詩文中在某種層面或輕或重，只能說在哪幾年偏向於某種層面的書寫，是無法在創作時間和作品空間中截然劃分的。

然而，回顧本文起初所論香港文學定義的紛爭，再和余氏的情況相比較。余光中「香港時期」的創作，可以算是香港文學嗎？余光中可以名列香港作家嗎？根據王劍叢的說法，爲了尊重香港作家的創作勞動，俾利香港文學的發展，不必管作品取材與發表地，只要由香港作家用華文進行創作，其作品就是香港文學作品[68]。這樣的定義倒也省事，關鍵是什麼作家才算是香港作家。王劍叢直接把南遷作家列入香港作家，在王著中，余光中

---

[67]王劍叢，頁5。
[68]王劍叢，頁5。

便被歸類爲 1970 年代的南遷作家。王劍叢並未進一步論證,南遷的外來作家若北歸或外移,香港若只是過程,而非終點,是否還可稱爲香港作家?

王宏志迴避了爲香港文學和香港作家下定義的問題,改而質疑某些人在香港逗留了一段短時間,寫出了一些作品,或者參加或主辦了一些活動,並不能因而他們是香港作家,寫出了香港文學[69]。綜觀王宏志文脈的論述,誠然是要頡抗大中國意識對香港文學的詮釋權。針對他對一些早期來港的南來作家的考察,加以推衍後或許可以看出他的判準:外來者要成爲香港作家,至少駐港時間不可過短(多久才行?),不應對香港文化嘲弄和謾罵,在港活動要和香港有直接關係,創作內容要和香港扯的上關係。

從這些延伸的論述來看余光中十分有趣,余光中駐港十年,不能算短。而且香港文人旅居海外亦所在多有,駐港時間未必即長,如在美的馬朗(馬博良,1933~)、葉維廉(1937~)、張錯(張振翺,1943~)、袁則難,在法長居短住的綠騎士(陳重馨,1947~)、蓬草(馮淑燕,1946~)、黃碧雲(1961~)、郭恩慈(1955~)、黎翠華等[70]。余氏詩文筆下對香港市民活動偶有譏評,但他的詩文中並沒有呈現明顯的人群,說到人地,多半是在他地理域界明顯的範圍裡,和他的沙田文友登臨清談,若說這不能表現港味,不能視爲香港文學,那麼思果、朱立(1943~)、梁錫華(梁佳蘿)、黃維樑、黃國彬(1946~)等沙田時期之同類作品,豈該一併從香港文學的版圖上抹除?若責其不能反映香港的社會生活和市民心態云云,須知這種社會寫實主義的圭臬向來不被余光中重視[71]。至於在港活動,他曾任徵文評判,其古典風格曾影響幾位年輕詩人[72]。他的詩文內容有許多香港的景物,和書寫對香港 97 大限的憂心,最後坦承自己以港爲家,並以紫荊這香港港花爲詩集之名,對於香港的認同溢於言表,那麼他總可算個

---

[69]王宏志,頁 110。
[70]也斯(梁秉鈞,1947~),《香港文化空間與文學》(香港:青文書屋,1996 年),頁 128~129。
[71]余光中認爲一位詩人的創作,不妨在好幾個層次上並進,不必理會狹隘的理論家和批評家。見《余光中詩選(一)》,自序頁 8。
[72]也斯,頁 31。

香港作家吧？然而這樣的判準即使真能成立，也不免迎合政治正確（political correct）的嫌疑，恰爲伊格頓的說法提供另一個例證。

筆者以爲「香港作家」的頭銜放在余光中身上未必適宜，香港時期只是他生命中的一程，而非全局，何況他自己早已呈現多重承認的可能，倒不如說他是個漂泊離散的中華作家。某地作家的名號，一來是看其過去作家的寫作史和作品的呈現風貌，二來是看其個人的主觀意願，多重身分就因此而變的可能了。至於余氏「香港時期」的詩文作品，則應該納入香港文學的範疇，這些作品的可貴之處，在於呈現了類似德國「成長小說」或「教育小說」（"bildungsroman"）文類的特色，寫的是余光中怎樣走進香港這個環境，經歷了一段生命旅程，離開香港時成了異於往昔的人，他的各種層面的詩文書寫，構成一個整體的二次書寫行爲，寫的是歌哭人生。（完）

參考文獻目錄

CHEN

・陳德錦，〈文學，文學史，香港文學〉，《中外文學》第 24 卷第 6 期，1995 年 11 月，頁 136～148。

GONG

・龔鵬程，〈觀察報告〉，黎活仁等編《香港新詩的大敘事精神》（嘉義：南華管理學院，1999 年），頁 309～312。

HUANG

・黃維樑，〈璀璨的五采筆──余光中作品概說〉，《中外文學》第 27 卷第 5 期（1998 年 10 月），頁 197。

LI

・李有成，〈漂泊離散的美學：論《密西西比的馬薩拉》〉，《中外文學》第 21 卷第 7 期（1992 年 12 月），頁 71～87。

WANG

・王宏志等著，《否想香港——歷史、文化、未來》（臺北：麥田出版社，1997 年）。

・王劍叢，《香港文學史》（南昌：百花洲文藝出版社，1995 年）。

XIA

・夏志清，〈余光中：懷國與鄉愁的延續〉，黃維樑編《火浴的鳳凰——余光中作品評論集》（臺北：純文學出版社，1979 年），頁 383～390。

XIANG

・向陽，〈微弱但是有力的堅持——70 年代臺灣詩壇本土論述初探〉，文訊雜誌社編《臺灣現代詩史論》（臺北：文訊雜誌社，1996 年），頁 363～397。

YE

・也斯，《香港文化空間與文學》（香港：青文書屋，1996 年）。

YU

・余光中，〈狼來了〉，彭歌等著《當前文學問題總批判》（臺北：青溪新文藝學會，1977 年），頁 24～27。

——，《余光中詩選（一）》（臺北：洪範書店，1981 年）。

——，《文學的沙田》（臺北：洪範書店，1981 年）。

——，《隔水觀音》（臺北：洪範書店，1983 年）。

——，《春來半島》（香港：香江出版公司，1985 年）。

——，《記憶像鐵軌一樣長》（臺北：洪範書店，1997）。

——，《紫荊記》（臺北：洪範書店，1997 年）。

ZHENG

・鄭樹森，《文學理論與比較文學》（臺北：時報出版公司，1986 年）。

・Eagleton, Terry. *Literary Theory: An Introduction*. Oxford: Basil Blackwell, 1983.

・Fredric, Jameson. *Marxism and Form: Twentieth-Century Dialectical Theories of Literature*. Princeton: Princeton UP, 1971.

・Glissant, Edouard. *Caribbean Discouse: Selected Essays*. Charlottesville: U of Virginia, 1992.

・Hall, Stuart. "Cultural Identity and Diaspora". *In Identity. Community, Culture, Difference*.

Ed. Jonathan Rutherford. London: Lawrence & Wishart, 1990, pp.222-237.

——選自黎活仁等編《香港八十年代文學現象（二）》

臺北：臺灣學生書局，2000 年 3 月

錦文回首一天星
〈白玉苦瓜〉的另一種讀法

◎江弱水[*]

中國古典詩有一種特殊的形式，叫做「回文詩」，最足以印證中國文字的富於彈性。白話詩因爲以雙音詞與多音詞爲主，這些詞又大多有非常固定的搭配，不能再像文言舊詩詞那樣，「落花閑院春衫薄，薄衫春院閑花落」地反復自如了，所以從理論上說，嚴格的現代「回文詩」已不可能再出現。但是，如果不以字爲單位，而以句爲單位，情況又另當別論。戴望舒曾嘗試寫過一首回文的新詩，題爲〈煩憂〉：

> 說是寂寞的秋的清愁，
> 說是遼遠的海的相思。
> 假如有人問我的煩憂，
> 我不敢說出你的名字。
>
> 我不敢說出你的名字，
> 假如有人問我的煩憂。
> 說是遼遠的海的相思，
> 說是寂寞的秋的清愁。

寫排遣不去的愁思，有低回不已的情致，堪稱妙品。說來也巧，古代

---

[*]發表文章時爲香港中文大學博士班研究生，現爲浙江大學教授、傳媒與國際文化學院國際文化學系主任。

最早的回文詩也是寫煩憂。皮日休《雜體詩序》述及回文詩之始:「晉傅咸有反復回文。雲反復回文者,以示憂心輾轉也。」看來,不論今古,回文的形式都最宜於表現百結千回的憂思。

現在,我們來看一首現代詩的神品,余光中的〈白玉苦瓜〉。此詩誕生四分之一世紀以來,論者甚眾,評價極高,然而它的神奇之處,有出於讀者甚至作者的意度之外者,這就是,它居然可以反復回文。我曾嘗試將它「倒背如流」,一試之下,不僅無礙,反而轉出另一番天地:

成果而甘,被永恆引渡

一首歌,詠生命曾經是瓜而苦

笑對靈魂在白玉裡流轉

千眄萬睞巧將你引渡

為你換胎的那手,那巧腕

久朽了,你的前身,唉,久朽

不產在仙山,產在人間

一隻仙果,飽滿而不虞腐爛

一個自足的宇宙,熟著

在時光以外奇異的光中

猶帶著後土依依的祝福

只留下隔玻璃這奇跡難信

一絲傷痕也不曾留下

重噸戰車的履帶踩過

皮靴踩過,馬蹄踩過

鍾整個大陸的愛在一隻苦瓜

不幸呢還是大幸這嬰孩

苦心的悲慈苦苦哺出

用蒂用根索她的恩液

你便向那片肥沃匍匐

碩大似記憶母親，她的胸脯

一任攤開那無窮無盡

小時候不知道將它疊起

茫茫九州只縮成一張輿圖

仍翹著當日的新鮮，直到瓜尖

充實每一粒酪白的葡萄

那觸覺，不斷向外膨脹

完美的圓膩啊酣然而飽

古中國餵了又餵的乳漿

哪一年的豐收像一口要吸盡

看莖鬚繚繞，葉掌撫抱

日磨月磋琢出深孕的清瑩

一隻苦瓜，不再是澀苦

一隻瓜從從容容在成熟

似悠悠醒自千年的大寐

緩緩的柔光裡，似醒似睡

　　一首現代漢語詩，我認為，只有在三個方面都處在某種臨界點上，才有這樣反復回文的可能：1.呼應靈活的韻法；2.穿插巧妙的句法；3.開闊圓融的章法。恰好，余光中的詩，特具三方面之長，而〈白玉苦瓜〉便是最好的證明。

　　先看其韻法的呼應之靈活。余光中一直堅持訴諸聽覺的聲音與訴諸視覺的意象之間的平衡，他的詩素以一片密音繁響見稱。他寫的是近於古風的半自由體，詩行間常賴錯出的聲韻來加強聯繫，雖是一般詩人所不經意

的句中停頓處，亦被餘氏用來安置那些「音的小靈魂」，所以，他的用韻之所，不限句尾而常在行中，不必緊鄰而亦可遙控，遂成「隔水呼渡」與「五行無阻」之勢。這首〈白玉苦瓜〉的用韻，又密又活，比如第一節，其尾韻加行中韻排列開來是：「睡」「寐」；「熟」「苦」；「瑩」「繞」「抱」「盡」；「將」「飽」「脹」「萄」；「尖」「鮮」。其中，前四後二為「隨韻」（AA,BB），中間「瑩」「繞」「抱」「盡」為「抱韻」（ABBA），「將」「飽」「脹」「萄」為「交韻」（ABAB），這三種常見的西洋韻式，應有盡有，而可順可逆，不像中國古詩通常只是偶行押韻（XAYA 或 AAXA），一旦回文，變偶為奇，就會脫韻了。此詩甚少失偶的孤聲，36 行中，只一節的「裡」，二節的「起」「盡」，三節的「信」「中」（「著」「宙」「果」或可視為近似韻），好在回文後它們幾乎全在奇數的行末，不影響全詩音韻的呼應，這也是此詩可以反復回文的原因之一。

再看其句法的穿插之巧妙。現代漢語的句式有常也有變，常式句是主語在前，謂語在後；述語在前，賓、補在後；定、狀在前，中心語在後。但為了凸出其中某些成分，將其提前或挪後，再加上一定的停頓，就構成了變式句。所謂提前或挪後，就是常說的倒裝，而倒裝正是余光中的拿手絕技之一。如此詩第二節，「在時光以外奇異的光中／熟著，一個自足的宇宙」是倒裝，「久朽了，你的前身，唉，久朽／為你換胎的那手，那巧腕」也是倒裝，妙在一旦回文，原來顛倒了的句式又重新顛倒過來，卻成了常式句了。回文說穿了也就是倒裝。回文要做到不像回文，其實就是倒裝能顯得不像倒裝，這一點恰恰是「余體」之長。如「飽滿而不虞腐爛，一隻仙果／不產在仙山，產在人間」一句，反過來則是「不產在仙山，產在人間／一隻仙果，飽滿而不虞腐爛」，原來的定語和謂語，搖身一變而互換了身分，句子「反正」都還是定語在前主語在中謂語在後的常式句。余光中慣用倒裝的手法，其句中各種成分的位置都調度自如，加上他善煉長句而不加標點，刻意模糊了句與句以至成分與成分之間的界限，再結合從中國古典詩繼承下來的不拘人稱與省略主詞等固有特點，使得他的詩在語法的

靈活上兼中西文之長，也最宜於反復回文。

　　最後，且看其章法的開闔之圓融。〈白玉苦瓜〉原詩始於寫實而終於象徵，三節詩自有不同的時間層面：首節為現在式，中節為過去式，末節則超越於現在（「只留下隔玻璃這奇跡難信」）過去（「猶帶著後土依依的祝福」）而已然轉入「時光以外」的「永恆」。詩的意象，在不同的時間層面上遙遙呼應，從「一隻瓜從從容容在成熟」到「熟著，一個自足的宇宙」，從「酣然而飽」的「充實」到「飽滿」，從「仍翹著當日的新鮮」到「不虞腐爛」，從「一隻苦瓜，不再是澀苦」到「是瓜而苦」「成果而甘」，處處首擊而尾應，成為一個完美的圓形結構，簡直是為回文而事先所預設。只不過回文之後，原來由實入虛的過程一轉而成了由幻入真，先抒永恆之情而如歌，再敘過往之事而如訴，末狀眼前之物而如畫，筆法破空而來，著實以止，而回文的休止符仍複有餘音嫋嫋的效果：「似悠悠醒自千年的大寐」，「千年」關合著「永恆」，「緩緩的柔光裡」則宛然「時光以外奇異的光中」，而「似醒似睡」亦疑真疑幻了。

　　總之，這是現代詩的璿璣。余光中說：「我嘗試把中國的文字壓縮、捶扁、拉長、磨利，把它拆開又拼攏，折來且疊去，為了試驗它的速度、密度和彈性。」結果，似乎正在喪失其特質與潛能的 5000 年的象形文字，經過他的魔杖一點，又成為滿天的星斗，於是，用一位現代詩人的話說：大空正綴滿新的轉機。

——1998 年 6 月於香港

——選自江弱水《抽絲織錦——詩學觀念與文體論集》
北京：北京大學出版社，2010 年

千年觀照
由《文心雕龍》看余光中散文理論與實踐

◎陳美美[*]

一、前言

　　中國至魏晉劉勰《文心雕龍》[1]出，對於文章美學之講求，已到達極高的境地。文、筆之分本於用韻、對仗與否。概而言之，凡是韻文者，皆便於詠歌或賦頌，也就是重在聲腔、語言；而凡是散文者，則重在記錄或說理，也就是重在情理、文字，兩者各有不同之使用場合與不同之目的，但由於皆以文字符號記載下來而成辭章，因此也有一些創作與品評辭章之共同原則，這應是劉勰作《文心雕龍》立意之所在。其在〈情采〉中謂：辭章乃因「五情」而「發」，「情」乃為文之動因；而「情者，文之經；辭者，理之緯；經正而後緯成，理定而後辭暢」，是「立文之本源」，可見他強調內在思維與外顯辭藻的均衡講究。而在《知音》中，他又提出「六觀」以閱文情之優劣。由位體、置辭、通變、奇正、事義·宮商之全面講究，更可見他對於辭章美學之追求，已達精細入微的地步。而為說明他對各觀的具體見解，「割情析采，籠圈條貫」之諸多篇章，即是為此而作。總結全書對於辭章之美的追求，由內在情志出發，透過文體的選擇、字辭的安排、章句的鍛鍊、篇章的剪裁，到聲律的講究，無一不是以符合表達情志的需要所生的自然規律，絕非有意的造作，依此原則所完成的美文，才

[*]發表文章時為宜蘭大學人文暨科學教育中心講師，現為宜蘭大學人文暨科學教育中心副教授。
[1]本文以下之引文，依范文瀾《文心雕龍注》（北京：人民文學出版社，2000 年版）。請參照，不一一附注頁碼。

擁有歷久彌新的永恆價值。至於他的文學發展觀也甚爲開明。他在〈時序〉中謂:「文變染乎世情,興廢繫乎時序。原始以要終,雖百世可知也」。可見劉勰早洞悉文體流變的自然規律,因此透過「通變」與「奇正」的辯說,告訴世人應守的原則。

《文心雕龍》就在世守常法與變動取捨之際,架構出完整而有機統一的文學理論體系。這樣的文學美學觀是否博古而通今?余光中的散文觀大多表達於其歷來出版散文集的序言或後記中,依其散文美學觀爲散文創作,是五四以來力求散文現代化的具體表現,既有精闢的見解,且經實踐而可供檢驗者,數十年來一直爲兩岸三地學者所津津研究[2]。本文擬由《文心雕龍》與余光中的散文理論爲出發點,說明知性與感性兼具的美感追求,以精鍊的文字、鏗鏘的韻律、生動的比喻與合宜的篇章剪裁,乃是古今中外散文美學所追求的共同目標。劉勰(約 465—532A.A.)與余光中(1928~)這一千五百多年的時空相距,他們的散文理論是可以互爲印證而不朽。

二、劉勰《文心雕龍》與余光中散文理論的呼應

作爲中國第一部具完整體系之文學理論,也是第一部提出具體文學批評見解的書,《文心雕龍》〈知音〉篇是很重要的篇章。篇中對於評論者所應具備之器識提出「博觀」之說,且對評論所依據之準則提出「六觀」之見,務使評論達到「平理若衡,照辭如鏡」的目標。將「六觀」合而觀之,實際上即是對文章寫作的內在思想,乃至文章的外在表現,予以全體觀察,是一套客觀且完善的評論標準。依劉勰在〈序志〉中自述之設計,自第 26 至第 45 篇爲「割情析采,籠圈條貫」[3]之篇章。而依〈情采〉之

---

[2]對於余光中作品的評論,黃維樑編著有《火浴的鳳凰》(臺北:純文學出版社,1979 年),《璀璨的五采筆》(臺北:九歌出版社,1994 年)二書,黃曼君、黃永林編有《火浴的鳳凰、恆在的繆思——余光中暨香港沙田文學國際學術研討會論文集》(武漢:湖北人民出版社,2002 年),廣收臺、港、大陸及世界各華人地區學者專家之評論。

[3]關於〈物色篇〉的篇次,依劉勰〈序志〉中行文之對仗言,則前五篇應與後五篇爲對應敘述,書

言：「情者，文之經；辭者，理之緯」，「割情」指的是對文章內在思維如何形成的討論，而「析采」則是對文辭表現手法而立說，因此前者包括「擒神性，圖風勢」的〈神思〉、〈體性〉、〈風骨〉、〈定勢〉等篇，而後者則包括「苞會通、閱聲字」之創作總論、說明創作通則的〈通變〉、〈情采〉、〈隱秀〉、〈指瑕〉、〈養氣〉、〈附會〉、〈物色〉、〈總術〉等篇，及自通篇結構到單字精求的〈鎔裁〉、〈章句〉、〈麗辭〉、〈練字〉、〈聲律〉等篇之創作分論，乃至於講求修辭技巧的〈比興〉、〈誇飾〉、〈事類〉等篇，顯然透過這些「籠圖條貫」的篇章，既可作為文章寫作之準則，也是補充「六觀」細目的內容所在。而這些寫作與評論的準則，在其後一千多年間，雖歷經文體的增損或變異，即便到了余光中的現代散文理論，仍有相當程度的適用，尤其余光中對於篇章、文句修練的講求，更可與《文心雕龍》相呼應。以下我們就幾方面觀之：

（一）精采兼至

《文心雕龍・體性》中謂：「情動而言形，理發而文見，蓋沿隱以至顯，因內而符外者也。」〈情采〉中亦謂：「五情發而為辭章」，而「情者，文之經；辭者，理之緯；經正而後緯成，理定而後辭暢，此立文之本源也」。可見「情動」則或形之於言、或發而為文，因此不論言說或辭章必是應情志而為者，情志、語言、辭章三者為一體之三面，有著密不可分的關係。而劉勰也強調「文章，述志為本，言與志反，文豈足證」（〈情采〉），因此真情乃是寫作的首要條件。

余光中在《左手的繆思・後記》中針對臺灣 1950、1960 年代散文現象提出嚴厲抨擊，所謂「流行文壇上的散文，不是擠眉弄眼，向繆思調情，便是嚼舌磨牙，一味貧嘴，不到一 cc 的思想，竟兌十加侖的文字」

明各篇篇名。而在末五篇的篇名，並未有〈物色〉；范文瀾也認為：「本篇當移在〈附會〉之下，〈總術〉篇之上。蓋『物色』猶言聲色，即〈聲律〉篇下諸篇之總名，與〈附會〉篇相對而統於〈總術〉篇，今在卷十之首，疑有誤也。」參《文心雕龍注・下》（北京：人民文學出版社，2000年版），頁 695。故本文將《物色》列於「論創作通則」之列。其他各篇之次第，亦依分類而打散，不再依現行本之通例。

（1963:160），除了是對當代文壇濫情的抒情與文字的欠精錬提出嚴厲的批判外，更重要的應是針對其思想貧血而發。換言之，散文寫作固然要有生動、創新與個性的文采，但如果抒情泛濫或貧嘴嚼舌，這樣的文章當然仍無價值。他也一如劉勰，雖注重情采的兼至，但其實也認爲「采」要建立在「情」之上，亦即以感性的文采將清明的知性烘托而出。此從他視爲抒情散文爲主的文集，如《記憶像鐵軌一樣長》所收錄的篇章觀之，我們仍可清楚的看到余光中不論是幽默小品如〈催魂鈴〉、〈我的四個假想敵〉，記人如〈送思果〉、〈沙田七友記〉，記旅遊如〈記憶像鐵軌一樣長〉、〈北歐行〉等等，仍舊是寓知性於感性之中，情與采兼至。這實是他對散文美學的一貫主張與實踐，也是他個人特質的表現。在 2002 年出版的《余光中精選集》（臺北：九歌出版社）中，余光中直抒其散文觀謂：

> 知性和感性的把握與調配，也是散文的一大藝術。知性重客觀，感性憑主觀；知性重分析，感性要言之有情，味之得境。散文佳作往往能兼容二者，而使之相得益彰。（陳義芝，2002:49）

　　知性與感性的兼容並蓄，在此說的更爲清楚。他認爲真正的美文是要以凝練、精純、生動又不失趣味的文字，讓「思想和文字相遇……噴出七色的火花」，帶給讀者豐富的閱讀饗宴，與劉勰情采兼至的主張是不謀而合的。

（二）文章風格的講求

　　　　對於文章風格問題，《文心雕龍·定勢》承曹丕《典論論文》的觀點，認爲不同的文體，有不同的風格；個人不同的學養、氣性，也會影響到文章的風格。而〈體性〉中更提出有「八體」之說，以分辨不同的文章風格。但歸結而言，不論何種文體，首先要具有的就是內在情志的端直駿爽，也就是〈風骨〉中所謂：「結言端直，則文骨生焉；意氣駿爽，則文風生焉」。因爲「練於骨者，析辭必精；深乎風者，述情必顯」。因此文章寫

作在於表現內心的情志，當內在情志是端直、駿爽，若配合上適當的辭采，方可作出「風清骨峻，篇體光華」有骨力、有辭采的雅正之文。

至於如何培養端直駿爽的風骨？〈養氣〉中謂：「心慮言辭，神之用也。率志委和，則理融而情暢；鑽礪過分，則神疲而氣衰，此性情之數也」；「學業在勤，功庸弗怠，故有錐股自厲，和熊以苦之人。志於文也，則申寫郁滯，故宜從容率情，優柔適會」。〈神思〉中謂：「陶鈞文思，貴在虛靜，疏瀹五臟，澡雪精神，積學以儲寶，酌理以富才，研閱以窮照，馴致以懌辭，然後使玄解之宰，尋聲律而定墨；獨照之匠，窺意象而運斤；此蓋馭文之首術，謀篇之大端」，皆強調內在文思涵養的功夫。這當然也有助於培養正直的精神，豐富作家創作心靈，以提升美學的品味。

余光中追求散文個性化的展露，在於以抒情而多意象的文字，展現剛健有力的氣魄與雅正的品味，深符《文心雕龍‧體性》篇所標舉「八體」之一的「壯麗」，即「高論宏裁，卓爍異采」的風格。他即曾言：

> 陰柔的風氣流行於我年輕時代的文壇，所以早年我致力散文，便是要一掃這股脂粉氣……我認為散文可以提升到更崇高、更多元、更強烈的境地，在風格上不妨堅實如油畫，遒勁如木刻，宏偉如建築……我投入散文，是「為了崇拜一枝男得充血的筆，一種雄厚如斧野獷如碑的風格」（余光中，2002:50）

雖然他在這裡未明言廣泛閱讀的重要性，但剛健、豐富心靈的追求，就有賴於以沉靜清明的知性，廣泛閱讀，才得以積下豐富的學養，方得以跨越時空界限、縱橫古今中外，藉廣徵博引、銳意創新，增強文字的密度與彈性，寫出風格朗健雄奇的美文來。劉、余二人要求作家以豐富的心靈，提升文章的雅正品味，其用心是千古攸同的。

（三）文句的創新

《文心雕龍‧通變》中謂：「文辭氣力，通變則久」；〈定勢〉中謂：

「文反正爲乏，辭反正爲奇」、「舊練之才，執正以馭奇」；且在〈辨騷〉中謂：「國風好色而不淫，小雅怨誹而不亂，若〈離騷〉者，可謂兼之」，認爲〈離騷〉「雖取鎔經意，亦自鑄偉辭」，乃是「金相玉質，百世無匹」的傑作。凡此在在可以說明劉勰在文字的傳承與新變間，所採取的是一種肯定變的必然性的開放態度。唯「變」必須是在傳統的價值規範之內而不至流於怪奇。

　　余光中「以詩爲文」的跨越性文體傾向，早已是人們所熟悉的。他即曾言：

> 我的散文，往往是詩的延長，我的論文也往往抒情而多意象。（余光中，1972:211）
>
> 三十幾歲時，我確是相當以詩為文，甚至有點主張為文近詩。（余光中，1987:6）

　　且認爲「任何文體，皆因新作品的不斷出現和新手法的不斷試驗，而不斷修正其定義，初無一成不變的條文可循。與其要我寫得像散文或像小說，還不如讓我寫得像自己。」（余光中，1972:212）可見其爲求創新與個人風格的追求而對文體採取寬容跨越的態度，這其實是劉勰〈通變〉精神的延伸。

　　此外余光中在〈剪掉散文的辮子〉中說：現代散文當然以現代人的口語爲節奏的基礎。但是，只要不是洋學者生澀的翻譯腔，它可以斟酌採用一些歐化的句法，使句法活潑些，新穎些；只要不是國學者迂腐的語錄體，它也不妨容納一些文言的句法，使句法簡潔些，渾成些。有時候，在美學的範圍內，選用一些音調悅耳表情十足的方言或俚語，反襯在常用的文字背景上，只有更顯得生動而凸出。講求以現代人的口語爲節奏基礎，但可兼容並蓄採用各種不同的語氣以增加文章彈性。這些見解，實與劉勰文章新變的容許態度，有若干聲氣相通之處。

　　至於擢奇取新的鍊字技巧方面，《文心雕龍》的〈鍊字〉、〈章句〉、〈比興〉、〈誇飾〉、〈鎔裁〉、〈情采〉、〈聲律〉諸篇有全面的析論。〈鍊字〉中謂：「心既托聲於言，言亦寄形於字，諷誦則績在宮商，臨文則能歸字形矣。是以綴字屬篇，必須練擇：一避詭異，二省聯邊，三權重出，四調單復。」這些鍊字的功夫可能本是針對辭賦而發，然而實際上即便在今日以白話屬文，仍然有其適用。此外，〈章句〉中言「夫人之立言，因字而生句，積句而成章，積章而成篇。篇之彪炳，章無疵也；章之明靡，句無玷也；句之清英，字不妄也。振本而末從，知一而萬畢矣」，仍可見到由鍊字到積章成篇的修練講究。

　　〈比興〉與〈誇飾〉二篇則是由行文技巧方面著手，以構築文章活潑、生動的豐富意象。〈比興〉中謂：「比者，附也；興者，起也。附理者切類以指事，起情者依微以擬議」。換言之，「比」即「寫物以附意」，所以為顯；「興」則稱名也小，取類也大」，故往往隱而不顯，需「發注而後見」。後世對於「比興」往往雜然不分，比喻、聯想、象徵均歸而統之。「比則蓄憤以斥言，興則環譬以記諷。蓋隨時之義不一，故詩人之志有二焉」，可見比興之效用即在於豐富文字的內在涵義，使外在顯現之文句，可以富含多層次之意象。除此之外，「文章之外，據事以類義，援古以證今者」（〈事類〉），也是使文章簡潔而深刻常用的手法之一，尤其當「事得其要」可收「雖小成績，譬寸轄制輪，尺樞運關也」之效。因此自古不論在詩、文，不論用於敘事或說理，用典處處可見。唯所謂「事得其要」就如此喻之得當，需要有豐富的才學與獨運的慧心，將這些修練文句的方法運用得當，當然大有助於文章美感的提升。

　　余光中在《逍遙遊‧後記》中謂：

　　　在〈逍遙遊〉、〈鬼雨〉一類的作品裡，我倒當真想在中國文字的風爐中，煉出一顆丹來。在這一類作品裡，我嘗試把中國的文字壓縮，捶扁，拉長，磨利，把它拆開又拼攏，折來且疊去，為了試驗它的速度、

密度和彈性。（余光中，1966:208）

此一技法的講究，目的即在於使作品中產品異於一般口語的敘述而有新鮮感，顯然與俄國形式主義語言「陌生化」（"defamiliarization"）的主張是相仿的（朱剛，2002:19～20）。日常用語在文學技法的壓力下被強化、濃縮、扭曲、重疊、顛倒、拉長而轉變爲文學的語言，這是創新文句的妙法，與劉勰鍊字、章句之說頗爲相侔。至於對用典、比喻誇飾等技巧的運用雖未曾明言，然在文章質感、密度與彈性的要求下，他顯然將之列爲文學家「用心」於精鍊文句、鑄造偉詞的天賦本能而未曾明言，蓋他自己即是天生的比喻、用典高手。

（四）對於音韻節奏的講究

《文心雕龍・聲律》中對音律的起始言：「音律所始，本於人聲者也」，因此所謂「宮商」：「肇自血氣，先王因之，以制樂歌」。因此言語、詩歌乃至文章之音律節奏，乃「聲萌我心」，本是不假外求的。但後世詩歌、文章每有「吃文之患」，原因在於「生於好詭，逐新趣異」，解結之道，「務在剛斷」。聲律的作用乃「寄在吟詠」，至於「吟詠滋味」則「流於字句」。古來詩文，原都重於吟詠，因此音韻節奏的講求是必然的。

白話文學在五四一代，對於白話散文的音韻、節奏並不講究，甚至以爲古典／現代詩、文最明顯的差異是在音韻節奏的有無。然而聲音、節奏是文章不可或缺的審美要件之一，是創造和領悟文章神韻、氣勢及語言之美的重要手段，本不應有古今之分。余光中在〈剪掉散文的辮子〉中強調以現代口語爲基礎，並兼融各種語法以創造自然合於節奏的文氣外，更自中國古典傳統中承傳了許多音韻節奏的技巧，使其文章別具有一種聲律節奏的美感，接續了中國古典詩、文對於音韻節奏重視的傳統，其觀點自是與劉勰之見是互通的。

（五）對於簡練文句與嚴謹的結構要求

《文心雕龍》中對於選字定句及篇章結構是否嚴謹是非常講究的。〈鎔

裁〉中謂：爲使文章「情周而不繁，辭運而不濫」，因此在規範本體後，還要知所剪裁，因爲「裁則蕪穢不生，鎔則綱領昭暢」，成爲嚴謹而修短有度的文章。

余光中對於現代散文的欠嚴謹大加撻伐。他在《左手的繆思‧後記》中批評當代流行的散文要不是賣弄學問而喋喋不休的「學者散文」，就是賣弄感傷而滿紙形容詞的「花花公子散文」，或清教徒式刻板無味的「浣衣婦散文」；要不是文句欠精簡、要不是又太花俏、要不則又乏文采，都是白話散文最大的弊病。缺乏密度、美感的文章，問題就出在不知鎔裁，因此他對散文「密度」之講求上謂「在一定的篇幅中（或一定的字數內）滿足讀者對於美感要求的分量；分量愈重，當然密度愈大」（〈剪掉散文的辮子〉），可見其對精鍊文句的高度追求，此顯與〈鎔裁〉之見也是互相呼應的。

三、余光中散文理論的實踐

余光中於 1963 年發表〈剪掉散文的辮子〉一文，迄 2005 年總共有 14 本散文集出版。在這漫長的創作過程中，他對自己所提出的理論有多少的實踐？以下試從幾方面先看看其散文的特色：

（一）語法的熔鑄與創新

余光中「嘗試把中國的文字壓縮，捶扁，拉長，磨利，把它拆開又拼攏，折來且疊去，爲了試驗它的速度、密度和彈性」，這樣的技巧在他的作品中也是處處可見。譬如〈咦呵西部〉一文中：

> 一過米蘇里河，內布拉斯卡便攤開他全部的浩瀚，向你。坦坦蕩蕩的大平原，至闊，至遠，永不收卷的一幅地圖。咦呵西部！咦呵咦呵咦—呵—我們在車裡吆喝起來。是啊，這就是西部了！超越落磯山之前，整幅內布拉斯卡是我們的跑道。咦呵西部。昨天量愛奧華的廣漠，今天再量內布拉斯卡的空曠。（余光中，1968:1）

首句即是倒裝，而「內布拉斯卡便攤開他全部的浩瀚」這有著擬人技巧長達 14 個字的一句，與「坦坦蕩蕩的大平原，至闊，至遠，永不收卷的一幅地圖」只隔著短短的「向你」相連，好似無垠的浩瀚，正向渺小寸短的「你」包襲而來，使人在強調的意象對比下感受其儡人的力量。這樣的語法設計，除了打破陳規外，更是屬於詩較常用的視覺意象的構築。再者，「至闊」、「至遠」這樣的精簡文句是文言句法的借用；而「昨天量愛奧華的廣漠，今天再量內布拉斯卡的空曠」中的「量」字則又是擬人技巧的呈現；「咦呵咦呵咦—呵—」狀聲詞的運用則借著音響感，引發讀者與西部片的經驗連結，感受其豪邁曠達。

又如在〈丹佛城〉中：

> 只見山。在左。在右。在前。在後。在腳下。在額頂。只有山水永遠在那裡，紅人搬不走，淘金人也淘它不空。（余光中，1972:58）

山的無所不在，用連串的六個二字與三字的短句，如詩、如畫，將所「見」鮮明的勾勒出來。如此將文句拆散、重組，以構築群山環抱而又高低不齊的意象，予讀者更為鮮明的感受。

由以上這些例子可見余光中對於語法的熔鑄與創新上非止一格，是兼容古今中外，借著詩所慣用的擬人、譬喻、濃縮、倒裝、拆散，使得意象更為新穎而鮮明。余光中藉此技法，不僅構築出多層次意象，更交織出視覺、聽覺的多音步，向讀者宣洩其激動的情緒，兼包古今，優游自如。

（二）跨越時空的想像

為反陰柔、柔媚無骨的散文而投入散文寫作的余光中，所追求的是「雄厚如斧野獷如碑」的雄豪風格。在他的作品中這樣的風格，運用跨越時空的想像與渾洪的語調，交揉出穿古越今，縱橫天下的大氣象。例如在〈逍遙遊〉中說：

栩栩然蝴蝶。蘧蘧然莊周。巴山雨。臺北鐘。巴山夜雨。拭目再看時，已經有三個小女孩喊我父親。熟悉的陌生，陌生的變成熟悉。千級的雲梯，未完成的出國手續待我去完成。將有遠遊。將經歷更多的關山難越，在異域。又是松山機場的揮別，東京御河的天鵝，太平洋的雲層，芝加哥的黃葉。（余光中，1965:158）

　　余光中擅長將時間、空間，透過層遞與頂針的句法而高度凝練，各個看似短促的「點」，由臺北而東京而太平洋而芝加哥，像達達的馬蹄催促著時光的腳步串成一線，人生就在不覺中又經歷了不同的階段。而「莊周夢蝶」、「逍遙遊」更反襯出作者如幻似真、面對推移人生腳步前進的光陰似箭，既牽掛又無奈的心境。將古今、時空、真幻彌合於無形，感染讀者以蒼茫、悵然的深深感慨。而這種跨越時空的超越想像也使讀者見其思緒的紛飛，而予人以雄渾、開闊的意象。

（三）中外典故的靈活運用

　　余光中對於古典的借用是全面性的兼容並蓄，除了前面已言及的文言句法的採用外，例如在上文中所引的〈逍遙遊〉中，「栩栩然蝴蝶。蘧蘧然莊周」與「巴山雨。臺北鐘」不僅是排比而且形成兩組的對仗句法；而巴山夜雨、逍遙遊、莊周夢蝶在其巧妙的切割引用後並不會予人有掉書袋的感覺，反而因此而加深了文章的意象。更有甚者，余光中有時更直接將古文原文加以引用，如也在〈逍遙遊〉中：「木蘭舟中，該有楚客扣舷而歌，『悲哉秋之為氣也，憭栗兮若有遠行』」。

　　前二句化用柳永〈雨霖玲〉，後二句則直接引用宋玉〈九辯〉，可見其熔鑄古今之功力。至於運用西方典故人文也所在多有，如在〈咦呵西部〉中：

風為它沐浴，落日為他紋身，五月花之前哥倫布船長之前早就是這個樣子，大智若愚的樣子……

　　藉由五月花、哥倫布簡化了長篇美國歷史的敘述，且排比連用了兩個典故，更加強了時光漫長而悠遠的意象。

　　又如〈跨越黃金城〉中：

> 河乃時間之隱喻，不舍晝夜，又為逝者之別名。然而逝去的是水，不是河。自其變者而觀之，河乃時間；自其不變者而觀之，河又似乎為永恆。橋上人觀之不厭的，也許就是這逝而猶在、常而恆邊的生命。（余光中，1998:96）

　　蘇軾〈赤壁賦〉的水、月之辨轉化成文中的河、水之別，一樣引人有常變的感慨。這樣的活用典故，人與萬化冥合，莊子齊物境界在過橋中於焉完成。余光中善用典故展現澄明的知性，閃爍著其蘊積五臟的學養與功力。

（四）音韻的新創與活用

　　在余光中的作品中最常被人所津津樂道的應該要屬他運用聲音的功力了。現代詩已不太講究押韻更遑論現代散文。然而在余光中的作品中我們不僅可以讀到口語般的自然節奏，更重要的是，他還在散文中加入如賦或駢文般的韻腳，例如在〈沙田山居〉中：

> 書齋外面是陽臺，陽臺外面是海，是山，海是碧湛湛的一彎，山是青鬱鬱的連環。山外有山……日月閒閒，有的是時間和空間。一覽不盡的青山綠水，馬遠夏圭的長幅橫披，任風吹，任鷹飛，任渺渺之目舒展來回，而我在其中俯仰天地，呼吸晨昏，竟已有十八個月了。（余光中，1977:53）

　　其以內在結構（inner structure）為據，順著字詞原有的音、義，用頂針、回復、並安差著錯落的韻腳，自然地顯露音響節奏外的暗律流動，順

當而不造作。

　　此外，其形容各種的聲音慣以創新不同的形容詞以構築聽覺意象也是一絕。在〈聽聽那冷雨〉中，狀雨之聲分別新創了許多不同的狀聲詞，以形容大小不等的雨打在各種不同物品上所發出的或高或低的不同響聲，令人由字音、字形與字義的連動與跳躍中，感受或大或小的雨聲，早已是人人熟悉的名篇。這些都可顯現余光中對於音韻、節奏的獨具慧心。

（五）象徵、比喻的大量使用

　　余光中擅於運用大量的象徵和比喻在其散文中更是最為人所津津樂道[4]。例如在〈蒲公英的歲月〉中：

> 於是在不勝其寒的高處他立著，一匹狼，一頭鷹、一截望鄉的化石。縱長城是萬里的哭牆，洞庭是千頃的淚湖，他只能那樣立在新大陸的玉門關上，向紐約時報的油墨，去狂嗅中國古遠的芬芳。（余光中，1972:52）

　　以蒲公英為題，顯然就飽含了淺根的焦慮意象，狼、鷹、化石、哭牆、淚湖、玉門關等一連串孤單、哀淒的比喻，讓高處不勝寒有著更為深層的渲染，鮮明的勾勒出遠離家鄉游子心中的孤寂與無奈。用「只能」二字更令人有有家歸不得的淒涼感受。象徵中有比喻，在不斷的堆棧下，增加了所欲表達意象的強度。又如在《跨越黃金城》中：

> 橋真是奇妙的東西。……愛橋的人沒有一個不恨其短的，最好是永遠走不到頭，讓重噸的魁梧把你凌空托在波上，背後的岸追不到你，前面的岸也追你不著。於是你超然世外，不為物拘，簡直是以橋為鞍，騎在一

---

[4] 黃維樑對余光中的善喻在《文學的四大技巧？緒論：尋找文學的月桂》文中有高度的推崇，見《中國文學縱橫論》（臺北：東大圖書公司，2005 年），頁 188～189，其它亦見如黃國彬《余光中的大品散文》及諸多學者之共識，參黃維樑《璀璨的五采筆》（臺北：九歌出版社，1994 年）及黃曼君、黃永林編有《火浴的鳳凰——恆在的繆思——余光中暨香港沙田文學國際學術研討會論文集》（武漢：湖北人民出版社，2002 年）所收對余光中之散文評論。

匹河的背上。（余光中，1998:96）

橋如凌波仙子、擎天巨人，人在橋上，橋在河上、波上，人化入仙子之手，凌空而上，脫岸而去；橋又如鞍，河又如馬，人跨鞍上馬，飄飄然如仙子，超然物外。超現實的比喻，讓人與萬物冥而為一的玄想更為引人而深刻。

（六）知性與感性並具

姑不論其早期的作品，且看余光中晚近稱為「大品」的長篇〈山東甘旅〉中，對到山東大學後見丁香花的景象是這樣寫的：

> 但今我一見就傾心，嘆為群艷之尤的，是丁香。首先，這名字太美了，美得清純而又動聽，然後是愛情的聯想：「青鳥不傳雲外信，丁香空結雨中愁」，李璟的名句誰聽了能忘記呢？丁香同荳蔻同為桃金娘家的嬌女，東印度群島中的馬魯古群島，即因盛產這兩種名媛，而有「香料群島」的美稱。早在戰國末期，中國的大臣上朝，就已用丁香解穢。乾燥的花蕾可提煉丁香油做香料，也可以入藥，有暖胃消脹之功。此花屬聚傘花序，花開四瓣，輻射成長橢圓形，淡綠的葉子垂著心形，盛開時花多於葉，簇簇的繁花壓低了細枝，便成串垂在梢頭，簡直要親人、依人，你怎能不停下步來，去親她、寵她、嗅她、逗她。（余光中，2005:94）

這長段對於丁香的描寫甚為仔細，從聯想李璟名句開始，而後談起丁香的植物學知識，有科屬、原產地、傳到中國的時間、效用，丁香的花形、花季⋯⋯洋洋灑灑直如植物學家、歷史學者的介紹，但這樣周全、細膩的描寫，只不過在彰顯作者對於丁香的衷愛，所以親之、寵之、嗅之、逗之，是知性的感性，也是感性的知性，讓人讀其文而獲得多重的滿足，這是余光中自始迄今，不論在理論或實踐上對於散文所追求的目標。

四、結言

余光中早在 1963 年《左手的繆思・後記》中為自己期許的現代散文立下標準：

> 我所期待的散文，應該有聲，有色，有光；應該有木簫的甜味，釜形大鋼鼓的騷動，有旋轉自如像虹一樣的光譜，而明滅閃爍於字裡行間的，應該有一種奇幻的光。一位出色的散文家，當他的思想和文字相遇，美如撒鹽於燭，會噴出七色的火花。（余光中，1963:160）

其見解顯然即與劉勰在《文心雕龍・情采》篇中所說「立文之道，其理有三：一曰形文，五色是也；二曰聲文，五音是也；三曰情文，五性是也」千古輝映。在綜觀余光中的散文理論與實踐後，我們更可以確定：余光中自始迄今的現代散文美學追求，是始終未變的終生志業。

他在〈繆思的左右手〉中說：

> 散文有如地球，詩有如月球，月球被地球所吸引，繞地球旋轉。
> 詩無論有多自由，仍需以散文為「母星」（余光中，1981:264、265）

頗有以散文為「文類之母」的意思[5]，而認為現代散文可借用其它文體、其它語法，以作為錘鍊文采的工具，但在錘鍊文采的背後，支撐著散文得以煥發光采的，卻是真真實實的感情與清清朗朗、雄壯豪邁的精神內涵。這樣的看法，不正是劉勰《文心雕龍》理論的具體實現嗎？黃維樑先生除了以「精新鬱趣，博麗豪雄」譽余光中的散文與詩外，又以「彩筆干氣象」譽余光中的山水遊記[6]，所見即在其善於運用各種的修辭技巧，以創

---

[5]散文為「文類之母」的說法參鄭明娳《現代散文》（臺北：三民書局，1999 年版），頁 6。
[6]黃維樑，〈采筆干氣象——初論余光中的山水遊記〉，收於《文化英雄拜會記》（臺北：九歌出版

作一篇篇情趣與文采盎然、知性與感性具佳、風格雄豪俊朗的現代散文，這樣的評價誠得其實。而劉勰所立下的「六觀」文學檢視標準與「割情析采，籠圈條貫」的文章寫作指導細目，雖然有部分立論是針對詩賦而言，然而大體上追求文學終極之美所運用的手法與精神是一致的，迄今仍為的言。甚至我們可以說，《文心雕龍》所講求的文句鍛鍊法，大抵到了余光中的手裡，融鑄古今、中外並收，都得到更為高度的發揮；而其所講求的內在修為功夫與終極的文質相符，也都為余光中所具體實踐了。劉勰《文心雕龍》與余光中的千年相距，卻有著互相呼應的本質。

余光中被認為是「臺灣的第一代散文批評的領銜人」，也是「推動和促進現代散文創作的發展」[7]的重要旗手。由於散文在我國本即有優良的傳統，在先人的創作經驗累積下，有著極為豐碩的創作理論與創作技巧。雖然因為語言的流變與改革，使得古今的語法產生若干的差異，然而寫作的戲法應是亙古不變的道理，因此前人的智慧累積，必有許多可以借鑒之處。余光中由中國古典文學中借用並融入現代語法，跨越了丟掉的傳統而回歸傳統，尤其以外文系的背景，他對中西文化的了解與對本國文化的渴求應是可以理解的。我們由他的散文可以深深體會：文學藝術「有容乃大」的真諦。

經過 80 年的經營，文言合一的改革目標儼然已經達成。然而隨著科技掛帥的曲扭，語言、文字的實用功能被過度的解讀，以致臺灣年輕一代，隨著網絡文化的開展，而有所謂「火星文」的出現，完全忽視了語言、文字原有的文化負載與應有的藝術功能。余光中的散文則不僅跨越散文的說理、敘述與傳知的價值，更向古典中文與西方現代雙向借鑒，開拓現代散文的新貌，使散文之美臻於藝術之境，其功績必會被載記在青史之上的。

——選自《華文文學》，2007 年第 1 期，2007 年 2 月

社，2004 年版）。
[7]范培松，《現代散文批評史》（江蘇教育出版社 2000 年版），頁 547～548。

海闊，風緊，樓高
讀余光中《高樓對海》

◎唐捐*

　　年輕時「以鋼筆與毛筆決鬥」的詩人，如今在單挑高爾夫球桿。新集一開卷（「高爾夫情意結」連作），便是三帖戰書：第一戰對手好像占了上風，山殘水破，白球硬是鯁住咽喉；第二戰算是平手，言者諄諄，聽者藐藐，麥克風雖然化作耳邊風，耳朵卻也奈何不了嘴巴；第三戰桂冠就要壓倒王冠，詩像伏魔之缽，把世俗權威化作一枚小註，千鈞變成四兩，被鋼筆輕輕挑走。從憤怒鬱卒到昂然自信，三戰下來，好像長江才過了三峽，莽莽滔滔，水勢正旺。詩人當然老了，但中國詩人向來有一種「愈老愈剝落」的傳統，所謂「老更成」、「老以勁」、「媚出於老」等，都是以「老」為風格描述語，用表「寓奇崛於尋常」、「發纖濃於簡淡」的境界。老杜到夔州，大蘇過嶺南，夕陽在山，另一場好戲才正要登場。

　　新集裡頗有幾首詩是直接處理老境的，像〈悲來日〉這樣對時間「示弱」的作品，從前並不多見。但這首詩與其說是歎老，不如說是敘寫夫婦百年修得之緣，至情所感，難免也就萌生悲懷了。詩人其實是「能入能出」的，〈老來多夢〉就有一層自我解嘲的曠達。再如〈七十自喻〉以「江河必入海」的感慨發端，幾經轉折演繹，乃結以「水去河長在」的體悟，心眼手筆俱見開朗。〈我的繆思〉則又展現了「不肯讓歲月捉住」的決心，詩人說：「歲月愈老，為何繆思愈年輕？」是了，這正是我們所熟悉的「不肯認輸的靈魂」。繆思正年輕，證據何在？「登高吟嘯，新作達九首」是一

---

*本名劉正忠，發表文章時為臺灣大學中國文學系博士候選人，現為清華大學中國文學系副教授。

證，以文統對抗政統的魄力是一證，馳驟數十行而略無衰憊之氣，這又是一證。

比興是詩，賦筆鋪敘也是詩，前者易爲，後者則非精於思索安排、操控文氣者莫辦，這便是詩之古風、詞之長調所以困難的地方。但詩人向來悠爲於此，巧筆善轉，妙詣獨造，當然也就居之安而資之深了。像〈抱孫女〉這樣的長篇，由含飴之樂轉到世紀交替的沉思，再由世界的混亂轉回生命的希望，可說是迴環相扣，搖曳生姿。詩人漸老，寫親情的作品明顯有增多之勢，其實人倫日用正是大道的根本，在中國心臺灣情逐漸沉澱下來以後，讀到這樣的詩，更使人倍感親切輕鬆。親情是詩，應答酬酢也是詩。年輕時以筆爲劍的機會多些，老了則珍惜筆墨情緣。但這未必有礙於藝，章實齋就曾以孟子和韓愈爲例，指出：「苟果有見於意之所謂誠然，則觸處可發揮，應酬人事，亦以吾道施之。」優秀的詩人自能將應酬轉爲觸媒，隨機點化，展現更多更大的可能。詩人老去，其筆並不委蛇，另一長篇〈深呼吸〉便是充滿強度的力作，這首詩跟三篇「高爾夫情意結」同屬刺世疾邪之類，在鬱卒的情緒下，語言也就愈趨橫恣了，全詩把心理現象轉化爲生理症狀，以身體爲舞臺，逐層演示世界的亂象。尤其是後半段的一呼一吸，似乎有意追蹤齊物論的筆路，意念所到，百氣齊發，堪稱極盡操控讀者呼吸之能事。怒罵是詩，嬉笑也是詩。〈勸一位憤怒的朋友〉便是以諧謔，甚至怪誕的筆調來冷卻朋友的火氣。而〈食客之歌〉根本就得自筵席妙談，近乎古人所謂「口占」，特重靈思一閃的機鋒。表現方式是簡單極了，卻不乏回味的空間。

實際上，這本新集裡「妙談」頗多，例如〈與海爲鄰〉的首段與〈一張椅子〉全篇。妙談、雄辯、美文、博喻，這些都可以是詩，但是不是詩的精萃所在，也許還有思考的空間。而詩人最好的作品像《敲打樂》、《在冷戰的年代》、《白玉苦瓜》，恰好比較沒有這些成分。熟悉《與永恆拔河》以下文體的讀者，對於新集裡這樣的句法，應當不會感到陌生：「布穀鳥啼，兩岸是一樣的咕咕／木棉花開，兩岸是一樣的豔豔」，「夜夜催眠，被

馬恩的河水／日日吻醒，被法國的豔陽」，「燈塔向天，長堤向海」，這些有時令我想起寫過「并刀如水，吳鹽勝雪」的周邦彥，詞律之精，思力之強，非老於斯藝者莫辦，惟其勝處卻不在於自然噴薄的感發。雅言是詩，街頭巷語也是詩。這本新集裡就有這樣的句子：「放棄了，啥米碗鍋，所謂／知的權利，知了又能夠如何？／還不如知了知了聽蟬叫」。「知了」的一語雙關，還算是妙談，但前面安置一個「啥米碗鍋」，整個語氣都活絡起來，氣急敗壞的情態歷歷如在目前。其他如「他媽的」、「鳥事」這類鄙語的適度活用，也有調濟雅言的功能。

　　詩人年輕時曾說：「傑作，我，死亡，三人作長途的賽跑，／無聲地，在沒有迴音的沙漠，／但是緊張地，因廿一世紀的觀眾等待在遠方。」這種跑馬拉松的決心與耐力，貫串半世紀而不懈，18 本詩集就是金相玉式的獎杯。總其成績，「21 世紀的觀眾」必然不能忽視。我們細讀新集，固然震服於長夜孤燈之際，〈高樓對海〉的渾茫境界；更敬佩他〈飛越西岸〉時，直欲破空而降，伏魔捉妖的猛志。前者是氣象，後者也是氣象。朵筆在握，氣象萬千，山谷之稱東坡也，曰：「公如大國楚，吞五湖三江。」

———原載《中央日報・閱讀週刊》，2000 年 7 月 17 日

——選自余光中《高樓對海》
臺北：九歌出版社，2007 年 5 月

翻譯定位重探

◎蘇其康*

不知從什麼時候開始，國內學術界裡有一條規定，就是翻譯的作品不能當做是學術著作。諷刺的是翻譯這門課幾乎是每一個外文系大學部，甚至是研究所都會開出來的正式功課，現在連翻譯研究所（輔仁大學翻譯研究所和臺灣師範大學翻譯研究所）也成立了，作品翻譯也可當作碩士學位論文（需加上一篇導論，如臺灣大學和中山大學的外文系），既然這功課可以放在學校裡傳授研究，卻又不承認它的表現屬於「正統」地位，實在言之不成理，無怪有心人經常要既無奈又痛心地感嘆。[1]一般的說辭稱學術研究著重觀念的原創性，翻譯作品是秉承他人的思維從事語言文字間的轉移，沒有自己的見解，因為缺少了原創性，所以不能算是學術論著，尤其不能用來當作大學裡教師的升等著作。這樣的解釋也不盡令人滿意，因為在學術著作中，能夠有原創性觀念的是理想，尤其在人文學界，千百年來寫出開疆闢土的理論著作，如亞里斯多德的《文學論》（俗稱《詩學》*Poetics*），真是萬中無一。因為成熟的思維經常需要參考別人的著作，所以學術界也承認理論、學派以及學門的整理工作（一種不需要很多原創性，卻需要理解、消化和大角度分析以及綜合整理功力的任務）為正規的學術著作，用這個標準來看翻譯，兩者之間在方法和執行步驟上應是近似而非

*發表文章時為高雄中山大學外文系教授兼圖書館館長，現為靜宜大學英文系特聘教授。

[1]譬如多年來從事中英互譯的齊邦媛教授，而她稱中文英譯尤其是一件"much, much lonelier"的工作，見〈由翻譯的動機談起〉，刊於《翻譯學術會議：外文中譯研究與探討》，金聖華主編（香港：香港中文大學翻譯系，1998 年），頁 28～39。此外，林耀福教授也指出翻譯在臺灣學術界所受到的不平等待遇，見〈寂靜的春天──臺灣翻譯事業的困境〉，《翻譯學術會議：外文中譯研究與探討》，金聖華主編（香港：香港中文大學翻譯系，1998 年），頁 20～27。

全無關係，故此用「原創性」的大帽子來壓抑翻譯殊非合理。另一種對翻譯地位不利的說法則稱翻譯類似純粹創作，因為創作不是學術，所以翻譯也不能算是學術著作。這個說辭頗有辯證的味道。的確，翻譯的過程，在用字遣辭當中，很像創作者所經歷的心情，極容易失落在修辭之美的煎熬中，在透過另一種語文來傳遞原作者的內在世界，譯者心靈的流轉內化遠超過理智的整理和分析訊息的抽象思考，然而翻譯所從事的揭露隱密內心世界的傳播竟然成了它不能位列「學術研究」仙班的弱點，真令人感慨係之。

畢竟翻譯也確實和其他學術研究有所不同。在翻譯時，不管對原作贊同與否，譯者不能置喙一詞，要很忠實地把原作的優、缺點原封不動地再次呈現出來，不可以有譯者個人的主張、政治見解、道德意識、文學立場，更不能移形換影妄加判斷，但在某方面，譯者卻又要把原作不可解或說理不清的地方用清晰的邏輯重新組合，用微巧的筆法替原作補綴化妝，這種譯者其實已是一位編輯，但是到頭來，即使譯文出版了，在身分地位上，絕大部分的譯者只能算是為他人作嫁衣裳；而在我們目前的成文與不成文的規定下從事翻譯，可說相當委屈。

幾年前教育部開始大力推動大學的通識教育課程時，我便覺得惴惴不安，理由很簡單：當時很多人分不清專業和通識之別（幾年後的今天情況也好不到那裡去），所以除了師資之外，我們欠缺足夠的用中文編寫的教材，譬如說，如果我們要向理、工、醫、農的學生介紹傳統中國人文精神和文化的功課，十之八九要用到白話文編寫的教材，要是為求方便而採用文言文的原典教學，極可能課程大部分的時間都花在文字訓詁上去了，一旦陷入文字障中，通識之議便從根本上斲喪。可是在許多人的想法中，古文語譯雖然是一件艱辛的工作，卻不肯承認它也是學術工作。幸虧過去 30 年間，中華文化復興運動推行委員會和國立編譯館合作，努力不懈地網羅學術界菁英，並委由臺灣商務印書館印行古籍今註今譯計畫內的書刊，現在已有好些基本典籍翻成白話文，然而，還有更多經典等待我們去翻成現

代人看得懂的文字。有趣的是幾年前開始，行政院文化建設委員會耗資鉅
額推動中書西譯，國立編譯館現在也開始跟進，雖然中書西譯的難度比西
書中譯更甚，而且常常找不到適當的人選，但翻譯之爲物仍然不能躋身入
學術殿堂，這種認定無異勸阻了有能力之士，尤其是國內學術界中人從事
翻譯工作。

　　在國外，通常有兩種舉足輕重的人從事翻譯事業，一種是學者，尤其
是把古代語文翻成現代語文的，這些譯者很多都是在他專業領域中頂尖的
學者。比如說，英國文學中第一首史詩《貝奧武夫》（Beowulf），原來的文
字是古英文（亦即古德文的一種），今天即使是英美大學英文系畢業生，如
果沒有修過古英語的話，絕對看不懂，但卻有好些知名學者如唐納遜（E. T.
Donaldson）等把它翻成現代英語，不僅嘉惠後學，也使文化資產位於不
墜。唐納遜所做的就相當於商務印書館印行的今註今譯，但從來沒有人懷
疑把古英文變成現代英文不是有價值的翻譯，也沒有人不讚賞譯者做了一
件裨益學術界、文化界的大功德。翻譯在西方學術界早已謀得一席地位，
學者也願意皓首窮經地從事這份工作。第二種的譯者是專業工作者，亦即
是翻譯成了這些人謀生的工具，他們所翻譯的，從工具書、小說、戲劇、
詩歌、評論書刊、科技文件到一般消遣小品都有，換句話說，雖然譯者也
常常抱怨，但至少出版界把翻譯劃入他們正當業務範疇，使譯者可以安身
立命，賴以爲生，而且也有一些學者經常性的加入成爲翻譯界的生力軍。
特別是在英語和日語的社會裡，翻譯作品不虞匱乏，經典和流行的著作均
很容易找得到。日本的翻譯界更以高速度、高水準和高數量而見稱於世。
1980 年代中期，一名日本學者做過一個調查，指稱其時全球的翻譯，百分
之八十六係以西方語文出版，且在西方國家印行，非西方（日本除外）所
出版的翻譯占百分之八，而單單日本已占翻譯總數的百分之五，[2]可見日本

---

[2]原爲 Shige Minowa 一篇文章的論點，"Translation as International Scholarly Communication,"
Scholarly Publishing 18.1（October 1986）: 39～40，今從李達三教授的專書再行引述，John J.
Deeney, "Translation," in *Comparative Literature from Chinese Perspectives: Cultural Interflow East and
West*（Shenyang: Liaoning UP, 1990）128～29.

在非西方國家翻譯界中所占的分量，另方面也可看出，西方國家所接觸到的翻譯作品大致上均在西方語文傳統中打滾。站在全球性的文化交流角度來看，這是一種不平衡的交流，也就是說，西方國家的翻譯界太多近親繁殖，既不利思想突破，也不利真正東西文化的交匯和結合。

回過頭來看我們的藝文界，本國古代文化材料放在當代教育和讀書界裡，常常需要透過翻譯，但我們卻各於肯定翻譯的貢獻與業績。在當前高唱本土化的聲音中，我們竟然輕易地忘掉了這一環節的文化功能。事實上，在許多人的潛意識裡，現代的東西就是好的，接近文明的，古典的東西就是陳舊的，落伍的。這種觀念其實源於近代中國在現代化邊緣掙扎後的餘緒，幾乎成了餘毒，對文化遺產的吸收與保存傷害至鉅，古書今譯得不到更多的重視和肯定只不過是大環境中一小節的受害者。至於西方經典的譯作，問題更大，因為我們實在找不出幾部完整的、可信賴的翻譯之作，若要利用譯作來介紹西方文化的通識教育課程，經常要叫人大失所望，這種情形除了反映出國內外語人材不足之外，翻譯被摒拒於「學術」門外，使有能力的人轉而做別的事，也是此中致命傷與癥結所在。比較之下，中國大陸的翻譯界不只付出更多心力，做得也更有計畫和更有成就，譬如從 1950 年代以來，外國作品包括日文、法文、德文、俄文、西班牙文、義大利文、阿拉伯文以及東歐語文的文學作品都有人從原文翻成中文，[3]而且不限現代作品，古代的也不遺餘力。[4]

近十餘年來，因為各種沾上新馬克斯主義色彩的主張發酵，顛覆了傳統人文教育中的經典作品，好像經典可以休矣。事實上，經典是可以經常

---

[3]葉水夫，〈略談大陸外國文學翻譯現狀〉，刊於《翻譯學術會議：外文中譯研究與探討》，金聖華主編（香港：香港中文大學翻譯系，1998 年），頁 14～19。
[4]臺灣的桂冠出版社有一套「桂冠世界文學名著」譯叢，筆者曾替如下幾部書寫過「導讀」，其中一、三、四書並曾與原文抽樣比對和點校譯文；（一）《羅蘭之歌》[*La Chanson de Roland*]，楊憲益譯（1993 年），（二）《熙德之歌》[*Poema del mio Cid*]，趙金平譯（1993 年），（三）喬叟《坎特伯利故事集》[*The Canterbury Tales*]，方重譯（1993 年），（四）約翰‧班揚《天路歷程》[The Pilgrim's Progress]，西海譯（1993 年），（五）《天方夜譚》[*The Arabian Nights*]，鍾斯譯（1993 年），（六）薄伽丘《十日談》[*Decameron*]，鍾斯譯（1994 年）。書雖然在臺灣出版，但這幾部作品的譯者都是大陸的翻譯家。

性的檢討、替代和評斷來定位，否則不足以稱爲經典，猶如文學史之需要重評重寫，但要緊的是我們可以用新的經典取代舊的經典，卻不能完全沒有經典，否則一國的文化傳統會形成無政府主義狀態。二十多年前哈佛大學的教務長羅索夫斯基（Henry Rosovsky）[5]以一個經濟學者的雙重身分，推動大學裡核心通識教育，而柏克萊加州大學英文系教授穆斯卡天（Charles Muscatine）稍後也在加州大學系統推動類似的教育課程，兩位學者，一東岸，一西岸，分頭進行，時至今日已大致奠定美國大學裡所認定一個知識分子所應有的通識教育基礎。近十年來美國東岸維吉尼亞大學英文系的赫胥（E. D. Hirsch）教授在他的《文化知識詞典》（*The Dictionary of Cultural Literacy*, 1988）裡重彈此調，卻飽受自由色彩之士的攻擊。然而我們分析這些通識教育或大學核心教材的特徵時，可以發現內裡包括了很多古代西方文明的經典之作，而要不要用東方經典來取代西方經典可能是仁智互見，或用現代作品替換古代作品也許還有爭辯的餘地，但知識分子要不要讀過一些大家認同的書籍，或接受一些關乎人類文化走向理念訓練的書，總離不了在經典之林中作一番選擇。而這些經典，東方的也好、西方的也好，現代的或古典的，時至今日都要依靠翻譯才能跨過不同的語言國度、不同的時空背景和不同族群的社會。翻譯的功過於此可見。

　　假設傳統西方經典仍應存活，我們可以試問，今天西方知識分子中，或願意了解西方文化的任何人，有多少人對希臘羅馬文化的認識可以直接閱讀原典而不必靠翻譯的？答案極可能把我們嚇一跳。又以他們經典中的經典《聖經》而言，又有多少人能夠直接閱讀阿拉米亞文（Aramaic）、古希伯來文（Biblical Hebrew）、古典希臘文和拉丁文原典？因此韋克利夫（John Wycliffe 1320-84）首先把聖經翻成英語就別具意義了；此外，中世紀有許多從古典希臘原文翻過來的阿拉伯文的哲學、天文和醫藥的經典，

[5]羅索夫斯基的想法大體上概括在他的〈通識教育之目的〉（"The Purposes of Liberal Education"）一文內，見他所寫關於大學的營運專書中 *The University: An Owner's Manual*（New York and London: W. W. Norton, 1990）p.99-112.

因為西方國家所藏的希臘文原典早已散佚失傳,遂又再從阿拉伯譯文翻成中古拉丁文,替西方的文化傳統接駁補遺,中古大哲人聖奧古斯丁對古典希臘某些典籍的了解,也是靠閱讀從阿拉伯文翻成拉丁文的書刊上獲得,這是最佳的禮失而求諸野的例子。如果不借助翻譯作品的話,從《聖經》以降,西方文化精髓恐怕要去掉一大半!在我們本土性大規模翻譯事業之中,最為人所樂道的大概是玄奘法師(600~664 年)的佛典翻譯。玄奘西遊 17 年,離開玉門關時是偷偷的出去,歸來時卻被唐太宗先迎至長安弘福寺後來遷往慈恩寺,19 年間得以悉心獨力翻譯佛典 75 部 1331 卷。[6]表面上他只潛心把梵天的世界譯成唐代漢語,事實上法師還要比對梵語經典傳播過程中西域其他主要國家語文的翻譯和注釋,包括屬於古伊蘭語系(Iranian)的康居(Samarkand)語、粟特(Sogdian)語、塞種人的于闐語(Khotan Saka),屬於吐火羅語系(Tocharian)的大月氏(Kusana)語、龜茲(Kuci)語和焉耆(Argi)語的寫本,和其他印歐語系的經本,這樣的譯法兼顧比對校勘,又能照顧到魏晉以還對早期漢譯文字語意所造成的隔閡之釐清,大概可以稱得上是「研究」了吧。我們今天可以重組這些史實和過程,還得要感謝許多史學家和做翻譯的中外學者,而當初唐太宗禮遇玄奘,雖然另有其政治目的,究竟也替翻譯事業奠下一些規模和應有的肯定。

做過嚴謹翻譯的人都知道,這種工作需要精通所處理的兩種語言和文化,如果翻譯的是文學作品,還要對原文和譯文的文學傳統有深湛的了解,假如原文是古代作品,更應具備基本的文字訓詁和校勘功夫,有時尚需參酌第三種語言為之。當代的例子如林文月教授把《源氏物語》從古典日文翻成中文時,她偶爾也會參考密芝根大學塞登斯定克(Edward Seidensticker)教授相當篤實和忠於原著的英譯和魏理(Arthur Waley)教

---

[6]玄奘整個西遊的經歷,清楚地記錄在他的《大唐西域記》裡。這是他在開始翻譯佛典之前的著作,近年來可靠的版本可參閱《大唐西域記校注》,季羨林等校注(臺北:新文豐出版公司,1987年)。

授的英譯版本。[7]本質上，翻譯就是對原文的一種詮釋，若對原文的解讀能力不夠，翻出來的筆調會含糊不清，張冠李戴，行文失真，若譯文的文字功夫不夠好，缺少了靈敏的耳朵和語感，翻出來的文字便成了難以卒讀的怪物，如果是人名或地名，尤其在其中一國早已散佚的更需要重組對音（如中文佛典之還原成梵音），這種工作絕對不是張三李四都幹得來的，更不是但求無過的工夫即可。一本好書，經過一個不稱職不合格的譯者之手，便成了一部壞的外語書刊，而且有時不是翻出來那部書的語言問題，卻是那部書的政治意圖和社會理念出現問題，帶來困惑和尷尬，那些理念的引喻用法常常會比理念表面的價值更重要，因此，壞的翻譯會毀掉原作者的名聲，甚至於改變一般人對某種文化的認識。當然，如果沒有翻譯，就連扭曲的文化認識也談不上了。

　　然而，忠實的翻譯有時亦不易生存，西諺有云：譯者即叛徒（Traduttorc, Traditore）。表面上說的是譯者無法保持原作精神的韻味，事實上越是慎重的出版商，有時越會叫譯者無奈。因爲曾經出現過草率的譯者，負責的出版商便會安排一名文字編輯詳細校閱譯文的流暢度和文藝性。有意無意之間譯文便會披上一層薄紗，除非那名編輯也懂原文，如此，薄紗的厚度才會減少，透明度才會增加。爲了免除這種使原作者尷尬焦距模糊的現象，甚至出版社負擔加重的情形，所有的譯者和出版社要通力合作，淘汰粗製濫造的譯作，使翻譯的人雖然不至於從事藏諸名山，傳諸後人之作，最少也是相當專業、有水準、有尊嚴的工作。這也是提升譯者地位的方法之一。因爲一旦翻譯作品成形後，它便有可能變爲翻譯輸入國文化的一部分，譬如「天方夜譚」本來指的是某一文化國度裡所搜集到怪誕浪漫的故事集，今天卻早已成爲中文的成語而別有所指。表面上翻譯是一件文化交流的事務，往深一層看，翻譯作品已構成新倫理思想守則的素材，直接影響到讀者的思維方式。

---

[7]紫式部著；林文月譯，《源氏物語》修訂再版上下冊（臺北：中外文學月刊社，1985 年），〈修訂版序言〉，頁 24。

　　既然一名好翻譯需要具備多種條件，要有語文編輯的能力，又具文化
觀念的仲裁，心理學家的觸角以便掌握異國讀者心理，有時還需要是一位
不寫評論文章的評論家，他的社會地位應該很重要，但爲什麼大家又都要
談提升翻譯的地位？這是因爲在目前的制度下，翻譯幾乎是兩頭落空，既
沒有獲得高難度心智活動的認同，也沒有獲得靈巧工作的技術性待遇，即
使在諸多不肯定和不如意中，似乎譯者暫時空洞的精神滿足還是大於對他
實質的鼓勵。譬如目前國立編譯館經過調整之後，付予譯者的稿費仍只有
每千字 750 元臺幣。大部分公家機構包括一般政府機關如需央人做翻譯
時，也照這個潤格核算稿費，這個數字連較有水準的副刊稿費都遠遠不
如。同樣是處理稿件，這樣的誘因便很難吸引到專業譯者的投身。這也說
明了許多經典尚沒有好的翻譯之原因。一般寫作所需要的技巧和能力，翻
譯幾乎都要用上，故此，一名理想的譯者最好也是一位作家，把譯文和原
作在作品精神和修辭上都能同時兼顧，譬如德國詩人里爾克（Rainer Maria
Rilke, 1875～1926）之翻譯法國詩人梵樂希（Paul Valéry, 1871～1945）的
作品，法國詩人波特萊爾（Charles Baudelaire, 1821～1867）之翻譯美國詩
人、小說家艾格・愛倫・坡（Edgar Allen Poe, 1807～1849），俄國小說家杜
斯妥也夫斯基（Fedor Mikhailovich Dostoevsky, 1821～1881）翻譯法國小說
家巴爾札克（Honoré de Balzac, 1799～1850）的著作。或者如德國近代戲劇
作家布烈希特（Bertolt Brecht, 1898～1956）親自請求美國女詩人魯凱撒
（Muriel Rukeyser, 1913～1980）翻他的劇作，另外魯凱撒也翻墨西哥詩人
帕斯（Octavio Paz, 1914～1998）西班牙文的作品，[8]或如諾貝爾獎得主辛格
（Issac Bashevis Singer, 1904～1991）與他的翻譯伙伴一起把他的意第緒語
（Yiddish）作品翻成英語作品。[9]這些搭配情形固然相得益彰，有時也是主

---

[8]譬如 Octavio Paz, *Early Poems*, 1935～1955, trans. Muriel Rukeyser（New York: New Directions, 1973）。

[9]關於他自己翻譯的心得和作者與翻譯者的合作過程，辛格寫了一篇有趣的短文，"On Translating My Books," in *The World of Translation: Papers delivered at 5th Congerence on Literary Translation held in New York City in May 1970 under the Auspices of P. E. N. American Center*（New York: P. E. N. American Center, 1971）p.109-113.

客觀因素配合下可遇而不可求的機緣。除非譯者自己早已揚名立萬，否則大部分做翻譯的人仍然活在原作者的保護傘之下，但可以發現，不管是 19 世紀也好，當代的 20 世紀也好，許多成功的西方譯者常常是某方面的專家或作家，故此他們特別受到禮遇和敬重，而這些人，不是為了報酬待遇而翻譯，實在是他們有心搭建一座溝通不同語言文化的橋樑，甚至在某種情形下他們是在保存文化的根業。以這個角度來看，有些翻譯作品至為難得，比方說在劍橋大學任教數十年的張心滄博士，憑他在中英古典文學的訓練和素養，並加上多年英譯的經驗，把中國山水田園詩譯介成為擲地有聲的英語作品，[10]結果獲頒歐洲漢學界最高榮譽的儒蓮獎（Julien Award），為華裔第一人。近代的英儒魏理教授畢生浸淫在東方文化中，大量翻譯中文和日文作品，並且是《源氏物語》英譯的第一人，[11]卓然成家，終獲封爵士頭銜。芝加哥大學的余國藩教授，窮多年之力，把《西遊記》全本翻成英文，[12]成就超越魏理的節譯本。若單單只有英語文的造詣而少了對佛教和道教的研究，余教授的全譯，絕對不會如此得心應手。他的英譯和注釋實在橫跨了文學與宗教的研究領域，奠下了他今年（1998 年）獲選為中央研究院院士的理由之一。這些譯者，因為畢生都在西方語文學界和翻譯界中馳騁，所以很快便被學術界注意和稱道，並沒有從事正規學術研究與否的顧慮。

　　但這些例子可以輕易地被大家當作是個案，而且也是因為翻譯者本身已具備優良的條件才被世人重視稱許。翻譯要在我國的文化傳統和學術圈

---

[10]見 H. C. Chang, *Chinese Literature 2: Nature Poetry*（New York: Columbia UP, 1977）. 其他的編譯作品有：*Chinese Literature 1: Popular Fiction and Drama*（Edinburgh: Edinburgh UP, 1973）；*Chinese Literature 3: Tales of the Supernatural*（New York: Columbia UP, 1984）.

[11]魏理的譯作，舉其犖犖大者，包括 *The Real Tripitaka*《三藏法師傳》，*The Poetry and Career of Li Po*《李白詩傳》，*The Life and Times of Po Chu-i*《白居易傳》，*Monkey*《西遊記》，*The Analects of Confucius*《論語》，*The Book of Songs*《詩經》，*The Way and Its Power*《道德經》，*The Tale of Genji*《源氏物語》，*The No Plays of Japan*《日本能劇》，*The Temple and Other Poems, More Translations from the Chinese, The Pillow-Book of Sei Shonagon*《枕草子》等。

[12]Wu Cheng-en, *The Journey to the West*, trans. and ed. Anthony C. Yu, 4 vols.（Chicago: U of Chicago P, 1977-83）.

裡受到肯定，還得要從制度面上著手。目前我們國內所缺乏的正好是一個評估翻譯實務的制度，其中又牽涉到一些可能從事訂定制度的人之心態價值和認知正確與否的問題。畢竟經過多年來的零星努力，差不多四年前終於在臺北成立了中華民國翻譯學會，從無到有的確已向前邁進了一大步，接下來是如何去維持穩定的局面，提升會員的素質。美國的經驗是把他們的建制和美國筆會結合，在筆會裡設置一個翻譯委員會（P. E. N. Translation Committee），透過筆會更龐大的組織來發揮翻譯事業的前景，與筆會裡的作家橫向聯繫，以獲取更大幅度的社會關注和譯者的專業尊嚴。但美國方法並非萬靈丹，尚須詳加斟酌。然而，在從事文字藝術和語文表達的方式上，譯者和作家應有共同的氣質和共享的溝通語言。值得思考的是，如果目前中華民國翻譯學會裡有筆譯也有口譯的會員，雖然最終目標一致，但執行業務的技巧、方式和應對要求不同，一旦學會會務的重點放在會議翻譯和口頭詮釋及其合理報酬的題旨上，外界很容易便會把這個學會定位在同業公會的聯想上，逼使它變成一個商業性的機構，那時再來呼喊和矯正一般人錯誤的觀念便困難了，但任何一種學會，都有促進會員利益的宗旨，其間的分寸拿捏，對執事者而言，不僅僅是個人意向和價值判斷問題，更是翻譯之爲學術正名、尊嚴和千秋大業的問題。

　　歐洲國家，譬如英國，自文藝復興以來，在正規教育體系裡古典語文（包括希臘文、拉丁文、希伯來文等）的訓練都是透過翻譯進行，因爲有這麼悠久的歷史，而且與學校教育共生，翻譯者的待遇再微薄，也算是學術知識界中人，不管是譯者或學子們在處理譯文時，心情是虔敬的，因爲他們的職責成了把古代偉大的文明用現代語文傳播開來，而英國普及版本的知識性讀物「企鵝古典作品系列」（"Penguin Classics"）之所以能夠源源不絕，網羅名家學者，把古代東方和西方典籍推陳出新，譯介給當代的讀者，靠的也是這個數百年來不墜的傳統，以及這個傳統所給予士子在精神上的滿足和尊榮，另方面，在 1980 年代之前，美國重要的比較文學系均把「文藝翻譯」列爲博士班必修的功課，雖然比較學者也強調直接採用原典

來做比較的工作，但翻譯協助了無法直接處理原文的其他學者，兼且維繫了文化傳播的一定管道，學者們都義無反顧地加以支持，這是西方翻譯者的地位在先天上優良的立足點。而我們的翻譯事業卻不像西方那樣普遍和制度化，從明代的「四夷館」，清代的「同文館」、「廣方言館」和「翻譯館」[13]所培養出來的只是讀書人的一小部分，而且接觸的都是「蠻夷」語言，在社會心態上和官方立場上便和歐美傳統大不相同。雖然今天西方語言因著這些國家政治和經濟力量的主導，使大家都對之另眼相看，但對這些國家所要傳遞過來的文明訊息，大多數的讀者僅抱著實用角度來看，翻譯的人只成了一個可有可無的仲介，當讀者達到他吸取西方觀念之目的後，譯者便被拋棄了，如果譯者求的只是筆潤和爭的僅僅是待遇報酬，可以想見在我們的社會傳統中，很快便會被歸類為有技能的譯匠而非藝術家、作家或學者專家，遑論尊嚴和學術地位，一旦形成惡性循環，就再也別想吸引好的人才和優秀學者加入行列做生力軍。

　　雖然本質一樣，做法相同，翻譯行業的社會地位在國外卻明顯要比在國內高。如果在國內從事翻譯的人本身尚沒有顯赫文名，而所翻譯的書籍又非當時得令人人都想看想知的材料，其後果幾可預期。既然這種事業無法自行提升，便需要向西方取經了，而且要由上向下式地推動。今天在西方學術界，翻譯被視為學術工作得有一個先決條件，就是原文須為經典之作（經典不必然是古典作品，當代的也可以），譯文在內容和文字表達方面也需要經得起同行的考驗。再嚴謹一些，或原作尚不足稱為經典，但屬好作品，翻譯的人並得加上注釋，使成為譯注，如此好些不為人知的專家書刊都因為透過譯注而取得正統的位階，而譯注的成果必然被認定屬於學術的範疇。也就是說作品的翻譯照樣做，但卻同時增加它的附加價值，以便在外在大環境還沒有改變之前有可能取得學術界認同的地位，如果我們從這個層次推動，在國內先把譯注的地位確定，尤其把相關的書目搜羅與譯

---

[13]見羅青，〈「信、達、雅」新詮〉，陳鵬翔、張靜二合編《從影響研究到中國文學》（臺北：書林，1992年），頁215～241。

文同時載錄，使譯文的價值可以延伸到旁及的參考資料上去，在本質和形貌上便發揮了學術論著的功能，對審訂翻譯之爲學術的主事者而言，便再難有推搪的理由，從優良的翻譯者當中，會同有見識、有功力的專家，再來釐訂評估翻譯的基本準則、範疇、尺度、慣例、格式規範和行文流暢度，使良幣驅逐劣幣，翻譯（尤其是筆譯）之受重視和肯定便爲期不遠。風俗習慣可能有本土和外來之分，但學術內在的標準只有一個，也就是嚴謹和草率之別，而不故意強調東方價值的差異，當眾人樂於替經典做譯注，這些作品必然是學術結晶，包括譯者的心思精髓；而風從草偃，從上層鳶飛戾天式高難度卻自得其樂但較需要譯注扶助的文藝翻譯開始推動，那麼其他層次的翻譯便較容易受到蔭庇而取得正宗地位。如果再加上有識者的書評，翻譯作品便沒有理由不能成爲廟堂之器。若僅爲單純的一般性翻譯，既然也和創作過程類同，最終也可以視之爲創作作品，也就是沒有必要花時間去周旋爭取把它放在學術著作行列之內，這也沒有貶損它的地位。15 世紀末年，馬羅里爵士（Thomas Malory）在獄中用散文寫亞瑟王之生平故事（*Morte D'Arthur*），他說自己有一法文的寫本參照，按道理他寫出來的便是編譯，後人雖然無法找出和比對究竟是哪部法文的本子，但他的「翻譯作品」竟成了往後世世代代讀者認識亞瑟王傳奇和圓桌武士種種最完整的英文作品。現在已沒有人知道那位法文作者是誰，但大家都感謝馬羅里的「譯作」。

　　玄奘法師到梵天取經導致中國四大小說之一《西遊記》的誕生，但更重要的是在翻譯過程中他替唐代士子開啓了一扇了解異國文明的心靈之窗，爲現實的漢唐文化注入一劑充滿玄思幻想的綺麗清涼補品，補足了我們文化裡所缺乏的想像空間，可惜後人卻多專注在宗教教義的衍變上，使一場空前的翻譯事業無以爲繼，其實等於說，在起初中國士人便只把翻譯當作一種手段，一種介紹外來文化和思維方式的必要手段，翻譯之爲術業卻一直沒有生根，唐代玄奘介紹的是宗教思想，到了明末耶穌會教士曾再度輸入大量的翻譯作品時，介紹的是科學和宗教思想，大家看到的只是翻

譯成品，翻譯的本身便被忽略了，即使這樣一種工作，可惜到清代沒有多久便中斷了。縱然後來輸入的西書是很有內涵，很有文化價值的作品，都只成了西學東漸的一時現象，很快便消失在我們浩瀚的書海之中，而翻譯的人也僅為史家整理史料當中的名字而已。是否我們該再取一次經，把泰西的翻譯傳統借助一番？憑我們知識界慎思明辨的功夫，再替翻譯事功重新把脈，開出一條舒筋活絡的藥方，使翻譯不致在著述的邊緣掙扎而變成失去的一環，使有志於翻譯之士，也可以像他們西方同僚那樣，在創作界以及學術界中找到可以和同儕並駕齊驅且屬固本培元的正業。

——選自蘇其康主編《結網與詩風：余光中先生七十壽慶論文集》
臺北：九歌出版社，1999 年 6 月

輯五◎
研究評論資料目錄

作家生平、作品評論專書與學位論文

專書

1. 黃維樑編　　火浴的鳳凰——余光中作品評論集　臺北　純文學出版社　1979年5月　453頁

本書為余光中作品評論集，以余光中創作文類作為編輯分類項目，全書共3輯：1詩論，共28篇：梁實秋〈《舟子的悲歌》〉、洛夫〈《天狼星》論〉、陳芳明〈回望《天狼星》〉、張健〈由〈蓮的聯想〉到〈或者所謂春天〉〉、Andreas著，黃國彬譯〈融匯東西方之美——《蓮的聯想》德譯本導言〉、馮雲濤〈聯想的聯想〉、吳宏一〈〈等你，在雨中〉〉、林以亮〈紅蓮、瑞士錶、尺八、年紅燈〉、顏元叔〈余光中的現代中國意識〉、陳芳明〈冷戰年代的歌手〉、游社煖〈余光中的創作道路〉、李有成〈余光中詩裡的火焰意象〉、鍾玲〈評〈火浴〉〉、劉紹銘〈戰爭和愛情：安諾德、艾略特、余光中〉、林鍾隆等〈〈雙人床〉賞評〉、黃國彬〈析〈臘梅〉〉、黃維樑〈重讀《敲打樂》〉、黃國彬〈「在時間裡自焚」——細讀余光中的《白玉苦瓜》〉、陸健鴻〈碧海摯鯨：《白玉苦瓜》詩集賞析〉、王灝〈余光中伸向鄉土的民謠詩〉、陳鼎環〈詩的四重奏——余光中的〈鄉愁〉及其古譯〉、溫任平〈析〈長城謠〉〉、羅青〈析〈守夜人〉〉、黃維樑〈詩：不朽之盛事〉、何福仁〈略評〈沙田之秋〉和〈旺角一老嫗〉〉、楊升橋〈析〈北望〉和〈九廣鐵路〉〉、黃維樑〈析〈慰一位落選人〉〉、陳克環〈析〈獨白〉〉；2散文論，共9篇：黃維樑〈余光中：最出色最具風格的散文家〉、思果〈「飄然思不群」〉、溫任平〈現代散文的革新者余光中〉、鄭明娳〈從余光中的散文理論看其作品〉、張道穎〈非常過癮的事——讀余光中的〈逍遙遊〉〉、碧竹〈目前臺灣最好的散文——談〈焚鶴人〉〉、重提〈多汁的芒果——我讀〈焚鶴人〉〉、張筆傲〈音樂化的散文——〈聽聽那冷雨〉評介〉、黃綺瑩〈余光中對臺北的深情——讀〈青青邊愁〉〉；3通論及其他，共7篇：吳萱人〈多妻的能言鳥〉、夏志清〈余光中：懷國與鄉愁的延續〉、陳克環〈國恨鄉愁橄欖詩〉、胡菊人〈余光中：最富儒家入世精神的現代詩人〉、陳芳明〈回頭的浪子——余光中詩觀的演變〉、黃維樑〈歐立德對余光中的影響〉、沈謙〈小說〈萬里長城〉的癡情〉。正文後附錄〈余光中年表〉、〈余光中著作編譯目錄〉、〈評論、介紹、訪問余光中的文章目錄〉。

2. 黃維樑主編；流沙河選釋　　余光中一百首　香港　香江出版公司　1989年1月　220頁

本書依照余光中詩創作之年代編選其 100 首新詩,並加以解說評析,全書共 4 部份:1.1949—1959 年,6 首;2.1960—1969 年,14 首;3.1970—1979 年,46 首;4.1980—1986 年,34 首。正文前有黃維樑〈前言〉、流沙河〈選釋者如是說〉。

3. 陳鼓應等著　　這樣的詩人余光中　臺北　臺笠出版社　1989 年 2 月　230 頁

本書選錄各家對余光中詩作的評論共 11 篇:陳鼓應〈評余光中的頹廢意識——一評余光中〉、〈評余光中的流亡心態——二評余光中〉、〈三評余光中的詩〉,曾心儀〈訪陳鼓應談近況——從批評余光中的詩談起〉,郭楓〈繁華一季盡得風騷〉,曾祥鐸〈哪有侮辱民族靈魂的詩人〉,莊金國〈驀然,一片光——比較余光中〈鵝鑾鼻〉的不同結尾、〈改寫自己的歷史——談余光中對〈鵝鑾鼻〉的詮釋〉,黃樹根〈誰是他們?——余光中的信心在哪裡?〉,李敏勇〈詩人的立場〉,李勤岸〈一尊偶像的崩潰——寫給我曾崇拜過的一個詩人〉。

4. 黃維樑編　　璀璨的五采筆　臺北　九歌出版社　1994 年 10 月　616 頁

本書收錄 1979 年至 1993 年有關余光中作品評論論文,依余光中創作類別分為 4 部分:1 詩論,共 15 篇:李元洛〈余光中的詩藝〉,〈海外遊子的戀歌——讀余光中的〈鄉愁〉與〈鄉愁四韻〉〉、顏元叔〈詩壇祭酒余光中〉、劉裘蒂〈論余光中詩風的演變〉、簡政珍〈余光中:放逐的現象世界〉、流沙河〈詩人余光中的香港時期〉、秀實〈余光中的〈海祭〉〉、蕭蕭〈余光中結臺灣結——《夢與地理》的深情〉、黃維樑〈禮贊木棉樹和控訴大煙囪——論余光中八〇年代的社會詩〉、周粲〈余光中的〈山中傳奇〉〉、宋淇,曾敏之,黃維樑〈〈三生石〉的讀者反應〉、王一桃〈永恆的主題・新穎的手法——讀余光中新作〈抱孫〉〉、錢學武〈余光中的詩傳播色情主義?〉、李瑞騰〈談余光中的一次「敗筆」〉、編者摘譯〈常綠樹・祭酒〉;2 散文論,共 10 篇:鄭明娳〈余光中散文論〉、何龍〈奇妙的文字方陣——余光中散文藝術評介〉、雷銳〈在文字的風火爐中煉丹——論余光中散文中的幽默特色〉、馮友軍〈奇喻巧擬著文章——余光中散文中的比喻和比擬〉、謝川成〈余光中的〈山居〉〉、黃維樑〈余光中〈催魂鈴〉的賞析〉、沈謙〈左手的散文魔術——讀余光中〈記憶像鐵軌一樣長〉〉、思果〈文章範本〉、戴天〈余光中的《隔水呼渡》〉、柯靈〈幫助我們增加信心〉;3 文學批評論、翻譯論及其他,共 8 篇:黃維樑〈初論余光中的文學批評〉,〈余光中「英譯中」之所得——試論其翻譯成果與翻譯理論〉、徐學〈詩心史筆——余光中文學批評風格論〉、蔡葵〈《名作求疵》引起大反響〉、黃坤堯〈余光中詩文集的序跋〉、宋淇〈開創詩文的新流派〉、施穎洲〈迎余光中〉、鍾玲〈本世紀中國的主要作家〉;4 生活特寫,共 5 篇:許佑生〈坐擁詩城余光中〉、黃國彬〈明日隔山海,世事兩茫茫——送別余光中〉、梁錫華〈道貌岸然,妙語嫣然,文采斐然〉、林彧〈家人眼中的詩人〉、沙

白〈我是「歸人」，不是「過客」——記余光中與高雄文藝界人士一次聚談〉。正文後附錄〈余光中年表〉、〈余光中著作編譯目錄〉、〈評論、介紹、訪問余光中的文章目錄〉。

5. 鍾　玲編　　與永恆對壘：余光中先生七十壽慶詩文集　臺北　九歌出版社
1998 年 10 月　240 頁

本書為慶祝余光中先生七十大壽所編，收錄祝賀其大壽所寫的詩及散文，正文前附〈余光中先生傳略〉。詩篇共收錄向明、周夢蝶等撰寫的祝賀詩 15 篇；散文共收錄 13 篇：金聖華〈永恆的彩虹〉、孫瑋芒〈文字的君王〉、陳幸蕙〈打噴嚏，卻噴出了彩霞〉、陳汗〈快哉此風〉、黃維樑〈璀璨的五采筆〉、〈入此門者，莫存倖念〉、黃坤堯〈〈三生石〉餘韻〉、〈藍花楹〉、黃秀蓮〈詩人素描〉、梁錫華〈彩筆光輝八十年〉、單德興〈既開風氣又為師〉、瘂弦〈夜讀雜抄〉、閻振瀛〈「傳統」與「創新」〉，正文後附錄訪問紀錄〈藏火的意志在燧石的肺裡〉。

6. 錢學武　　自足的宇宙——余光中詩題材研究　香港　香江出版公司　1998 年
12 月　375 頁

本書全面分析余光中詩作的題材，加以分類歸納，除指出其廣闊博大之處，並探討其多變的原因。全書共 5 章：1.緒論；2.余光中詩題材分類研究；3.余光中詩題材之嬗變；4.余光中詩題材廣闊多變的原因；5.餘論。正文前有黃維樑〈一個廣闊自足的宇宙——錢學武《余光中詩題材研究》序〉。

7. 傅孟麗　　茱萸的孩子：余光中傳　臺北　天下遠見出版公司　1999 年 1 月
349 頁

本書包含序及後記，全書共 12 章：1.小荷已露尖尖角（大陸時期 1928—1949）；2.註定做南方的詩人（臺北歲月 1950—1981）；3.一塊拒絕融化的冰（第 1 次赴美 1958—1959）；4.五陵少年（第 2 次赴美 1964—1966）；5.在茫茫的風裡（第 3 次赴美 1969—1971）；6.高處必定風勁（香港山水情 1974—1985）；7.讓春天從高雄出發（定居西子灣 1985—）；8.浪子回頭（重返大陸故土）；9.余門幾學士？（師生情與友情）；10.詩人之家（家庭與親情）；11.心底有一朵蓮？（愛情與婚姻）；12.和星宿停止吵架（70 歲的心情）。正文前有余光中〈九九重九，究竟多久？〉；正文後附錄：〈余光中大事年表〉、〈余光中譯著一覽表〉、〈余光中譯著大陸出版概況〉等篇章。

8. 蘇其康編　　結網與詩風：余光中先生七十壽慶論文集　臺北　九歌出版社
1999 年 6 月　274 頁

本論文集分甲、乙篇。正文前有蘇其康〈以至誠和清醇祝詖〉，甲篇收錄評論余光中著作之論述，包括翻譯、詩作和散文：金聖華〈余光中——三「者」合一的翻譯家〉、焦桐〈臺灣心和中國結——余光中詩作裡的鄉愁〉、黃國彬〈余光中的大品散文〉、鄭慧如〈余光中的親性歌吟及其文學史意義〉、錢學武〈論余光中詩的語言藝術〉，共 5 篇，乙篇爲收錄余光中興趣所及之領域的他人評論：王儀君〈建構貞潔意象——論《溫莎的風流婦人》與伊莉莎白崇拜〉、張健〈王昌會詩論有三十四門——《詩話類編》研究之一〉、張錯〈節網與羨魚——臺灣現代詩翻譯策略與檢討〉、張錦忠〈奧菲爾斯的變奏與譯詩問題——以里爾克〈秋日〉爲例〉、羅青〈風格之誕生——論明末清初書法多元化之原因及影響〉、蘇其康〈翻譯定位重探〉，共 6 篇。正文後附錄〈余光中先生著作目錄〉。

9. 江　堤編選　　余光中：與永恆拔河　長沙　湖南大學出版社　2001 年 1 月　346 頁

本書除收錄余光中先生至湖南岳麓書院演講朗頌、訪問及活動相關紀錄外，並選錄評論文章。全書共 5 部分：1.演講與問答：〈藝術經驗的轉化〉、〈余光中答聽眾問〉；2.演講朗誦作品，共收作品 24 首；3.對話與訪談：〈談余秋雨〉、〈湖南衛視訪談錄〉、〈關於諾貝爾獎的對話〉；4.百家評說：江堤〈千年等一回〉、彭國梁〈智慧的聲音〉、水運窟〈文化甘旅——余光中先生的湖南行〉、李元洛〈楚雲湘雨說詩蹤——余光中湘行散記〉、羅成琰〈走近余光中〉、王開林〈從餘勇可賈到餘音繞樑〉、吳新宇〈我讀余光中〉、林彧〈家人眼中的詩人〉；5.作品研究：李元洛〈余光中的詩藝〉、黃維梁〈禮讚木棉樹和控訴大煙囪〉、流沙河〈余光中的香港時期〉、雷銳〈余光中散文的幽默特色〉、鄭明娳〈余光中散文論〉、黃國彬〈大品散文〉。

10. 陳君華　　望鄉的牧神——余光中傳　北京　團結出版社　2001 年 11 月　370 頁

本書作者藉由解構傳統鄉愁的基礎上，重構余光中一生及作品中的鄉愁。全書共 10 章：1.戰火紋身；2.咪咪的眼睛；3.在美國的雞尾酒裡；4.再見，虛無！；5.蓮戀蓮；6.輪轉天下；7.蒲公英的歲月；8.每依北斗望京華；9.給名家改作文；10.高樓對海。

11. 傅孟麗　　水仙情操——詩話余光中　臺北　天下遠見出版公司　2002 年 3 月　157 頁

本書擷取余光中各時期詩作，探討愛情、政治、親情等諸多面向的余光中。全書分

18 部分：1.繆思情結；2.文化情結；3.戀母情結；4.蓮的情結；5.中國情結；6.朋友情結；7.臺灣情結；8.香港情結；9.高雄情結；10.夫妻情結；11.父母情結；12.祖孫情結；13.政治情結；14.水仙情結；15.嗜書情結；16.愛憎情結；17.鄉愁情結；18.夕陽情結。

12. 徐 學 火中龍吟：余光中評傳 廣州 花城出版社 2002 年 5 月 362 頁

本書作者勾勒余光中生平細節並結合其創作藝術及創作思想以成評傳，全書分上、中、下 3 篇共 13 章。上篇（1928—1958）：1.江南水與火；2.古鎮悅來集；3.一口氣讀了三所大學；4.紅頭瘋子。中篇（1958—1974）：5.青青鄉愁萌動，自冰上；6.撥向藍空最藍處；7.天狼萬嚎蓮脈脈；8.何時我們才不再爭吵，親愛的中國？；9.一輩子，闖幾次紅燈？。下篇（1974—2000）：10.誰說遲開就不成花季？；11.中文西化論——西而不化與西而化之；12.老得好漂亮；13.未擁抱死的，不能誕生。

13. 陳幸蕙 悅讀余光中‧詩卷 臺北 爾雅出版社 2002 年 9 月 416頁

本書為評論與賞析余光中詩作之文章集結。全書共 4 卷，前 3 卷選余光中 18 本詩集，收錄 60 多首詩作，並部分引述 200 多首詩作，依主題方式分類賞析；第 4 卷則依時間地域，將余光中寫作進程分為：首航、旅美、臺北、香港、高雄 5 個時期。

14. 黃維樑 文化英雄拜會記：錢鍾書、夏志清、余光中的作品與生活 臺北
九歌出版社 2004 年 4 月 254 頁

本書作者以多面向角度綜評錢鍾書、夏志清、余光中 3 人文學成就，並論述交往情況。全書共 3 輯：1.錢鍾書，共收〈錢鍾書的成就〉、〈文化的吃——錢鍾書《圍城》中的一碗飯〉等 7 篇；2.夏志清，共收〈文學博士夏志清〉、〈寫在夏志清先生退休之前〉等 4 篇；3.余光中，共收〈璀璨的五彩筆—— 余光中作品概說〉、〈情采繁富，詩心永春——試論余光中各時期詩作的特色〉、〈讀余光中〈聖奧黛麗頌〉〉、〈「星空，非常希臘」的隨想〉、〈讀余光中〈弔濟慈故居〉〉、〈入口就嘗到甜頭——悅讀余光中的《安石榴》〉、〈余光中〈絕色〉的聯想〉、〈讀余光中新作兩首：〈永念蕭邦〉、〈讀夜〉〉、〈余光中月光中〉、〈采筆千氣象——初論余光中的山水遊記〉、〈向山水和聖人致敬——余光中〈山東甘旅〉析評〉、〈開他的巨頭會——戲和余光中〈開你的大頭會〉〉、〈和詩人在一起——記余光中的一天〉、〈入此門者，莫存倖念——余光中細心敬業的精神〉、〈深沉父愛的又一表現——讀余光中〈日不落家〉的聯想〉、〈和獨白的余光中對白〉、〈我們都到不老國去——〈和獨白的余光中對白〉續篇〉17 篇。

15. 葉振輝 口述歷史：讓春天從高雄出發：余光中教授專訪 高雄 高雄市文

獻會　2005 年 12 月　146 頁

本書由高雄市立文獻委員會委託中山大學葉振輝教授主訪，訪錄完成並編印成書，本書收編 4 次訪問紀錄：90 年 5 月 18 日，6 月 21 日，7 月 17 日，12 月 4 日。正文後附錄〈余光中教授大事年表〉。

16. 古遠清　余光中評說五十年　北京　文化藝術出版社　2008 年 5 月　395 頁

本書為各界討論余光中半世紀來出版的作品、以及他在現代文學史上掀起的種種論戰、對後世帶來的影響等相關論述選集。全書分 6 輯，共 48 篇文章：1.自述：收有余光中〈煉石補天蔚晚霞〉；2.訪問：收有丁宗皓〈在傳統與現代之間──余光中先生訪談錄〉、夏榆〈余光中：把島上的文字傳回中原〉；3.印象：收有余季珊〈爸，生日快樂〉、黃秀蓮〈詩人素描〉、李元洛〈筆花飛舞──余光中湘行散記〉、徐學〈鄉愁詩人返鄉說鄉愁〉、流沙河〈昔年我讀余光中〉、孫紹振〈和余光中面對面〉4.漫議：收有梁實秋〈談余光中《舟子的悲歌》〉、顏元叔〈詩壇祭酒余光中〉、卞之琳〈說「三」道「四」〉、袁可嘉〈「奇異的光中」──《余光中詩歌選集》讀後感〉、周澤雄〈正才之風〉、王開林〈從餘勇可賈到餘音繞樑〉、李敖〈「騙子」詩人和他的詩〉、古遠清〈關於余光中贊助李敖賣牛肉麵的廣告詞〉；5.爭鳴：收有胡秋原〈談「人性」與「鄉土」之類（節錄）〉、徐復觀〈評臺北有關「鄉土文學」之爭〉、胡凌武〈關於臺灣「鄉土文學」的論戰〉、高准〈《詩潮》與詩壇風雲──洛夫與余光中在說些什麼？〉、陳鼓應〈評余光中的頹廢意識與色情主義〉、李瑞騰〈駁斥陳鼓應的余光中罪狀〉、錢學武〈余光中的詩傳播色情主義？〉、趙稀方〈視線之外的余光中〉、薛永辰〈視線之內的余光中〉、黃維樑〈抑揚余光中〉、皮介行〈也談余光中《狼來了》之事件〉、裴毅然〈「二余」問題與「死不認帳」〉、陳漱渝〈何必對余光中求全〉、余光中〈向歷史自首？──溽暑答客四問〉、陳映真〈爭鳴：我對余光中事件的認識與立場〉、胡燕青〈余派以外───一些回顧，一些感覺〉、戴天〈流矣，派乎！〉、鄭鏡明〈「余派」〉、秀實〈非余〉、黃維梁〈余群、余派、沙田幫……──沙田文學略說〉、劉登翰〈余光中·香港·沙田文學〉、喻大翔〈沙田派簡論──兼答劉登翰先生〉；6.論列：收有黃維梁〈璀璨的五彩筆──余光中作品概說〉、洛夫〈論余光中的《天狼星》〉、楊宗翰〈與余光中拔河〉、顏元叔〈余光中的現代中國意識〉、郭楓〈繁華一季，盡得風騷──初論余光中的散文〉、李元洛〈隔海的繆斯：論臺灣詩人余光中的詩藝〉、劉登翰〈「鍾整個大陸的愛在一只苦瓜」〉、徐學〈余光中性愛詩略論〉、鍾怡雯〈風景裡的中國──余光中遊記的一種讀法〉。正文前有金宏達〈大家須浩瀚〉、古遠清〈視線內外的余光中〉，正文後附錄〈余光中大事年表〉。

17. 陳幸蕙　　悅讀余光中・散文卷　臺北　爾雅出版社　2008年7月　290頁

本書爲評論與賞析余光中散文之文章集結。正文前有序文〈遇見 100%的余光中〉。全書共 5 卷：1.雨水臺灣・雨水中國，計 12 篇：〈床之斷代史〉、〈吾家有女初長成〉、〈只有遠傳沒有距離〉、〈一個夏天的故事〉、〈天地傾淚，人間滂沱〉、〈雨水臺灣・雨水中國〉、〈一葉幸福珍藏〉、〈南人春思〉、〈牛蛙菩提〉、〈飆車族余光中自述〉、〈今之秦瓊〉、〈木棉的知己〉；2.壯麗情事，計 8 篇：〈從南京之子到臺灣作家〉、〈上游的故事〉、〈桐油燈之戀〉、〈一趟沒有地圖的旅程〉、〈親密關係四段論〉、〈愛憎臺北外一章〉、〈壯麗情事〉、〈從淡水河到汨羅江〉；3.一瓣心香，計 7 篇：〈選一顆像星的東西〉、〈一瓣心香〉、〈只要郵差仍在〉、〈什麼使得一個女人令人難忘〉、〈快樂的意外〉、〈掛劍人語〉、〈愛與殺戮〉；4.雅客須知，計 5 篇：〈地獄的樣子及其他〉、〈雅客須知〉、〈憂鬱世紀的選擇〉、〈時光狂想曲〉、〈交談的藝術〉；5.悅讀手記，計 11 篇：〈另一隻右手〉、〈革命熱情〉、〈一枝男得充血的筆〉、〈兩塊間石路〉、〈臺灣之光及其他〉、〈第六枚果實〉、〈告別昨日之我〉、〈幸福的煩惱〉、〈遊記之王〉、〈拒絕繳械〉、〈歲月越老，謬思越年輕〉。正文後附錄〈打噴嚏，卻噴出了彩霞〉、〈本書篇章與余光中作品對照表〉、〈陳幸蕙簡介〉。

18. 古遠清　　余光中：詩書人生　武漢　長江文藝出版社　2008年9月　338頁

本書以余光中的「讀書生活」爲線索，探幽入勝，既引導讀者一窺文學大家的風雅人生，同時亦從一側面反映出傳主余光中的創作和治學之路。全書共 12 章：1.並非童話般的童年：敘述余光中童年經歷；2.承繼詩騷，浸唐風宋韻：敘述余光中自《詩經》與唐詩宋詞中得到的文學啓發；3.橫接西方，沐歐風美雨：敘述余光中從事翻譯的經歷，以及梵谷、雪萊、濟慈等西方藝文人物對其創作之影響；4.在李杜悠悠的清芬裡：余光中與唐詩之間的交會；5.星空無限藍：敘述余光中於藍星詩社時期之經歷；6.向歷史自首？：敘述余光中於文學史上引人爭議的〈狼來了〉事件及其他學者對余光中的評價；7.身邊的女人都愛他：論及余光中身邊的女性及對其詩作相關影響；8.書齋內外的風景：敘述余光中讀書相關二三事；9.改寫新文學史的嘗試：余光中對文學史的革新；10.「紅旗下的耳語」：余光中對文革創作的評價；11.井然有序：余光中爲其他文友作序；12.努力發展「旅遊事業」：余光中的旅人經驗。

19. 政治大學文學院編　　中國近代文化的解構與重建：余光中先生八十大壽學術研討會・第七屆中國近代文化問題學術研討會論文集　臺北　政治

大學文學院　2008 年 9 月　257 頁

本書爲「中國近代文化的解構與重建：余光中先生八十大壽學術研討會」會議論文集。全書共收 14 篇論文：單德興〈左右手之外的繆思——析論余光中的譯論與譯評〉、蘇其康〈余光中的世情詩〉、張錦忠〈「強勢作者」之爲譯者：以余光中爲例〉、鍾怡雯〈詩的煉丹術——余光中的散文實驗及其文學史意義〉、張瑞芬〈冷雨望鄉——余光中的散文歷程與藝術轉折〉、須文蔚〈余光中在七〇年代港臺文學跨區域傳播之影響論〉、陳芳明〈詩藝的完成——余光中與現代詩批評〉、黃維樑〈余光中的「文心雕龍」〉、馬耀民〈余光中的翻譯述試探——以《不可兒戲》爲例〉、陳義芝〈余光中詩與中國古典——一個「文化研究」的角度〉、上田哲二〈抒情中的摩登與傳統——余光中與日本「四季派」〉、周芬伶〈夢與地理——余光中詩文中的雨書與地圖學〉、蕭蕭〈角落調適與角度調整——論余光中呈現的地方書寫〉。正文前有文顏〈序〉、余光中〈年壽與堅持〉，正文後附錄〈研討會議程表〉。

20. 陳幸蕙選編　　余光中幽默詩選　臺北　天下遠見出版公司　2008 年 10 月
　　　265 頁

本書選錄余光中幽默詩作，依詩的主題長短分爲 3 輯，並於詩後附上賞析箋註。第 1 輯：〈四谷怪譚〉、〈灰鴿子〉、〈雪橇〉、〈熊的獨白〉、〈調葉珊〉、〈白楊〉、〈詩人——和陳子昂抬抬槓〉、〈山中傳奇〉、〈戲李白〉、〈一枚松果〉、〈插圖〉、〈空山松子——山中暑意七品之一〉、〈黃昏越境——山中暑意七品之二〉、〈松濤〉、〈水平線——記香港故人〉、〈銀葉板根——墾丁十九首之十三〉、〈青蛙石——墾丁十九首之十九〉、〈夢與膀胱〉、〈漂水花——絕技授鍾玲〉、〈鴨塘——鏡中天地之七〉、〈我的繆思〉、〈給星光一點機會〉、〈月球漫步〉、〈臺東〉；第 2 輯：〈車過枋寮〉、〈上山〉、〈蟋蟀吟〉、〈割盲腸記〉、〈捉放蝸牛〉、〈雨聲說些什麼〉、〈停電夜〉、〈壁虎〉、〈芒果〉、〈海是鄰居〉、〈桐油燈〉、〈撐竿跳〉、〈時裝模特兒〉、〈老來多夢〉、〈絕色〉、〈你想做人魚嗎？〉、〈漓江〉、〈牙關〉；第 3 輯：〈批評家〉、〈項圈〉、〈詩人與花眼——給夏菁〉、〈自嘲〉、〈蟋蟀和機關槍〉、〈電視機〉、〈與李白同遊高速公路〉、〈拜託，拜託〉、〈石器時代〉、〈控訴一枝煙囪〉、〈挖土機〉、〈請莫在上風的地方吸煙〉、〈海外看電視〉、〈同臭〉、〈食客之歌〉、〈一張椅子〉、〈俄羅斯木偶——俄國行之二〉、〈冰姑，雪姨——懷念水家的兩位美人〉。

21. 蘇其康主編　　詩歌天保：余光中教授八十壽慶專集　臺北　九歌出版社

2008 年 10 月　414 頁

本書為慶祝余光中教授八十大壽所編的專輯。正文前有林慶勳序〈躋八旬壽，祝八千春〉。全書共 3 卷：卷一共 12 篇：鍾玲〈名家為女詩人序詩及其評論角度〉、梁笑梅〈文學地理學：華文詩歌空間型態研究的新視境——以余光中為個案研究〉、胡有清〈「凡我所在，即為中國」——論余光中鄉愁詩與中國認同〉、蘇其康〈余光中的世情論述詩作〉、蔡振念〈余光中的詩論及其實踐——以音樂性為例〉、賴淑芳〈「一顆星懸在科學館的飛簷」——余光中與科學〉、張錦忠〈（在中國周邊的）臺灣新詩現代主義路徑——余光中的案例〉、陳義芝〈余光中詩與中國古典——一個「文化研究」的角度〉、黃維樑〈博雅之人，吐納英華——余光中學者散文〈何以解憂〉析論〉、王儀君〈余光中遊記中之人文探索及城市書寫〉、羅選民〈余光中與翻譯〉、單德興〈含華吐英——析論余光中的中詩英文自譯〉；卷二共 5 篇：金聖華〈百囀顯童心，籤人誦詩情——二○○六年五月與詩人余光中同赴青島講學記〉、黃國彬〈士林路的孟嘗府〉、夏菁〈完全是為了好勝——祝余光中兄八十壽辰〉、夏菁〈和而不同五十年——余光中和我〉、溫儒敏〈生命因藝術而「脫苦」——讀余光中的〈白玉苦瓜〉〉；卷三共 5 篇：張錯〈凡人的異類・離散的盡頭——臺灣「眷村文學」兩代人的敘述〉、林耀福〈在既濟予未濟之間——易／異讀狄菫森〉、彭鏡禧〈語言：朱麗葉的「生長激素」〉、李美文〈鋼琴在珍・奧斯丁《艾瑪》中的角色〉、何文敬〈福克納作品中的城市緬斐斯——以〈大亨〉和〈無聊故事〉為例〉。正文後附錄〈本書作者介紹〉、蘇其康跋〈獻上無限的祝福〉。

22. 王良和　　余光中、黃國彬論　香港　匯智出版公司　2009 年 11 月　221 頁

本書分別收錄對余光中和黃國彬詩作的評論，探討余光中香港時期詩及其影響及黃國彬詩的內在世界、創作意識。全書分兩部分：1.論余光中，共兩篇：〈青年文學獎與「余派」之說〉、〈論余光中「香港時期」的新詩〉；2.論黃國彬，共兩篇：〈如山韞玉，如玉含光——論黃國彬的「聖光心理定勢」兼析〈聽陳蕾士的琴箏〉〉、〈從偉大、聖潔、飛升到回歸原鄉——論黃國彬的創作意識〉。

23. 陳幸蕙　　悅讀余光中・遊記文學卷　臺北　爾雅出版社　2010 年 11 月　270 頁

本書為評論與賞析余光中遊記之文章集結。全書共 7 卷：1.徐霞客的粉絲；2.天地無礙；3.山河之盟；4.非洲之夜及其他；5.余光中的文學行旅；6.余光中的藝術行旅；7.余光中的宗教行旅。正文後附錄陳幸蕙〈後記：活躍的火山・必要的紀律〉。

24. 〔行人文化實驗室，洪範書局〕　　作家小傳：余光中　臺北　行人文化實驗
　　　室，目宿媒體　2012 年 3 月　79 頁

　　本書爲「他們在島嶼寫作——文學大師系列電影」之余光中專輯《逍遙遊》所附小
　　傳。全書共收 5 篇文章：1.童子賢〈夢想與文學歷史記憶——「他們在島嶼寫作」
　　總序〉；2.蘇惠昭〈永遠逍遙的牧神——余光中〉；3.〈作家年表〉；4.凌性傑
　　〈有一種奇幻的光〉；5.〈小專題——余光中的民歌時代〉。

學位論文

25. 陳玉芬　　余光中散文研究　臺灣大學中國文學系　碩士論文　梁榮茂教授指
　　　導　1992 年　148 頁

　　本文以散文理論、抒情散文及雜文三方面作論述。散文理論分文體、風格、語言，
　　進而以理論檢視作品實踐理論的情形，再就形式分修辭、意象語、描述、結構 4 方
　　面討論余光中抒情散文的藝術性，並分析雜文主題類型，評析其美感性。全文共 3
　　章：1.余光中現代散文理論研究；2.余光中抒情散文研究：3.余光中雜文研究。

26. 陳秀貞　　余光中詩的語言風格研究　中正大學中國文學系　碩士論文　竺家
　　　寧教授指導　1993 年 7 月　196 頁

　　本論文利用語言學中的「語言風格」爲研究方法，及余光中的詩作爲範疇，從事文
　　學作品的分析研究。全文共 5 章：1.緒論；2.語言風格學的研究意義；3.余光中詩
　　的音韻風格；4.余光中詩的詞彙風格；5.余光中詩的語法風格；6.結論。

27. 張嘉倫　　以余譯《梵谷傳》爲例論白話文語法的歐化問題　東海大學中國文
　　　學系　碩士論文　周法高教授指導　1993 年 12 月　262 頁

　　本論文以余光中 1956 及 1978 年 2 次翻譯 Irving Stone 原著的《梵谷傳》爲依據，
　　比較原文及 2 種版本的差異，探討中文歐化的原因，以及 2 種表達方式不同的語言
　　其間的根本差異。全文共 13 章：1.緒論；2.構詞法；3.句子成分增加；4.句型結構
　　改變；5.代名詞用法改變；6.詞性變化；7.詞序改變；8.語態改變；9.從意合法到形
　　合法；10.時間與情貌；11.標點；12.其他；13.結語。

28. 湯玉琦　　詩人的自我與外在世界——論洛夫、余光中、簡政珍的詩語言　清
　　華大學文學研究所外文組　碩士論文　鄭恆雄教授指導　1994 年　122 頁

　　本論文以海德格「Being in the world」（生於世界的存有爲立論基礎），探討洛
　　夫、余光中、簡政珍三位詩人於詩作中，追尋自身真誠存有時，所展現的特色語
　　言。全文共 5 章：1. Introductionl；2. The Monologue of the Selfint he Isolated World

of the "Stone Vault"；3. An Exilefrom the Nostalgic World；4.The Tragic Solemnity of Plungingin to the World；5. Conclusion。

29. **范姜秀鶴**　　《不可兒戲》的原著，仿諧等三個版本中語言的探討　淡江大學西洋語文學系　碩士論文　黃美序教授指導　1997 年 6 月　　89 頁

本論文以王爾德之《不可兒戲》為本，探討《不可兒戲》，史塔柏之《仿諧》以及余光中翻譯之《不可兒戲》中譯本，3 種版本的語言藝術。全文共 4 章：1. The Genius of The Importance of Being Earnestin Language；2. Travesties VS The Importance of Being Earnest；3. The Importance of Being Earnest VS《不可兒戲》；4. Conclusion。

30. **冷蜀懿**　　余光中之《理想丈夫》　淡江大學西洋語文學系　碩士論文　王名楷教授指導　1997 年　　89 頁

本論文以余光中翻譯之王爾德劇作《理想丈夫》為研究對象，所著重的主題在於劇本翻譯上。全文共 2 章：1. The Advantages of Wilde's Workand Yu's Translatipn. A Particular Practice of Yu's Translated Script .Yu's Tactices of Preservingt he Source Culture.Yu's Tactics of Performing the Translationon the Stage；2. Thc Individual Disposition of Each Character.The Traits of the Author.The Ideological Point of View of Authorand Period Revealedinthe Text.

31. **林文婷**　　評王爾德《理想丈夫》二中譯本　輔仁大學翻譯學研究所　碩士論文　賴慈芸教授指導　2001 年　　72 頁

本論文以英國劇作家王爾德的 4 幕喜劇《理想丈夫》為研究主題，進行余光中及張南峰 2 位譯者之中譯木的比較，並探討譯者使用的翻譯方法以及譯本的演出效果。全文共 7 章：1.導論；2.文獻回顧；3.簡介本劇及二中譯本；4.戲劇翻譯；5.譯本分析；6.結論；7.參考書目。

32. **張笑塹**　　余光中詩論　蘇州大學中國現當代文學研究所　碩士論文　欒梅健教授指導　2002 年 4 月　　43 頁

本論文以余光中的詩歌為研究對象，從其詩歌形成時期的時代背景以及東西方詩藝的不同特徵入手，探就詩人的詩風體現了純粹的詩藝追求，與獨特的美學塑造。全文共 3 章：1.回歸與反叛——余光中詩風與中西文化的關係；2.大陸情結以外——探析余光中回歸傳統的多元因素；3.多元化的詩風特徵。

33. **韓彩虹**　　翻譯家余光中研究　四川大學外國語言學及應用語言學研究所　碩

士論文　朱徽教授指導　2003 年 4 月　93 頁

本論文介紹余光中生平，以及其在海內外文學界及翻譯界的地位和影響，分析余光中的譯學思想，運用新批評理論對余光中翻譯他人的作品進行分析，並針對余光中自己作品的翻譯，進行理論實踐分析，對余光中所提出的翻譯批評實行觀察分析。全文除引言和結語外共 5 章：1.Status and Influence of Yu Kwang-chung in Literature and Translation；2.Yu Kwang-chung's Theoretcal Thoughts on Translation；3.Yu Kwang-chung's Translated Works；4.Yu Kwang-chung's Poertry Translation；5.Yu Kwang-chung's Translation Criticism。

34. 謝嘉琪　　余光中詩中的文化認同研究　中正大學中國文學系　碩士論文　江寶釵教授指導　2003 年 6 月　253 頁

本論文藉由觀察余光中書寫中西文化符號、地理圖像、社群轉變，窺探其身分認同的裂變與癒合，並探究他在文化認同上所遭遇矛盾與掙扎的心路歷程，及解讀他的定位。全文共 5 章：1.緒論；2.從旅居到定居——余光中生平概觀；3.接軌西方，東方裂變——文化交衝下余光中詩中的現代性與傳統變；4.中國結與臺灣情——余光中詩中身分認同的轉移；5.結論。正文後附錄〈評論余光中的文章目錄〉、〈余光中訪問專文〉、〈余光中得獎紀錄〉。

35. 黃海晴　　余光中新古典主義詩學論　華中師範大學中國現當代文學所　博士論文　張永鍵教授指導　2004 年 4 月　97 頁

本論文探討余光中於詩學裡傳統與現代的關係，以及著重於語言與體式的層面，除了文學研究以外，更從其他藝術，如畫、樂等探討其新古典主義詩學體系。全文共 6 章：1.現代詩：余光中詩學的核心範疇；2.傳統與現代的互動：余光中詩學的核心關系；3.詩語和詩體：余光中詩學的兩個重點；4.畫論與樂論：余光中詩學的美學外延；5.余光中新古典主義詩學的特徵；6.余光中新古典主義詩學實踐。

36. 鄭劭清　　失卻與復歸：余光中三地二十年（1964—1985）　華僑大學中國現當代文學研究所　碩士論文　李建東教授指導　2004 年 4 月　33 頁

本論文分析余光中於一九六四到一九八五年，其在美國、臺灣與香港的詩文創作，以梳理出此時期余光中精神脈絡與思想特質，繼而給予其在文學版圖中一個客觀的定位。全文共 5 章：1.導論；2.美國時期：新大陸的望鄉；3.臺灣時期：向生命的源頭回溯；4.香港時期：隔山隔水的青青邊愁；5.綜論。

37. 楊　娟　　論余光中散文的中國文化情結　華中科技大學中國古代文學研究所

碩士論文　何錫章教授指導　2004 年 5 月　31 頁

本論文探討余光中散文中所呈現中國情結，充分地展示出一個「尋根者」的自我形象，繼而確立其散文的價值。全文共 5 章：1.余光中鄉愁的文化內涵；2.失根的悲患情懷；3.強烈的民族意識；4.深厚的傳統文學底蘊；5.歸依母體文化尋根。

38. 梁笑梅　壯麗的歌者：余光中詩論　蘇州大學中國現當代文學所　博士論文　呂進教授指導　2004 年 6 月　212 頁

本論文探討余光中的詩論，其堅持縱向繼承又非固守傳統，橫向移植又非崇尚西化。論文的正文分為 2 大部分：第 1 章至第 4 章為外篇，揭示余光中詩歌生成的背景；第 5 章至第 9 章為內篇，反映余光中詩歌生成的面貌。全文共 9 章：1.雙向互動的生命藝術歷程；2.余光中詩藝世界的基石；3.余光中詩風與中西文化；4.傳播學意義下的余光中詩歌；5.余光中鄉愁之維；6.其他詩情體驗的歸類分析；7.余光中詩藝外在結構的形式實驗；8.余光中詩歌意象系統的內在構造；9.余光中的現代詩學。

39. 陳葆玲　余光中高雄時期現代詩創作之研究　高雄師範大學國文學系國文教學碩士班　碩士論文　林文欽教授指導　2004 年 6 月　283 頁

本論文簡論余光中寫作的歷程與語言風格，並歸納余光中在高雄時期的創作詩，速寫此一時期的生活點滴。全文共 8 章：1.緒論；2.寫作歷程；3.鄉土關懷；4.詩情畫意；5.親情歌吟；6.西灣情緣；7.生活特寫；8.結論。

40. 劉淑惠　現代散文風貌研究——余光中散文新探　臺灣師範大學國文學系在職進修碩士班　碩士論文　楊昌年教授指導　2004 年 6 月　134 頁

本論文以余光中散文為論述範圍，首先對余光中生平的經歷與創作背景作完整說明，再將其作品分期，並將其散文分 3 類：詩化散文、論評書寫及旅遊文學，討論余光中作品內涵，分析所傳達出的意境，和藝術的表現手法，探討余光中對於文學觀念的革新與建立。全文共 6 章：1.緒論；2.作家生平；3.余光中的散文分類；4.主題內涵；5.藝術經營；6.批評論。

41. 錢　江　論余光中詩藝成熟的軌跡　安徽大學現當代文學研究所　碩士論文　王宗法教授指導　2004 年 6 月　42 頁

本論文從余光中在不同時期的重要詩集為線索，從詩篇入手，結合余光中的散文著作與文學評論，以及詩人的遭遇、所處環境以及詩觀、文學藝術淵源，論述余光中思想與藝術成熟的軌跡。全文共 3 章：1.學步期：寫實與浪漫；2.探索期：現代主

義與新古典主義；3.成熟期：輝煌的余體。

42. 曾香綾　　余光中詩研究　臺灣師範大學國文學系在職進修碩士班　碩士論文
　　　　　蔡宗陽教授指導　2004 年 6 月　321 頁

本論文主要在探析余光中詩作的特色，包含鄉愁抒寫及本土關懷，並分析其詩作之篇章修辭特色、字句修辭技巧等，以窺余光中詩作之堂奧。全文共 7 章：1.緒論；2.作家生平；3.鄉愁抒寫；4.本土抒寫；5.篇章結構特色；6.字句修辭藝術；7.結論。

43. 蔡　菁　　靈思遄飛‧妙語解頤──余光中詩美創造論　華僑大學中國現當代
　　　　　文學研究所　碩士論文　倪金華教授指導　2005 年 4 月　55 頁

本論文從余光中的詩歌文本解讀出發，汲取文藝美學、心理學、文化學的批評方法，從比較研究、影響研究的角度，來探討余光中的詩美創造。全文共 5 章：1.緒論；2.中國傳統文化的縱向傳承；3.西方文學名家的橫向影響；4.繪畫音樂藝術的綜合滋養；5.餘論。

44. 張黎黎　　在永恆中結晶：論余光中散文理論及創作實踐　蘇州大學中國現當
　　　　　代文學所　博士論文　曹惠民教授指導　2005 年 4 月　172 頁

本論文對余光中散文作一個全面的剖析，從其散文的精神內涵、散文理論、散文藝術手法和散文風格 4 個方面入手，力圖進行一次深層次地全接觸，挖掘其散文藝術的美，分析美的成因，找尋其對散文的創新和貢獻，把握其不同時期的風格，同時嘗試從余光中的成績與不足評價其在當代散文界中的歷史地位。全文共 4 章：1.溫和的現代派：人文精神的關照；2.現代散文理論的追求；3.藝術手法的現代化；4.散文風格：陽剛與典雅並存。

45. 楊宗穎　　余光中遊記研究　雲林科技大學漢學資料整理研究所　碩士論文
　　　　　鍾怡雯，柯萬成教授指導　2006 年 1 月　110 頁

本論文從寫作理論入手，探討余光中的遊記文學論述，及其散文理論的確立；再從自然書寫、人文觀照與永恆的鄉愁 3 種角度，分類余光中遊記的書寫主題，論述余光中遊記的藝術特色。全文共 5 章：1.緒論；2.散文理論建構與遊記論述；3.從自然、人文山水到永恆鄉愁的書寫；4.敘事技巧析論；5.結論。

46. 朱智偉　　感性與知性的相融及其藝術表現──論余光中詩歌　湖南師範大學
　　　　　中國現當代文學研究所　碩士論文　吳培顯教授指導　2006 年 4 月
　　　　　78 頁

本論文探討余光中詩歌感知交融、情理結合的方式主要以具象生發抽象、具象和抽象交織，或在具象中加入思辯色彩。余光中促成詩歌感知交融、情理結合的原因，主要是受到中國傳統古典詩歌和西方現代主義藝術的影響，以及作者獨特的人生經歷和時代背景等。除緒論、結語外，正文共 4 章：1.余光中詩歌知性和感性統一的歷程；2.余光中詩歌感性和知性統一的方式及形成原因；3.感性篇：情采並茂的感性表現；4.知性篇：深宏廣博的知性表現。

47. 江春平　　余光中散文二律背反現象論　福建師範大學中國現當代文學研究所碩士論文　袁勇麟教授指導　2006 年 5 月　53 頁

本論文以余光中講求的散文美學創作角度切入，兼採文化學批評、文藝美學、接受美學以及心理學方法，探討其文化身分、散文美學風格，以及散文言語表達此 3 方面二律背反的現象。全文共 4 章：1.緒論；2.孝子和浪子的綜合定位──文化意義上的出走和回歸；3.猛虎和薔薇的兩難抉擇──文體風格的突圍和困囿；4.表意的斷裂與縫合的背反──僭越想像王國的飛翔與棲憩。

48. 呂保軍　　余光中詩歌烏托邦論　山東大學中國現當代文學研究所　碩士論文孫基林教授指導　2006 年 5 月　48 頁

本論文透過對於余光中詩歌作品的分析和其他文字作品的解讀，來探索其詩歌創作中的某種個人「烏托邦」傾向。除前言、結語外，全文共 3 章：1.深沉的鄉愁──烏托邦家園情結；2.與永恆拔河──烏托邦時間意識；3.「現代詩」──烏托邦詩學形態。

49. 張　超　　目的論和戲劇翻譯──《溫夫人的扇子》兩個中譯本的對比研究廣東外語外貿大學外國語言學及應用語言學研究所　碩士論文　王友貴教授指導　2006 年 6 月　82 頁

本論文透過王爾德《溫夫人的扇子》原劇作沈性仁和余光中兩個譯本的對比研究，探討在以演出為目的的戲劇翻譯中使用的翻譯策略，以及由於使用不同的翻譯策略所引起的在處理具體翻譯層面上的差異。全文共 5 章：1.Introduction；2.Theoretical Framework；3.Different Translation Strategies Adopted by Two Translators of Lady Windermere s Fan；4. A Contrastive Study of Two Chinese Versions of Lady Windermere's Fan；5.Conclusion。

50. 簡惠貞　　余光中文學理論研究　高雄師範大學國文教學碩士班　碩士論文王義良教授指導　2006 年 6 月　158 頁

本論文討論余光中理論文字系統架構，分為創作論、作品論與讀者論。創作論完整
地包含了創作的準備階段、構思階段與表現階段等一系列過程；而作品論則涵蓋了
詩論、散文論、詩與散文的比較三部分；至於讀者論，則依讀者對詩的不同要求，
分為純讀者與批評家兩方面來探討。余光中的理論文字出入古今，兼融中外，展現
了余氏視野廣闊，綜觀全局的評論風範。全文共 5 章：1.緒論；2.創作論；3.作品
論；4.讀者論；5.結論。

51. 諶崢嶸　　《不可兒戲》兩中譯本比較　上海外國語大學英語語言文學研究所
**　　　　　 碩士論文　李維屏教授指導　2006 年 12 月　47 頁**

本論文比較王爾德名劇《不可兒戲》的兩個中文譯本：一為錢之德出自個人興趣的
暫譯本，一為余光中以演出為目的的譯本。藉由比較二人翻譯的原則、策略不同，
與最後呈現的效果不同，得知適合演出的譯本，不能固守直譯的道路，而要進一步
的改譯、加譯。　全文共 5 章：1.Introduction；2.Qian Zhide's literral translation；
3.Yu Guangzhong's free translation；4.Comparision of two Chinese versions；
5.Conclusion。

52. 黃　麗　　傳統與現代的契合——論余光中詩歌創作道路　南京師範大學中國
**　　　　　 現當代文學研究所　碩士論文　高永年教授指導　2007 年 3 月　42**
**　　　　　 頁**

　本論文透過多層次、多角度、多方位的深入挖掘余光中的詩歌創作。全文共 3
章：1.余光中詩歌的古典傳承；2.現代詩藝的探索和實踐；3.以中為主・中西合
璧。

53. 王稷頻　　為病了的中文把脈開方——從「名家求疵」看余光中的文學語言觀
**　　　　　 浙江大學中國現當代文學研究所　碩士論文　陳強教授指導　2007**
**　　　　　 年 5 月　37 頁**

本論文從文學現象入手，考察余光中名家求疵文的寫作背景、目的和特色，進而梳
理探討余氏文學語言觀的主要觀點。全文共 3 章：1.「名家求疵」引發的論爭；2.
「為名家改作文」的緣起；3.余光中的文學語言觀。

54. 蘭　嵐　　余光中現代散文理論研究　河南大學中國現當代文學研究所　碩士
**　　　　　 論文　魏春吉教授指導　2007 年 5 月　50 頁**

本論文透過對余光中九卷作品集的文本細讀，梳理其理論的成熟過程及特質，為其
尋找理論淵源。同時採取比較研究法，以開放的眼光看待余光中的現代散文理論。

全文共 4 章：1.現代散文：余光中現代散文理論的核心範疇；2.感性和知性相濟：余光中現代散文理論的審美形態；3.散文的語言：余光中現代散文理論的建構重點；4.現代詩及其他：余光中現代散文理論的美學外延。

55. 吳曉燕　　從「目的論」角度淺析戲劇翻譯——以王爾德《不可兒戲》三譯本為例　上海外國語大學英語語言文學研究所　碩士論文　龔芬教授指導　2007 年 10 月　48 頁

本論文以德國功能目的論爲翻譯理論框架，分別對錢之德、余光中和張南峰三位譯者的譯文進行對比分析，並總結三位譯者所採納的截然不同的三種翻譯策略。全文共 4 章：1. General Description of Drama；2. General Introduction to Drama Translation；3. Skopos Theory and its Relation to Drama Translation・；4. A Case Study of The Importance of Being Earnest。

56. 鄭禎玉　　余光中與中國古典詩歌　佛光大學文學系　碩士論文　黃維樑教授指導　2007 年　250 頁

本論文以余光中的詩歌爲主，旁採余光中相關的論述爲佐證。方法是精細的文本分析，從語法、意象、節奏、章法和情思等方面，與相關的古典詩做比較，精細地解析新句與舊詩間的變換軌跡，使古典如何「活用」成現代，有更具體而客觀的證據。全文共 6 章：1.緒論；2.余光中與中國古典文學；3.余光中論中國古典詩歌；4.余光中對中國古典詩歌的運用（一）；5.余光中對中國古典詩歌的運用（二）：爲古代詩人造像；6.結論。

57. 陳依琳　　余光中譯《梵谷傳》之藝術翻譯方法　輔仁大學翻譯學研究所在職專班　碩士論文　張省卿教授指導　2007 年　125 頁

本論文以文本分析爲基礎，研究余光中譯《梵谷傳》之藝術翻譯方法。全文共 5 章：1.緒論；2.《梵谷傳》背景簡介；3.《梵谷傳》之藝術圖像翻譯；4.《梵谷傳》之藝術相關文字翻譯；5.結論、建議與後續研究。

58. 鐘麗芬　　王爾德戲劇中譯本之比較研究：余光中的《不可兒戲》和張南峰的《認真爲上》　高雄第一科技大學應用英語系　碩士論文　陳瑞山教授指導　2007 年 12 月　167 頁

本論文比較英國王爾德喜劇的兩中譯本譯文之「可說性」和「可演性」。全文共 4 章：1.Oscar Wilde and His Masterpiece, The Importance of Being Earnest；2.Literature Review- Oscar Wilde in the Chinese Societies；3.A Comparison of Two Chinese

Translations of The Importance of Being Earnest；4.Conclusion。

59. 林光揚　譯者能見度之探討：以《老人與／和（大）海》余譯及張譯本爲例
長榮大學翻譯研究所　碩士論文　藍月素教授指導　2008 年 1 月
141 頁

本論文將譯者的個人文學創作納入研究，針對余光中和張愛玲《老人與／和（大）
海》之譯作以及二位的個人散文創作，進行詞彙及句法的比較與分析，以探討「譯
者能見度」彰顯之現象；進而發現余光中和張愛玲確實將散文的詞彙與句法風格帶
入《老人與／和（大）海》之譯作中，彰顯了「譯者能見度」。同時探討譯者風格
與譯者個人文學創作間的關係，驗證了譯者若身兼文學創作者，往往會將文學創作
風格融入譯作，進而普遍彰顯了譯者之能見度。全文共 5 章：1.緒論；2.文獻探
討；3.詞彙的運用與譯者能見度；4.句法的運用與譯者能見度；5.結論。

60. 牟洪建　余光中、余秋雨散文比較論　山東師範大學中國現當代文學研究所
碩士論文　王景科教授指導　2008 年 4 月　47 頁

本論文通過對余光中、余秋雨散文創作理論的梳理、散文風格以及創作藝術手法的
深入比較，發掘兩岸散文創作中規律性的內質因素。全文共 4 章：1.對余光中、余
秋雨散文的再認識；2.余光中、余秋雨的散文觀；3.對立統一的散文風格；4.多姿
多彩的藝術手法。

61. 江　藝　對話與融合：余光中詩歌翻譯藝術研究　華東師範大學英語語言文
學研究所　博士論文　張春柏教授指導　2008 年 5 月　252 頁

本論文著眼於剖析余光中英詩形式漢譯的技巧，研究內容包括余光中詩歌翻譯藝術
的成因、內涵和實踐，最後總結其譯詩策略，彰顯其詩歌翻譯藝術。全文共 7 章：
1.引言；2. 余光中的翻譯思想和詩學探索──余光中詩歌翻譯藝術之成因；3. 兩
個環節、三個步驟、六個特徵──余光中詩歌翻譯藝術之內涵；4. 從恆奏到變奏
──余光中詩歌翻譯藝術之實踐一；5. 從中文的常態到高妙的西化──余光中詩
歌翻譯藝術之實踐二；6. 從修辭的變通到修辭的優化──余光中詩歌翻譯藝術之
實踐三；7.結語。

62. 張　穎　論余光中的詩性散文　蘇州大學現當代文學研究所　碩士論文　范
培松教授指導　2008 年 5 月　44 頁

本論文結合余光中的散文文本和他所處的時代因素、教育背景等，以文化批評和形
式主義批評的方法，分析其散文中的「詩性」特質。全文共 3 章：1.余光中散文理

論概述；2.生命激情與文化特性；3.藝術特色與審美詩性。

63. 李冰詩　從圖里的翻譯規范理論看《認真的重要》的兩個中譯本　上海外國
語大學英語語言文學研究所　碩士論文　馮慶華教授指導　2008 年
11 月　50 頁

本文選取了十九世紀末英國著名戲劇作家王爾德的《認真的重要》的余光中與張南
峰兩種中譯本，並以以色列學者吉迪恩‧圖里的翻譯規範論為理論基礎，來研究比
較該作品的中文譯本及其背後的翻譯規範。全文共 3 章：1.Literature Review；
2.Theoretical BasisThe Norms behind the Two Chinese Translations of The Importance
of Being Earnest。

64. 楊麗敏　余光中文學創作與翻譯的互動關系　上海外國語大學英語語言文學
研究所　碩士論文　羅平教授指導　2008 年 11 月　48 頁

本論文從余光中的文學創作與翻譯的互動角度對其進行系統研究，認為余光中身兼
作家與翻譯家的雙重角色，在文學創作與翻譯間的互動關系是毋庸置疑的。全文共
4 章：1.Yu Kwang-chung's Activities in Literature and Translation；2.Yu's Aesthetic
Values of Literary Creation and Thoughts on Translation；3.The Influence of Literary
Creation upon Yu's Translation；4.The Influence of Translation upon Yu' s Literary
Creation。

65. 廖敏村　《文星》時期的余光中　政治大學國文教學碩士班　碩士論文　陳
芳明教授指導　2009 年 1 月　253 頁

本論文從當時各種思想交匯情況下切入，分析《文星》雜誌在思想文化上的影響
力，再從中演繹彼時以《文星》雜誌為場域平臺，最為賣力推廣現代詩、現代散文
的余光中，如何在這最具影響力的雜誌裡，結合當時的現代文藝家，開創一波又一
波的「文藝復興」，爬梳出作家在六○年代建立其詩壇和文壇偉岸的文學地位。全
文共 6 章：1.緒論；2.《文星》與余光中在五○年代文學、思潮的位置；3.余光中
詩壇地位的建立；4.散文風格的建立；5.評論與翻譯的成就；6.結論。

66. 丁　媛　《不可兒戲》翻譯策略對比研究　寧夏大學英語語言文學研究所
碩士論文　王全瑞教授指導　2009 年 5 月　61 頁

本論文選擇了由余光中和錢之德翻譯的《不可兒戲》兩種版本，從辭彙、修辭、文
化、可表演性等層面對兩個版本進行了分析與比較；從而找出適合於戲劇的翻譯策
略並引發更多對戲劇翻譯標準的思考。全文共 5 章：1.Introduction ；2.The

Importance ofBeingEarnest and its Chinese Translations；3.Drama Translation Theories and Practice；4.A Comparative Study on the Translations of The Importance ofBeing Earnest；5.Conclusion。

67. 王　欣　　余光中詩歌的回歸意識　山東大學中國現當代文學研究所　碩士論文　孫基林教授指導　2009 年 5 月　39 頁

本論文沿著余光中詩歌創作風格變化，結合余光中的詩歌作品和理論主張，系統論述余光中詩歌的不同時期的思想內容、詩藝追求、創作理念，從詩人的情感經驗、創作手法、藝術追求等多個角度，探求余光中詩歌的回歸之路。全文共 3 章：1.家國情懷：深沉的文化眷戀和皈依之情；2.歌詩一體：與傳統詩歌創作藝術的重逢；3.中西合璧：東風詩學之美與西方現代文化的融合。

68. 林美慧　　余光中旅遊文學研究　玄奘大學中國語文系　碩士論文　莊雅州教授指導　2009 年 6 月　190 頁

本論文以余光中遊記散文爲主要文本，輔以余光中的散文理論和其他文學理論印證，分析歸納作家旅遊文學之內容、遊記之形式與藝術風格。全文共 7 章：1.緒論；2.余光中生涯概述及其旅遊作品分期；3.余光中的散文理論與遊記論述；4.余光中旅遊文學之內容；5.余光中遊記之形式；6.余光中遊記之藝術風格與特色；7.結論。

69. 羅春菊　　余光中《蓮的聯想》中國古典意象研究　臺灣師範大學國文系在職進修碩士班　碩士論文　仇小屏教授指導　2009 年 6 月　210 頁

本論文以余光中於第一次新詩論戰後的作品《蓮的聯想》爲範圍，挖掘余光中新詩的古典繼承爲重心，偏向中國典故意象的探討，專論余光中詩的傳統與繼承的研究。全文共 8 章：1.緒論；2.《蓮的聯想》的相關探討；3.典故意象相關理論探討；4.中國典故意象的個別探討之一──以女性意象爲範圍；5.中國典故意象的個別探討之二──以男性意象爲範圍；6.中國典故意象的個別探討之三──以其他意象爲範圍；7.典故意象的綜合分析；8.結論。

70. 陳杏芬　　余光中海洋詩研究（1948—2008）　臺灣海洋大學海洋文化研究所碩士論文　吳智雄教授指導　2010 年 1 月　222 頁

本論文以余光中的海洋詩爲研究範疇，藉由作家的創作歷程，看到時代潮流的浮沉。全文共 6 章：1.緒論；2.臺灣海洋詩與海洋詩人述要；3.余光中寫作歷程；4.余光中海洋詩：1948—1974；5.余光中海洋詩：1974—2008；6.結論。

71. 游　晟　　「文學」與「反文學」的對話——余光中譯 The Old Man and the Sea 個案研究　湖南大學外國語與國際教育學院英語語言文學研究所　碩士論文　朱健平教授指導　2010 年 5 月　54 頁

本論文以著名詩人、散文家、文學評論家和翻譯家余光中先生對海明威作品 The Old Man and the Sea 的翻譯爲個案，分別從微觀與宏觀兩個層面考察了「文學」譯者余光中與「反文學」作者海明威在翻譯過程中的對話。全文共 4 章：1. Introduction；2. Literature Review；3.Anti-literary Writer and Literary　Translator: A Comparison between Hemingway's　and Yu's　Poetics；4.Dialogue of Poeties in Yu's Translation of The Old　Man and the sea。

72. 溫　彤　　美學視閾下的戲劇翻譯研究——《The Importance of Being Earnest》兩個中譯本比較研究　山東大學英語語言文學研究所　碩士論文　任懷平教授指導　2010 年 5 月　84 頁

本論文以劉宓慶的翻譯美學理論爲依據，比較余光中和張南峰翻譯的 Oscar Wilde 的喜劇 The Importance of Being Earnest 的兩個中譯本。全文共 4 章：1.Drama and Drama Translation；2. Aesthetic Origins of Translation Theories；3. Aesthetic Approach to Drama Translation；4.A Case Study。

73. 鄭清斌　　妥協、互動、融合——余光中翻譯藝術研究　上海外國語大學英語語言文學研究所　碩士論文　張曼教授指導　2010 年 5 月　55 頁

本論文從余光中的翻譯觀點和翻譯實踐出發，挖掘余光中翻譯藝術的內涵。全文共 4 章：1.Connotations of Yu Guangzhong's Translation Art；2.Detailed Analysis of Yu Kuangchung's Translation Art Based on his Translation Practice；3.Yu Guangzhong's Formal Art in Poetry Translation；4.Significance of Yu Guangzhong's Translation Practice。

74. 郭文姝　　余光中詩歌修辭藝術探究　長春理工大學漢語言文字學研究所　碩士論文　李宏偉教授指導　2010 年 6 月　43 頁

本論文從審美的角度對余光中詩歌藝術手法的修辭技巧的運用進行深入探討。全文共 4 章：1.緒論；2.余光中詩歌的語言風格及文化因素；3.余光中詩歌的修辭美特徵；4.余光中詩歌在現代詩歌發展史上的地位及作用。

75. 陳俐縈　　自我翻譯的轉喻自由：余光中在《守夜人》的詩歌翻譯／創作與跨國認同　高雄第一科技大學口筆譯研究所　碩士論文　吳怡萍教授

指導　2010 年 7 月　99 頁

　　本論文針對余光中的美學與翻譯觀點分析《守夜人》一書中的譯詩選擇和翻譯策略，並藉由詩的音樂性、創意翻譯的轉喻自由、詩作主題、意象及典故等面向，來探討詩人截然不同的聲音如何彰顯於自譯作品之中。全文共 5 章：1.Introduction；2.Literature Review；3.Translating in Different Voices；4.Constructing Transnational Identity；5.Conclusion。

76. 孫　穎　　余光中詩歌翻譯藝術研究──中西融合　內蒙古師範大學外國語言學及運用語言學研究所　碩士論文　張彩鳳教授指導　2010 年 12 月　52 頁

　　本論文針對余光中文學翻譯思想的核心內容和詩歌創作的主要方式進行剖析，在此基礎上探索出餘光中詩歌翻譯藝術核心精神的形成和內涵。全文共 5 章：1. Yu Kwang—chung'S Status and Influence in Literature and Translation；2. Formation of Core Spirit of Yu Kwang—chung'S Art of Poetry Translation；3. Core Spirit Reflected in the Translation of Rhythm；4. Core Spirit Reflected in the Translation of Grammar；5. Core Spirit Reflected in the Translation of Rhetoric。

77. 蔡筱雯　　從主體間性研究余光中的創作與翻譯　上海外國語大學英語語言文學研究所　碩士論文　龔芬教授指導　2011 年 2 月　60 頁

　　本論文以余光中為案立，通過作者主體與譯者主體，譯者主體與讀者主體，以及作家型譯者身份中作者主體與譯者主體三對主體平等共存、交流、合作的關係進行分析，例證了主體間性在具體翻譯創作活動中的體現；從而說明只有以文本為指向，研究才能更深入、客觀；另一方面，將主體間性理論應用到翻譯家研究中，也為翻譯家研究帶來新的理論視角。全文共 5 章：1.Literature Review；2.Intersubjectivity and Translation；3.Yu Guangzhong: Translator as Writer VS Writer as Translator；4.Writer Translators'Mediative Role in Translation Activities；5.Writer Translators'Literary Creation under Influence of Translation Activities。

78. 周及時　　期待視野視角下戲劇翻譯研究──以《不可兒戲》中譯為例　中南大學外國語言學及應用語言學研究所　碩士論文　范武邱教授指導　2011 年 5 月　119 頁

　　本論文從期待視野理論視角研究戲劇翻譯，以《不可兒戲》為例，對比分析，總結出余光中翻譯成功的重點。全文共 4 章：1.An Introduction toDrama and Drama Translation；2.Theoretical Framework of This Thesis；3.The Application of Horizon of

Expectations in Drama Translation；4.A Case Study of The Importance of Being Earnest。

79. 范　娟　論文學形式在翻譯中的陌生化：以王爾德戲劇作品《認真的重要》
　　 之中譯本爲比較研究　南京大學英語語言文學研究所　碩士論文
　　 楊柳教授指導　2011 年 5 月　48 頁

本論文以陌生化詩學爲理論視角，比較了由余光中、張南峰和錢之德分別翻譯的愛爾蘭戲劇大師王爾德的作品《認真的重要》，旨在探討外國文學作品中的文學形式在向中國傳播過程中的再現及其陌生化效果問題。全文共 4 章：1.INTRODUCTION；2. WHAT IS DEFAMILIARIZATION IN POETICS？；3.Three A COMPARISON:THE DEFAMILIARIZED LITERARY FORMS AND CHINESE VERSIONS OF THE IMPORTANCE OF BEING EARNEST；4.CONCLUSIONS。

80. 林秀華　余光中鄉愁詩修辭美學探析　臺灣師範大學國文系在職進修碩士班
　　 碩士論文　蔡宗陽教授指導　2011 年 6 月　109 頁

本論文以余光中的鄉愁詩作爲研究的範疇，分析其中的想像、意象、語言之美。全文共 6 章：1.緒論；2.余光中生平；3.余光中鄉愁詩的想像美；4.余光中鄉愁詩的意象美；5.余光中鄉愁詩的語言美；6.結論。

81. 劉國鼎　旅遊文學視域下之余光中研究　佛光大學文學系　碩士論文　陳信
　　 元教授指導　2011 年 7 月　102 頁

本論文透過對余光中旅遊文學作品的研究，爲現代旅遊文學創作提供一些理論參考與分析。全文共 6 章：1.緒論；2.余光中與旅遊文學；3.余光中旅遊詩研究；4.余光中旅遊散文研究；5.余光中的旅遊文學理論；6.結論。

82. 翁佳佑　余光中及其詩的意象研究　高雄師範大學國文教學碩士班　碩士論
　　 文　江聰平教授指導　2011 年　216 頁

本論文以詩的主題「鄉愁」、「自塑詩」、「愛情及親情歌詠」、「世情關注」分章；並總結各主題下的意象所具的獨特個性，其指涉的情感組合而成的詩人圖像，能與現實結合，與歷史的脈動接通，具有巨大的時代感。全文共 9 章：1.緒論；2.余光中的創作歷程；3.詩歌意象論析；4.鄉愁意象之一：家國情懷；5.鄉愁意象之二：懷古詠史；6.自塑意象：靈魂的自畫像；7.愛情與親情歌詠意象；8.世情關注意象；9.結論。

83. 陳　蓉　基於翻譯美學的余光中《守夜人》自譯中的「變通」研究　湖南大

學英語語言文學研究所　碩士論文　王湘玲教授指導　2012 年 4 月
76 頁

本論文以翻譯美學爲理論基礎，通過對詩歌原文與譯文作詳細的對比，對譯文的美
學效果作深入的剖析，分析余光中自譯詩歌集《守夜人》中「變通」手法的運用，
及由此產生的美學效果；同時，總結余光中自譯中「變通」的特點，了解余光中詩
歌翻譯美學思想的具體內涵。全文共 5 章：1. Introduction；2. Literature Review；3.
Translation Aesthetics and "Accommodation" in Literary Translation；4.
"Accommodation" of Formal Aesthetic Constituents in The Night Watchman；5.
"Accommodation" of Non-formal Aesthetic Constituents in The Night Watchman。

84. 劉雅嬙　　余光中《守夜人》詩歌自譯的多元調和　湖南大學英語語言文學研
　　　究所　碩士論文　朱健平教授指導　2012 年 4 月　65 頁

本論文針對余光中特殊的生活背景和成長經歷，結合其美學與翻譯觀點，分析其中
英雙語自譯詩集《守夜人》中的詩歌題材選擇和翻譯策略，審視身兼作者與譯者的
余光中如何翻譯自己的詩作，以及這些自譯詩歌的特色與意義，爲余光中翻譯研究
拓寬視野。全文共 4 章：1. Introduction；2. Literature Review；3. Multifaceted
Harmonization in Yu's Poem Writing and Translation；4. Multifaceted Harmonization
in Yu's Self-translating The Night Watchman。

85. 劉燦忠　　余光中散文的比喻研究　揚州大學漢語言文字學研究所　碩士論文
　　　于廣元教授指導　2012 年 5 月　75 頁

本論文探爪數覓統計的方法,將《左手的掌紋》一書中各類喻詞的數量用表格統計
出來；從統計中得知余光中散文中的喻詞具有多樣性和書面色彩強烈的特點。全文
共 8 章：1.緒論；2.余光中散文的比喻類別及其特點；3.余光中散文比喻的喻詞分
析；4.余光中散文比喻中的動詞特殊運用分析；5.余光中散文比喻中的特殊句式分
析；6.余光中散文比喻的相似點分析；7.余光中散文比喻的喻體特點分析；8.主客
觀因素對余光中散文喻體的影響。

86. 許淑椒　　余光中詩中的臺灣書寫研究　高雄師範大學國文學系　碩士論文
　　　林文欽教授指導　2013 年 1 月　214 頁

本論文選擇余光中的詩的臺灣書寫，作爲研究探討的對象，探析余光中的詩書寫臺
灣土地、臺灣人民、臺灣社會、臺灣生活，所謂的在地化傾向。全文共 7 章：1.緒
論；2.余光中生平與創作風格；3.山川河海的書寫；4.城市人文的書寫；5.風景名勝
的書寫；6.社會關懷的書寫；7.結論。

87. 王雅芳　　余光中紀遊詩研究　臺中教育大學語文教育學系　碩士論文　**魏聰 祺教授指導　2013 年 7 月　232 頁**

本論文寫作主旨乃在闡述探析余光中紀遊詩之特色及字句修辭技巧，藉此跟隨詩人 的遊蹤，探索其紀遊詩之內涵。全文共 6 章：1.緒論；2.余光中的文學腳步；3.余 光中紀遊詩內容研究；4.余光中紀遊詩表意方法調整修辭研究；5.余光中紀遊詩優 美形式設計修辭研究；6.結論。

作家生平資料篇目

自述

88. 余光中　　後記　舟子的悲歌　臺北　野風出版社　1952 年 3 月　頁 69—70

89. 余光中　　《舟子的悲歌》後記　余光中集（第一卷）　天津　百花文藝出版 社　2004 年 1 月　頁 44—45

90. 余光中　　後記　藍色的羽毛　臺北　藍星詩社　1954 年 10 月　頁 86

91. 余光中　　《藍色的羽毛》後記　余光中集（第一卷）　天津　百花文藝出版 社　2004 年 1 月　頁 107—108

92. 余光中　　後記　萬聖節　臺北　藍星詩社　1960 年 8 月　頁 1—5

93. 余光中　　《萬聖節》後記　余光中集（第一卷）　天津　百花文藝出版社 2004 年 1 月　頁 314—318

94. 余光中　　後記　鐘乳石　香港　中外畫報社　1960 年 10 月　頁 89—90

95. 余光中　　《鐘乳石》後記　余光中集（第一卷）　天津　百花文藝出版社 2004 年 1 月　頁 250—252

96. 余光中　　《中國新詩選》譯後　聯合報　1961 年 1 月 19 日　7 版

97. 余光中　　《左手的繆思》後記　文星　第 71 期　1963 年 9 月　頁 54

98. 余光中　　後記　左手的繆思　臺北　文星出版社　1963 年 9 月　頁 159— 160

99. 余光中　　後記　左手的繆思　臺北　大林書店　1978 年 12 月　頁 159—160

100. 余光中　　後記　左手的繆思　臺北　時報文化出版公司　1980 年 4 月　頁 171—173

101. 余光中　《左手的繆斯》後記　余光中集（第四卷）　天津　百花文藝出版社　2004 年 1 月　頁 127—128

102. 余光中　蓮戀蓮——序詩集《蓮的聯想》　文星　第 72 期　1963 年 10 月　頁 62

103. 余光中　蓮戀蓮（代序）　蓮的聯想　臺北　文星書店　1964 年 5 月　頁 1—11

104. 余光中　蓮戀蓮（代序）　蓮的聯想　臺北　大林出版社　1980 年 8 月　頁 1—14

105. 余光中　蓮戀蓮（代序）　蓮的聯想　臺北　時報文化出版公司　1981 年 8 月　頁 5—17

106. 余光中　蓮戀蓮（代序）　蓮的聯想　臺北　水牛圖書出版公司　1986 年 3 月　頁 159—161

107. 余光中　蓮戀蓮　余光中選集（第二卷）散文集　合肥　安徽教育出版社　1999 年 2 月　頁 7—15

108. 余光中　蓮戀蓮——《蓮的聯想》代序　余光中談詩歌　南昌　江西高校出版社　2003 年 10 月　頁 288—295

109. 余光中　蓮戀蓮（代序）　余光中集（第二卷）　天津　百花文藝出版社　2004 年 1 月　頁 5—11

110. 余光中　蓮戀蓮　余光中作品精選　武漢　長江文藝出版社　2006 年 8 月　頁 306—311

111. 余光中　蓮戀蓮　在字句裡呼吸　臺北　香海文化公司　2006 年 9 月　頁 168—176

112. 余光中　蓮戀蓮　橋跨黃金城　北京　人民日報出版社　2007 年 1 月　頁 116—111

113. 余光中　蓮戀蓮——一九六四年文星版序　蓮的聯想　臺北　九歌出版社　2007 年 9 月　頁 17—29

114. 余光中　蓮戀蓮　余光中跨世紀散文　臺北　九歌出版社　2008 年 10 月

頁 31—38

115. 余光中　《掌上雨》後記　文星　第 75 期　1964 年 1 月　頁 62

116. 余光中　後記　掌上雨　臺北　文星書店　1964 年 1 月　頁 221—223

117. 余光中　後記　掌上雨　臺北　大林書店　1970 年 3 月　頁 221—223

118. 余光中　後記　掌上雨　臺北　時報文化出版公司　1980 年 4 月　頁 235
—237

119. 余光中　《掌上雨》後記　余光中集（第七卷）　天津　百花文藝出版社
2004 年 1 月　頁 173—174

120. 余光中　我的寫作經驗　掌上雨　臺北　文星書店　1964 年 1 月　頁 95—
99

121. 余光中　我的寫作經驗　掌上雨　臺北　大林書店　1970 年 3 月　頁 95—
99

122. 余光中　我的寫作經驗　掌上雨　臺北　時報文化出版公司　1980 年 4 月
頁 107—112

123. 余光中　我的寫作經驗　繆斯的左右手　長沙　湖南人民出版社　1997 年
12 月　頁 125—129

124. 余光中　我的寫作經驗　余光中集（第七卷）　天津　百花文藝出版社
2004 年 1 月　頁 76—79

125. 余光中　後記　蓮的聯想　臺北　文星書店　1964 年 5 月　頁 127—129

126. 余光中　《蓮的聯想》後記　文星　第 80 期　1964 年 6 月　頁 67

127. 余光中　初版後記　蓮的聯想　臺北　大林出版社　1980 年 8 月　頁 151
—153

128. 余光中　出版後記　蓮的聯想　臺北　時報文化出版公司　1981 年 8 月
頁 121—124

129. 余光中　出版後記　蓮的聯想　臺北　水牛圖書出版公司　1986 年 3 月
頁 159—161

130. 余光中　《蓮的聯想》後記　余光中談詩歌　南昌　江西高校出版社

2003 年 10 月　頁 296—298

131. 余光中　《蓮的聯想》出版後記　余光中集（第二卷）　天津　百花文藝
出版社　2004 年 1 月　頁 86—88

132. 余光中　永不凋落———一九六四年文星版後記　蓮的聯想　臺北　九歌出
版社　2007 年 9 月　頁 30—34

133. 余光中　再見，虛無！　掌上雨　臺北　文星書店　1964 年 6 月　頁 151
—164

134. 余光中　再見，虛無！　掌上雨　臺北　大林書店　1970 年 3 月　頁 151
—164

135. 余光中　再見，虛無！　掌上雨　臺北　時報文化出版公司　1980 年 4 月
頁 165—178

136. 余光中　再見，虛無！　余光中集（第七卷）　天津　百花文藝出版社
2004 年 1 月　頁 119—129

137. 余光中　再見，虛無！　余光中跨世紀散文　臺北　九歌出版社　2008 年
10 月　頁 329—341

138. 余光中　《逍遙遊》後記[1]　文星　第 93 期　1965 年 7 月　頁 62　本文後

139. 余光中　《逍遙遊》後記　逍遙遊　臺北　文星書局　1965 年 7 月　頁
207—209

140. 余光中　《逍遙遊》後記　逍遙遊　臺北　文星書局　1967 年 11 月　頁
207—209

141. 余光中　後記　逍遙遊　臺北　大林書店　1969 年 7 月　頁 207—209

142. 余光中　後記　逍遙遊　臺北　大林出版社　1973 年 5 月　頁 207—209

143. 余光中　《逍遙遊》後記　逍遙遊　臺北　大林出版社　1982 年 5 月　頁
207—209

144. 余光中　《逍遙遊》後記　逍遙遊　臺北　時報文化出版公司　1985 年 11
月　頁 213—215

---

[1] 本文後改篇名為〈站在回憶和預期之間——《逍遙遊》是征服徬徨感的戰史〉。

145. 余光中　後記　逍遙遊　臺北　九歌出版社　2000 年 6 月　頁 261—263

146. 余光中　站在回憶和預期之間——《逍遙遊》是征服徬徨感的戰史　九歌
雜誌　第 231 期　2000 年 6 月　2 版

147. 余光中　六千個日子　中央日報　1967 年 2 月 24 日　6 版

148. 余光中　六千個日子　筆墨生涯　臺北　中央日報社　1979 年 9 月　頁 17
—31

149. 余光中　《五陵少年》自序　大華晚報　1967 年 4 月 24 日　5 版

150. 余光中　自序　五陵少年　臺北　文星書店　1967 年 4 月　頁 1—5

151. 余光中　自序　五陵少年　臺北　大地出版社　1981 年 8 月　頁 1—8

152. 余光中　《五陵少年》自序　余光中集（第一卷）　天津　百花文藝出版
社　2004 年 1 月　頁 323—327

153. 余光中　後記　望鄉的牧神　臺北　純文學月刊社　1968 年 7 月　頁 275
—276

154. 余光中　後記　望鄉的牧神　臺北　純文學月刊社　1969 年 4 月　頁 275
—276

155. 余光中　後記　望鄉的牧神　臺北　純文學月刊社　1969 年 8 月　頁 275
—276

156. 余光中　後記　望鄉的牧神　臺北　純文學出版社　1980 年 10 月　頁 275
—276

157. 余光中　《望鄉的牧神》後記　余光中集（第四卷）　天津　百花文藝出
版社　2004 年 1 月　頁 503—504

158. 余光中　後記　望鄉的牧神　臺北　九歌出版社　2008 年 5 月　頁 235—
236

159. 余光中　後記　天國的夜市　臺北　三民書局　1969 年 5 月　頁 153—154

160. 余光中　後記　天國的夜市　臺北　三民書局　1974 年 12 月　頁 153—
154

161. 余光中　《天國的夜市》後記　余光中集（第一卷）　天津　百花文藝出

版社　2004 年 1 月　頁 187—188

162. 余光中　後記　天國的夜市　臺北　三民書局　2005 年 1 月　頁 115—116

163. 余光中　後記　在冷戰的年代　臺北　純文學出版社　1969 年 11 月　頁 157—158

164. 余光中　後記　在冷戰的年代　臺北　純文學出版社　1984 年 2 月　頁 100—101

165. 余光中　《在冷戰的年代》後記　余光中談詩歌　南昌　江西高校出版社 2003 年 10 月　頁 299—300

166. 余光中　《在冷戰的年代》後記　余光中集（第二卷）　天津　百花文藝 出版社　2004 年 1 月　頁 238—240

167. 余光中　後記　敲打樂　臺北　純文學出版社　1969 年 11 月　頁 75—99

168. 余光中　後記　敲打樂　臺北　九歌出版社　1986 年 2 月　頁 107—139

169. 余光中　《敲打樂》後記　余光中集（第二卷）　天津　百花文藝出版社 2004 年 1 月　頁 139—156

170. 余光中　Preface　ACRES OF BARBED WIRE　臺北　美亞書版公司 1971 年 3 月　〔2〕頁

171. 余光中　第十七個誕辰[2]　焚鶴人　臺北　純文學出版社　1972 年 4 月　頁 185—210

172. 余光中　第十七個誕辰　現代詩導讀（理論、史料篇）　臺北　故鄉出版 社　1979 年 11 月　頁 393—414

173. 余光中　第十七個誕辰　焚鶴人　臺北　純文學出版社　1981 年 7 月　頁 185—210

174. 余光中　第十七個誕辰　余光中集（第五卷）　天津　百花文藝出版社 2004 年 1 月　頁 140—160

175. 余光中　第十七個誕辰　余光中跨世紀散文　臺北　九歌出版社　2008 年 10 月　頁 229—251

---

[2]本文自述創辦「藍星詩社」的經過。

176. 余光中　　後記　焚鶴人　臺北　純文學出版社　1972 年 4 月　頁 211—212

177. 余光中　　後記　焚鶴人　臺北　純文學出版社　1981 年 7 月　頁 211—212

178. 余光中　　《焚鶴人》後記　余光中集（第五卷）　天津　百花文藝出版社
　　　　　　　2004 年 1 月　頁 161—162

179. 余光中　　《錄事巴托比》譯後　聽聽那冷雨　臺北　純文學出版社　1974
　　　　　　　年 5 月　頁 157—159

180. 余光中　　《錄事巴托比》譯後　聽聽那冷雨　臺北　純文學出版社　1981
　　　　　　　年 2 月　頁 157—159

181. 余光中　　《錄事巴托比》譯後　聽聽那冷雨　臺北　九歌出版社　2002 年
　　　　　　　3 月　頁 138—140

182. 余光中　　《錄事巴托比》譯後　余光中集（第五卷）　天津　百花文藝出
　　　　　　　版社　2004 年 1 月　頁 279—281

183. 余光中　　《錄事巴托比》譯後　聽聽那冷雨　臺北　九歌出版社　2008 年
　　　　　　　4 月　頁 138—140

184. 余光中　　後記　聽聽那冷雨　臺北　純文學出版社　1974 年 5 月　頁 281
　　　　　　　—283

185. 余光中　　後記　聽聽那冷雨　臺北　純文學出版社　1981 年 2 月　頁 281
　　　　　　　—283

186. 余光中　　後記　聽聽那冷雨　臺北　九歌出版社　2002 年 3 月　頁 247—
　　　　　　　249

187. 余光中　　《聽聽那冷雨》後記　余光中集（第五卷）　天津　百花文藝出
　　　　　　　版社　2004 年 1 月　頁 378—380

188. 余光中　　後記　聽聽那冷雨　臺北　九歌出版社　2008 年 4 月　頁 247—
　　　　　　　249

189. 余光中　　《白玉苦瓜》後記——第十本詩集　中華日報　1974 年 7 月 3 日
　　　　　　　9 版

190. 余光中　　後記　白玉苦瓜　臺北　大地出版社　1977 年 3 月　頁 167—174

191. 余光中　《白玉苦瓜》後記　白玉苦瓜　臺北　大地出版社　1981 年 7 月
　　　　頁 167—174

192. 余光中　後記　白玉苦瓜　臺北　大地出版社　1986 年 9 月　頁 167—174

193. 余光中　《白玉苦瓜》後記　余光中談詩歌　南昌　江西高校出版社
　　　　2003 年 10 月　頁 301 —305

194. 余光中　《白玉苦瓜》後記　余光中集（第二卷）　天津　百花文藝出版
　　　　社　2004 年 1 月　頁 343—348

195. 余光中　詩之感性的兩個要素——一九七四年大地版後記　白玉苦瓜　臺
　　　　北　九歌出版社　2008 年 5 月　頁 21—28

196. 余光中　《白玉苦瓜》自序　中國時報　1974 年 7 月 5 日　12 版

197. 余光中　自序　白玉苦瓜　臺北　大地出版社　1977 年 3 月　頁 1—4

198. 余光中　自序　白玉苦瓜　臺北　大地出版社　1981 年 7 月　頁 1—4

199. 余光中　自序　白玉苦瓜　臺北　大地出版社　1986 年 9 月　頁 5—8

200. 余光中　《白玉苦瓜》自序　余光中集（第二卷）　天津　百花文藝出版
　　　　社　2004 年 1 月　頁 245—246

201. 余光中　詩的勝利——一九七四大地版初版序　白玉苦瓜　臺北　九歌出
　　　　版社　2008 年 5 月　頁 17—20

202. 余光中　向歷史交卷——《中國現代文學大系》總序　中國現代文學大
　　　　系：詩第一輯　臺北　巨人出版社　1974 年 7 月　頁 1—11

203. 余光中　向歷史交卷——《中國現代文學大系》總序　聽聽那冷雨　臺北
　　　　純文學出版社　1974 年 8 月　頁 115—132

204. 余光中　向歷史交卷——《中國現代文學大系》總序　聽聽那冷雨　臺北
　　　　純文學出版社　1981 年 2 月　頁 115—131

205. 余光中　向歷史交卷——《中國現代文學大系》總序　聽聽那冷雨　臺北
　　　　九歌出版社　2002 年 3 月　頁 104—118

206. 余光中　向歷史交卷——《中國現代文學大系》總序　余光中集（第五
　　　　卷）　天津　百花文藝出版社　2004 年 1 月　頁 246—259

207. 余光中　　向歷史交卷——《中國現代文學大系》總序　聽聽那冷雨　臺北　九歌出版社　2008 年 3 月　頁 104—118

208. 余光中　　《中國現代民歌集》出版前言　書評書目　第 29 期　1975 年 9 月　頁 88

209. 余光中　　《中國現代民歌集》出版前言　青青邊愁　臺北　純文學出版社　1977 年 12 月　頁 107

210. 余光中　　《中國現代民歌集》出版前言　余光中集（第五卷）　天津　百花文藝出版社　2004 年 1 月　頁 476

211. 余光中　　《中國現代民歌集》出版前言　青青邊愁　臺北　九歌出版社　2010 年 3 月　頁 117

212. 余光中　　小傳，詩觀　八十年代詩選　臺北　濂美出版社　1976 年 6 月　頁 55－56

213. 余光中　　天狼仍嘷光年外——《天狼星》詩集後記　中外文學　第 5 卷第 3 期　1976 年 8 月　頁 28—39

214. 余光中　　天狼仍嘷光年外——《天狼星》詩集後記　天狼星　臺北　洪範書店　1976 年 8 月　頁 149—165

215. 余光中　　天狼仍嘷光年外——《天狼星》詩集後記　天狼星　臺北　洪範書店　1981 年 5 月　頁 149—165

216. 余光中　　天狼仍嘷光年外——《天狼星》詩集後記　余光中集（第一卷）　天津　百花文藝出版社　2004 年 1 月　頁 473—484

217. 余光中　　天狼仍嘷光年外——《天狼星》詩集後記　天狼星　臺北　洪範書店　2008 年 10 月　頁 149—167

218. 余光中　　三版自序[3]　白玉苦瓜　臺北　大地出版社　1977 年 3 月　頁 1—2

219. 余光中　　三版自序　白玉苦瓜　臺北　大地出版社　1981 年 7 月　頁 1—2

220. 余光中　　三版自序　白玉苦瓜　臺北　大地出版社　1986 年 9 月　頁 3—4

221. 余光中　　《白玉苦瓜》三版自序　余光中集（第二卷）　天津　百花文藝

---

[3]本文後改篇名為〈破除現代詩沒有讀者的謠言———九七四年大地版三版序〉。

出版社　2004 年 1 月　頁 244

222. 余光中　破除現代詩沒有讀者的謠言——一九七四年大地版三版序　白玉苦瓜　臺北　九歌出版社　2008 年 5 月　頁 29—30

223. 余光中　狼來了　聯合報　1977 年 8 月 20 日　12 版

224. 余光中　狼來了　鄉土文學討論集　臺北　〔自行出版〕　1978 年 4 月　頁 264—267

225. 余光中　離臺千日——《青青邊愁》後記　聯合報　1977 年 12 月 18 日　12 版

226. 余光中　離臺千日——《青青邊愁》後記　青青邊愁　臺北　純文學出版社　1977 年 12 月　頁 307—313

227. 余光中　離臺千日——《青青邊愁》後記　余光中集（第五卷）　天津　百花文藝出版社　2004 年 1 月　頁 618—623

228. 余光中　離臺千日——《青青邊愁》唇文學版後記　青青邊愁　臺北　九歌出版社　2010 年 3 月　頁 311—318

229. 余光中　從慘褐到燦黃——《梵谷傳》新譯本譯者序　聯合報　1978 年 5 月 17 日　12 版

230. 余光中　從慘褐到燦黃——《梵谷傳》新譯本譯者序　余光中選集（第五卷）譯品集　合肥　安徽教育出版社　1999 年 2 月　頁 142—153

231. 余光中　從慘褐到燦黃——《梵谷傳》新譯本譯者序　梵谷傳　臺北　大地出版社　2001 年 8 月　頁 7—16

232. 余光中　《與永恆拔河》後記　聯合報　1979 年 3 月 23 日　12 版

233. 余光中　後記　與永恆拔河　臺北　洪範書店　1979 年 4 月　頁 201—206

234. 余光中　《與永恆拔河》後記　余光中集（第二卷）　天津　百花文藝出版社　2004 年 1 月　頁 444—448

235. 余光中　後記　與永恆拔河　臺北　洪範書店　2008 年 10 月　頁 199—203

236. 余光中　我的第一首詩（上、下）　聯合報　1979 年 5 月 30—31 日　12

版

237. 余光中　《左手的繆思》新版序　左手的繆思　臺北　時報文化出版公司
　　　1980 年 4 月　頁 1—2

238. 余光中　《左手的繆思》新版序　余光中集（第四卷）　天津　百花文藝
　　　出版社　2004 年 1 月　頁 3—4

239. 余光中　《英美現代詩選》新版序　英美現代詩選　臺北　時報文化出版
　　　公司　1980 年 4 月　頁 15—17

240. 余光中　《掌上雨》新版序　掌上雨　臺北　時報文化出版公司　1980 年
　　　4 月　頁 1—4

241. 余光中　《掌上雨》新版序　余光中集（第七卷）　天津　百花文藝出版
　　　社　2004 年 1 月　頁 3—4

242. 余光中　改版自序[4]　蓮的聯想　臺北　大林出版社　1980 年 8 月　頁 1—4

243. 余光中　改版自序　蓮的聯想　臺北　水牛圖書出版公司　1986 年 3 月
　　　頁 1—4

244. 余光中　超越時空——一九六九年大林版序　蓮的聯想　臺北　九歌出版
　　　社　2007 年 9 月　頁 35—37

245. 余光中　夏是永恆——《蓮的聯想》新版序　蓮的聯想　臺北　時報文化
　　　出版公司　1981 年 8 月　頁 1—3

246. 余光中　夏是永恆——《蓮的聯想》新版序　余光中集（第二卷）　天津
　　　百花文藝出版社　2004 年 1 月　頁 3—4

247. 余光中　夏是永恆——一九八〇年時報版序　蓮的聯想　臺北　九歌出版
　　　社　2007 年 9 月　頁 39—41

248. 余光中　山水有清音——序《文學的沙田》　洪範雜誌　第 3 期　1981 年
　　　8 月　1 版

249. 余光中　山水有清音——序《文學的沙田》　文學的沙田　臺北　洪範書
　　　店　1982 年 6 月　頁 1—4

---

[4]本文後改篇名為〈超越時空——一九六九年大林版序〉。

250. 余光中　新版序　五陵少年　臺北　大地出版社　1981 年 8 月　頁 1—3

251. 余光中　《五陵少年》新版序　余光中集（第一卷）　天津　百花文藝出版社　2004 年 1 月　頁 321—322

252. 余光中　剖出年輪三十三——《余光中詩選》自序　洪範雜誌　第 3 期　1981 年 8 月　1 版

253. 余光中　剖出年輪三十三——代自序　余光中詩選一九四九——九八一　臺北　洪範書店　1981 年 8 月　頁 1—10

254. 余光中　剖出年輪三十三——《余光中詩選》自序　余光中談詩歌　南昌　江西高校出版社　2003 年 10 月　頁 306—312

255. 余光中　剖出年輪三十三——代自序　余光中詩選一九四九——九八一　臺北　洪範書店　2006 年 4 月　頁 1—8

256. 余光中　剖出年輪三十三——代自序　左手的掌紋　南京　江蘇文藝出版社　2003 年 10 月　頁 283—288

257. 余光中　後記　分水嶺上　臺北　純文學出版社　1981 年 11 月　頁 269—270

258. 余光中　《分水嶺上》後記　余光中集（第七卷）　天津　百花文藝出版社　2004 年 1 月　頁 340—342

259. 余光中　後記　分水嶺上　臺北　九歌出版社　2009 年 6 月　頁 277—278

260. 余光中　《隔水觀音》後記　洪範雜誌　第 10 期　1982 年 12 月　1 版

261. 余光中　《隔水觀音》　聯合報　1983 年 1 月 14 日　8 版

262. 余光中　後記　隔水觀音　臺北　洪範書店　1983 年 1 月　頁 175—181

263. 余光中　《隔水觀音》後記　余光中集（第二卷）　天津　百花文藝出版社　2004 年 1 月　頁 546—550

264. 余光中　後記　隔水觀音　臺北　洪範書店　2008 年 10 月　頁 173—178

265. 余光中　新版序　在冷戰的年代　臺北　純文學出版社　1984 年 2 月　頁 3—5

266. 余光中　《土耳其現代詩選》自序　臺灣詩季刊　第 6 期　1984 年 9 月

頁 79—89

267. 余光中　《土耳其現代詩選》中譯序　土耳其現代詩選　臺北　林白出版社　1984 年 12 月　〔11〕頁

268. 余光中　新版序　逍遙遊　臺北　時報文化出版公司　1985 年 11 月　頁 1—3

269. 余光中　《敲打樂》的再出發[5]　聯合報　1986 年 2 月 1 日　8 版

270. 余光中　新版自序　敲打樂　臺北　九歌出版社　1986 年 2 月　頁 7—16

271. 余光中　《敲打樂》新版自序　余光中集（第二卷）　天津　百花文藝出版社　2004 年 1 月　頁 91—95

272. 余光中　我為什麼要寫作　聯合報　1986 年 3 月 24 日　8 版

273. 余光中　十載歸來賦紫荊　洪範雜誌　第 27 期　1986 年 7 月　1 版

274. 余光中　十載歸來賦紫荊——《紫荊賦》自序　藍星詩刊　第 8 期　1986 年 7 月　頁 70—72

275. 余光中　十載歸來賦紫荊——自序　紫荊賦　臺北　洪範書店　1986 年 7 月　頁 1—5

276. 余光中　十載歸來賦紫荊——自序　余光中集（第三卷）　天津　百花文藝出版社　2004 年 1 月　頁 3—6

277. 余光中　十載歸來賦紫荊——自序　紫荊賦　臺北　洪範書店　2008 年 10 月　頁 1—5

278. 余光中講，華視視聽中心整理　詩的創作　臺灣日報　1986 年 8 月 19 日　8 版

279. 余光中　十版自序[6]　白玉苦瓜　臺北　大地出版社　1986 年 9 月　頁 1

280. 余光中　《白玉苦瓜》十版自序　余光中集（第二卷）　天津　百花文藝出版社　2004 年 1 月　頁 243

281. 余光中　杜甫有折舊率嗎？——一九八三年大地版十版序　白玉苦瓜　臺

---

[5]本文為《敲打樂》新版自序。
[6]本文後改篇名為〈杜甫有折舊率嗎？——一九八三年大地版十版序〉。

北 九歌出版社 2008 年 5 月 頁 31—32

282. 余光中 藝術的大眾化 臺港文學選刊 1986 年第 6 期 1986 年 12 月 頁 83

283. 余光中 《記憶像鐵軌一樣長》自序 洪範雜誌 第 29 期 1987 年 1 月 1 版

284. 余光中 自序 記憶像鐵軌一樣長 臺北 洪範書店 1987 年 1 月 頁 1 —7

285. 余光中 《記憶像鐵軌一樣長》自序 余光中集（第六卷） 天津 百花 文藝出版社 2004 年 1 月 頁 3—7

286. 余光中 自序 記憶像鐵軌一樣長 臺北 洪範書店 2006 年 8 月 頁 1 —7

287. 余光中 我怎樣寫詩？——《紫荊賦》有聲發表會演講記錄 洪範雜誌 第 33 期 1987 年 12 月 2 版

288. 余光中 三十四年彈指間 幼獅文藝 第 418 期 1988 年 10 月 頁 26— 28

289. 余光中 一時多少豪傑——淺述我與《現文》之緣 憑一張地圖 臺北 九歌出版社 1988 年 12 月 頁 229—232

290. 余光中 一時多少豪傑——淺述我與《現文》之緣 第六隻手指 臺北 爾雅出版社 1995 年 11 月 頁 343—346

291. 余光中 一時多少豪傑——淺述我與《現文》之緣 余光中集（第六卷） 天津 百花文藝出版社 2004 年 1 月 頁 320—321

292. 余光中 一時多少豪傑——淺述我與《現文》之緣 憑一張地圖 臺北 九歌出版社 2008 年 8 月 頁 193—196

293. 余光中 一時多少豪傑——淺述我與《現文》之緣 白先勇外集·現文因 緣 臺北 天下遠見出版公司 2008 年 9 月 頁 61—64

294. 余光中 後記[7] 憑一張地圖 臺北 九歌出版社 1988 年 12 月 頁 237—

---

[7]本文後改篇名為〈香港臺北雙城記——《憑一張地圖》有興有情〉。

241

295. 余光中　香港臺北雙城記——《憑一張地圖》有興有情　九歌雜誌　第 94 期　1988 年 12 月　2 版

296. 余光中　《憑一張地圖》後記　余光中集（第六卷）　天津　百花文藝出版社　2004 年 1 月　頁 326—328

297. 余光中　後記　憑一張地圖　臺北　九歌出版社　2008 年 8 月　頁 201—205

298. 余光中　總序　中華現代文學大系（臺灣 1970—1989）詩卷（壹）　臺北　九歌出版社　1989 年 5 月　〔20〕頁

299. 余光中　三百作家二十年——序《中華現代文學大系：臺灣一九七〇——九八九》　井然有序：余光中序文集　臺北　九歌出版社　1996 年 10 月　頁 428—453

300. 余光中　三百作家二十年——序《中華現代文學大系：臺灣一九七〇——九八九》　余光中集（第八卷）　天津　百花文藝出版社　2004 年 1 月　頁 282—300

301. 余光中　序言　我的心在天安門　臺北　正中書局　1989 年 8 月　〔3〕頁

302. 余光中　臺港詩人齊揮筆——關於《我的心在天安門》增訂本　聯合報　1989 年 11 月 30 日　25 版

303. 余光中　自序[8]　隔水呼渡　臺北　九歌出版社　1990 年 1 月　頁 11—15

304. 余光中　知識與思想・抒情與記事——《隔水呼渡》匯入散文流勢　九歌雜誌　第 108 期　1990 年 2 月　2 版

305. 余光中　《隔水呼渡》自序　余光中集（第六卷）　天津　百花文藝出版社　2004 年 1 月　頁 331—334

306. 余光中　《夢與地理》後記　洪範雜誌　第 43 期　1990 年 6 月　1 版

307. 余光中　後記　夢與地理　臺北　洪範書店　1990 年 6 月　頁 189—194

308. 余光中　《夢與地理》後記　余光中集（第三卷）　天津　百花文藝出版

---

[8]本文後改篇名爲〈知識與思想・抒情與記事——《隔水呼渡》匯入散文流勢〉。

社　2004 年 1 月　頁 233—238

309. 余光中　About the Author　守夜人　臺北　九歌出版社　1992 年 10 月　頁 1—2

310. 余光中　About the Author　守夜人　臺北　九歌出版社　2004 年 11 月　頁 10—11

311. 余光中　Foreword[9]　守夜人　臺北　九歌出版社　1992 年 10 月　頁 3—5

312. 余光中　《守夜人》自序　守夜人　臺北　九歌出版社　1992 年 10 月　頁 153—154

313. 余光中　自寫自譯・因文制宜——《守夜人》選譯因緣　九歌雜誌　第 141 期　1992 年 11 月　2 版

314. 余光中　Foreword　守夜人　臺北　九歌出版社　2004 年 11 月　頁 12，14

315. 余光中　《守夜人》自序　守夜人　臺北　九歌出版社　2004 年 11 月　頁 13，15

316. 余光中　自豪與自幸——我的國文啓蒙　明道文藝　第 204 期　1993 年 3 月　頁 4—10

317. 余光中　自豪與自幸——我的國文啓蒙　高速的聯想　天津　百花文藝出版社　1997 年 8 月　頁 258—265

318. 余光中　自豪與自幸——我的國文啓蒙　日不落家　臺北　九歌出版社　1998 年 10 月　頁 153—163

319. 余光中　自豪與自幸——我的國文啓蒙　新世紀散文家：余光中精選集　臺北　九歌出版社　2002 年 11 月　頁 222—229

320. 余光中　自豪與自幸——我的國文啓蒙　左手的掌紋　南京　江蘇文藝出版社　2003 年 10 月　頁 293—298

321. 余光中　自豪與自幸——我的國文啓蒙　飛毯原來是地圖　香港　三聯書店（香港）公司　2003 年 12 月　頁 128—137

---

[9]本文譯寫爲〈《守夜人》自序〉，後改篇名爲〈自寫自譯・因文制宜——《守夜人》選譯因緣〉。

322. 余光中　　自豪與自幸——我的國文啓蒙　余光中散文精選集　桂林　廣西師範大學出版社　2003 年 12 月　頁 158—164

323. 余光中　　自豪與自幸——我的國文啓蒙　余光中集（第六卷）　天津　百花文藝出版社　2004 年 1 月　頁 587—593

324. 余光中　　自豪與自幸——我的國文啓蒙　余光中散文　杭州　浙江文藝出版社　2004 年 7 月　頁 223—228

325. 余光中　　自豪與自幸——我的國文啓蒙　情人的血特別紅：余光中自選集　天津　百花文藝出版社　2005 年 5 月　頁 327—333

326. 余光中　　自豪與自幸——我的國文啓蒙　余光中作品精選　武漢　長江文藝出版社　2006 年 8 月　頁 318—323

327. 余光中　　自豪與自幸——我的國文啓蒙　余光中跨世紀散文　臺北　九歌出版社　2008 年 10 月　頁 118—125

328. 余光中　　自豪與自幸——我的國文啓蒙　余光中選集　香港　明報月刊出版社，新加坡青年書局出版　2009 年 5 月　頁 158—167

329. 余光中　　自豪與自幸——我的國文啓蒙　日不落家　臺北　九歌出版社　2009 年 10 月　頁 123—131

330. 余光中　　自序[10]　從徐霞客到梵谷　臺北　九歌出版社　1994 年 2 月　頁 1—6

331. 余光中　　馳騁想像・解放情懷——寫在《從徐霞客到梵谷》之前　九歌雜誌　第 156 期　1994 年 2 月　2 版

332. 余光中　　《從徐霞客到梵谷》自序　余光中集（第七卷）　天津　百花文藝出版社　2004 年 1 月　頁 345—348

333. 余光中　　自序　從徐霞客到梵谷　臺北　九歌出版社　2006 年 7 月　頁 7—10

334. 余光中　　余光中論散文與詩　簷夢春雨　臺北　朱衣出版社　1994 年 5 月　頁 186

---

[10]本文後改篇名爲〈馳騁想像・解放情懷——寫在《從徐霞客到梵谷》之前〉。

335. 余光中　　　後記　安石榴　臺北　洪範書店　1996 年 4 月　頁 187—192

336. 余光中　　　《安石榴》後記　洪範雜誌　第 55 期　1996 年 5 月　1 版

337. 余光中　　　《安石榴》後記　余光中集（第三卷）　天津　百花文藝出版社　
2004 年 1 月　頁 341—344

338. 余光中　　　爲人作序　聯合報　1996 年 10 月 9 日　37 版

339. 余光中　　　爲人作序——寫在《井然有序》之前　九歌雜誌　第 187 期　
1996 年 10 月　2 版

340. 余光中　　　爲人作序——寫在《井然有序》之前　井然有序：余光中序文集　
臺北　九歌出版社　1996 年 10 月　頁 1—11

341. 余光中　　　爲人作序——寫在《井然有序》之前　余光中集（第八卷）　天
津　百花文藝出版社　2004 年 1 月　頁 3—10

342. 余光中　　　爲文作序——寫在《井然有序》之前　余光中精選集　北京　北
京燕山出版社　2006 年 5 月　頁 236—240

343. 余光中　　　爲人作序——寫在《井然有序》之前　余光中精選集　北京　北
京燕山出版社　2009 年 4 月　頁 227—231

344. 余光中　　　他究竟看到了什麼　聯合文學　第 152 期　1997 年 6 月　頁 10—
11

345. 余光中　　　自序　高速的聯想　天津　百花文藝出版社　1997 年 8 月　頁 1
—3

346. 余光中　　　自序　余光中詩選第二卷：一九八二——九九八　臺北　洪範書
店　1998 年 10 月　頁 1—4

347. 余光中　　　《余光中詩選第二卷》自序　洪範雜誌　第 60 期　1998 年 11 月　
2 版

348. 余光中　　　自序　余光中詩選第二卷：一九八二——九九八　臺北　洪範書
店　2007 年 4 月　頁 1—4

349. 余光中　　　辟邪茱萸[11]，消災菊酒　聯合報　1998 年 10 月 23 日　37 版

---

[11]本文爲《五行無阻》之後記。

350. 余光中　　　後記　五行無阻　臺北　九歌出版社　1998 年 10 月　頁 171—
　　　　　　　　181

351. 余光中　　　辟邪茱萸，消災菊酒　九歌雜誌　第 212 期　1998 年 11 月　2 版

352. 余光中　　　《五行無阻》後記　余光中集（第三卷）　天津　百花文藝出版
　　　　　　　　社　2004 年 1 月　頁 427—432

353. 余光中　　　船長的航海日誌[12]　自由時報　1998 年 10 月 28 日　41 版

354. 余光中　　　後記　藍墨水的下游　臺北　九歌出版社　1998 年 10 月　頁 275
　　　　　　　　—279

355. 余光中　　　船長的航海日誌　九歌雜誌　第 212 期　1998 年 11 月　2 版

356. 余光中　　　《藍墨水的下游》後記　余光中集（第八卷）　天津　百花文藝
　　　　　　　　出版社　2004 年 1 月　頁 499—501

357. 余光中　　　左手掌紋仍縱橫？[13]　中央日報　1998 年 10 月 28 日　22 版

358. 余光中　　　後記　日不落家　臺北　九歌出版社　1998 年 10 月　頁 245—
　　　　　　　　248

359. 余光中　　　左手掌紋仍縱橫？　九歌雜誌　第 212 期　1998 年 11 月　2 版

360. 余光中　　　《日不落家》後記　余光中集（第六卷）　天津　百花文藝出版
　　　　　　　　社　2004 年 1 月　頁 643—645

361. 余光中　　　後記　日不落家　臺北　九歌出版社　2009 年 10 月　頁 197—
　　　　　　　　199

362. 余光中　　　九九重九，究竟多久？　聯合報　1999 年 1 月 20 日　37 版

363. 余光中　　　序文——九九重九，究竟多久？　茱萸的孩子：余光中傳　臺北
　　　　　　　　天下遠見出版公司　1999 年 1 月　頁 3—8

364. 余光中　　　九九重九，究竟多久？　青銅一夢　臺北　九歌出版社　2005 年
　　　　　　　　2 月　頁 9—13

365. 余光中　　　九九重九，究竟多久？　天涯情旅：余光中至情至愛散文集　北

---

[12] 本文為《藍墨水的下游》之後記。
[13] 本文為《日不落家》之後記。

京　中國工人出版社　2007 年 1 月　頁 275—278

366. 余光中　　　回顧中副半世紀　中副與我——中副在臺五十年紀念　臺北　中
　　　　　　　　　央日報社　1999 年 2 月　頁 17—19

367. 余光中　　　與王爾德拔河記——《不可兒戲》譯後　余光中選集（第四卷）
　　　　　　　　　語文及翻譯論集　合肥　安徽教育出版社　1999 年 2 月　頁 179
　　　　　　　　　—189

368. 余光中　　　與王爾德拔河記——《不可兒戲》譯後　余光中談翻譯　北京
　　　　　　　　　中國對外翻譯出版公司　2004 年 3 月　頁 125—131

369. 余光中　　　與王爾德拔河記——《不可兒戲》譯後　不可兒戲　臺北　大地
　　　　　　　　　出版社　2005 年 10 月　頁 149—160

370. 余光中　　　與王爾德拔河記——《不可兒戲》譯後　不可兒戲　臺北　九歌
　　　　　　　　　出版社　2012 年 5 月　頁 163—174

371. 余光中　　　余光中論散文寫作　名作欣賞　2000 年第 1 期　2000 年 1 月　頁
　　　　　　　　　36

372. 余光中講；楊雅雯記　　詩與音樂——文學到校園系列講座　中央日報
　　　　　　　　　2000 年 3 月 4 日　22 版

373. 余光中　　　青春盛年的文學腳印——《逍遙遊》九歌新版序　九歌雜誌　第
　　　　　　　　　231 期　2000 年 6 月　2 版

374. 余光中　　　九歌新版序　逍遙遊　臺北　九歌出版社　2000 年 6 月　頁 1—8

375. 余光中　　　《逍遙遊》九歌新版序　余光中集（第四卷）　天津　百花文藝
　　　　　　　　　出版社　2004 年 1 月　頁 131—134

376. 余光中　　　後記　高樓對海　臺北　九歌出版社　2000 年 7 月　頁 207—213

377. 余光中　　　《高樓對海》後記　余光中談詩歌　南昌　江西高校出版社
　　　　　　　　　2003 年 10 月　頁 313—315

378. 余光中　　　《高樓對海》後記　余光中集（第三卷）　天津　百花文藝出版
　　　　　　　　　社　2004 年 1 月　頁 546—549

379. 余光中　　　後記　高樓對海　臺北　九歌出版社　2007 年 5 月　頁 204—210

380. 余光中　　兩張地圖，一本相簿　聯合報　2001 年 1 月 6 日　37 版

381. 余光中講；江堤整理　　藝術經驗的轉化——余光中岳麓書院演講筆錄　余
　　　光中：與永恆拔河　長沙　湖南大學出版社　2001 年 1 月　頁 3
　　　—14

382. 余光中　　他不窮，他給我們一大筆遺產——二〇〇一年新版序　梵谷傳
　　　臺北　大地出版社　2001 年 8 月　頁 1—2

383. 余光中　　高空的赤金火球——余光中篇——余光中的散文觀　散文教室
　　　臺北　九歌出版社　2002 年 2 月　頁 180

384. 余光中　　含英吐華譯家事　含英吐華：梁實秋翻譯獎評語集　臺北　九歌
　　　出版社　2002 年 3 月　頁 1—7

385. 余光中　　含英吐華譯家事　余光中集（第九卷）　天津　百花文藝出版社
　　　2004 年 1 月　頁 3—8

386. 余光中　　含英吐華譯家事　余光中跨世紀散文　臺北　九歌出版社　2008
　　　年 10 月　頁 409—414

387. 余光中　　九歌新版後記　聽聽那冷雨　臺北　九歌出版社　2002 年 3 月
　　　頁 250—251

388. 余光中　　九歌新版後記　聽聽那冷雨　臺北　九歌出版社　2008 年 4 月
　　　頁 250—251

389. 余光中　　余光中散文觀　新世紀散文家：余光中精選集　臺北　九歌出版
　　　社　2002 年 11 月　頁 49—50

390. 余光中　　余光中散文觀　余光中散文精選集　桂林　廣西師範大學出版社
　　　2003 年 12 月　〔2〕頁

391. 余光中　　總序[14]　中華現代文學大系（貳）——臺灣 1989—2003 詩卷
　　　（壹）　臺北　九歌出版社　2003 年 10 月　頁 1—14

392. 余光中　　總序　中華現代文學大系（貳）——臺灣 1989—2003 散文卷

[14]本文後改篇名為〈中文世界的巍巍重鎮——序《中華現代文學大系：臺灣，一九八九—二〇〇
　三》〉。

（壹）　臺北　九歌出版社　2003 年 10 月　頁 1—14

393. 余光中　　總序　中華現代文學大系（貳）——臺灣 1989—2003 小說卷
（壹）　臺北　九歌出版社　2003 年 10 月　頁 1—14

394. 余光中　　總序　中華現代文學大系（貳）——臺灣 1989—2003 戲劇卷
（壹）　臺北　九歌出版社　2003 年 10 月　頁 1—14

395. 余光中　　總序　中華現代文學大系（貳）——臺灣 1989—2003 評論卷
（壹）　臺北　九歌出版社　2003 年 10 月　頁 1—14

396. 余光中　　中文世界的巍巍重鎮——序《中華現代文學大系：臺灣，一九八
九—二〇〇三》　舉杯向天笑　臺北　九歌出版社　2008 年 10 月
頁 311—324

397. 余光中　　自序　左手的掌紋　南京　江蘇文藝出版社　2003 年 10 月　頁 1
—2

398. 余光中　　自序　余光中談詩歌　南昌　江西高校出版社　2003 年 10 月　頁
1—3

399. 余光中　　《余光中談詩歌》自序　明道文藝　第 336 期　2004 年 3 月　頁
4—6

400. 余光中　　煉石補天蔚晚霞——自序　余光中集（第一卷）　天津　百花文
藝出版社　2004 年 1 月　頁 1—10

401. 余光中　　煉石補天蔚晚霞　余光中評說五十年　北京　文化藝術出版社
2008 年 5 月　頁 11—19

402. 余光中　　煉石補天蔚晚霞——天津百花文藝版《余光中集》自序　舉杯向
天笑　臺北　九歌出版社　2008 年 10 月　頁 147—157

403. 余光中　　《逍遙遊》後記　余光中集（第四卷）　天津　百花文藝出版社
2004 年 1 月　頁 297—298

404. 余光中　　自序　余光中散文　杭州　浙江文藝出版社　2004 年 7 月　頁 1
—7

405. 余光中　　新版自序　守夜人　臺北　九歌出版社　2004 年 11 月　頁 17

406. 余光中　新版自序　天國的夜市　臺北　三民書局　2005 年 1 月　頁 1—3

407. 余光中　後記　青銅一夢　臺北　九歌出版社　2005 年 2 月　頁 267—270

408. 余光中　反哺之心——寫於《情人的血特別紅》出版之前　明道文藝　第 350 期　2005 年 5 月　頁 36—37

409. 余光中　自序　情人的血特別紅：余光中自選集　天津　百花文藝出版社 2005 年 5 月　頁 1—5

410. 余光中　自序——悲喜之間徒苦笑　余光中幽默文選　臺北　天下遠見出 版公司　2005 年 6 月　頁 1—6

411. 余光中　悲喜之間徒苦笑——序天下文化《余光中幽默文選》　舉杯向天 笑　臺北　九歌出版社　2008 年 10 月　頁 160—163

412. 余光中　新版序　從徐霞客到梵谷　臺北　九歌出版社　2006 年 7 月　頁 5—6

413. 余光中　自序　橋跨黃金城　北京　人民日報出版社　2007 年 1 月　頁 1 —2

414. 余光中　自序　天涯情旅：余光中至情至愛散文集　北京　中國工人出版 社　2007 年 1 月　頁 1—3

415. 余光中　蜻蜓點水為誰飛？——九歌最新版序　蓮的聯想　臺北　九歌出 版社　2007 年 9 月　頁 9—13

416. 余光中　自序　余光中散文　杭州　浙江文藝出版社　2008 年 4 月　頁 1 —6

417. 余光中　上流社會之下流——《不要緊的女人》譯後　印刻文學生活誌 第 57 期　2008 年 5 月　頁 83—85

418. 余光中　上流社會之下流——《不要緊的女人》譯後　不要緊的女人　臺 北　九歌出版社　2008 年 10 月　頁 135—140

419. 余光中　向歷史自首？——溽暑答客四問　余光中評說五十年　北京　文 化藝術出版社　2008 年 5 月　頁 195—200

420. 余光中　壯遊與雄心——《望鄉的牧神》新版序　文訊雜誌　第 271 期

2008 年 5 月　頁 14—15

421. 余光中　壯遊與雄心——《望鄉的牧神》新版序　望鄉的牧神　臺北　九
　　　歌出版社　2008 年 5 月　頁 7—10

422. 余光中　成果而甘——《白玉苦瓜》九歌最新版序　文訊雜誌　第 271 期
　　　2008 年 5 月　頁 16—17

423. 余光中　成果而甘——九歌最新版序　白玉苦瓜　臺北　九歌出版社
　　　2008 年 5 月　頁 9—14

424. 余光中　自律的內功——新版自序　憑一張地圖　臺北　九歌出版社
　　　2008 年 8 月　頁 9—10

425. 余光中　年壽與堅持　中國近代文化的解構與重建：余光中先生八十大壽
　　　學術研討會・第七屆中國近代文化問題學術研討會論文集　臺北
　　　政治大學文學院　2008 年 9 月　頁 1—5

426. 余光中　「我就像一個古老的帝國」——在余光中與 20 世紀華文文學國際
　　　研討會上的致辭　徐州師範大學學報　第 34 卷第 5 期　2008 年 9
　　　月　頁 14—15

427. 余光中　詩藝老更醇？（上、下）　人間福報　2008 年 10 月 7—8 日　15
　　　版

428. 余光中　詩藝老更醇？　文訊雜誌　第 276 期　2008 年 10 月　頁 17—19

429. 余光中　詩藝老更醇？　香港文學　第 286 期　2008 年 10 月　頁 76—77

430. 余光中　詩藝老更醇？　藕神　臺北　九歌出版社　2008 年 10 月　頁 11
　　　—16

431. 余光中　正論散評皆文心　舉杯向天笑　臺北　九歌出版社　2008 年 10 月
　　　頁 9—12

432. 余光中　《茱萸的孩子》簡體字版前言　舉杯向天笑　臺北　九歌出版社
　　　2008 年 10 月　頁 158—159

433. 余光中　〈戲李白〉附記　余光中幽默詩選　臺北　天下遠見出版公司
　　　2008 年 10 月　頁 49—50

434. 余光中　〈割盲腸記〉附記　余光中幽默詩選　臺北　天下遠見出版公司　2008 年 10 月　頁 127—128

435. 余光中　〈石器時代〉後記　余光中幽默詩選　臺北　天下遠見出版公司　2008 年 10 月　頁 223—224

436. 余光中　〈請莫在上風的地方吸煙〉後記　余光中幽默詩選　臺北　天下遠見出版公司　2008 年 10 月　頁 238

437. 余光中　〈食客之歌〉後記　余光中幽默詩選　臺北　天下遠見出版公司　2008 年 10 月　頁 247

438. 余光中　傅鐘悠悠長在耳　臺大八十，我的青春夢　臺北　臺灣大學出版中心　2008 年 11 月　頁 26—36

439. 余光中　唯詩人足以譯詩？　明報月刊　第 518 期　2009 年 2 月　頁 30—44

440. 余光中　唯詩人足以譯詩？　印刻文學生活誌　第 66 期　2009 年 2 月　頁 70—83

441. 余光中　自序　余光中選集　香港　明報月刊出版社，新加坡青年書局出版　2009 年 5 月　〔3〕頁

442. 余光中　新版前言　分水嶺上　臺北　九歌出版社　2009 年 6 月　頁 3—4

443. 余光中　給抓到小辮子　分水嶺上　臺北　九歌出版社　2009 年 6 月　頁 232—235

444. 余光中　新版前言　青青邊愁　臺北　九歌出版社　2010 年 3 月　頁 3—4

445. 余光中　〈太陽點名〉關於本詩　2009 臺灣詩選　臺北　二魚文化事業公司　2010 年 5 月　頁 73

446. 余光中　《老人與海》的翻譯歷程　聯合文學　第 319 期　2011 年 5 月　頁 52—55

447. 余光中　我的臺北城南舊事　文訊雜誌　第 311 期　2011 年 9 月　頁 56—57

448. 余光中　我的臺北城南舊事　城之南——紀州庵與臺北文學巷弄　臺北

臺灣文學發展基金會臺北市紀州庵新館　2012 年 12 月　頁 135—138

449. 余光中　〈謝渡也贈橘〉作者自述　2011 臺灣詩選　臺北　二魚文化事業公司　2012 年 2 月　頁 34

450. 余光中　譯者序　濟慈名著譯述　臺北　九歌出版社　2012 年 4 月　頁 3—13

451. 余光中講；吳冠整理　我的四度空間——詩‧文‧評‧譯　文訊雜誌　第 327 期　2013 年 1 月　頁 58—64

452. 余光中　〈水中鷺鷥〉作者自述　2012 臺灣詩選　臺北　二魚文化公司　2013 年 3 月　頁 65

他述

453.〔彭邦楨，墨人編〕　余光中簡介　中國詩選　高雄　大業書店　1957 年 1 月　頁 30

454.〔覃子豪主編〕　作者簡介　鐘乳石　香港　中外畫報社　1960 年 10 月　頁 88

455. 羅　門　詩人余光中　文藝生活　第 1 期　1960 年 12 月　頁 21

456. 林海音　中國作家在美國（1—6）[15]　中華日報　1966 年 3 月 2—7 日　6 版

457. 程榕寧　去國兩載余光中自美返臺　大華晚報　1971 年 8 月 1 日　4 版

458. 李佩玲　余光中到底說了些什麼？　中外文學　第 2 卷第 8 期　1974 年 1 月　頁 56—59

459. 李佩玲　余光中到底說了些什麼？　現代文學的考察　臺北　遠景出版公司　1976 年 7 月　頁 131—136

460. 程榕寧　繆斯的繆斯——訪余光中夫人　遠東人　第 2 期　1974 年 2 月　頁 2

---

[15] 本文記陳香梅、夏濟安、吳崇蘭、王文興、余光中、夏志清、鄭清茂、黃緩珊、裘開明、沈灃、斯義桂、楊聯陞、王理璜、聶華苓、白先勇、武月卿、趙元任、楊步偉、蔡玲、吉錚、李抱忱、林慰君、黎錦熙、劉田、陳之藩、張光直、李田意。

461. 楊　牧　　致余光中書——代跋《中外文學》詩專號　中外文學　第 3 卷第 1
　　　期　1974 年 6 月　頁 226—231

462. Stephen Soong（宋淇），Louise Ho（何少韻）　　余光中簡介　Renditions
　　　第 5 期　1975 年 8 月　頁 73

463. 張漢良，張默　　余光中小傳，小評　中國當代十大詩人選集　臺北　源成
　　　圖書公司　1977 年 7 月　頁 95—96

464. 高　準　　《聯合報》是這樣的排斥異己——敬答洛夫與余光中　夏潮　第 4
　　　卷第 2 期　1978 年 3 月　頁 80—81

465. 陳克環　　火浴的鳳凰　中華日報　1979 年 6 月 6 日　11 版

466. 李宜涯　　余光中懾人的光芒　青年戰士報　1979 年 8 月 20 日　3 版

467.〔愛書人〕　　感念倉頡以雙手握刀造字——作家部分系列——余光中　愛
　　　書人　第 129 期　1980 年 1 月 1 日　2 版

468. 楊子澗　　繆斯殿堂的巨人.——余光中　中學白話詩選　臺北　故鄉出版社
　　　1980 年 4 月　頁 120—121

469. 周　錦　　中國新文學第四期的特出作家〔余光中部分〕　中國新文學簡史
　　　臺北　成文出版社　1980 年 5 月　頁 257—258

470. 劉龍勳　　余光中　中國新詩賞析 2　臺北　長安出版社　1981 年 4 月　頁
　　　41—43

471. 劉龍勳　　余光中　中國現代散文選析 2　臺北　長安出版社　1985 年 3 月
　　　頁 739—741

472. 蕭　蕭　　余光中　現代詩入門　臺北　故鄉出版社　1982 年 2 月　頁 81—
　　　82

473. 思　果　　「沙田宿」管窺——幾顆星的素描：余光中[16]　文學的沙田　臺北
　　　洪範書店　1981 年 8 月　頁 50—52

474. 思　果　　思果談余光中　洪範雜誌　第 5 期　1981 年 12 月　4 版

475. 思　果　　「沙田宿」管窺——幾顆星的素描——余光中　沙田隨想　臺北

---

[16]本文後改篇名為〈思果談余光中〉。

洪範書店　1982 年 6 月　頁 65—68

476. 蕭蕭，白靈　　余光中簡介　臺灣現代文學教程：新詩讀本　臺北　二魚文
　　　化公司　1982 年 2 月　頁 130—131

477. 洛　夫　詩壇春秋三十年——詩壇雜憶與省思〔余光中部分〕　中外文學
　　　第 10 卷第 12 期　1982 年 5 月　頁 12—28

478. 溫任平　初會余光中——一些雜憶　文道　第 18 期　1982 年 6 月　頁 8—
　　　9

479. 蕭　蕭　詩〔余光中部分〕　中華民國文學年鑑 1980　臺北　時報文化出
　　　版公司　1982 年 11 月　頁 11

480. 羅　門　心靈訪問記（續稿）〔余光中部分〕　藍星季刊　新 15 號　1983
　　　年 1 月　頁 127—129

481. 周玉山　飲菊花茶　文學邊緣　臺北　東大圖書公司　1983 年 1 月　頁 40
　　　—41

482. 桂文亞　父與女——余光中先生與他家的「女生宿舍」　兩代情　臺北
　　　九歌出版社　1983 年 4 月　頁 111—127

483. 桂文亞　父與女——余光中先生和他的「女生宿舍」　民生報　1984 年 4
　　　月 10 日　8 版

484. 林海音　撈魚的日子　聯合報　1983 年 7 月 8 日　8 版

485. 林海音　撈魚的日子　剪影話文壇　臺北　純文學出版社　1984 年 8 月
　　　頁 76—78

486. 林海音　余光中——撈魚的日子　林海音作品集・剪影話文壇　臺北　遊
　　　目族文化公司　2000 年 5 月　頁 74—76

487. 〔王晉民，鄺白曼編〕　余光中　臺灣與海外華人作家小傳　福州　福建
　　　人民出版社　1983 年 9 月　頁 164—168

488. 隱　地　作家與書的故事——余光中　新書月刊　第 12 期　1984 年 9 月
　　　頁 64—65

489. 隱　地　余光中　作家與書的故事　臺北　爾雅出版社　1985 年 11 月　頁

113—122

490. 陳芳明　　交錯　臺灣文藝　第 96 期　1985 年 9 月　頁 91—98

491. 陳嘉農〔陳芳明〕　　交錯　受傷的蘆葦　臺北　林白出版社　1988 年 1 月
　　　　　頁 157—166

492. 陳芳明　　交錯　風中蘆葦　臺北　聯合文學出版社　1998 年 9 月　頁 168
　　　　　—176

493. 沙　白　　我是「歸人」，不是「過客」——記余光中與高雄文藝界人士的
　　　　　一次聚談　臺灣新聞報　1985 年 11 月 24 日　8 版

494. 沙　白　　我是「歸人」不是「過客」——記余光中教授聚談　沙白散文集
　　　　　臺北　林白出版社　1988 年 9 月　頁 329—334

495. 沙　白　　我是「歸人」，不是「過客」——記余光中與高雄文藝界人士的
　　　　　一次聚談　璀璨的五采筆　臺北　九歌出版社　1994 年 10 月　頁
　　　　　529—534

496. 林　彧　　獨白，守夜人——詩人余光中印象側記　幼獅文藝　第 383 期
　　　　　1985 年 11 月　頁 9—18

497. 沈花末　　余光中簡介　1985 臺灣詩選　臺北　前衛出版社　1986 年 3 月
　　　　　頁 97

498.〔九歌雜誌〕　　書緣・書香〔余光中部分〕　九歌雜誌　第 63 期　1986 年
　　　　　5 月　4 版

499. 林以亮　　秀才人情——代序　四海集　臺北　皇冠出版社　1986 年 5 月
　　　　　頁 11—14

500. 王正良　　余光中要致力環境保護　中國時報　1986 年 6 月 15 日　7 版

501. 高　準　　《詩潮》與詩壇風雲（一九七八）——洛夫與余光中在說些什
　　　　　麼？　文學與社會一九七二——九八一　臺北　文史哲出版社
　　　　　1986 年 10 月　頁 261—272

502. 高　準　　《詩潮》與詩壇風雲（一九七八）——洛夫與余光中在說些什
　　　　　麼？　異議的聲音：文學與政治社會評論　臺北　問津堂書局

2007 年 8 月　頁 290—295

503. 高　準　　《詩潮》與詩壇風雲——洛夫與余光中在說些什麼？　余光中評
說五十年　北京　文化藝術出版社　2008 年 5 月　頁 143—145

504. 〔九歌雜誌〕　　書緣・書香〔余光中部分〕　九歌雜誌　第 69 期　1986 年
11 月　4 版

505. 蕭　蕭　　閃爍的「藍星」與閃耀的余光中　中學生現代詩手冊　臺南　翰
林出版公司　1987 年 1 月　頁 73—75

506. 劉登翰　余光中小傳　臺灣現代詩選　瀋陽　春風文藝出版社　1987 年 8
月　頁 134—166

507. 〔九歌雜誌〕　　書緣・書香〔余光中部分〕　九歌雜誌　第 82 期　1987 年
12 月　4 版

508. 鍾　玲　奇異的光中　聯合報　1988 年 1 月 6 日　23 版

509. 鍾　玲　奇異的光中　香港文學　第 37 期　1988 年 1 月　頁 73—74

510. 鍾　玲　奇異的光中　愛玉的人　臺北　聯經出版公司　1991 年 3 月　頁
69—73

511. 黃樹根　誰是他們？——余光中的信心在哪裡？　臺灣時報　1988 年 4 月
30 日　14 版

512. 黃樹根　誰是他們？——余光中的信心在哪裡？　這樣的詩人余光中　臺
北　台笠出版社　1989 年 9 月　頁 204—208

513. 黃樹根　誰是他們，余光中的信心在哪裡？　傷痕　高雄　高雄縣立文化
中心　1993 年 6 月　頁 273—276

514. 〔九歌雜誌〕　　書緣・書香〔余光中部分〕　九歌雜誌　第 86 期　1988 年
4 月　4 版

515. 〔九歌雜誌〕　　書緣・書香〔余光中部分〕　九歌雜誌　第 88 期　1988 年
6 月　4 版

516. 編輯部　余光中擔綱選輯文學大系　文訊雜誌　第 36 期　1988 年 6 月　頁
1

517. 〔九歌雜誌〕　　書緣・書香——余光中編大系積極展開　九歌雜誌　第 89 期　1988 年 7 月　4 版

518. 黃秀蓮　詩人素描——賀余光中教授六十壽辰　臺灣新聞報　1988 年 11 月 5 日　12 版

519. 黃秀蓮　詩人素描——賀光中教授七十壽辰　與永恆對壘：余光中先生七十壽慶詩文集　臺北　九歌出版社　1998 年 10 月　頁 174—188

520. 黃秀蓮　詩人素描　余光中評說五十年　北京　文化藝術出版社　2008 年 5 月　頁 56—63

521. 傅孟麗　余光中寫詩慶生　臺灣新聞報　1988 年 11 月 5 日　12 版

522. 〔九歌雜誌〕　　書緣・書香〔余光中部分〕　九歌雜誌　第 93 期　1988 年 11 月　4 版

523. 雁　翼　余光中簡介　臺灣《創世紀》詩萃　浙江　浙江文藝出版社 1988 年 12 月　頁 29

524. 鍾　玲　旺盛的生命力與風發的意氣——側寫余光中的另一面　九歌雜誌 第 95 期　1989 年 1 月　1 版

525. 流沙河　選釋者如是說　余光中一百首　香港　香江出版公司　1989 年 1 月　〔2〕頁

526. 陳素芳　使命感成了習慣——余光中「左頰掌聲，右頰是噓聲」　中華日報　1989 年 5 月 23 日　15 版

527. 非　馬　余光中小傳　臺灣現代詩 40 家　北京　人民文學出版社　1989 年 5 月　頁 46—56

528. 曾祥鐸　哪有侮辱民族靈魂的詩人　這樣的詩人余光中　臺北　台笠出版社　1989 年 9 月　頁 189—192

529. 李勤岸　一尊偶像的崩潰——寫給我曾崇拜過的一位詩人　這樣的詩人余光中　臺北　台笠出版社　1989 年 9 月　頁 221—230

530. 侯吉諒　余光中　名詩手稿　臺北　海風出版社　1989 年 12 月　頁 92—137

531. 范我存　　天機初露——小記光中　聯合報　1990 年 5 月 27 日　29 版

532. 〔九歌雜誌〕　　書緣・書香〔余光中部分〕　九歌雜誌　第 111 期　1990 年 5 月　4 版

533. 張夢瑞　　度過八個月的黑暗期，余光中打破創作僵局　民生報　1991 年 7 月 17 日　14 版

534. 張夢瑞　　余光中生日熱鬧一下　民生報　1991 年 10 月 11 日　14 版

535. 范我存口述；葉文琦整理　　余光中 vs.范我存——玉和詩的儷情　方格子外的甜蜜戰爭　臺北　海風出版社　1991 年 11 月　頁 138—144

536. 〔陶本一，王宇鴻編〕　　余光中（簡介）　臺灣新詩鑑賞辭典　太原　北岳文藝出版社　1991 年 12 月　頁 183

537. 瘂　弦　　現代詩人與酒——飲者點將錄〔余光中部分〕　國文天地　第 81 期　1992 年 2 月　頁 41

538. 成明進　　海外華文詩人評介——斷不了的一條絲在中間[17]　淮風季刊　1992 年第 2 期　1992 年夏　頁 42—43

539. 　瑞　　作家動態——余光中譯詩、劇成就大，《守夜人》、《溫夫人的扇子》　民生報　1992 年 9 月 19 日　29 版

540. 伍立楊　　文學奇人余光中　名作欣賞　1993 年第 1 期　1993 年 1 月　頁 12—13

541. 黃樹根　　這樣的詩人余光中斯文掃地　傷痕　高雄　高雄縣立文化中心　1993 年 6 月　頁 270—272

542. 范我存　　余先生用文言文翻譯拜倫的詩送我　中央日報　1994 年 6 月 13 日　16 版

543. 黃國彬　　明日隔山海，世事兩茫茫——送別余光中　璀璨的五采筆　臺北　九歌出版社　1994 年 10 月　頁 500—519

544. 梁錫華　　道貌岸然，妙語嫣然，文采斐然　璀璨的五采筆　臺北　九歌出

---

[17]本文素描臺灣詩人紀弦、覃子豪、瘂弦、林亨泰、文曉村、余光中、洛夫、鄭愁予、席慕蓉、張默。

版社　1994 年 10 月　頁 520—522

545. 林　彧　家人眼中的詩人　璀璨的五采筆　臺北　九歌出版社　1994 年 10
月　頁 523—528

546. 林　彧　家人眼中的詩人　余光中：與永恆拔河　長沙　湖南大學出版社
2001 年 1 月　頁 189—193

547. 李元洛　「藍墨水的上游是汨羅江」——臺灣作家余光中印象　文學自由
談　1994 年第 4 期　1994 年　頁 104—108

548. 李元洛　藍墨水的上游是汨羅江——余光中印象　文訊雜誌　第 125 期
1996 年 3 月　頁 69—71

549. 許悔之　當「詩」走在「政治」之路——各家看余光中　中國時報　1995
年 10 月 7 日　39 版

550. 陳　黎　引人親近的文學家——各家看余光中　中國時報　1995 年 10 月 7
日　39 版

551. 羅　門　具有競選諾貝爾獎的有利條件——各家看余光中　中國時報
1995 年 10 月 7 日　39 版

552. 楊錦郁　分享是快樂的泉源——余光中與家人的生命經驗　溫馨家庭快樂
多　臺北　健行出版公司　1996 年 2 月　頁 34—41

553. 曾意芳　揮別悲愴，兩岸文化人一團和樂——余光中盼勿因政府分隔，拋
棄五千年中國文化　中央日報　1996 年 6 月 2 日　3 版

554. 于　左顧右盼、望洋興歎，余光中妙喻翻譯獎評審　民生報　1996 年
7 月 19 日　15 版

555. 符　徵　佛都迎余光中　看山　曼谷　泰華文化出版社　1996 年 7 月　頁
163—167

556. 劉福春　余光中小傳手稿　新詩名家手稿（下）　北京　線裝書局　1997
年 3 月　頁 138—139

557. 黃維樑　入此門者，莫存倖念——余光中先生的細心與敬業　中央日報
1997 年 4 月 18 日　18 版

558. 黃維樑　入此門者，莫存倖念——余光中先生的細心與敬業　智慧的薪傳・大師篇第二卷　臺北　行政院新聞局　1997 年 9 月　頁 186—190

559. 黃維樑　入此門者，莫存倖念——余光中先生的細心與敬業　與永恆對壘：余光中先生七十壽慶詩文集　臺北　九歌出版社　1998 年 10 月　頁 157—162

560. 黃維樑　入此門者，莫存倖念——余光中先生的細心敬業的精神　文化英雄拜會記：錢鍾書、夏志清、余光中的作品與生活　臺北　九歌出版社　2004 年 4 月　頁 228—231

561. 余珊珊　詩人父親　中央日報　1997 年 4 月 19 日　18 版

562. 余珊珊　詩人與父親　智慧的薪傳・大師篇第二卷　臺北　行政院新聞局　1997 年 9 月　頁 191—197

563. 余珊珊　詩人父親　日不落家　臺北　九歌出版社　2009 年 10 月　頁 203—209

564. 林黛嫚　詩壇祭酒——余光中　智慧的薪傳・大師篇第二卷　臺北　行政院新聞局　1997 年 9 月　頁 170—172

565. 陳文芬　余光中缺席，大師未開口，研究待歷史沉澱　中國時報　1997 年 10 月 25 日　23 版

566. 賴素鈴　余光中談旅行，有詩情，有文化　民生報　1998 年 1 月 8 日　19 版

567. 夏念慈　余光中會文友新經驗——廣州教授王晉民在他面前提出研究他的論文　中國時報　1998 年 4 月 30 日　26 版

568. 江中明　余光中生日將發表新作，重陽節七十大壽，高雄市、中山大學出版界將辦活動　聯合報　1998 年 5 月 31 日　14 版

569. 王心怡　詩的春天，從余光中出發　中央日報　1998 年 6 月 3 日　10 版

570. 陳幸蕙　打噴嚏，卻噴出了彩霞——兼記與余光中先生一段文學因緣（上、下）　聯合報　1998 年 6 月 4—5 日　37 版

571. 陳幸蕙　　打噴嚏，卻噴出了彩霞——兼記與余光中先生一段文學因緣　與
　　　　　　　永恆對壘：余光中先生七十壽慶詩文集　臺北　九歌出版社
　　　　　　　1998 年 10 月　頁 114—124

572. 陳幸蕙　　打噴嚏，卻噴出了彩霞——兼記與余光中先生一段文學因緣　悅
　　　　　　　讀余光中・散文卷　臺北　爾雅出版社　2008 年 7 月　頁 279—
　　　　　　　285

573. 王廣福　　余光中與港都濃情化不開　中國時報　1998 年 6 月 5 日　11 版

574. 羅門，蓉子　祝詞與感念　詩雙月刊　第 40 期　1998 年 6 月　頁 16—17

575. 陳錦昌　　「余光中事件」內部參考資料　詩雙月刊　第 40 期　1998 年 6 月
　　　　　　　頁 38—43

576. 陳汗〔陳錦昌〕　快哉此風——「余光中事件」內部參考資料　與永恆對
　　　　　　　壘：余光中先生七十壽慶詩文集　臺北　九歌出版社　1998 年 10
　　　　　　　月　頁 125—136

577. 宋裕，李冀燕　文壇祭酒——余光中　明道文藝　第 269 期　1998 年 8 月
　　　　　　　頁 40—49

578. 張夢瑞　　余光中，唱古詩唱西洋詩，文藝之友沉醉在詩樂世界　民生報
　　　　　　　1998 年 9 月 22 日　19 版

579. 郭士榛　　詩情樂韻：傾聽余光中吟誦　中央日報　1998 年 9 月 22 日　10
　　　　　　　版

580. 陳希林　　余光中開講，源起詩三百　中國時報　1998 年 9 月 22 日　11 版

581. 蔡美娟　　余光中：闡述詩樂關係　聯合報　1998 年 9 月 22 日　14 版

582. 王心怡　　余學、余詩為余光中賀壽　中央日報　1998 年 10 月 4 日　10 版

583. 李　彪　　余光中七十華誕，對壘永恆——重九的午後，為詩人暖壽　中國
　　　　　　　時報　1998 年 10 月 4 日　11 版

584. 李　進　　余光中出書為七十生日「自放煙火」　聯合報　1998 年 10 月 12
　　　　　　　日　41 版

585. 〔青年日報〕　七十紅塵，余光中帶勁　青年日報　1998 年 10 月 20 日　5

版

586. 王正平　山大安排下午茶，余光中暢談詩情——生日前夕發豪語，人生七十才開始　中華日報　1998 年 10 月 20 日　5 版

587. 朱惠娟　爲余光中七十歲生日暖壽　中央日報　1998 年 10 月 20 日　10 版

588. 林秀美　迎重九煙火慶七十，余光中新作將齊發　民生報　1998 年 10 月 20 日　19 版

589. 曾意芳　余光中七十慶生，兩岸詩人明賀壽　中央日報　1998 年 10 月 22 日　10 版

590. 朱惠娟　重九的午後，余光中七十慶生　中央日報　1998 年 10 月 24 日　10 版

591. 李友煌　重九的午後，祝詩人生日快樂，朗誦新作，余光中音韻鏗然　民生報　1998 年 10 月 24 日　19 版

592. 夏念慈　余光中七十歲慶生會，詩歌齊鳴　中國時報　1998 年 10 月 24 日　11 版

593. 曹敏吉　余光中將屆七十，近百人士暖壽　聯合報　1998 年 10 月 24 日　14 版

594. 向　明　行過七十　中央日報　1998 年 10 月 26 日　22 版

595. 王心怡　余光中永恆的采筆，人書對話，製作特輯　中央日報　1998 年 10 月 27 日　10 版

596. 林秀美　余光中古稀之年老而能狂　民生報　1998 年 10 月 29 日　34 版

597. 楊麗雪　余光中七十大壽自放煙火　青年日報　1998 年 10 月 29 日　5 版

598. 鍾　玲　敬意和緣分——《與永恆對壘》出版緣起　與永恆對壘：余光中先生七十壽慶詩文集　九歌出版社　1998 年 10 月　頁 15—18

599. 鍾　玲　敬意和緣分——《與永恆對壘》出版緣起　九歌雜誌　第 212 期　1998 年 11 月　1 版

600. 陳文芬　余光中在臺北又過了一次七十歲生日——出版四本新書，門生故舊祝賀　中國時報　1998 年 10 月 31 日　11 版

601. 陳曼玲　風聲朗朗，余光中老而能狂　中央日報　1998 年 10 月 31 日　10
版

602. 蔡美娟　余光中自放煙火，三本新作慶七十　聯合報　1998 年 10 月 31 日
14 版

603.〔九歌雜誌〕　書緣‧書香〔余光中部分〕　九歌雜誌　第 211 期　1998
年 10 月　4 版

604. 陳芳明　詩的光澤　聯合文學　第 168 期　1998 年 10 月　頁 71—73

605. 陳芳明　詩的光澤　孤夜獨書　臺北　麥田出版公司　2005 年 9 月　頁 15
—19

606. 曾淑美　對我們而言，余光中……　聯合文學　第 168 期　1998 年 10 月
頁 74—76

607. 鍾　玲　距離的故事——賀余光中老師七十歲生日　聯合文學　第 168 期
1998 年 10 月　頁 77—78

608. 余季珊　爸，生日快樂！　聯合文學　第 168 期　1998 年 10 月　頁 79—
81

609. 余季珊　爸，生日快樂　余光中評說五十年　北京　文化藝術出版社
2008 年 5 月　頁 51—55

610. 余季珊　爸，生日快樂　日不落家　臺北　九歌出版社　2009 年 10 月　頁
229—234

611. 金聖華　永恆的彩虹　與永恆對壘：余光中先生七十壽慶詩文集　臺北
九歌出版社　1998 年 10 月　頁 101—110

612. 孫瑋芒　文字的君王　與永恆對壘：余光中先生七十壽慶詩文集　臺北
九歌出版社　1998 年 10 月　頁 111—113

613. 單德興　既開風氣又為師——指南山下憶往　與永恆對壘：余光中先生七
十壽慶詩文集　臺北　九歌出版社　1998 年 10 月　頁 195—203

614. 單德興　既開風氣又為師——側寫余光中　邊緣與中心　臺北　立緒文化
公司　2007 年 5 月　頁 22—28

615. 賴素鈴　這回由門生故舊「放煙火」──祝壽詩文集，余光中等了七十年　民生報　1998 年 10 月 31 日　19 版

616. 王秀芬　細數鈔票文化，詩人豐富之旅　中央日報　1998 年 11 月 8 日　9 版

617. 曼　尼　春天從高雄出發，人生從七十開始──余光中與永恆對壘　九歌雜誌　第 212 期　1998 年 11 月　1 版

618. 黃維樑　余光中先生傳略　九歌雜誌　第 212 期　1998 年 11 月　1 版

619. 〔九歌雜誌〕　書緣‧書香──余光中自放煙火出版新書三冊　九歌雜誌　第 212 期　1998 年 11 月　4 版

620. 黃盈雰　余光中帶文藝之友進入詩樂世界　文訊雜誌　第 157 期　1998 年 11 月　頁 71

621. 張佛千　遲來的祝賀──壽余光中先生　聯合報　1998 年 12 月 3 日　37 版

622. 賴素鈴　詩人余光中──烏絲變鉛字，終於 70 歲了　民生報　1998 年 12 月 24 日　19 版

623. 刺　桐　余光中──交出亮眼成績單　中央日報　1998 年 12 月 31 日　22 版

624. 羅　青　老牌長壽大颱風──賀余光中先生七十大壽　中國時報　1998 年 12 月 31 日　37 版

625. 小　民　七十詩翁余光中自放煙火──《五行無阻》、《日不落家》、《藍墨水的下游》三花齊放　九歌雜誌　第 213 期　1998 年 12 月 3 版

626. 黃盈雰　詩人余光中過七十大壽　文訊雜誌　第 158 期　1998 年 12 月　頁 61

627. 〔中國時報〕　詩壇祭酒　中國時報　1999 年 1 月 24 日　23 版

628. 傅孟麗　《茱萸的孩子：余光中傳》（書摘）　中國時報　1999 年 1 月 24 日　23 版

629. 傅孟麗　追蹤大師背影——橫看成嶺側成峰　中國時報　1999 年 1 月 24 日　23 版

630. 傅孟麗　追蹤大師背影——橫看成嶺側成峰（後記）　茱萸的孩子：余光中傳　臺北　天下遠見出版公司　1999 年 1 月　頁 319—323

631. 林馨琴　茱萸的孩子余光中出傳記　中時晚報　1999 年 2 月 3 日　13 版

632. 江中明　余光中自喻不高明連續劇——《余光中傳》發表，認傳記可看到作家生命與作品互動關係　聯合報　1999 年 2 月 4 日　14 版

633. 陳文芬　《茱萸的孩子》鄉愁多重奏——余光中傳記發表，自喻像落入達利畫境，極為魔幻　中國時報　1999 年 2 月 4 日　11 版

634. 曾意芳　余光中寫作像打噴嚏，第一本傳記《茱萸的孩子》詩意盎然　中央日報　1999 年 2 月 4 日　10 版

635. 林麗如　余光中《茱萸的孩子》跨海影響——臺灣文學經典名家特寫　聯合報　1999 年 2 月 5 日　37 版

636. 林麗如　余光中特寫——《茱萸的孩子》跨海影響　臺灣文學經典研討會論文集　臺北　行政院文建會，聯經出版公司　1999 年 6 月　頁 238—239

637. 李國煌　慈濟大愛臺，當代作家映象，余光中率先登場　民生報　1999 年 4 月 22 日　12 版

638. 張夢瑞　詩人和三千金回到從前　民生報　1999 年 5 月 29 日　7 版

639. 李元洛　花開時節又逢君——臺灣名作家余光中小記　臺灣新聞報　1999 年 6 月 26 日　13 版

640. 莊宜文　余光中：與永恆拔河　1998 臺灣文學年鑑　臺北　行政院文建會　1999 年 6 月　頁 211—212

641. 張夢瑞　詩壇祭酒為香檳露面　民生報　1999 年 7 月 14 日　6 版

642. 林秀美　全國文藝中解讀「詩與樂」——余光中朗誦聲裡見意境　民生報　1999 年 8 月 21 日　6 版

643. 謝　冕　余光中小傳　中國當代文學作品精選・詩歌卷（1949—1999）

　　　　　　　　北京　十月文藝出版社　1999 年 9 月　頁 324，553，994

644. 李元洛　　楚雲湘雨說詩蹤——余光中湘行散記（上、中、下）[18]　臺灣新聞
　　　　　　　報　1999 年 12 月 9—11 日　13 版

645. 李元洛　　楚雲湘雨說詩蹤——余光中湘行散記　余光中：與永恆拔河　長
　　　　　　　沙　湖南大學出版社　2001 年 1 月　頁 150—164

646. 李元洛　　筆花飛舞——余光中湘行散記　余光中評說五十年　北京　文化
　　　　　　　藝術出版社　2008 年 5 月　頁 64—75

647. 〔姜耕玉選編〕　　余光中　20 世紀漢語詩選第 3 卷　上海　上海教育出版
　　　　　　　社　1999 年 12 月　頁 36

648. 〔民生報〕　　盼演講少一點・寫作時間多一點——余光中千禧願望很踏實
　　　　　　　民生報　2000 年 1 月 1 日　7 版

649. 牛漢，謝冕　　余光中小傳　新詩三百首（3）　北京　中國青年出版社
　　　　　　　2000 年 1 月　頁 619—621

650. 洪麗玉　　春華秋實 50 載——淡寫大高雄作家群〔余光中部分〕　臺灣新聞
　　　　　　　報　2000 年 2 月 23 日　B7 版

651. 楊　子　　詩中有歌　聯合報　2000 年 3 月 13 日　37 版

652. 李　虹　　雨中余光中　明道文藝　第 288 期　2000 年 3 月　頁 42—44

653. 謝梅芬　　高市昨頒黃友棣等人文藝獎，余光中領獎時，張德本在臺下高喊
　　　　　　　「抗議打壓臺灣文學」，余稱他「找錯對象」　聯合報　2000 年
　　　　　　　7 月 2 日　14 版

654. 張德本　　歷史鐵證不容逃避——我為何抗議余光中　臺灣時報　2000 年 7
　　　　　　　月 8 日　16 版

655. 方　忠　　余光中　二十世紀中國文學史　臺北　文史哲出版社　2000 年 9
　　　　　　　月　頁 934—937

656. 郭　楓　　文學隨談錄——余和我之間　臺灣時報　2000 年 10 月 16 日　17
　　　　　　　版

---

[18] 本文後改篇名為〈筆花飛舞——余光中湘行散記〉。

657. 徐　學　　重陽——余光中在揚子江畔　臺港文學選刊　2000 年第 11 期
　　　　　　　2000 年 11 月　頁 102—103

658. 徐　學　　重陽——余光中在揚子江畔　文訊雜誌　第 182 期　2000 年 12 月
　　　　　　　頁 83—84

659. 余開偉　　千年學府奏新聲[19]　文學自由談　2000 年第 4 期　2000 年　頁 59
　　　　　　　—61

660. 江　堤　　前言　余光中：與永恆拔河　長沙　湖南大學出版社　2001 年 1
　　　　　　　月　頁 1—3

661. 米　卉　　余光中　余光中：與永恆拔河　長沙　湖南大學出版社　2001 年
　　　　　　　1 月　頁 5

662. 江　堤　　千年等一回　余光中：與永恆拔河　長沙　湖南大學出版社
　　　　　　　2001 年 1 月　頁 141—142

663. 彭國梁　　智慧的聲音　余光中：與永恆拔河　長沙　湖南大學出版社
　　　　　　　2001 年 1 月　頁 143—144

664. 水運憲　　文化甘旅——余光中先生的湖南之行　余光中：與永恆拔河　長
　　　　　　　沙　湖南大學出版社　2001 年 1 月　頁 145—149

665. 羅成琰　　走近余光中　余光中：與永恆拔河　長沙　湖南大學出版社
　　　　　　　2001 年 1 月　頁 165—168

666. 王開林　　從餘勇可賈到餘音繞樑　余光中：與永恆拔河　長沙　湖南大學
　　　　　　　出版社　2001 年 1 月　頁 169—183

667. 王開林　　從餘勇可賈到餘音繞樑　余光中評說五十年　北京　文化藝術出
　　　　　　　版社　2008 年 5 月　頁 116—127

668. 〔蕭　蕭主編〕　詩人近況　八十九年詩選　臺北　臺灣詩學季刊雜誌社
　　　　　　　2001 年 4 月　頁 259

669. 林貴真　　發光的讀書人——余光中　讀書會任我遊　臺北　爾雅出版社
　　　　　　　2001 年 7 月　頁 97—98

---

[19]本文部分側記余光中在岳麓書院演講〈藝術經驗的轉化〉。

670. 〔馬悅然，奚密，向陽主編〕　余光中小傳　二十世紀臺灣詩選　臺北
　　　麥田出版公司　2001 年 8 月　頁 212

671. 張默，陳文苑　余光中簡介　向歲月致敬：臺灣前輩詩人攝影集　臺北
　　　臺北市文化局　2001 年 9 月　頁 62—65

672. 林峻楓　文道任我行——側寫詩人余光中　青年日報　2001 年 10 月 11 日
　　　10 版

673. 徐開塵　尋找臺北‧典藏回憶，深情注視這個城市——余光中細回味臺北
　　　城南舊事　民生報　2001 年 10 月 14 日　A6 版

674. 夏　蟬　余光中含英吐華聽搖滾　中國時報　2002 年 3 月 9 日　39 版

675. 伊　里　余光中再編文學大系　中國時報　2002 年 3 月 21 日　39 版

676. 傅孟麗　余光中的水仙情操　中國時報　2002 年 4 月 16 日　39 版

677. 張夢瑞　東海大學禮聘爲客座，余光中欣然渡海演講　民生報　2002 年 4
　　　月 20 日　13 版

678. 張夢瑞　余光中爲校寫校歌　民生報　2002 年 5 月 13 日　5 版

679. 陳士行，周逸敏　臺灣著名詩人余光中回鄉掃墓　臺聲　2002 年第 5 期
　　　2002 年 5 月　頁 45

680. 〔焦　桐主編〕　詩人近況　九十年詩選　臺北　臺灣詩學季刊雜誌社
　　　2002 年 5 月　頁 262

681. 〔趙遐秋，呂正惠主編〕　復歸左翼文學傳統的鄉土文學思潮——在複雜
　　　的政治文化環境中展開激烈的論戰〔余光中部分〕　臺灣新文學
　　　思潮史綱　臺北　人間出版社　2002 年 6 月　頁 315—316

682. 凌　君　「冷面笑將」余光中　兩岸關係　第 63 期　2002 年 9 月　頁 56
　　　—58

683. 郭漢辰　枋寮藝術村爲余光中闢設詩人斗室　民生報　2002 年 12 月 23 日
　　　6 版

684. 〔白　靈主編〕　詩人近況　九十一年詩選　臺北　臺灣詩學季刊雜誌社
　　　2003 年 4 月　頁 277

685. 王景山　　余光中　臺港澳暨海外華文作家辭典　北京　人民文學出版社
　　　　2003 年 7 月　頁 757—760

686.〔人間福報〕　余光中福州辦詩歌研會　人間福報　2003 年 9 月 11 日　8
　　　　版

687. 林秀美　西灣校園悅讀會，詩人開鑼，期許興學風　民生報　2003 年 9 月
　　　　25 日　13 版

688. 中央社　詩人余光中七十五大壽　中央日報　2003 年 10 月 3 日　14 版

689. 陳雯萍　詩人余光中七十五歲壽誕，企業暖壽　臺灣新聞報　2003 年 10 月
　　　　3 日　5 版

690. 孫紹振　和余光中面對面　香港文學　第 228 期　2003 年 12 月　頁 18—
　　　　19

691. 孫紹振　和余光中面對面　余光中評說五十年　北京　文化藝術出版社
　　　　2008 年 5 月　頁 86—90

692. 何　翔　母鄉・妻鄉・故鄉——余光中 75 歲故鄉常州行　兩岸關係　第 79
　　　　期　2004 年 1 月　頁 59—62

693. 顏艾琳　余光中簡介　最想唸給你聽的一首詩：2003 臺北國際詩歌節中外
　　　　詩人詩作專輯　臺北　臺北市文化局　2004 年 2 月　頁 18—19

694. 黃維樑　和詩人在一起——記余光中的一天　文化英雄拜會記：錢鍾書、
　　　　夏志清、余光中的作品與生活　臺北　九歌出版社　2004 年 4 月
　　　　頁 210—227

695. 丁麗潔，馬明斯，蔣俊穎　文學的心在此匯聚——余光中：當你的女友已
　　　　改名為瑪麗，你怎能送她一首菩薩蠻　文學報　第 1506 期　2004
　　　　年 5 月 27 日　1 版

696.〔向　陽主編〕　詩人近況〔余光中部分〕　2003 臺灣詩選　臺北　二魚
　　　　文化公司　2004 年 6 月　頁 314

697. 陳幸蕙　從仙臺魯迅故居想起的　聯合報　2004 年 7 月 19 日　E7 版

698. 孫燕華　詩人余光中作客上海　文訊雜誌　第 225 期　2004 年 7 月　頁 87

699. 劉永樂　　70 歲的歸鄉夢——記臺灣詩人余光中的「原鄉行」　華夏詩報
　　　　　　　2004 年 8 月 25 日　4 版

700.〔陳萬益選編〕　　作者簡介　國民文選・散文卷 2　臺北　玉山社出版公司
　　　　　　　2004 年 8 月　頁 92

701. 夏　菁　　給余光中的一封信　可臨視堡的風鈴　臺北　印刻出版公司
　　　　　　　2004 年 9 月　頁 251—252

702. 陳姿羽　　余光中風波在大陸始末，《人間》雜誌刊出　聯合報　2004 年 12
　　　　　　　月 5 日　16 版

703. 林麗雪　　余光中任總發起人，促教部增授課時數檢討課程內容　民生報
　　　　　　　2005 年 1 月 14 日　1 版

704. 孟祥傑　　搶救爛國文，余光中站出來　聯合報　2005 年 1 月 15 日　7 版

705. 陳子善　　余光中識小　美文　2005 年第 2 期　2005 年 2 月　頁 51

706. 陳子善　　余光中識小　素描：中國現當代作家印象　臺北　秀威資訊科技
　　　　　　　公司　2007 年 12 月　頁 137—140

707.〔人間福報〕　　鄉愁紅遍兩岸，高雄也有故鄉的味道——余光中：鄉愁是
　　　　　　　無解的，強調文學使人了解，詩人的任務就是把詩寫好　人間福
　　　　　　　報　2005 年 3 月 31 日　6 版

708.〔陳義芝主編〕　　詩人近況〔余光中部分〕　2004 臺灣詩選　臺北　二魚
　　　　　　　文化公司　2005 年 3 月　頁 255

709. 王廷俊　　左營文學臉譜——余光中領盡華人文壇風騷　水高雄，請進　臺
　　　　　　　北　愛書人雜誌公司　2005 年 3 月　頁 138—139

710. 中央社　　返南京母校，余光中解鄉愁　中央日報　2005 年 4 月 11 日　14
　　　　　　　版

711. 陳希林　　余光中吟詩救中文　中國時報　2005 年 5 月 8 日　A7 版

712.〔吳東晟，陳昱成，王浩翔編〕　　余光中　織錦入春闈：現代詩精選讀本
　　　　　　　臺中　京城文化公司　2005 年 8 月　頁 59

713. 流沙河　　昔日我讀余光中　文學世紀　第 55 期　2005 年 10 月　頁 74—76

714. 流沙河　　昔年我讀余光中　余光中評說五十年　北京　文化藝術出版社　2008 年 5 月　頁 81—85

715. 夏　行　　作家的成績單（上）——余光中：活動與講學行程滿檔　中央日報　2006 年 1 月 27 日　17 版

716. 沈　奇　　余光中小傳　現代小詩 300 首　濟南　山東文藝出版社　2006 年 1 月　頁 87—89

717.〔蕭　蕭主編〕　詩人近況〔余光中部分〕　2005 臺灣詩選　臺北　二魚文化公司　2006 年 2 月　頁 249

718. 姚嘉爲　　又見詩人——余光中訪問休士頓側記（上、下）　中華日報　2006 年 3 月 25—26 日　23 版

719. 黃美之　　詩人余光中至洛杉磯演講　文訊雜誌　第 245 期　2006 年 3 月　頁 132

720. 曉　亞　　讓春天從洛杉磯出發——余光中訪洛記　文訊雜誌　第 246 期　2006 年 4 月　頁 69—71

721.〔蕭　蕭主編〕　詩人簡介　優游意象世界　臺北　聯合文學出版社　2006 年 6 月　頁 56

722.〔編輯部〕　余光中　高雄文學小百科　高雄　高雄市文化局　2006 年 7 月　頁 24

723.〔劉杜尹主編〕　余光中小傳　余光中作品精選　武漢　長江文藝出版社　2006 年 8 月　頁 1—2

724. 林乃文　　世紀詩人——余光中　新觀念　第 219 期　2006 年 9、10 月合刊　頁 8—15

725. 顧敏耀　　余光中（1928—）發起「搶救國文教育聯盟」　2005 臺灣文學年鑑　臺南　國家臺灣文學館籌備處　2006 年 10 月　頁 364

726. 陳月素　　鄭愁予余光中，秋興動詩興——臺灣詩翁與詩壇祭酒除暢談創作經驗，與新加坡詩人王潤華賞析現代詩　中華日報　2006 年 11 月 27 日　5 版

727. 應鳳凰　　劉守宜與明華書局・《文學雜誌》──余光中與夏菁　五〇年代文學出版顯影　臺北　臺北縣文化局　2006 年 12 月　頁 153─154

728. 劉真福　　詩人印象記──鄉愁詩人余光中　中學語文教學　2007 年第 1 期　2007 年 1 月　頁 78─79

729. 李素真　　「鐵肩擔道義」的余光中先生　鐵肩擔道義：二十堂名家的國文課　臺北　商周出版社　2007 年 5 月　頁 241─252

730. 莊湉芬　　作家瞭望臺──余光中　比整個世界還要大：散文選讀　臺北　三民書局　2007 年 9 月　頁 73─74

731. 〔謝貴文編〕　　余光中簡介　幸福石鼓詩　高雄　高雄市文化局　2007 年 12 月　頁 167

732. 徐　青　　詩，應該是靈魂最真切的日記──記余光中的民族文化情懷　統一論壇　2007 年第 6 期　2007 年　頁 48─51

733. 古遠清　　余光中向歷史自首？　臺灣當代新詩史　臺北　文津出版社　2008 年 1 月　頁 381─387

734. 古遠清　　余光中：「自首」事件的來龍去脈　幾度飄零：大陸赴臺文人浮沉錄　桂林　廣西師範大學出版社　2010 年 2 月　頁 229─264

735. 古遠清　　余光中在大陸「向歷史自首」事件　海峽兩岸文學關係史　福州　福建人民出版社　2010 年 4 月　頁 313─318

736. 夏　菁　　和而不同五十年──余光中和我　中華日報　2008 年 2 月 4 日　C4 版

737. 夏　菁　　和而不同五十年──余光中和我　詩歌天保：余光中教授八十壽慶專集　臺北　九歌出版社　2008 年 10 月　頁 295─298

738. 夏　菁　　和而不同五十年──余光中和我　船過無痕──一本新世紀的現代散文　臺北　秀威資訊科技公司　2012 年 2 月　頁 81─85

739. 夏　菁　　和而不同五十年──余光中和我　窺豹集──夏菁談詩憶往　臺北　秀威資訊科技公司　2013 年 1 月　頁 60─64

740. 許筱湄　茱萸的孩子——速寫余光中　國語日報　2008 年 3 月 22 日　5 版

741. 許俊雅　淡水河流域的文化與文學——淡水河流域的文化——文學中淡水
文本的構成類型的作家群——余光中（一九二八年—）　續修臺
北縣志・藝文志第三篇・文學（上）　臺北　臺北縣政府　2008
年 3 月　頁 25—26

742. 張輝誠　與余光中共乘捷運　中國時報　2008 年 4 月 30 日　E7 版

743. 陳芳明　峰頂——賀余光中老師八十大壽　聯合報　2008 年 5 月 22 日
E3 版

744. 陳芳明　峰頂　晚天未晚　臺北　聯合文學出版社　2009 年 3 月　頁 191
—194

745. 陳建仲　余光中　文學心鏡　臺北　聯合文學出版社　2008 年 5 月　頁 28
—29

746. 徐　學　鄉愁詩人返鄉說鄉愁　余光中評說五十年　北京　文化藝術出版
社　2008 年 5 月　頁 76—80

747. 李　敖　「騙子」詩人和他的詩　余光中評說五十年　北京　文化藝術出
版社　2008 年 5 月　頁 128—129

748. 古遠清　關於余光中贊助李敖賣牛肉麵的廣告詞　余光中評說五十年　北
京　文化藝術出版社　2008 年 5 月　頁 130—134

749. 趙稀方　視線之外的余光中　余光中評說五十年　北京　文化藝術出版社
2008 年 5 月　頁 172—178

750. 薛永辰　視線之內的余光中　余光中評說五十年　北京　文化藝術出版社
2008 年 5 月　頁 179—182

751. 黃維樑　抑揚余光中　余光中評說五十年　北京　文化藝術出版社　2008
年 5 月　頁 183—186

752. 裴毅然　「二余」問題與「死不認帳」　余光中評說五十年　北京　文化
藝術出版社　2008 年 5 月　頁 191—192

753. 陳漱渝　何必對余光中求全　余光中評說五十年　北京　文化藝術出版社

2008 年 5 月　頁 193—194

754. 戴　　天　　流矣，派乎！　余光中評說五十年　北京　文化藝術出版社
　　　　　　　　　2008 年 5 月　頁 218—219

755. 鄭鏡明　　「余派」　余光中評說五十年　北京　文化藝術出版社　2008 年
　　　　　　　　5 月　頁 220—221

756. 李有成　　行雲流水，無罣無礙　聯合文學　第 283 期　2008 年 5 月　頁 75
　　　　　　　　—76

757. 張錦忠　　那年秋天，西灣舷影——記在南方邊城讀書的歲月　聯合文學
　　　　　　　　第 283 期　2008 年 5 月　頁 77—79

758.〔封德屏主編〕　　余光中　2007 臺灣作家作品目錄　臺南　國立臺灣文學
　　　　　　　　館　2008 年 7 月　頁 219

759.〔乾坤詩刊〕　　大師簡介　乾坤詩刊　第 47 期　2008 年 7 月　頁 1

760. 周麗蘭　　余光中導讀，周美青勤做筆記　中國時報　2008 年 8 月 3 日
　　　　　　　　A12 版

761. 林欣誼　　10 本書，為大師賀壽　中國時報　2008 年 9 月 21 日　B1 版

762. 王文顏　　序　中國近代文化的解構與重建：余光中先生八十大壽學術研討
　　　　　　　　會・第七屆中國近代文化問題學術研討會論文集　臺北　政治大
　　　　　　　　學文學院　2008 年 9 月　〔2〕頁

763. 張昌華　　余光中婚戀曲　故紙風雪：文化名人的背影　臺北　秀威資訊科
　　　　　　　　技公司　2008 年 9 月　頁 287—304

764. 廖玉蕙　　作者簡介　散文新四書・冬之妍　臺北　三民書局　2008 年 9 月
　　　　　　　　頁 10—11

765. 林欣誼　　余光中：被民族接受，是最大光榮　中國時報　2008 年 10 月 3 日
　　　　　　　　A14 版

766. 林欣誼　　為詩人慶 80 大壽，兩岸三地熱鬧整年　中國時報　2008 年 10 月
　　　　　　　　3 日　A14 版

767. 郭士榛　　余光中嵩壽，發表「80 歲畢業報告」　人間福報　2008 年 10 月 3

日　7 版

768. 林慶勳　躋八旬壽，祝八千春（序）　詩歌天保：余光中教授八十壽慶專集　臺北　九歌出版社　2008 年 10 月　頁 3—5

769. 古遠清　一道詭異的風景線——「統」「獨」之爭給新世紀臺灣文學的影響——「杜十三事件」及余光中的抗爭　和而不同　南寧　廣西人民出版社　2008 年 10 月　頁 504—505

770. 金聖華　百囀顯童心，千人誦詩情——二〇〇六年五月與詩人余光中同赴青島講學記　詩歌天保：余光中教授八十壽慶專集　臺北　九歌出版社　2008 年 10 月　頁 281—285

771. 黃國彬　士林路的孟嘗府　詩歌天保：余光中教授八十壽慶專集　臺北　九歌出版社　2008 年 10 月　頁 286—290

772. 夏　菁　完全是爲了好勝——祝余光中兄八十壽辰　詩歌天保：余光中教授八十壽慶專集　臺北　九歌出版社　2008 年 10 月　頁 291—294

773. 夏　菁　完全爲了好勝——祝余光中兄八十壽辰　船過無痕——一本新世紀的現代散文　臺北　秀威資訊科技公司　2012 年 2 月　頁 76—80

774. 〔九彎十八拐〕　余光中　九彎十八拐　第 22 期　2008 年 11 月　頁 15

775. 詹宇霈　余光中慶八十壽誕　文訊雜誌　第 277 期　2008 年 11 月　頁 152—153

776. 林欣誼　老中青合力，臺灣文壇熱鬧滾滾　中國時報　2008 年 12 月 28 日　B1 版

777. 李夜光　我和余光中的同窗情　鐘山風雨　2008 年第 6 期　2008 年 12 月　頁 31—33

778. 林翠芬　余光中：華文文學將在世界通行　文綜季刊　第 5、6 期合刊　2008 年 12 月　頁 90

779. 龔萬輝　詩人余光中來馬演講　文訊雜誌　第 279 期　2009 年 1 月　頁

126

780. 余幼珊　父親‧詩人‧同事　明報月刊　第 518 期　2009 年 2 月　頁 45—46

781. 余幼珊　父親‧詩人‧同事　日不落家　臺北　九歌出版社　2009 年 10 月　頁 211—214

782. 金聖華　巧思不絕，童心常在　明報月刊　第 518 期　2009 年 2 月　頁 58—59

783. 徐如宜　別人看他——在蜀相戀，與妻獨處川語傳情　聯合報　2009 年 3 月 8 日　A8 版

784. 徐如宜　那年 20 歲——初試啼聲〈沙浮〉苦戀入詩篇　聯合報　2009 年 3 月 8 日　A8 版

785. 陳芳明　花蓮　晚天未晚　臺北　聯合文學出版社　2009 年 3 月　頁 140—142

786. 許淵沖　讀余光中談譯詩　明報月刊　第 520 期　2009 年 4 月　頁 17—18

787. 余佩珊　月光海岸　日不落家　臺北　九歌出版社　2009 年 10 月　頁 215—228

788. 陳宛茜　詩人看梵谷——余光中：生命被撞了一下　聯合報　2009 年 12 月 11 日　A5 版

789. 古遠清　余光中在文學上「反攻大陸」？　海峽兩岸文學關係史　福州　福建人民出版社　2010 年 4 月　頁 251—254

790. 張輝誠　嚕嚕與余光中　聯合報　2010 年 6 月 8 日　D3 版

791. 蔡振念　西子灣的詩人　人間情懷　高雄　高雄縣政府文化局　2010 年 7 月　頁 51—52

792. 林欣誼　6 位導演 6 位作家引爆新視覺經驗‧余光中《逍遙遊》、鄭愁予《如霧起時》先登場　中國時報　2010 年 10 月 17 日　14 版

793. 劉　政　圓桌詩會詩人詠情抒情懷〔余光中部分〕　更生日報　2010 年 11 月 21 日　6 版

794. 〔魏絲羿主編〕　　余光中　2010 世界詩選　臺北　普音文化公司　2010 年
　　　12 月　頁 50—53

795. 羅任玲　與南臺灣的波浪相連——「完美主義者」余光中　文訊雜誌　第
　　　302 期　2010 年 12 月　頁 71—73

796. 羅任玲　「完美主義者」余光中　我在我不在的地方：文學現場踏查記
　　　臺南　國立臺灣文學館　2010 年 12 月　頁 204—208

797. 羅任玲　「完美主義者」余光中　臺港文學選刊　第 292 期　2013 年 3 月
　　　頁 32—33

798. 羅任玲　黑懨懨的蝴蝶——余光中與環保　我在我不在的地方：文學現場
　　　踏查記　臺南　國立臺灣文學館　2010 年 12 月　頁 200—203

799. 〔林佛兒〕　　前輩作家寫真簿——余光中　鹽分地帶文學　第 32 期　2011
　　　年 2 月　頁 12—13

800. 〔人間福報〕　　數位典藏余光中・e 探詩人浪漫　人間福報　2011 年 3 月
　　　24 日　7 版

801. 徐如宜　余音繞梁——余光中・中英文吟詩　聯合報　2011 年 3 月 26 日
　　　A18 版

802. 賴　怡　逍遙遊：自己不說的余光中　幼獅文藝　第 687 期　2011 年 3 月
　　　頁 46—48

803. 周慧珠　悅聽文學・把文學欣賞的感動・還給大眾——余光中・詩人吟詩
　　　說詩　人間福報　2011 年 6 月 5 日　B4 版

804. 周慧珠　眼睛借一下，耳朵借一下——朗讀，感動，解凍——余光中，詩
　　　人吟詩說詩　人間福報　2011 年 6 月 5 日　B5 版

805. 徐如宜　余光中：中文西化・常見非驢非馬怪句　聯合報　2011 年 6 月 12
　　　日　A6 版

806. 陳智華，徐如宜，王燕華　　臺語文爭議・余光中：別把自己做小了　聯合
　　　報　2011 年 6 月 14 日　A6 版

807. 朱雙一　余光中參加「三月三池州詩會」　文訊雜誌　第 309 期　2011 年

7 月　頁 163

808. 〔聯合報〕　畢卡索畫——余光中：幽默　聯合報　2011 年 8 月 2 日　A14 版

809. 〔聯合報〕　會動的清明上河圖——看小孩抓豬，逗樂余光中　聯合報　2011 年 8 月 3 日　A12 版

810. 陸　寧　朱炳仁雲彩飛，解余光中鄉愁——兩位大師相會擦出火花，象徵兩岸同源　旺報　2011 年 8 月 16 日　A16 版

811. 陳宛茜　余光中：注定是媒體···聯有耳朵合有口　聯合報　2011 年 9 月 17 日　A4 版

812. 徐如宜　文學大師系列電影——余光中逍遙遊，秀童心，曬恩愛　聯合報　2011 年 9 月 23 日　A18 版

813. 張婉琳　文人，水岸，與紀州庵——尋索臺北城南文學足跡——藍星詩社，和余光中舊居　文訊雜誌　第 311 期　2011 年 9 月　頁 68—69

814. 張婉琳　文人，水岸，與紀州庵——尋索臺北城南文學足跡——藍星詩社，和余光中舊居　城之南——紀州庵與臺北文學巷弄　臺北　臺灣文學發展基金會臺北市紀州庵新館　2012 年 12 月　頁 103—104

815. 〔人間福報〕　余光中返鄉‧將為永春寫作　人間福報　2011 年 10 月 12 日　7 版

816. 楊美玲　第五屆 mypfone 行動創作〔余光中部分〕　聯合報　2011 年 10 月 22 日　A5

817. 李　春　赴港對談——余光中：臺灣是妻，香港是情人　聯合報　2011 年 11 月 6 日　A11 版

818. 蔡容喬　讚詠西子灣、中山大學師生——余光中獲名譽博士，笑談退休售後服務　聯合報　2011 年 11 月 13 日　A11 版

819. 李怡芸　梁實秋文學獎，臺創作具優勢——余光中：臺灣文學是影響大陸

　　　　　　　　的重要軟實力　旺報　2011 年 11 月 30 日　A19 版

820. 林皇德　　如韻的鄉愁──余光中　國語日報　2011 年 12 月 3 日　5 版

821. 徐如宜　　洋人學中文──余光中：先學吃臭豆腐　聯合報　2011 年 12 月 7
　　　　　　　　日　A10 版

822. 古遠清　　一艘滿載著寶島書香的船──第七次訪臺記──狡黠的余光中
　　　　　　　　文綜季刊　第 18 期　2011 年 12 月　頁 70

823. 古遠清　　寶島書香入船來──狡黠的余光中　臺灣文壇的「實況轉播」：
　　　　　　　　一位大陸學者眼中的臺灣文壇　臺北　秀威資訊科技公司　2013
　　　　　　　　年 7 月　頁 356─357

824. 彭鏡禧編　　作者簡介　旅夜書懷──二十世紀臺灣現代散文精選（Down
　　　　　　　　Memory Lane──A Selection of 20th─century Taiwan Prose）　臺
　　　　　　　　北　國家教育研究院　2011 年 12 月　頁 235

825. 簡弘毅　　交流‧分享‧探索──2011 中國大陸參訪紀行（下）──余光
　　　　　　　　中：南京小學　臺灣文學館通訊　第 33 期　2011 年 12 月　頁
　　　　　　　　108

826. 〔人間福報〕　詩人之路‧澄清湖建余光中詩碑　人間福報　2012 年 1 月
　　　　　　　　2 日　7 版

827. 蔡容喬　　澄清湖畔揭碑──余光中詩路讀詩，太陽來點名　聯合報　2012
　　　　　　　　年 1 月 2 日　A11 版

828. 李晏如　　王爾德 VS.余光中，《不可兒戲》再交鋒　聯合報　2012 年 3 月
　　　　　　　　13 日　A12 版

829. 林采韻　　余光中話鬼才作品：如同在高速公路上倒著開車與人賽車　旺報
　　　　　　　　2012 年 3 月 13 日　A19 版

830. 趙靜瑜　　余光中譯本王爾德《不可兒戲》登臺　自由時報　2012 年 3 月 13
　　　　　　　　日　A12 版

831. 蘇惠昭　　作家簡介──永遠逍遙的牧神──余光中　作家小傳：余光中
　　　　　　　　臺北　行人文化實驗室，目宿媒體　2012 年 3 月　頁 14─36

832.〔行人文化實驗室，洪範書局〕　　小專題——余光中的民歌時代　作家小
　　　傳：余光中　臺北　行人文化實驗室，目宿媒體　2012 年 3 月
　　　頁 62—63

833. 羅印沖　　臺灣作家第一人——余光中駐點北大　聯合報　2012 年 4 月 21 日
　　　A29 版

834. 李怡芸　　余光中客座西安・續寫〈鄉愁〉　旺報　2012 年 5 月 23 日　A19
　　　版

835. 徐如宜　　余光中、林昭亮，詩樂交會的光芒　聯合報　2012 年 5 月 24 日
　　　A5 版

836. 朱雙一　　余光中受聘北京大學「駐校詩人」　文訊雜誌　第 320 期　2012
　　　年 6 月　頁 155

837. 蔡容喬　　會動的清明上河圖——余光中二度看展，「有更多創作靈感」
　　　聯合報　2012 年 7 月 16 日　A12 版

838. 佐渡守　　余光中：島嶼與寫作　中國時報　2012 年 8 月 4 日　20 版

839.〔文綜季刊〕　　港澳文壇盛會——「兩岸四地——世界華文文學前瞻」論
　　　壇——余光中提倡「白以為常，文以應變」　文綜季刊　2012 年
　　　9 月　頁 10

840. 郭　楓　　歷史形勢劇變・臺灣新詩異化——《臺灣當代新詩史論》緒論
　　　〔余光中部分〕　新地文學（2007 年）　第 21 期　2012 年 9 月
　　　頁 46—47

841. 陳延宗　　余光中浯島開講　文訊雜誌　第 323 期　2012 年 9 月　頁 131—
　　　132

842. 劉正偉　　兩馬同槽：夏菁與余光中的故事　鉤沉｜瑣憶｜補遺——臺灣文
　　　學史料集刊第二輯　臺南　國立臺灣文學館　2012 年 9 月　頁
　　　135—139

843.〔語文教學與研究〕　　84 歲余光中大陸續寫「鄉愁」　語文教學與研究
　　　2012 年第 19 期　2012 年　頁 3

844. 曹可凡　　流沙河、余光中、李敖：文人相親與相輕　學習博覽　2012 年第
　　　　　　　9 期　2012 年　頁 38—39

845.〔語文教學與研究〕　　余光中稱詩歌不一定要押韻　語文教學與研究
　　　　　　　2012 年第 32 期　2012 年　頁 3

846. 謝孟宗　　今我來思　南鵲是我，我是南鵲　臺南　臺南市政府文化局
　　　　　　　2013 年 3 月　頁 35—36

847. 新周刊主編　　你必須知道的一○一個臺灣人——余光中　臺灣最美的風景
　　　　　　　是人　臺北　華品文創出版公司　2013 年 6 月　頁 16

848. 陳素芳　　余光中繆思不老　文訊雜誌　第 333 期　2013 年 7 月　頁 132

訪談、對談

849. 王在軍　　訪詩人余光中談詩　葡萄園　第 19 期　1967 年 1 月　頁 4

850. 山　靈　　蓮的聯想者——余光中專訪　幼獅文藝　第 186 期　1969 年 6 月
　　　　　　　頁 98—111

851. 山　靈　　蓮的聯想者——余光中訪問記　從真摯出發　臺中　普天出版社
　　　　　　　1971 年 3 月　頁 185—195

852. 余光中等[20]　　葡萄園九週年慶——大會紀要　葡萄園　第 38 期　1971 年 10
　　　　　　　月　頁 6—12

853. 劉蒼芝　　訪余光中談〈搖滾樂〉　大華晚報　1973 年 11 月 15 日　10 版

854. 夏祖麗　　詩人余光中和他的「千年的新娘」——一個美滿婚姻故事　婦女
　　　　　　　雜誌　第 69 期　1974 年 6 月　頁 14—16

855. 李　昂　　酒醒的戴奧耐塞斯——訪詩人余光中先生　幼獅文藝　第 258 期
　　　　　　　1975 年 6 月　頁 32—50

856. 李　昂　　酒醒的戴奧耐塞斯——訪詩人余光中先生　群像——中國當代藝
　　　　　　　術家訪問　臺北　大漢出版社　1976 年 4 月　頁 133—157

857. 桂文亞　　詩人如是說——余光中訪問記（上、中、下）　聯合報　1977 年

---

[20]與會者：陳紀瀅、鍾雷、余光中、馬莊穆、于還素、羊令野、上官予、宋膺、吳濁流、張肇祺、
陳敏華；紀錄：文曉村。

8 月 10—12 日　8 版

858. 桂文亞　詩人如是說——余光中先生訪問記　墨香——當代學人作家訪問
記　臺北　皇冠出版社　1979 年 11 月　頁 93—113

859. 夏祖麗　余光中去國千日談感概　書評書目　第 53 期　1977 年 9 月　頁
65—76

860. 夏祖麗　余光中訪問記——去國千日談感觸　握筆的人　臺北　純文學出
版社　1977 年 12 月　頁 53—70

861. 邱秀文　聽，聽，那熾熱的心語——訪余光中先生　智者群像　臺北　時
報文化出版公司　1977 年 10 月　頁 180—188

862. 彭碧玉　會心會面談文藝——余光中　幼獅文藝　第 286 期　1977 年 10 月
頁 5—6

863. 周玉蔻　余光中陳鼓應訪問記　自立晚報　1978 年 2 月 26 日　3 版

864. 胡子丹　訪余光中談翻譯——城南的約會（上、下）　中華日報　1978 年
10 月 2—3 日　11 版

865. 王志誠　千手觀音——余光中先生訪問記　東吳青年　第 74 期　1981 年 1
月　頁 36—47

866. 〔純文學〕　作家動態：余光中——臺北到處充滿了蠢蠢欲動的生命力
純文學　第 1 期　1981 年 4 月　頁 21

867. 李瑞騰　聽我胸中的烈火——夜訪詩人余光中　陽光小集　第 10 期　1982
年 10 月　頁 16—24

868. 歐團圓　夜訪余光中——不老的繆思　風燈　第 36 期　1984 年 3 月　頁 3
—4

869. 林　芝　詩的延長線——與余光中先生一席談　幼獅少年　第 95 期　1984
年 9 月　頁 96—98

870. 林　芝　詩的延長線——余光中　望向高峰：速寫現代散文作家　臺北
幼獅文化公司　1992 年 12 月　頁 98—104

871. 沈　謙　詭譎的文人——與余光中談散文　聯合報　1985 年 3 月 26 日　8

版

872. 李元洛　海闊天空夜論詩──臺灣詩人余光中訪問記　芙蓉　1986 年第 2
　　　期　1986 年 3 月　頁 148

873. 陳慧樺，賴美岑　西子灣的濤聲──訪一代詩人余光中　心臟詩刊　第 10
　　　期　1986 年 3 月　頁 8─19

874. 林　彧　十年看山一身風光──林彧（1957─）訪余光中（1928─）　中
　　　國時報　1986 年 6 月 11 日　8 版

875. 林燿德　雙目合，視乃得──專訪余光中　自由青年　第 78 卷第 2 期
　　　1987 年 8 月　頁 56─73

876. 林燿德　雙目合，視乃得──專訪余光中　觀念對話──當代詩言談錄
　　　臺北　漢光文化公司　1989 年 8 月　頁 49─77

877. 余光中等[21]　詩創作的經驗與理想座談紀錄　藍星詩刊　第 13 期　1987 年
　　　10 月　頁 128─152

878. 鄭照順　訪余光中教授談文學與人生　高市文教　第 31 期　1987 年 12 月
　　　頁 18─22

879. 義　芝　一筆在手，滿眼江湖──訪聯副第一屆「每月人物」余光中先生
　　　聯合報　1989 年 6 月 30 日　27 版

880. 陳義芝　一筆在手，滿眼江湖──專訪余光中先生　九歌雜誌　第 121 期
　　　1991 年 3 月　1 版

881. 姚儀敏　繆思的錦囊──余光中訪問記　中央月刊　第 24 卷第 2 期　1991
　　　年 2 月 5 日　頁 110─124

882. 余光中等[22]　詩人節談詩　藍星詩刊　第 28 期　1991 年 7 月　頁 137─150

883. 遊子意　余光中重返神州鄉愁益濃　亞洲周刊　第 7 卷第 7 期　1993 年 2
　　　月 21 日　頁 27

884. 余光中，齊邦媛　翻譯的筆下功夫──余光中 VS.齊邦媛　精湛　第 24 期

---

[21]與會者：余光中、白靈、張遠謀、徐慶東、張健、曹介直、商略、向明、林燿德、羅門、賴成
謀、李果、林彧、洪淑苓、蓉子、夏菁。
[22]與會者：余光中、王士祥、羅門、李瑞騰、簡政珍、翁文嫻、白靈、蕭蕭、鍾玲、向明。

1995 年 2 月　頁 27—30

885. 古遠清　　西子灣談詩記——訪余光中教授　詩探索　1996 年第 1 期　1996
　　　　年 3 月　頁 117—124

886. 古遠清　　西子灣談詩記——訪余光中教授　臺港澳文壇風景線（下）　武
　　　　漢　國際文化公司　1997 年 4 月　頁 679—686

887. 陳義芝，孫梓評　　發光的地圖——詩人學者余光中的讀書經驗　聯合報
　　　　1997 年 1 月 21 日　37 版

888. 陳義芝，孫梓評　　發光的地圖——詩人學者余光中的讀書經驗　閱讀之旅
　　　　（上）　臺北　聯經出版公司　1998 年 7 月　頁 74—83

889. 鄺國義，葉延濱　　余光中訪談錄　詩刊　1997 年第 7 期　1997 年 5 月　頁
　　　　69—72

890. 丁宗皓　　在傳統與現代之間——余光中先生訪談錄　當代作家評論　1997
　　　　年第 6 期　1997 年 11 月　頁 59—68

891. 丁宗皓　　在傳統與現代之間——余光中先生訪談錄　余光中評說五十年
　　　　北京　文化藝術出版社　2008 年 5 月　頁 23—40

892. 趙爵民　　余光中——詩在這頭，文化在那頭　海上文壇　1997 年第 12 期
　　　　1997 年 12 月　頁 33—36

893. 張夢瑞專訪　　新足音疊著舊足音，步步是回味——余光中難忘那「家街」
　　　　深巷　民生報　1998 年 4 月 18 日　19 版

894. 張夢瑞　　尋訪舊足音——余光中難忘家街深巷　中華日報　2005 年 1 月 26
　　　　日　23 版

895. 王偉明　　回到壯麗的光中——余光中答客問　詩雙月刊　第 40 期　1998 年
　　　　6 月　頁 4—10

896. 王偉明　　回到壯麗的光中——余光中答客問　詩人詩事　香港　詩雙月刊
　　　　出版社　1999 年 9 月　頁 229—239

897. 溫迪雅　　鄉愁是一種情結——余光中訪談錄　華人時刊　1998 年 15 期
　　　　1998 年 9 月　頁 27—30

898. 董成瑜　　余光中出新書慶賀自己七十不老——人物專訪　中國時報　1998
　　　　　　　年 10 月 29 日　43 版

899. 林素芬　　阿波羅的書房——作家余光中專訪　幼獅文藝　第 538 期　1998
　　　　　　　年 10 月　頁 37—43

900. 傅承得　　藏火的意志在燧石的肺裡——余光中訪談錄　與永恆對壘：余光
　　　　　　　中先生七十壽慶詩文集　臺北　九歌出版社　1998 年 10 月　頁
　　　　　　　227—240

901. 盧先志　　用文字建築美麗的詩人——訪余光中教授七十壽誕之前　明道文
　　　　　　　藝　第 272 期　1998 年 11 月　頁 14—22

902. 杜　橋　　濃濃的「鄉愁」——訪臺灣詩人余光中　世界文化　1998 年第 2
　　　　　　　期　1998 年　頁 7—8

903. 蔡詩萍訪問；王妙如記　　余光中專訪（1—12）——「人生採訪——當代作
　　　　　　　家映象」余光中專輯　中國時報　1999 年 4 月 24—30 日，5 月 1
　　　　　　　—5 日　37 版

904. 胡金倫　　瞭望《天狼星》的三個角度——與余光中的跨世代對話（上、
　　　　　　　下）　中國時報　1999 年 5 月 13—14 日　37 版

905. 劉智淵　　余光中——執五彩筆，彩繪璀璨人生　文化視窗　第 20 期　2000
　　　　　　　年 5 月　頁 6—11

906. 傅寧軍　　近訪余光中——鄉情永遠刻在心頭　世界華文文學論壇　2000 年
　　　　　　　第 2 期　2000 年 6 月　頁 71—73

907. 慕容華　　左岸下午茶——訪名詩人余光中先生　臺灣新聞報　2000 年 10 月
　　　　　　　16 日　B8 版

908. 陳孔國，江堤整理　　余光中答聽眾問　余光中：與永恆拔河　長沙　湖南
　　　　　　　大學出版社　2001 年 1 月　頁 15—25

909. 〔江　堤編選〕　　湖南衛視訪談錄　余光中：與永恆拔河　長沙　湖南大
　　　　　　　學出版社　2001 年 1 月　頁 107—114

910. 顧蕙倩　　生命處處皆韻腳——詩人余光中訪問記　中央日報　2002 年 7 月

　　　　　　　　9 日　15 版

911. 曹安娜　　東南亞華文文學透視——余光中、駱明、莊鍾慶訪談　東方論壇
　　　　　　　2002 年第 4 期　2002 年 8 月　頁 72—77

912. 孫　鈴　　訪余光中　海與風的對話：作家訪談錄　高雄　高雄廣播電臺
　　　　　　　2002 年 12 月　頁 55—72

913. 舒　非　　跟余光中談文學　香港作家　2003 年第 2 期　2003 年 4 月　頁 14

914. 凌　之　　余光中——我的幸福生活　臺聲雜誌　2003 年第 9 期　2003 年 9
　　　　　　　月　頁 40—43

915. 吳開晉　　同余光中先生讀《白玉苦瓜》　新詩的裂變與驟變　北京　中國
　　　　　　　文學出版社　2003 年 11 月　頁 626—637

916. 阮　鋒　　余光中金華說「鄉愁」　文化交流　2004 年第 1 期　2004 年 1 月
　　　　　　　頁 2—3

917. 李沅亭，張雯靜，張懿心　　以無限超越有限——專訪余光中教授　中師圖
　　　　　　　書館館訊　第 46 期　2004 年 6 月　頁 2—5

918. 譚中興，徐如宜　　余光中：語言像河流不能氾濫　聯合報　2005 年 2 月 14
　　　　　　　日　10 版

919. 〔中華遺產〕　　余光中：凡我在處，就是中國　中華遺產　2006 年第 2 期
　　　　　　　2006 年 3 月　頁 12—15

920. 林翠芬　　「歷史的遺憾由文學來補償！」——余光中教授談《桃花扇》的
　　　　　　　歷史意義　香港作家　2007 年第 2 期　2007 年 3 月　頁 20—21

921. 夏　楡　　余光中：把島上的文字傳回中原　余光中評說五十年　北京　文
　　　　　　　化藝術出版社　2008 年 5 月　頁 41—48

922. 劉思坊整理　　記憶像鐵軌一樣長——余光中對談陳芳明　印刻文學生活誌
　　　　　　　第 57 期　2008 年 5 月　頁 86—95

923. 紫　鵑　　心有千瓣的一株蓮——訪詩人余光中教授　乾坤詩刊　第 47 期
　　　　　　　2008 年 7 月　頁 6—23

924. 羅任玲　　一首詩，被永恆引渡——專訪余光中　文訊雜誌　第 276 期

2008 年 10 月　頁 23—33

925. 陳　芳　「我一直在寫」——記余光中先生　明報月刊　第 518 期　2009
　　　　　年 2 月　頁 47—52

926. 徐如宜　走過戰亂，鄉愁淬煉余光中詩心　聯合報　2009 年 3 月 8 日　A8
　　　　　版

927. 宋裕採訪；曾萍萍撰寫　　文學，非常余光中　幼獅少年　第 395 期　2009
　　　　　年 9 月　頁 50—55

928. 宋裕採訪；曾萍萍撰寫　　文學，非常余光中　與作家有約　臺北　幼獅文
　　　　　化公司　2011 年 4 月　頁 30—47

929. 彭蕙仙　梵谷是我家的另類家人——余光中談《梵谷傳》與翻譯　新活水
　　　　　第 27 期　2009 年 12 月　頁 94—97

930. 李懷宇　余光中：鄉愁是我的一張名片　世界知識公民——文化名家訪談
　　　　　錄　臺北　允晨文化公司　2010 年 5 月　頁 57—80

931. 馬翊翔記錄整理　　巷道的詩，河岸的小說——記余光中與王文興紀州庵新
　　　　　館對談　聯合報　2010 年 6 月 2 日　D3 版

932. 馬翊翔記錄整理　　巷道的詩，河岸的小說——記余光中與王文興紀州庵新
　　　　　館對談　城之南——紀州庵與臺北文學巷弄　臺北　臺灣文學發
　　　　　展基金會臺北市紀州庵新館　2012 年 12 月　頁 143—155

933. 陳幸蕙　變成一個更高明的你！——訪余光中先生談創作與人生　文訊雜
　　　　　誌　第 332 期　2013 年 6 月　頁 44—50

年表

934. 黃維樑　余光中年表　火浴的鳳凰——余光中作品評論集　臺北　純文學
　　　　　出版社　1978 年 5 月　頁 417—424

935. 黃維樑　余光中年表　璀璨的五采筆　臺北　九歌出版社　1994 年 10 月
　　　　　頁 535—550

936. 陳義芝　余光中年表　簷夢春雨　臺北　朱衣出版社　1994 年 5 月　頁
　　　　　173—185

937. 〔中國時報〕　　余光中創作年表　中國時報　1995 年 10 月 7 日　39 版

938. 〔傅孟麗編〕　　余光中大事年表　茱萸的孩子：余光中傳　臺北　天下遠
　　　　見出版公司　1999 年 1 月　頁 325—340

939. 天下文化　　余光中大事年表（1—3）──「人生探訪──當代作家映象」
　　　　余光中專輯　中國時報　1999 年 4 月 22—24 日　37 版

940. 〔陳義芝編〕　　高空的赤金火球──余光中篇──余光中寫作年表　散文
　　　　教室　臺北　九歌出版社　2002 年 2 月　頁 170—179

941. 〔陳義芝編〕　　余光中寫作年表　新世紀散文家：余光中精選集　臺北
　　　　九歌出版社　2002 年 11 月　頁 317—326

942. 〔陳義芝編〕　　余光中寫作年表　余光中散文精選集　桂林　廣西師範大
　　　　學出版社　2003 年 12 月　頁 273—279

943. 徐　學　　余光中大事年表　火中龍吟：余光中評傳　廣州　花城出版社
　　　　2002 年 5 月　頁 345—362

944. 〔林永福，是永駿編〕　　作者年譜──余光中　シリーズ台湾現代詩 3──
　　　　楊牧・余光中・鄭愁予・白萩　東京　株式会社国書刊行会
　　　　2004 年 12 月　頁 309—312

945. 〔葉振輝編〕　　余光中大事年表　讓春天從高雄出發──余光中教授專訪
　　　　高雄　高雄市文獻會　2005 年 12 月　頁 107—137

946. 徐　學　　創作要目　余光中精選集　北京　北京燕山出版社　2006 年 5 月
　　　　頁 246—250

947. 徐　學　　創作要目　余光中精選集　北京　北京燕山出版社　2009 年 4 月
　　　　頁 237—240

948. 〔編輯部〕　　余光中大事年表　余光中評說五十年　北京　文化藝術出版
　　　　社　2008 年 5 月　頁 388—395

949. 劉思坊整理　　余光中創作年表　余光中六十年詩選　臺北　印刻文學生活
　　　　雜誌出版公司　2008 年 6 月　頁 358—367

950. 陳芳明　　余光中大事年表　余光中跨世紀散文　臺北　九歌出版社　2008

　　　　　　年 10 月　頁 469—478

951.〔丁旭輝編〕　　余光中寫作生平簡表　余光中集　臺南　國立臺灣文學館
　　　　　　2008 年 12 月　頁 135—138

952. 徐如宜　　余光中　聯合報　2009 年 3 月 8 日　A8 版

953.〔盛達，孫梅主編〕　　余光中年表　余光中選集　香港　明報月刊出版
　　　　　　社，新加坡青年書局出版　2009 年 5 月　頁 424—429

954.〔行人文化實驗室，洪範書局〕　　作家年表　作家小傳：余光中　臺北
　　　　　　行人文化實驗室，目宿媒體　2012 年 3 月　頁 38—45

其他

955. 張夢瑞　　詩人余光中大陸受歡迎——散文集將有各省十家出版社分別出版
　　　　　　民生報　1996 年 9 月 7 日　15 版

956. 孫松堂　　盜版余光中作品紅遍大陸　中央日報　1997 年 7 月 23 日　21 版

957. 江中明　　余光中作品大陸出選集　聯合報　1997 年 9 月 23 日　18 版

958. 李維菁　　余光中等人獲「詩歌藝術獎」　中國時報　1997 年 9 月 27 日　23
　　　　　　版

959. 黃俊嘉　　新聞局舉行國際傳播獎章頒獎典禮，余光中等六人獲殊榮　中央
　　　　　　日報　1998 年 10 月 10 日　10 版

960. 楊　華　　余光中作品暨詩歌研討會　聯合報　1998 年 10 月 22 日　37 版

961. 陳萬強　　李總統贈匾連珠綴玉，祝賀余光中七十歲生日　中央日報　1998
　　　　　　年 10 月 28 日　10 版

962. 潘　罡　　余光中獲選「百年來詩人」　中國時報　1998 年 11 月 14 日　11
　　　　　　版

963. 董秀雯　　余光中詩情搬上螢幕　中央日報　1999 年 4 月 25 日　14 版

964.〔中華日報〕　　五四榮譽獎揭曉——文學新詩類：余光中　中華日報
　　　　　　1999 年 5 月 4 日　16 版

965. 陳文芬　　文藝獎章今天頒發，余光中等五人獲榮譽文藝獎章　中國時報
　　　　　　1999 年 5 月 4 日　11 版

966. 曾意芳　　文協大會頒文藝獎章〔余光中部分〕　中央日報　1999 年 5 月 5
　　　　　　　日　10 版

967. 洪麗明　　文藝獎頒獎典禮冠蓋雲集——林澄枝感謝爲文化帶路盼共創文化
　　　　　　　大國〔余光中部分〕　中華日報　1999 年 5 月 5 日　5 版

968. 謝梅芬　　高市表揚六文藝獎得主〔余光中部分〕　聯合報　2000 年 7 月 1
　　　　　　　日　14 版

969. 陳璧玲　　高市文藝獎頒贈六得主——余光中、葉石濤、黃友棣、黃金建、
　　　　　　　李彩娥、李天瑞　中國時報　2000 年 7 月 2 日　11 版

970. 李友煌　　港都頒獎典禮，狀況連連〔余光中部分〕　民生報　2000 年 7 月
　　　　　　　2 日　A5 版

971. 葉　彤　　余光中文學作品研討會在寧舉行　世界華文文學論壇　2000 年第
　　　　　　　4 期　2000 年 12 月　頁 78

972. 張夢瑞　　越洋跨海演講余光中忙得不亦樂乎，北京出版「港臺作家傳記叢
　　　　　　　書」第一波六人入選　民生報　2001 年 2 月 23 日　7 版

973. 張伯順　　「霍英東」得獎名單揭曉——林懷民余光中上榜，親赴大陸領獎
　　　　　　　聯合報　2001 年 12 月 8 日　14 版

974. 徐開塵　　第二屆霍英東獎揭曉——余光中林懷民前往廣東領獎　民生報
　　　　　　　2001 年 12 月 8 日　13 版

975. 賴廷恆　　榮獲霍英東獎「貢獻獎」、「成就獎」——林懷民余光中連袂領
　　　　　　　獎　中國時報　2001 年 12 月 8 日　14 版

976.〔臺灣新聞報〕　余光中、林懷民分獲香港霍英東獎　臺灣新聞報　2002
　　　　　　　年 1 月 7 日　13 版

977. 劉福春　　余光中說文手稿　二十世紀中國文藝圖文誌・新詩卷　瀋陽　瀋
　　　　　　　陽出版社　2002 年 8 月　頁 138—139

978. 王蘭芬　　余光中獲榮譽博士　民生報　2003 年 12 月 4 日　A13 版

979. 鍾秀忠　　余光中獲中文大學榮譽博士　中央日報　2003 年 12 月 5 日　6 版

980.〔人間福報〕　余光中獲頒港大榮譽文學博士　人間福報　2003 年 12 月 5

日　10 版

981.〔中國時報〕　余光中、莫言獲大陸年度文學大獎　中國時報　2004 年 4
月 19 日　18 版

982.〔中華日報〕　華語文學傳媒大獎——余光中獲散文家獎　中華日報
2004 年 4 月 19 日　5 版

983.〔聯合報〕　華語文學傳媒大獎得主揭曉——莫言傑出成就獎、余光中散
文家獎　聯合報　2004 年 4 月 19 日　13 版

984. 洪士惠　余光中獲華語文學傳媒大獎　文訊雜誌　第 224 期　2004 年 6 月
頁 83

985. 李怡芸　余光中，獲頒華文星雲貢獻獎　旺報　2011 年 11 月 16 日　A18
版

986.〔人間福報〕　首屆全球華文文學星雲獎・余光中獲貢獻獎　人間福報
2011 年 11 月 16 日　7 版

987. 王昭月　華文文學星雲獎・余光中獲貢獻獎　聯合報　2011 年 11 月 16 日
A10 版

988.〔人間福報〕　第一屆全球華文文學星雲獎——余光中・獲貢獻獎　人間
福報　2011 年 12 月 14 日　1 版

989. 李惠芬　全球華文星雲貢獻獎・余光中詩文雙美・獲貢獻獎　自由時報
2011 年 12 月 14 日　A13 版

990. 李怡芸　文學星雲獎・余光中獲貢獻獎　旺報　2011 年 12 月 14 日　A20
版

991.〔青年日報〕　余光中獲頒全球華文星雲貢獻獎　青年日報　2011 年 12 月
14 日　11 版

992. 蔡欣潔　星雲：文學帶動思潮・啓迪人心的無形力量——貢獻獎：博古通
今・學貫中西・余光中　聯合報　2011 年 12 月 14 日　A3 版

993. 李瑞梅　全球華文文學星雲獎・余光中獲貢獻獎　聯合報　2011 年 12 月
14 日　A11 版

994. 陳宛茜　　第一屆全球華文文學星雲獎・余光中獲百萬貢獻獎　聯合報　2011 年 12 月 14 日　A12 版

995. 莊佩璋　　余光中得星雲文學獎　中國時報　2011 年 12 月 15 日　A15 版

996. 蔡明原　　矗立在西子灣的人文燈塔——「西灣文藝雅聚——與余光中有約」活動側記　文訊雜誌　第 314 期　2011 年 12 月　頁 132—134

997. 游文宓　　余光中獲頒中山大學名譽文學博士　文訊雜誌　第 314 期　2011 年 12 月　頁 165

998.〔臺港文學選刊〕　詩人的繆思——余光中詩歌音樂會　臺港文學選刊　第 292 期　2013 年 3 月　頁 21

作品評論篇目

綜論

999. 陳　慧　　有關新詩的一些意見——從言〔曦〕、余〔光中〕二先生的論辯說起　文星　第 29 期　1960 年 3 月　頁 12—15

1000. 瘂　弦　　余光中　六十年代詩選　高雄　大業書店　1961 年 1 月　頁 28

1001. 瘂　弦　　《六十年代詩選》作者小評〔余光中部分〕　創世紀　第 149 期　2006 年 12 月　頁 47—48

1002. 藍　采　　批判兩首新詩　大學生　第 30 期　1964 年 1 月　頁 11—13　本文論及覃子豪與余光中的論戰。

1003. 葛賢寧，上官予　　現代詩的興起（中）〔余光中部分〕　五十年來的中國詩歌　臺北　中正書局　1965 年 3 月　頁 195—197

1004.〔聯合報〕　余光中的詩情，從變化中求新　聯合報　1966 年 12 月 31 日　13 版

1005.〔張默，洛夫，瘂弦編〕　余光中　七十年代詩選　高雄　大業書店　1967 年 9 月　頁 103—105

1006. 許　逖　　詩的聯想與鬼打牆〔余光中部分〕　激湍　臺北　陽明雜誌社

1968 年 1 月　頁 157—162

1007. 許　逖　　詩的聯想與鬼打牆〔余光中部分〕　激湍　臺北　雙喜圖書出版
社　1983 年 1 月　頁 209—215

1008. 碧　果　　我對現代詩的淺見——致余光中：兼爲拙作〈被囚之礦的恐群的
舲之囚〉答辯　青年戰士報　1968 年 12 月 15 日　7 版

1009. 〔笠〕　　笠下影——余光中　笠　第 28 期　1968 年 12 月　頁 38—40

1010. 周伯乃　　學者詩人——余光中　自由青年　第 41 卷第 5 期　1969 年 5 月
1 日　頁 110—115

1011. 陳芳明　　介紹余光中的散文　青溪　第 24 期　1969 年 6 月　頁 57—61

1012. 馬冰如　　余光中 Hail April 實況紀錄　海洋詩刊　第 7 卷第 2 期　1969 年
6 月　頁 19—20

1013. 顏元叔　　余光中的現代中國意識[23] 純文學　第 41 期　1970 年 5 月　頁
129—147

1014. 顏元叔　　余光中的現代中國意識　文學經驗　臺北　志文出版社　1972 年
7 月　頁 78—105

1015. 顏元叔　　余光中的現代中國意識　談民族文學　臺北　臺灣學生書局
1973 年 6 月　頁 161—187

1016. 顏元叔　　余光中的現代中國意識　文學經驗　臺北　志文出版社　1975 年
1 月　頁 78—105

1017. 顏元叔　　余光中的現代中國意識　顏元叔自選集　臺北　黎明文化公司
1975 年 12 月　頁 121—147

1018. 顏元叔　　余光中的現代中國意識　火浴的鳳凰——余光中作品評論集　臺
北　純文學出版社　1979 年 5 月　頁 69—89

1019. 顏元叔　　余光中的現代中國意識　余光中評說五十年　北京　文化藝術出
版社　2008 年 5 月　頁 300—314

---

[23]本文探討余光中的詩作，以呈現其現代中國意識。全文共 5 小節：1.引言；2.〈敲打樂〉和〈當我死時〉；3.〈雙人床〉和〈如果遠方有戰爭〉；4.〈在冷戰的年代〉、〈忘川〉及其他；5.結語。

1020. 陳慧樺　余光中的主題　大學雜誌　第 35 期　1970 年 11 月　頁 39—44

1021. 陳慧樺　余光中的主題　板歌　臺北　蘭臺書局　1973 年 1 月　頁 81—98

1022. 陳慧樺　余光中的主題　臺大青年　第 59 卷第 1 期　1977 年 8 月　頁 11—16

1023. 程榕寧　余光中和現代詩　大華晚報　1971 年 9 月 6 日　10 版

1024. 胡羅白　詩人余光中的轉變　今日世界　第 473 期　1971 年 12 月　頁 23

1025. 雨　田　評余光中的譯論與譯文　書評書目　第 3 期　1973 年 1 月　頁 64—76

1026. 南風起　詩與散文　大華晚報　1973 年 3 月 26 日　10 版

1027. 林亨泰　我們時代裡的中國詩（1—2）[24]　笠　第 54—55 期　1973 年 4，6 月　頁 91—97，57—60

1028. 林亨泰　我們時代裡的中國詩　林亨泰全集·文學論述卷 1　彰化　彰化縣立文化中心　1998 年 9 月　頁 84—105

1029. 陳芳明　余光中作品研究專論（2）——一顆不認輸的靈魂　龍族詩刊　第 10 期　1973 年 9 月　頁 45—56

1030. 陳芳明　一顆不肯認輸的靈魂　鏡子和影子——現代詩評論集　臺北　志文出版社　1974 年 3 月　頁 55—80

1031. 陳芳明　一顆不肯認輸的靈魂——余光中論　中國現代作家論　臺北　聯經出版公司　1979 年 7 月　頁 51—73

1032. 書評書目資料室　作家話像——余光中　書評書目　第 19 期　1973 年 11 月　頁 29—30

1033. 楊柳青青　狂詩人　中國時報　1974 年 1 月 6 日　10 版

1034. 陳芳明　余光中作品研究專論（3）——回頭的浪子　龍族詩刊　第 11 期　1974 年 1 月　頁 55—66

1035. 陳芳明　回頭的浪子　詩和現實　臺北　洪範書店　1974 年 9 月　頁

---

[24] 本文舉余光中的作品為例，說明現代詩的中國情結。

123—146

1036. 陳芳明　　回頭的浪子——余光中詩觀的演變　火浴的鳳凰——余光中作品
　　　　　　　評論集　臺北　純文學出版社　1979 年 5 月　頁 396—408

1037. 陳克環　　橄欖、板栗、桑葚　中華日報　1974 年 2 月 28 日　9 版

1038. 琦　君　　不薄今人愛古人——我讀新詩　中華日報　1974 年 3 月 22 日　9
　　　　　　　版

1039. 游社煖　　余光中的創作道路　抖擻　第 2 期　1974 年 3 月　頁 2

1040. 游社煖　　余光中的創作道路　火浴的鳳凰——余光中作品評論集　臺北
　　　　　　　純文學出版社　1979 年 5 月　頁 121—146

1041. 思　果　　「飄然思不群」　中國時報　1974 年 4 月 9 日　12 版

1042. 思　果　　「飄然思不群」　火浴的鳳凰——余光中作品評論集　臺北　純
　　　　　　　文學出版社　1979 年 5 月　頁 337—339

1043. 思　果　　「飄然思不群」　林居筆話　臺北　大地出版社　1979 年 7 月
　　　　　　　頁 155—158

1044. 李有成　　余光中詩裡的火焰意象　中外文學　第 3 卷第 4 期　1974 年 9 月
　　　　　　　頁 74—89

1045. 李有成　　余光中詩裡的火焰意象　火浴的鳳凰——余光中作品評論集　臺
　　　　　　　北　純文學出版社　1979 年 5 月　頁 147—163

1046. 李有成　　余光中詩裡的火焰意象　中華現代文學大系（臺灣 1970—1989）
　　　　　　　評論卷（壹）　臺北　九歌出版社　1989 年 5 月　頁 1079—
　　　　　　　1098

1047. 李有成　　余光中詩裡的火焰意象　文學的複音變奏　臺北　九歌出版社
　　　　　　　2006 年 12 月　頁 71—86

1048. 陳克環　　國恨與鄉愁　中華日報　1974 年 11 月 25 日　9 版

1049. 愛　斯　　與詩人余光中談情說愛　青年月刊　第 13 期　1975 年 2 月　頁
　　　　　　　13

1050. 劉立化　　余光中的「現代散文」　文壇　第 177 期　1975 年 3 月　頁 56

　—60

1051. Wang Lan（王藍）　　Yu Kwang-chung——A Chinese Poet（中國詩人——余光中）　The Chinese Pen　第 62 期　1975 年 12 月　頁 33—49

1052. 林　衡　民謠的迴響　草根　第 8 期　1975 年 12 月　頁 22

1053. 夏志清著；周兆祥譯　懷國與鄉愁的延續——論三位現代中國作家〔余光中部分〕[25]　明報月刊　第 121 期　1976 年 1 月　頁 138—141　本文後節錄爲〈余光中——懷國與鄉愁的延續〉。

1054. 夏志清　余光中——懷國與鄉愁的延續　人的文學　臺北　純文學出版社　1977 年 3 月　頁 153—161

1055. 夏志清　余光中——懷國與鄉愁的延續　火浴的鳳凰——余光中作品評論集　臺北　純文學出版社　1979 年 5 月　頁 383—390

1056. 夏志清　余光中——懷國與鄉愁的延續　文道　第 18 期　1982 年 6 月　頁 10—15

1057. 舒俠舞　中國現代文學的守護神余光中巍然的簪峙　通報　1976 年 6 月 20 日　9 版

1058. 溫任平　《黃皮膚的月亮》自序〔余光中部分〕[26]　幼獅文藝　第 270 期　1976 年 6 月　頁 87—90

1059. 溫任平　現代散文的革新者余光中　火浴的鳳凰——余光中作品評論集　臺北　純文學出版社　1979 年 5 月　頁 340—343

1060. 唐文標　新詩中三種錯誤的舊詩觀——周夢蝶、葉珊、余光中　文學，休走——現代文學的考察　臺北　遠景出版社　1976 年 7 月　頁 107—110

1061. 溫瑞安　散文的意象：雄偉與秀美——略論余光中、葉珊的散文風格　幼獅文藝　第 271 期　1976 年 7 月　頁 13—20

1062. 溫瑞安　雄偉與秀美——略論余光中、葉珊的散文風格　文藝　第 85 期

---

[25] 本文後節錄爲〈余光中——懷國與鄉愁的延續〉。
[26] 本文後節錄余光中部分，改篇名爲〈現代散文的革新者余光中〉。

1976 年 7 月　頁 158—165

1063. 唐文標　甚麼時代甚麼地方甚麼人——論傳統詩與現代詩：余光中　文學，休走——現代文學的考察　臺北　遠景出版公司　1976 年 7 月　頁 114—118

1064. 黃維樑　歐立德和中國現代詩學〔余光中部分〕[27]　中國文學批評年選　臺北　巨人出版社　1976 年 8 月　頁 229—234

1065. 黃維樑　歐立德對余光中的影響　火浴的鳳凰——余光中作品評論集　臺北　純文學出版社　1979 年 5 月　頁 409—411

1066. 紀馥華　白話、文言、現代詩——從語文的角度看余光中的詩與詩論　抖擻　第 17 期　1976 年 9 月　頁 28—31

1067. 黃國彬　余光中的大品散文　余光中精選集　臺北　九歌出版社　1976 年 9 月　頁 15—36

1068. 黃國彬　余光中的大品散文　重九的午后——余光中作品研討暨詩歌發表會　高雄　中山大學文學院，中華民國筆會主辦　1998 年 10 月 23 日

1069. 黃國彬　余光中的大品散文　結網與詩風：余光中先生七十壽慶論文集　臺北　九歌出版社　1999 年 6 月　頁 55—82

1070. 黃國彬　大品散文　余光中：與永恆拔河　長沙　湖南大學出版社　2001 年 1 月　頁 323—346

1071. 黃國彬　余光中的大品散文　莊子的蝴蝶起飛後：文學再定位　臺北　九歌出版社　2007 年 4 月　頁 118—141

1072. 中華民國當代名人錄編輯委員會　余光中傳記　中華民國當代名人錄（四）　臺北　臺灣中華書局　1976 年 11 月　頁 2266

1073. 陳芳明　七位詩人素描——余光中　詩和現實　臺北　洪範書店　1977 年 2 月　頁 179—182

1074. 陳蒼多　閱讀札記（下）〔余光中部分〕　中華日報　1977 年 5 月 10 日

---

[27] 本文後節錄余光中部分改篇名為〈歐立德對余光中的影響〉。

11 版

1075. 陳克環　白玉苦瓜　陳克環自選集　臺北　黎明文化公司　1977 年 7 月　頁 323—324

1076. 鄭明娳　從余光中的散文理論看其作品[28]　中華文藝　第 78 期　1977 年 8 月　頁 42—57

1077. 鄭明娳　從余光中的散文理論看其作品　現代散文欣賞　臺北　東大圖書公司　1978 年 5 月　頁 55—72

1078. 鄭明娳　從余光中的散文理論看其作品　火浴的鳳凰——余光中作品評論集　臺北　純文學出版社　1979 年 5 月　頁 344—361

1079. 鄭明娳　從余光中的散文理論看其作品　新明日報（新加坡）　1982 年 6 月 5 日　13 版

1080. 許文雄　余光中看鄉土文學　自立晚報　1977 年 9 月 4 日　3 版

1081. 楊　明　余光中的星星點點　中華日報　1977 年 9 月 24 日　11 版

1082. 李瑞騰　駁斥陳鼓應的余光中罪狀　詩脈季刊　第 6 期　1977 年 10 月　頁 4—5

1083. 李瑞騰　駁斥陳鼓應的余光中罪狀　余光中評說五十年　北京　文化藝術出版社　2008 年 5 月　頁 163—165

1084. 周安儀　余光中的「詩路」　青年戰士報　1977 年 11 月 11 日　11 版

1085. 陳鼓應　評余光中的頹廢意識與色情主義——評余光中　中華雜誌　第 172 期　1977 年 11 月　頁 30—36

1086. 陳鼓應　評余光中的頹廢意識與色情主義　鄉土文學討論集　臺北　〔自行出版〕　1978 年 4 月　頁 379—402

1087. 陳鼓應　評余光中的頹廢意識與色情主義——評余光中　鄉土文學討論集　臺北　遠景出版公司　1980 年 10 月　頁 379—402

1088. 陳鼓應　評余光中的頹廢意識與色情主義——評余光中　這樣的詩人余光中　臺北　台笠出版社　1989 年 9 月　頁 7—39

---

[28]本文以余光中提出散文理論探討其作品，以結合作品與理論。

1089. 陳鼓應　　　評余光中的頹廢意識與色情主義　余光中評說五十年　北京　文化藝術出版社　2008 年 5 月　頁 146—162

1090. 董保中　　　文藝批評與批評的道德　中華日報　1977 年 12 月 27 日　11 版

1091. 陳鼓應　　　評余光中的流亡心態——二評余光中[29]　中華雜誌　第 173 期　1977 年 12 月　頁 23—26

1092. 陳鼓應　　　評余光中的流亡心態　鄉土文學討論集　臺北　〔自行出版〕　1978 年 4 月　頁 403—417

1093. 陳鼓應　　　評余光中的流亡心態　鄉土文學討論集　臺北　遠景出版公司　1980 年 10 月　頁 403—417

1094. 陳鼓應　　　評余光中的流亡心態　——二評余光中　這樣的詩人余光中　臺北　台笠出版社　1989 年 9 月　頁 40—59

1095. 陳鼓應　　　序《這樣的詩人余光中》　夏潮論壇　第 22 期　1978 年 1 月　頁 45

1096. 陳鼓應　　　寫在前面　這樣的詩人余光中　臺北　台笠出版社　1989 年 9 月　頁 1—6

1097. 曾心儀　　　訪陳鼓應談近況　自立晚報　1978 年 3 月 19 日　3 版

1098. 曾心儀　　　訪陳鼓應談近況——從批評余光中的詩談起　這樣的詩人余光中　臺北　台笠出版社　1989 年 9 月　頁 135—146

1099. 江杏僧　　　詩評應公正　中華日報　1978 年 3 月 25 日　11 版

1100. John Gannon　　The English Occasional Essay and Its Chinese Counterpart〔余光中部分〕　Asian Culture Quarterly　第 6 卷第 1 期　1978 年 3 月　頁 36—37

1101. 姚立民　　　找出余光中的病根　南北極　第 96 期　1978 年 5 月　頁 87—90

1102. 葉煬彬　　　余光中的幾張臉譜——兼為鄉土文學辯白　史系通訊　第 10 期　1978 年 5 月　頁 17—19

---

[29]本文藉由探討余光中詩作，以呈現其流亡的心態。全文共 3 小節：1.流亡心態；2.靈魂「嫁給舊金山」；3.鄉愁與所謂「中國意識」。

1103. 陳鼓應　三評余光中的詩（上、下）[30]　夏潮論壇　第 27—28 期　1978 年 6，7 月　頁 77—84，60—69，32

1104. 陳鼓應　三評余光中的詩　這樣的詩人余光中　臺北　台笠出版社　1989 年 9 月　頁 61—133

1105. 茅　倫　也談余光中　南北極　第 98 期　1978 年 7 月　頁 66—67

1106. 郭衣洞〔柏楊〕　替余光中講幾句話　南北極　第 99 期　1978 年 8 月　頁 43—44

1107. 楊昌年　現代名家名作抽象析介——余光中　新詩品賞　臺北　牧童出版社　1978 年 9 月　頁 290—305

1108. 楊昌年　余光中　現代詩的創作與欣賞　臺北　文史哲出版社　1988 年 2 月　頁 285—295

1109. 東方望　這樣的「詩人」——看陳鼓應筆下的余光中　藝文誌　第 158 期　1978 年 11 月　頁 35—38

1110. 陳克環　國恨鄉愁橄欖詩　火浴的鳳凰——余光中作品評論集　臺北　純文學出版社　1979 年 5 月　頁 391—393

1111. 劉紹銘　戰爭和愛情——安諾德、艾略特、余光中　火浴的鳳凰——余光中作品評論集　臺北　純文學出版社　1979 年 5 月　頁 178—179

1112. 王　灝　余光中伸向鄉土的民謠詩　火浴的鳳凰——余光中作品評論集　臺北　純文學出版社　1979 年 5 月　頁 257—260

1113. 黃維樑　余光中——最出色的最具風格的散文家[31]　火浴的鳳凰——余光中作品評論集　臺北　純文學出版社　1979 年 5 月　頁 325—336

1114. 吳萱人　多妻的能言鳥　火浴的鳳凰——余光中作品評論集　臺北　純文

---

[30]本文再次探討余光中的詩作、思想以及創作歷程，以支持對於余光中詩作的批評論點。全文共 7 小節：1.所謂「浪漫主義抒情」詩風時期；2.「現代派」虛無詩風時期；3.所謂「新古典主義」詩風時期；4.「搖滾」時期的意識形態；5.余光中詩作的藝術程度；6.余光中作品的模倣與因襲；7.自我膨脹與詩人使命。

[31]本文綜論余光中散文觀及其作品。全文共 6 小節：1.余光中的散文觀；2.〈九張床〉；3.典雅；4.炫弄學問？；5.遼闊的想像世界；6.詩人之路。

學出版社　1979 年 5 月　頁 379—382

1115. 胡菊人　余光中——最富儒家入世精神的現代詩人　火浴的鳳凰——余光
中作品評論集　臺北　純文學出版社　1979 年 5 月　頁 394—
395

1116. 陳信元　現代散文的革新者——余光中　中學白話文選　臺北　故鄉出版
社　1979 年 7 月　頁 244—245

1117. 李　瑟　余光中談中西詩的差異　臺灣新生報　1979 年 8 月 5 日　3 版

1118. 林淑蘭　余光中談文學的時代使命　中央日報　1979 年 9 月 5 日　11 版

1119. 張　健　余光中的詩　從李杜說起　臺北　南京出版公司　1979 年 10 月
頁 127—128

1120. 黃維樑　從幾位朋友的散文說起——寒舍隨筆〔余光中部分〕　聯合報
1979 年 12 月 12 日　8 版

1121. 李瑞騰　哀音何動人——關於中國詩中的蟋蟀意象〔余光中部分〕　中華
文藝　第 108 期　1980 年 2 月　頁 93—96

1122. 江　藍　文章千古事，余光中不在乎批評　工商日報　1980 年 6 月 2 日
12 版

1123. 羅　青　詩壇風雲三十年——三十年來新詩的回顧〔余光中部分〕　臺灣
日報　1980 年 6 月 29 日　12 版

1124. 關寧安（John B. Gannon）　　中英小品文的比較〔余光中部分〕　中國人
第 20 期　1980 年 9 月　頁 45—48

1125. 鐘麗慧　惡性西化嚴重傷害中文——余光中析中文西化問題　民生報
1980 年 10 月 12 日　7 版

1126. 黃維樑　文字清通與風格多姿〔余光中部分〕　益世　第 1 期　1980 年
10 月　頁 28—29

1127. 黃維樑　文字清通與風格多姿——余光中：清新鬱趣博麗豪雄　清通與多
姿——中文語法修辭論集　臺北　時報文化出版公司　1984 年
10 月　頁 53—55

1128. 李瑞騰　詩人的時空感知——略論余光中近十年來的詩藝表現[32]　幼獅文藝　第 326 期　1981 年 2 月　頁 37—54

1129. 李瑞騰　詩人的時空感知——論余光中近十年來的詩藝表現　詩的詮釋　臺北　時報文化出版公司　1982 年 6 月　頁 236—261

1130. 岳　農　試論余光中的散文論　臺肥月刊　1981 年第 5 期　1981 年 5 月　頁 53—55

1131. 蕭　蕭　余光中（1928—）　聯合文學　第 128 期　1981 年 5 月　頁 76—77

1132. 蕭　蕭　節制與奔流——余光中索隱之一　文壇　第 251 期　1981 年 5 月　頁 58—60

1133. 林錫嘉　試論余光中的散文觀　文壇　第 251 期　1981 年 5 月　頁 60—64

1134. 陳甯貴　領風騷的詩人　文壇　第 251 期　1981 年 5 月　頁 64—66

1135. 張雪映　時代詩人余光中　文壇　第 251 期　1981 年 5 月　頁 70—71

1136. 落　蒂　余光中與現代詩　文壇　第 251 期　1981 年 5 月　頁 72—74

1137. 陳月雲　這樣的詩人——余光中　書評書目　第 99 期　1981 年 8 月　頁 65—76

1138. 張　默　八種風格，八種境界——簡說六十年代八位詩人的詩——余光中，藝術的多妻主義者　無塵的鏡子　臺北　東大圖書公司　1981 年 9 月　頁 88—89

1139. 蕭錦綿　風也聽見詩的聲音——余光中　天下雜誌　第 200 期　1982 年 2 月　頁 217

1140. 牧野〔姜穆〕　剝皮刮骨看余光中　文壇　第 261 期　1982 年 3 月　頁 11—17

1141. 姜　穆　剝皮刮骨看余光中　解析文學　臺北　黎明文化公司　1987 年

---

[32]本文探討余光中近十年來詩的創作歷程與藝術表現。全文共 4 小節：1.從余光中與陳子昂擡槓說起；2.余光中近十年來詩風轉變的變因；3.余光中的時空感知；4.結語。正文後附錄〈談余光中的一次敗筆〉。

10 月　頁 199—207

1142. 林黛嫚　詩人，在西子灣——余光中和他的五采筆（上、下）　中央日報
　　　1982 年 4 月 18—19 日　18 版

1143. 林黛嫚　詩人，在西子灣——余光中和他的五采筆　智慧的薪傳・大師篇
　　　第二卷　臺北　行政院新聞局　1997 年 9 月　頁 173—185

1144. 舒　蘭　五〇年代詩人詩作——余光中　中國新詩史話（三）　臺北　渤
　　　海堂文化公司　1982 年 5 月　頁 195

1145. 蕭　蕭　詩人與詩風（上、下）〔余光中部分〕　臺灣日報　1982 年 6 月
　　　24—25 日　8 版

1146. 蕭　蕭　詩人與詩風——余光中　現代詩縱橫觀　臺北　文史哲出版社
　　　1991 年 6 月　頁 75—76

1147. 謝川成　關於余光中——文學界各家的看法　文道　第 18 期　1982 年 6
　　　月　頁 5—7

1148. 張騰蛟　文學的芬芳〔余光中部分〕　臺灣新聞報　1982 年 7 月 24 日
　　　12 版

1149. 落　蒂　論評——散文的界說與欣賞〔余光中部分〕　中華文藝　第 139
　　　期　1982 年 9 月　頁 187—188

1150. 苦　苓　誰是大詩人——青年詩人心目中的十大詩人[33]　陽光小集　第 10
　　　期　1982 年 10 月　頁 79—91

1151. 苦　苓　誰是大詩人？青年詩人心目中的十大詩人　書中書　臺北　希代
　　　書版公司　1986 年 9 月　頁 209

1152. Har old Siu　"Powerful feelings…throught ranguility"——Luring the audience
　　　toapoetic dream land　Free China Review（自由中國評論）　第
　　　32 卷第 10 期　1982 年 10 月　頁 70—73

1153. 林央敏　現代賦——看余光中的散文　明道文藝　第 81 期　1982 年 12 月

---

[33]本文為「陽光小集」所舉辦「青年詩人心目中的十大詩人」的票選活動紀錄。10 位詩人分別為：
余光中、白萩、楊牧、鄭愁予、洛夫、瘂弦、周夢蝶、商禽、羅門、羊令野，並略述 10 人作品
風格及技巧。

頁 105—109

1154. 林央敏　現代賦——看余光中的散文　第一封信　臺北　禮記出版社
1985 年 2 月　頁 203—212

1155. 方　梓　繆思殿堂的火鳳凰——余光中　中華日報　1984 年 1 月 9 日　9
版

1156. 張　健　自由中國時期——中期：余光中　中國現代詩　臺北　五南圖書
公司　1984 年 1 月　頁 89—90

1157. 李元洛　對臺灣現代派詩潮的針砭——余光中詩觀遙測　當代文藝思潮
1984 年第 1 期　1984 年 1 月　頁 34—42

1158. 陳啓佑〔渡也〕　慣用倒裝手法的詩人——淺談余光中的「倒裝」技巧[34]
中央日報　1984 年 7 月 26 日　10 版

1159. 陳啓佑　顛三倒四的余光中——余光中修辭技巧研究之一　臺灣詩季刊
第 6 期　1984 年 9 月　頁 11—17

1160. 渡　也　顛三倒四的余光中——余光中修辭技巧研究　新詩補給站　臺北
三民書局　1995 年 2 月　頁 79—88

1161. 〔編輯部〕　一代詩壇祭酒——余光中　改變大學生的書　臺北　前衛出
版社　1984 年 8 月　頁 129—146

1162. 張　健　六十年代的散文——民國五十年到五十九年〔余光中部分〕　文
訊雜誌　第 13 期　1984 年 8 月　頁 75—76

1163. 李　瑞　左手的繆思與永恆拔河——側寫本年度吳三連文藝獎得主余光中
中國時報　1984 年 10 月 24 日　8 版

1164. 黃維樑　余光中——精新鬱趣博麗豪雄　清通與多姿　臺北　時報文化出
版公司　1984 年 10 月　頁 53—55

1165. 吳貴和　余光中的散文　風簷展書讀　臺北　純文學出版社　1985 年 1 月
頁 263—272

1166. 方 SIR　散文死胡同　星島日報　1985 年 2 月 27 日　〔無版次〕

---

[34] 本文後改篇名爲〈顛三倒四的余光中——余光中修辭技巧研究之一〉。

1167. 方 SIR　　上佳雜文　星島日報　1985 年 3 月 4 日　〔無版次〕

1168. 方 SIR　　聲如棋中炮　星島日報　1985 年 6 月 19 日　〔無版次〕

1169. 潘亞暾　　余光中的印象　作品　1985 年第 6 期　1985 年 6 月　頁 47

1170. 方 SIR　　兩地之夏　星島日報　1985 年 8 月 21 日　〔無版次〕

1171. 方 SIR　　樹樹含雨　星島日報　1985 年 8 月 23 日　〔無版次〕

1172. 秀　實　　道是無情卻有情——談詩人余光中的香港情懷（上、下）　星島
　　　　　　日報　1985 年 9 月 24—25 日　〔無版次〕

1173. 秀　實　　道是無情卻有情——談詩人余光中的香港情懷　藍星詩刊　第 6
　　　　　　期　1986 年 1 月　頁 58—72

1174. 陳德錦　　流著香港的時間——記余光中惜別詩會　香港文學　1985 年第
　　　　　　10 期　1985 年 10 月　頁 58—61

1175. 劉紹銘　　十年看山不尋常　中國時報　1985 年 11 月 3 日　8 版

1176. 黃維樑　　采筆干氣象——初論余光中的山水遊記[35]　中外文學　第 14 卷第
　　　　　　6 期　1985 年 11 月　頁 130—140

1177. 黃維樑　　采筆干氣象——初論余光中的山水遊記　七十四年文學批評選
　　　　　　臺北　爾雅出版社　1986 年 4 月　頁 125—145

1178. 黃維樑　　采筆干氣象——初論余光中的山水遊記　中華現代文學大系（臺
　　　　　　灣 1970—1989）評論卷（貳）　臺北　九歌出版社　1997 年 9
　　　　　　月　頁 805—819

1179. 黃維樑　　采筆干氣象——初論余光中的山水遊記　文化英雄拜會記：錢鍾
　　　　　　書、夏志清、余光中的作品與生活　臺北　九歌出版社　2004 年
　　　　　　4 月　頁 185—198

1180. 黃維樑　　和獨白的余光中對白　明道文藝　第 335 期　1985 年 11 月　頁
　　　　　　144—153

1181. 黃維樑　　和獨白的余光中對白　名作欣賞　2003 年第 2 期　2003 年 3 月
　　　　　　頁 104—110

---

[35] 本文探討余光中的遊記散文及其提出散文理論。

1182. 黃維樑　和獨白的余光中對白　文化英雄拜會記：錢鍾書、夏志清、余光中的作品與生活　臺北　九歌出版社　2004 年 4 月　頁 237—250

1183. 簡政珍　余光中——放逐的現象世界[36]　當代臺灣文學評論大系‧新詩批評卷　臺北　正中書局　1985 年 11 月　頁 337—374

1184. 簡政珍　余光中——書寫的放逐世界　文史學報　第 21 期　1991 年 3 月　頁 1—28

1185. 簡政珍　余光中：放逐的現象世界　中外文學　第 20 卷第 8 期　1992 年 1 月　頁 58—84

1186. 簡政珍　余光中：放逐的現象世界　璀璨的五采筆　臺北　九歌出版社　1994 年 10 月　頁 88—124

1187. 簡政珍　余光中——放逐的現象世界　放逐詩學：臺灣放逐文學初探　臺北　聯合文學出版社　2003 年 11 月　頁 33—67

1188. 劉學工　余光中鄉愁詩的民族意識感斷議　學術研究　1986 年第 1 期　1986 年 1 月　頁 100—104

1189. 旅　人　中國新詩論史（九）——蛻變說〔余光中部分〕[37]　笠　第 132 期　1986 年 4 月　頁 57—64　本文後節錄為〈光大蛻變說的余光中〉。

1190. 旅　人　光大蛻變說的余光中　中國新詩論史　臺中　臺中縣立文化中心　1991 年 12 月　頁 173—179

1191. 黃維樑　青葉燦花的水仙——余光中筆下的屈原　臺灣香港澳門暨海外華文文學論文選　福州　海峽文藝出版社　1986 年 4 月　頁 217—223

1192. 黃維樑　青葉燦花的水仙——余光中筆下的屈原　聯合文學　第 92 期　1992 年 6 月　頁 106—111

---

[36] 本文藉由余光中六〇、七〇年代作品，探討詩人藉由歷史確立文學的價值。
[37] 本文後節錄為〈光大蛻變說的余光中〉。

1193. 何　龍　余光中的散文藝術世界[38]　當代作家評論　1986 年第 3 期　1986
年 6 月　頁 113—118

1194. 何　龍　奇妙的文字方陣——余光中散文藝術評介　臺港文學選刊　1987
年第 3 期　1987 年 6 月　頁 85—87

1195. 何　龍　奇妙的文字方陣——余光中散文藝術評介　璀璨的五采筆　臺北
九歌出版社　1994 年 10 月　頁 304—317

1196. 陳芳明　詩人余光中素描　洪範雜誌　第 27 期　1986 年 7 月　1 版

1197. 李瑞騰　中文的新危機？余光中談中西文化　中國時報　1986 年 8 月 13
日　8 版

1198. 劉裘蒂　論余光中詩風的演變[39]　文訊雜誌　第 25 期　1986 年 8 月　頁
128—150

1199. 劉裘蒂　論余光中詩風的演變　璀璨的五采筆　臺北　九歌出版社　1994
年 10 月　頁 45　87

1200. 張　錯　千曲之島——關於《臺灣現代詩選》〔余光中部分〕　文訊雜誌
第 25 期　1986 年 8 月　頁 181—182

1201. 丁　平　余光中和他的詩　中國現代文學作家論（卷一・上）　九龍　明
明出版社　1986 年 9 月　頁 61—114

1202. 鄭明娳　余光中論[40]　現代散文縱橫論　臺北　長安出版社　1986 年 10 月
頁 89—131

1203. 鄭明娳　余光中散文論　璀璨的五采筆　臺北　九歌出版社　1994 年 10
月　頁 257—303

1204. 鄭明娳　余光中散文論　余光中：與永恆拔河　長沙　湖南大學出版社

[38]本文後改篇名爲〈奇妙的文字方陣——余光中散文藝術評介〉。
[39]本文以詩作爲主，輔以余光中散文與文學評論，探討余光中詩風的演變。全文共 10 小節：1.前言；2.最早的格律詩時期；3.現代化的蘊釀時期；4.留美的現代化時期；5.虛無時期；6.新古典主義時期(一九六一——一九六三)；7.走回近代中國時期(一九六五——一九六九)；8.樸素的民謠風格時期(一九七〇——一九七四)；9.歷史文化的探索時期(一九七四——一九八一)；10.結語。
[40]本文以余光中提出散文理論探討其作品，以結合作品與理論。全文共小節：1.余光中的散文理論與實踐；2.余光中的中國意識；3.余光中散文的感覺性；4.余光中散文的結構；5.結語。

2001 年 1 月　頁 283—322

1205. 蕭　蕭　　奔流的生命——余光中　自由青年　第 77 卷第 1 期　1987 年 1 月　頁 40—43

1206. 蕭　蕭　　余光中——奔流一樣的生命　現代詩縱橫觀　臺北　文史哲出版社　1989 年 1 月　頁 121—127

1207. 李　源　　中國現代散文的困惑與余光中的散文創新　當代文藝思潮　1987 年第 2 期　1987 年 2 月　頁 24—29

1208. 李　源　　中國現代散文的困惑與余光中的散文創新　臺灣香港與海外華文文學論文選——第三屆全國臺灣與海外華文文學學術討論會　福州　海峽文藝出版社　1988 年 9 月　頁 173—184

1209. 莊金國　　高雄的詩人〔余光中部分〕　笠　第 138 期　1987 年 4 月　頁 82

1210. 吳慧貞　　試析余光中作品之修辭技巧　文心　第 15 期　1987 年 6 月　頁 25—31

1211.〔張　錯編〕　　余光中詩選——余光中（1928—）　千曲之島　臺北　爾雅出版社　1987 年 7 月　頁 27—28

1212. 呂正惠　　一個當代詩人的歷史自覺——小論余光中[41]　自由青年　第 78 卷第 2 期　1987 年 8 月　頁 66—70

1213. 呂正惠　　余光中小論　文學經典與文化認同　臺北　九歌出版社　1995 年 4 月　頁 207—216

1214. 李勤岸　　揭開余光中的「真象」　新臺政論　第 34 期　1987 年 10 月 16 日　頁 46—49

1215. 宋田水　　要死不活的臺灣文學——透視臺灣作家的良心——余光中　臺灣新文化　第 14 期　1987 年 11 月　頁 41

1216. 李元洛　　隔海的繆斯——論臺灣詩人余光中的詩藝　文學評論　1987 年第 6 期　1987 年 11 月　頁 40—48

---

[41]本文後改篇名為〈余光中小論〉。

1217. 李元洛　　隔海的繆斯——論詩人余光中的詩藝　藍星詩刊　第 15 期　1988 年 4 月　頁 64—82

1218. 李元洛　　隔海的繆斯——論臺灣詩人余光中的詩藝　七十七年文學批評選　臺北　爾雅出版社　1989 年 3 月　頁 25—57

1219. 李元洛　　余光中的詩藝[42]　璀璨的五采筆　臺北　九歌出版社　1994 年 10 月　頁 15—41

1220. 李元洛　　余光中的詩藝　余光中：與永恆拔河　長沙　湖南大學出版社　2001 年 1 月　頁 194—213

1221. 李元洛　　隔海的繆斯：論臺灣詩人余光中的詩藝　余光中評說五十年　北京　文化藝術出版社　2008 年 5 月　頁 336—351

1222. 徐　學　　散文藝術的革新者——余光中　海峽　1987 年第 6 期　1987 年 12 月　頁 153

1223. 馬德俊　　余光中　現代臺灣文學史　瀋陽　遼寧大學出版社　1987 年 12 月　頁 511—529

1224. 徐志平　　詩人不只是寫詩的人　中央日報　1988 年 1 月 20 日　18 版

1225. 劉登翰　　「鍾整個大陸的愛在一只苦瓜」——《余光中詩選》編後　余光中詩選　福州　海峽文藝出版社　1988 年 3 月　頁 200—211

1226. 劉登翰　　鍾整個大陸的愛在一只苦瓜——《余光中詩選》編後　文學薪火的傳承與變異——臺灣文學論集　福州　海峽文藝出版社　1994 年 11 月　頁 257—268

1227. 劉登翰　　鍾整個大陸的愛在一只苦瓜——余光中論　彼岸的繆斯——臺灣詩歌論　南昌　百花洲文藝出版社　1996 年 12 月　頁 186—193

1228. 劉登翰　　「鍾整個大陸的愛在一只苦瓜」　余光中評說五十年　北京　文化藝術出版社　2008 年 5 月　頁 352—362

1229. 劉登翰　　「鍾整個大陸的愛在一只苦瓜」　余光中詩選　北京　中國青年

---

[42]本文綜論余光中各時期的詩作的特色，繼而凸顯其在詩壇上的地位。全文共 3 小節：1.獨特性與普遍性；2.傳統與現代；3.創造性藝術思維。

出版社　2004 年 3 月　頁 370—381

1230. 許佑生　搖旗招展中國魂——坐擁詩城余光中　中央日報　1988 年 4 月
20 日　16 版

1231. 許佑生　坐擁詩城余光中　璀璨的五采筆　臺北　九歌出版社　1994 年
10 月　頁 485—499

1232. 鄭明娳　中國新詩概說〔余光中部分〕　當代文學氣象　臺北　光復書局
1988 年 4 月　頁 174

1233. 劉登翰，陳聖言　余光中詩作評介　文學世界　第 2 期　1988 年 4 月　頁
274—280

1234. 余　禺　臺灣現代詩的兩極對位〔余光中部分〕　臺灣研究集刊　1988 年
第 2 期　1988 年 5 月　頁 47—54

1235. 郭　楓　關於校園散文——余光中、黃維樑、小思散文印象　臺港文學選
刊　1988 年第 3 期　1988 年 6 月　頁 58—60

1236. 王志健　余光中　文學四論（上）[43]　臺北　文史哲出版社　1988 年 7 月
頁 269—272　本文後改篇名爲〈摘星的與提燈的——余光中〉，
內容略有增修。

1237. 王志健　摘星的與提燈的——余光中　中國新詩淵藪（中）　臺北　正中
書局　1993 年 7 月　頁 1600—1626

1238. 任洪淵　對西方現代主義與東方古典詩學的雙重超越〔余光中部分〕　創
世紀　第 73、74 期合刊　1988 年 8 月　頁 168—171

1239. 郭　楓　繁華一季，盡得風騷（上、下）[44]　文藝報　1988 年 10 月 15
日，11 月 12 日　7 版

1240. 郭　楓　繁華一季盡得風騷　這樣的詩人余光中　臺北　台笠出版社
1989 年 9 月　頁 147—186

1241. 郭　楓　繁華一季，盡得風騷——初論余光中的散文　美麗島文學評論集

---

[43]本文後改篇名爲〈摘星的與提燈的——余光中〉，內容略有增修。
[44]本文探討余光中散文理論及其內容與文字技巧。

臺北　臺北縣文化局　2001 年 12 月　頁 232—262

1242. 郭　楓　　繁華一季，盡得風騷——初論余光中的散文　余光中評說五十年
北京　文化藝術出版社　2008 年 5 月　頁 315—335

1243. 李元洛　　他有不老的青春——談臺灣作家余光中　文學報　1988 年 11 月
17 日　3 版

1244. 徐　學　　廬山面目縱橫看——論當代臺灣散文〔余光中部分〕　臺灣研究
集刊　1988 年第 4 期　1988 年 11 月　頁 71—75

1245. 流沙河　　詩人余光中的香港時期[45]　中國時報　1988 年 12 月 6 日　23 版

1246. 流沙河　　詩人余光中的香港時期　香港文學　第 48 期　1988 年 12 月　頁
48—50

1247. 流沙河　　詩人余光中的香港時期　璀璨的五采筆　臺北　九歌出版社
1994 年 10 月　頁 134—167

1248. 流沙河　　余光中的香港時期　余光中：與永恆拔河　長沙　湖南大學出版
社　2001 年 1 月　頁 241—266

1249. 黃維樑　　禮贊木棉樹和控訴大煙囪——論余光中八〇年代的社會詩[46]　中
外文學　第 17 卷第 7 期　1988 年 12 月　頁 4—30

1250. 黃維樑　　禮贊木棉樹和控訴大煙囪——論余光中八〇年代的社會詩　江海
學刊　1989 年第 2 期　1989 年 3 月　頁 177—183

1251. 黃維樑　　禮贊木棉樹和控訴大煙囪——論余光中八〇年代的社會詩　璀璨
的五采筆　臺北　九歌出版社　1994 年 10 月　頁 186—222

1252. 黃維樑　　禮贊木棉樹和控訴大煙囪　余光中：與永恆拔河　長沙　湖南大
學出版社　2001 年 1 月　頁 214—240

1253. 黃維樑　　前言　余光中一百首　香港　香江出版公司　1989 年 1 月

---

[45]本文探討余光中詩作，以呈現臺灣現代詩反應社會的一面。全文共 6 小節：1.批評社會的詩；2.
不美麗的選舉及其他；3.寓莊於諧的批評；4.「把整個城市當做一隻煙灰碟」；5.歌頌墾丁的壯麗
與天地的慈恩；6.地球人共同的願望。

[46]本文探討余光中詩作，以呈現臺灣現代詩反應社會的一面。全文共 6 小節：1.批評社會的詩；2.
不美麗的選舉及其他；3.寓莊於諧的批評；4.「把整個城市當做一隻煙灰碟」；5.歌頌墾丁的壯麗
與天地的慈恩；6.地球人共同的願望。

〔2〕頁

1254. 徐　學　　承傳與超越──臺灣作家散文觀綜論之一〔余光中部分〕　臺灣研究集刊　1989 年第 2 期　1989 年 5 月　頁 68—73

1255. 古蒙仁　　我最喜愛的當代中國詩人──十四位文化人的意見──余光中堪稱當代的「桂冠詩人」　文訊雜誌　第 44 期　1989 年 6 月　頁 23—24

1256. 古蒙仁　　我最喜愛的當代中國詩人：余光中堪稱當代的「桂冠詩人」　洪範雜誌　第 41 期　1989 年 10 月　4 版

1257. 古繼堂　　余光中　臺灣新詩發展史　臺北　文史哲出版社　1989 年 7 月　頁 194—204

1258. 公仲，汪義生　　五十年代後期及六十年代臺灣文學（上）〔余光中部分〕　臺灣新文學史初編　南昌　江西人民出版社　1989 年 8 月　頁 119—122

1259. 公仲，汪義生　　六十年代後期和七十年代臺灣文學（上）〔余光中部分〕　臺灣新文學史初編　南昌　江西人民出版社　1989 年 8 月　頁 293—297

1260. 李敏勇　　詩人的立場　這樣的詩人余光中　臺北　台笠出版社　1989 年 9 月　頁 209—219

1261. 黃維樑　　不老的采筆　星島日報　1990 年 2 月 21 日　14 版

1262. 蘇　丁　　甦醒的中國意識──余光中詩觀述評　文藝報　1990 年 9 月 29 日　3 版

1263. 潘銘燊　　余光中是香港作家嗎？　星島日報　1990 年 11 月 14 日　14 版

1264. 林燿德　　八〇年代臺灣都市文學〔余光中部分〕　世紀末偏航──八〇年代臺灣文學論　臺北　時報文化出版公司　1990 年 12 月　頁 371—373

1265. 古繼堂　　談「多妻主義」詩人余光中──與蘇丁先生商榷　文藝報　1991 年 1 月 12 日　3 版

1266. 翁光宇　　論《藍星》及其主要詩人〔覃子豪、余光中、羅門〕　暨南學報
　　　　　　　　1991 年第 1 期　1991 年 1 月　頁 90—96

1267. 思　果　　文章範本　中華日報　1991 年 3 月 9 日　14 版

1268. 思　果　　文章範本　璀璨的五采筆　臺北　九歌出版社　1994 年 10 月
　　　　　　　　頁 376—379

1269. 施友朋　　把詩的種子留下——余光中專題演說追記　星島日報　1991 年 4
　　　　　　　　月 15 日　11 版

1270. 黃坤堯　　余光中的香港詩（上、中、下）　中央日報　1991 年 5 月 23—
　　　　　　　　25 日　16 版

1271. 黃芬娟　　余光中與廈門街　國文天地　第 218 期　1991 年 5 月　頁 11—
　　　　　　　　16

1272. 朱雙一　　現代主義詩歌運動的第一次高潮〔余光中部分〕　臺灣新文學概
　　　　　　　　觀（下）　廈門　鷺江出版社　1991 年 6 月　頁 116—119

1273. 徐　學　　學院派散文〔余光中部分〕　臺灣新文學概觀（下）　廈門　鷺
　　　　　　　　江出版社　1991 年 6 月　頁 179—183

1274. 徐　學　　散文——幽默散文〔余光中部分〕　臺灣新文學概觀（下）　廈
　　　　　　　　門　鷺江出版社　1991 年 6 月　頁 223

1275. 徐　學　　文學批評——概述〔余光中部分〕　臺灣新文學概觀（下）　廈
　　　　　　　　門　鷺江出版社　1991 年 6 月　頁 343—345

1276. 徐　學　　文學批評（下）——鄭明娳等的散文批評〔余光中部分〕　臺灣
　　　　　　　　文學史（下）　福州　海峽文藝出版社　1993 年 1 月　頁 875—
　　　　　　　　876

1277. 王晉民　　余光中　臺灣文學家辭典　南寧　廣西教育出版社　1991 年 7 月
　　　　　　　　頁 344—348

1278. 黃坤堯　　余光中詩文集的序跋　二十世紀中國文學研討會　臺北　中國古
　　　　　　　　典文學研究會，臺灣師範大學主辦　1991 年 8 月 20—22 日

1279. 黃坤堯　　余光中詩文集的序跋　二十世紀中國文學　臺北　臺灣學生書局

1992 年 1 月　頁 193—217

1280. 黃坤堯　余光中詩文集的序跋[47]　璀璨的五采筆　臺北　九歌出版社
1994 年 10 月　頁 445—474　本文藉由余光中詩、文集序跋，探
討余光中創作歷程。全文共 3 小節：1.鉤勒出作家的歷程；2.十
五冊詩集的序跋；3.十一冊文集的序跋。

1281. 徐　學　從古典到現代——臺灣作家散文觀綜論之二〔余光中部分〕　臺
灣研究集刊　1991 年第 3 期　1991 年 8 月　頁 92—98

1282. 鄭明娳　余光中　大學散文選　臺北　業強出版社　1991 年 10 月　頁
193

1283. 梁田〔黃維樑〕　渾然與紛繁　中華日報　1991 年 11 月 14 日　11 版

1284. 簡政珍　放逐詩學：臺灣放逐文學初探〔余光中部分〕　中外文學　第 20
卷第 6 期　1991 年 11 月　頁 14—24

1285. K. C. 羅著；秦　軒編譯　臺灣詩人余光中　國外社會科學快報　1992 年
第 1 期　1992 年 1 月　頁 69—70

1286. 古遠清　最終目的是中國化的現代詩——余光中的詩觀述評　貴州民族學
院學報　1992 年第 2 期　1992 年 2 月　頁 20—24

1287. 古遠清　余光中：「最終目的是中國化的現代詩」　臺灣當代文學理論批
評史　武漢　武漢出版社　1994 年 8 月　頁 209—218

1288. 古遠清　余光中：「最終目的是中國化的現代詩」　臺灣當代新詩史　臺
北　文津出版社　2008 年 1 月　頁 315—320

1289. 徐　學　詩心史筆——余光中文學批評風格論　江南大學學報　1992 年第
1 期　1992 年 3 月　頁 34—39

1290. 徐　學　詩心史筆——余光中文學批評風格論　臺港文學選刊　1993 年第
8 期　1993 年 8 月　頁 66—68

1291. 徐　學　詩心史筆——余光中文學批評風格論　璀璨的五采筆　臺北　九

---

[47]本文藉由余光中詩、文集序跋，探討余光中創作歷程。全文共 3 小節：1.鉤勒出作家的歷程；2.
十五冊詩集的序跋；3.十一冊文集的序跋。

　　　歌出版社　1994 年 10 月　頁 396—409

1292. 雅　丹　　鄉愁情節，遊子心曲——余光中鄉愁詩解談讀　臺港文學選刊
　　　1992 年第 4 期　1992 年 4 月　頁 93

1293. 雷　銳　　在文字的風火爐中煉丹——論余光中散文的幽默特色（上、下）
　　　中華日報　1992 年 7 月 18—19 日　11 版

1294. 雷　銳　　在文字的風火爐中煉丹——論余光中散文的幽默特色[48]　璀璨的
　　　五采筆　臺北　九歌出版社　1994 年 10 月　頁 318—337

1295. 雷　銳　　余光中散文的幽默特色　余光中：與永恆拔河　長沙　湖南大學
　　　出版社　2001 年 1 月　頁 267—282

1296. 徐　學　　當代臺灣散文中的故園意識〔余光中部分〕　臺灣研究集刊
　　　1992 年第 3 期　1992 年 8 月　頁 72—78

1297. 鄭明娳　　臺灣的現代散文研究——以創作指標或個人品味建立的文論[49]
　　　現代散文現象論　臺北　大安出版社　1992 年 8 月　頁 160—
　　　162

1298. 秀　實　　紫、金、黑、紅、藍　星島日報　1992 年 12 月 1 日　13 版

1299. 喬福生，謝洪杰　　金庸、余光中　二十世紀中國文學　杭州　杭州大學出
　　　版社　1992 年 12 月　頁 381—385

1300. 李尚才　　余光中：古典詩人　名作欣賞　1993 年第 1 期　1993 年 1 月
　　　頁 14—15

1301. 〔金漢，馮雲青，李新宇編〕　　余光中　新編中國當代文學發展史　杭州
　　　杭州大學出版社　1993 年 1 月　頁 698

1302. 劉登翰　　覃子豪、余光中與藍星詩人群　臺灣文學史（下）　福州　海峽
　　　文藝出版社　1993 年 1 月　頁 147—170

1303. 徐　學　　余光中、琦君與 60 年代的散文創作　臺灣文學史（下）　福州

---

[48]本文以「幽默」探討余光中散文作品，以呈現其散文的價值與文學的貢獻。全文共小節：1.中國
散文的進一步現代化；2.幽默的華彩；3.深刻的思想內核；4.幽默意境之營造及作用；5.語言革新
與幽默感；6.音樂性與幽默感；7.結語。
[49]本文比較余光中和楊牧的寫作風格。

　　　　　　　　海峽文藝出版社　1993 年 1 月　頁 446—448

1304. 徐　　學　夏志清、余光中等的主體派文學批評　臺灣文學史（下）　福州
　　　　　　　　海峽文藝出版社　1993 年 1 月　頁 471—472

1305. 徐　　學　散文創作（下）——吳魯芹、顏元叔等人的幽默散文〔余光中部
　　　　　　　　分〕　臺灣文學史（下）　福州　海峽文藝出版社　1993 年 1 月
　　　　　　　　頁 672

1306. 古遠清　余光中對變革散文的呼喚　名作欣賞　1993 年第 1 期　1993 年 1
　　　　　　　　月　頁 16—18

1307. 古遠清　余光中對變革散文的呼喚　臺灣當代文學理論批評史　武漢　武
　　　　　　　　漢出版社　1994 年 8 月　頁 470—475

1308. 周新建　徐志摩、余光中詩歌意象比較　南開學報　1993 年第 1 期　1993
　　　　　　　　年 1 月　頁 66—72

1309. 周新建　徐志摩、余光中詩歌意象比較　藍星詩學　第 2 期　1999 年 6 月
　　　　　　　　頁 12—26

1310. 樓肇明　臺灣散文四十年發展的輪廓——《臺灣八十年代散文選》〔余光
　　　　　　　　中部分〕　臺灣香港澳門暨海外華文文學論文選　福州　海峽文
　　　　　　　　藝出版社　1993 年 3 月　頁 245—246

1311. 古繼堂　追求「現代」和「超現實」詩人的詩歌理論批評〔余光中部分〕
　　　　　　　　臺灣新文學理論批評史　瀋陽　春風文藝出版社　1993 年 6 月
　　　　　　　　頁 389—393

1312. 古繼堂　追求「現代」和「超現實」詩人的詩歌理論批評——理論觀念多
　　　　　　　　變且反覆的余光中　臺灣新文學理論批評史　臺北　秀威資訊科
　　　　　　　　技公司　2009 年 3 月　頁 388—391

1313. 徐　　學　臺灣當代散文中的意象與寓言〔余光中部分〕　臺灣研究集刊
　　　　　　　　1993 年第 3 期　1993 年 8 月　頁 92—97

1314. 李　　軍　強烈鮮明的動感——余光中散文的語言藝術淺談　修辭學習
　　　　　　　　1993 年第 6 期　1993 年 11 月　頁 24—25

1315. 徐光萍　在傳統與現代中尋找自己的座標——論余光中散文的藝術特色
　　　　　鎮溝師專學報　1993 年第 4 期　1993 年 12 月　頁 68—72，88

1316. 柏　春　論余光中詩的藝術特色　昭通師專學報　1993 年第 2 期　1993
　　　　　年　頁 55—61

1317. 陳燕谷，劉慧英　余光中欲罷不能的中國情結　中華日報　1994 年 2 月
　　　　　20 日　11 版

1318. 沈多青　讓我攀升——與永恆拔河不休的詩人余光中　幼獅文藝　第 482
　　　　　期　1994 年 2 月　頁 20—29

1319. 沈多青　讓我攀升——與永恆拔河不休的詩人余光中　我其實仍在花園裡
　　　　　臺北　幼獅文化公司　1998 年 8 月　頁 10—30

1320. 思　果　梵谷的知音余光中　九歌雜誌　第 157 期　1994 年 3 月　2 版

1321. 伍立楊　筆底鯨魚撥浪來——余光中文學評論略識　博覽群書　1994 年第
　　　　　4 期　1994 年 4 月　頁 35—36

1322. 陳金國　回歸與反叛——余光中、洛夫詩歌創作的相互疏異　臺港文學選
　　　　　刊　1994 年第 5 期　1994 年 5 月　頁 71—73

1323. 陳金國　回歸與反叛——余光中、洛夫詩歌創作的相互疏異　藍星詩學
　　　　　第 8 期　2000 年 12 月　頁 148—154

1324. 徐　學　當代臺灣散文中的遊戲精神〔余光中部分〕　中華文學的現在和
　　　　　未來——兩岸暨港澳文學交流研討會論文集　香港　鑪峰學會
　　　　　1994 年 6 月　頁 178

1325. 潘亞暾　最是繁華季節——三岸文學研究交流比較〔余光中部分〕　中華
　　　　　文學的現在和未來——兩岸暨港澳文學交流研討會論文集　香港
　　　　　鑪峰學會　1994 年 6 月　頁 372

1326. 黃維樑　導言　璀璨的五采筆　臺北　九歌出版社　1994 年 10 月　頁 1
　　　　　—14

1327. 顏元叔　詩壇祭酒余光中　璀璨的五采筆　臺北　九歌出版社　1994 年
　　　　　10 月　頁 42—44

1328. 顏元叔　詩壇祭酒余光中　余光中評說五十年　北京　文化藝術出版社
　　　　2008 年 5 月　頁 96—98

1329. 錢學武　余光中的詩傳播色情主義？　璀璨的五采筆　臺北　九歌出版社
　　　　1994 年 10 月　頁 237—246

1330. 錢學武　余光中的詩傳播色情主義？　余光中評說五十年　北京　文化藝
　　　　術出版社　2008 年 5 月　頁 166—171

1331. 馮友軍　奇喻巧擬著文章——余光中散文的比喻跟比擬　璀璨的五采筆
　　　　臺北　九歌出版社　1994 年 10 月　頁 338—345

1332. 黃維樑　初論余光中的文學批評　璀璨的五采筆　臺北　九歌出版社
　　　　1994 年 10 月　頁 387—395

1333. 黃維樑　余光中「英譯中」之所得——試論其翻譯成果與翻譯理論[50]　璀
　　　　璨的五采筆　臺北　九歌出版社　1994 年 10 月　頁 415—444

1334. 宋　淇　開創詩文的新流派　璀璨的五采筆　臺北　九歌出版社　1994 年
　　　　10 月　頁 475—477

1335. 施穎洲　迎余光中　璀璨的五采筆　臺北　九歌出版社　1994 年 10 月
　　　　頁 478—479

1336. 鍾　玲　本世紀中國的主要作家　璀璨的五采筆　臺北　九歌出版社
　　　　1994 年 10 月　頁 480—481

1337. 黃維樑　編後記　璀璨的五采筆　臺北　九歌出版社　1994 年 10 月　頁
　　　　611—616

1338. 梁錫華　沙田出文學——香港文學史料一則〔余光中部分〕　走向新世
　　　　紀：第六屆世界華文文學國際研討會論文集　北京　人民文學出
　　　　版社　1994 年 11 月　頁 284—290

1339. 李　軍　論余光中散文的句法特點　廣州師院學報　1994 年第 4 期　1994
　　　　年 12 月　頁 35—42，81

1340. 金聖華　余光中教授　橋畔閒眺——談翻譯與寫作　臺北　月房子出版社

---

[50]本文探討余光中「英譯中」的成果，兼及其翻譯理論，以呈現出其翻譯上的成果。

　　　　　　　　1995 年 1 月　頁 142—143

1341. 徐　　學　　當代臺灣散文的生命體驗〔余光中部分〕　臺灣研究集刊　1995
　　　　　　　　年第 1 期　1995 年 2 月　頁 52

1342. 朱雙一　　小荷已露尖尖角——余光中在廈門的佚詩[51]　聯合報　1995 年 3
　　　　　　　　月 24 日　37 版

1343. 朱雙一　　余光中早年在廈門的若干佚詩和佚文　現代中文文學評論　第 3
　　　　　　　　期　1995 年 6 月　頁 107—125

1344. 劉登翰　　臺灣詩人十八家論札——余光中論　臺灣文學隔海觀：文學香火
　　　　　　　　的傳承與變異　臺北　風雲時代出版公司　1995 年 3 月　頁 252
　　　　　　　　—260

1345. 范培松　　香港學者散文鳥瞰及評論〔余光中部分〕　蘇州大學學報　1995
　　　　　　　　年第 2 期　1995 年 4 月　頁 59—65

1346. 楊迅滋　　余光中散文藝術特徵　暫　濟南高中高等專科學校學報　1995 年
　　　　　　　　第 1 期　1995 年 6 月　頁 30—31

1347. 賴慈芸　　譯者分論——余光中　飄洋過海的繆思——美國詩作在臺灣的翻
　　　　　　　　譯史：1945—1992　輔仁大學翻譯學研究所　碩士論文　康士林
　　　　　　　　教授指導　1995 年 6 月　頁 82—89

1348. 蕭　　蕭　　世紀之選《新詩三百首》作者鑑評——余光中　聯合文學　第
　　　　　　　　125 期　1995 年 6 月　頁 76—77

1349. 蕭　　蕭　　余光中鑑評　新詩三百首（一九一七——一九九五）（上）　臺北
　　　　　　　　九歌出版社　1995 年 9 月　頁 393—395

1350. 朱雙一　　青年余光中的文學發端　聯合文學　第 129 期　1995 年 7 月　頁
　　　　　　　　116—119

1351. 方　　忠　　兼容並色，氣象萬千——余光中散文　臺港散文 40 家　鄭州
　　　　　　　　中原農民出版社　1995 年 9 月　頁 219—224

1352. 方　　忠　　余光中的散文　二十世紀臺灣文學史論　南昌　百花文藝出版社

---

[51]本文後增修爲〈余光中早年在廈門的若干佚詩和佚文〉。

2004 年 10 月　頁 117—145

1353. 蕭　蕭　有一種鄉愁在臺灣與中國之間——余光中　中國時報　1995 年
　　　　10 月 7 日　39 版

1354. 陳敬賢　左手繆思余光中　現代　第 19 期　1995 年 10 月　頁 28—29

1355. 郭　楓　吐魯蕃火浴——論余光中的詩[52]　臺灣文學研討會　臺北　淡水
　　　　工商管理學院主辦　1995 年 11 月 4—5 日

1356. 郭　楓　吐魯蕃火浴——論余光中的詩（1—16）　民眾日報　2000 年 8
　　　　月 25—31 日，9 月 1—9 日　17 版

1357. 郭　楓　吐魯蕃火浴——初論余光中的詩　美麗島文學評論集　臺北　臺
　　　　北縣文化局　2001 年 12 月　頁 199—231

1358. 王保生　兩岸文體風貌〔余光中部分〕　揚子江與阿里山的對話——海峽
　　　　兩岸文學比較　上海　上海文藝出版社　1995 年 12 月　頁 351
　　　　—352

1359. 任　暉　讀余光中　書與人　1995 年第 6 期　1995 年 12 月　頁 116—119

1360. 伍立楊　繽紛絡繹，錦繡有章——余光中文體論　當代文壇　1995 年第 1
　　　　期　1995 年　頁 53—54

1361. 黃維樑　太初有妙思，有薩福——從余光中的〈李清照以後〉說起　女性
　　　　主義國際文學研討會　香港　嶺南學院中文系暨現代中文文學研
　　　　究中心主辦　1996 年 3 月 14—16 日

1362. 中華民國新詩學會　余光中詩創作觀　中華新詩選　臺北　文史哲出版社
　　　　1996 年 3 月　頁 346

1363. 張　健　余光中及其文學業績　古典到現代　臺北　三民書局　1996 年 4
　　　　月　頁 195—198

1364. 馬　勵　翻譯藝術的饗宴——從余光中的「的的不休」談起　明報月刊
　　　　第 365 期　1996 年 5 月　頁 46—50

1365. 劉小新　余光中散文創作初論　鎮江師專學報　1996 年第 2 期　1996 年 6

[52]本文從形勢、內容以及風格三方面探討余光中的詩作。

月　頁 23—26

1366. 龍協濤　藍墨水的上游是汨羅江──余光中作品鄉國情的文化讀解　現代
中文文學評論　第 5 期　1996 年 6 月　頁 9—26

1367. 龍協濤　余光中作品鄉國情的文化解讀　南通師範學院學報　2002 年第 1
期　2002 年 3 月　頁 104—107

1368. 陳素雲　余光中詩中的臺灣關懷──民國七十四年定居高雄之後（上、
下）　國文天地　第 134—135 期　1996 年 7—8 月　頁 86—
92，101—105

1369. 黃維樑　女性與詩・中文西化──「余學」札記兩篇[53]　當代作家專論
香港　嶺南學院現代中文文學研究中心　1996 年 8 月　頁 89—
102

1370. 羅茵芬　余光中和他的四個孩子──詩、散文、評論、翻譯（上、下）
中央日報　1996 年 9 月 7—8 日　18 版

1371. 許　鈞　余光中的「『的』的不休」說　博覽群書　1996 年第 9 期　1996
年 9 月　頁 21—22

1372. 古遠清　余光中香港時期的文學評論　學術研究　1996 年第 11 期　1996
年 11 月　頁 49—52

1373. 古遠清　余光中香港時期的文學評論　中國研究　第 25 期　1997 年 4 月
頁 66—71

1374. 尤惠漓　余光中散文的特色　三重商工學報　第 5 期　1996 年 12 月　頁
10—16

1375. 劉紀蕙　故宮博物院 VS.超現實拼貼：臺灣現代讀畫詩中兩種文化認同之
建構模式──一九四九年流放詩人的讀畫詩：余光中與瘂弦　中
外文學　第 25 卷第 7 期　1996 年 12 月　頁 71—80

1376. 倪金華　余光中文學創作之啟示　華僑大學學報　1996 年第 3 期　1996

---

[53] 本文探討余光中的評論文章與其翻譯所把持的規範。全文共 3 小節：1.引言；2.太初有妙思，有
薩福──從余光中的〈李清照以後〉說起；3.余光中論中西文化。

年　頁 87—91

1377. 李　　朝　中西雙重融合的典範——評余光中的詩　四川大學學報　1997 年
　　　　　　　第 1 期　1997 年 1 月　頁 50—55

1378. 奚學瑤　不羈的文化遊子與深沉的文化鄉愁——淺談徐志摩與余光中散文
　　　　　　　的文化性格　甘肅社會科學　1997 年第 1 期　1997 年 1 月　頁
　　　　　　　53—55

1379. 潘先偉　論余光中與中國傳統文化　華文文學　1997 年第 1 期　1997 年 1
　　　　　　　月　頁 25—28

1380. 陳南光　余光中散文的語言特色　語文月刊　1997 年第 5 期　1997 年 5
　　　　　　　月　頁 2—3

1381. 盧先志　余光中作品　翰海觀潮　臺北　行政院文建會　1997 年 5 月　頁
　　　　　　　266—269

1382. 洪淑苓　現代山水詩——尋訪詩人的心靈原鄉〔余光中部分〕　中國時報
　　　　　　　1997 年 6 月 5 日　42 版

1383. 鄭樹森　臺港的新詩互動〔余光中部分〕　聯合報　1997 年 6 月 26 日
　　　　　　　41 版

1384. 莫　　渝　余光中（1928—）　彩筆傳華彩——臺灣譯詩 23 家　臺北　河
　　　　　　　童出版社　1997 年 6 月　頁 95—104

1385. 吳方敏　余光中作品的文化語義傳遞　語文學刊　1997 年第 4 期　1997
　　　　　　　年 8 月　頁 25—27

1386. 黃維樑　在中國文學史裡長春、永春——寫在《余光中詩文選集》二十七
　　　　　　　卷出版之前　文訊雜誌　第 143 期　1997 年 9 月　頁 21—22

1387. 施康強　余光中散文的氣勢　文匯報　1997 年 10 月 25 日　4 版

1388. 邱燮友　戰鬥詩與現代詩——藍星詩社和它的詩人們〔余光中部分〕　二
　　　　　　　十世紀中國新文學史　臺北　駱駝出版社　1997 年 10 月　頁
　　　　　　　292—294

1389. 謝　　冕　《中國新文學大系詩集》（一九四九·十——一九七六·十）導言

〔余光中部分〕　詩雙月刊　第 36 期　1997 年 10 月　頁 114—
115

1390. 張　雷　鄉愁下的詩情——余光中的文學與生活　人物　1997 年第 6 期
1997 年 11 月　頁 111—122

1391. 傅光明　詩文雙絕余光中　繆斯的左右手　長沙　湖南人民出版社　1997
年 12 月　頁 1—3

1392. 傅光明　詩文雙絕余光中　書生本色　北京　中國文聯出版社　2001 年 9
月　頁 308—310

1393. 梁麗明　一株西望的向日葵——余光中的詩歌及其創作心理初探　玉林師
專學報　1997 年第 4 期　1997 年 12 月　頁 64—69

1394. 童肇勤　試論余光中的詩歌藝術　武當學刊　1997 年第 4 期　1997 年 12
月　頁 52—57，30

1395. 陳仲義　語法修辭：壓縮、捶扁、拉長、磨利[54]　現代詩歌六十種·從投
射到拼貼　桂林　漓江出版社　1997 年 12 月　頁 156—165

1396. 陳仲義　語法修辭：壓縮·捶扁·拉長·磨利　現代詩技藝透析　臺北
文史哲出版社　2003 年 12 月　頁 139—146

1397. 陳仲義　節奏：對位、快慢、復迭及其調頻[55]　現代詩歌六十種·從投射
到拼貼　桂林　漓江出版社　1997 年 12 月　頁 166—174

1398. 陳仲義　節奏：對位、快慢、復迭及其調頻　現代詩技藝透析　臺北　文
史哲出版社　2003 年 12 月　頁 147—154

1399. 陳仲義　三聯句：余氏特殊的「專利」　現代詩歌六十種·從投射到拼貼
桂林　漓江出版社　1997 年 12 月　頁 175—182

1400. 陳仲義　三聯句：余氏特殊的「專利」　現代詩技藝透析　臺北　文史哲
出版社　2003 年 12 月　頁 155—160

---

[54]本文論述余光中詩作中的雙關、化解、轉品、易位、拆嵌及綴連等技巧。
[55]本文論述余光中詩作中運用各種調度手段，於對位和聲、慢板、快板、賦格、擬聲、頂真、復
迭，以及跨行、間隔，乃至標點符號，使內在詩情詩思通過外在節奏傳達出來。

1401. 王晉民　　論余光中的詩[56]　第二屆兩岸中山大學中國文學學術研討會　高
　　　　　　　雄　中山大學中國文學系主辦　1998 年 4 月 22—23 日

1402. 王晉民　　論余光中的詩　藍星詩學　第 2 期　1999 年 6 月　頁 27—42

1403. 蘇其康　　與五四精神共榮——余光中的譯作和文學交流　中央日報　1998
　　　　　　　年 5 月 2 日　22 版

1404. 蘇其康　　與五四的精神共榮——余光中的譯作和文學交流　文訊雜誌　第
　　　　　　　151 期　1998 年 5 月　頁 72—74

1405. 蔡家惠　　余光中詩歌意象研究　第二屆研究生論文發表會　南投　暨南國
　　　　　　　際大學中國語文學研究所主辦　1998 年 5 月 23 日

1406. 〔吳開晉，耿建華主編〕　　免疫了　三千年詩話　南昌　江西高校出版社
　　　　　　　1998 年 6 月　頁 302

1407. 錢學武　　略論余光中處理相關題材的手法　詩雙月刊　第 40 期　1998 年
　　　　　　　6 月　頁 50—63

1408. 焦　桐　　臺灣心和中國結——余光中詩作裡的鄉愁　幼獅文藝　第 534 期
　　　　　　　1998 年 6 月　頁 50—55

1409. 焦　桐　　臺灣心和中國結——余光中詩作裡的鄉愁　結網與詩風：余光中
　　　　　　　先生七十壽慶論文集　臺北　九歌出版社　1999 年 6 月　頁 43
　　　　　　　—54

1410. 黃維樑　　璀璨的五采筆——余光中作品概說　詩雙月刊　第 40 期　1998
　　　　　　　年 6 月　頁 27—38

1411. 黃維樑　　璀璨的五采筆——余光中作品概說　中外文學　第 27 卷第 5 期
　　　　　　　1998 年 10 月　頁 190—200

1412. 黃維樑　　璀璨的五采筆　與永恆對壘：余光中先生七十壽慶詩文集　臺北
　　　　　　　九歌出版社　1998 年 10 月　頁 137—156

1413. 黃維樑　　總序：璀璨的五采筆　余光中選集（第一卷）詩集　合肥　安徽
　　　　　　　教育出版社　1999 年 2 月　頁 1—16

[56]本文探討余光中詩的創作歷程，及其作品主題內容。

1414. 黃維樑　　璀璨的五采筆——余光中作品概說　北京大學學報　1999 年第 3
　　　　　　　期　1999 年 5 月　頁 177—183

1415. 黃維樑　　璀璨的五采筆——余光中作品概說　文化英雄拜會記：錢鍾書、
　　　　　　　夏志清、余光中的作品與生活　臺北　九歌出版社　2004 年 4 月
　　　　　　　頁 114—128

1416. 黃維梁　　璀璨的五采筆——余光中作品概說　余光中評說五十年　北京
　　　　　　　文化藝術出版社　2008 年 5 月　頁 259—269

1417. 穆　雷　　余光中談翻譯　中國翻譯　1998 年第 4 期　1998 年 7 月　頁 37
　　　　　　　—41

1418. 莊若江　　余光中、余秋雨——超越了平庸後還能否超越自我？　世界華文
　　　　　　　文學論壇　1998 年第 3 期　1998 年 8 月　頁 66—67

1419. 王劍叢，肖向明　　貌合神離，殊途同歸——余光中、董橋散文透視[57]　純
　　　　　　　文學　復刊第 5 期　1998 年 9 月　頁 35—43

1420. 肖向明　　不同的藝術呈現，一致的文化追尋——余光中、董橋散文比較
　　　　　　　惠州大學學報　2000 年第 2 期　2000 年 6 月　頁 49—54

1421. 王劍叢，肖向明　　貌合神離，殊途同歸——余光中與董橋　香港澳門文學
　　　　　　　論集　北京　中國科學文化出版社　2004 年 3 月　頁 135—144

1422. 智　深　　英華沉浮捨筏登岸——讀余光中、董橋二家文論小記　純文學
　　　　　　　復刊第 5 期　1998 年 9 月　頁 44— 51

1423. 鄭慧如　　余光中的親性歌吟及其文學史意義[58]　重九的午后——余光中作
　　　　　　　品研討暨詩歌發表會　高雄　中山大學文學院，中華民國筆會主
　　　　　　　辦　1998 年 10 月 23 日

1424. 鄭慧如　　余光中的親性歌吟及其文學史意義（上、下）　臺灣詩學季刊
　　　　　　　第 25—26 期　1998 年 12 月，1999 年 3 月　頁 151—158，100—
　　　　　　　111

---

[57]本文後改篇名為〈不同的藝術呈現，一致的文化追尋——余光中、董橋散文比較〉。
[58]本文探討余光中詩作中關於「親情」的主題，以呈現此主題對於其創作與詩壇的影響性。

1425. 鄭慧如　余光中的親性歌吟及其文學史意義　結網與詩風：余光中先生七十壽慶論文集　臺北　九歌出版社　1999 年 6 月　頁 83—112

1426. 鄭慧如　余光中的親性歌吟及其文學史意義　沿波討源，雖幽必顯——認識臺灣作家的十二堂課　桃園　中央大學　2005 年 8 月　頁 279—301

1427. 金聖華　余光中：三「者」合一的翻譯家[59]　重九的午后——余光中作品研討暨詩歌發表會　高雄　中山大學文學院，中華民國筆會主辦　1998 年 10 月 23 日

1428. 金聖華　余光中——三「者」合一的翻譯家　結網與詩風：余光中先生七十壽慶論文集　臺北　九歌出版社　1999 年 6 月　頁 15—42

1429. 賴國洲書房製作；吳晶晶整理　　永恆的彩筆　中央日報　1998 年 10 月 27 日　22 版

1430. 劉紀蕙　談余光中的希臘星空與音響變奏——為何在末日的前夕啊，偏偏，你堅決要獨立阻擋崩潰的歲月？　中國時報　1998 年 10 月 28 日　37 版

1431. 焦　桐　饕山饕水的魔術師——管窺余光中的遊記　幼獅文藝　第 538 期　1998 年 10 月　頁 44—48

1432. 黃維樑　情采繁富，詩心永春——試論余光中各時期詩作的特色　聯合文學　第 168 期　1998 年 10 月　頁 51—64

1433. 黃維樑　情采繁富，詩心永春——試論余光中各時期詩作的特色　文化英雄拜會記：錢鍾書、夏志清、余光中的作品與生活　臺北　九歌出版社　2004 年 4 月　頁 129—155

1434. 李瑞騰　余光中的高雄情——以詩為例　聯合文學　第 168 期　1998 年 10 月　頁 68—70

1435. 黃維樑　一個廣闊自足的宇宙——錢學武《余光中詩題材研究》序　自足

---

[59] 本文以翻譯經驗、幅度、態度、見解、譯作特色風格，以及譯事的倡導與推動，探討余光中翻譯成就。全文共 4 小節：1.翻譯的經驗與幅度；2.翻譯的態度與見解；3.譯作的特色與風格；4.譯事的倡導與推動。

的宇宙——余光中詩題材研究　香港　香江出版公司　1998 年
12 月　〔5〕頁

1436. 鍾怡雯　　風景裡的中國——余光中遊記的一種讀法　旅行文學研討會　臺
　　　　　　　北　臺灣大學主辦　1998 年 12 月 13 日

1437. 鍾怡雯　　風景裡的中國——余光中遊記的一種讀法（1—5）　臺灣新聞報
　　　　　　　1999 年 2 月 7—11 日　13 版

1438. 鍾怡雯　　風景裡的中國——余光中遊記的一種讀法　中國現代文學理論季
　　　　　　　刊　第 16 期　1999 年 12 月　頁 484—496

1439. 鍾怡雯　　風景裡的中國——余光中遊記的一種讀法　無盡的追尋：當代散
　　　　　　　文的詮釋與批評　臺北　聯合文學出版社　2004 年 9 月　頁 41
　　　　　　　—56

1440. 鍾怡雯　　風景裡的中國——余光中遊記的一種讀法　余光中評說五十年
　　　　　　　北京　文化藝術出版社　2008 年 5 月　頁 376—387

1441. 張　健　　藍星詩人的成就——余光中　明道文藝　第 274 期　1999 年 1 月
　　　　　　　頁 121—122

1442. 黃維樑　　為李白杜甫造像——論余光中與唐詩　第四屆唐代文化學術研討
　　　　　　　會論文集　臺南　成功大學教務處出版組　1999 年 1 月　頁 353
　　　　　　　—377

1443. 黃維樑　　為李白杜甫造像——論余光中與唐詩　中國文化研究　1999 年第
　　　　　　　4 期　1999 年 11 月　頁 104—110

1444. 黃維樑　　為李白杜甫造像——論余光中與唐詩　海南師範學院學報　第 17
　　　　　　　卷第 4 期　2004 年　頁 35—42

1445. 江弱水　　編後記　余光中選集（第一卷）詩集　合肥　安徽教育出版社
　　　　　　　1999 年 2 月　頁 267—269

1446. 江弱水　　編後記　余光中選集（第二卷）散文集　合肥　安徽教育出版社
　　　　　　　1999 年 2 月　頁 463—465

1447. 江弱水　　編後記　余光中選集（第三卷）文學評論集　合肥　安徽教育出

版社　1999 年 2 月　頁 407—409

1448. 江弱水　　編後記　余光中選集（第四卷）語文及翻譯論集　合肥　安徽教育出版社　1999 年 2 月　頁 269—270

1449. 江弱水　　編後記　余光中選集（第五卷）譯品集　合肥　安徽教育出版社　1999 年 2 月　頁 263—265

1450. 馮亦同　　「浪子回頭」以後——余光中晚近期詩作簡評　世界華文文學論壇　1999 年第 1 期　1999 年 3 月　頁 51—55

1451. 潘麗珠　　余光中　臺灣現代詩教學研究　臺北　五南圖書公司　1999 年 3 月　頁 129—131

1452. 歸　人　　毫末之中見大千——余光中的文學性質　文訊雜誌　第 161 期　1999 年 3 月　頁 84—86

1453. 梁敏兒　　懷鄉詩的完成——余光中的詩與香港　香港文學國際研討會　香港　香港中文大學，香港藝術發展局主辦　1999 年 4 月 15—17 日

1454. 梁敏兒　　懷鄉詩的完成——余光中的詩與香港　活潑紛繁的香港文學——1999 年香港文學國際研討會論文集　香港　中文大學出版社　2000 年　頁 199—215

1455. 陳芳明　　在冷戰與後冷戰的年代（上、中、下）——「人生探訪——當代作家映象」余光中專輯　中國時報　1999 年 4 月 24—26 日　37 版

1456. 陳芳明　　在冷戰與後冷戰的年代　深山夜讀　臺北　聯合文學出版社　2001 年 3 月　頁 184—191

1457. 陳芳明　　在冷戰與後冷戰的年代　深山夜讀　臺北　聯合文學出版社　2008 年 9 月　頁 184—191

1458. 陳芳明　　余光中的現代主義精神——從《在冷戰的年代》到《與永恆拔河》[60]　第四屆現代詩學研討會　彰化　彰化師範大學主辦

---

[60]本論文探討余光中在六〇年代現代主義風潮下扮演的腳色。全文共 5 小節：1.引言；2.改造現代

1999 年 5 月 29 日

1459. 陳芳明　余光中的現代主義精神——從《在冷戰的年代》到《與永恆拔
河》　臺灣現代詩經緯　臺北　聯合文學出版社　2001 年 6 月
頁 159—183

1460. 陳芳明　余光中的現代主義精神——從《在冷戰的年代》到《與永恆拔
河》　後殖民臺灣：文學史論及其周邊　臺北　麥田出版・城邦
文化公司　2002 年 4 月　頁 197—218

1461. 陳芳明　余光中的現代主義精神——從《在冷戰的年代》到《與永恆拔
河》　中華現代文學大系（貳）・臺灣一九八九—二〇〇三評論
卷（一）　臺北　九歌出版社　2003 年 10 月　頁 261—281

1462. 陳芳明　余光中的現代主義精神——從《在冷戰的年代》到《與永恆拔
河》　後殖民臺灣：文學史論及其周邊　臺北　麥田出版　2007
年 6 月　頁 197—218

1463. 鍾怡雯　臺灣散文裡的中國圖像〔余光中部分〕　孤獨的帝國：第二屆全
國大專學生文學獎得獎作品專集　臺北　行政院文建會　1999 年
5 月　頁 510—512

1464. 王開志　文字的魔術師——余光中的散文語言　文史雜誌　1999 年第 6 期
1999 年 6 月　頁 24—26

1465. 雷巧旋　淺談余光中詩歌的民族風格　閱讀與寫作　1999 年第 6 期　1999
年 6 月　頁 9—10

1466. 陳巍仁　臺灣現代散文詩文類析論〔余光中部分〕　一九九九竹塹文學獎
得獎作品集　新竹　新竹市立文化中心　1999 年 6 月　頁 302—
303

1467. 錢學武　論余光中詩的語言藝術　結網與詩風：余光中先生七十壽慶論文
集　臺北　九歌出版社　1999 年 6 月　頁 113—140

主義；3.「自我」的重新塑造；4.以回歸取代放逐；5.是現代主義的衍生，也是本土文學的延伸。

1468. 董桃福　　開懷縱筆難盡鄉愁——余光中閱讀札記　世界華文文學論壇
　　　　　　　　1999 年第 2 期　1999 年 6 月　頁 26—30

1469. 董桃福　　開懷縱筆難盡鄉愁——余光中閱讀札記　雲南文藝評論　1999 年
　　　　　　　　第 2 期　1999 年 6 月　頁 8—13，44

1470. 賈夢瑋　　論余光中散文的情感世界　世界華文文學論壇　1999 年第 2 期
　　　　　　　　1999 年 6 月　頁 30—34

1471. 方　忠　　百年臺灣文學發展論〔余光中部分〕　百年中華文學史論：1898
　　　　　　　　—1999　上海　華東師範大學出版社　1999 年 9 月　頁 47—
　　　　　　　　48，60—61

1472. 易　齋　　余光中的詩魂與國魂　國魂　第 647 期　1999 年 10 月　頁 70—
　　　　　　　　73

1473. 王鎮庚　　余光中如何改造在臺灣的現代主義？　乾坤詩刊　第 12 期
　　　　　　　　1999 年 10 月　頁 51—53

1474. 褚又君　　古典與現代的契合——談余光中的散文　湖州師範學院學報
　　　　　　　　1999 年第 4 期　1999 年 10 月　頁 30—33

1475. 蔣玉斌　　余光中詩歌創作技巧的傳統因子分析　涪陵師專學報　1999 年第
　　　　　　　　4 期　1999 年 10 月　頁 22—27

1476. 鄭劭清　　漂泊離散與文化認同——余光中在美期間散文創作特質考察　十
　　　　　　　　堰職業技術學院學報　1999 年第 4 期　1999 年 10 月　頁 136—
　　　　　　　　143

1477. 柴　焰　　論余光中的「鄉愁詩」　中州大學學報　2000 年第 1 期　2000
　　　　　　　　年 1 月　頁 49—50

1478. 劉慎元　　試論余光中「香港時期」的創作風貌[61]　香港八十年代文學現象
　　　　　　　　（二）　臺北　臺灣學生書局　2000 年 3 月　頁 437—476

1479. 潘年英　　汪曾祺與余光中的散文世界　黎明職業大學學報　2000 年第 1 期

---

[61]本文探討余光中旅居香港時期的文學創作，及香港環境對於余光中文學創作的影響。全文共 6 小節：1.本文問題分析與研究徑路；2.中國層面的余光中與香港；3.臺灣層面的余光中與香港；4.開賞層面的余光中與香港；5.香港大限的焦慮促成余氏對香港的認同；6.結論。

2000 年 3 月　頁 15—19

1480. 鍾正道　自焚，在中國的風火爐——余光中大品散文與中國古典詩賦[62] 中國現代文學理論季刊　第 17 期　2000 年 3 月　頁 56—69

1481. 蕭水順　臺灣現代詩的儒家美學特質——以余光中詩作為討論主軸　臺灣文學與教育學術研討會手冊及論文集　屏東　屏東師範學院 2000 年 4 月　頁 73—90

1482. 孫　寧　余光中朦朧詩賞析　兩岸關係　第 35 期　2000 年 5 月　頁 59—60

1483. 鍾怡雯　流離：在中國的邊緣——望鄉的牧神余光中[63] 亞洲華文散文的中國圖象（1949—1999）　臺灣師範大學國文學系　博士論文　陳鵬翔教授指導　2000 年 5 月　頁 11—25

1484. 鍾怡雯　「望鄉的牧神」余光中　亞洲華文散文的中國圖象（1949—1999）　臺北　萬卷樓圖書公司　2001 年 1 月　頁 12—33

1485. 董錦燕　余光中詩裡的蓮花象徵　第二屆中國修辭學學術研討會　臺北　中國修辭學會主辦　2000 年 6 月 5—6 日

1486. 董錦燕　余光中詩裡的蓮花象徵　修辭論叢第二輯　臺北　洪葉文化公司 2000 年 7 月　頁 87—105

1487. 徐　學　西而不化與西而化之——余光中漢文學語言論之一　臺灣研究集刊　2000 年第 2 期　2000 年 6 月　頁 83　91

1488. 徐　學　西而不化與西而化之——余光中漢文學語言論之一　臺灣研究 25 年精粹・文學篇　北京　九州出版社　2005 年 6 月　頁 220—233

1489. 馮亦同　寫在〈「浪子回頭」以後〉之後——有關余光中晚近期詩作簡評的兩點補正　世界華文文學論壇　2000 年第 2 期　2000 年 6 月 頁 74—76

---

[62]本文探討余光中散文作品中「自傳性的抒情散文」，以呈現其作品現代與古典的傳承關係。
[63]本文首先探討余光中流離書寫，再探討中國圖像的呈現方式。全文共 2 小節：1.錯置／飄泊的茱萸；2.風景裡的中國。

1490. 顧必成，莊若江　　超越平庸與超越自我——海峽兩岸余氏散文合論〔余光中部分〕　世界華文文學論壇　2000 年第 2 期　2000 年 6 月　頁 44—48

1491. 耕　雨　　余光中左右開弓　臺灣新聞報　2000 年 7 月 8 日　B10 版

1492. 徐雲浩　　離愁深似海，泣血盼回歸——談余光中「詠懷詩」　周口師範高等專科學校學報　2000 年第 4 期　2000 年 7 月　頁 27—28

1493. 蘇　林　　文學遊子夢土逆旅〔余光中部分〕　聯合報　2000 年 8 月 28 日　41 版

1494. 劉登翰　　臺灣作家的香港關注——以余光中、施叔青為中心　兩岸文學發展研討會　桃園　中央大學中國文學研究所主辦　2000 年 9 月 16—17 日

1495. 劉登翰　　臺灣作家的香港關注——以余光中、施叔青為中心的考察　福建論壇　2001 年第 2 期　2001 年 3 月　頁 50—57

1496. 李國濤　　此余與彼余〔余光中、余秋雨〕　博覽群書　2000 年第 9 期　2000 年 9 月　頁 33—34

1497. 朱文華　　余光中——繆思的右手和左手　臺港澳文學教程　上海　漢語大辭典出版社　2000 年 10 月　頁 75—78

1498. 曹惠民　　余光中——「沙田文學」的主將　臺港澳文學教程　上海　漢語大辭典出版社　2000 年 10 月　頁 340—342

1499. 徐光萍　　論余光中詩歌的中國情緒　煙臺師範學院　2000 年第 4 期　2000 年 12 月　頁 79—82，95

1500. 張景蘭　　論余光中詩歌的祖國情結　淮海工學院學報　2000 年第 9 期　2000 年 12 月　頁 20—22

1501. 張景蘭　　論余光中詩歌的祖國情結　淮陰師範學院學報　2002 年第 4 期　2002 年 7 月　頁 549—552

1502. 張　鵠　　可貴的超越——余光中語言藝術鱗爪　修辭學習　2000 年第 3 期　2000 年　頁 45

1503. 王　暉　余光中的散文理念　海南師範學院學報　2001 年第 1 期　2001 年 1 月　頁 92—97

1504. 吳新宇　我讀余光中　余光中：與永恆拔河　長沙　湖南大學出版社 2001 年 1 月　頁 184—188

1505. 楊宗翰　《文學雜誌》與臺灣現代詩史〔余光中部分〕　臺灣文學學報 第 2 期　2001 年 2 月　頁 164—166

1506. 江少川　鄉愁母題、詩美建構及超越——論余光中詩歌的「中國情結」 華中師範大學學報　2001 年第 2 期　2001 年 3 月　頁 87—93

1507. 江少川　鄉愁母題‧詩美建構及超越——論余光中詩歌的「中國情結」 臺港澳文學論稿　北京　北京大學出版社　2005 年 4 月　頁 8— 23

1508. 莊若江　輝映海峽兩岸的散文雙峰——余光中、余秋雨散文比較　江南學 院學報　2001 年第 1 期　2001 年 3 月　頁 30—36，40

1509. 許正林　理念與價值——試論余光中的文學批評與艾略特詩學的淵源關係 海南師範學院學報　2001 年第 2 期　2001 年 3 月　頁 102—105

1510. 彭立勛　余光中的詩歌美學思想　世界華文文學論壇　2001 年第 1 期 2001 年 3 月　頁 36—40

1511. 張永健　論余光中思鄉戀土詩歌的特色　世界華文文學論壇　2001 年第 1 期　2001 年 3 月　頁 41—44

1512. 張永健　余光中思鄉戀土詩歌特色論　益陽師專學報　2001 年第 4 期 2001 年 7 月　頁 54—58

1513. 韋佩儀　余光中研究在新馬　世界華文文學論壇　2001 年第 1 期　2001 年 3 月　頁 45—49

1514. 黃曼君　余光中現代詩學品格論　華中師範大學學報　2001 年第 2 期 2001 年 3 月　頁 81—86，118

1515. 黃曼君　余光中現代詩學品格論　藍星詩學　第 10 期　2001 年 6 月　頁 156—172

1516. 黃永林　　在現代與傳統之間——論余光中詩歌創作的特色　華中師範大學學報　2001年第2期　2001年3月　頁94—100

1517. 戴建業　　從「中國詩的現代化」到「現代詩的中國化」——余光中對中國現代詩的理論構想　華中師範大學學報　2001年第2期　2001年3月　頁101—105

1518. 陳幸蕙　　文學中的鶼鰈情深〔余光中部分〕　今夜，我們來談文學　臺北　天下遠見出版公司　2001年4月　頁117—127

1519. 張愛珍　　余光中與翻譯　黔東南民族師專學報　2001年第2期　2001年4月　頁96—98

1520. 思　果　　什麼樣的人能翻譯——論余光中的翻譯　中國時報　2001年5月10日　23版

1521. 譚五昌　　臺灣詩壇三巨柱〔羅門、洛夫、余光中〕　藍星詩學　第10期　2001年6月30日　頁147—148

1522. 譚五昌　　臺灣詩壇三巨柱〔羅門、洛夫、余光中〕　我的詩國（下）　臺北　文史哲出版社　2011年12月　頁912

1523. 王萬森　　殊途同歸——兩岸作家的精神之旅〔余光中部分〕　世界華文文學論壇　2001年第2期　2001年6月　頁39—43

1524. 路曉冰，王殿斌　　鄉愁是一灣淺淺的海峽——淺談余光中作品中的思想情結　延安教育學院學報　2001年第1期　2001年6月　頁33—35，59

1525. 趙秀媛　　中西文化輝光裡的散文景觀——余光中散文淺見　棗莊師專學報　2001年第3期　2001年6月　頁24—28

1526. 周惠珍　　妙趣橫生，美不勝收——余光中小品文的語言藝術淺論　棗莊師專學報　2001年第3期　2001年6月　頁29—32

1527. 呂進，劉靜　　余光中的詩體美學　西南師範大學學報　2001年第4期　2001年7月　頁152—158

1528. 奚學瑤，黃艾榕　　期待中華散文的全面復興——余光中散文的文化意義

甘肅社會科學　2001 年第 4 期　2001 年 7 月　頁 55—56

1529. 古遠清　香港文學版圖的「沙田文學」　世界華文文學論壇　2001 年第 3 期　2001 年 9 月　頁 37—40

1530. 范培松　臺灣散文變革的智者與勇者——評余光中散文理論批評觀　海南師範學院學報　2001 年第 5 期　2001 年 9 月　頁 41—45

1531. 蕭　蕭　儒家美學特質與余光中詩作的體現[64]　藍星詩學　第 11 期　2001 年 9 月　頁 184—208

1532. 方　忠　余光中與臺灣當代散文的創新　文學評論　2001 年第 6 期　2001 年 11 月　頁 73—78

1533. 嚴　輝　知性‧感性——論余光中的散文批評　當代文壇　2001 年第 6 期　2001 年 11 月　頁 66—68

1534. 嚴　輝　知性‧感性——余光中散文批評的一組概念　華文文學　2002 年第 5 期　2002 年 10 月　頁 42—46

1535. 嚴　輝　知性‧感性——論余光中的散文批評　現代中國文學論叢（一）　北京　中國社會科學出版社　2007 年 7 月　頁 313—319

1536. 錢志富　余光中是怎樣成爲中國當代大詩人的　藍星詩學　第 12 期　2001 年 12 月　頁 160—174

1537. 陳芳明　現代主義文學的擴張與深化：「藍星」與「創世紀」詩社〔余光中部分〕　聯合文學　第 207 期　2002 年 1 月　頁 147

1538. 高惠鈺　從雄偉風格論余光中詩作　立人學報　第 2 期　2002 年 2 月　頁 21—46

1539. 陳幸蕙　悅讀余光中——離鄉者日記　明道文藝　第 311 期　2002 年 2 月　頁 50—72

1540. 徐　學　從余光中到雲鶴——菲華現代詩源流之一　傳承與拓展：菲律賓華文文學國際學術研討會論文集　福州　海峽文藝出版社　2002

[64]本文就孔子詩教與余光中詩作相疊合處，爬梳儒家美學與余光中詩學的生命觀。全文共 2 小節：1.孔子詩教與余光中詩學；2.余光中的詩與儒家美學特質。

年 3 月　頁 242—248

1541. 陳幸蕙　悅讀余光中——兩岸的故事　明道文藝　第 312 期　2002 年 3 月
頁 39—49

1542. 應鳳凰　臺灣五〇年代詩壇與現代詩運動（上）——詩壇的形成：各詩社
之成立及其「位置」關係——覃子豪、余光中與藍星詩社　臺灣
詩學季刊　第 38 期　2002 年 3 月　頁 99—102

1543. 應鳳凰　覃子豪、余光中與藍星詩社　五〇年代臺灣文學論集　高雄　春
暉出版社　2004 年 6 月　頁 13—18

1544. 陳幸蕙　悅讀余光中——詩人的自畫像　明道文藝　第 313 期　2002 年 4
月　頁 41—61

1545. 陳芳明　歷史的歧見與回歸的歧路——鄉土文學的意義與反思——彭歌、
余光中與王拓、陳映真的論辯　後殖民臺灣：文學史論及其周邊
臺北　麥田出版・城邦文化公司　2002 年 4 月　頁 101—103

1546. 陳芳明　歷史的歧見與回歸的歧路——鄉土文學的意義與反思——彭歌、
余光中與王拓、陳映真的論辯　後殖民臺灣：文學史論及其周邊
臺北　麥田出版　2007 年 6 月　頁 101—103

1547. 尹銀廷　論余光中的鄉愁詩　東岳論叢　2002 年第 3 期　2002 年 5 月
頁 123—125

1548. 尹銀廷　論余光中的鄉愁詩　臺港文學選刊　第 292 期　2013 年 3 月　頁
19—20

1549. 徐　學　永遠的精神家人——余光中與凡高　書屋　2002 年第 5 期　2002
年 5 月　頁 25—28

1550. 陳幸蕙　悅讀余光中——永久地址　明道文藝　第 314 期　2002 年 5 月
頁 56—76

1551. 卞新國　論余光中的散文觀　江蘇大學學報　2002 年第 2 期　2002 年 6
月　頁 79—83

1552. 王　敏　余光中、王鼎鈞、張拓蕪　簡明臺灣文學史　北京　時勢出版社

2002 年 6 月　頁 356—357

1553. 鍾　玲　在地生根與承繼傳統——華文作家的抉擇與實踐〔余光中部分〕
　　　　　　幼獅文藝　第 582 期　2002 年 6 月　頁 33

1554. 曹存有　余光中詩歌的語言技巧　呼倫貝爾學院學報　2002 年第 7、8 期
　　　　　　合併　2002 年 7 月　頁 59—61

1555. 陳淑彬　洋紫荊與「情人」隱喻——余光中的香港書寫[65]　中外文學　第
　　　　　　31 卷第 2 期　2002 年 7 月　頁 93—114

1556. 陳才俊　余光中語文研究初探　學術研究　2002 年第 8 期　2002 年 8 月
　　　　　　頁 138—141

1557. 陳幸蕙　悅讀余光中——悅讀手記（上、中、下）[66]　明道文藝　第 317—
　　　　　　319 期　2002 年 8，9，10 月　頁 44—57，52—69，100—121

1558. 陳幸蕙　悅讀余光中——悅讀手記（一—四）　悅讀余光中・詩卷　臺北
　　　　　　爾雅出版社　2002 年 9 月　頁 357—413

1559. 袁靖華　殊途同歸尋找共同的家園——余光中、余秋雨創作比較分析[67]
　　　　　　華文文學　2002 年第 4 期　2002 年 8 月　頁 58—62

1560. 袁靖華　撕裂的哭喊和睿智的反應——余光中、余秋雨的創作比較分析
　　　　　　集美大學學報　2002 年第 3 期　2002 年 9 月　頁 93—97

1561. 王良和　三種聲音——論余光中「香港時期」的詩歌　文學世紀　第 18
　　　　　　期　2002 年 9 月　頁 8—13

1562. 張昌華　中國是我的中國——望鄉牧神余光中　今日中國　2002 年第 9 期
　　　　　　2002 年 9 月　頁 51—53

1563. 郭　澄　余光中散文的美學追求　文史哲　2002 年第 5 期　2002 年 9 月

---

[65] 本文藉由霍爾文化屬性，探討余光中在香港的書寫經驗。全文共 5 小節：1.楔子：邊陲書寫的屬
性追尋；2.浮城舊夢：九廣路上的望鄉者；3.失城悲喜：回歸線上的「凝視者」；4.傾城之戀：紫
荊記憶的銘刻者；5.結語：情人不老。

[66] 本文分爲〈悅讀手記（1）——首航時期〉，〈悅讀手記（2）——旅美時期〉，〈悅讀手記（3）—
—臺北時期〉，〈悅讀手記（4）——香港時期〉，〈悅讀手記（5）——高雄時期〉，後收錄於《悅
讀余光中・詩卷》。

[67] 本文後改篇名爲〈撕裂的哭喊和睿智的反應——余光中、余秋雨的創作比較分析〉。

頁 90—93

1564. 陳幸蕙　　悅讀余光中──從喜歡的感覺出發　明道文藝　第 320 期　2002
　　　　　　　年 11 月　頁 58—63

1565. 李　丹　　詩人余光中及他的詩與弗洛斯特的關係　新視野、新開拓：第 12
　　　　　　　屆世界華文文學國際學術研討會論文集　上海　復旦大學出版社
　　　　　　　2002 年 11 月　頁 330—335

1566. 李　丹　　余光中與佛洛斯特比較論　詩探索　2003 年第 2 期　2003 年 12
　　　　　　　月　頁 296—304

1567. 李　丹　　余光中與佛洛斯特比較論　華文文學　2004 年第 3 期　2004 年 6
　　　　　　　月　頁 24—29

1568. 陳義芝　　推薦余光中[68]　新世紀散文家：余光中精選集　臺北　九歌出版
　　　　　　　社　2002 年 11 月　頁 11

1569. 陳義芝　　推薦余光中　余光中散文精選集　桂林　廣西師範大學出版社
　　　　　　　2003 年 12 月　頁 4

1570. 陳義芝　　當代散文家評點──余光中　文字結巢　臺北　三民書局　2007
　　　　　　　年 1 月　頁 223—224

1571. 黃維樑等[69]　綜論余光中散文（節錄）　新世紀散文家：余光中精選集
　　　　　　　臺北　九歌出版社　2002 年 11 月　頁 13—46

1572. 黃維樑等[70]　綜論余光中散文（節錄）　余光中散文精選集　桂林　廣西師
　　　　　　　範大學出版社　2003 年 12 月　頁 241—270

1573. David Pollard　　Commentarty on Yu Kwang-chung　新世紀散文家：余光中
　　　　　　　精選集　臺北　九歌出版社　2002 年 11 月　頁 47—48

1574. David Pollard　　Commentarty on Yu Kwang-chung　余光中散文精選集　桂
　　　　　　　林　廣西師範大學出版社　2003 年 12 月　頁 271—272

1575. 陳芳明　　現代詩藝的追求與成熟〔余光中部分〕　聯合文學　第 218 期

---

[68] 本文後改篇名爲〈當代散文家評點──余光中〉。
[69] 合評者：黃維樑、黃國彬、孫瑋芒、周澤雄。
[70] 合評者：黃維樑、黃國彬、孫瑋芒、周澤雄。

2002 年 12 月　頁 159—162

1576. 陳芳明　現代詩藝的追求與成熟——現代詩的抒情傳統〔余光中部分〕
臺灣新文學史　臺北　聯經出版社　2011 年 10 月　頁 434—439

1577. 羅可榮　淺說余光中的現代詩　育達學報　第 16 期　2002 年 12 月　頁
16—24

1578. 向　明　新詩應傳統與現代聯姻——以余光中詩法爲例　人間福報　2003
年 1 月 30 日　11 版

1579. 向　明　新詩應傳統與現代聯姻——以余光中詩法爲例　藍星詩學　第 17
期　2003 年 3 月　頁 169—171

1580. 向　明　新詩應傳統與現代聯姻——以余光中詩法爲例　我爲詩狂　臺北
三民書局　2005 年 1 月　頁 16—19

1581. 陳幸蕙　悅讀余光中——巔峰之戀　明道文藝　第 322 期　2003 年 1 月
頁 104—123

1582. 蔡　菁　萬般妙意，歸於趣象——余光中詩歌意象世界初探　臺灣研究集
刊　2003 年第 1 期　2003 年 3 月　頁 93—100

1583. 羅昌智　論余光中詩歌的文化品格　西南民族學院學報　2003 年第 3 期
2003 年 3 月　頁 323—326

1584. 李　丹　試論余光中詩歌的「中國結」　華文文學　2003 年第 2 期　2003
年 4 月　頁 64—69，50

1585. 陳幸蕙　悅讀余光中——壯麗情事　明道文藝　第 325 期　2003 年 4 月
頁 110—128

1586. 陳幸蕙　悅讀余光中——雨水臺灣・雨水中國　明道文藝　第 326 期
2003 年 5 月　頁 75—80

1587. 邱珮萱　凝視眺望的異鄉人——余光中　戰後臺灣散文中的原鄉書寫　高
雄師範大學國文學系　博士論文　何淑貞教授指導　2003 年 6 月
頁 31—42

1588. 李建東，鄭劭清　漂泊離散與文化認同——余光中在美期間散文創作特質

考察　世界華文文學論壇　2003 年第 2 期　2003 年 6 月　頁 38
—42

1589. 陳室如　萌芽與過渡──臺灣現代旅行書寫發展述析（上）1949—1987
〔余光中部分〕　出發與回歸的辯證──臺灣現代旅行書寫研究
（1949—2002）　彰化師範大學國文學系　碩士論文　王年雙教
授指導　2003 年 6 月　頁 33—36

1590. 朱雙一　廈門──余光中文學的發祥地　閩臺文學的文化親緣　福州　福
建人民出版社　2003 年 7 月　頁 327—335

1591. 李　軍　余光中散文的意識流謀篇藝術　當代文壇　2003 年第 4 期　2003
年 7 月　頁 89—90

1592. 落蒂〔楊顯榮〕　謬斯最鍾愛的右手──余光中詩作評析　國文天地　第
219 期　2003 年 8 月　頁 98—103

1593. 落蒂〔楊顯榮〕　謬斯最鍾愛的右手──余光中論之二　靜觀詩海拍天浪
臺北　文史哲出版社　2012 年 9 月　頁 6—15

1594. 王　勇　余光中與菲華　2003 海峽詩會──余光中詩歌研討會　福州　福
建省文聯會，福建文化經濟交流中心，《臺港文學選刊》，福建
省文學藝術對外交流中心主辦　2003 年 9 月 14 日

1595. 江弱水　一首詩的反讀法　2003 海峽詩會──余光中詩歌研討會　福州
福建省文聯會，福建文化經濟交流中心，《臺港文學選刊》，福
建省文學藝術對外交流中心主辦　2003 年 9 月 14 日

1596. 徐　學　淺論余光中「以文爲詩」的理論實踐　2003 海峽詩會──余光中
詩歌研討會　福州　福建省文聯會，福建文化經濟交流中心，
《臺港文學選刊》，福建省文學藝術對外交流中心主辦　2003 年
9 月 14 日

1597. 郭　虹　無法乃爲至法──余光中評論研究　2003 海峽詩會──余光中詩
歌研討會　福州　福建省文聯會，福建文化經濟交流中心，《臺
港文學選刊》，福建省文學藝術對外交流中心主辦　2003 年 9 月

14 日

1598. 黃曼君，陳菊先　余光中新古典詩學建構　2003 海峽詩會──余光中詩歌
研討會　福州　福建省文聯會，福建文化經濟交流中心，《臺港
文學選刊》，福建省文學藝術對外交流中心主辦　2003 年 9 月
14 日

1599. 範寶慈　「隔」與「露」的平衡點　2003 海峽詩會──余光中詩歌研討會
福州　福建省文聯會，福建文化經濟交流中心，《臺港文學選
刊》，福建省文學藝術對外交流中心主辦　2003 年 9 月 14 日

1600. 薑耕玉　余光中詩歌的漢語表徵　2003 海峽詩會──余光中詩歌研討會
福州　福建省文聯會，福建文化經濟交流中心，《臺港文學選
刊》，福建省文學藝術對外交流中心主辦　2003 年 9 月 14 日

1601. 古遠清　余光中：臺灣文壇美麗的一景　2003 海峽詩會──余光中詩歌研
討會　福州　福建省文聯會，福建文化經濟交流中心，《臺港文
學選刊》，福建省文學藝術對外交流中心主辦　2003 年 9 月 14
日

1602. 古遠清　余光中：臺灣文壇「美麗的一景」──藍星人物傳記之二　藍星
詩學　第 19 期　2003 年 9 月　頁 157—167

1603. 黃維樑　余光中月光中　2003 海峽詩會──余光中詩歌研討會　福州　福
建省文聯會，福建文化經濟交流中心，《臺港文學選刊》，福建
省文學藝術對外交流中心主辦　2003 年 9 月 14 日

1604. 黃維樑　余光中月光中　中央日報　2003 年 9 月 15 日　17 版

1605. 黃維樑　余光中月光中　文化英雄拜會記：錢鍾書、夏志清、余光中的作
品與生活　臺北　九歌出版社　2004 年 4 月　頁 176—184

1606. 丁旭輝　孤燈下的獨白與清醒──余光中詩裡的桌燈意象　臺灣時報
2003 年 9 月 15 日　23 版

1607. 丁旭輝　孤燈下的獨白與清醒──余光中詩裡的桌燈　淺出深入話新詩
臺北　爾雅出版社　2006 年 9 月　頁 47—58

1608. 李標晶　余光中　20世紀中國文學通史　上海　東方出版中心　2003年9月　頁568—571

1609. 陳幸蕙　悅讀余光中——全民公敵及其他　明道文藝　第330期　2003年9月　頁26—39

1610. 張　劍　朱自清不是散文「大」家？——與余光中商榷文學批評的尺度問題　哈爾濱學院學報　2003年第9期　2003年9月　頁96—101

1611. 馮亦同　編後記　左手的掌紋　南京　江蘇文藝出版社　2003年10月　頁327—328

1612. 吳樂央　綿綿鄉愁幻化出一方情感世界——解讀余光中和他的鄉愁情結　唐山師範學院學報　2003年第6期　2003年11月　頁53—55

1613. 丁旭輝　論余光中詩的均衡結構[71]　臺灣前行代詩家論　臺北　萬卷樓圖書公司　2003年11月　頁1—41

1614. 陳幸蕙　悅讀余光中——飆車的故事及其他　明道文藝　第332期　2003年11月　頁36—51

1615. 曾小月　余光中詩歌古典意象論　理論與創作　2003年第6期　2003年11月　頁57—59，63

1616. 朱雙一　臺灣新世代和舊世代詩論之比較〔余光中部分〕　兩岸現代詩學國際學術研討會　臺北　佛光人文社會學院文學研究所，當代詩學研究中心主辦　2003年12月6—7日　頁5

1617. 鄭劭清　追尋與失落——余光中文化身份的困境——香港時期散文創作特質考察　華文文學　2003年第6期　2003年12月　頁52—56

1618. 胡功澤　翻譯批評的理論與實踐——以梁實秋文學獎爲例〔余光中部分〕　翻譯學研究集刊　第8期　2003年12月　頁83—95

1619. 張黎黎　論余光中寫景散文的人文關懷　江西社會科學　2003年第12期　2003年12月　頁81—82

---

[71] 本文探討余光中詩作結構，以呈現他個人風格與體式，及其對於漢詩傳統的承繼與開創。全文共5小節：1.前言；2.均衡結構的構成；3.均衡結構的呈現；4.均衡結構的詩學意義；5.結論。

1620. 郭　楓　　臺灣七〇年代新詩潮初探──新詩論戰的烽火及其影響──邱言曦與余光中　美麗島文學評論續集　臺北　臺北縣文化局　2003年12月　頁194─195

1621. 陳幸蕙　　悅讀余光中──憂鬱世紀的選擇　明道文藝　第333期　2003年12月　頁49─57

1622. 陳幸蕙　　悅讀余光中──時光狂想曲四帖　明道文藝　第334期　2004年1月　頁151─171

1623. 蕭　蕭　　臺灣新詩的入世精神──從儒家美學看余光中詩作的體現[72]　臺灣新詩美學　臺北　爾雅出版社　2004年2月　頁29─98

1624. 思　果　　序　余光中談翻譯　北京　中國對外翻譯出版公司　2004年3月〔2〕頁

1625. 李立平　　余光中散文創作論　哈爾濱學院學報　2004年第3期　2004年3月　頁78─82

1626. 蔡　菁　　余光中的蘇軾情結及其影響　滄周師範專科學校學報　2004年第1期　2004年3月　頁26─28

1627. 黃維樑　　悅讀、細讀三位大師〔余光中部分〕　文化英雄拜會記：錢鍾書、夏志清、余光中的作品與生活　臺北　九歌出版社　2004年4月　頁7─11

1628. 黃維樑　　我們都到不老國去──〈和獨白的余光中對白〉續篇　文化英雄拜會記：錢鍾書、夏志清、余光中的作品與生活　臺北　九歌出版社　2004年4月　頁251─254

1629. 陳幸蕙　　悅讀余光中──瓣心香四帖　明道文藝　第337期　2004年4月　頁42─57

1630. 樊善標　　戰場與戰略──余光中六十年代散文革新主張的一種詮釋　人文中國學報　第10期　2004年5月　頁187─219

---

[72]本文以余光中的詩生命，見證儒家的入世精神與美學成就，表現儒家文化在臺灣精神文明中的領導地位。全文共5小節：1.前言：余光中──節制的奔流；2.孔子詩教與余光中詩學；3.余光中的詩與儒家美學特質；4.向明的佐證；5.結語：現代詩／聖的完成。

1631. 陳耿雄　　　余光中半自由體之形式研究[73]　育達學院學報　第 7 期　2004 年
　　　　　　　　5 月　頁 1—24

1632. 陳美美　　　現代主義文學作品——現代詩：余光中與「藍星詩社」　臺灣現
　　　　　　　　代主義文學的萌芽與再起　佛光人文社會學院文學研究所　碩士
　　　　　　　　論文　馬森教授指導　2004 年 6 月　頁 75—80

1633. 陳幸蕙　　　愛憎臺北——余光中的臺北情結（1—7）　中央日報　2004 年 7
　　　　　　　　月 19—25 日　17 版

1634. 古　耜　　　余光中為當代華語散文貢獻了什麼？　名作欣賞　2004 年第 4 期
　　　　　　　　2004 年 7 月　頁 61—64

1635. 洪淑苓　　　新娘與老妻——男詩人筆下的妻子〔余光中部分〕　現代詩新版
　　　　　　　　圖　臺北　威秀資訊科技公司　2004 年 9 月　頁 166—167

1636. 陳幸蕙　　　悅讀余光中——記憶拼圖（上、中、下）　明道文藝　第 342，
　　　　　　　　344—345 期　2004 年 9，11—12 月　頁 44—52，71—82，38—
　　　　　　　　53

1637. 洪淑苓　　　也談新詩用韻——余光中詩歌的音韻之美　現代詩新版圖　臺北
　　　　　　　　秀威資訊科技公司　2004 年 9 月　頁 185—186

1638. 方　忠　　　余光中的詩　二十世紀臺灣文學史論　南昌　百花文藝出版社
　　　　　　　　2004 年 10 月　頁 88—90

1639. 呂正惠　　　一九五○年代的現代詩運動〔余光中部分〕　臺灣新文學發展重
　　　　　　　　大事件論文集　臺南　國家臺灣文學館　2004 年 12 月　頁 92—
　　　　　　　　95，101—104

1640. 陳信元　　　一九七○年代臺灣的鄉土文學論戰〔余光中部分〕　臺灣新文學
　　　　　　　　發展重大事件論文集　臺南　國家臺灣文學館　2004 年 12 月
　　　　　　　　頁 134—140，147—149

1641. 楊景龍　　　藍墨水的上游——余光中與屈賦李詩姜詞　詩探索　2004 年第 2

---

[73]本文旨在說明余光中半自由體之形成背景，並探索其創作形式。全文共 3 小節：1.前言；2.形式
　研究；3.結語。

期　2004 年 12 月　頁 330—348

1642. 張育銘　余光中，中國化文學論點，南社難認同　臺灣日報　2005 年 1 月
　　　15 日　8 版

1643. 莊偉杰　靈魂的珍珠項鍊——余光中詩歌從邊緣切入的兩種向度窺探　晉
　　　陽學刊　2005 年第 1 期　2005 年 1 月　頁 103—108

1644. 董國政　淺談余光中散文中的想像　唐山師範學院學報　2005 年第 1 期
　　　2005 年 1 月　頁 9—10，14

1645. 顧　瑛　詩性的文化語言——文化語言學視野下的余光中散文　西南民族
　　　大學學報　2005 年第 1 期　2005 年 1 月　頁 392—395

1646. 陳芳明　以擦亮每一顆文字刷新歷史　聯合報　2005 年 3 月 4 日　E7 版

1647. 梁笑梅　傳播意義下的余光中詩歌　江漢論壇　2005 年第 3 期　2005 年 3
　　　月　頁 100—104

1648. 陳幸蕙　悅讀余光中——　藍魔咒　明道文藝　第 348 期　2005 年 3 月　頁
　　　32—39

1649. 楊宗翰　與余光中拔河[74]　創世紀　第 142 期　2005 年 3 月　頁 137—151

1650. 楊宗翰　與余光中拔河　華文文學　2005 年第 2 期　2005 年 4 月　頁 22
　　　—31

1651. 楊宗翰　與余光中拔河　余光中評說五十年　北京　文化藝術出版社
　　　2008 年 5 月　頁 288—299

1652. 古遠清　余光中：愈老繆思愈年輕　世紀末臺灣文學地圖　臺北　揚智文
　　　化公司　2005 年 4 月　頁 246—257

1653. 李　培　試析余光中以文為論的獨特評論風格　哈爾濱學院學報　2005 年
　　　第 4 期　2005 年 4 月　頁 69—73

1654. 陳幸蕙　悅讀余光中——望鄉石物語　明道文藝　第 349 期　2005 年 4 月
　　　頁 30—41

1655. 陳祖君　以文為詩：余光中詩歌的得與失　廣西師範學院學報　2005 年第

---

[74]本文以定位、評價、經典、文學史書寫角度切入，重新探討余光中文學成就。

2 期　2005 年 4 月　頁 109—114

1656. 徐　學　余光中性愛詩略論　華文文學　2005 年第 2 期　2005 年 4 月
　　　頁 32—39

1657. 徐　學　余光中性愛詩略論　福建論壇　2007 年第 6 期　2007 年 6 月
　　　頁 94—98

1658. 徐　學　余光中性愛詩略論　余光中評說五十年　北京　文化藝術出版社
　　　2008 年 5 月　頁 363—375

1659. 陳幸蕙　悅讀余光中——戀戀美麗島　明道文藝　第 350 期　2005 年 5 月
　　　頁 38—55

1660. 楊國良，周青藍　冷雨與鄉愁——余光中論　海南師範學院學報　2005 年
　　　第 3 期　2005 年 5 月　頁 86—88

1661. 陳信安　六〇年代余光中與洛夫論戰析評[75]　世新中文研究集刊　第 1 期
　　　2005 年 6 月　頁 145—159

1662. 徐　學　古詩傳統的現代轉化——余光中與李賀　臺灣研究 25 年精粹‧
　　　文學篇　北京　九州出版社　2005 年 6 月　頁 124—136

1663. 吳樂央，汪啓平　論余光中詩文的現代文化意識　唐山師範學院學報
　　　2005 年第 2 期　2005 年 6 月　頁 41—44

1664. 楊宗翰　鍛接期臺灣新詩史——余光中（一）與夏菁　臺灣詩學學刊　第
　　　5 期　2005 年 6 月　頁 80—85

1665. 陳義芝　「現代派」運動後的現代詩學——余光中與「廣義的現代主義」
　　　臺灣現代主義詩學流變析論　高雄師範大學國文學系　博士論文
　　　張子良教授指導　2005 年 6 月　頁 61—65

1666. 陳義芝　余光中與「廣義的現代主義」　臺灣現代主義詩學流變　臺北
　　　九歌出版社　2006 年 3 月　頁 83—90

1667. 古遠清　余光中　分裂的臺灣文學　臺北　海峽學術出版社　2005 年 7 月

[75] 本文以讀者反應理論，探討六〇年代現代詩論戰洛夫與余光中〈天狼星〉之辯。全文共 6 小節：1.前言：一個史的問題；2.論戰；3.論戰的形成：雙方傳播的企圖；4.論戰的自我與他者：一種對話的方式；6.結論：論戰的影響。

頁 141—142

1668. 陳幸蕙　　悅讀余光中——那年秋天　明道文藝　第 353 期　2005 年 8 月
頁 60—75

1669. 王德威　　鄉愁的想像〔余光中部分〕　臺灣從文學看歷史　臺北　麥田出
版公司　2005 年 9 月　頁 363

1670. 徐　學　　余光中適度散文化的詩歌理論與實踐　廈門大學學報　2005 年第
5 期　2005 年 9 月　頁 84—90

1671. 徐　學　　余光中「適度散文化」的詩歌理論與實踐　臺灣研究新跨越‧文
學探索　北京　九州出版社　2010 年 6 月　頁 272—285

1672. 陳才俊　　余光中的翻譯觀　深圳大學學報　2005 年第 5 期　2005 年 9 月
頁 92—95

1673. 陳幸蕙　　悅讀余光中——情人素描　明道文藝　第 354 期　2005 年 9 月
頁 33—41

1674. 王　芳　　余光中翻譯思想略述　合肥學院學報　2005 年第 4 期　2005 年
11 月　頁 92—94

1675. 周　倩　　論余光中散文的意境美　浙江教育學院學報　2005 年第 6 期
2005 年 11 月　頁 29—33

1676. 陳幸蕙　　悅讀余光中——山河之盟　明道文藝　第 356 期　2005 年 11 月
頁 58—75

1677. 李　丹　　談狄金森、余光中詩不同的情感類型　世界華文文學論壇　2005
年第 4 期　2005 年 12 月　頁 38—42

1678. 陳幸蕙　　悅讀余光中——流動的書房　明道文藝　第 357 期　2005 年 12
月　頁 54—65

1679. 陳淑彬　　英雄‧倩影——余光中詩中神與史的中國符碼再現　藍星詩學
第 22 期　2005 年 12 月　頁 224—242

1680. 曾　瑋　　余光中的翻譯思想　武漢科技大學學報　第 7 卷第 4 期　2005 年
12 月　頁 87—89

1681. 陳錦慧　國中現代詩課文分析——被選錄作品最多之詩人：余光中　國民
中學現代詩選文之鑑賞教學研究　彰化師範大學國文學系　碩士
論文　耿志堅教授指導　2005 年　頁 154—158

1682. 王小莉　凌雲健筆意縱橫——余光中旅行文學的書寫歷程與特質　當代臺
灣旅行文學研究（1990—2004 年）　銘傳大學應用中國文學系碩
士在職專班　碩士論文　江惜美教授指導　2005 年　頁 48—66

1683. 陳堯明　余光中的江南情結　江南論壇　2005 年第 10 期　2005 年　頁 56
—57

1684. 許　萍　論余光中鄉土詩的審美特徵　南平師專學報　2006 年第 1 期
2006 年 1 月　頁 66—68

1685. 曾小月　論余光中詩歌對古典詩藝的運用　當代文壇　2006 年第 1 期
2006 年 1 月　頁 118—119

1686. 陳幸蕙　悅讀余光中——薔薇窗下——余光中的宗教旅行　明道文藝　第
359 期　2006 年 2 月　頁 34—43

1687. 陳芳明　在母性與女性之間——五〇年代以降臺灣女性散文的流變〔余光
中部分〕　五十年來臺灣女性散文——選文篇（下）　臺北　麥
田出版公司　2006 年 2 月　頁 19—20

1688. 滑　豔　回歸故鄉的渴盼——淺析臺灣當代作家的鄉愁情結〔余光中部
分〕　安康師專學報　2006 年第 1 期　2006 年 2 月　頁 91—92

1689. 譚中興，徐如宜　名作家余光中的思想與言行　孔學與人生　第 31 期
2005 年 3 月　頁 47—50

1690. 黃萬華　臺灣文學——詩歌（上）〔余光中部分〕　中國現當代文學·第
1 卷（五四—1960 年代）　濟南　山東文藝出版社　2006 年 3 月
頁 423—429

1691. 黃萬華　臺灣文學——散文〔余光中部分〕　中國現當代文學·第 1 卷
（五四—1960 年代）　濟南　山東文藝出版社　2006 年 3 月
頁 495—496

1692. 羅振亞　臺灣現代詩人抽樣透析——紀弦、鄭愁予、余光中、洛夫、瘂弦　臺灣研究集刊　2006 年第 1 期　2006 年 3 月　頁 91—93

1693. 古遠清　余光中對文革文學的評論和研究　海南師範學院學報　2006 年第 2 期　2006 年 3 月　頁 1—5，29

1694. 楊茲舉　余光中散文重工業說的審美內涵　海南師範學院學報　2006 年第 2 期　2006 年 3 月　頁 57—59

1695. 郭　楓　東乎西乎？恍兮惚兮——從〈詩人自畫像〉論評余光中詩品和詩藝　鹽分地帶文學　第 3 期　2006 年 4 月　頁 170—188

1696. 古遠清　尋文化之根，找詩歌之魂——余光中的屈原情結　尋根　2006 年第 2 期　2006 年 4 月　頁 103—106

1697. 徐　學　中西合璧‧詩文雙絕　余光中精選集　北京　北京燕山出版社　2006 年 5 月　頁 1—9

1698. 徐　學　中西合璧‧詩文雙絕　余光中精選集　北京　北京燕山出版社　2009 年 4 月　頁 1—9

1699. 原新梅　余光中的比喻觀及其散文中的比喻　廣西社會科學　2006 年第 6 期　2006 年 6 月　頁 116—120

1700. 曾貴海　殖民戒嚴體制下的詩樂園〔余光中部分〕　戰後臺灣反殖民與後殖民詩學　臺北　前衛出版社　2006 年 6 月　頁 48—61

1701. 蔡癸欄　余光中的鄉愁與回歸　聖母學報　第 1 期　2006 年 7 月　頁 122—126

1702. 陶德宗　論余光中江河詩的生命內涵與美質　西南師範大學學報　2006 年第 4 期　2006 年 7 月　頁 22—25

1703. 黃萬華　王鼎鈞、余光中散文鄉愁美學型態之比較　傳統在海外：中華文化傳統和海外華人文學　濟南　山東文藝出版社　2006 年 8 月　頁 185—204

1704. 郭　虹　論文學評論的文采——以余光中為例　理論與創作　2006 年第 5 期　2006 年 9 月　頁 100—102

1705. 張玉秀　余光中散文風格略談　廣東廣播電視大學學報　2006 年第 3 期　2006 年 9 月　頁 77—80

1706. 陳大爲　臺灣都市詩的發展歷程──第二紀元：罪惡的鋼鐵文明（1958—1980）〔余光中部分〕　20 世紀臺灣文學專題 2：創作類型與主題　臺北　萬卷樓圖書公司　2006 年 9 月　頁 83—85

1707. 陳幸蕙　悅讀余光中──向日葵──余光中的藝術行旅　明道文藝　第366 期　2006 年 9 月　頁 29—51

1708. 黃維樑　鄉土詩人余光中[76]　當代詩學年刊　第 2 期　2006 年 9 月　頁 31—47

1709. 楊俏凡　鄉愁：離人心上秋──談余光中詩歌創作的鄉愁情結　湖北經濟學院學報　2006 年第 9 期　2006 年 9 月　頁 122—123，119

1710. 李　偉　余光中詩歌的文化內涵　語文學刊　2006 年第 10 期　2006 年 10月　頁 59—61

1711. 趙昌漢，黃忠廉　余光中論翻譯對漢語的侵蝕　湖北教育學院學報　2006年第 11 期　2006 年 11 月　頁 118—120

1712. 周惠珍　余光中散文詞語賞析　菏澤學院學報　2006 年第 6 期　2006 年12 月　頁 25—27

1713. 周惠珍　余光中諧音修辭的妙用　語文學刊　2006 年第 12 期　2006 年 12月　頁 135—136

1714. 馮林山　心靈背後奇幻的燈光（編後）　橋跨黃金城　北京　人民日報出版社　2007 年 1 月　頁 323—326

1715. 陳幸蕙　悅讀余光中──哀麗的少女心及其他──余光中的文學行旅（二）　明道文藝　第 370 期　2007 年 1 月　頁 38—46

1716. 鄭　菡　乘著音樂的翅膀──淺論余光中詩歌的音樂美　現代語文　2007

---

[76]本文首先定義「鄉土文學」，以及探討余光中詩作中關於鄉土地方的描寫，以現其鄉土失的特性。全文共 6 小節：1.引言.余光中‧鄉土文學定義；2.1950 年代至 1970 年代：從〈鵝鑾鼻〉到〈車過枋寮〉；3.190 年代以來：環保詩、鄉土詩；4.1980 年代以來：水果詩、鄉土詩；6.結語：學者鄉土詩。

年第 1 期　2007 年 1 月　頁 66—67

1717. 張玉山　鄉愁──心底的眼淚與詩行　現代語文　2007 年第 2 期　2007
年 2 月　頁 100—101

1718. 陳美美　千年觀照：由《文心雕龍》看余光中散文理論與實踐　華文文學
2007 年第 1 期　2007 年 2 月　頁 7—14

1719. 湯天勇　在反叛中展開的現代詩學──試論余光中的詩歌構想　黃岡師範
學院學報　第 27 卷第 1 期　2007 年 2 月　頁 44—47

1720. 章亞昕　高臺跳水：余光中的回馬槍　名作欣賞　2007 年第 3 期　2007
年 3 月　頁 67—69

1721. 彭宜京　偏離・混血種・漢魂唐魄──讀余光中的散文　新東方　2007 年
第 3 期　2007 年 3 月　頁 53—54

1722. 黃　麗　淺析余光中詩歌的傳統因子　文教資料　2007 年第 7 期　2007
年 3 月　頁 132—134

1723. 戴冠青　余光中的傳統文化情結　名作欣賞　2007 年第 3 期　2007 年 3
月　頁 73—78

1724. 黃維樑　20 世紀 80 年代以來余光中的鄉土詩　華文文學　2007 年第 2 期
2007 年 4 月　頁 5—11

1725. 李育中　對香港詩壇形成和發展的我見──舉兩個詩人的案例作説明〔余
光中部分〕　華南師範大學學報　2007 年第 2 期　2007 年 4 月
頁 55—56，62

1726. 黃國彬　清澄的心水──余光中的觀察力和他的散文　莊子的蝴蝶起飛
後：文學再定位　臺北　九歌出版社　2007 年 4 月　頁 142—
150

1727. 盧德明　余光中鄉愁詩藝術特質探討　語文教學與研究　2007 年第 4 期
2007 年 4 月　頁 93—94

1728. 陳芳明　古典降臨的城市　印刻文學生活誌　第 44 期　2007 年 4 月　頁
86—93

1729. 陳芳明　　古典降臨的城市　昨夜雪深幾許　臺北　印刻文學生活雜誌出版
　　　　　　　　公司　2008 年 9 月　頁 44—58

1730. 陳政彥　　論戰史第一階段：現代詩場域的建立——天狼星論戰〔余光中部
　　　　　　　　分〕　戰後臺灣現代詩論戰史研究　中央大學中國文學系　博士
　　　　　　　　論文　李瑞騰教授指導　2007 年 6 月　頁 91—102

1731. 陳政彥　　論戰史第二階段：文化轉型的年代——這樣的詩人余光中　戰後
　　　　　　　　臺灣現代詩論戰史研究　中央大學中國文學系　博士論文　李瑞
　　　　　　　　騰教授指導　2007 年 6 月　頁 177—186

1732. 仇小屏　　論屈原意象——以李白詩歌與余光中新詩作對應考察　人文與創
　　　　　　　　意學術研討會　臺南　成功大學文學院主辦　2007 年 6 月 23 日

1733. 甘　敏　　余光中詩歌中的古典美　語文教學與研究　2007 年第 7 期　2007
　　　　　　　　年 7 月　頁 76—77

1734. 李家欣　　各創作類型之表現：現代詩創作的搖籃之一——余光中　夏濟安
　　　　　　　　與《文學雜誌》研究　中央大學中國文學系　碩士論文　李瑞騰
　　　　　　　　教授指導　2007 年 7 月　頁 63—64

1735. 杜元明　　閩籍臺港散文六家談——余光中　世界華文文學研究：理論與實
　　　　　　　　踐——國際學術研討會論文集　香港　中國文化出版社　2007 年
　　　　　　　　8 月　頁 182—183

1736. 陳幸蕙　　悅讀余光中——寧靜的深度——余光中的文學行旅（五）　明道
　　　　　　　　文藝　第 377 期　2007 年 8 月　頁 123—141

1737. 陳　寧　　論余光中散文文體意識的對抗性　哈爾濱學院學報　2007 年第 8
　　　　　　　　期　2007 年 8 月　頁 81—84

1738. 劉紹銘　　余光中的繆斯　張愛玲的文字世界　臺北　九歌出版社　2007 年
　　　　　　　　8 月　頁 192—201

1739. 古遠清　　外來詩人的香港經驗——余光中的香港經驗　常州工學院學報
　　　　　　　　第 25 卷第 5 期　2007 年 10 月　頁 14—16

1740. 李星閣　　鄉思一縷水一方——從情感體驗解讀余光中詩歌中的鄉愁情結

現代語文　2007 年第 10 期　2007 年 10 月　頁 59

1741. 李懷青　流浪精神與回歸意識——論余光中詩文中的審美取向　雞西大學
學報　2007 年第 5 期　2007 年 10 月　頁 67—68，23

1742. 陳幸蕙　悅讀余光中——革命熱情——余光中的文學行旅（六）　明道文
藝　第 379 期　2007 年 10 月　頁 126—143

1743. 解崑樺　現代主義風潮下的伏流：六○年代臺灣詩壇對中國古典傳統的重
估與表現——六○年代洛夫、余光中對中國古典傳統的吸收與表
現　青春構詩：七○年代新興詩社與一九五○年世代詩人的詩學
建構策略　苗栗　苗栗縣國際文化觀光局　2007 年 10 月　頁
620—632，635—636

1744. 周毅，王蓉　生死焦慮與文化鄉愁——一枝獨秀的表現主義詩人余光中
宜賓學院學報　2007 年第 11 期　2007 年 11 月　頁 23—25

1745. 陶德宗　評臺灣文學和海外華文文學中的巴蜀文化書寫〔余光中部分〕
當代文壇　2007 年第 6 期　2007 年 11 月　頁 90—93

1746. 鄭樹森　五、六○年代的香港新詩〔余光中部分〕　從諾貝爾到張愛玲
臺北　印刻出版公司　2007 年 11 月　頁 208

1747. 徐　珂　余光中新古典主義詩學特色的成因　文教資料　2007 年第 34 期
2007 年 12 月　頁 98—100

1748. 陳幸蕙　悅讀余光中——遊記之王　明道文藝　第 381 期　2007 年 12 月
頁 116—135

1749. 古遠清　排砲射向余光中　臺灣當代新詩史　臺北　文津出版社　2008 年
1 月　頁 75—82

1750. 古遠清　余光中：中國現代詩壇祭酒　臺灣當代新詩史　臺北　文津出版
社　2008 年 1 月　頁 124—131

1751. 古遠清　余光中：中國現代詩壇祭酒——《中國詩歌通史》之一節　廣東
教育學院學報　第 29 卷第 2 期　2009 年 4 月　頁 68—73

1752. 莊斐喬　余光中情詩析論（1—2）　中國語文　第 102 卷第 2—3 期

2008 年 2—3 月　頁 39—49，38—47

1753. 陳義芝　攤開余光中詩的古地圖———一個「文化研究」的角度[77]　余光中
與 20 世紀華文文學國際研討會　徐州　香港大學中文學院，武
漢大學文學院，徐州師範大學，臺灣師範大學國文系，韓國外國
語大學 BK21 事業團，韓國臺港海外華文研究會主辦　2008 年 3
月 23—24 日

1754. 陳義芝　余光中詩與中國古典———一個「文化研究」的角度　余光中先生
八十大壽學術研討會　臺北　陳百年學術基金會，政治大學文學
院，政治大學臺灣文學研究所，政治大學中國文學系主辦　2008
年 5 月 24—25 日

1755. 陳義芝　余光中的身分認同　印刻文學生活誌　第 57 期　2008 年 5 月
頁 109

1756. 陳義芝　余光中詩與中國古典———一個「文化研究」的角度　中國近代文
化的解構與重建：余光中先生八十大壽學術研討會・第七屆中國
近代文化問題學術研討會論文集　臺北　政治大學文學院　2008
年 9 月　頁 175—198

1757. 陳義芝　余光中詩與中國古典———一個「文化研究」的角度　詩歌天保：
余光中教授八十壽慶專集　臺北　九歌出版社　2008 年 10 月
頁 182—209

1758. 陳義芝　余光中：文化認同與傳統再造　現代詩人結構　臺北　聯合文學
出版社　2010 年 9 月　頁 40—78

1759. 尹銀廷　論余光中在美詩作的文化歸屬　余光中與 20 世紀華文文學國際
研討會　徐州　香港大學中文學院，武漢大學文學院，徐州師範
大學，臺灣師範大學國文系，韓國外國語大學 BK21 事業團，韓

---

[77]本文從文化研究的角度，略窺余光中詩風之源流及跨越疆界的影響。全文共 6 小節：1.余光中對
傳統的觀點；2.余光中與古詩人的交遊；3.余光中對古典詞語的活用；4.余光中對民族文化的追
求；5.余光中銘印的自我身分；6.餘論。後節錄為〈余光中的身分認同〉、改篇名為〈余光中：文
化認同與傳統再造〉。

國臺港海外華文研究會主辦　2008 年 3 月 23—24 日

1760. 沈玲，方環海　　土地的記憶與地圖的書寫——余光中詩歌的一種社會心理
　　　　　解讀[78] 余光中與 20 世紀華文文學國際研討會　徐州　香港大學
　　　　　中文學院，武漢大學文學院，徐州師範大學，臺灣師範大學國文
　　　　　系，韓國外國語大學 BK21 事業團，韓國臺港海外華文研究會主
　　　　　辦　2008 年 3 月 23—24 日

1761. 方環海，沈玲　　土地的記憶與地圖的書寫——余光中詩歌論　詩意的視界
　　　　　上海　學林出版社　2012 年 5 月　頁 48—72

1762. 史　言　余光中詩歌的嗅覺書寫與大地夢想　余光中與 20 世紀華文文學
　　　　　國際研討會　徐州　香港大學中文學院，武漢大學文學院，徐州
　　　　　師範大學，臺灣師範大學國文系，韓國外國語大學 BK21 事業
　　　　　團，韓國臺港海外華文研究會主辦　2008 年 3 月 23—24 日

1763. 田崇雪　立體鄉愁的歷史文化維度——余光中的詠史懷古詩解讀　余光中
　　　　　與 20 世紀華文文學國際研討會　徐州　香港大學中文學院，武
　　　　　漢大學文學院，徐州師範大學，臺灣師範大學國文系，韓國外國
　　　　　語大學 BK21 事業團，韓國臺港海外華文研究會主辦　2008 年 3
　　　　　月 23—24 日

1764. 白　靈　臉上風華，眼底山水——余光中詩中的表情及其時空意涵[79] 余光
　　　　　中與 20 世紀華文文學國際研討會　徐州　香港大學中文學院，
　　　　　武漢大學文學院，徐州師範大學，臺灣師範大學國文系，韓國外
　　　　　國語大學 BK21 事業團，韓國臺港海外華文研究會主辦　2008 年
　　　　　3 月 23—24 日

1765. 白　靈　臉上風華，眼底山水——余光中詩中的表情及其時空意涵　桂冠

[78]本文從社會心理的藝術表現角度，爬梳余光中詩歌中關於土地、地圖等名詞的意象表現。全文共
　5 小節：1.引言；2.自我內化的土地意識情結；3.身居異域的土地記憶表徵；4.歷史文化的土地意
　識符碼；5.結語。
[79]本文以身體圖式的動態完形特性和時空觀的論點，觀察余光中豐富多變的詩風。全文共 5 小節：
　1.引言；2.臉和眼之早年經驗的重要意涵；3.臉和眼、哭與笑的生命建構；4.臉與眼等表情的時空
　意涵；5.結語。

與荊棘——白靈詩論集　北京　作家出版社　2008 年 11 月　頁
210—236

1766. 白　靈　臉上風華，眼底山水——余光中詩中的表情及其時空意義　臺灣
詩學學刊　第 12 期　2008 年 11 月　頁 33—60

1767. 白豐碩　從說唱藝術再思余光中新古典主義詩歌的「三聯句」　余光中與
20 世紀華文文學國際研討會　徐州　香港大學中文學院，武漢大
學文學院，徐州師範大學，臺灣師範大學國文系，韓國外國語大
學 BK21 事業團，韓國臺港海外華文研究會主辦　2008 年 3 月
23—24 日

1768. 吳東晟　余光中詩歌的地方書寫　余光中與 20 世紀華文文學國際研討會
徐州　香港大學中文學院，武漢大學文學院，徐州師範大學，臺
灣師範大學國文系，韓國外國語大學 BK21 事業團，韓國臺港海
外華文研究會主辦　2008 年 3 月 23—24 日

1769. 徐偉志　余光中詩歌與水的想像力——以巴什拉四元素詩學作一分析　余
光中與 20 世紀華文文學國際研討會　徐州　香港大學中文學
院，武漢大學文學院，徐州師範大學，臺灣師範大學國文系，韓
國外國語大學 BK21 事業團，韓國臺港海外華文研究會主辦
2008 年 3 月 23—24 日

1770. 梁欣榮　情懷小樣杜陵詩——余光中作品與中國現代詩的主題與格律　余
光中與 20 世紀華文文學國際研討會　徐州　香港大學中文學
院，武漢大學文學院，徐州師範大學，臺灣師範大學國文系，韓
國外國語大學 BK21 事業團，韓國臺港海外華文研究會主辦
2008 年 3 月 23—24 日

1771. 梁欣榮　情懷小樣杜陵詩——余光中作品與中國現代詩的主題與格律　徐
州師範大學學報　第 34 卷第 5 期　2008 年 9 月　頁 19—23

1772. 陳燕玲　讓「臺灣」從南臺灣出發——余光中南臺灣詩中召喚的在地性
余光中與 20 世紀華文文學國際研討會　徐州　香港大學中文學

院，武漢大學文學院，徐州師範大學，臺灣師範大學國文系，韓
國外國語大學 BK21 事業團，韓國臺港海外華文研究會主辦
2008 年 3 月 23—24 日

1773. 黃珠華　余光中詩歌與童年夢想：以巴什拉的安尼瑪詩學作一分析　余光
中與 20 世紀華文文學國際研討會　徐州　香港大學中文學院，
武漢大學文學院，徐州師範大學，臺灣師範大學國文系，韓國外
國語大學 BK21 事業團，韓國臺港海外華文研究會主辦　2008 年
3 月 23—24 日

1774. 黃榮順　余光中詩歌的古典音韻美及其轉化　余光中與 20 世紀華文文學
國際研討會　徐州　香港大學中文學院，武漢大學文學院，徐州
師範大學，臺灣師範大學國文系，韓國外國語大學 BK21 事業
團，韓國臺港海外華文研究會主辦　2008 年 3 月 23—24 日

1775. 楊慧思　從情詩裡尋找余光中：新課程單元設計　余光中與 20 世紀華文
文學國際研討會　徐州　香港大學中文學院，武漢大學文學院，
徐州師範大學，臺灣師範大學國文系，韓國外國語大學 BK21 事
業團，韓國臺港海外華文研究會主辦　2008 年 3 月 23—24 日

1776. 溫羽貝　體液的變奏：余光中詩歌的血、淚和羊水研究　余光中與 20 世
紀華文文學國際研討會　徐州　香港大學中文學院，武漢大學文
學院，徐州師範人學，臺灣師範大學國文系，韓國外國語大學
BK21 事業團，韓國臺港海外華父研究會主辦　2008 年 3 月 23—
24 日

1777. 葉瑞蓮　聽聽那傘語：意綿綿、憾漣漣　余光中與 20 世紀華文文學國際
研討會　徐州　香港大學中文學院，武漢大學文學院，徐州師範
大學，臺灣師範大學國文系，韓國外國語大學 BK21 事業團，韓
國臺港海外華文研究會主辦　2008 年 3 月 23—24 日

1778. 鄭振偉　詩筆下的水果想像　余光中與 20 世紀華文文學國際研討會　徐
州　香港大學中文學院，武漢大學文學院，徐州師範大學，臺灣

　　　　　　師範大學國文系，韓國外國語大學 BK21 事業團，韓國臺港海外
　　　　　　華文研究會主辦　　2008 年 3 月 23—24 日

1779. 鄭煒明，龔敏　　無意識還是宗教意識的顯現？——余光中詩中的道教元素
　　　　　　余光中與 20 世紀華文文學國際研討會　徐州　香港大學中文學
　　　　　　院，武漢大學文學院，徐州師範大學，臺灣師範大學國文系，韓
　　　　　　國外國語大學 BK21 事業團，韓國臺港海外華文研究會主辦
　　　　　　2008 年 3 月 23—24 日

1780. 鄭煒明，龔敏　　論兩岸三地「詩選」中的余光中詩作　余光中與 20 世
　　　　　　紀華文文學國際研討會　徐州　香港大學中文學院，武漢大學文學
　　　　　　院，徐州師範大學，臺灣師範大學國文系，韓國外國語大學
　　　　　　BK21 事業團，韓國臺港海外華文研究會主辦　2008 年 3 月 23—
　　　　　　24 日

1781. 黎活仁　　與傷春悲秋拔河：余光中的時間意識研究　余光中與 20 世紀華
　　　　　　文文學國際研討會　徐州　香港大學中文學院，武漢大學文學
　　　　　　院，徐州師範大學，臺灣師範大學國文系，韓國外國語大學
　　　　　　BK21 事業團，韓國臺港海外華文研究會主辦　2008 年 3 月 23—
　　　　　　24 日

1782. 黎活仁　　與傷春拔河：余光中的時間意識研究　徐州師範大學學報　2008
　　　　　　年第 5 期　2008 年 9 月　頁 16—18

1783. 蕭　蕭　　人體代謝與天體代御——論余光中展現的身體詩學[80]　余光中與
　　　　　　20 世紀華文文學國際研討會　徐州　香港大學中文學院，武漢大
　　　　　　學文學院，徐州師範大學，臺灣師範大學國文系，韓國外國語大
　　　　　　學 BK21 事業團，韓國臺港海外華文研究會主辦　2008 年 3 月

[80]本文以余光中的「身體詩學」作為現代主義的樣本，並以「人體代謝與天體代御」探討余光中詩
中的身體意象，以釐清其在人體與天體接觸時的選擇。全文共 7 小節：1.論述緣起；2.前言：身
體是一切思想活動的輻射源；3.觀點的抉擇：人體與天體的交戰與合一；4.角色的安排：物體與
肉體的對待與替代；5.現象的攫取：自然與女體的尊崇與推崇；6.肉身的超越：虛體與實體的或
然與適然；7.結語：身體是所有思想活動的輻輳地。後改篇名為〈後現代語境裡「身體詩學」的
探索——以余光中的詩為例〉。

23—24 日

1784. 蕭　蕭　　後現代語境裡「身體詩學」的探索——以余光中的詩爲例　後現
　　　　　　　代新詩美學　臺北　爾雅出版社　2012 年 2 月　頁 295—334

1785. 蕭　蕭　　人體代謝與天體代御——論余光中展現的身體詩學　臺灣詩學學
　　　　　　　刊　第 12 期　2008 年 11 月　頁 7—32

1786. 顧　瑛　　論余光中作品對古典「雨」詞意蘊的的現代闡釋　當代文壇
　　　　　　　2008 年第 2 期　2008 年 3 月　頁 121—123

1787. 顧　瑛　　余光中對古典文獻「雨」詞情感因素的繼承和豐富　四川文理學
　　　　　　　院學報　第 19 卷第 1 期　2009 年 1 月　頁 60—62

1788. 葉石濤　　七〇年代臺灣文學的回顧〔余光中部分〕　葉石濤全集・隨筆卷
　　　　　　　二　臺南，高雄　國立臺灣文學館，高雄市文化局　2008 年 3 月
　　　　　　　頁 42

1789. Chen Fang-ming〔陳芳明〕　　Trnslating T.S. Eliot:Yu Kwang-Chung's and
　　　　　　　Yen Yuan-Shu's Reception of New Criticism（翻譯艾略特：余光中
　　　　　　　與顏元叔對新批評的接受）　Mordernism Revisited:Pai Hsien-
　　　　　　　yung and Chinese Literary Mordernism in Taiwan and Beyond（重返
　　　　　　　現代：白先勇、《現代文學》與現代主義國際研討會）
　　　　　　　California　UC Santa Barbara　2008 年 5 月 1—3 日

1790. 曾香綾　　乘著譬喻的翅膀去旅行——余光中記遊散文譬喻修辭藝術　第九
　　　　　　　屆中國修辭學國際學術研討會　臺北　輔仁大學中國文學系主辦
　　　　　　　2008 年 5 月 10—11 日

1791. 上田哲二　　抒情中的摩登與傳統——余光中與日本「四季派」[81]　余光中
　　　　　　　先生八十大壽學術研討會　臺北　陳百年學術基金會，政治大學
　　　　　　　文學院，政治大學臺灣文學研究所，政治大學中國文學系主辦
　　　　　　　2008 年 5 月 24—25 日　1792. 上田哲二　　抒情中的摩登與傳

---

[81]本文比較余光中文學中的抒情性和昭和時代日本抒情詩派的相通處，探討抒情中的現代與傳統的
問題，闡明二者的歷史意義及特色。全文共 7 小節：1.前言；2.抒情與民族主義；3.抒情詩與歷史
評價；4.抒情與現代；5.亞洲與西化現代性；6.追求亞洲的另外現代性；7.結論。

統——余光中與日本四季派（摘要）　印刻文學生活誌　第 57
期　2008 年 5 月　頁 110

1793. 上田哲二　　抒情中的摩登與傳統——余光中與日本「四季派」　中國近代
文化的解構與重建：余光中先生八十大壽學術研討會‧第七屆中
國近代文化問題學術研討會論文集　臺北　政治大學文學院
2008 年 9 月　頁 199—215

1794. 王德威　　「有情」的歷史：抒情傳統與中國現代性　余光中先生八十大壽
學術研討會　臺北　陳百年學術基金會，政治大學文學院，政治
大學臺灣文學研究所，政治大學中國文學系主辦　2008 年 5 月
24—25 日

1795. 王德威　　「有情」的歷史：抒情傳統與中國現代性（摘要）　印刻文學生
活誌　第 57 期　2008 年 5 月　頁 101—102

1796. 周芬伶　　夢與地理——余光中詩文中的雨書與地圖學[82]　余光中先生八十
大壽學術研討會　臺北　陳百年學術基金會，政治大學文學院，
政治大學臺灣文學研究所，政治大學中國文學系主辦　2008 年 5
月 24—25 日

1797. 周芬伶　　古典意象的再造——余光中的雨書（摘要）　印刻文學生活誌
第 57 期　2008 年 5 月　頁 111—112

1798. 周芬伶　　夢與地理——余光中詩文中的雨書與地圖學　中國近代文化的解
構與重建：余光中先生八十大壽學術研討會‧第七屆中國近代文
化問題學術研討會論文集　臺北　政治大學文學院　2008 年 9 月
頁 217—234

1799. 張瑞芬　　冷雨望鄉——余光中的散文歷程與藝術轉折[83]　余光中先生八十

---

[82] 本文探討余光中「雨與地圖」的書寫寓意，與個人生命圖像及詩學之系統，以說明他的雨書與地
圖學出自個人的生命經驗卻又融匯古典精隨。全文共 7 小節：1.前言；2.從鬼雨到冷雨——填補
與空缺；3.雨聲說些什麼——文本的鏡象作用；4.從古典到現代——意象的轉化；5.夢與地理——
由感性到知性；6.記憶的變形——地圖與相片的刺點；7.結語。

[83] 本文探討余光中在散文與詩寫作態度的轉變，分析散文創作的書寫歷程；同時關注近期結合行旅
與懷舊主題的返鄉散文，探討其中的重要性與獨特性。全文共 4 小節：1.「雙目合，視乃得」：余

　　　　　　　　大壽學術研討會　臺北　陳百年學術基金會，政治大學文學院，

　　　　　　　　政治大學臺灣文學研究所，政治大學中國文學系主辦　2008 年 5

　　　　　　　　月 24—25 日

1800. 張瑞芬　　　冷雨望鄉——余光中近期散文的藝術轉折（摘要）　印刻文學生

　　　　　　　　活誌　第 57 期　2008 年 5 月　頁 106

1801. 張瑞芬　　　冷雨望鄉——余光中的散文歷程與藝術轉折　中國近代文化的解

　　　　　　　　構與重建：余光中先生八十大壽學術研討會・第七屆中國近代文

　　　　　　　　化問題學術研討會論文集　臺北　政治大學文學院　2008 年 9 月

　　　　　　　　頁 73—106

1802. 張錦忠　　　「強勢作者」之爲譯者：以余光中爲例　余光中先生八十大壽學

　　　　　　　　術研討會　臺北　陳百年學術基金會，政治大學文學院，政治大

　　　　　　　　學臺灣文學研究所，政治大學中國文學系主辦　2008 年 5 月 24

　　　　　　　　—25 日

1803. 張錦忠　　　「強勢作者」之爲譯者——余光中與翻譯（摘要）　印刻文學生

　　　　　　　　活誌　第 57 期　2008 年 5 月　頁 104

1804. 張錦忠　　　「強勢作者」之爲譯者：以余光中爲例　中國近代文化的解構與

　　　　　　　　重建：余光中先生八十大壽學術研討會・第七屆中國近代文化問

　　　　　　　　題學術研討會論文集　臺北　政治大學文學院　2008 年 9 月　頁

　　　　　　　　47—55

1805. 陳芳明　　　余光中與現代詩批評[84]　余光中先生八十大壽學術研討會　臺北

　　　　　　　　陳百年學術基金會，政治大學文學院，政治大學臺灣文學研究

　　　　　　　　所，政治大學中國文學系主辦　2008 年 5 月 24—25 日

1806. 陳芳明　　　詩藝的完成　聯合文學　第 284 期　2008 年 6 月　頁 6—13

1807. 陳芳明　　　詩藝的完成——余光中與現代詩批評　中國近代文化的解構與重

　光中散文觀念的轉變；2.廈門街、沙田、西子灣：余光中的三階段散文歷程；3.江胡夜雨，八閩
歸人：余光中近期鄉愁散文的意義；4.結語，美麗的餘波蕩漾。
[84]本文考察余光中的創作歷程，探究其詩藝的提升與轉折。全文共 4 小節：1.批評即創作；2.對位
式的閱讀；3.古典裡的現代性；4.詩藝的完成。後改篇名爲〈詩藝的完成〉。

　　建：余光中先生八十大壽學術研討會・第七屆中國近代文化問題
　　學術研討會論文集　臺北　政治大學文學院　2008 年 9 月　頁
　　129—140

1808. 單德興　　左右手之外的繆思——余光中的譯論與譯評[85]　余光中先生八十大
　　　　　　　　壽學術研討會　臺北　陳百年學術基金會，政治大學文學院，政
　　　　　　　　治大學臺灣文學研究所，政治大學中國文學系主辦　2008 年 5 月
　　　　　　　　24—25 日

1809. 單德興　　左右手之外的繆思——余光中的譯論與譯評（摘要）　印刻文學
　　　　　　　　生活誌　第 57 期　2008 年 5 月　頁 103

1810. 單德興　　左右手之外的繆思——析論余光中的譯論與譯評　中國近代文化
　　　　　　　　的解構與重建：余光中先生八十大壽學術研討會・第七屆中國近
　　　　　　　　代文化問題學術研討會論文集　臺北　政治大學文學院　2008 年
　　　　　　　　9 月　頁 7—31

1811. 單德興　　含華吐英——析論余光中的中詩英文自譯　詩歌天保：余光中教
　　　　　　　　授八十壽慶專集　臺北　九歌出版社　2008 年 10 月　頁 250—
　　　　　　　　278

1812. 須文蔚　　余光中在 70 年代港臺文學跨區域傳播之影響論[86]　余光中先生八
　　　　　　　　十大壽學術研討會　臺北　陳百年學術基金會，政治大學文學
　　　　　　　　院，政治大學臺灣文學研究所，政治大學中國文學系主辦　2008
　　　　　　　　年 5 月 24—25 日

1813. 須文蔚　　余光中在七〇年代港臺文學跨區域傳播之影響論　中國近代文化
　　　　　　　　的解構與重建：余光中先生八十大壽學術研討會・第七屆中國近

---

[85]本文從余光中的文學創作及評論之角度出發，探討余氏翻譯的特色。全文共 5 小節：1.引言；2.
　余光中翻譯論述之定位；3.余光中之譯論；4.余光中之譯評；5.結語。後改篇名為〈含華吐英——
　析論余光中的中詩英文自譯〉。
[86]本文就文學傳播的進路，觀察余光中 1973 年在《詩風》周年紀念演講，以及 1974 年以降在香港
　中文大學任教時，影響臺、港文學跨區傳播現象，以釐清七〇年代的港、臺文學微妙的傳播與互
　動關係。全文共 5 小節：1.前言；2.余光中七〇年代的香港經驗；3.問題意識；4.余光中七〇年代
　在港臺的文學傳播；5.結語。

代文化問題學術研討會論文集　臺北　政治大學文學院　2008 年
9 月　頁 107—127

1814. 須文蔚　余光中在一九七〇年代臺港文學跨區域傳播影響論　臺灣文學學
報　第 19 期　2011 年 12 月　頁 166—190

1815. 黃維樑　余光中的「文心雕龍」[87]　余光中先生八十大壽學術研討會　臺
北　陳百年學術基金會，政治大學文學院，政治大學臺灣文學研
究所，政治大學中國文學系主辦　2008 年 5 月 24—25 日

1816. 黃維樑　余光中的「文心雕龍」（摘要）　印刻文學生活誌　第 57 期
2008 年 5 月　頁 108

1817. 黃維樑　余光中的「文心雕龍」　中國近代文化的解構與重建：余光中先
生八十大壽學術研討會・第七屆中國近代文化問題學術研討會論
文集　臺北　政治大學文學院　2008 年 9 月　頁 141—158

1818. 黃維樑　余光中的「文心雕龍」　文學評論　第 9 期　2010 年 8 月　頁
11—25

1819. 蕭水順　角落調適與角度調整——論余光中呈現的地方書寫[88]　余光中先
生八十大壽學術研討會　臺北　陳百年學術基金會，政治大學文
學院，政治大學臺灣文學研究所，政治大學中國文學系主辦
2008 年 5 月 24—25 日　1820. 蕭水順〔蕭　蕭〕　　角落調適與
角度調整——論余光中呈現的地方書寫　中國近代文化的解構與
重建：余光中先生八十大壽學術研討會・第七屆中國近代文化問
題學術研討會論文集　臺北　政治大學文學院　2008 年 9 月　頁
235—254

---

[87] 本文闡述《文心雕龍》之理論，並應用其實暨批評來觀察余光中的作品。全文共 6 小節：1.引
言；2.金色筆：取鎔經意，自鑄偉辭；3.紫色筆：比義敷華，首尾周密；4.黑筆紅筆藍筆：照辭如
鏡，平理若衡；5.仁智褒貶，無私不偏；6.藻耀高翔，文苑鳴鳳。

[88] 本文以現實主義精神與「角落調適與角度調整」探討余光中詩作的地方書寫。全文共小節：1.論
述起緣；2.前言：地方有多大，詩就有多大；3.書寫廈門街，增厚人倫文化情緣；4.書寫高雄，呼
應余氏英豪詩風；5.文化鄉愁：另類的幻想地誌學；6.結語：詩有多大，地方就有多大。後改篇
名為〈後現代環境裡「地方書寫」的堅持——以余光中的詩爲例〉。

1821. 蕭　蕭　　後現代環境裡「地方書寫」的堅持——以余光中的詩為例　後現代新詩美學　臺北　爾雅出版社　2012 年 2 月　頁 335—369

1822. 鍾怡雯　　傳統與現代——論余光中的散文理論與實踐[89]　余光中先生八十大壽學術研討會　臺北　陳百年學術基金會，政治大學文學院，政治大學臺灣文學研究所，政治大學中國文學系主辦　2008 年 5 月 24—25 日

1823. 鍾怡雯　　詩的煉丹術——余光中散文實驗及其文學史意義　華文文學 2008 年第 4 期　2008 年 8 月　頁 12—19

1824. 鍾怡雯　　詩的煉丹術——余光中的散文實驗及其文學史意義　中國近代文化的解構與重建：余光中先生八十大壽學術研討會・第七屆中國近代文化問題學術研討會論文集　臺北　政治大學文學院　2008 年 9 月　頁 57—71

1825. 蘇其康　　余光中的世情詩[90]　余光中先生八十大壽學術研討會　臺北　陳百年學術基金會，政治大學文學院，政治大學臺灣文學研究所，政治大學中國文學系主辦　2008 年 5 月 24—25 日

1826. 蘇其康　　余光中的世情詩（摘要）　印刻文學生活誌　第 57 期　2008 年 5 月　頁 107

1827. 蘇其康　　余光中的世情詩　中國近代文化的解構與重建：余光中先生八十大壽學術研討會・第七屆中國近代文化問題學術研討會論文集　臺北　政治大學文學院　2008 年 9 月　頁 33—46

1828. 蘇其康　　余光中的世情論述詩作　詩歌天保：余光中教授八十壽慶專集　臺北　九歌出版社　2008 年 10 月　頁 61—88

1829. 單德興　　譯詩——不可能的藝術？　聯合文學　第 283 期　2008 年 5 月

---

[89] 本文從余光中散文創作方法論出發，論述他對五四白話文的反省與批判；進而從建設的角度，橫向分析他充滿形式主義色彩的散文實驗，縱向論及他與梁實秋、胡適之間的對話關係，評論余氏散文觀點的文學史意義。全文共 3 小節：1.詩之餘：作為下五四半旗的方法論；2.煉丹術：散文的形式主義實驗；3.結論。

[90] 本文一方面顯示余光中詩作的多樣性及其傳承的精妙；另一方面詮釋余光中闡釋世情風貌的詩作，描繪原作構造的規範，從抒情詩次文類來反映作家作品一貫的詩學成就。

頁 80—82

1830. 張瑞芬　余光中散文的藝術性　聯合文學　第 283 期　2008 年 5 月　頁
83—84

1831. 陳芳明　詩藝追求，止於至善　印刻文學生活誌　第 57 期　2008 年 5 月
頁 96—98

1832. 陳芳明　詩藝追求，止於至善　余光中六十年詩選　臺北　印刻文學生活
雜誌出版公司　2008 年 6 月　頁 18—26

1833. 陳芳明　詩藝追求，止於至善　楓香夜讀　臺北　聯合文學出版社　2009
年 9 月　頁 12—19

1834. 鍾怡雯　白話文與現代散文〔余光中部分〕　印刻文學生活誌　第 57 期
2008 年 5 月　頁 105

1835. 鍾怡雯　現代散文和白話文〔余光中部分〕　內斂的抒情：華文文學評論
臺北　聯合文學出版社　2008 年 12 月　頁 11—12

1836. 王　亮　出入於傳統和現代之間——談余光中的詩歌語言論　現代語文
2008 年第 13 期　2008 年 5 月　頁 84—86

1837. 彭瑞金　高雄文學與臺灣文學本土化運動——高雄文學的奏鳴曲〔余光中
部分〕　高雄市文學史——現代篇　高雄　高雄市立圖書館
2008 年 5 月　頁 249—253

1838. 魏　雲　中國新詩的古典追求——以余光中、洛夫之詩藝探索為中心　雲
南大學學報　第 7 卷第 3 期　2008 年 5 月　頁 73—84

1839. 周澤雄　正才之風　余光中評說五十年　北京　文化藝術出版社　2008 年
5 月　頁 109—115

1840. 陳映真　爭鳴：我對余光中事件的認識與立場　余光中評說五十年　北京
文化藝術出版社　2008 年 5 月　頁 201—211

1841. 胡燕青　余派以外——一些回顧，一些感覺　余光中評說五十年　北京
文化藝術出版社　2008 年 5 月　頁 212—217

1842. 秀　實　非余　余光中評說五十年　北京　文化藝術出版社　2008 年 5 月

頁 222—223

1843. 黃維梁　余群、余派、沙田幫……——沙田文學略說　余光中評說五十年　北京　文化藝術出版社　2008 年 5 月　頁 224—230

1844. 劉登翰　余光中‧香港‧沙田文學　余光中評說五十年　北京　文化藝術出版社　2008 年 5 月　頁 231—240

1845. 喻大翔　沙田派簡論——兼答劉登翰先生〔余光中部分〕　余光中評說五十年　北京　文化藝術出版社　2008 年 5 月　頁 241—256

1846. 楊景龍，陶文鵬　論姜夔詞對現代詩創作和理論的影響——姜夔詞與余光中詩　文藝研究　2008 年第 6 期　2008 年 6 月　頁 72—79

1847. 徐　學　余光中文學創作與現代繪畫藝術　臺灣研究集刊　2008 年第 2 期　2008 年 6 月　頁 10—15

1848. 徐　學　余光中文學創作與現代繪畫藝術　臺灣研究新跨越‧文學探索　北京　九州出版社　2010 年 6 月　頁 261—271

1849. 師恭叔　臺灣文學的成熟與巴蜀作家的貢獻〔余光中部分〕　福建師範大學學報　2008 年第 4 期　2008 年 7 月　頁 82

1850. 陳幸蕙　遇見 100%的余光中（上、中、下）　人間福報　2008 年 7 月 29—31 日　15 版

1851. 陳幸蕙　遇見 100%的余光中　明道文藝　第 390 期　2008 年 9 月　頁 33—41

1852. 曾萍萍　太陽兀自照耀著：《文學季刊》內容分析——讓戰爭在雙人床外進行：現代詩及其他文類表現〔余光中部分〕　「文季」文學集團研究——以系列刊物為觀察對象　中央大學中國文學系　博士論文　李瑞騰教授指導　2008 年 7 月　頁 117

1853. 謝郁慧　臺灣早期幽默散文作家論——學者篇——幽默風爐的煉丹者：余光中（1928—）　臺灣早期幽默散文研究　中央大學中國文學系碩士在職專班　碩士論文　李瑞騰教授指導　2008 年 7 月　頁 98—112

1854. 倪金華　詩化散文與現代性——以余光中爲例兼和楊朔比較　華文文學 2008 年第 4 期　2008 年 8 月　頁 5—11

1855. 倪金華　詩化散文與現代性——以余光中爲例兼和楊朔比較　和而不同 南寧　廣西人民出版社　2008 年 10 月　頁 594—601

1856. 彭裕丹　胎記般不可磨滅的中國情結——余光中作品解讀　四川教育學院 學報　2008 年第 8 期　2008 年 8 月　頁 54—56

1857. 凌性傑　最熱血的年紀裡——讀余光中　中國時報　2008 年 9 月 21 日 B1 版

1858. 陳芳明　左手掌紋，壯麗敞開——余光中跨世紀散文　聯合報　2008 年 9 月 30 日　E3 版

1859. 陳芳明　左手掌紋，壯麗敞開——《余光中跨世紀散文》前言　余光中跨 世紀散文　臺北　九歌出版社　2008 年 10 月　頁 23—28

1860. 陳芳明　左手掌紋，壯麗敞開——余光中跨世紀散文　文學人　第 16 期 2008 年 11 月　頁 125—127

1861. 陳芳明　左手掌紋，壯麗敞開——《余光中跨世紀散文》前言　楓香夜讀 臺北　聯合文學出版社　2009 年 9 月　頁 96—108

1862. 寒山碧　略論中國新詩的成就與發展——與余光中先生商榷　我的文學思 考——文藝論文集　香港　大地圖書公司　2008 年 9 月　頁 100 —110

1863. 丁威仁　都市書寫的趨向（上）：九〇年代臺灣現代詩都市主題的多向變 奏〔余光中部分〕　戰後臺灣現代詩論　臺中　印書小舖　2008 年 9 月　頁 192—237

1864. 仇小屏　論譬喻中「喻解」表出之位置——以余光中新詩爲考察對象[91] 中國學術年刊　第 302 期　2008 年 9 月　頁 131—150

1865. 吳明益　書寫沉默的島嶼——當代臺灣散文——文學的藝術：當代臺灣散 文的演化簡史〔余光中部分〕　文學　臺灣：11 位新銳臺灣文學

---

[91]本文以余光中新詩作爲「喻解」表出位置的考察對象，歸納出「基本型」與「變化型」兩類。

研究者帶你認識臺灣文學　臺南　國立臺灣文學館　2008 年 9 月　頁 224—225

1866. 陳幸蕙　在微笑中親近大師（上、下）　人間福報　2008 年 10 月 23—24日　15 版

1867. 陳幸蕙　序——在微笑中親近大師　余光中幽默詩選　臺北　天下遠見出版公司　2008 年 10 月　頁 2—10

1868. 陳幸蕙　悅讀余光中——在微笑中親近大師　明道文藝　第 392 期　2008年 11 月　頁 90—93

1869. 徐　學　從何其芳到王鼎鈞——獨白體散文詩漫論〔余光中部分〕　和而不同　南寧　廣西人民出版社　2008 年 10 月　頁 578—580

1870. 徐　學　從何其芳到王鼎鈞——獨白體散文詩漫論〔余光中部分〕　臺灣研究新跨越・文學探索　北京　九州出版社　2010 年 6 月　頁247—250

1871. 許金瓊　解不開的東方文化情結——論余光中愛情詩中的蓮的意象　柳州師專學報　第 23 卷第 5 期　2008 年 10 月　頁 28—30

1872. 梁笑梅　文學地理學：華文詩歌空間型態研究的新視境——以余光中爲個案研究　詩歌天保：余光中教授八十壽慶專集　臺北　九歌出版社　2008 年 10 月　頁 32—44

1873. 胡有清　「凡我所在，即爲中國」——論余光中鄉愁詩與中國認同　詩歌天保：余光中教授八十壽慶專集　臺北　九歌出版社　2008 年10 月　頁 45—60

1874. 蔡振念　余光中的詩論及其實踐——以音樂性爲例[92]　詩歌天保：余光中教授八十壽慶專集　臺北　九歌出版社　2008 年 10 月　頁 89—115

---

[92] 本文以「音樂性」探討余光中詩論及其在自身作品中的實踐，及其詩學與詩作間的關係。全文共4 小節：1.續論；2.余光中論詩的音樂性；3.余光中詩音樂性的實踐；4.結論。

1875. 賴淑芳　　「一顆星懸在科學館的飛簷」——余光中與科學[93]　詩歌天保：余
　　　　　　　　光中教授八十壽慶專集　臺北　九歌出版社　2008 年 10 月　頁
　　　　　　　　116—162

1876. 張錦忠　　（在中國周邊的）臺灣新詩現代主義路徑——余光中的案例[94]　詩
　　　　　　　　歌天保：余光中教授八十壽慶專集　臺北　九歌出版社　2008 年
　　　　　　　　10 月　頁 163—181

1877. 王儀君　　余光中遊記中之人文探索及城市書寫[95]　詩歌天保：余光中教授
　　　　　　　　八十壽慶專集　臺北　九歌出版社　2008 年 10 月　頁 226—243

1878. 羅選民　　余光中與翻譯　詩歌天保：余光中教授八十壽慶專集　臺北　九
　　　　　　　　歌出版社　2008 年 10 月　頁 244—249

1879. 鄭明娳　　余光中 VS.朱自清　青年日報　2008 年 11 月 25 日　10 版

1880. 陳燕玲　　生殖性的情慾想像——余光中水果詩中的情慾書寫　第三屆中國
　　　　　　　　語文研究生論文發表會　屏東　屏東教育大學中國語文學系，臺
　　　　　　　　東大學語文教育學研究所主辦　2008 年 11 月 28 日

1881.〔丁旭輝編〕　解說　余光中集　臺南　國立臺灣文學館　2008 年 12 月
　　　　　　　　頁 115—134

1882. 方　忠　　五四散文精神在當代臺灣的傳承與流變——超越五四：余光中
　　　　　　　　「剪掉散文的辮子」　臺灣散文縱橫論　南京　江蘇教育出版社
　　　　　　　　2008 年 12 月　頁 22─25

1883. 方　忠　　臺灣散文歷史的發展——散文意識的自覺與張揚〔余光中部分〕
　　　　　　　　臺灣散文縱橫論　南京　江蘇教育出版社　2008 年 12 月　頁 28
　　　　　　　　—30

1884. 方　忠　　余光中散文論　臺灣散文縱橫論　南京　江蘇教育出版社　2008
　　　　　　　　年 12 月　頁 59—82

---

[93]本文以「余光中與科學」角度探討余光中詩作。全文共 3 小節：1.余光中與科學？什麼科學？；2.
　科學與去西化；3.科學的語言與意象。
[94]本文探討余光中在臺灣文學現代主義論述與實踐的路徑，繼而描繪出臺灣新詩的現代主義地圖。
[95]本文探討余光中城市與文化主題的散文，以呈現其對於城市與文化的關懷。

1885.〔吳　銘主編〕　余光中在香港　沙田山居　香港　商務印書館　2009 年
1 月　頁 1—3

1886. 葉淑美　徐志摩現象：臺灣文藝界對徐志摩的接受——臺灣詩壇對新月派
詩風的繼承——余光中早期詩作中的格律詩　徐志摩在臺灣的接
受與傳播　政治大學臺灣文學系　碩士論文　陳芳明教授指導
2009 年 1 月　頁 101—106

1887.〔吳　銘主編〕　自然風光和筆下風景　沙田山居　香港　商務印書館
2009 年 1 月　頁 59—62

1888. 曹存有　談余光中詩歌的結構形式　語文學刊　2009 年第 1 期　2009 年 1
月　頁 56—58

1889. 樊善標　余光中香港時期的抒情散文　明報月刊　第 518 期　2009 年 2 月
頁 53—56

1890. 郭　虹　廣採博取‧兼容並包——余光中對文化的批判與選擇　武陵學刊
第 34 卷第 2 期　2009 年 3 月　頁 103—107

1891. 陳仲義　觀察報告：余光中與二十世紀華文文學　香港文學　第 291 期
2009 年 3 月　頁 60—64

1892. 樊善標　余光中筆下的「五四新運動」　五四與當代文學國際學術研討會
北京　北京大學中國語言文學系主辦　2009 年 4 月 23—25 日

1893. 古遠清　論余光中的現代詩　南京師範大學文學院學報　2009 年第 2 期
2009 年 6 月　頁 57—61

1894. 徐國明　散文的現代（主義）轉折——析論余光中「現代散文」的歷史類
型意義及其「詩化」內涵[96]　朝陽人文社會學刊　第 7 卷第 1 期
2009 年 6 月　頁 71—98

1895. 趙小琪　身分衝突中家的建構與功能——余光中詩歌「家」的文化學闡釋
江漢論壇　2009 年第 6 期　2009 年 6 月　頁 97—100

---

[96]本文藉由問題化、複雜化與脈絡化的理解路徑，考察臺灣文學重要作家、評論者余光中對於散文
的相關論述。全文共 4 小節：1.六〇年代、現代主義與現代性；2.「詩化」作為一條界線；3.詩的
態度：余光中寫作的精神面；4.結論。

1896. 朱芳玲　回頭的浪子，「靈視」下的「東方」——論余光中「東方自覺」
　　　　說與「中國現代畫」論述的建構[97]　東海中文學報　第 21 期
　　　　2009 年 7 月　頁 231—262

1897. 蔡娉婷　嘉賓雲集：余光中人物詩研究[98]　親民學報　第 15 期　2009 年 7
　　　　月　頁 45—57

1898. 陳芳明　艾略特與余光中的詩學對話——以一九六〇《現代文學》為平臺
　　　　[99]　跨世紀的流離——白先勇的文學與藝術國際學術研討會論文
　　　　集　臺北　印刻文學生活雜誌出版公司　2009 年 7 月　頁 14—
　　　　28

1899. 沈　玲　論余光中詩歌中的土地意識　徐州師範大學學報　第 35 卷第 5
　　　　期　2009 年 9 月　頁 36—39

1900. 劉　娜　傳統與現代的結合——余光中與李賀之共性比較　世界華文文學
　　　　論壇　2009 年第 3 期　2009 年 9 月　頁 65—68

1901. 曾香綾　從偏離理論看成語修辭與作文教學——以余光中幽默散文為研討
　　　　對象　第四屆辭章章法學學術研討會　臺北　臺灣師範大學文學
　　　　院，臺灣師範大學國文系，中華民國章法學會主辦　2009 年 10
　　　　月 17 日

1902. 陳杏芬　論余光中的海洋詩　2009 海洋文化學術研討會　廈門　廈門大學
　　　　人文學院，海洋大學人文社會科學院，成功大學人文社會科學中
　　　　心主辦　2009 年 11 月 10—11 日

1903. 丁雪艷　讀蔣捷詞・賞光中文・品胸中情　現代語文　2009 年第 31 期
　　　　2009 年 11 月　頁 156—157

---

[97]本文討論余光中的「東方自覺」說如何逐步架構出「中國現代畫」論述的理論基礎。全文共 5 小節：1.前言；2.臺灣繪畫之「新」與「舊」：從「傳統」文人畫到「現代」抽象畫；3.回頭的浪子，優越的「東方」：西方文化的反思與現代詩／畫的「回歸」；4.余光中「東方自覺」說與「中國現代畫」論述之建構；5.結語。
[98]本文從余光中的作品繫年，爬梳其人物詩所具備的特色。
[99]本文藉由余光中對艾略特的翻譯及消化，對位式的閱讀，探討詩人在傳統與現代之間的依違，以及詩藝的不斷演進。全文共 3 小節：1.艾略特與臺灣的翻譯現代性；2.〈天狼星〉與〈天狼星論〉；3.持續與艾略特對話。

1904. 王良和　　青年文學獎與「余派」之說[100]　余光中、黃國彬論香港　匯智出版公司　2009 年 11 月　頁 5—74

1905. 王良和　　論余光中「香港時期」的新詩[101]　余光中、黃國彬論　香港　匯智出版公司　2009 年 11 月　頁 75—131

1906. 古遠清　　余光中：「文革文學」研究的開創者　文學人　第 22 期　2009 年 11 月　頁 21—30

1907. 林秀華　　余光中鄉愁詩之比喻式意象之美　中國語文　第 105 卷第 5 期 2009 年 11 月　頁 87—97

1908. 史　　言　　「水」與「夢」的「禪語」：巴什拉現象學精神分析之於周夢蝶、余光中、鄭愁予詩歌的比較研究　周夢蝶與二十世紀華文文學兩岸三地學術研討會　彰化　徐州師範大學，香港大學，武漢大學，明道大學中國文學系主辦　2009 年 12 月 20 日

1909. 顧蕙倩　　臺灣現代詩的浪漫詩情：以余光中爲例　臺灣現代詩的浪漫特質 臺北　秀威資訊科技公司　2009 年 12 月　頁 79—96

1910. 顧蕙倩　　臺灣現代詩的浪漫詩情：以余光中爲例　臺灣現代詩的浪漫特質（修訂版）　臺北　秀威資訊科技公司　2012 年 5 月　頁 79—96

1911. 佘愛春　　臺灣現代主義詩歌的西化和民族化──以紀弦、余光中、洛夫爲中心　華文文學　2009 年第 6 期　2009 年 12 月　頁 56—61

1912. 江　　藝　　外詩漢譯中的詩學對話與融合意識──以余光中爲個案研究　長春師範學院學報　第 29 卷第 1 期 0　2010 年 1 月　頁 69—73

---

[100]本文從余光中擔任青年文學獎時得獎作品，談論作者在文壇上所帶起的風格轉變甚至流派的形成。全文共分 8 小節：1.引言；2.《羅盤》「陳德錦個展」；3.青年文學獎宗旨的變化；4.評判組合的變化；5.早期青年文學獎新詩高級組冠軍作的風格轉變；6.青年文學獎詩組的強勢評判；7.相異的詩觀──《羅盤》詩人的取向；8.結語。

[101]本文爬梳余光中香港時期的創作，探討香港對其詩作影響，並就意象與修辭等方面看作者的鄉愁。全文共分 8 小節：1.引言；2.《與永恆拔河》：香港的滋味與大陸的餘味；3.《隔水觀音》：歷史和文化的探索；4.《紫荊賦》：從「十年看山」到「驚覺下山的期限」；5.自我形象：隱士與壯士；6.古典的審美心理與現代事物的改變氣質；7.余式詩風：文字、句式、節奏上的苦心孤詣；8.結語。

1913. 李　軍　　余光中散文瑰奇的感性創造　暨南學報　第 32 卷第 1 期　2010
　　　　　　　年 1 月　頁 7—12

1914. 鄭禎玉　　屈原與蘇軾：不朽的江神——析論余光中對屈原與蘇軾的形象塑
　　　　　　　造　雲夢學刊　第 31 卷第 1 期　2010 年 1 月　頁 44—50

1915. 蘇昭惠　　永恆的青春，無限的熱血——余光中　臺灣光華雜誌　第 35 卷
　　　　　　　第 1 期　2010 年 1 月　頁 100—109

1916. 鄭禎玉　　李白：余光中筆下的狂詩人　全國博士生學術論壇：海外華文文
　　　　　　　學與詩學　廣州　中國教育部學位管理與研究生教育司，國務院
　　　　　　　學位委員會辦公室主辦　2010 年 3 月 7—11 日

1917. 鄭禎玉　　難民與詩聖——余光中筆下的杜甫　海南師範大學學報　第 23
　　　　　　　卷第 2 期　2010 年 3 月　頁 77—83

1918. 古遠清　　余光中：重寫文學史的先行者　海峽兩岸文學關係史　福州　福
　　　　　　　建人民出版社　2010 年 4 月　頁 85—87

1919. 蕭　蕭，王若嫻編　　認識作家　溫馨的愛：現代親情散文集　臺北　幼獅
　　　　　　　文化　2010 年 4 月　頁 19

1920. 王光明　　冷戰時代兩地呼應的現代主義詩潮〔余光中部分〕　香港文學
　　　　　　　第 305 期　2010 年 5 月　頁 35—36

1921. 徐　學　　沙田學者與中國現代文學研究〔余光中部分〕　臺灣研究新跨
　　　　　　　越·文學探索　北京　九州出版社　2010 年 6 月　頁 330—332

1922. 丁　媛　　余光中戲劇翻譯中文化意象的處理　赤峰學院學報　第 31 卷第 7
　　　　　　　期　2010 年 7 月　頁 137—138

1923. 史　言　　余光中詩歌的休息之夢與抵抗意志　第十六屆華文文學國際學術
　　　　　　　研討會　武漢　世界華文文學會主辦　2010 年 10 月 17—20 日

1924. 史　言　　「泥香」與「土香」的辯證——論余光中詩歌的休息之夢與抵抗
　　　　　　　意志　江漢大學學報　第 30 卷第 4 期　2011 年 8 月　頁 16—23

1925. 石麗芳　　個性張揚的散文創作〔余光中部分〕　20 世紀臺灣文學史略　北
　　　　　　　京　民族出版社　2010 年 10 月　頁 239—243

1926. 林美茂　也談散文詩的可能性——不僅僅只是與余光中前輩的偏見商榷
　　　　　　　梧州學院學報　第 20 卷第 5 期　2010 年 10 月　頁 83—89

1927. 馬衛華　三足鼎立的現代派詩社〔余光中部分〕　20 世紀臺灣文學史略
　　　　　　　北京　民族出版社　2010 年 10 月　頁 155—157

1928. 張加佳　余光中神話詩研究[102]　中國文化大學中文學報　第 21 期　2010
　　　　　　　年 10 月　頁 85—108

1929. 張俐璇　向「傳統」借火：一九六〇年代臺灣「現代」詩畫的遇合——以
　　　　　　　劉國松、余光中為論述核心[103]　人文與社會研究學報　第 44 卷
　　　　　　　第 2 期　2010 年 10 月　頁 85—103

1930. 曹惠民　藍星・余光中與新月　出走的夏娃——一位大陸學人的臺灣文學
　　　　　　　觀　臺北　秀威資訊科技公司　2010 年 10 月　頁 97—103

1931. 謝世宗　遇見他者——余光中的旅美詩作與其國族認同的形塑[104]　臺灣文
　　　　　　　學研究學報　第 11 期　2010 年 10 月　頁 113—138

1932. 曾進豐　地理入詩的美學意境——論余光中的高雄書寫[105]　2010 高雄文學
　　　　　　　發聲國際學術研討會　高雄　高雄市政府文化局主辦　2010 年
　　　　　　　11 月 6 日

1933. 曾進豐　地方感與家屋想像——論余光中的高雄地理詩書寫　2010 高雄文
　　　　　　　學發聲國際學術研討會論文集　高雄　高雄市政府文化局　2010
　　　　　　　年 12 月　頁 174—199

---

[102]本文從余光中現代詩中抽出以神話為典故，探討脆弱的神話，顯現英雄定義的流動。全文共 6 小節：1.前言；2.神話的詩化變形；3.余光中的神話詩；4.脆弱的神話；5.余光中神話詩之內涵；6.結語。

[103]本文以劉國松與余光中為中心，分析六〇年代初期現代美術論軍區以及天狼星論戰，兩場論戰對詩畫秩序的重構過程。全文共 5 小節：1.前言；2.「現代」詩畫的遇合；3.現代畫論戰與現代詩論戰；4.向「傳統」借火：玄學哲思與古典語韻；5.結論：體制內自由主義者的「現代」詩畫。

[104]本文探討余光中詩作，以了解書寫鄉愁不再是再現家國之思，亦是透過書寫釐清自己與新世界的關係，並確認自己的國族認同。全文共 5 小節：1.前言：余光中的鄉愁轉折；2.迷戀西方：浪漫主義的異國想像；3.家鄉與異地：國族的辯證與鄉愁的構作；4.遇見他者與國族認同的形塑；5.小結：認同書寫與書寫認同。

[105]本文以「地理」為核心主題，探討其高雄書寫的向度。全文共 3 小節：1.抉擇：就位高雄；2.地方感與家屋；3.美麗新世界。後改篇名為〈地方感與家屋想像——論余光中的高雄地理詩書寫〉。

1934. 李樹枝　現代主義的理論旅行：從葉芝、艾略特、余光中到馬華天狼星及神州詩社　華文文學　2010 年第 6 期　2010 年 12 月　頁 80—86

1935. 羅任玲　雨，落在高雄的港上——余光中與南臺灣　我在我不在的地方：文學現場踏查記　臺南　國立臺灣文學館　2010 年 12 月　頁 190—199

1936. 王巨川　試論余光中與鄭芝溶的現代鄉愁詩之異同　徐州師範大學學報　第 37 卷第 1 期　2011 年 1 月　頁 26—30

1937. 趙衛民　五十年代：西方與中國——余光中文化的鄉愁　新詩啟蒙　臺北　里仁書局　2011 年 2 月　頁 193—203

1938.〔九彎十八拐〕　余光中　九彎十八拐　第 36 期　2011 年 3 月　頁 10

1939. 徐錦成　論余光中的運動詩[106]　運動文化研究　第 16 期　2011 年 3 月　頁 7—31

1940. 徐錦成　論余光中的運動詩　運動文學論集　高雄　春暉出版社　2012 年 1 月　頁 23—62

1941. 楊　照　以記錄來詮釋一個時代〔余光中部分〕　印刻文學生活誌　第 91 期　2011 年 3 月　頁 100

1942. 凌性傑　有一種奇幻的光　印刻文學生活誌　第 91 期　2011 年 3 月　頁 63—66

1943. 凌性傑　作家遇見作家——有一種奇幻的光　作家小傳：余光中　臺北　行人文化實驗室，目宿媒體　2012 年 3 月　頁 50　61

1944. 凌性傑　有一種奇幻的光　臺港文學選刊　第 292 期　2013 年 3 月　頁 30—31

1945. 黃維樑　余光中詩話初探　東方詩話學第七屆國際學術研討會　香港　香港大學中文系主辦　2011 年 4 月 28—29 日

1946. 徐　學　余光中詩作與華夏詩學傳統——以沙田時期為例　臺灣研究集刊

---

[106]本文爬梳余光中全部的運動詩，藉以描畫臺灣運動詩的面貌。全文共 5 小節；1.前言；2.對運動員的禮讚——撐竿跳與花式溜冰；3.面對自己、超越自己與完成自己——瑜珈、長跑及跳水；4.以運動諷刺時政——高爾夫；5.結語。

2011 年第 2 期　2011 年 4 月　頁 73—78

1947. 陳義芝　恩愛兩不疑：析余光中贈內詩　第二十屆詩學會議——現代情詩研討會　彰化　彰化師範大學國文系主辦　2011 年 5 月 20 日

1948. 張嘆鳳　當代華文文學視野中的鄉愁意識與建樹（上）——鄉愁詩人余光中解讀　中國鄉愁文學研究　成都　巴蜀書社　2011 年 5 月　頁 271—280

1949. 黃昱升　現代詩的晦澀與明朗——洛夫、余光中塑造的「李賀」[107]　語文瞭望　第 1 期　2011 年 5 月　頁 95—118

1950. 黃　芬　淺議白先勇和余光中鄉愁創作的情感共性　瓊州學院學報　第 18 卷第 3 期　2011 年 6 月　頁 79—80，58

1951. 劉曉萍　狄金森對余光中、夏菁、汪國真詩歌的影響　南京師範大學文學院學報　2011 年第 2 期　2011 年 6 月　頁 155—160

1952. 樊善標　三位散文家筆下香港的山——城市香港的另類想像——余光中：在地經驗還是「香港」身分？　中國現代文學　第 19 期　2011 年 6 月　頁 132—137

1953. 陳義芝編　余光中　Contemporary Taiwanese Literature and Art Series——Poetry（當代臺灣文學藝術系列——詩歌卷）　臺北　中華民國筆會　2011 年 7 月　頁 26

1954. 馬聯虎　余光中詩歌藝術管窺　西昌學院學報　第 23 卷第 3 期　2011 年 9 月　頁 46—48

1955. 張　健　余光中情詩七型[108]　情與韻：兩岸線代詩集錦　臺北　秀威資訊科技公司　2011 年 9 月　頁 9—27

1956. 陳憲仁編　余光中　Contemporary Taiwanese Literature and Art Series——Essays 當代臺灣文學藝術系列——散文卷　臺北　中華民國筆會

---

[107] 本文從洛夫與余光中的「天狼星論戰」中對唐朝詩人李賀的認知來重新觀察兩者的詩論。全文共 5 小節：1.前言；2.李賀形象流變；3.余光中塑造的李賀形象；4.洛夫塑造的李賀形象；5.結語。

[108] 本文將余光中情詩分為七種類型並論述之。全文共 7 小節：1.身體之歌；2.惆悵之歌；3.辯證法之歌；4.等待之歌；5.床第之歌；6.遙想之歌；7.為歌而歌。

2011 年 9 月　頁 34

1957. 鄭智仁　現代詩人的返鄉之路——論七○年代臺灣新詩的鄉愁空間演繹〔余光中部分〕　第八屆全國臺灣文學研究生學術論文研討會論文集　臺南　國立臺灣文學館　2011 年 9 月　頁 263—293

1958. 林秀蓉　從長江水到落山風——論余光中詩的屏東書寫　2011 第一屆屏東文學學術研討會暨作家座談　屏東　屏東縣阿緱文學會主辦；屏東教育大學中國語文學系承辦　2011 年 11 月 25—26 日

1959. 陳　謙　戰前世代詩人——余光中的離散鄉愁　反抗與形塑——臺灣現代詩的政治書寫　臺北　新北市文化局　2011 年 11 月　頁 88—98

1960. 黃維樑　余師傅梁師——余光中筆下的梁實秋　中華日報　2011 年 12 月 9 日　B7 版

1961. 蔡曉香　懷想家園的鄉愁情結〔余光中部分〕　多元文化與臺灣當代文學　北京　文化藝術出版社　2011 年 12 月　頁 24—26

1962. 蔡曉香　天人合一的自然之美〔余光中部分〕　多元文化與臺灣當代文學　北京　文化藝術出版社　2011 年 12 月　頁 37—39

1963. 謝多冰　臺灣現代詩〔余光中部分〕　多元文化與臺灣當代文學　北京　文化藝術出版社　2011 年 12 月　頁 200—202

1964. 方　忠　中國現代文學史視野中的余光中散文　中國現代文學研究叢刊　2011 年第 12 期　2011 年　頁 137—148

1965. 何　偉　不同軌跡的生命主體的穿越——余光中詩歌與洛夫詩歌之比較　重慶科技學院學報　2011 年第 22 期　2011 年　頁 110—111，121

1966. 吳綿綿　蔡其矯與余光中鄉愁詩的比較　龍巖學院學報　第 29 卷第 6 期　2011 年 12 月　頁 39—44

1967. 釋覺元編　余光中　2011 年第一屆全球華文文學星雲獎贈獎典禮手冊　臺北　公益信託星雲大師教育基金會　2011 年 12 月　頁 6

1968. 古遠清　余光中在香港的影響及其爭議　鹽城師範學院學報　第 32 卷第 1

期　2012 年 2 月　頁 34—39

1969. 張　羽　　志在役古，不在復古——論余光中新詩意境的古典化策略　中國
石油大學學報　第 28 卷第 2 期　2012 年 4 月　頁 88—92

1970. 曾小月　　余光中詩學對內地新詩創作的啓示　湛江師範學院學報　第 33
卷第 2 期　2012 年 4 月　頁 80—83

1971. 丁威仁　　典律的生成（上）——論「十大詩人票選」〔余光中部分〕　戰
後臺灣現代詩的演變與特質（1949—2010）　臺北　秀威資訊科
技公司　2012 年 5 月　頁 253—263

1972. 劉正偉　　試論余光中詩中的鄉愁[109]　聯大學報　第 9 卷第 1 期　2012 年 6
月　頁 143—156

1973. 劉正偉　　論余光中詩中的鄉愁及其解構　武陵學刊　第 37 卷第 6 期
2012 年 11 月　頁 89—92，116

1974. 丁旭輝　　新左岸詩話〔余光中部分〕　臺灣詩學吹鼓吹論壇　第 15 期
2012 年 9 月　頁 8

1975. 落蒂〔楊顯榮〕　詩壇祭酒——余光中論之一　靜觀詩海拍天浪　臺北
文史哲出版社　2012 年 9 月　頁 1—5

1976. 林明理　　簡潔自然的藝術風韻——讀余光中的鄉土詩　海星詩刊　第 5 期
2012 年 9 月　頁 16—19

1977. 林明理　　簡潔自然的藝術風韻——讀余光中的鄉土詩　用詩藝開拓美：林
明理談詩　臺北　秀威資訊科技　2013 年 1 月　頁 185—189

1978. 陳政彥　　現代詩運動成熟期（1959—1964）——余光中與言曦的「新詩閒
話論戰」　跨越時代的青春之歌——五、六〇年代臺灣現代詩運
動　臺南　國立臺灣文學館　2012 年 10 月　頁 132—139

1979. 陳政彥　　現代詩運動成熟期（1959—1964）——洛夫與余光中的「天狼星
論戰」　跨越時代的青春之歌——五、六〇年代臺灣現代詩運動

[109] 本文就余光中詩中的鄉愁主題，分早中後三期，佐以能代表當時期的詩作賞析旁徵，以初步探
討其創作生涯中現代詩鄉愁的演變。全文共 4 小節：1.前言；2.鄉愁與離散；余光中鄉愁詩析
探；4.結語。

臺南　國立臺灣文學館　2012 年 10 月　頁 139—146

1980. 陳政彥　現代詩運動成熟期（1959—1964）——詩人群像——余光中　跨
　　　　越時代的青春之歌——五、六〇年代臺灣現代詩運動　臺南　國
　　　　立臺灣文學館　2012 年 10 月　頁 147—151

1981. 戴華萱　回歸鄉土與寫實的文學論戰——鄉土文學論戰——後期：官方文
　　　　藝陣營的強烈反擊〔余光中部分〕　鄉土的回歸——六、七〇年
　　　　代臺灣文學走向　臺南　國立臺灣文學館　2012 年 11 月　頁 88
　　　　—89

1982. 曾巧雲　余光中：在四度空間中逍遙遊一甲子，83 歲西子灣土地公獲頒名
　　　　譽博士　2011 年臺灣文學年鑑　臺南　國立臺灣文學館　2012
　　　　年 11 月　頁 156

1983. 王　敏　余光中散文的語言情趣　名作欣賞　2012 年第 35 期　2012 年
　　　　頁 118—120，127

1984. 李明軒　漫談余光中的翻譯觀　短篇小說（原創版）　2012 年第 18 期
　　　　2012 年　頁 39—40

1985. 汪　琳　古為今用・取古補今——余光中的文學語言觀對其文學翻譯的影
　　　　響　巢湖學院學報　第 14 卷第 4 期　2012 年　頁 103—106

1986. 肖劍南　余光中散文理論批評的守成性　中共福建省委黨校學報　2012 年
　　　　第 9 期　2012 年　頁 94—99

1987. 胡有清　「雨聲說些什麼」——余光中風物詩散論　江蘇省社會主義學院
　　　　學報　2012 年第 4 期　2012 年　頁 66—70，76

1988. 莊偉杰　余光中給當代詩歌創作帶來了什麼啟示　寫作（中國）　2012 年
　　　　第 21 期　2012 年　頁 3—6

1989. 陶德宗　評余光中的「長江之歌」　時代文學（下半月）　2012 年第 9 期
　　　　2012 年　頁 168—169

1990. 曾小月　文學地理學在比較文學教學中的實踐意義——以余光中詩歌鑑賞
　　　　為例　世界文學評論　2012 年第 2 期　2012 年　頁 268—270

1991. 廖　理　　論余光中作品中的通感　語文知識　2012 年第 3 期　2012 年　頁 14—15

1992. 闞淑俠　　淺析余光中先生詩歌的文化內涵　經濟研究導刊　2012 年第 32 期　2012 年　頁 241—242

1993. 丁旭輝　　余光中詩作的古典傳承與開創[110]　國文學報　第 17 期　2013 年 1 月　頁 31—59

1994. 郭婧雅　　余光中的文學價值與臺灣關懷　臺港文學選刊　第 292 期　2013 年 3 月　頁 17

1995. 孫佃鑫　　余光中：北回歸線上的鄉愁　棗莊學院學報　第 30 卷第 3 期　2013 年 6 月　頁 9—12

1996. 鍾怡雯　　臺灣現代散文史綜論（1949～2012）〔余光中部分〕　華文文學　2013 年第 4 期　2013 年 8 月　頁 93—94

1997. 康文霞，何希凡　　有價值的審察・不應有的隔膜——論余光中對朱自清散文的批評　雞西大學學報　2013 年第 1 期　2013 年　頁 116—117，120

分論
◆單行本作品
論述
《掌上雨》

1998. 王　敏　　融合中西的「回頭浪子」——論余光中《掌上雨》中現代詩觀之演變　河南師範大學學報　1993 年第 5 期　1993 年 9 月　頁 67—71

《分水嶺上》

1999. 黃維樑　　語言大師　風簷展書讀　臺北　純文學出版社　1985 年 1 月　頁 209—214

---

[110] 本文探討余光中對古典承繼與開創的作品實踐中，以建立基礎架構，繼而觀照整個臺灣現代詩在古典傳承與開創上的樣態。全文共 5 小節：1.前言；2.追摹古人，賦寫新象；3.鎔鑄古詩，再創新境；4.驅遣古籍，鍛造新意；5.結論。

《從徐霞客到梵谷》

2000. 曾永義　　《從徐霞客到梵谷》　聯合報　1994 年 4 月 17 日　50 版

2001. 李奭學　　新時代的吉訶德先生——評余光中著《從徐霞客到梵谷》　中時晚報　1994 年 5 月 8 日　19 版

2002. 李奭學　　新時代的吉訶德先生——評余光中著《從徐霞客到梵谷》　書話臺灣：1991—2003 文學印象　臺北　九歌出版社　2004 年 5 月　頁 208—210

2003. 黃維樑　　《從徐霞客到梵谷》兼具知性與感性——一讀再讀，歡喜讚歎！　九歌雜誌　第 159 期　1994 年 5 月　3 版　本文後改篇名為〈喜讀余光中的新著《從徐霞客到梵谷》〉。

2004. 黃維樑　　喜讀余光中的新著《從徐霞客到梵谷》　幼獅文藝　第 490 期　1994 年 10 月　頁 10

2005. 林清玄　　玫瑰都很嬌小　九歌雜誌　第 171 期　1995 年 5 月　3 版

詩

《舟子的悲歌》

2006. 梁實秋　　《舟子的悲歌》　自由中國　第 59 期　1952 年 4 月 16 日　頁 30

2007. 梁實秋　　《舟子的悲歌》　火浴的鳳凰——余光中作品評論集　臺北　純文學出版社　1979 年 5 月　頁 3—5

2008. 梁實秋　　談余光中《舟子的悲歌》　余光中評說五十年　北京　文化藝術出版社　2008 年 5 月　頁 93—95

2009. 張　詮　　余光中的初戀——《舟子的悲歌》　中華日報　1996 年 11 月 25 日　15 版

2010. 孫松堂　　余光中自費出版《舟子的悲歌》　中央日報　1998 年 1 月 26 日　20 版

2011. 應鳳凰　　余光中——《舟子的悲歌》　人間福報　2012 年 2 月 28 日　15 版

《藍色的羽毛》

2012. 梁實秋　閒話新詩——讀余光中、夏菁的新詩集　中央日報　1953 年 12 月 13 日　5 版

2013. 馬怡紅　貧困，老調，美麗的僵屍——評余光中底詩集《藍色的羽毛》（上、下）　聯合報　1956 年 9 月 5—6 日　6 版

2014. 馬翊航　在那藍色的聲音裡——余光中的《藍色的羽毛》　文訊雜誌　第 262 期　2007 年 8 月　頁 64

《聖誕節》

2015. 〔藍星詩社〕　序　萬聖節　臺北　藍星詩社　1960 年 8 月　頁 1—4

2016. 魏子雲　我在《萬聖節》隨嬉——評余光中的詩　偏愛與偏見　臺北　皇冠出版社　1965 年 8 月　頁 29—42

《鐘乳石》

2017. 傅月庵　文學舊書經眼路　鉤沉｜瑣憶｜補遺——臺灣文學史料集刊第二輯　臺南　國立臺灣文學館　2012 年 9 月　頁 257—258

《蓮的聯想》

2018. 柳文哲〔趙天儀〕　詩壇散步——《蓮的聯想》　笠　第 2 期　1964 年 8 月　頁 24

2019. 趙天儀　余光中《蓮的聯想》　裸體的國王　臺北　香草山出版公司　1976 年 6 月　頁 93—94

2020. 江　萌　論三聯句——關於余光中的《蓮的聯想》　歐洲雜誌　第 6 期　1966 年冬季號　頁 11—18　本文探討余光中在《蓮的聯想》以何技巧以達到其創作的目的。

2021. 江　萌　論三聯句——關於余光中的《蓮的聯想》　蓮的聯想　臺北　大林出版社　1980 年 8 月　頁 131—150

2022. 江　萌　論三聯句——關於余光中的《蓮的聯想》　蓮的聯想　臺北　時報文化出版公司　1981 年 8 月　頁 101—120

2023. 江　萌　論三聯句——關於余光中的《蓮的聯想》　蓮的聯想　臺北　水

牛圖書出版公司　1986 年 3 月　頁 137—158

2024. 江　萌　　論三聯句——關於余光中的《蓮的聯想》　余光中集（第二卷）
　　　　　　　　天津　百花文藝出版社　2004 年 1 月　頁 74—85

2025. 江　萌　　論三聯句——關於余光中的《蓮的聯想》　蓮的聯想　臺北　九
　　　　　　　　歌出版社　2008 年 3 月　頁 171—190

2026. 熊秉明〔江萌〕　　論三聯句——關於余光中的《蓮的聯想》　詩三篇　臺
　　　　　　　　北　允晨文化公司　1986 年 6 月　頁 1—30

2027. 馮雲濤　　聯想的聯想——余光中的詩讀後感　中華日報　1974 年 2 月 21
　　　　　　　　日　9 版

2028. 馮雲濤　　聯想的聯想——余光中的詩讀後感　火浴的鳳凰——余光中作品
　　　　　　　　評論集　臺北　純文學出版社　1979 年 5 月　頁 54—59

2029. Andress Donath 著；黃國彬譯　　融匯東西方之美——《蓮的聯想》德譯本
　　　　　　　　導言　火浴的鳳凰——余光中作品評論集　臺北　純文學出版社
　　　　　　　　1979 年 5 月　頁 47—53

2030. 梁敏兒　　詩語與意象之間：余光中的《蓮的聯想》　香港新詩國際研討會
　　　　　　　　香港　香港大學亞洲研究中心主辦　1998 年 11 月 27 日

2031. 應鳳凰　　余光中的《蓮的聯想》　臺灣文學花園　臺北　玉山社出版公司
　　　　　　　　2003 年 1 月　頁 189—193

2032. 〔編輯部〕　　《蓮的聯想》　高雄文學小百科　高雄　高雄市文化局
　　　　　　　　2006 年 7 月　頁 187

2033. 應鳳凰，傅月庵　　余光中——《蓮的聯想》　冊頁流轉——臺灣文學書入
　　　　　　　　門 108　臺北　印刻文學生活雜誌出版公司　2011 年 3 月　頁 66
　　　　　　　　—67

2034. 朱岐祥　　由《蓮的聯想》評論余光中詩的技巧　東方詩話學第七屆國際學
　　　　　　　　術研討會　香港　香港大學中文系主辦　2011 年 4 月 28—29 日

2035. 吳志廉　　「墜入羞怯得非常古典的愛情」——探討余光中《蓮的聯想》之
　　　　　　　　古典技巧　中正臺灣文學與文化研究集刊　第 10 期　2012 年 6

月　頁 1—35

《五陵少年》

2036. 呂璨君　　寂寞將進酒——讀余光中的《五陵少年》　創世紀　第 94 期
　　　　　　　1993 年 7 月　頁 77—79

2037. 呂璨君　　寂寞將進酒——讀余光中的《五陵少年》　創世紀四十年評論
　　　　　　　選：一九五四——一九九四·臺灣　臺北　創世紀詩雜誌社　1994
　　　　　　　年 9 月　頁 325—330

《天國的夜市》

2038. 柳文哲　　詩壇散步——《天國的夜市》　笠　第 34 期　1969 年 12 月　頁
　　　　　　　49

2039. 趙天儀　　余光中《天國的夜市》　裸體的國王　臺北　香草山出版公司
　　　　　　　1976 年 6 月　頁 304—305

2040. 白　靈　　源遠流長的生命之河——評介《天國的夜市》　在閱讀與書寫之
　　　　　　　間：評好書 300 種　臺北　三民書局　2005 年 2 月　頁 54

《在冷戰的年代》

2041. 陳芳明　　《在冷戰的年代》　風簷展書讀　臺北　純文學出版社　1985 年
　　　　　　　1 月　頁 344—357

《白玉苦瓜》

2042. 黎模霖　　淺論《白玉苦瓜》　文心　第 3 期　1975 年 5 月　頁 102—104

2043. 姚百勤　　由《白玉苦瓜》看詩人的獨白　文心　第 3 期　1975 年 5 月　頁
　　　　　　　104—106

2044. 張良旭，李玉英　　《白玉苦瓜》讀後　文心　第 3 期　1975 年 5 月　頁
　　　　　　　110—112

2045. 林興華　　評余光中詩集《白玉苦瓜》　詩人季刊　第 3 期　1975 年 9 月
　　　　　　　頁 33—46

2046. 掌　杉　　評余光中的《白玉苦瓜》[111]　中外文學　第 4 卷第 6 期　1975 年

---

[111] 本文探討《白玉苦瓜》內容、技巧以及評價，以呈現其意義。全文共 3 小節：1.「白玉苦瓜」的

11 月　頁 48—60

2047. 凝凝〔黃國彬〕　　在時間裡自焚——論《白玉苦瓜》[112]　中外文學　第 4
　　　卷第 6 期　1975 年 11 月　頁 28—45

2048. 黃國彬　　「在時間裡自焚」——細讀余光中的《白玉苦瓜》　火浴的鳳凰
　　　——余光中作品評論集　臺北　純文學出版社　1979 年 5 月　頁
　　　199—238

2049. 黃國彬　　「在時間裡自焚」——細讀余光中的《白玉苦瓜》　現代詩導讀
　　　（批評篇）　臺北　故鄉出版社　1979 年 11 月　頁 85—132

2050. 吳　籟　　余光中的《白玉苦瓜》賞析　東吳青年　第 62 期　1975 年 12 月
　　　頁 48—50

2051. 賴碧玲　　一盤怎樣的苦瓜？　新潮　第 31 期　1976 年 1 月　頁 84—87

2052. 王　灝　　品瓜錄——讀余光中詩集《白玉苦瓜》　詩脈季刊　第 1 期
　　　1976 年 7 月　頁 33—51　本文探討《白玉苦瓜》在余光中創作
　　　歷程中的定位。

2053. 王　灝　　品瓜錄——讀余光中先生詩集《白玉苦瓜》　探索集　南投　南
　　　投縣文化局　2002 年 11 月　頁 160—205

2054. 弦外音　　剖切余光中《白玉苦瓜》的心境　臺灣日報　1976 年 8 月 4 日
　　　9 版

2055. 陸健鴻　　碧海擎鯨　《白玉苦瓜》詩集賞析　火浴的鳳凰——余光中作
　　　品評論集　臺北　純文學出版社　1979 年 5 月　頁 239—256

2056. 王　灝　　從激越到沉潛——細說余光中詩中的中國意識（上、下）　中華
　　　文藝　第 115—116 期　1980 年 9—10 月　頁 128—142，90—
　　　105　本文探討《白玉苦瓜》所呈現中國意識。

2057. 王　灝　　從激越到沉潛——細說余光中詩中的中國意識　探索集　南投

內容；2.「白玉苦瓜」的技巧；3.「白玉苦瓜」的評價。
[112]本文比較余光中《白玉苦瓜》及其前期作品差異性，以及此本作品在余光中創作生涯中的重要
　　性。

南投縣文化局　2002 年 11 月　頁 206—241

2058. 翁光宇　余光中的《白玉苦瓜》賞析　青年詩壇　1983 年第 6 期　1983
年 6 月　頁 61

2059. 楊　然　神思縱橫吟苦瓜——余光中《白玉苦瓜》賞析　名作欣賞　1985
年第 5 期　1985 年 9 月　頁 59—60

2060. 陳聖生　「鍾整個大陸的愛在一只苦瓜」——余光中《白玉苦瓜》等詩漫
評　臺港文學選刊　1985 年第 5 期　1985 年 10 月　頁 40—41

2061. 蕭　蕭　詩集與詩運——余光中《白玉苦瓜》　現代詩縱橫觀　臺北　文
史哲出版社　1991 年 6 月　頁 96—97

2062. 林黛嫚　《白玉苦瓜》推薦理由　百人百書百緣——百位名家推薦百本好
書　臺北　賴國洲書房　1997 年 9 月　頁 39

《天狼星》

2063. 洛　夫　《天狼星》論　現代文學　第 9 期　1961 年 7 月　頁 77—92
本文探討余光中創作《天狼星》背景與藝術技巧，以呈現其所欲
表達的意義。

2064. 洛　夫　《天狼星》論　詩人之鏡　高雄　大業書店　1969 年 5 月　頁
99—125

2065. 洛　夫　論余光中的《天狼星》　洛夫詩論選集　臺北　開源出版公司
1977 年 1 月　頁 191—216

2066. 洛　夫　《天狼星》論　火浴的鳳凰——余光中作品評論集　臺北　純文
學出版社　1979 年 5 月　頁 6—7

2067. 洛　夫　論余光中《天狼星》　詩的探險　臺北　黎明文化公司　1979 年
6 月　頁 191—216

2068. 洛　夫　《天狼星》論　當代中國新文學大系·文學評論集　臺北　天視
出版公司　1980 年 2 月　頁 293—313

2069. 洛　夫　論余光中的《天狼星》　余光中評說五十年　北京　文化藝術出
版社　2008 年 5 月　頁 270—287

2070. 曹介直　　夜談以及——祝《天狼星》的誕生　文星　第 45 期　1975 年 5
月　頁 37

2071. 弦外音　　余光中《天狼星》是否成熟　臺灣日報　1976 年 10 月 27 日　9
版

2072. 陳芳明　　回望《天狼星》——余光中作品專論之五[113]　書評書目　第 49—
50 期　1977 年 5—6 月　頁 18—29，64—75

2073. 陳芳明　　回望《天狼星》　火浴的鳳凰——余光中作品評論集　臺北　純
文學出版社　1979 年 5 月　頁 8—40

2074. 陳芳明　　回望《天狼星》　鞭傷之島　臺北　自立報系文化出版部　1989
年 7 月　頁 89—136

《與永恆拔河》

2075. 趙衛民　　火成岩的額頭——論余光中《與永恆拔河》[114]　藍星詩學　第 1
期　1999 年 3 月　頁 157—174

2076. 趙衛民　　火成岩的額頭——論余光中《與永恆拔河》　臺灣文學經典研討
會論文集　臺北　聯經出版公司　1999 年 6 月　頁 220—235

2077. 王　堯　　《與永恆拔河》的人——隔岸妄論余光中　當代作家評論　2002
年第 2 期　2000 年 4 月　頁 96—101

《隔水觀音》

2078. 李瑞騰　　新書品評——《隔水觀音》　自立晚報　1983 年 3 月 28 日　10
版

2079. 李瑞騰　　評《隔水觀音》　洪範雜誌　第 13 期　1983 年 7 月　3 版

2080. 金　劍　　評《隔水觀音》　臺灣新聞報　1984 年 3 月 16 日　12 版

2081. 金　劍　　評《隔水觀音》　美學與文學新論　臺北　臺灣商務印書館
2003 年 10 月　頁 251—256

---

[113]本文探討《天狼星》的背景，以呈現出詩中傳統與現代兩種力量衝突。全文共 4 小節：1.引言；
2.余光中談《天狼星》；3.《天狼星》說了什麼？；4.新舊《天狼星》。
[114]本文探討余光中《與永恆拔河》與其各時期創作歷程的承繼與轉變。全文共小節：1.浪子——回
家；2.左手與右手；3.被永恆引渡；4.結論。

2082. 周　粲　　余光中的詩集《隔水觀音》（之一）　洪範雜誌　第 16 期
　　　　　　　　1984 年 4 月　3 版

2083. 鄭　弼　　余光中的詩集《隔水觀音》（之二）　洪範雜誌　第 16 期
　　　　　　　　1984 年 4 月　3 版

2084. 林玟君　　讀《隔水觀音》想起我的外婆　中華日報　2011 年 10 月 23 日
　　　　　　　　B7 版

《余光中詩選》

2085. 周　粲　　年輪的自白──讀《余光中詩選》　洪範雜誌　第 12 期　1983
　　　　　　　　年 4 月　1 版

2086. 〔大學研讀社編〕　　一代詩壇祭酒──余光中──回歸中國傳統的《余光
　　　　　　　　中詩選》　改變大學生的書　臺北　前衛出版社　1984 年 8 月
　　　　　　　　頁 129─133

2087. 何　房　　《余光中詩選》　洪範雜誌　第 19 期　1985 年 1 月　3 版

2088. 曉　捷　　《余光中詩選》　洪範雜誌　第 30 期　1987 年 3 月 5 日　3 版

2089. 孟　樊　　余光中《余光中詩選》　國文天地　第 39 期　1988 年 8 月　頁
　　　　　　　　29─30

2090. 孟　樊　　《余光中詩選》　錦囊開卷　臺北　國家文藝基金管理委員會
　　　　　　　　1993 年 6 月　頁 128─130

2091. 簡政珍　　《余光中詩選》　明道文藝　第 199 期　1992 年 10 月　頁 152
　　　　　　　　─153

2092. 簡政珍　　《余光中詩選》　文學星空　臺北　國家文藝基金管理委員會
　　　　　　　　1999 年 3 月　頁 216─218

2093. 楊　照　　端端正正、冷靜文明──余光中的《余光中詩選》　中國時報
　　　　　　　　1999 年 3 月 2 日　37 版

2094. 楊　照　　端端正正、冷靜文明──余光中的《余光中詩選》　洪範雜誌
　　　　　　　　第 64 期　2001 年 4 月　3 版

2095. 陶保璽　　文字方陣中走出美艷娉婷舞步輕盈的詩之女神──讀《余光中詩

選》即興走筆（上、下）　藍星詩學　第 15—16 期　2002 年
9，12 月　頁 141—163，163—179

2096. 陶保璽　文字方陣中走出美艷娉婷舞步輕盈的詩之女神——讀《余光中詩
選》即興走筆　臺灣新詩十家論　臺北　二魚文化公司　2003 年
8 月　頁 294—332

《紫荊賦》

2097. 張　健　心仍在島上　聯合文學　第 25 期　1986 年 11 月　頁 212—213
2098. 張　健　心仍在島上——談余光中的《紫荊賦》　洪範雜誌　第 29 期
1987 年 1 月　4 版
2099. 張　健　心仍在島上　文學的長廊　臺北　幼獅文化公司　1990 年 8 月
頁 112—113

《夢與地理》

2100. 蕭　蕭　余光中結，臺灣結——《夢與地理》的深情　藍星詩刊　第 25
期　1990 年 10 月　頁 126—135
2101. 蕭　蕭　余光中結臺灣結——《夢與地理》的深情　現代詩廊廡　彰化
彰化縣立文化中心　1993 年 6 月　頁 2—14
2102. 蕭　蕭　余光中結臺灣結——《夢與地理》的深情　璀璨的五采筆　臺北
九歌出版社　1994 年 10 月　頁 173—185
2103. 蕭　蕭　余光中結，臺灣結——《夢與地理》的深情　現代詩學　臺北
三民書局　2006 年 7 月　頁 454—465
2104. 金尚浩　論余光中《夢與地理》裡所呈現的現實意識及其界限　余光中與
20 世紀華文文學國際研討會　徐州　香港大學中文學院，武漢大
學文學院，徐州師範大學，臺灣師範大學國文系，韓國外國語大
學 BK21 事業團，韓國臺港海外華文研究會主辦　2008 年 3 月
23—24 日

《守夜人》

2105. 陳俐縈，吳怡萍　　自我翻譯與身分認同：以余光中的《守夜人》為例[115]

應用外語學報　第 16 期　2011 年 12 月　頁 35—56

2106. 吳怡萍，陳俐縈　　以關聯理論闡釋余光中在《守夜人》之詩體押韻傾向[116]

翻譯學研究集刊　第 15 期　2012 年 10 月　頁 99—126

《安石榴》

2107. 陳芳明　　余光中曾是我的鄉愁——詩集《安石榴》讀後　聯合文學　第

141 期　1996 年 7 月　頁 194—196

2108. 陳芳明　　余光中曾是我的鄉愁——詩集《安石榴》讀後　洪範雜誌　第 56

期　1996 年 9 月　2 版

2109. 陳芳明　　余光中曾是我的鄉愁——詩集《安石榴》讀後　深山夜讀　臺北

聯合文學出版社　2001 年 3 月　頁 192—197

2110. 陳芳明　　余光中曾是我的鄉愁——詩集《安石榴》讀後　深山夜讀　臺北

聯合文學出版社　2008 年 9 月　頁 192—197

2111. 白　靈　　安石榴先生——余光中《安石榴》——中副紙上讀書會——《安

石榴》　中央日報　1998 年 10 月 27 日　22 版

2112. 吳品賢　　連果核都能入詩——中副紙上讀書會——《安石榴》　中央日報

1998 年 10 月 27 日　22 版

2113. 防波堤　　告別鄉愁，詩人的果子——中副紙上讀書會——《安石榴》　中

央日報　1998 年 10 月 27 日　22 版

2114. 胡晶玲　　「意象」與「典故」的組合——中副紙上讀書會——《安石榴》

中央日報　1998 年 10 月 27 日　22 版

2115. 鍾淑華　　齒舌留香的作品——中副紙上讀書會——《安石榴》　中央日報

1998 年 10 月 27 日　22 版

2116. 黃維樑　　入口就嚐到甜頭——中副紙上讀書會——《安石榴》　中央日報

1998 年 10 月 27 日　22 版

---

[115]本文以《守夜人》為例，旨在探討詩人如何透過自我翻譯不諱言的展現其跨國身分認同。

[116]本文以關聯理論闡釋余光中在《守夜人》之詩體押韻傾向，旨在研究詩人在自我翻譯時，如何透過押韻的變化及特殊修辭技巧來增添原作中所沒有的音樂性。

2117. 黃維樑　　入口就嚐到甜頭——悅讀余光中的《安石榴》　文化英雄拜會
記：錢鍾書、夏志清、余光中的作品與生活　臺北　九歌出版社
2004 年 4 月　頁 168—170

《余光中詩歌選集》

2118. 袁可嘉　　「奇異的光中」——《余光中詩歌選集》讀後感　詩雙月刊　第
40 期　1998 年 6 月　頁 44—50

2119. 袁可嘉　　奇異的光中——《余光中詩歌選集》讀後感　藍星詩學　第 5 期
2000 年 3 月　頁 162—170。

2120. 袁可嘉　　「奇異的光中」——《余光中詩歌選集》讀後感　余光中評說五
十年　北京　文化藝術出版社　2008 年 5 月　頁 102—108

《五行無阻》

2121. 丘偉杰　　余光中　與書共鳴：九十二學年度臺北市高級中學跨校網路讀書
會優勝作品精選輯　臺北　臺北市教育局　2004 年 10 月　頁 72
—74

《余光中詩選第二卷》

2122. 李瑞騰　　余光中《余光中詩選第二卷》　文訊雜誌　第 158 期　1998 年
12 月　〔1〕頁

《高樓對海》

2123. 唐　捐　　南方有大國[117]　中央日報　2000 年 7 月 17 日　12 版

2124. 唐　捐　　海闊，風緊，樓高——讀余光中《高樓對海》　高樓對海　臺北
九歌出版社　2007 年 5 月　頁 211—216

2125. 趙衛民　　詩與修辭　聯合報　2000 年 7 月 24 日　48 版

2126. 焦　桐　　修練武林秘笈的故事——余光中《高樓對海》　中央日報　2000
年 10 月 9 日　21 版

《余光中六十年詩選》

2127. 黃暐勝　　六十年詩情，四十年心路——讀陳芳明選編《余光中六十年詩

---

[117]本文後改篇名為〈海闊，風緊，樓高——讀余光中《高樓對海》〉。

選》　明報月刊　第 518 期　2009 年 2 月　頁 57—58

《余光中幽默詩選》

2128. 鄧榮坤　在淡水，遇余光中先生　金門日報　2010 年 1 月 4 日　6 版

《余光中詩選》

2129. 劉登翰　二○○○年版後記　余光中詩選　北京　中國青年出版社　2004
年 3 月　頁 382—384

散文

《左手的繆思》

2130. 采　詩　余光中《左手的繆思》讀後　博覽群書　2008 年第 8 期　2008
年 8 月　頁 114—116

《逍遙遊》

2131. 林央敏　細談余光中《逍遙遊》的修辭藝術　八掌溪　第 4 期　1977 年 7
月　頁 4

2132. 張道穎　非常過癮的事──讀余光中的《逍遙遊》　火浴的鳳凰──余光
中作品評論集　臺北　純文學出版社　1979 年 5 月　頁 362—
366

2133. 王朝彥　讀《逍遙遊》兼評余光中的散文觀　寫作　1998 年第 3 期　1998
年 3 月　頁 31—33

2134. 〔九歌雜誌〕　書緣‧書香──余光中《逍遙遊》不遮掩魯莽腳印　九歌
雜誌　第 231 期　2000 年 6 月　4 版

2135. 周昭翡　古今中西的融通與再進──《逍遙遊》　文訊雜誌　第 221 期
2004 年 3 月　頁 54

《望鄉的牧神》

2136. 壹闡提〔李喬〕　我喜愛的書　書評書目　第 5 期　1973 年 5 月　頁 53
—61

2137. 郭詠茹　咀嚼鄉愁文字的魔術書──余光中《望鄉的牧神》　明道文藝
第 410 期　2010 年 5 月　頁 72—76

《焚鶴人》

2138. 碧　竹　　碧竹談書——《焚鶴人》　書評書目　第 1 期　1972 年 9 月　頁 69—70

2139. 碧　竹　　目前臺灣最好的散文——談《焚鶴人》　火浴的鳳凰——余光中作品評論集　臺北　純文學出版社　1979 年 5 月　頁 367

2140. 劉立化　　余光中《焚鶴人》的探討　青年戰士報　1974 年 10 月 11 日　8 版

2141. 重　提　　多汁的芒果——我讀《焚鶴人》　火浴的鳳凰——余光中作品評論集　臺北　純文學出版社　1979 年 5 月　頁 368—370

2142. 郭明福　　星光下的對話　琳瑯書滿目　臺北　爾雅出版社　1985 年 7 月　頁 263—267

《聽聽那冷雨》

2143. 張筆傲　　音樂化的散文——《聽聽那冷雨》評介　火浴的鳳凰——余光中作品評論集　臺北　純文學出版社　1979 年 5 月　頁 371—373

2144. 佘樹森　　好一對心靈的耳朵——讀《聽聽那冷雨》　文學知識　1987 年第 11 期　1987 年 11 月　頁 2

2145. 柯　靈　　幫助我們增加信心　璀璨的五采筆　臺北　九歌出版社　1994 年 10 月　頁 383—386

2146. 金元浦　　游移視點‧心理意象‧被動綜合——余光中《聽聽那冷雨》解讀　中國文學新思維（下）　嘉義　南華大學　2000 年 7 月　頁 377—383

2147. 張　溥　　雨滴回旋魅力無窮——余光中《聽聽那冷雨》品讀　語文學刊　2001 年第 1 期　2001 年 2 月　頁 21—23

2148. 郭曉陽，陳虹　　從《聽聽那冷雨》看余光中的散文大家風範　長江大學學報　第 34 卷第 5 期　2011 年 5 月　頁 8—9

2149. 吳周文　　日思夜夢的那片土地，究竟在哪裡——余光中《聽聽那冷雨》的文本細讀　常州工學院學報　第 29 卷第 26 期　2011 年 12 月

頁 15—19

2150. 孫改芳　聽雨情韻裡的遊子心路歷程——讀余光中散文《聽聽那冷雨》
名作欣賞　2012 年第 29 期　2012 年　頁 124—125，131

《青青邊愁》

2151. 李漢呈　讀介——《青青邊愁》　臺灣時報　1978 年 3 月 23 日　9 版

2152. 李漢呈　讀介——《青青邊愁》　風簷展書讀　臺北　純文學出版社
1985 年 1 月　頁 296—298

2153. 黃綺瑩　余光中對臺北的深情——讀《青青邊愁》　火浴的鳳凰——余光
中作品評論集　臺北　純文學出版社　1979 年 5 月　頁 374—
378

《記憶像鐵軌一樣長》

2154. 書　宇　納百川成大海——評介余光中散文集《記憶像鐵軌一樣長》　洪
範雜誌　第 35 期　1988 年 7 月　2 版

2155. 李宜涯　《記憶像鐵軌一樣長》　書海探微　臺北　黎明文化公司　1989
年 3 月　頁 83—85

2156. 李宜涯　《記憶像鐵軌一樣長》　當代名著欣賞　臺北　文史哲出版社
2000 年 1 月　頁 26—28

2157. 陳幸蕙　《記憶像鐵軌一樣長》　好書書目　臺中　明道文藝雜誌社
1991 年 5 月　頁 40

2158. 文藝作品調查研究小組編　《記憶像鐵軌一樣長》　書林采風　臺北　國
家文藝基金管理委員會　1991 年 12 月　頁 131—132

2159. 文藝作品調查研究小組編　《記憶像鐵軌一樣長》　心靈饗宴　臺北　國
家文藝基金管理委員會　1992 年 6 月　頁 103—104

2160. 楊　照　抒情散文的「典範」——評余光中的《記憶像鐵軌一樣長》　文
學的原像　臺北　聯合文學出版社　1995 年 5 月　頁 212—214

《憑一張地圖》

2161. 〔九歌雜誌〕　書緣・書香——余光中用左手畫地圖　九歌雜誌　第 95

　　　期　1989 年 1 月　4 版

2162. 胡坤仲　　一張地圖萬縷情　中華日報　1989 年 5 月 10 日　14 版

2163. 蘇其康　　攀越散文的另一陵線——評余光中的《憑一張地圖》　聯合文學
　　　　　　　第 55 期　1989 年 5 月　頁 184—185

2164. 胡坤仲　　一張地圖萬縷情——《憑一張地圖》精雅恢宏　九歌雜誌　第
　　　　　　　111 期　1990 年 5 月　2 版

2165. 仞　岡　　人生有味，筆下有情——真誠細膩的《憑一張地圖》　九歌雜誌
　　　　　　　第 115 期　1990 年 9 月　2 版

《隔水呼渡》

2166. 周麗玲　　享受《隔水呼渡》的臨場感　九歌雜誌　第 112 期　1990 年 6 月
　　　　　　　2 版

2167. 郭明福　　造化無私，山水有情——評介《隔水呼渡》　文訊雜誌　第 56
　　　　　　　期　1990 年 6 月　頁 38—40

2168. 廖宏文　　萍海遊踪的深情和逸趣——讀余光中著《隔水呼渡》　九歌雜誌
　　　　　　　第 138 期　1992 年 8 月　2 版

2169. 魏可風　　《隔水呼渡》　錦囊開卷　臺北　國家文藝基金管理委員會
　　　　　　　1993 年 6 月　頁 264—267

2170. 戴　天　　余光中《隔水呼渡》　璀璨的五采筆　臺北　九歌出版社　1994
　　　　　　　年 10 月　頁 380—382

《井然有序》

2171.〔九歌雜誌〕　　書緣‧書香——《井然有序》顯現余光中學識淵博　九歌
　　　　　　　雜誌　第 187 期　1996 年 10 月　4 版

2172. 沈　怡　　序文與書評，閱讀指引燈〔《井然有序》部分〕[118]　聯合報
　　　　　　　1996 年 10 月 23 日　35 版

2173. 沈　怡　　余光中的《井然有序》是浩瀚書海中的耀眼燈塔　九歌雜誌　第
　　　　　　　190 期　1997 年 1 月　2 版

---

[118]本文後節錄為〈余光中的《井然有序》是浩瀚書海中的耀眼燈塔〉。

2174. 袁瓊瓊　　雙國籍的混血文類　聯合報　1996 年 12 月 23 日　42 版

2175.〔九歌雜誌〕　　書緣·書香〔《井然有序》部分〕　九歌雜誌　第 190 期　1997 年 1 月　4 版

2176. 羅　青　井中甘泉出——余光中《井然有序》讀後　聯合文學　第 147 期　1997 年 1 月　頁 163

2177. 王基倫　人與書的對話——《井然有序：余光中序文集》導覽[119]　文訊雜誌　第 138 期　1997 年 4 月　頁 20—21

2178. 王基倫　人與書的對話：《井然有序：余光中序文集》導覽　1996 臺灣文學年鑑　臺北　行政院文建會　1997 年 6 月　頁 189—190

2179. 王基倫　評余光中《井然有序》　九歌 20　臺北　九歌出版社　1998 年 3 月　頁 243—244

2180. 王基倫　人與書的對話——《井然有序》是文學評論的座標　九歌雜誌　第 197 期　1997 年 8 月　3 版

2181. 張　默　《井然有序：余光中序文集》推薦理由　百人百書百緣——百位名家推薦百本好書　臺北　賴國洲書房　1997 年 9 月　頁 63

2182. 保　真　《井然有序：余光中序文集》推薦理由　百人百書百緣——百位名家推薦百本好書　臺北　賴國洲書房　1997 年 9 月　頁 63—64

2183. 朱雙一　一種詩評的典範——讀余光中《井然有序》的詩集序文　2003 海峽詩會——余光中詩歌研討會　福州　福建省文聯會，福建文化經濟交流中心，《臺港文學選刊》，福建省文學藝術對外交流中心主辦　2003 年 9 月 14 日

2184. 朱雙一　一種詩評的典範——讀余光中《井然有序》中的詩集序文　華文文學　2003 年第 6 期　2003 年 12 月　頁 46—51

2185. 朱雙一　一種詩評的典範——讀余光中《井然有序》中的詩集序文　臺灣研究新跨越·文學探索　北京　九州出版社　2010 年 6 月　頁

---

[119]本文後改篇名為〈評余光中《井然有序》〉。

152—162

《日不落家》

2186. 彭蕙仙　　《日不落家》　中時晚報　1999 年 1 月 17 日　12 版

2187. 張春榮　　凌雲健筆意縱橫——余光中《日不落家》　文訊雜誌　第 171 期　2000 年 1 月　頁 26—27

2188. 張春榮　　凌雲健筆意縱橫——余光中《日不落家》　現代散文廣角鏡　臺北　爾雅出版社　2001 年 5 月　頁 129—136

《青銅一夢》

2189.〔聯合報〕　　風也聽見，沙也聽見——余光中渡黃河　聯合報　2005 年 2 月 19 日　13 版

2190. 章海陵　　新書——余光中《青銅一夢》　亞洲周刊　第 19 卷第 8 期　2005 年 2 月 20 日　頁 57

2191. 鍾怡雯　　時間的銅鏽　中央日報　2005 年 2 月 20 日　17 版

2192. 鍾怡雯　　時間的銅鏽——評余光中《青銅一夢》　內斂的抒情：華文文學評論　臺北　聯合文學出版社　2008 年 12 月　頁 138—141

2193. 王基倫　　余光中《青銅一夢》的鄉愁意義　文訊雜誌　第 235 期　2005 年 5 月　頁 35—37

《余光中幽默文選》

2194. 李月華　　余光中搞笑幽莎翁一默　中國時報　2005 年 5 月 31 日　9 版

2195. 陳貞平　　文學新書鋪：《余光中幽默文選》　中國時報　2005 年 6 月 15 日　7 版

《橋跨黃金城》

2196. 錢　燕　　非理性的情現實的思——評余光中散文集《橋跨黃金城》的情感　宿州教育學院學報　第 13 卷第 6 期　2010 年 12 月　頁 26—27，172

《黃繩繫腕》

2197. 鐘　芳　　優美情深的故土尋思——讀余光中新書《黃繩繫腕》　審計月刊

　　　　　（中國）　第 297 期　2013 年 1 月　頁 52

文集

《春來半島》

2198. 王良和　　《春來半島》　星島日報　1986 年 5 月 26 日　〔無版次〕

◆多部作品

《蓮的聯想》到〈或者所謂春天〉

2199. 張　健　　由《蓮的聯想》到〈或者所謂春天〉　大華晚報　1967 年 5 月
　　　　　　　　15 日　5 版

2200. 張　健　　由《蓮的聯想》到〈或者所謂春天〉　中國現代詩論評　臺北
　　　　　　　　純文學出版社　1968 年 7 月　頁 181—188

2201. 張　健　　由《蓮的聯想》到〈或者所謂春天〉　火浴的鳳凰——余光中作
　　　　　　　　品評論集　臺北　純文學出版社　1979 年 5 月　頁 41—46

《敲打樂》、《在冷戰的年代》

2202. 陳芳明　　余光中作品研究專論（1）——冷戰年代的歌手[120]　龍族詩刊　第
　　　　　　　　6 期　1972 年 5 月　頁 21—33

2203. 陳芳明　　冷戰年代的歌手　鏡子和影子——現代詩評論集　臺北　志文出
　　　　　　　　版社　1974 年 3 月　頁 21—54

2204. 陳芳明　　冷戰年代的歌手　火浴的鳳凰——余光中作品評論集　臺北　純
　　　　　　　　文學出版社　1979 年 5 月　頁 90—120

《萬聖節》、《鐘乳石》

2205. 耶律歸　　詩的速度　文星　第 44 期　1975 年 3 月　頁 26—27

《青青邊愁》、《記憶像鐵軌一樣長》

2206. 鄭明娳　　從《青青邊愁》到《記憶像鐵軌一樣長》——小論余光中近期散
　　　　　　　　文　自由青年　第 78 卷第 2 期　1987 年 8 月　頁 70—73

《天問》、《與永恆拔河》

---

[120]本文藉《敲打樂》與《在冷戰的年代》，探討其詩風的演變。全文共 5 小節：1.十年來的演變；2.
　　時代和個人；3.評《敲打樂》詩集；4.評《在冷戰的年代》詩集；5.「藝術的多妻主義者」。

2207. 李元洛　人生的詩，哲思的詩——讀余光中《天問》和《與永恆拔河》
（上、下）　中華日報　1990 年 2 月 12 日　14 版

2208. 李元洛　對人生的詩的哲思——讀臺灣詩人余光中《天問》和《與永恆拔
河》（上、下）　星島日報　1990 年 4 月 11—12 日　14，15 版

《五行無阻》、《日不落家》、《藍墨水的下游》

2209. 李瑞騰　七十而從心所欲——余光中《五行無阻》、《日不落家》、《藍
墨水的下游》　聯合報　1998 年 10 月 26 日　41 版

《聽聽那冷雨》、《含英吐華》

2210.〔九歌雜誌〕　余光中中英學養兼備，享譽兩岸三地華文文壇——《聽聽
那冷雨》、《含英吐華》篇篇精采　九歌雜誌　第 252 期　2002
年 3 月　2 版

2211.〔九歌雜誌〕　書緣‧書香——余光中左右手開弓散文譯評問世　九歌雜
誌　第 252 期　2002 年 3 月　4 版

《蓮的聯想》、《白玉苦瓜》、〈與永恆拔河〉

2212. 陳芳明　純粹與粉碎〔《蓮的聯想》、《白玉苦瓜》、〈與永恆拔河〉部
分〕　聯合文學　第 280 期　2008 年 2 月　頁 16—17

單篇作品

2213. 張　健　評二首〈麥堅利堡〉〔〈馬金麗堡〉〕　聯合報　1962 年 11 月
5 日　8 版

2214. 張　健　評三首〈麥堅利堡〉〔〈馬金麗堡〉〕　中國現代詩論評　臺北
純文學出版社　1968 年 7 月　頁 137—140

2215. 盧　令　余光中的〈等你，在雨中〉　海洋詩刊　第 5 卷第 1 期　1964 年
1 月　頁 4—6

2216. 吳宏一　〈等你，在雨中〉　火浴的鳳凰——余光中作品評論集　臺北
純文學出版社　1979 年 5 月　頁 60—64

2217. 郭成義　臺灣現代詩的本土意識[121]　臺灣文藝　第 76 期　1982 年 5 月

---

[121]本文論述余光中〈等你，在雨中〉部分，後獨立成篇並改篇名為〈余光中〈等你，在雨中〉〉。

頁 31—32

2218. 郭成義　余光中〈等你，在雨中〉 從抒情趣味到反藝術思想 臺北 金
文圖書公司 1984 年 10 月 頁 87—89

2219. 高　準　論中國現代詩的流變與前途方向——結合抒情性與現代技巧的現
代抒情派〔〈等你，在雨中〉部分〕 文學與社會一九七二——
九八一 臺北 文史哲出版社 1986 年 10 月 頁 78—81

2220. 張平治　你好像雨中紅蓮翩翩向我走來——賞〈等你，在雨中〉 美育
1987 年第 6 期 1987 年 12 月 頁 17—18

2221. 伍方斐　〈等你，在雨中〉 中外現代抒情名詩鑑賞辭典 北京 學苑出
版社 1989 年 8 月 頁 675—677

2222. 胥岸英　在傳統與現代的交會點上——余光中〈等你，在雨中〉賞析 寫
作 1992 年第 6 期 1992 年 6 月 頁 27—28

2223. 田惠剛　臺灣愛情詩的審美去向與藝術價值〔〈等你，在雨中〉部分〕
葡萄園 第 121 期 1994 年 2 月 頁 19

2224. 浦基維，涂玉萍，林聆慈　辭章創作與個人際遇——親情、愛情——愛情
〔〈等你，在雨中〉部分〕 散文‧新詩義旨古今談 臺北 萬
卷樓圖書公司 2002 年 1 月 頁 72

2225. 陳千武　戰後臺灣現代詩創作思潮〔〈等你，在雨中〉部分〕 2004 年戰
後臺灣文學學術研討會論文集 臺中 修平技術學院 2004 年 3
月 頁 5—6

2226. 李　如　愛情吟唱的不同境界——五六十年代海峽兩岸愛情詩比較〔〈等
你，在雨中〉部分〕 世界華文文學論壇 2004 年第 3 期 2004
年 9 月 頁 42—43

2227. 徐　敏　〈等你，在雨中〉作品賞析 星光燦爛的文學花園：現代文學知
識精華：散文‧詩歌 臺北 雅書堂文化公司 2005 年 2 月 頁
490—491

2228. 古遠清　當代臺灣新詩小史四之二〔〈等你，在雨中〉部分〕 葡萄園

第 174 期　2007 年 5 月　頁 43—44

2229. 鍾燕玲〔鍾玲〕　　余光中的〈火浴〉　現代文學　第 32 期　1967 年 8 月　頁 68—76

2230. 鍾　玲　　余光中的〈火浴〉　赤足在草地上　臺北　志文出版社　1970 年 7 月　頁 149—159

2231. 鍾　玲　　評〈火浴〉　火浴的鳳凰——余光中作品評論集　臺北　純文學出版社　1979 年 5 月　頁 164—177

2232. 鍾　玲　　余光中的〈火浴〉　從變調出發　臺中　普天出版社　1988 年 9 月　頁 104—114

2233. 陳芳明　　余光中作品研究專論（4）——拭汗論〈火浴〉　龍族詩刊　第 12 期　1974 年 7 月　頁 57—64

2234. 陳芳明　　拭汗論〈火浴〉　詩和現實　臺北　洪範書店　1977 年 2 月　頁 101—122

2235. 劉龍勳　　〈火浴〉賞析　中國新詩賞析 2　臺北　長安出版社　1981 年 4 月　頁 60—63

2236. 陳明台，鄭烱明　　關於詩的語言〔〈或者所謂春天〉部分〕　笠　第 21 期　1967 年 10 月　頁 29

2237. 李元貞　　試論余光中的〈或者所謂春天〉　新潮　第 20 期　1970 年 6 月　頁 11—17

2238. 梅　遜　　讀余光中〈地圖〉　文壇　第 93 期　1968 年 3 月　頁 17—19

2239. 撫萱閣主　　〈地圖〉按　你喜愛的文章　臺北　史地教育出版社　1969 年 11 月　頁 113

2240. 鄭明娳　　評余光中〈地圖〉的結構　文壇　第 200 期　1977 年 2 月　頁 36—38

2241. 鄭明娳　　評余光中〈地圖〉的結構　現代散文欣賞　臺北　東大圖書公司　1978 年 5 月　頁 89—96

2242. 徐　學　　八〇年代臺灣政治文與臺灣散文〔〈地圖〉部分〕　當代臺灣政

治文學論　臺北　時報文化出版公司　1994 年 7 月　頁 301—302

2243. 葉振富〔焦桐〕　　臺灣現代散文的地圖意象〔〈地圖〉部分〕　涵養用敬：國立中央大學中文系專任教師論著集 1　桃園　中央大學中國文學系　2002 年 9 月　頁 526—528

2244. 焦　桐　　散文地圖〔〈地圖〉部分〕　中華現代文學大系（貳）・臺灣一九八九—二〇〇三評論卷（二）　臺北　九歌出版社　2003 年 10 月　頁 863—864

2245. 馬兆凱　　我讀余光中的一首詩〔〈啊！春天來了〉〕　笠　第 25 期　1968 年 6 月　頁 19—20

2246. 洛　夫　　靈魂的蒼白症——評余光中〈靈魂的富貴病〉　青年戰士報　1968 年 7 月 3 日　6 版

2247. 周誠真　　讀余光中著〈中西文學之比較〉　純文學　第 26 期　1969 年 2 月　頁 24—32

2248. 卞之琳　　說「三」道「四」——讀余光中〈中西文學之比較〉從西詩舊詩談到新詩格律的探究　藍星詩刊　第 16 期　1988 年 7 月　頁 22—30

2249. 卞之琳　　說「三」道「四」〔〈中西文學之比較〉〕　余光中評說五十年　北京　文化藝術出版社　2008 年 5 月　頁 99—101

2250. 蜀　弓　　換裝後的燕尾小說——試評余光中的〈焚鶴人〉　幼獅文藝　第 185 期　1969 年 5 月　頁 208—212

2251. 蜀　弓　　換裝後的燕尾小說——試評余光中的〈焚鶴人〉　方眼中的跫音　臺北　藍星詩社　〔未著錄出版年月〕　頁 8—15

2252. 白　萩等[122]　　〈雙人床〉選評　笠　第 42 期　1971 年 4 月　頁 56—64

2253. 林鍾隆　　說說余光中的〈雙人床〉　現代詩的解說與評論　臺中　現代潮

---

[122] 本文分南部、中部、北部合評。南部合評者：白萩、張默、林宗源、管管、朱沉冬、鄭烱明；中部合評者：桓夫、錦連、張彥勳、張惠信、張基仁、陳明台（紀錄）、傅敏（整理）；北部合評者：黃騰輝、李魁賢、趙天儀、拾虹（紀錄）。

出版社　1972 年 1 月　頁 60—66

2254. 林鍾隆等[123]　〈雙人床〉賞評　火浴的鳳凰——余光中作品評論集　臺北　純文學出版社　1979 年 5 月　頁 180—184

2255. 張漢良　〈雙人床〉導讀　現代詩導讀（導讀篇一）　臺北　故鄉出版社　1979 年 11 月　頁 93—95

2256. 劉龍勳　〈雙人床〉賞析　中國新詩賞析 2　臺北　長安出版社　1981 年 4 月　頁 54—56

2257. 岩　上　論詩想動向的秩序〔〈雙人床〉部分〕　孤岩的存在　臺中　熱點文化出版公司　1984 年 12 月　頁 78—81

2258. 奚　密　〈雙人床〉與現代詩的挑戰　聯合文學　第 168 期　1998 年 10 月　頁 65—67

2259. 奚　密　〈雙人床〉與現代詩的挑戰　誰與我詩奔　臺北　麥田出版公司　2005 年 11 月　頁 173—178

2260. 奚　密　臺灣現代詩論戰——〈雙人床〉與現代詩的挑戰　臺灣現代詩論　香港　天地圖書公司　2009 年 7 月　頁 134—139

2261. 陳義芝　〈雙人床〉賞讀　為了測量愛　臺北　聯合文學出版社　2006 年 6 月　頁 27

2262. 吳岱穎　一樣的月光——余光中〈雙人床〉　幼獅文藝　第 668 期　2009 年 8 月　頁 20—23

2263. 吳岱穎　一樣的月光——余光中〈雙人床〉　更好的生活　臺北　聯經出版公司　2011 年 5 月　頁 43—51

2264. 陳鼎環　詩的四重奏——從余光中〈鄉愁〉說起（上、下）　臺灣時報　1972 年 3 月 29—30 日　9 版

2265. 陳鼎環　詩的四重奏——余光中的〈鄉愁〉及其古譯　火浴的鳳凰——余光中作品評論集　臺北　純文學出版社　1979 年 5 月　頁 261—263

[123]合評者：林鍾隆、白萩、張默、李魁賢、陳秀喜、趙天儀、錦連、桓夫。

2266. 錢鳳鳴　看〈鄉愁〉　文心　第 3 期　1975 年 5 月　頁 112

2267. 黃智溶　從兩首鄉愁詩中論「隔離意識」的內容與形式〔〈鄉愁〉部分〕　文藝月刊　第 171 期　1979 年 11 月　頁 104—108

2268. 流沙河　溶哀愁於物象〔〈鄉愁〉部分〕　文譚　1982 年第 6 期　1982 年 6 月　頁 44

2269. 李長瀏　一曲鄉愁國情——讀余光中的詩〈鄉愁〉　語文月刊　1987 年第 3 期　1987 年 3 月　頁 4

2270. 胥岸英　取象新穎，整合巧妙——談余光中的〈鄉愁〉的意象美　寫作　1991 年第 4 期　1991 年 4 月　頁 27

2271. 鄭從客　〈鄉愁〉賞析　世界華人詩歌鑑賞大辭典　太原　書海出版社　1993 年 3 月　頁 118—120

2272. 李漢偉　臺灣新詩的懷鄉之情〔〈鄉愁〉部分〕　臺灣新詩的三種關懷　臺北　駱駝出版社　1997 年 10 月　頁 127

2273. 李少詠　家國念與鄉關愁——余光中〔〈鄉愁〉〕、舒婷〔〈祖國啊，我親愛的祖國〉〕兩首短詩比較　周口師專學報　1998 年第 6 期　1998 年 12 月　頁 38—41

2274. 吳金祥　過去·現在·未來的情感坐標——重讀余光中的〈鄉愁〉　大海洋詩雜誌　第 58 期　1999 年 1 月　頁 103—104

2275. 張夢瑞　余光中〈鄉愁〉，兩岸傳唱不輟　民生報　2001 年 5 月 29 日　A6 版

2276. 莊　周　余光中〈鄉愁〉　2000 中國新詩年鑑　廣州　廣州出版社　2001 年 7 月　頁 502—503

2277. 郭　虹　玲瓏剔透是〈鄉愁〉　明道文藝　第 325 期　2003 年 4 月　頁 102—109

2278. 郭　虹　玲瓏剔透是〈鄉愁〉　藍星詩學　第 18 期　2003 年 6 月　頁 156—162

2279. 劉桂娥　淺吟低唱思鄉曲，血濃於水愛國情——余光中〈鄉愁〉詩賞析

河北職業技術學院學報　2003 年第 3 期　2003 年 9 月　頁 486

2280. 黃　潔　語言詩性功能的還原──以〈鄉愁〉的分析為個案　重慶社會科學　2005 年第 12 期　2005 年 12 月　頁 49—51，55

2281.〔佟自光，陳榮賦編〕　〈鄉愁〉　一生要讀的 60 首詩歌　臺北　大地出版社　2006 年 5 月　頁 55—57

2282. 李秀芳　出入於現代詩的世界──余光中的〈鄉愁〉教學瑣談　景德鎮高專學報　第 21 卷第 3 期　2006 年 9 月　頁 55—56

2283. 劉正偉　余光中〈鄉愁〉賞析　乾坤詩刊　第 46 期　2008 年 4 月　頁 117—120

2284. 李詮林　試論華人文學中的「回歸」寫作──鄉愁寫作〔〈鄉愁〉部分〕和而不同　南寧　廣西人民出版社　2008 年 10 月　頁 564

2285. 古遠清　魂牽夢縈的鄉愁書寫〔〈鄉愁〉部分〕　海峽兩岸文學關係史福州　福建人民出版社　2010 年 4 月　頁 76—77

2286. 劉俊英　對〈鄉愁〉詩內核和詩意的深層解讀　延邊教育學院學報　第 25 卷第 5 期　2011 年 10 月　頁 82—84

2287. 葉　櫓　余光中〈鄉愁〉　大海洋詩刊　第 84 期　2012 年 1 月　頁 16

2288. 董正宇，劉春林　鄉愁的兩種表達式──余光中〈鄉愁〉與洛夫〈邊界望鄉〉比較　湖南工業大學學報　第 17 卷第 3 期　2012 年 6 月頁 139—145

2289. 黃明明　聆聽余光中先生點評〈鄉愁〉的教學　語文建設　2013 年第 10 期　2013 年 4 月　頁 29—31

2290. 熊小菊　余光中〈鄉愁〉的修飾詞與節制美分析　重慶科技學院學報2013 年第 6 期　2013 年　頁 131—132

2291. 梅　新　余光中的〈民歌手〉　中華日報　1972 年 4 月 7 日　9 版

2292. 梅　新　談余光中〈民歌手〉　沙發椅的聯想　臺北　三民書局　1997 年5 月　頁 99—108

2293. 劉文三　詩的意象〔〈弄琴人〉部分〕　臺灣時報　1972 年 7 月 24 日　9

版

2294. 楊　子　　〈西出陽關〉　聯合報　1973 年 8 月 20 日　14 版

2295. 劉龍勳　　〈西出陽關〉賞析　中國新詩賞析 2　臺北　長安出版社　1981
　　　　　　　年 4 月　頁 69—73

2296. 謝聰明　　松山與陽關的古今聯想——余光中〈西出陽關〉一詩的賞析　思
　　　　　　　想起，二崁古厝　馬公　澎湖縣立文化中心　1995 年 6 月　頁
　　　　　　　223—232

2297. 林清玄　　余光中的〈萬里長城〉　青年戰士報　1974 年 9 月 6 日　8 版

2298. 沈　謙　　小說〈萬里長城〉的癡情　火浴的鳳凰——余光中作品評論集
　　　　　　　臺北　純文學出版社　1979 年 5 月　頁 412—416

2299. 林錫嘉　　〈萬里長城〉　濃濃的鄉情　臺北　希代書版公司　1986 年 1 月
　　　　　　　頁 88—96

2300. 陳東和　　我教〈鵝鑾鼻〉　中華日報　1975 年 3 月 31 日　5 版

2301. 文曉村　　評析國民中學國文教課書中的四首新詩〔〈鵝鑾鼻〉部分〕[124]
　　　　　　　葡萄園　第 69 期　1980 年 1 月　頁 40—42

2302. 文曉村　　〈鵝鑾鼻〉解析　寫給青少年的新詩評析一百首（下）　臺北
　　　　　　　布穀出版社　1980 年 8 月　頁 405—410

2303. 文曉村　　〈鵝鑾鼻〉評析　新詩評析一百首（下）　臺北　黎明文化公司
　　　　　　　1981 年 3 月　頁 451—456

2304. 蕭　蕭　　〈鵝鑾鼻〉解說　中學白話詩選　臺北　故鄉出版社　1980 年 4
　　　　　　　月　頁 344—351

2305. 莊金國　　驀然，一片光——比較余光中〈鵝鑾鼻〉的不同結尾　臺灣時報
　　　　　　　1987 年 8 月 18 日　8 版

2306. 莊金國　　驀然，一片光——比較余光中〈鵝鑾鼻〉的不同結尾　這樣的詩
　　　　　　　人余光中　臺北　台笠出版社　1989 年 9 月　頁 193—198

2307. 莊金國　　改寫自己的歷史——談余光中對〈鵝鑾鼻〉詩的詮釋　臺灣時報

---

[124]本文後改篇名為〈〈鵝鑾鼻〉解析〉。

1988 年 4 月 18 日　14 版

2308. 莊金國　改寫自己的歷史——談余光中對〈鵝鑾鼻〉詩的詮釋　這樣的詩人余光中　臺北　台笠出版社　1989 年 9 月　頁 199—203

2309. 林茂岩　論〈慈雲寺俯眺臺北〉　文心　第 3 期　1975 年 5 月　頁 106—108

2310. 趙雪妃　散評〈戲為六絕句〉　文心　第 3 期　1975 年 5 月　頁 108—110

2311. 蔡淑英　〈老戰士〉讀後　文心　第 3 期　1975 年 5 月　頁 112—113

2312. 柯貴梅　〈上山〉讀後　文心　第 3 期　1975 年 5 月　頁 113

2313. 洪春棉　談〈詩人〉——和陳子昂抬抬摃　文心　第 3 期　1975 年 5 月　頁 114—115

2314. 許淑真　〈鄉愁四韻〉淺談　文心　第 3 期　1975 年 5 月　頁 115

2315. 〔游喚，徐華中，張鴻聲編〕　〈鄉愁四韻〉賞析　現代詩精讀　臺北　五南圖書公司　1976 年 4 月　頁 129—131

2316. 蕭　蕭　〈鄉愁四韻〉　青少年詩話　臺北　爾雅出版社　1980 年 4 月　頁 125—129

2317. 蕭　蕭　〈鄉愁四韻〉　文藝月刊　第 225 期　2000 年 6 月　頁 60—75

2318. 蕭　蕭　深度鑑賞七巧板——〈鄉愁四韻〉　青少年詩話　臺北　爾雅出版社　2007 年 2 月　頁 121　126

2319. 陸守華　情真意切，餘音繞樑——余光中〈鄉愁四韻〉賞析　語文天地　1999 年 7 期　1999 年 7 月　頁 10—11

2320. 洪淑苓　談余光中和他的〈鄉愁四韻〉　現代詩新版圖　臺北　秀威資訊科技公司　2004 年 9 月　頁 179—183

2321. 張培培，王秀麗　怎一個愁字了得——解讀余光中〈鄉愁四韻〉的意象美　滁州學院學報　2006 年第 5 期　2006 年 10 月　頁 84—86

2322. 孟曉東　〈鄉愁四韻〉中的意象　語文學習　2007 年第 7 期　2007 年 7 月　頁 4—5

2323. 賴芳伶　與遼闊繽紛的世界詩壇比肩——當代臺灣新詩——傳承傳統，回顧民族特質、擁抱鄉土的七〇年代〔〈鄉愁四韻〉部分〕　文學臺灣：11 位新銳臺灣文學研究者帶你認識臺灣文學　臺南　國立臺灣文學館　2008 年 9 月　頁 242

2324. 逸　陽　點點鄉愁到淚流——比較〈鄉愁四韻〉與《我的心在高原》　短篇小說（原創版）　2012 年第 22 期　2012 年 11 月　頁 31—32

2325. 沙　平　鄉愁，苦澀的青橄欖——讀余光中的〈鄉愁四韻〉　寫作　2012 年第 Z4 期　2012 年　頁 41

2326. 黃維樑　詩——不朽之盛事——析余光中〈白玉苦瓜〉並試論詩人之成就　明報月刊　第 119 期　1975 年 11 月　頁 34—40

2327. 黃維樑　詩——不朽之盛事——析〈白玉苦瓜〉　火浴的鳳凰——余光中作品評論集　臺北　純文學出版社　1979 年 5 月　頁 274—292

2328. 陳美翔　〈白玉苦瓜〉與童詩　國語日報　1976 年 6 月 20 日　3 版

2329. 李元貞　評戴望舒《災難歲月》的三首詩——兼評余光中的〈白玉苦瓜〉　夏潮論壇　第 24 期　1978 年 3 月　頁 84—87

2330. 劉龍勳　〈白玉苦瓜〉賞析　中國新詩賞析 2　臺北　長安出版社　1981 年 4 月　頁 75—81

2331. 梅芳楊　也談〈白玉苦瓜〉　名作欣賞　1987 年第 5 期　1987 年 9 月　頁 104

2332. 蕭　蕭　略論現代詩人自我生命的鑑照與顯影〔〈白玉苦瓜——故宮博物院所藏〉部分〕　臺灣詩學季刊　第 1 期　1992 年 12 月　頁 77

2333. 蕭　蕭　略論現代詩人自我生命的鑑照與顯影〔〈白玉苦瓜——故宮博物院所藏〉部分〕　評論十家　臺北　爾雅出版社　1993 年 12 月　頁 198—199

2334. 洪子誠　詩歌精品點評——〈白玉苦瓜——故宮博物院所藏〉　詩探索　1995 年第 3 期　1995 年 9 月　頁 4—7

2335. 江弱水　錦文回首一天星——〈白玉苦瓜〉的另一種讀法　詩雙月刊　第

40 期　1998 年 6 月　頁 64—68

2336. 江弱水　錦文回首一天星——〈白玉苦瓜〉的另一種讀法　藍星詩學　第 6 期　2000 年 6 月　頁 169—175

2337. 李桂芳　冥界的深淵：論戰後臺灣現代主義詩潮的變異符號（上）〔〈白玉苦瓜——故宮博物院所藏〉部分〕　藍星詩學　第 3 期　1999 年 9 月　頁 157—159

2338. 李翠瑛　余光中〈白玉苦瓜〉的修辭技巧　明道文藝　第 305 期　2001 年 8 月　頁 63—69

2339. 李翠瑛　精雕細琢與不朽——余光中〈白玉苦瓜〉的修辭技巧　細讀新詩的掌紋　臺北　萬卷樓圖書公司　2006 年 3 月　頁 115—126

2340. 程美鐘　我如何教這一課——余光中的〈白玉苦瓜〉　國文天地　第 198 期　2001 年 11 月　頁 22—25

2341. 唐　捐　生命的苦瓜，藝術的正果——導讀余光中的〈白玉苦瓜——故宮博物院所藏〉　幼獅文藝　第 609 期　2004 年 9 月　頁 104—107

2342. 王　杰　深沉的眷戀情思，強烈的民族意識——臺灣詩人余光中之〈白玉苦瓜〉賞析　現代語文　2007 年第 11 期　2007 年 11 月　頁 66—67

2343. 王基倫等[125]　現代詩選之五——〈白玉苦瓜〉賞析　國文 5　臺北　東大圖書公司　2008 年 8 月　頁 82—83

2344. 溫儒敏　生命因藝術而「脫苦」——讀余光中的〈白玉苦瓜〉　詩歌天保：余光中教授八十壽慶專集　臺北　九歌出版社　2008 年 10 月　頁 299—304

2345. 周立民　苦瓜的白與洋蔥的辣——比較余光中〈白玉苦瓜〉和梁秉鈞〈洋蔥〉　字花　第 17 期　2008 年 12 月　頁 112—117

---

[125]編著者：王基倫、王學玲、朱孟庭、林偉淑、林淑芬、范宜如、高嘉謙、曾守正、黃俊郎、謝佩芬、簡淑寬、顏瑞芳、羅凡政。

2346. 鈺　霓　　民歌的七十二變——余光中〈民歌的常與變〉讀後　中央日報　1976 年 3 月 3 日　10 版

2347. 鄭明娳　　從余光中〈聽聽那冷雨〉談散文的感覺性　文壇　第 202 期　1977 年 4 月　頁 22—23

2348. 鄭明娳　　從余光中〈聽聽那冷雨〉談散文的感覺性　現代散文欣賞　臺北　東大圖書公司　1978 年 5 月　頁 83—88

2349. 劉龍勳　　〈聽聽那冷雨〉簡析　中國現代散文選析 2　臺北　長安出版社　1985 年 3 月　頁 759—760

2350. 黎　民　　〈聽聽那冷雨〉賞析　臺灣散文鑑賞辭典　太原　北岳文藝出版社　1991 年 12 月　頁 494—496

2351. 黎　民　　余光中散文賞析——〈聽聽那冷雨〉　名作欣賞　1993 年第 1 期　1993 年 1 月　頁 51—55

2352. 張堂錡　　臺灣現代文學（三）——現代散文的新趨向〔〈聽聽那冷雨〉部分〕　國文天地　第 145 期　1997 年 6 月　頁 77—78

2353. 洪富連　　余光中〈聽聽那冷雨〉　當代主題散文研究　高雄　復文圖書出版社　1998 年 4 月　頁 259—262

2354. 王昌煥　　標點符號在散文中的妙用——以余光中〈聽聽那冷雨〉爲例　國文天地　第 197 期　2001 年 10 月　頁 68—73

2355. 浦基維，涂玉萍，林聆慈　　義旨與材料運用——物材的種類——屬「自然」之物材〔〈聽聽那冷雨〉部分〕　散文・新詩義旨古今談　臺北　萬卷樓圖書公司　2002 年 1 月　頁 143—144

2356. 浦基維，涂玉萍，林聆慈　　材料的作用——表明作者的心志——藉「物」表明〔〈聽聽那冷雨〉部分〕　散文・新詩義旨古今談　臺北　萬卷樓圖書公司　2002 年 1 月　頁 178

2357. 錢　虹　　倉頡的靈感不滅，美麗的中文不老——讀余光中〈聽聽那冷雨〉兼談其散文的詩性表述　名作欣賞　2002 年第 1 期　2002 年 1 月　頁 104—107

2358. 黃燕萍　余光中如何創作一篇彈性、密度、質料與速度兼備的散文──以
　　　　　　〈聽聽那冷雨〉為例　文學世紀　第 27 期　2003 年 6 月　頁 31
　　　　　　──37

2359. 王金勝　天風海雨敘鄉愁──讀余光中散文〈聽聽那冷雨〉　貴州文史叢
　　　　　　刊　2005 年第 1 期　2005 年　頁 51──53

2360. 周　岳　〈聽聽那冷雨〉抒情主體人稱之再剖析　現代語文　2006 年第 7
　　　　　　期　2006 年 7 月　頁 109──110

2361. 孫紹振　把整個的生命和修養用耳朵聽出來──讀余光中〈聽聽那冷雨〉
　　　　　　福建論壇　2007 年第 1 期　2007 年 1 月　頁 7──10

2362. 繆國林　追尋精神的家園──品讀余光中〈聽聽那冷雨〉蘊含的思想感情
　　　　　　語文教學之友　2007 年第 6 期　2007 年　頁 33──34

2363. 彭裕丹　在詩雨密織的的情境中感受濃濃的鄉國愁──論余光中散文〈聽
　　　　　　聽那冷雨〉所具有的影視審美意蘊　電影評介　2008 年第 7 期
　　　　　　2008 年 4 月　頁 96──97

2364. 郝譽翔　〈聽聽那冷雨〉賞析　閱讀文學地景·散文卷　臺北　行政院文
　　　　　　建會　2008 年 4 月　頁 29

2365. 魏本亞　余光中〈聽聽那冷雨〉中黑白片新解　中學語文學刊　2008 年第
　　　　　　10 期　2008 年 10 月　頁 42──43

2366. 孟祥英　疊音交響，情思綿長　　〈聽聽那冷雨〉疊音詞語分析　語文建
　　　　　　設　2008 年第 7、8 期合刊　2008 年　頁 80──81

2367. 蕭　蕭等[126]　兩岸四地教師、學生、學者和作者共話〈聽聽那冷雨〉　語
　　　　　　文建設　2008 年第 9 期　2008 年　頁 33──35

2368. 梁姿茵　余光中〈聽聽那冷雨〉摹寫修辭之賞析　中國語文　第 104 卷第
　　　　　　2 期　2009 年 2 月　頁 84──91

2369. 楊憶慈　論〈聽聽那冷雨〉的語音風格　2009 南榮通識教育學術研討會
　　　　　　臺南　南榮技術學院主辦　2009 年 3 月 13 日

---

[126]與會者：蕭蕭、余光中、林煥彰、鄭振偉、陳洪、魏本亞。

2370. 陳智峰，徐寶丹　　「鬼雨」的幾種解讀之比較〔〈聽聽那冷雨〉〕　語文建設　2012 年第 7 期　2012 年 4 月　頁 50—52

2371. 辛　鬱　　余光中的〈灰鴿子〉——讀詩札記之三十五　青年戰士報　1977年 4 月 25 日　11 版

2372. 黃維樑　　余光中的〈慰一位落選人〉　明報月刊　第 136 期　1977 年 4 月　頁 83—84

2373. 黃維樑　　余光中的〈慰一位落選人〉　聯合報　1977 年 8 月 8 日　8 版

2374. 黃維樑　　析〈慰一位落選人〉　火浴的鳳凰——余光中作品評論集　臺北　純文學出版社　1979 年 5 月　頁 310—318

2375. 黃維樑　　余光中的〈慰一位落選人〉　現代文學論（聯副三十年文學大系評論卷 3）　臺北　聯經出版公司　1981 年 12 月　頁 527—534

2376. 鄭明娳　　從〈蒲公英的歲月〉談余光中的中國意識　幼獅文藝　第 282 期　1977 年 6 月　頁 136—143

2377. 鄭明娳　　從〈蒲公英的歲月〉談余光中的中國意識　現代散文欣賞　臺北　東大圖書公司　1978 年 5 月　頁 73—82

2378. 劉龍勳　　〈蒲公英的歲月〉簡析　中國現代散文選析 2　臺北　長安出版社　1985 年 3 月　頁 750—751

2379. 楊鴻銘　　余光中〈剪掉散文的辮子〉詩文論　孔孟月刊　第 417 期　1977年 8 月　頁 47—48

2380. 徐光萍，卞新國　　「散文的辮子」在哪裡——余光中散文的誤區〔〈剪掉散文的辮子〉〕　世界華文文學論壇　1997 年第 4 期　1997 年12 月　頁 30—33

2381. 彭瑞金　　誰來剪散文的辮子？〔〈剪掉散文的辮子〉〕　臺灣日報　1998年 2 月 22 日　27 版

2382. 陳惠齡　　現代散文教學情境設計（下）〔〈剪掉散文的辮子〉部分〕　國文天地　第 185 期　2000 年 10 月　頁 98

2383. 林燿德　　傳統之軸與前衛之輪——半世紀的臺灣散文面目：被漠視的現代

性傾向〔〈剪掉散文的辮子〉部分〕　新世代星空　臺北　華文網公司　2001 年 10 月　頁 200—203

2384. 羅　青　余光中的〈守夜人〉　大華晚報　1977 年 11 月 20 日　7 版

2385. 羅　青　余光中的〈守夜人〉　從徐志摩到余光中　臺北　爾雅出版社　1978 年 12 月　頁 135—142

2386. 羅　青　析〈守夜人〉　火浴的鳳凰——余光中作品評論集　臺北　純文學出版社　1979 年 5 月　頁 268—273

2387. 黃維樑　誰嫁給舊金山？——重讀余光中的〈敲打樂〉（上、下）　聯合報　1978 年 6 月 15—16 日　12 版

2388. 黃維樑　重讀〈敲打樂〉　火浴的鳳凰——余光中作品評論集　臺北　純文學出版社　1979 年 5 月　頁 190—198

2389. 張　默　單一與豐繁——談現代詩的意象（上、下）〔〈敲打樂〉部分〕　臺灣時報　1978 年 11 月 29—30 日　12 版

2390. 張　默　單一與豐繁——談現代詩的意象〔〈敲打樂〉部分〕　無塵的鏡子　臺北　東大圖書公司　1981 年 9 月　頁 57—58

2391. 張　默　從繁富到清明——六十年代的新詩〔〈敲打樂〉部分〕　文訊雜誌　第 13 期　1984 年 8 月　頁 82—118

2392. 李歐梵　四十年來的海外文學〔〈敲打樂〉部分〕　四十年來中國文學　臺北　聯合文學出版社　1995 年 6 月　頁 59—66

2393. 李元貞　臺灣現代女詩人作品中的國家論述〔〈敲打樂〉部分〕　認同、情慾與語言　臺北　中研院文哲所　2004 年 12 月　頁 130—131

2394. 陳克環　余光中的〈獨白〉　明道文藝　第 29 期　1978 年 8 月　頁 17

2395. 陳克環　析〈獨白〉　火浴的鳳凰——余光中作品評論集　臺北　純文學出版社　1979 年 5 月　頁 319—324

2396. 陳克環　余光中的〈獨白〉　第三隻眼　臺北　中華日報社　1979 年 11 月　頁 139—141

2397. 蕭　蕭等[127]　　與永恆拔河的人——詩人談余光中的〈獨白〉　　北市青年第 133 期　1980 年 6 月　頁 22—29

2398. 蕭　蕭等　　與永恆拔河的人——余光中作品〈獨白〉鑑賞會紀錄（上、下）　臺灣時報　1980 年 7 月 19—20 日　12 版

2399. 蕭　蕭等　　與永恆拔河的人——鑑賞余光中作品——〈獨白〉　現代詩縱橫觀　臺北　文史哲出版社　1991 年 6 月　頁 371—389

2400. 蕭　蕭　　老中國的文化鄉愁〔〈獨白〉部分〕　現代詩創作演練　臺北爾雅出版社　1991 年 7 月　頁 201—205

2401. 蕭　蕭　　老中國的文化鄉愁〔〈獨白〉部分〕　現代詩創作演練　臺北爾雅出版社　2010 年 9 月　頁 182—185

2402. 黃國彬　　析〈臘梅〉　火浴的鳳凰——余光中作品評論集　臺北　純文學出版社　1979 年 5 月　頁 185—189

2403. 溫任平　　析〈長城謠〉　火浴的鳳凰——余光中作品評論集　臺北　純文學出版社　1979 年 5 月　頁 264—267

2404. 流沙河　　兩類反諷〔〈長城謠〉部分〕　文譚　1983 年第 2 期　1983 年 2 月　頁 46

2405. 流沙河　　兩類反諷〔〈長城謠〉部分〕　隔海說詩　北京　三聯書店1985 年 2 月　頁 126—136

2406. 陳仲義　　啓夕秀於未振——重讀臺灣名詩人名作——錯覺，思維中一種偏鋒——讀余光中「長城」〔〈長城謠〉〕　香港文學　第 279 期2008 年 3 月　頁 79—80

2407. 陳仲義　　啓夕秀於未振——重讀臺灣名詩人名作——錯覺，思維中一種偏鋒——讀余光中「長城」〔〈長城謠〉〕　世界華文文學論壇2008 年第 1 期　2008 年 3 月　頁 19—20

2408. 蕭　蕭　　現代詩導讀（上）〔〈碧潭——載不動，許多愁〉部分〕　中外

---

[127]與會者：余光中、周鼎、商禽、曹介直、張默、大荒、辛鬱、管管、林煥彰、向明、羅門、瘂弦、李瑞騰；主持人：洛夫；紀錄：蕭蕭。

文學　第 8 卷第 2 期　1979 年 7 月　頁 94—97

2409. 蕭　蕭　〈碧潭——載不動，許多愁〉導讀　現代詩導讀（導讀篇一）
臺北　故鄉出版社　1979 年 11 月　頁 87—91

2410. 古遠清　〈碧潭〉賞析　臺港現代詩賞析　鄭州　河南人民出版社　1991
年 3 月　頁 29—30

2411. 許俊雅　新店溪流域的文化與文學——新店市——文學中的新店、碧潭
〔〈碧潭——載不動，許多愁〉部分〕　續修臺北縣志・藝文志
第三篇・文學（上）　臺北　臺北縣政府　2008 年 3 月　頁 141
—143

2412. 蕭　蕭　愛國詩選註——〈海棠紋身〉　幼獅文藝　第 308 期　1979 年 8
月　頁 14—16

2413. 蕭　蕭　〈海棠紋身〉導讀　現代詩導讀（導讀篇一）　臺北　故鄉出版
社　1979 年 11 月　頁 96—98

2414. 蕭　蕭　溫柔的唇，不溫柔的詛咒〔〈海棠紋身〉〕　感人的詩　臺北
希代書版公司　1984 年 12 月　頁 235—238

2415. 胡秋原　談「人性」與「鄉土」之類〔〈狼來了〉部分〕　文學藝術論集
（下）　臺北　學術出版社　1979 年 11 月　頁 1243—1259

2416. 胡秋原　談「人性」與「鄉土」之類（節錄）〔〈狼來了〉部分〕　余光
中評說五十年　北京　文化藝術出版社　2008 年 5 月　頁 137—
138

2417. 趙滋蕃　我讀〈狼來了〉　流浪漢哲學　臺北　水芙蓉出版社　1980 年 6
月　頁 119—120

2418. 陳正醍著；陳炳崑譯　臺灣的鄉土文學論戰（一九七七——九七八年）：
對「鄉土文學」的攻擊〔〈狼來了〉部分〕　清理與批判　臺北
人間出版社　1998 年 12 月　頁 155—157

2419. 郭　楓　都是高準惹的禍〔〈狼來了〉〕　臺灣時報　2000 年 9 月 18 日
31 版

2420. 徐復觀　　評臺北有關「鄉土文學」之爭〔〈狼來了〉部分〕　余光中評說
　　　　　　　五十年　北京　文化藝術出版社　2008 年 5 月　頁 139—140

2421. 胡凌武　　關於臺灣「鄉土文學」的論戰〔〈狼來了〉部分〕　余光中評說
　　　　　　　五十年　北京　文化藝術出版社　2008 年 5 月　頁 141—142

2422. 皮介行　　也談余光中〈狼來了〉之事件　余光中評說五十年　北京　文化
　　　　　　　藝術出版社　2008 年 5 月　頁 187—190

2423. 林淇瀁〔向陽〕　沒有鄉土，哪有文學？——七○年代的現代詩論戰與鄉
　　　　　　　土文學論戰——是「現實」還是「鄉土」：鄉土文學論戰〔〈狼
　　　　　　　來了〉部分〕　文學　臺灣：11 位新銳臺灣文學研究者帶你認識
　　　　　　　臺灣文學　臺南　國立臺灣文學館　2008 年 9 月　頁 178

2424. 吳宏一　　讀余光中〈重登鸛雀樓〉——天勢圍平野，河流入斷山　中國時
　　　　　　　報　1979 年 12 月 12 日　8 版

2425. 林　宏　　年壽有時而盡——論〈秦瓊賣馬〉　聯合報　1980 年 5 月 4 日
　　　　　　　8 版

2426. 鄭明娳　　八○年代臺灣散文現象——八○臺灣散文創作特色——時空的變
　　　　　　　化結構〔〈秦瓊賣馬〉部分〕　世紀末偏航——八○年代臺灣文
　　　　　　　學論　臺北　時報文化出版公司　1990 年 12 月　頁 40—42

2427. 鄭明娳　　八○年代臺灣散文創作特色——時空的變化結構〔〈秦瓊賣馬〉
　　　　　　　部分〕　現代散文現象論　臺北　大安出版社　1992 年 8 月　頁
　　　　　　　27—29

2428. 文曉村　　〈民歌〉解析　寫給青少年的新詩評析一百首（下）　臺北　布
　　　　　　　穀出版社　1980 年 8 月　頁 325—328

2429. 羅丹青　　〈民歌〉賞析　世界華人詩歌鑑賞大辭典　太原　書海出版社
　　　　　　　1993 年 3 月　頁 127—129

2430. 王宗法　　不滅的中國情結——讀〈民歌〉　臺港文學觀察　合肥　安徽教
　　　　　　　育出版社　1994 年 11 月　頁 79—84

2431. 吳丹霞　　向民歌回歸的一種嘗試——讀余光中的〈民歌〉　語文月刊

2002 年第 3 期　2002 年 3 月　頁 5—6

2432. 鮑　芷　　文學的臺北〔〈思臺北，念臺北〉部分〕　洪範雜誌　第 1 期
　　　　　　　1981 年 3 月　4 版

2433. 文曉村　　〈民歌〉評析　新詩評析一百首（下）　臺北　黎明文化公司
　　　　　　　1981 年 3 月　頁 367—370

2434. 劉龍勳　　〈思臺北，念臺北〉簡析　中國現代散文選析 2　臺北　長安出
　　　　　　　版社　1985 年 3 月　頁 773—774

2435. 林錫嘉　　〈思臺北・念臺北〉　濃濃的鄉情　臺北　希代書版公司　1986
　　　　　　　年 1 月　頁 218—224

2436. 劉龍勳　　〈中元夜〉賞析　中國新詩賞析 2　臺北　長安出版社　1981 年
　　　　　　　4 月　頁 47—52

2437. 劉雲生　　森然月夜中的瑰麗神話——余光中〈中元夜〉簡析　成都大學學
　　　　　　　報　2008 年第 1 期　2008 年 1 月　頁 66—67

2438. 劉龍勳　　〈江湖上〉賞析　中國新詩賞析 2　臺北　長安出版社　1981 年
　　　　　　　4 月　頁 65—68

2439. 劉龍勳　　〈蔡元培墓前〉賞析　中國新詩賞析 2　臺北　長安出版社
　　　　　　　1981 年 4 月　頁 83—88

2440. 劉龍勳　　〈蒼茫來時〉賞析　中國新詩賞析 2　臺北　長安出版社　1981
　　　　　　　年 4 月　頁 90—97

2441. 李瑞騰　　談余光中的一次敗筆〔〈撐竿跳選手〉〕　文壇　第 251 期
　　　　　　　1981 年 5 月　頁 55—57

2442. 李瑞騰　　談余光中的一次敗筆〔〈撐竿跳選手〉〕　璀璨的五采筆　臺北
　　　　　　　九歌出版社　1994 年 10 月　頁 247—249

2443. 西茜凰　　沙田七友〔〈沙田七友記〉〕　星島日報　1981 年 11 月 16 日
　　　　　　　42 版

2444. 沈　謙　　畫龍點睛，神形兼備——評余光中〈沙田七友記〉　香港文學國
　　　　　　　際研討會　香港　香港中文大學，香港藝術發展局主辦　1999 年

4 月 15—17 日

2445. 沈　謙　畫龍點睛，神形兼備——評余光中〈沙田七友記〉　明道文藝
　　　　　　　第 285 期　1999 年 12 月　頁 30—43

2446. 周　南　小詩品賞〔〈自嘲〉〕　臺灣日報　1981 年 11 月 29 日　8 版

2447. 落　蒂　凜對千古風霜——析余光中〈不忍開燈的緣故〉　詩的播種者
　　　　　　　臺北　爾雅出版社　1982 年 2 月　頁 13—17

2448. 林　泉　試釋余光中的〈不忍開燈的緣故〉　藍星詩刊　第 5 期　1985 年
　　　　　　　10 月　頁 58—60

2449. 林　泉　試釋余光中的〈不忍開燈的緣故〉　論析現代詩　香港　銀河出
　　　　　　　版社　1988 年 11 月　頁 68—70

2450. 林　泉　試釋余光中〈不忍開燈的緣故〉　華文現代詩鑑賞　臺北　新銳
　　　　　　　文創　2012 年 10 月　頁 24—27

2451. 蕭　蕭　〈水晶牢——詠錶〉解析　現代詩入門　臺北　故鄉出版社
　　　　　　　1982 年 2 月　頁 260—263

2452. 秀　實　余光中的〈水晶牢——詠錶〉　藍星詩刊　第 18 期　1989 年 1
　　　　　　　月　頁 114—115

2453. 徐時福　余光中〈水晶牢〉　跨國界詩想：世華新詩評析　臺北　唐山出
　　　　　　　版社　2003 年 12 月　頁 54—59

2454. 黃維樑　背山面海賞新詩——余光中的〈黃金城〉　文學的沙田　臺北
　　　　　　　洪範書店　1982 年 6 月　頁 136—139

2455. 黃維樑　余光中的〈黃金城〉　怎樣讀新詩　香港　學津書店　2002 年 2
　　　　　　　月　頁 168—171

2456. 黃維樑　停電的聯想〔〈大停電〉〕　中華日報　1982 年 7 月 3 日　10
　　　　　　　版

2457. 江健強　余光中的〈大停電〉　藍星詩刊　第 14 期　1988 年 1 月　頁 74
　　　　　　　—77

2458. 季　季　小語〈春來半島〉　1982 年臺灣散文選　臺北　前衛出版社

1983 年 2 月　頁 159

2459. 李敏勇　〈舊木屐〉解析　1982 年臺灣詩選　臺北　前衛出版社　1983
年 2 月　頁 129—133

2460. 黃維樑　冷氣室內談「苦熱」——並觀兩首同題詩（上、下）〔〈苦熱〉
部分〕　聯合報　1983 年 7 月 7—8 日　8 版

2461. 李元洛　盛唐的芬芳，現代的佳構——余光中〈尋李白〉欣賞　名作欣賞
1984 年第 1 期　1984 年 2 月　頁 45—48

2462. 謝育爭　從修辭看余光中〈尋李白〉　國文天地　第 302 期　2010 年 7 月
頁 81—85

2463. 趙天儀　〈插圖〉賞析　當代臺灣詩人選一九八三卷　臺北　金文圖書公
司　1984 年 5 月　頁 31—32

2464. 王鼎鈞　用喻——析余光中的〈咦呵西部〉　別是一番滋味　臺北　皇冠
出版社　1984 年 5 月　頁 195—203

2465. 陳幸蕙　悅讀余光中——天地無礙〔〈咦呵西部〉〕　明道文藝　第 347
期　2005 年 2 月　頁 48—56

2466. 游　喚　物換星移——論現代詩中的詠物〔〈摺扇〉部分〕　文訊雜誌
第 12 期　1984 年 6 月　頁 88—89

2467. 沈　謙　讀余光中〈記憶像鐵軌一樣長〉　幼獅少年　第 95 期　1984 年
9 月　頁 102—105

2468. 沈　謙　左手的散文魔術——讀余光中〈記憶像鐵軌一樣長〉　璀璨的五
采筆　臺北　九歌出版社　1994 年 10 月　頁 366—375

2469. 沈　謙　左手的散文魔術——評余光中〈記憶像鐵軌一樣長〉　獨步，散
文國：現代散文評析　臺北　讀冊文化公司　2002 年 10 月　頁
79—88

2470. 沈　謙　左手的散文藝術——讀余光中〈記憶像鐵軌一樣長〉　鐵肩擔道
義：二十堂名家的國文課　臺北　商周出版社　2007 年 5 月　頁
181—191

2471. 蕭　蕭　　余光中〈記憶像鐵軌一樣長〉賞析　臺灣現代文選・散文卷　臺北　三民書局　2005 年 6 月　頁 31—33

2472. 蔡孟樺　　〈記憶像鐵軌一樣長〉編者的話　那去過的過去　臺北　香海文化公司　2006 年 9 月　頁 44—45

2473. 林錫嘉　　中國現代散文理論簡介——〈杖底煙霞——山水遊記藝術〉　文訊雜誌　第 14 期　1984 年 10 月　頁 93—94

2474. 鄭明娳　　試論現代散文〔〈食花的怪客〉部分〕　文訊雜誌　第 14 期　1984 年 10 月　頁 72—73

2475. 鄭明娳　　試論現代散文〔〈食花的怪客〉部分〕　七十三年文學批評選　臺北　爾雅出版社　1985 年 3 月　頁 241—245

2476.〔詩評家〕　　余光中的啓示〔〈別門前群松〉〕　詩評家　第 1 期　1985 年 2 月　頁 30

2477. 周伯乃　　詩的音樂性〔〈凡有翅的〉〕　現代詩的欣賞（一）　臺北　三民書局　1985 年 2 月　頁 55—59

2478. 鹿憶鹿　　新詩中的古典技巧——試析〈蓮的聯想〉　文藝月刊　第 189 期　1985 年 3 月　頁 64—79

2479. 劉龍勳　　〈幽默的境界〉簡析　中國現代散文選析 2　臺北　長安出版社　1985 年 3 月　頁 765—766

2480. 周　粲　　詩人競技——讀余光中和羅門的〈漂水花〉　藍星詩刊　第 4 期　1985 年 7 月　頁 77—81

2481. 周　粲　　詩人競技——讀余光中和羅門的〈漂水花〉　七十四年文學批評選　臺北　爾雅出版社　1986 年 4 月　頁 29—38

2482. 鄧榮坤　　天空與山也蹲下來——談余光中、羅門、向明的〈漂水花〉　藍星詩刊　第 30 期　1992 年 1 月　頁 112—115

2483. 郭　龍　　穿上蟋蟀的衣裳——從詩人余光中、羅門、向明的〈漂水花〉想起　藍星詩學　第 3 期　1999 年 9 月　頁 179—188

2484. 顏元叔　　新詩推薦獎——〈十年看山〉評審意見　一週大事：第八屆「時

報文學獎」得獎作品集　臺北　時報文化出版公司　1985 年 11
月 1 日　頁 188—191

2485. 沈花末　〈十年看山〉小評　1985 臺灣詩選　臺北　前衛出版社　1986
年 3 月　頁 98—100

2486. 余伯泉　余光中〈控訴一支煙囪〉　新環境月刊　第 59 期　1986 年 1 月
頁 4

2487. 向　陽　〈控訴一支煙囪〉編者按語　七十五年詩選　臺北　爾雅出版社
1987 年 3 月　頁 27—28

2488. 向　陽　〈控訴一枝煙囪〉作品導讀　青少年臺灣文庫 2——新詩讀本
2：太平洋的風　臺北　國立編譯館　2008 年 12 月　頁 87

2489. 李元洛　一紙詩的控訴狀——讀余光中〈控訴一支煙囪〉　寫作　1987 年
第 5 期　1987 年 5 月　頁 14

2490. 毛　翰　〈控訴一支煙囪〉賞析　中國新詩鑑賞大辭典　南京　江蘇文藝
出版社　1988 年 12 月　頁 1014—1015

2491. 毛　翰　〈控訴一支煙囪〉賞析　臺灣新詩鑑賞辭典　太原　北岳文藝出
版社　1991 年 12 月　頁 224—226

2492. 古遠清　〈控訴一支煙囪〉賞析　臺港現代詩賞析　鄭州　河南人民出版
社　1991 年 3 月　頁 38—39

2493. 張　放　詩意浩蕩，情采飛揚——余光中散文〈山盟〉欣賞　名作欣賞
1986 年第 1 期　1986 年 2 月　頁 46—48

2494. 李瑞騰　〈老來無情〉編者按語　七十四年詩選　臺北　爾雅出版社
1986 年 4 月　頁 240

2495. 何侗民　〈紙船〉讀後感　中國時報　1986 年 6 月 20 日　8 版

2496. 陳幸蕙　〈寂寞與野蠻〉編者註　七十五年散文選　臺北　九歌出版社
1987 年 2 月　頁 276—277

2497. 陳幸蕙　〈龍在北歐——讀保真的散文新書〉編者按語　七十五年文學批
評選　臺北　爾雅出版社　1987 年 3 月　頁 82—83

2498. 陳幸蕙　〈十二瓣的觀音蓮——我讀《吉陵春秋》〉編者按語　七十五年文學批評選　臺北　爾雅出版社　1987 年 3 月　頁 124—125

2499. 張　默　余光中／〈我之固體化〉　小詩選讀　臺北　爾雅出版社　1987年 5 月　頁 40—44

2500. 仇小屏　余光中〈我之固體化〉賞析　放歌星輝下——中學生新詩閱讀指引　臺北　三民書局　2002 年 8 月　頁 78—80

2501. 鄭明娳　情趣理趣兼容的小品散文〔〈牛蛙記〉部分〕　國文天地　第 27期　1987 年 8 月　頁 47—48

2502. 古遠清　擒中有縱，繪聲繪影——余光中〈牛蛙記〉賞析　名作欣賞2000 年第 6 期　2000 年 11 月　頁 28—30

2503. 流沙河　讀〈蜀人贈扇記〉　人民日報　1987 年 10 月 6 日　8 版

2504. 流沙河　讀〈蜀人贈扇記〉　文學世界　第 1 期　1987 年 12 月　頁 169—170

2505. 流沙河　讀〈蜀人贈扇記〉　新華文摘　1987 年第 12 期　1987 年 12 月頁 100

2506. 流沙河　讀〈蜀人贈扇記〉　余光中集（第三卷）　天津　百花文藝出版社　2004 年 1 月　頁 205—207

2507. 流沙河　讀〈蜀人贈扇記〉　余光中六十年詩選　臺北　印刻文學生活雜誌出版公司　2008 年 6 月　頁 260—262

2508. 劉興漢　巴山蜀水繫鄉思——讀臺灣余光中〈蜀人贈扇記〉　語文學習1988 年第 6 期　1988 年　頁 23—25

2509. 張同吾　藝術的自焚與結晶——讀余光中的〈沙田山居〉　散文世界1987 年第 11 期　1987 年 11 月　頁 46—48

2510. 孫麗紅　我讀余光中〈沙田山居〉　語文教學與研究（教師版）　2011 年第 6 期　2011 年 6 月　頁 52—53

2511. 李瑞騰　〈透視〉編者按語　七十六年詩選　臺北　爾雅出版社　1988 年3 月　頁 48

2512. 鍾　文　　新詩例話（二則）〔商禽〈眼〉、余光中〈算命瞎子〉〕　山花　1988 年第 3 期　1988 年 6 月　頁 80

2513. 向　明　　臺灣詩中的月亮〔〈月光光〉部分〕　文學報　1988 年 8 月 25 日　3 版

2514. 林　泉　　試析〈夜讀東坡〉　論析現代詩　香港　銀河出版社　1988 年 11 月　頁 63—67

2515. 林　泉　　試析〈夜讀東坡〉　藍星詩刊　第 19 期　1989 年 4 月　頁 52—57

2516. 林　泉　　試析〈夜讀東坡〉　華文現代詩鑑賞　臺北　新銳文創　2012 年 10 月　頁 17—23

2517. 吳心海　　〈小褐斑〉賞析　中國新詩鑑賞大辭典　南京　江蘇文藝出版社　1988 年 12 月　頁 1003—1005

2518. 陶保璽　　余光中〈小褐斑〉　新詩大千　安徽　安徽文藝出版社　1994 年 5 月　頁 487—490

2519. 江弱水　　〈贈斯義桂〉賞析　中國新詩鑑賞大辭典　南京　江蘇文藝出版社　1988 年 12 月　頁 1009—1011

2520. 江弱水　　就詩論詩之（1）——余光中的〈贈斯義桂〉　藍星詩刊　第 21 期　1989 年 10 月　頁 82—83

2521. 江弱水　　〈贈斯義桂〉賞析　臺灣新詩鑑賞辭典　太原　北岳文藝出版社　1991 年 12 月　頁 208—210

2522. 李元洛　　余光中詩賞析——〈珍珠項鍊〉　名作欣賞　1993 年第 1 期　1993 年 1 月　頁 41—43

2523. 梅德平　　凡而不俗，清新雋永——余光中〈珍珠項鏈〉賞析　語文月刊　1989 年第 9 期　1989 年 9 月　頁 7

2524. 曾錦坤　　文學與文學語言〔〈論明朗〉部分〕　國文天地　第 45 期　1989 年 2 月　頁 102

2525. 瘂　弦　　〈達賴喇嘛〉賞析　八十六年詩選　臺北　現代詩季刊社　1989

年5月　頁56—57

2526. 古繼堂　　詩人的失誤——評余光中詩〈達賴喇嘛〉　文藝報　2000年8月
　　　　　　　22日　4版

2527. 伍方斐　　〈鐘乳石〉　中外現代抒情名詩鑑賞辭典　北京　學苑出版社
　　　　　　　1989年8月　頁674—675

2528. 余秋雨　　〈登樓賦〉　中國現代散文欣賞辭典　上海　漢語大詞典出版社
　　　　　　　1990年1月　頁683—691

2529. 黎湘萍　　凡人時代的救贖之路——臺灣新文化小說〔〈登樓賦〉部分〕
　　　　　　　臺灣地區文學透視　西安　陝西人民教育出版社　1991年7月
　　　　　　　頁46—47

2530. 邢富君　　〈登樓賦〉賞析　臺灣散文鑑賞辭典　太原　北岳文藝出版社
　　　　　　　1991年12月　頁465—468

2531. 朱邦國　　一個紐約電腦測不出的密碼——談余光中散文〈登樓賦〉　名作
　　　　　　　欣賞　1992年第2期　1992年3月　頁41—43

2532. 黎湘萍　　個性的確立：現代主義與現實主義在海峽的對流〔〈登樓賦〉部
　　　　　　　分〕　文學臺灣——臺灣知識者的文學敘事與理論想像　北京
　　　　　　　人民文學出版社　2003年3月　頁240—241

2533. 陳幸蕙　　悅讀余光中——望鄉石物語〔〈登樓賦〉〕　明道文藝　第349
　　　　　　　期　2005年4月　頁30—41

2534. 江少川　　世紀性的文化鄉愁——讀余光中〈登樓賦〉　臺港澳文學論稿
　　　　　　　北京　北京大學出版社　2005年4月　頁24—28

2535. 黃維樑　　余風重起〔〈風吹西班牙〉〕　星島日報　1990年2月22日
　　　　　　　15版

2536.〔孟　樊編〕　遊記散文〔〈風吹西班牙〉部分〕　旅行文學讀本　臺北
　　　　　　　揚智文化公司　2004年3月　頁182

2537. 陳幸蕙　　悅讀余光中——時間之風——余光中的文學行旅（三）〔〈風吹
　　　　　　　西班牙〉〕　明道文藝　第371期　2007年2月　頁34—42

2538. 鄧牛頓　　〈隔水書〉賞析　愛情新詩鑑賞辭典　西安　陝西師範大學出版
　　　　　　　社　1990 年 3 月　頁 803—804

2539. 杜十三　　兩「本」可以兼務〔〈務本與逐末〉〕　聯合報　1990 年 6 月
　　　　　　　14 日　29 版

2540. 鄭明娳　　余光中〈催魂鈴〉欣賞　青少年散文選　臺北　業強出版社
　　　　　　　1990 年 6 月　頁 88

2541. 黃維樑　　余光中〈催魂鈴〉的賞析　璀璨的五采筆　臺北　九歌出版社
　　　　　　　1994 年 10 月　頁 349—365

2542. 古遠清　　有情有韻，動人心目——余光中幽默散文〈催魂鈴〉賞析　名作
　　　　　　　欣賞　1997 年第 2 期　1997 年 3 月　頁 66—70

2543. 謝輝煌　　讀詩札記〔〈面紗如霧〉部分〕　葡萄園　第 109 期　1991 年 1
　　　　　　　月　頁 21—22

2544. 向　明　　〈召魂〉編者按語　七十九年詩選　臺北　爾雅出版社　1991 年
　　　　　　　2 月　頁 77

2545. 陳大爲　　謄寫屈原——管窺亞洲華文詩歌裡的端午主題〔〈召魂〉部分〕
　　　　　　　孤獨的帝國：第二屆全國大專學生文學獎得獎作品專集　臺北
　　　　　　　行政院文建會　1999 年 5 月　頁 577

2546. 古遠清　　〈咪咪的眼睛〉賞析　臺港現代詩賞析　鄭州　河南人民出版社
　　　　　　　1991 年 3 月　頁 27

2547. 古遠清　　〈兩相惜〉賞析　臺港現代詩賞析　鄭州　河南人民出版社
　　　　　　　1991 年 3 月　頁 32

2548. 古遠清　　〈戲李白〉賞析　臺港現代詩賞析　鄭州　河南人民出版社
　　　　　　　1991 年 3 月　頁 33—34

2549. 古遠清　　〈別香港〉賞析　臺港現代詩賞析　鄭州　河南人民出版社
　　　　　　　1991 年 3 月　頁 35—36

2550. 古遠清　　〈望海〉賞析　臺港現代詩賞析　鄭州　河南人民出版社　1991
　　　　　　　年 3 月　頁 36—37

2551.〔鄭明娳，林燿德選註〕　　〈好書出頭，壞書出局〉　智慧三品／書香
　　　　臺北　正中書局　1991 年 7 月　頁 168

2552. 邱憶伶編　　〈好書出頭，壞書出局〉余光中　讀書，大樂事　臺北　正中
　　　　書局　2009 年 9 月　頁 141

2553. 秀　　實　　一首談鯊的詩〔〈海祭〉〕　星島日報　1991 年 8 月 14 日　16
　　　　版

2554. 秀　　實　　余光中的〈海祭〉　璀璨的五采筆　臺北　九歌出版社　1994 年
　　　　10 月　頁 168—172

2555. 古　　木　　鮮血淋漓的事實與塗脂抹粉的詩人——讀余光中〈海祭〉　書屋
　　　　2000 年第 11 期　2000 年 11 月　頁 56—57

2556. 常　　笑　　詩歌譯義學的自由聯想與定向聯想——兼與《余光中詩〈布穀〉
　　　　解》作者商榷　名作欣賞　1991 年第 5 期　1991 年 9 月　頁 95
　　　　—96

2557. 吳　　晟　　一曲低迴的鄉愁詠嘆調——也談余光中的〈布穀〉　名作欣賞
　　　　1998 年第 2 期　1998 年 3 月　頁 97—100

2558. 吳　　晟　　一曲低迴的鄉愁詠嘆調——也談余光中的〈布穀〉　藍星詩學
　　　　第 8 期　2000 年 12 月　頁 138—143

2559. 羅　　洛　　余光中〈招魂的短笛〉鑒賞　新詩選　臺北　樂群文化公司
　　　　1991 年 11 月　頁 74—78

2560. 黃　　粱　　新詩點評——〈招魂的短笛〉　國文天地　第 138 期　1996 年
　　　　11 月　頁 70—72

2561. 邢富君　　〈高速的聯想〉賞析　臺灣散文鑑賞辭典　太原　北岳文藝出版
　　　　社　1991 年 12 月　頁 475—477

2562. 邢富君　　〈塔〉賞析　臺灣散文鑑賞辭典　太原　北岳文藝出版社　1991
　　　　年 12 月　頁 485—487

2563. 徐　　學　　訴說與獨白——當代臺灣散文中的兩種敘述方式〔〈塔〉部分〕
　　　　臺灣研究集刊　1993 年第 4 期　1993 年 11 月　頁 88—94

2564. 徐　學　　訴說與獨白〔〈塔〉部分〕　走向新世紀：第六屆世界文學國際
　　　　　　　學術研討會論文集　北京　人民文學出版社　1994 年 11 月　頁
　　　　　　　235—236

2565. 鍾　玲　　追隨太陽步伐——六十年代臺灣女詩人作品風貌〔〈西螺大橋〉
　　　　　　　部分〕　臺灣現代詩史論：臺灣現代詩研討會實錄　臺北　文
　　　　　　　訊雜誌社　1996 年 3 月　頁 226

2566. 孟　樊　　〈西螺大橋〉作品賞析　閱讀文學地景・新詩卷　臺北　行政院
　　　　　　　文建會　2008 年 4 月　頁 209

2567. 丁旭輝　　標點符號在現代詩中的圖象與情意暗示〔〈公無渡河〉部分〕
　　　　　　　國文天地　第 198 期　2001 年 11 月　頁 74

2568. 王宇珍　　〈珍妮的辮子〉賞析　臺灣新詩鑑賞辭典　太原　北岳文藝出版
　　　　　　　社　1991 年 12 月　頁 226—228

2569. 朱　麗　　詩人心中的天籟——余光中散文〈鬼雨〉讀後　新疆軍墾報
　　　　　　　1992 年 3 月 8 日　4 版

2570. 陳大為　　〈鬼雨〉評析　臺灣現代文學教程：當代文學讀本　臺北　二魚
　　　　　　　文化公司　2002 年 8 月　頁 142—144

2571. 奚　密　　中國現代詩十四行初探〔〈昨夜你對我一笑〉部分〕　中外文學
　　　　　　　第 20 卷第 10 期　1992 年 3 月　頁 63—64

2572. 李瑞騰　　〈三生石〉編者按語　八十年詩選　臺北　爾雅出版社　1992 年
　　　　　　　4 月　頁 238—245

2573. 宋淇，曾敏之，黃維樑　　〈三生石〉的讀者反應　璀璨的五采筆　臺北
　　　　　　　九歌出版社　1994 年 10 月　頁 227—231

2574. 潘麗珠　　余光中的〈三生石〉・當渡船解纜　現代詩學　臺北　五南圖書
　　　　　　　公司　1997 年 9 月　頁 14—15

2575. 黃坤堯　　〈三生石〉餘韻——祝賀余光中先生七十壽慶　與永恆對壘：余
　　　　　　　光中先生七十壽慶詩文集　臺北　九歌出版社　1998 年 10 月
　　　　　　　頁 163—169

2576. 梁錫華　免了也罷〔〈紅與黑〉〕　星島日報　1992 年 6 月 29 日　9 版

2577. 焦　桐　論運動文學〔〈紅與黑〉部分〕　臺灣現代散文研討會　臺北　九歌文教基金會主辦　1997 年 5 月 10—11 日　頁 8

2578. 陳幸蕙　悅讀余光中——暴力輓歌〔〈紅與黑〉〕　明道文藝　第 389 期　2008 年 8 月　頁 94—96

2579. 林煥彰　甜甜的鄉土芬芳的鄉土——讀余光中的〈車過枋寮〉　善良的語言　宜蘭　宜蘭縣文化中心　1992 年 6 月　頁 19—25

2580. 林繼生　流暢生動的〈車過枋寮〉　中央日報　1998 年 2 月 19 日　20 版

2581. 秦　嶽　淺析余光中先生的〈車過枋寮〉[128]　明道文藝　第 272 期　1998 年 11 月　頁 23—27

2582. 秦　嶽　車過枋寮現美景——評介余光中的〈車過枋寮〉　書香處處聞　臺中　臺中市立文化中心　1999 年 6 月　頁 247—252

2583. 秦　嶽　車過枋寮現美景——評介余光中的〈車過枋寮〉　書海微波　臺北　文史哲出版社　2008 年 2 月　頁 211—217

2584. 魯　蛟〔張騰蛟〕　甜甜的土地，甜甜的詩——讀余光中先生的詩〈車過枋寮〉　中華日報　1999 年 10 月 12 日　16 版

2585. 魯　蛟　甜甜的土地甜甜的詩——讀余光中的〈車過枋寮〉　藍星詩學　第 7 期　2000 年 9 月　頁 162—166

2586. 連育仁　網路化混合式現代詩教學模式設計——以余光中〈車過枋寮〉為例　人文及社會學科教學通訊　第 84 期　2004 年 4 月　頁 191—206

2587. 仇小屏　章法學在「讀」與「寫」教學中的運用〔〈車過枋寮〉部分〕　國文天地　第 232 期　2004 年 9 月　頁 41—44

2588. 林均珈　淺談類疊修辭格技巧之運用〔〈車過枋寮〉部分〕　國文天地　第 279 期　2008 年 8 月　頁 17

2589. 朱邦國　醉意正在嘮叨中——讀余光中〈何以解憂？〉　名作欣賞　1992

[128]本文後改篇名為〈車過枋寮現美景——評介余光中的〈車過枋寮〉〉。

年第 5 期　1992 年 9 月　頁 85—87

2590. 孫德喜　不該如此「求疵」——簡評余光中〈論朱自清的散文〉　名作欣賞　1993 年第 1 期　1993 年 1 月　頁 19—21

2591. 紀　驊　一個中學生的來信〔〈論朱自清的散文〉〕　名作欣賞　1993 年第 1 期　1993 年 1 月　頁 24—26

2592. 蔡　蓁　「名作求疵」引起大反響〔〈論朱自清的散文〉〕　臺港文學選刊　1993 年第 8 期　1993 年 8 月　頁 69

2593. 蔡　蓁　「名作求疵」引起大反響〔〈論朱自清的散文〉〕　璀璨的五采筆　臺北　九歌出版社　1994 年 10 月　頁 410—414

2594. 胡德才　也談朱自清散文——兼評余光中的評論〔〈論朱自清散文〉〕　文藝理論與批評　1998 年第 2 期　1998 年 3 月　頁 118—120

2595. 劉川鄂　讀余光中對朱自清散文的批評〔〈論朱自清散文〉〕　世界華文文學論壇　2001 年第 3 期　2001 年 9 月　頁 50—53

2596. 宮未明　文藝批評應堅持——初評余光中〈評戴望舒的詩〉　名作欣賞　1993 年第 1 期　1993 年 1 月　頁 22—23

2597. 〔讀　書〕　評余光中評戴詩〔〈評戴望舒的詩〉〕　讀書　1993 年第 9 期　1993 年 9 月　頁 152—153

2598. 魏家駿　余光中詩賞析——〈與李白同遊高速公路〉　名作欣賞　1993 年第 1 期　1993 年 1 月　頁 34—37

2599. 錢學武　詩中異品　戲劇化獨白——余光中〈與李白同遊高速公路〉　名作欣賞　2002 年第 1 期　2002 年 1 月　頁 26—29

2600. 黃維梁　余光中詩賞析——〈如果遠方有戰爭〉　名作欣賞　1993 年第 1 期　1993 年 1 月　頁 39—41

2601. 秀　實　把古鈔變成現款——談余光中〈與李白同遊高速公路〉　文學世紀　第 23 期　2003 年 2 月　頁 24—25

2602. 陳義芝　〈如果遠方有戰爭〉賞析　繁花盛景：臺灣當代文學新選　臺北　正中書局　2003 年 8 月　頁 34—35

2603. 向　陽　　〈如果遠方有戰爭〉賞析　臺灣現代文選　臺北　三民書局　2004 年 6 月　頁 177—178

2604. 曾琮琇　　詩的戲法／法則的遊戲〔〈如果遠方有戰爭〉部分〕　嬉遊記：八〇年代以降臺灣「遊戲」詩論　成功大學中國文學系　碩士論文　陳昌明教授指導　2006 年 7 月　頁 75—77

2605. 曾琮琇　　詩的戲法／法則的遊戲〔〈如果遠方有戰爭〉部分〕　臺灣當代遊戲詩論　臺北　爾雅出版社　2009 年 1 月　頁 63—65

2606. 簡　媜　　〈沒有鄰居的都市〉編者註　八十一年散文選　臺北　九歌出版社　1993 年 3 月　頁 17

2607. 華　姿　　〈競渡〉賞析　世界華人詩歌鑑賞大辭典　太原　書海出版社　1993 年 3 月　頁 116—118

2608. 鄭明娳　　余光中〈瀑布〉　活水詩粹　臺北　活水文化雙周報社　1993 年 10 月　頁 12—13

2609. 林政華　　向新詩國度覓童詩〔〈瀑布〉部分〕　民眾日報　2000 年 9 月 21 日　17 版

2610. 王一桃　　新穎・巧妙・完美・自然──臺灣著名詩人余光中近作〈私語〉賞析　名作欣賞　1994 年第 2 期　1994 年 3 月　頁 102—104

2611. 林麗玫　　每一滴淚裡有你的背影〔〈訣〉〕　中華日報　1994 年 6 月 1 日 11 版

2612. 黃維樑　　讀〈聖奧黛麗頌〉　幼獅文藝　第 490 期　1994 年 10 月　頁 8—9

2613. 黃維樑　　讀余光中〈聖奧黛麗頌〉　文化英雄拜會記：錢鍾書、夏志清、余光中的作品與生活　臺北　九歌出版社　2004 年 4 月　頁 156—160

2614. 吳潛誠　　九十年代臺灣詩（人）的國際視野〔〈聖奧黛麗頌──弔奧黛麗・赫本〉部分〕　臺灣現代詩史論：臺灣現代詩史研討會實錄　臺北　文訊雜誌社　1996 年 3 月　頁 513

2615. 周　粲　　余光中的〈山中傳奇〉　璀璨的五采筆　臺北　九歌出版社　1994 年 10 月　頁 223—226

2616. 王一桃　　永恆的主題・新穎的手法——讀余光中新作〈抱孫〉　璀璨的五采筆　臺北　九歌出版社　1994 年 10 月　頁 232—236

2617. 王一桃　　永恆的主題・新穎的手法——讀余光中新作〈抱孫〉　名作欣賞　1994 年第 6 期　1994 年 11 月　頁 103—104

2618. 謝川成　　余光中的〈山居〉　璀璨的五采筆　臺北　九歌出版社　1994 年 10 月　頁 346—348

2619. 守　拙　　奇趣幽默妙語解頤——讀〈我的四個假想敵〉　語文月刊　1994 年第 11 期　1994 年 11 月　頁 19

2620. 古遠清　　詼諧風趣，情味具足——余光中散文〈我的四個假想敵〉賞析　名作欣賞　1997 年第 4 期　1997 年 7 月　頁 3—5

2621. 宗海銀　　拳拳慈父心，深深愛女情——余光中〈我的四個假想敵〉賞析　名作欣賞　2003 年第 4 期　2003 年 7 月　頁 24—29

2622. 廖玉蕙　　〈我的四個假想敵〉賞析　繁花盛景：臺灣當代文學新選　臺北　正中書局　2003 年 8 月　頁 97—108

2623. 陳幸蕙　　〈我的四個假想敵〉悅讀徒步區　真愛年代　臺北　幼獅文化公司　2004 年 3 月　頁 22

2624. 郭小聰　　〈我的四個假想敵〉作品賞析　星光燦爛的文學花園：現代文學知識精華：散文・詩歌　臺北　雅書堂文化公司　2005 年 2 月　頁 199—200

2625. 莊湉芬　　密門之鑰——〈我的四個假想敵〉　比整個世界還要大：散文選讀　臺北　三民書局　2007 年 9 月　頁 74—75

2626. 王　立　　《黃昏開始下的雨》〔〈我的四個假想敵〉部分〕　邂逅　臺北　秀威資訊科技公司　2009 年 2 月　頁 181

2627. 蕭　蕭　　現代詩的情色美學與性愛描寫〔〈鶴嘴鋤〉部分〕　臺灣詩學季刊　第 9 期　1994 年 12 月　頁 18—19

2628. 蕭　蕭　現代詩的情色美學與性愛描寫〔〈鶴嘴鋤〉部分〕　雲端之美・人間之真　臺北　駱駝出版社　1997 年 3 月　頁 231—233

2629. 蕭　蕭　現代詩的情色美學與性愛描寫〔〈鶴嘴鋤〉部分〕　臺灣文學二十年集 1978—1998：評論二十家　臺北　九歌出版社　1998 年 3 月　頁 65—67

2630. 蔡麗娟　靜宜大學學生詩展——詩賞析〔〈雨聲說些什麼〉〕　笠　第 188 期　1995 年 8 月　頁 138

2631. 吳　當　夜雨無言人自化——試析余光中〈雨聲說些什麼〉　中央日報　2000 年 3 月 1 日　25 版

2632. 吳　當　夜雨無言——賞析余光中〈雨聲說些什麼〉　拜訪新詩　臺北　爾雅出版社　2001 年 2 月　頁 163—167

2633. 李翠瑛　以「重複」為基礎的修辭技巧論新詩的節奏變化〔〈雨聲說些什麼〉部分〕　國文天地　第 230 期　2004 年 7 月　頁 72—73

2634. 楊匡漢　現代主義在兩岸〔〈當我死時〉部分〕　揚子江與阿里山的對話——海峽兩岸文學比較　上海　上海文藝出版社　1995 年 12 月　頁 200—201

2635.〔吳開晉，耿建華主編〕　死也鄉愁〔〈當我死時〉〕　三千年詩話　南昌　江西高校出版社　1998 年 6 月　頁 305—306

2636. 落　蒂　葬我，在最美麗最母親的國度——談余光中的詩〈當我死時〉　大家來讀詩——臺灣新詩品賞　臺北　文史哲出版社　2012 年 2 月　頁 147—148

2637. 吳周文　荒唐的假設，辛辣的鞭擊——余光中〈給莎士比亞的一封回信〉賞析　名作欣賞　1996 年第 1 期　1996 年 1 月　頁 110—112

2638. 黃維樑　談〈星空，非常希臘〉　中華日報　1996 年 8 月 17 日　14 版

2639. 焦　桐　臺灣現代詩裡的中國鄉愁（6）〔〈斷奶〉部分〕　中央日報　1996 年 8 月 21 日　18 版

2640. 吳　當　收集生命的印痕——試析余光中〈收藏家〉　更生日報　1997 年

1 月 5 日　20 版

2641. 吳　當　收集生命的印痕——試析余光中〈收藏家〉　新詩的智慧　臺北　爾雅出版社　1997 年 2 月　頁 87—92

2642. 向　明　〈夜讀曹操〉小評　八十五年詩選　臺北　現代詩季刊社　1997 年 6 月　頁 14

2643. 唐　捐　〈夜讀曹操〉評析　臺灣現代文學教程：當代文學讀本　臺北　二魚文化公司　2002 年 8 月　頁 35—38

2644. 黃維樑　深沉父愛的又一表現——讀余光中〈日不落家〉的聯想　中華日報　1997 年 8 月 8 日　16 版

2645. 黃維樑　深沉父愛的又一表現——讀余光中〈日不落家〉的聯想　文化英雄拜會記：錢鍾書、夏志清、余光中的作品與生活　臺北　九歌出版社　2004 年 4 月　頁 232—236

2646. 林錫嘉　輯二·親情不落〔〈日不落家〉部分〕　八十六年散文選　臺北　九歌出版社　1998 年 4 月　頁 72

2647. 何希凡　自我命運感知與民族文化情懷的詩意整合——讀余光中散文〈日不落家〉　名作欣賞　2002 年第 3 期　2002 年 5 月　頁 10—13

2648. 何希凡　深窺人性世界的沉醉與困惑——〈日不落家〉與〈故事裡套著故事〉〔王鼎鈞〕　名作欣賞　2002 年第 4 期　2002 年 7 月　頁 13—16

2649. 蕭　蕭　〈日不落家〉賞析　臺灣現代文選　臺北　三民書局　2004 年 6 月　頁 38—40

2650. 許世旭　中國現代詩的回歸傳統論〔〈大江東去〉部分〕　中國現代文學理論季刊　第 7 期　1997 年 9 月　頁 369

2651. 梅　新　余光中的〈答紫荊〉　魚川讀詩　臺北　三民書局　1998 年 1 月　頁 1—6

2652. 麥　穗　40 年前兩首妙詩〔〈給某詩人〉部分〕　詩空的雲煙：臺灣新詩備忘錄　臺北　詩藝文出版社　1998 年 5 月　頁 101—105

2653. 焦　桐　〈九月之慟〉編者案語　九十年詩選　臺北　臺灣詩學季刊雜誌
　　　　　社　1998 年 6 月　頁 198

2654. 張德明　詰問與哀悼中的生命警示──讀余光中新詩〈九月之慟〉　名作
　　　　　欣賞　2002 年第 1 期　2002 年 1 月　頁 25─26

2655. 羅時春　鄉愁一曲化詩魂──余光中〈雨傘〉賞析　語文月刊　1998 年第
　　　　　10 期　1998 年 10 月　頁 6─7

2656. 姜耕玉　臺灣現代詩的「母語情節」──意象語言與東方韻味〔〈當渡船
　　　　　解纜〉部分〕　創世紀　第 117 期　1998 年 12 月　頁 107

2657. 吳曉華　〈一枚銅幣〉之賞析　國文天地　第 166 期　1999 年 3 月　頁
　　　　　95─97

2658. 簡　媜　輯一‧藏魂〔〈從母親到外遇〉部分〕　八十七年散文選　臺北
　　　　　九歌出版社　1999 年 4 月　頁 7

2659. 王一桃　浪漫神奇的〈裁夢刀〉──余光中詩作賞析　藍星詩學　第 2 期
　　　　　1999 年 6 月　頁 6─11

2660. 商　禽　〈風聲〉賞析　八十七年詩選　臺北　創世紀詩雜誌社　1999 年
　　　　　6 月　頁 155

2661. 蕭　蕭　〈五行無阻〉解析　天下詩選 1：1923─1999 臺灣　臺北　天下
　　　　　遠見出版公司　1999 年 9 月　頁 31─36

2662. 殷志鵬　七十歲的詩人心境〔〈七十自喻〉〕　回首英美留學路　臺北
　　　　　健行文化出版公司　1999 年 10 月　頁 126─128

2663. 吳　當　高樓望海，文學汪洋──試析余光中〈高樓對海〉　中央日報
　　　　　1999 年 11 月 10 日　25 版

2664. 吳　當　高樓望海，文學汪洋──賞析余光中〈高樓對海〉　拜訪新詩
　　　　　臺北　爾雅出版社　2001 年 2 月　頁 1─8

2665. 朱先樹　生命在藝術中延續──余光中〈高樓對海〉賞析　中國海洋文學
　　　　　大系：二十世紀海洋詩精品賞析選集　臺北　詩藝文出版社
　　　　　2002 年 4 月　頁 204─205

2666. 陳幸蕙　悅讀余光中——詩人的晚春情事〔〈讀坐〉〕　幼獅文藝　第551期　1999年11月　頁32—33

2667. 陳幸蕙　悅讀余光中——銀沫飛濺的水之演義〔〈飛瀑〉〕　幼獅文藝　第552期　1999年12月　頁38—39

2668. 陳幸蕙　悅讀余光中——詩人與海〔〈海是鄰居〉〕　幼獅文藝　第553期　2000年1月　頁34—37

2669. 陳幸蕙　悅讀余光中——情人的夜生活〔〈壁虎〉〕　幼獅文藝　第554期　2000年2月　頁42—45

2670. 向　明　〈天葬〉賞析　八十八年詩選　臺北　創世紀詩雜誌社　2000年3月　頁129

2671. 陳幸蕙　悅讀余光中——一個選民的心聲〔〈拜託，拜託〉〕　幼獅文藝　第555期　2000年3月　頁30—31

2672. 陳幸蕙　悅讀余光中——彩虹的那一端〔〈春雨綿綿〉〕　幼獅文藝　第556期　2000年4月　頁40—43

2673. 蕭　蕭　創作技巧八通關——二元之間的多元可能——余光中〈母難日〉　青少年詩話　臺北　爾雅出版社　2007年2月　頁159—166

2674. 蕭　蕭　新詩創作技巧八通關——二元之間的多元可能〔〈母難日——今生今世〉部分〕　明道文藝　第372期　2007年3月　頁25—28

2675. 陳幸蕙　悅讀余光中——女性的光榮革命〔〈絕色〉〕　幼獅文藝　第561期　2000年9月　頁36—39

2676. 黃維樑　余光中〈絕色〉的聯想　文化英雄拜會記：錢鍾書、夏志清、余光中的作品與生活　臺北　九歌出版社　2004年4月　頁171—172

2677. 陳幸蕙　悅讀余光中——歷史・櫻花・劍〔〈兩個日本學童〉〕　幼獅文藝　第562期　2000年10月　頁36—40

2678. 仇小屏　余光中〈當我年老〉　下在我眼眸裡的雪　臺北　萬卷樓圖書公

司　2001 年 2 月　頁 57—58

2679. 陳幸蕙　悅讀余光中——爲一個消失的帝國作證〔〈秦俑——臨潼出土之
戰士陶俑〉〕　幼獅文藝　第 567 期　2001 年 3 月　頁 44—49

2680. 蔡豐全　余光中〈秦俑——臨潼出土之戰士陶俑〉詩藝特色[129]　復興崗學
報　第 101 期　2011 年 12 月　頁 153—166

2681. 蕭　蕭　〈你想做人魚嗎？〉編者按語　八十九年詩選　臺北　臺灣詩學
季刊雜誌社　2001 年 4 月　頁 43

2682. 落　蒂　人魚的家——析余光中〈你想做人魚嗎？〉　大家來讀詩——臺
灣新詩品賞　臺北　文史哲出版社　2012 年 2 月　頁 67—69

2683. 文曉村　〈桂子山問月〉點評　中國詩歌選 2001 年版　臺北　詩藝文出
版社　2001 年 6 月　頁 88

2684. 張春榮　愛亞〈打電話〉與余光中〈天國地府〉　國文天地　第 199 期
2001 年 12 月　頁 77—79

2685. 張春榮　愛亞〈打電話〉與余光中〈天國地府〉　極短篇欣賞與教學　臺
北　萬卷樓圖書公司　2007 年 3 月　頁 181—186

2686. 陳幸蕙　悅讀余光中——人性的奇蹟〔〈甘地之死〉〕　明道文藝　第
309 期　2001 年 12 月　頁 54—61

2687. 金　劍　甚麼是朗誦詩〔〈甘地之死〉部分〕　葡萄園詩刊　第 182 期
2009 年 5 月 15 日　頁 43—44

2688. 阮美慧　現代主義的推移與本土派文學勢力的茁壯——現代與本土的對峙
與離合〔〈在冷戰的年代〉部分〕　臺灣精神的回歸：六、七〇
年代臺灣現代詩風的轉折　成功大學中國文學系　博士論文　呂
興昌教授指導　2002 年 6 月　頁 134—135

2689. 鍾怡雯　〈思蜀〉評析　臺灣現代文學教程：散文讀本　臺北　二魚文化
公司　2002 年 8 月　頁 51—52

---

[129]本文以《文心雕龍・知音》所述的「六觀法」析評余光中〈秦俑——臨潼出土之戰士陶俑〉詩
作。全文共 3 小節：1.前言；2.以「六觀法」研究脈絡評析〈秦俑〉；3.結語。

2690. 白　靈　〈馬年〉編者案語　九十一年詩選　臺北　臺灣詩學季刊雜誌社
　　　　2003 年 4 月　頁 141—142

2691. 孟　樺　〈蓮戀蓮〉——講師的話　人間福報　2003 年 5 月 25 日　11 版

2692. 蔡孟樺　〈蓮戀蓮〉編者的話　在字句裡呼吸　臺北　香海文化公司
　　　　2006 年 9 月　頁 178—179

2693. 黃維樑　向山水和聖人致敬——余光中〈山東甘旅〉析評　海南師範學院
　　　　學報　2003 年第 6 期　2003 年 11 月　頁 21—24

2694. 黃維樑　向山水和聖人致敬——余光中〈山東甘旅〉析評　文化英雄拜會
　　　　記：錢鍾書、夏志清、余光中的作品與生活　臺北　九歌出版社
　　　　2004 年 4 月　頁 199—207

2695. 陳淑彬　〈妻〉的解讀——余光中的臺灣書寫　藍星詩學　第 20 期
　　　　2003 年 12 月　頁 172—192

2696. 陳宰如　〈尺素寸心〉賞析　遇見現代小品文　臺北　麥田出版公司
　　　　2004 年 1 月　頁 151—154

2697. 廖慧美　為余光中心中的桂花香喝采〔〈伐桂的前夕〉〕　寫作教室：閱
　　　　讀文學名家　臺北　麥田出版公司　2004 年 3 月　頁 380—385

2698. 黃維樑　「星空，非常希臘」的隨想〔〈重上大肚山〉〕　文化英雄拜會
　　　　記：錢鍾書、夏志清、余光中的作品與生活　臺北　九歌出版社
　　　　2004 年 4 月　頁 161—165

2699. 黃維樑　讀余光中〈弔濟慈故居〉　文化英雄拜會記：錢鍾書、夏志清、
　　　　余光中的作品與生活　臺北　九歌出版社　2004 年 4 月　頁 165
　　　　—167

2700. 黃維樑　開他的巨頭會——戲和余光中〈開你的大頭會〉　文化英雄拜會
　　　　記：錢鍾書、夏志清、余光中的作品與生活　臺北　九歌出版社
　　　　2004 年 4 月　頁 208—209

2701. 余雨陽　登臨似少一座廟，友人一語觸鄉情——余光中散文〈送思果〉的
　　　　情緒表達　貴陽師範高等專科學校學報　2004 年第 2 期　2004

年 5 月　頁 44—46，65

2702. 向　陽　〈粥頌〉賞析　2003 臺灣詩選　臺北　二魚文化公司　2004 年 6 月　頁 183—185

2703. 陳幸蕙　如果郵差仍在——讀余光中〈尺牘雖短寸心長〉有感　香港文學 第 234 期　2004 年 6 月　頁 30—32

2704. 陳幸蕙　悅讀余光中——如果郵差仍在〔〈尺牘雖短寸心長〉〕　明道文 藝　第 341 期　2004 年 8 月　頁 32—37

2705. 簡政珍　詩與現實——早期臺灣現代詩的現實觀照——七〇年代〔〈望 邊〉部分〕　臺灣現代詩美學　臺北　揚智文化公司　2004 年 7 月　頁 99—100

2706. 〔林永福，是永駿編〕　シリーズ台湾現代詩 3——楊牧・余光中・鄭愁 予・白萩〔〈絕世美女〉部分〕　シリーズ台湾現代詩 3——楊 牧・余光中・鄭愁予・白萩　東京　株式会社国書刊行会　2004 年 12 月　頁 335

2707. 曾進豐　余光中〈高雄港的汽笛〉賞析　臺灣文學讀本　臺北　五南圖書 公司　2005 年 2 月　頁 194—197

2708. 徐　敏　〈堤上行——贈羅門之一〉作品賞析　星光燦爛的文學花園：現 代文學知識精華：散文・詩歌　臺北　雅書堂文化公司　2005 年 2 月　頁 492—493

2709. 蕭　蕭　余光中〈逃犯停格〉賞析　攀登生命顛峰　臺北　聯合文學出版 社　2005 年 3 月　頁 73—76

2710. 陳幸蕙　悅讀余光中——藍魔咒〔〈南太基〉〕　明道文藝　第 348 期 2005 年 3 月　頁 32—39

2711. 周惠珍　藍色狂想曲——余光中散文〈南太極〉解讀　臨沂師範學院學報 第 28 卷第 5 期　2006 年 10 月　頁 110—113

2712. 陳義芝　〈絕食者〉賞析　2004 臺灣詩選　臺北　二魚文化公司　2005 年 3 月　頁 29

2713. 李瑞芳　　　荒謬的抗爭——讀〈絕食者〉　宿州教育學院學報　2005 年第 1
　　　　　　　　期　2005 年 3 月　頁 85—86

2714. 黃維樑　　　余光中〈青銅一夢〉賞析　多元的交響：世華散文評析　臺北
　　　　　　　　唐山出版社　2005 年 6 月　頁 32—36

2715. 劉媛，李曉麗　　荒誕的假設，人格的追求——讀余光中散文〈如果我有九
　　　　　　　　條命〉　名作欣賞　2005 年第 7 期　2005 年 7 月　頁 75—77

2716. 蔡孟樺　　　〈假如我有九條命〉編者的話　那去過的過去　臺北　香海文化
　　　　　　　　公司　2006 年 9 月　頁 272—273

2717. 吳周文　　　永遠的道德與永遠的人格向度——余光中〈假如我有九條命〉的
　　　　　　　　文本細讀　常州工學院學報　第 27 卷第 1 期　2009 年 2 月　頁
　　　　　　　　23—26

2718. 李立明　　　永遠的白蓮——余光中〈迴旋曲〉析論　國文天地　第 248 期
　　　　　　　　2006 年 1 月　頁 4—9

2719. 蕭　蕭　　　〈汨羅江神〉賞析　2005 臺灣詩選　臺北　二魚文化公司　2006
　　　　　　　　年 2 月　頁 120

2720. 陳允元　　　命名、記憶與詮釋——戰後臺灣現代詩的「街道命名」書寫——
　　　　　　　　符旨的追尋與失落〔〈大寒流〉部分〕　臺灣詩學學刊　第 7 期
　　　　　　　　2006 年 5 月　頁 64—65

2721. 陳幸蕙　　　悅讀余光中——與你深情相遇——余光中的文學行旅〔〈黑靈
　　　　　　　　魂〉〕　明道文藝　第 362 期　2006 年 5 月　頁 46—55

2722. 〔蕭　蕭主編〕　〈我的繆思〉詩作賞析　優游意象世界　臺北　聯合文
　　　　　　　　學出版社　2006 年 6 月　頁 57

2723. 蕭　蕭　　　余光中〈踢踢踏〉賞析　揮動想像翅膀　臺北　聯合文學出版社
　　　　　　　　2006 年 6 月　頁 42—46

2724. 曾琮琇　　　遊戲，不只是遊戲〔〈隔一座中央山脈——空投陳黎〉部分〕
　　　　　　　　嬉遊記：八〇年代以降臺灣「遊戲」詩論　成功大學中國文學系
　　　　　　　　碩士論文　陳昌明教授指導　2006 年 7 月　頁 191—192

2725. 曾琮琇　遊戲，不只是遊戲〔〈隔一座中央山脈——空投陳黎〉部分〕
　　　　　　　臺灣當代遊戲詩論　臺北　爾雅出版社　2009 年 1 月　頁 219—
　　　　　　　221

2726. 郭　虹　聖三位一體——余光中〈梵谷的向日葵〉賞析　明道文藝　第
　　　　　　　365 期　2006 年 8 月　頁 55—61

2727. 郭　虹　聖三位一體——余光中〈梵谷的向日葵〉賞析　名作欣賞　2006
　　　　　　　年第 11 期　2006 年 11 月　頁 44—49

2728. 張　默　綻放瞬間料峭之美（編序）〔〈楓葉〉部分〕　小詩・牀頭書
　　　　　　　臺北　爾雅出版社　2007 年 3 月　頁 9—10

2729. 林俊德　現代絕句，小詩一大絕〔〈楓葉〉部分〕　明道文藝　第 441 期
　　　　　　　2012 年 12 月　頁 64

2730. 陳幸蕙　悅讀余光中——良心的故事——余光中的文學行旅（四）〔〈聖
　　　　　　　喬治真的要屠龍嗎？〉〕　明道文藝　第 373 期　2007 年 4 月
　　　　　　　頁 44—60

2731. 余欣娟　〈廈門街的巷子〉隨詩去旅遊　走入歷史的身影：讀新詩遊臺灣
　　　　　　　（人文篇）　臺北　幼獅文化公司　2007 年 6 月　頁 40—42

2732. 林菁菁　〈苗栗明德水庫〉隨詩去旅遊　風櫃上的演奏會：讀新詩遊臺灣
　　　　　　　（自然篇）　臺北　幼獅文化公司　2007 年 6 月　頁 45—47

2733. 何佳駿　〈苗栗明德水庫〉作品賞析　閱讀文學地景・新詩卷　臺北　行
　　　　　　　政院文建會　2008 年 4 月　頁 117—118

2734. 焦　桐　〈草堂祭杜甫〉作品賞析　2006 臺灣詩選　臺北　二魚文化公司
　　　　　　　2007 年 7 月　頁 210

2735. 黃維樑　博雅之人，吐納英華——余光中學者散文〈何以解憂〉析論[130]
　　　　　　　學院作家學術研討會　臺北　臺北教育大學語文與創作學系主辦
　　　　　　　2007 年 9 月 29 日　頁 88—97

---

[130]本文探討〈何以解憂〉一文探討學者散文的特色。全文共 5 小節：1.學者散文釋義；2.〈何以解
憂〉的解憂五策；3.〈何以解憂〉的「博雅」；4.〈何以解憂〉的「英華」；5.文化修養的提升。

2736. 黃維樑　博雅之人，吐納英華——余光中學者散文〈何以解憂〉析論　詩歌天保：余光中教授八十壽慶專集　臺北　九歌出版社　2008 年 10 月　頁 210—225

2737. 焦　桐　〈臺東〉編案　2007 年臺灣詩選　臺北　二魚文化公司　2008 年 3 月　頁 67

2738. 向　明　詩被解構成了漂流木——讀余光中入選《2007 臺灣詩選》的〈臺東〉　中華日報　2008 年 8 月 23 日　C5 版

2739. 李翠瑛　〈龍坑有雨〉賞析　閱讀文學地景‧散文卷　臺北　行政院文建會　2008 年 4 月　頁 484—485

2740. 廖玉蕙　〈我是余光中的祕書〉作品導讀——覷破人生世態的種種荒謬　散文新四書‧冬之妍　臺北　三民書局　2008 年 9 月　頁 11—12

2741. 蕭蕭，干若嫻編　〈失帽記〉作品賞析　溫馨的愛：現代親情散文集　臺北　幼獅文化　2010 年 4 月　頁 20—21

2742. 蔡宗陽　新詩創作技巧面面觀〔〈六角亭〉部分〕　中國語文　第 106 卷第 6 期　2010 年 6 月　頁 25—26

2743. 嵩　柏　世界文學與生態批評：探究東亞文學作品中非人類的復甦力〔〈蟋蟀和機關槍〉部分〕　世界文學 4：生態文學　臺北　聯經出版社　2012 年 12 月　頁 97　99

2744. 郭　芷　余光中寫人的藝術——以〈不朽，是一堆頑石？〉爲例　名作欣賞　2012 年第 33 期　2012 年　頁 29—30

2745. 宋尙詩　中國古典詩意的現代轉換——以余光中〔〈五陵少年〉〕、洛夫〔〈邊界望鄉〉〕和鄭愁予〔〈殘堡〉〕的幾首詩爲例　名作欣賞　2013 年第 9 期　2013 年　頁 87—90

多篇作品

2746. 陳芳明　一個不肯認輸的靈魂——論余光中的 2 首詩〔〈熊的獨白〉、〈自塑〉〕　臺塑企業　第 3 卷第 4 期　1972 年 4 月　頁 66—

70

2747. 高　準　論中國新詩的風格發展與前途方向（下）〔〈醒〉、〈在冷戰的
　　　　　年代〉部分〕　大學雜誌　第 62 期　1973 年 2 月　頁 64

2748. 張漢良　論詩的意象——引述余光中詩作〈洋蘇木下〉、〈單人床〉為例
　　　　　現代詩論衡　臺北　幼獅文化公司　1977 年 6 月　頁 1—24

2749. 柯慶明　略論余光中的兩首遊記詩——〈鵝鑾鼻〉與〈西螺大橋〉　境界
　　　　　的探求　臺北　聯經出版公司　1977 年 6 月　頁 207—220

2750. 林以亮　〈紅蓮〉、〈瑞士表〉、〈尺八〉、〈年紅燈〉　火浴的鳳凰—
　　　　　—余光中作品評論集　臺北　純文學出版社　1979 年 5 月　頁
　　　　　65—68

2751. 何福仁　略評〈沙田之秋〉和〈旺角一老媼〉　火浴的鳳凰——余光中作
　　　　　品評論集　臺北　純文學出版社　1979 年 5 月　頁 293—295

2752. 楊升橋　析〈北望〉和〈九廣鐵路〉　火浴的鳳凰——余光中作品評論集
　　　　　臺北　純文學出版社　1979 年 5 月　頁 296—309

2753. 楊子澗　〈等你，在雨中〉、〈長城謠〉、〈鄉愁四韻〉解說　中學白話
　　　　　詩選　臺北　故鄉出版社　1980 年 4 月　頁 122—136

2754. 落　蒂　現代詩中常見的寫作技巧〔〈當我死時〉、〈敲打樂〉、〈忘
　　　　　川〉、〈鄉愁〉部分〕　青青草原　雲林　青草地雜誌出版社
　　　　　1981 年 4 月　頁 22—26

2755. 落　蒂　現代詩中常見的寫作技巧〔〈當我死時〉、〈敲打樂〉、〈忘
　　　　　川〉、〈鄉愁〉部分〕　中學新詩選讀　雲林　青草地雜誌社
　　　　　1982 年 2 月　頁 21—26

2756. 落　蒂　〈守夜人〉、〈等你，在雨中〉賞析　青青草原　雲林　青草地
　　　　　雜誌出版社　1981 年 4 月　頁 38—44

2757. 落　蒂　〈守夜人〉、〈等你，在雨中〉賞析　中學新詩選讀　雲林　青
　　　　　草地雜誌社　1981 年 5 月　頁 38—44

2758. 陳　煌　談一談〈西出陽關〉和〈搖搖民謠〉：透視桂冠詩人——余光中

的感性世界　文壇　第 251 期　1981 年 5 月　頁 67—69

2759. 黃維樑　怎樣讀新詩？〔〈貼耳書〉、〈如果遠方有戰爭〉部分〕　明報月刊　第 194 期　1982 年 2 月　頁 93—98

2760. 黃維樑　怎樣讀新詩？〔〈貼耳書〉、〈如果遠方有戰爭〉部分〕　怎樣讀新詩　香港　學津書店　2002 年 2 月　頁 90—103

2761. 流沙河　浴火的鳳凰〔〈等你，在雨中〉、〈飛將軍〉、〈白玉苦瓜〉、〈火浴〉、〈敲打樂〉〕　星星　1982 年第 3 期　1982 年 3 月　頁 98

2762. 流沙河　浴火的鳳凰〔〈等你，在雨中〉、〈飛將軍〉、〈白玉苦瓜〉、〈火浴〉、〈敲打樂〉〕　臺灣詩人十二家　重慶　重慶出版社　1983 年 8 月　頁 29—36

2763. 流沙河　小小情趣五女圖〔〈項圈〉、〈珍妮的辮子〉、〈小褐斑〉、〈咪咪的眼睛〉〕　文譚　1982 年第 8 期　1982 年 8 月　頁 41—43

2764. 流沙河　小小情趣五女圖〔〈項圈〉、〈珍妮的辮子〉、〈小褐斑〉、〈咪咪的眼睛〉〕　隔海說詩　北京　三聯書店　1985 年 2 月　頁 101—109

2765. 李元洛　海外遊子的戀歌——讀余光中〈鄉愁〉與〈鄉愁四韻〉　名作欣賞　1982 年第 6 期　1982 年 11 月　頁 4　本文後改篇名為〈〈鄉愁〉、〈鄉愁四韻〉賞析〉。

2766. 李元洛　海外遊子的戀歌——讀余光中的〈鄉愁〉與〈鄉愁四韻〉　璀璨的五采筆　臺北　九歌出版社　1994 年 10 月　頁 125—133

2767. 張　默　〈最薄的一片暮色〉、〈木屐懷舊組曲〉編者按語　七十一年詩選　臺北　爾雅出版社　1983 年 3 月　頁 187

2768. 紀璧華　〈等你，在雨中〉、〈碧潭〉、〈白霏霏〉、〈鄉愁四韻〉、〈民歌〉　臺灣抒情詩賞析　香港　南粵出版社　1983 年 9 月　頁 33—40

2769. 上官予　五十年代的新詩〔〈黎明〉、〈跳高者〉部分〕　文訊雜誌　第9期　1984年3月　頁38—39

2770. 蕭　蕭　永恆的幻覺二題——賞析〔〈國際會議席上〉、〈所謂永恆〉〕　聯合文學　第1期　1984年11月　頁109

2771. 流沙河　傘趣〔〈雨傘〉、〈六把雨傘〉〕　隔海說詩　北京　三聯書店　1985年2月　頁145—157

2772. 流沙河　多情往往入迷〔〈水晶牢〉、〈橄欖核舟〉〕　隔海說詩　北京　三聯書店　1985年2月　頁163—172

2773. 向　陽　〈紫荊賦〉、〈不忍開燈的緣故〉編者按語　七十三年詩選　臺北　爾雅出版社　1985年3月　頁53—54

2774. 蕭　蕭　〈松下有人〉、〈松下無人〉編者按語　七十二年詩選　臺北　爾雅出版社　1985年6月　頁66

2775. 黃維樑　避邪的銀耳墜——讀余光中近作兩首〔〈玻璃塔〉、〈兩相惜〉〕　海峽　1985年第6期　1985年12月　頁207—217

2776. 黃維樑　避邪的銀耳墜——讀余光中近作兩首〔〈玻璃塔〉、〈兩相惜〉〕　怎樣讀新詩　臺北　五四書店　1989年4月　頁171—176

2777. 黃維樑　避邪的銀耳墜——讀余光中近作兩首〔〈玻璃塔〉、〈兩相惜〉〕　怎樣讀新詩　香港　學津書店　2002年2月　頁172—177

2778. 張春榮　現代散文的六大特色〔〈聽聽那冷雨〉、〈丹佛城〉部分〕　國文天地　第14期　1986年7月　頁85—86

2779. 鄭明娳　鍛接的鋼——論現代詩中古典素材的運作〔〈贈斯義桂〉、〈戲李白〉、〈中秋〉、〈公無渡河〉部分〕　文訊雜誌　第25期　1986年8月　頁59—61，69—70

2780. 鄭明娳　現代詩中古典素材的運用〔〈贈斯義桂〉、〈戲李白〉、〈中秋〉、〈公無渡河〉部分〕　當代文學氣象　臺北　光復書局

1988 年 4 月　頁 187—190，205—206

2781. 劉功業　悠悠的懷鄉曲——談〈當我死時〉和〈鄉愁〉　當代詩歌名篇賞
　　　　析　福州　海峽文藝出版社　1986 年 11 月　頁 539—551

2782.〔吳奔星主編〕　〈鄉愁〉、〈碧潭〉、〈控訴一支煙囪〉簡評　當代抒
　　　　情詩拔萃　桂林　灕江出版社　1987 年 2 月　頁 186—187

2783. 謝常青　與繆斯心心相印的詩人——從余光中的兩首詩看他的詩歌藝術
　　　　〔〈鄉愁〉、〈珍珠項鍊〉〕　唐山師專・唐山教育學院學報
　　　　1988 年第 1 期　1988 年 1 月　頁 36—39

2784. 楊昌年　詩化散文——作家作品例舉分析——〈咦呵西部〉、〈聽聽那冷
　　　　雨〉　現代散文新風貌　臺北　東大圖書公司　1988 年 2 月　頁
　　　　9—19

2785. 李元洛　〈尋李白〉、〈珍珠項鍊〉賞析　中國新詩鑑賞大辭典　南京
　　　　江蘇文藝出版社　1988 年 12 月　頁 1005—1013

2786. 伍方斐　〈白玉苦瓜〉、〈民歌〉、〈控訴一支煙囪〉　中外現代抒情名
　　　　詩鑑賞辭典　北京　學苑出版社　1989 年 8 月　頁 677—681

2787. 蘇　葉　〈等你，在雨中〉、〈咪咪的眼睛〉、〈茫〉　中外愛情施鑑賞
　　　　辭典　臺北　國文天地雜誌社　1990 年 1 月　頁 681—685

2788. 楊廣敏　〈天望〉、〈等你，在雨中〉、〈祈禱〉、〈下次的約會——臨
　　　　別殷勤重寄詞・詞中有誓兩心知〉賞析　愛情新詩鑑賞辭典　西
　　　　安　陝西師範大學出版社　1990 年 3 月　頁 793—803

2789. 方　忠　〈等你，在雨中〉、〈鄉愁〉、〈白玉苦瓜——故宮博物院所
　　　　藏〉賞析　古今中外朦朧詩鑑賞辭典　鄭州　中州古籍出版社
　　　　1990 年 11 月　頁 474—480

2790. 璧　華　〈等你，在雨中〉、〈碧潭〉賞析　中國新詩名篇鑒賞辭典　四
　　　　川　四川辭書出版社　1990 年 12 月　頁 691—695

2791. 葉　櫓　〈白玉苦瓜〉、〈別香港〉賞析　世界華人詩歌鑑賞大辭典　太
　　　　原　書海出版社　1993 年 3 月　頁 120—124

2792. 古遠清　余光中〈黃昏〉、〈迷夢紗〉賞析　海峽兩岸朦朧詩品賞　武漢　長江文藝出版社　1991 年 11 月　頁 209—211

2793. 李元洛　〈碧潭〉、〈鄉愁〉、〈尋李白〉、〈天問〉賞析　新詩鑑賞辭典　上海　上海辭書出版社　1991 年 11 月　頁 705—713

2794. 郭長保　〈或者所謂春天〉、〈五陵少年〉、〈西螺大橋〉、〈公無渡河〉賞析　臺灣新詩鑑賞辭典　太原　北岳文藝出版社　1991 年 12 月　頁 184—208

2795. 王　力　〈五十歲以後〉、〈寄給畫家〉賞析　臺灣新詩鑑賞辭典　太原　北岳文藝出版社　1991 年 12 月　頁 228—234

2796. 李元洛　〈珍珠項鍊〉、〈鄉愁〉、〈鄉愁四韻〉、〈尋李白〉賞析　臺灣新詩鑑賞辭典　太原　北岳文藝出版社　1991 年 12 月　頁 211—224

2797. 李　琳　〈沙田山居〉、〈地圖〉賞析　臺灣散文鑑賞辭典　太原　北岳文藝出版社　1991 年 12 月　頁 500—512

2798. 李麗中　〈白玉苦瓜〉、〈等你，在雨中〉、〈民歌〉、〈與永恆拔河〉賞析　臺灣新詩鑑賞辭典　太原　北岳文藝出版社　1991 年 12 月　頁 191—207

2799. 李　琳　余光中散文賞析——〈沙田山居〉、〈地圖〉　名作欣賞　1993 年第 1 期　1993 年 1 月　頁 55—60

2800. 王　力　〈西螺大橋〉、〈等你，在雨中〉賞析　世界華人詩歌鑑賞大辭典　太原　書海出版社　1993 年 3 月　頁 112—116

2801. 梁　濤　〈季節的變位〉、〈呼吸的需要〉、〈風鈴〉賞析　世界華人詩歌鑑賞大辭典　太原　書海出版社　1993 年 3 月　頁 124—130

2802. 陳義芝　五十年代名家詩選注——余光中詩選〔〈招魂的短笛〉、〈等你，在雨中〉、〈守夜人〉〕　不盡長江滾滾來：中國新詩選注　臺北　幼獅文化公司　1993 年 6 月　頁 154—167

2803. 張　默　　〈母與子〉、〈訪故宮〉編者按語[131]　八十一年詩選　臺北　現
　　　　　　　　代詩季刊社　1993 年 6 月　頁 6　本文後改篇名爲〈從余光中到
　　　　　　　　許悔之〉。

2804. 張　默　　從余光中到許悔之〔〈母與子〉、〈訪故宮〉部分〕　臺灣現代
　　　　　　　　詩概觀　臺北　爾雅出版社　1997 年 5 月　頁 319—320

2805. 李麗中　　余光中詩賞析——〈白玉苦瓜〉、〈民歌〉、〈等你，在雨中〉
　　　　　　　　名作欣賞　1993 年第 1 期　1993 年 1 月　頁 31—34，37—38

2806. 刑富君　　余光中散文賞析——〈高速的聯想〉、〈塔〉　名作欣賞　1993
　　　　　　　　年第 1 期　1993 年 1 月　頁 44—51

2807. 向明，李瑞騰講；趙荃記　　現代名詩講座（第二回合）〔〈夢與地理〉、
　　　　　　　　〈三生石〉部分〕　臺灣詩學季刊　第 5 期　1993 年 12 月　頁
　　　　　　　　26—30

2808. 向　明　　〈聖奧黛麗頌——弔奧黛麗・赫本〉、〈抱孫〉編者按語　八十
　　　　　　　　二年詩選　臺北　現代詩季刊社　1994 年 6 月　頁 70—71

2809. 洛　夫　　〈裁夢刀〉、〈老來〉小評　八十三年詩選　臺北　現代詩季刊
　　　　　　　　社　1995 年 5 月　頁 58

2810. 〔張默，蕭蕭編〕　　〈鄉愁四韻〉、〈雙人床〉、〈白玉苦瓜〉、〈控訴
　　　　　　　　一枝煙囪〉、〈三生石〉鑑評　新詩三百首一九一七——一九九五
　　　　　　　　（上）　臺北　九歌出版社　1995 年 9 月　頁 380—395

2811. 向　明　　〈高爾夫情意結〉、〈浪子回頭〉小評　八十四年詩選　臺北
　　　　　　　　現代詩季刊社　1996 年 5 月　頁 32—33

2812. 吳　當　　山水有情詩——試析羅青〈島嶼之歌〉、鍾玲〈隔一層水波〉、
　　　　　　　　〈飛濺〉、〈山霧〉、〈日落時分〉、余光中〈雲之午夢〉、
　　　　　　　　〈至尊〉、〈青睞〉、席慕蓉〈恨晚〉、〈雕刀〉　新詩的智慧
　　　　　　　　臺北　爾雅出版社　1997 年 2 月　頁 7—28

2813. 焦　桐　　身體爭霸戰——試論情色詩的話語策略〔〈吐魯番〉、〈雙人

---

[131]本文後改篇名爲〈從余光中到許悔之〉。

床〉、〈鶴嘴鋤〉部分〕 當代臺灣情色文學論：蕾絲與鞭子的交歡 臺北 時報文化出版公司 1997 年 3 月 頁 201—204，208—209

2814. 焦　桐　身體爭霸戰——試論情色詩的話語策略〔〈吐魯番〉、〈雙人床〉、〈鶴嘴鋤〉部分〕 20 世紀臺灣文學專題 2：創作類型與主題 臺北 萬卷樓圖書公司 2006 年 9 月 頁 26—28，31

2815. 林亨泰　中國現代詩風格與理論之演變〔〈火浴〉、〈敲打樂〉〕部分 林亨泰全集‧文學論述卷 1 彰化 彰化縣立文化中心 1998 年 9 月 頁 184—191，197—202

2816. 蕭　蕭　國中現代詩教學設計（欣賞篇）——以〈車過枋寮〉、〈一枚銅幣〉、〈竹〉爲例 國文天地 第 166 期 1999 年 3 月 頁 92—94

2817. 蕭　蕭　國中現代詩教學設計欣賞篇——以〈車過枋寮〉、〈一枚銅幣〉、〈竹〉爲例 中學生現代詩手冊 臺南 翰林出版公司 1999 年 9 月 頁 228—238

2818. 蕭　蕭　國中現代詩教學設計（習作篇）——以〈車過枋寮〉、〈一枚銅幣〉、〈竹〉爲例 國文天地 第 167 期 1999 年 4 月 頁 79—83

2819. 蕭　蕭　國中現代詩教學設計習作篇——以〈車過枋寮〉、〈一枚銅幣〉、〈竹〉爲例 中學生現代詩手冊 臺南 翰林出版公司 1999 年 9 月 頁 239—248

2820. 劉靜怡　賞析余光中的兩首禪詩〔〈松下有人〉、〈松下無人〉〕 臺灣詩學季刊 第 28 期 1999 年 9 月 頁 43—45

2821. 陳幸蕙　悅讀余光中——水湄兒戲之寫真〔〈漂水花——贈羅門〉、〈漂水花——絕技授鍾玲〉、〈漂水花——投石問童年〉〕 幼獅文藝 第 549 期 1999 年 9 月 頁 46—50

2822. 陳幸蕙　悅讀余光中——相思是一種難以治癒的感冒〔〈夸父〉、〈風

鈴）〕　幼獅文藝　第 550 期　1999 年 10 月　頁 40—44

2823.〔文鵬，姜凌主編〕　　余光中──〈西螺大橋〉、〈我之固體化〉、〈等你，在雨中〉、〈民歌〉、〈鄉愁〉、〈白玉苦瓜──故宮博物館所藏〉、〈天問〉　中國現代名詩三百首　北京　北京出版社　2000 年 1 月　頁 494—507

2824. 陳幸蕙　　悅讀余光中──母親，您在何方〔〈母難日──今生今世〉、〈矛盾世界〉、〈天國地府〉〕　幼獅文藝　第 557 期　2000 年 5 月　頁 42—47

2825. 陳幸蕙　　悅讀余光中──一隻燕子的疑問〔〈撐竿跳〉、〈撐竿跳選手〉〕　幼獅文藝　第 558 期　2000 年 6 月　頁 50—52

2826. 陳幸蕙　　悅讀余光中──夏天的童話〔〈牧神午寐〉、〈蜢蜞菊〉、〈銀葉板根〉、〈青蛙石〉〕　幼獅文藝　第 560 期　2000 年 8 月　頁 38—42

2827. 陳幸蕙　　悅讀余光中──擁抱臺灣的方法（上、下）〔〈苗栗明德水庫〉、〈警告紅尾伯勞〉、〈許願〉、〈控訴一枝煙囪〉、〈挖土機〉〕　幼獅文藝　第 563—564 期　2000 年 11，12 月　頁 50—55，50—55

2828. 陳幸蕙　　悅讀余光中──愛情的故鄉〔〈削蘋果〉、〈傘盟〉、〈找到那棵樹〉〕　幼獅文藝　第 565 期　2001 年 1 月　頁 43—48

2829. 仇小屏　　余光中〈車過枋寮〉、〈鄉愁四韻〉　下在我眼眸裡的雪　臺北　萬卷樓圖書公司　2001 年 2 月　頁 209—214

2830. 陳幸蕙　　悅讀余光中──命運啟示錄三帖〔〈問風〉、〈鵝鑾鼻〉、〈西螺大橋〉〕　明道文藝　第 301 期　2001 年 4 月　頁 35—47

2831. 陳幸蕙　　悅讀余光中──在時光旅行的途中遇見你〔〈一枚銅幣〉、〈一枚松果〉、〈一雙舊鞋〉〕　明道文藝　第 302 期　2001 年 5 月　頁 46—55

2832. 陳幸蕙　　悅讀余光中──相思花祭〔〈山中傳奇〉、〈插圖〉〕　明道文

藝　第 305 期　2001 年 8 月　頁 54—62

2833.　陳幸蕙　　悅讀余光中——浮生・隨筆・詩〔〈食客之歌〉、〈同臭〉、

〈無緣無故〉〕　幼獅文藝　第 572 期　2001 年 8 月　頁 20—

24

2834.　陳幸蕙　　悅讀余光中——颱風四部曲〔〈颱風夜〉、〈遠洋有颱風〉、

〈颱風夜〉、〈停電夜〉〕　明道文藝　第 306 期　2001 年 9 月

頁 106—117

2835.　陳幸蕙　　悅讀余光中——如果敵人來了〔〈面紗如霧〉、〈抱孫〉〕　幼

獅文藝　第 574 期　2001 年 10 月　頁 52—56

2836.　陳幸蕙　　悅讀余光中——陽光城市進行曲二帖〔〈讓春天從高雄出發〉、

〈雨，落在高雄的港上〉、〈車過枋寮〉〕　明道文藝　第 307

2001 年 10 月　頁 42—51

2837.　陳幸蕙　　悅讀余光中——蒼涼之歌〔〈魚市場記〉、〈孤螢〉、〈巨鷹之

影〉〕　幼獅文藝　第 576 期　2001 年 12 月　頁 43—48

2838.　陳幸蕙　　悅讀余光中——芬芳的婚禮〔〈水草拔河〉、〈與永恆拔河〉、

〈民歌〉、〈雨聲說些什麼〉、〈天問〉、〈臺南的母親〉、

〈請莫在上風吸煙〉〕　明道文藝　第 310 期　2002 年 1 月　頁

57—69

2839.　浦基維，涂玉萍，林聆慈　　辭章創作與個人際遇——個人的特殊遭遇——

家國之思〔〈聽聽那冷雨〉、〈白玉苦瓜〉部分〕　散文・新詩

義旨古今談　臺北　萬卷樓圖書公司　2002 年 1 月　頁 61—62

2840.　陳幸蕙　　〈白楊〉、〈空山松子〉、〈漂水花〉、〈蒼茫時刻〉芬多精小

棧　小詩森林——現代小詩選 1　臺北　幼獅文化公司　2003 年

11 月　頁 62

2841.　王光明　　冷戰時代的內心風景——論六十一七十年代的臺灣現代詩（上、

下）〔〈雙人床〉、〈火浴〉部分〕　文學世紀　第 32—33 期

2003 年 11—12 月　頁 60—61，47—48

2842. 鄭慧如　　　新詩的音樂性——臺灣詩例〔〈雨聲說些什麼〉、〈蒼茫來時〉、〈風聲〉部分〕　兩岸現代詩學國際學術研討會　臺北佛光人文社會學院文學研究所，當代詩學研究中心主辦　2003年12月6—7日　頁8—10

2843. 陳仲義　　　起結：開闔離合盡其變勢〔〈看手相的老人〉、〈收藏家〉、〈飛將軍〉、〈長城謠〉部分〕　現代詩技藝透析　臺北　文史哲出版社　2003年12月　頁227—230

2844. 黃維樑　　　讀余光中新作兩首——〈永念蕭邦〉、〈讀夜〉　文化英雄拜會記：錢鍾書、夏志清、余光中的作品與生活　臺北　九歌出版社2004年4月　頁173—175

2845. 陳義芝　　　一樣的鄉愁，不同的節奏——余光中〈鄉愁〉、〈鄉愁四韻〉鑒賞　名作欣賞　2004年第4期　2004年7月　頁67—69

2846.〔陳萬益選編〕　　〈莎誕夜〉、〈我的四個假想敵〉賞析　國民文選·散文卷2　臺北　玉山社出版公司　2004年8月　頁109

2847.〔林瑞明選編〕　　〈如果遠方有戰爭〉、〈夢與地理〉賞析　國民文選·現代詩卷1　臺北　玉山社出版公司　2005年2月　頁273

2848. 向　陽　　　〈雙人床〉、〈甘地紡紗〉、〈雨聲說些什麼〉賞析　臺灣現代文選·新詩卷　臺北　三民書局　2005年6月　頁70—72

2849. 蔡明諺　　　論《自由中國》文藝欄的新詩〔〈冬〉、〈二月之夜〉部分〕第二屆全國臺灣文學研究生學術論文研討會論文集　臺南　國家臺灣文學館　2005年7月　頁191—195

2850. 陳幸蕙　　　悅讀余光中〔〈獨坐〉、〈飛瀑〉、〈夸父〉〕　名作欣賞2005年第7期　2005年7月　頁47—50

2851. 梁笑梅　　　異度空間——余光中〈沙田秋望〉和〈雨聲說些什麼〉解讀的一種可能　名作欣賞　2005年第7期　2005年7月　頁51—54

2852.〔吳東晟，陳昱成，王浩翔編〕　　〈在冷戰的年代〉、〈古龍吟〉導讀賞析　織錦入春闈：現代詩精選讀本　臺中　京城文化公司　2005

年 8 月　頁 61—70

2853. 陶德宗　評余光中的散文新作「山東甘旅」〔〈春到齊魯〉、〈泰山一宿〉、〈青銅一夢〉、〈黃河一掬〉〕　當代文壇　2005 年第 5 期　2005 年 9 月　頁 64—66

2854. 黃維樑　余光中詠水果詩〔〈蓮霧〉、〈芒果〉、〈初嚼檳榔〉、〈埔里甘蔗〉〕　明道文藝　第 355 期　2005 年 10 月　頁 111—117

2855. 黃維樑　余光中詠臺灣水果〔〈蓮霧〉、〈荔枝〉、〈芒果〉、〈初嚼檳榔〉、〈埔里甘蔗〉〕　詩探索　2006 年第 2 期　2006 年 12 月　頁 37—48

2856. 陳明台　余光中〈秋蟬〉、〈踢踢踏〉　美麗的世界　臺北　五南圖書公司　2006 年 1 月　頁 114—120

2857. 鍾怡雯　導讀：余光中〈日不落家〉、〈我的四個假想敵〉　二十世紀臺灣文學金典‧散文卷（第一部）　臺北　聯合文學出版社　2006 年 5 月　頁 294

2858. 許俊雅　新詩教學——談新詩的標點符號與分行〔〈唐馬〉、〈一枚銅幣〉、〈五陵少年〉、〈當我死時〉部分〕　我心中的歌：現代文學星空　臺北　文史哲出版社　2006 年 6 月　頁 377，382—386

2859. 陳幸蕙　〈鄉愁〉、〈山中傳奇〉、〈獨坐〉向星輝斑斕處漫溯　小詩星河：現代小詩選 2　臺北　幼獅文化公司　2007 年 1 月　頁 74

2860. 張德明　從鄉愁到再登中山陵——余光中〈鄉愁〉、〈再登中山陵〉對讀名作欣賞　2007 年第 3 期　2007 年 3 月　頁 70—72

2861. 單德興　翠玉白菜的聯想——余光中別解〔〈積木〉、〈守夜人〉、〈七十自喻〉、〈翠玉白菜〉〕　邊緣與中心　臺北　立緒文化公司　2007 年 5 月　頁 29—35

2862. 仇小屏　縱的繼承的精釆示範——論余光中「李白三部曲」對李白詩歌的

繼承與創新〔〈尋李白〉、〈戲李白〉、〈念李白〉〕[132]　平頂
山學院學報　第 22 卷第 4 期　2007 年 8 月　頁 95—103

2863. 仇小屏　「縱的繼承」的精采示範——論余光中「李白三部曲」對李白詩
歌的繼承與創新〔〈尋李白〉、〈戲李白〉、〈念李白〉〕　文
與哲　第 11 期　2007 年 12 月　頁 481—511

2864. 陳芳明　愛慾即真理〔〈雙人床〉、〈如果遠方有戰爭〉部分〕　聯合文
學　第 286 期　2008 年 8 月　頁 16—17

2865. 李敏勇　〈白楊〉、〈蒼茫時刻〉作品導讀　青少年臺灣文庫 2——新詩
讀本 3：天門開的時候　臺北　國立編譯館　2008 年 12 月　頁
44—45

2866. 林明理　清逸中的靜謐——讀余光中〈星之葬〉、〈風鈴〉　圓桌詩刊
第 26 期　2009 年 9 月　頁 94—98

2867. 林明理　清逸中的靜謐——讀余光中〈星之葬〉、〈風鈴〉　新詩的意象
與內涵——當代詩家作品賞析　臺北　文津出版社　2010 年 2 月
頁 163—166

2868. 張明輝　從兩首詩看余光中的鄉愁文化〔〈望鄉〉、〈鄉愁四韻〉〕　漯
河職業技術學院學報　第 10 卷第 4 期　2011 年 7 月　頁 69—70

2869. 蔣匡宇　余光中在〈鄉愁〉一詩之後〔〈鄉愁〉、〈碧潭〉、〈當我死
時〉〕　華夏詩報（中國）　第 253、254 期合刊　2012 年 10 月
25 日　2 版

2870. 葉小芳　余光中鄉愁詩「文淺易，意悠遠」的藝術淺析——以〈鄉愁〉、
〈鄉愁四韻〉為例　電影評介（中國）　第 470 期　2013 年 5 月
頁 86—87

2871. 黃維樑　余光中「唐詩神遊」導遊　國文天地　第 341 期　2013 年 10 月
頁 69—74

---

[132] 本文運用修辭學的「引用格」之事，地毯式分析「李白三部曲」對李白詩歌的引用情況。全文
共 4 小節：1.前言；2.余光中「李白三部曲」對李白詩歌的引用之個別分析；3.余光中「李白三
部曲」對李白詩歌的引用之綜合分析；4.結語。

作品評論目錄、索引

國立臺灣文學館　2010 年 11 月　頁 649—774

2885. 王爲萱，陳姵穎，陳恬逸　「《文訊》300 期資料庫」作家學者群像——
余光中　文訊雜誌　第 334 期　2013 年 8 月　頁 76

其他

2886. 楓　堤　談一首梅士菲爾詩的翻譯〔〈西風歌〉〕　笠　第 7 期　1965 年
6 月　頁 51—52

2887. 楓　堤　談一首麥克萊布的翻譯〔〈詩的藝術〉〕　笠　第 10 期　1965
年 12 月　頁 37—38

2888. 劉紹銘　《老人與海》兩種中譯[133]　今日世界　第 486 期　1972 年 6 月
頁 29

2889. 姜　穆　英譯《現代文學選集》之商榷〔《中國現代文學選》〕　中華文
藝　第 56 期　1975 年 10 月　頁 114—118

2890. 陳　蕪　關於英譯《中國現代文學選集》　中華文藝　第 56 期　1975 年
10 月　頁 151—158

2891. 胡紅波　「民歌」不是這樣〔《中國現代民歌集》〕　中央日報　1975 年
12 月 21 日　10 版

2892. 古添洪　談民謠詩——兼論余光中《中國現代民歌集》　大地　第 16 期
1976 年 3 月　頁 1—2

2893. 王家誠　從畫家與作品認識美術〔《梵谷傳》〕　書評書目　第 49 期
1977 年 5 月　頁 36—47

2894. 聞見思　現代詩的失落——讀余光中《中國現代文學大系》詩輯有感　中
央日報　1978 年 2 月 10 日　10 版

2895. 聞見思　現代詩的失落——讀《中國現代文學大系》詩輯有感　葡萄園
第 65 期　1978 年 12 月　頁 36—40

2896. 李　齊　愛與自然的奏鳴曲——讀余譯《梵谷傳》後感　臺灣新聞報
1978 年 6 月 24 日　12 版

---

[133] 本文比較余光中《老人與大海》與張愛玲《老人與海》翻譯上的差異。

2897. T. A.〔陳大安〕　　評《Lust for Life》的兩個中譯〔《梵谷傳》部分〕　書評書目　第 64 期　1978 年 8 月　頁 25—30

2898. 何懷碩　　在痛苦中完成——《梵谷傳》新譯評薦（上、下）　聯合報　1978 年 10 月 11—12 日　12 版

2899. 羅　青　　余光中新譯《梵谷傳》讀後　書評書目　第 68 期　1978 年 12 月　頁 62—74

2900. 張　健　　伊斯坦堡之歌——讀余光中譯《土耳其現代詩選》　中華日報　1985 年 2 月 28 日　10 版

2901. 張　健　　伊斯坦堡之歌——讀余光中譯《土耳其現代詩選》　文學的長廊　臺北　幼獅文化公司　1990 年 8 月　頁 63—69

2902. 高大鵬　　航向拜占庭〔《土耳其現代詩選》〕　聯合文學　第 13 期　1985 年 11 月　頁 219

2903. 吳亞洲　　永恆的蝴蝶——訪詩人余光中談《不可兒戲》　臺灣日報　1987 年 5 月 22 日　8 版

2904.〔九歌雜誌〕　　書緣・書香〔《秋之頌》部分〕　九歌雜誌　第 84 期　1988 年 2 月　4 版

2905. 陳　遼　　臺灣文學的最新消息庫——《中華現代文學大系》　九歌雜誌　第 110 期　1990 年 4 月　2 版

2906. 張夢瑞　　余光中譯《不可兒戲》（王爾德原著）五月在臺演出　民生報　1991 年 5 月 27 日　14 版

2907. 黃美序　　《溫夫人的扇子》　聯合報　1992 年 12 月 20 日　26 版

2908. 林燿德　　《中國現代文學大系》　錦囊開卷　臺北　國家文藝基金管理委員會　1993 年 6 月　頁 104—106

2909. 林燿德　　《中華現代文學大系》〔九歌版〕　錦囊開卷　臺北　國家文藝基金管理委員會　1993 年 6 月　頁 116—118

2910. 李瑞騰　　臺灣現代新詩發展的趨勢——考察之二：《八十一年詩選》　「海峽兩岸文學創作與研究新趨勢」研討會　南京　南京大學主

辦　1993 年 7 月 11—12 日

2911. 李瑞騰　臺灣現代新詩發展的趨勢——考察之二：《八十一年詩選》　文學的出路　臺北　九歌出版社　1994 年 9 月　頁 83—87

2912.〔中華日報〕　余光中譯《理想丈夫》將搬上舞臺　中華日報　1995 年 10 月 31 日　14 版

2913. 廖玉蕙　《梵谷傳》推薦理由　百人百書百緣——百位名家推薦百本好書　臺北　賴國洲書房　1997 年 9 月　頁 99—100

2914. 廖玉蕙　《中華現代文學大系》推薦理由　百人百書百緣——百位名家推薦百本好書　臺北　賴國洲書房　1997 年 9 月　頁 78

2915. 郜　瑩　《中華現代文學大系》推薦理由　百人百書百緣——百位名家推薦百本好書　臺北　賴國洲書房　1997 年 9 月　頁 78—79

2916. 王心怡　劉國松：余光中聯手出書〔《詩情畫意》〕　中央日報　1999 年 9 月 10 日　9 版

2917. 王蘭芬　劉國松無筆畫蹊徑入目，余光中有聲詩大開視聽〔《詩情畫意》〕　民生報　1999 年 9 月 10 日　6 版

2918. 曹銘宗　劉國松水墨畫，余光中題新詩〔《詩情畫意》〕　聯合報　1999 年 9 月 10 日　14 版

2919. 蕭攀元　余光中譯《梵谷傳》、《高行健短篇小說集》新裝問世——金雞母再造第二春　聯合報　2001 年 9 月 24 日　29 版

2920. 莊柔玉　從對等到差異——解構詩歌翻譯的界限〔〈夜別〉部分〕　中外文學　第 31 卷第 11 期　2003 年 4 月　頁 224—226

2921. 陳文芬　《中華現代文學大系》與歷史唱和　中國時報　2003 年 8 月 8 日　8 版

2922. 童芳莉　從歸化與異化的角度評余光中譯《不可兒戲》　臺州學院學報　第 28 卷第 2 期　2006 年 4 月　頁 43—46，60

2923. 周建新　評余光中和江楓對艾米莉·狄金森一首詩歌翻譯〔〈艾米莉·狄金森詩歌第 33 首〉〕　現代語文　2008 年第 1 期　2008 年 1 月

頁 124—125

2924. 張鍔，梁超群　歷史、風俗與王爾德的私心——《The Important of Being Earnest》　余光中譯本某些缺憾的成因　外語教學理論與實踐 2008 年第 2 期　2008 年 2 月　頁 85—89

2925. 馬耀民　余光中的翻譯述試探[134]　余光中先生八十大壽學術研討會　臺北 陳百年學術基金會，政治大學文學院，政治大學臺灣文學研究 所，政治大學中國文學系主辦　2008 年 5 月 24—25 日

2926. 馬耀民　余光中的翻譯述試探——以《不可兒戲》為例　中國近代文化的 解構與重建：余光中先生八十大壽學術研討會・第七屆中國近代 文化問題學術研討會論文集　臺北　政治大學文學院　2008 年 9 月　頁 159—174

2927. 林欣誼　余光中和《梵谷傳》的往昔戀情　中國時報・旺來報　2009 年 12 月 6 日　8 版

2928. 汪　琳　余光中戲劇翻譯的歸化策略〔《不可兒戲》〕　巢湖學院學報 第 12 卷第 1 期　2010 年 1 月　頁 108—112

2929. 李　欣　余光中戲劇翻譯實踐研究——以《不可兒戲》為例　淮海工學院 學報　第 8 卷第 4 期　2010 年 4 月　頁 96—98

2930. 陳光霓，王琳　論詩歌翻譯中的格式塔意象再造——以余光中漢譯 Stopping by Woods on a Snowy Evening 為例　西昌學院學報　第 22 卷第 3 期　2010 年 9 月　頁 13—16

2931. 陳菲菲　目的論與余光中《不可兒戲》的翻譯策略　寧波廣播電視大學學 報　第 9 卷第 4 期　2011 年 2 月　頁 43—46

2932. 盧冬梅　十四行詩〈給 WP〉之譯本對比淺析——以余光中與李敖譯本為 例　湖北函授大學學報　第 24 卷第 12 期　2011 年 2 月　頁 121 —122

---

[134]本文將余光中的翻譯論述置於歐美「翻譯研究」論述中，以《不可兒戲》為例，觀察其「譯 論」所代表的意義及其應有的地位。全文共 3 小節：1.余光中「歸化」策略的兩種讀法；2.余光 中的翻譯論述；3.結論。

2933. 林采韻　　王爾德《不可兒戲》・5 月再登台　旺報　2012 年 3 月 13 日
　　　　　　　　A19 版

2934. 郭士榛　　諷刺喜劇・余光中巧譯機鋒妙語〔《不可兒戲》〕　人間福報
　　　　　　　　2012 年 3 月 13 日　7 版

2935. 黃維樑　　濟慈：余光中的「家人」──讀余氏《濟慈名著譯述》隨筆　香
　　　　　　　　港文學　第 332 期　2012 年 8 月　頁 46—49

2936. 夏　菁　　仙人掌──介紹余光中譯《中國新詩選》　窺豹集──夏菁談詩
　　　　　　　　憶往　臺北　秀威資訊科技公司　2013 年 1 月　頁 53—59

國家圖書館出版品預行編目資料

余光中 / 陳芳明編選. -- 初版. -- 臺南市：臺灣文學
館, 2013.12
　面；　　公分. -- (臺灣現當代作家研究資料彙編；34)
ISBN 978-986-03-9122-0 (平裝)

1.余光中　2.作家　3.文學評論

783.3886　　　　　　　　　　　　　　102024084

【臺灣現當代作家研究資料彙編】34
余光中

發 行 人／　　李瑞騰
指導單位／　　文化部
出版單位／　　國立台灣文學館
　　　　　　　地址／70041 台南市中西區中正路 1 號
　　　　　　　電話／06-2217201　　　　傳真／06-2218952
　　　　　　　網址／www.nmtl.gov.tw　　電子信箱／pba@nmtl.gov.tw

總 策 畫／　　封德屏
顧 　 問／　　林淇瀁　張恆豪　許俊雅　陳信元　陳義芝　須文蔚　應鳳凰
工作小組／　　王雅嫻　杜秀卿　汪黛姈　張純昌　張傳欣　莊雅晴　陳欣怡
　　　　　　　黃寁婷　練麗敏　蘇琬鈞
編 　 選／　　陳芳明
責任編輯／　　王雅嫻
校 　 對／　　王雅嫻　汪黛姈　林英勳　黃敏琪　趙慶華　潘佳君　練麗敏　蘇琬鈞
計畫團隊／　　財團法人台灣文學發展基金會
美術設計／　　翁國鈞・不倒翁視覺創意
印 　 刷／　　松霖彩色印刷事業有限公司

著作財產權人／國立台灣文學館
本書保留所有權利。欲利用本書全部或部分內容者，須徵求著作財產權人同意或書面授
權。請洽國立台灣文學館研典組（電話：06-2217201）

經銷展售／　　國家書店松江門市（02-25180207）
　　　　　　　國立台灣文學館—雪芙瑞文學咖啡坊（06-2214632）
　　　　　　　南天書局（02-23620190）　　唐山出版社（02-23633072）
　　　　　　　府城舊冊店（06-2763093）　　台灣的店（02-23625799）
　　　　　　　啓發文化（02-29586713）　　三民書局（02-23617511）
　　　　　　　草祭二手書店（06-2216872）　五南文化廣場（04-22260330）
網路書店／　　國家書店網路書店 www.govbooks.com.tw
　　　　　　　五南文化廣場網路書店 www.wunanbooks.com.tw
　　　　　　　三民書局網路書店 www.sanmin.com.tw

初版一刷／2013 年 12 月
定 　 價／新臺幣 640 元整
　　　　　　第一階段 15 冊新臺幣 5500 元整　第二階段 12 冊新臺幣 4500 元整
　　　　　　第三階段 23 冊新臺幣 8500 元整　全套 50 冊新臺幣 18500 元整
　　　　　　全套 50 冊合購特惠新臺幣 16500 元整

GPN／1010202807（單本）　　ISBN／978-986-03-9122-0（單本）
　　　1010000407（套）　　　　　　978-986-02-7266-6（套）

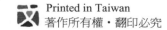